사회복지정책론

사회복지정책론

2019년 2월 28일 초판 1쇄 펴냄
2023년 3월 17일 초판 5쇄 펴냄

지은이 윤홍식·남찬섭·김교성·주은선
기획 비판과 대안을 위한 사회복지학회

편집 이소영·임현규·정세민·김혜림·정용준
디자인 김진운
본문조판 토비트
마케팅 김현주

펴낸이 권현준
펴낸곳 (주)사회평론아카데미
등록번호 2013-000247(2013년 8월 23일)
전화 02-326-1545
팩스 02-326-1626
주소 03993 서울특별시 마포구 월드컵북로6길 56
이메일 academy@sapyoung.com
홈페이지 www.sapyoung.com

© 윤홍식·남찬섭·김교성·주은선, 비판과 대안을 위한 사회복지학회, 2019

ISBN 979-11-88108-76-3 93330

사회복지정책론

윤홍식 남찬섭 김교성 주은선 지음

사회평론아카데미

서문
토론과 쟁점이 있는 사회복지 교과서를 집필하며

선생으로서 학생들과 무엇을 논하고 공유할지는 평생의 고민입니다.

특히 수업시간에 학생들과 함께 토론하고 나누는 이야기가 학생들이 사회에 나가 어떤 전문가가 될지에 영향을 줄 수 있다고 생각하면 선생으로서 항상 무거운 책임감을 느낍니다. 이러한 이유 때문인지 항상 괜찮은 교과서가 있으면 좋겠다는 생각을 했습니다. 물론 지금도 잘 살펴보면 좋은 교과서가 많이 있을 것입니다.

하지만 현재 사회복지학 분야에서 발간되는 교과서는 변화하는 한국사회와 세계의 현실을 온전히 반영하지 못하고 있는 것 같습니다. 때로는 사회복지학과 관련된 기초개념도 정리되지 않은 경우가 있습니다. 더욱이 사회복지학을 공부하면서 학생들은 다양한 시민의 이해를 지지, 옹호하는 인식과 능력을 갖춘 활동가로 성장해야 하지만, 교과 내용은 학생들을 주어진 사회구조에 수동적으로 반응하는 실무자에 머물게 하는 것 같습니다.

'비판과 대안을 위한 사회복지학회(이하 비판복지학회)' 대안교과서인 『사회복지정책론』은 바로 이러한 문제의식에서 출발했습니다. 비판복지학회는 사회복지학을 공부한 학생들이 사회에서 조금 더 능동적으로 지역, 국가, 세계를 변화시키는 활동가로 성장하기 위해 도움이 되는 교과서를 만들기로 했습니다.

첫째, 기존 사회복지학 교과서가 주어진 현실과 학문적 개념을 단순히 수동적으로 수용하는 경향에 문제의식을 갖고, 사회복지학이 사회를 바라보는 창의적인 상상력을 발휘할 수 있도록 사회복지학의 기초개념과 이론을 풍부히 소개했습니다. 둘째, 변화하는 현실세계의 모습을 충실히 기술해서 사회복지학을 공부하는 학생들이 자신과 자신을 둘러싼 세계를 이해할 수 있도록 했습니다. 셋째, 인간과 자연의 다양성을 존중하고 성, 인종, 민족, 학벌, 지역, 성적 지향, 학력, 연령, 경제적 지위 등 인간의 어떠한 특성도 불평등과 차별을 정당화할 수 없다는 관점에서 사회와 자연을 이해하도록 서술했습니다. 넷째, 전공자만이 아닌 사회복지정책에 관심 있는 일반 시민들도 사회복지학을 쉽게 이해할 수 있는 길라잡이 역할을 할 수 있도록 다른 나라들의 사례를 함께 소개했습니다. 다섯째, 사회복지정책을 공부하는 학생들이 사회를 변화시키는 활동가로서의 역량을 배가할 수 있도록 했습니다. 마지막으로, 사회복지정책을 공부하는 사람들이 한국사회를 시민의 보편적 이해에 근거한 민주적 복지국가로 전환시켜야 하는 이론적·실천적 정당성을 생각할 수 있도록 했습니다.

이러한 대안교과서의 목적을 달성하기 위해, 집필자들은 먼저 각 영역의 이슈에 대해 비판적으로 기술하고 그 대안을 제시했습니다. 다음으로, 단순히 다양한 정보를 병렬적으로 나열하지 않고 하나의 일관된 이야기 구조를 갖도록 집필했습니다. 마지막으로, 교과서가 다루는 각 영역에서 쟁점이 되는 이슈를 중심으로 서술해 단순히 지식을 전달하는 것을 넘어 교과서를 읽고 논쟁이 가능하도록 했습니다.

대안교과서라는 비판복지학회의 시도가 어떤 결과로 나타날지는 아직 판단하기 어렵습니다. 하지만 이러한 실험적 시도들이 쌓여가는 과정을 통해 문제의식이 있는 좋은 교과서를 만들 수 있을 것이라고 생각합니다.

『사회복지정책론』은 좋은 교과서를 만들기 위한 비판복지학회의 첫 번째 시도입니다. 크게 4부로 구성했습니다. 저희 4명의 저자들은 사회복지정책을 이해하기 위해 먼저 사회복지정책의 개념과 역사에 대한 이해가 선행되어야 하고, 사회복지정책의 성격을 결정짓는 가치, 이념, 이론에 대한 이해가 필요하다고 보았습니다. 사회복지정책론의 세 번째 구성 영역인 분석원리는 앞서 언급한 두 영역에 대한 이해를 전제로 접근할 필요가 있다고 생각했습니다. 또한 저자들은 사회복지정책에서도 정책 실천을 강조할 필요가 있다고 생각했습니다. 우리가 학교에서 사회복지정책론을 배우는 것은 그 배움을 바탕으로 세상을 좀 더 좋은 사회로 변화시킬 때 의미가 있다고 생각했기 때문입니다.

제1부 「개념과 역사」는 3개의 장으로, 제1장은 사회복지정책의 개념과 범주에 대해 다룹니다. 사회복지정책을 사회복지의 관점에서 정의해보고, 왜 이러한 정의를 사회복지정책을 공부하는 사람들이 검토해야 하는지 생각해보았습니다. 제2장과 제3장은 역사를 다루는데, 이에 앞서 여러분들이 생각해보아야 할 점은 사회복지정책이 지속 가능하고 그 시대를 살아가는 사람들에게 꼭 필요한 역할을 하기 위해서는 단순히 좋은 정책인 것만으로는 충분하지 않다는 것입니다. 사회복지정책의 제도화는 그 시대의 요구를 담아내는 것이어야 하고, 그 시대의 요구란 우리가 자본주의 사회에서 살아가고 있는 한 바로 그 시대의 자본주의의 특성과 밀접한 관련을 갖고 있다는 점입니다. 이러한 관점에서 제2장에서는 서구 복지국가의 역사를 서구 자본주의와 사회복지정책의 관점에서 서술했습니다. 제3장에서는 18세기부터 최근까지 한국 사회복지정책의 역사를 한국 자본주의와 복지체제라는 틀로 서술했습니다. 다른 책에서는 제대로 다루지 않았던 근대화 이전의 분배체계에 대해 다루었고, 20세기 이후 시대에 따라 변화하는 한국 사회복지정책의 모습을 그려보았습니다.

제2부에서는 사회복지정책이 담고 있는 가치, 이념, 이론을 다루었습니다. 조금 어려울 수도 있지만, 사회복지정책의 성격을 결정하는 이념, 가치, 이론에 대해 생각해볼 수 있는 시간을 갖게 될 것입니다. 제4장에서는 자유, 평등, 정의, 연대에 대해서 다루었고, 제5장에서는 시민권, 공공성, 인정에 대해 다루었습니다. 특히 제5장에서 인정을 다룬 것은 현대 사회에서 사회복지정책은 단순히 소득을 보장해주고 사회서비스를 제공하는 것을 넘어 '인정'의 문제까지 그 영역을 넓혀가고 있기 때문입니다. 제6장에서는 사회복지정책의 근간을 이루는 전통적 이념이라고 할 수 있는 자유주의, 보수주의, 사회주의에 대해 다루었습니다. 제7장에서는 최근 사회복지정책에서 주목하는 페미니즘과 생태주의에 대해 정리해보았습니다. 특히 페미니즘과 관련해 많은 토론과 논쟁이 있기를 기대합니다. 주의할 점은 페미니즘을 특정 성(性)을 옹호하는 이론이라는 선입관을 갖지 말고, 인위적으로 만들어진 모든 불평등에 저항하는 이념으로 생각하면 페미니즘이 갖는 의미에 조금 더 다가설 수 있을 것이라고 기대합니다. 제

8장에서는 사회복지정책의 발달을 설명하는 이론과 개별 정책을 넘어, 국민국가 차원에서 사회복지문제를 접근하는 복지국가에 대해 정리해보았습니다.

제3부에서는 사회복지정책을 구체적으로 분석할 때 필요한 도구인 분석 원리를 다루었습니다. 제9장에서는 사회복지정책을 욕구와 사회적 위험이라는 차원에서 분석할 수 있는 기초를 제공했고, 제10장에서는 사회복지정책의 분석틀을 과정분석, 산물분석, 성과분석으로 나누어 살펴보았습니다. 제11장에서는 보편주의와 선별주의를 중심으로 자원의 할당원리에 대해 다루었고, 제12장에서는 현금, 현물, 바우처 등 사회복지정책의 급여 형태에 대해 다루었습니다. 제13장에서는 사회복지정책의 재원이 되는 조세, 기여금, 기부금 등에 대해 살펴보았고, 제14장에서는 사회복지급여를 전달하는 과제와 관련해 분권, 민영화 같은 몇 가지 중요한 내용을 다루어 보았습니다.

마지막 제4부 「실천」은 제15장 사회복지정책의 실천과 사회복지운동이라는 장으로 구성되어 있습니다. 비록 한 장에 불과하지만 그 무게는 앞서 언급했던 3개의 부와 비교해 결코 가볍다고 할 수 없습니다. 사회복지정책을 아무리 잘 이해하고 있더라도 그 배움이 현실을 변화시키는 데 쓸모가 없다면 그 배움은 '탁상공론'에 그칠 것이기 때문입니다. 책을 읽고 토론하는 과정에서 사회복지정책 실천과 관련된 더 많은 좋은 생각들이 공유될 것으로 기대합니다.

한 학기 동안 어쩌면 딱딱한 사회복지정책론과 힘든 씨름을 하실 여러분을 생각하니 왠지 마음이 무겁습니다. 하지만 저희는 여러분이 이 교재로 사회복지정책을 공부하는 과정에서 한국사회에 대한 비판의식과 대안을 만들어가는 역량을 키워 나갈 것으로 기대합니다. 날카로운 비판과 현실을 변화시킬 수 있는 역량이야말로 더 나은 세상을 만들기를 꿈꾸는 우리 사회복지사들에게 꼭 필요한 역량이라고 생각합니다.

이 책을 읽는 모든 수업에서 토론과 논쟁이 넘치기를 기대해봅니다.

2019년 2월
지금보다 더 좋은 세상을 꿈꾸는
윤홍식(인하대학교), 남찬섭(동아대학교), 김교성(중앙대학교),
주은선(경기대학교)이 썼습니다.

서구와 한국 사회복지정책 맵

The West & Korea Social Welfare Policy Map

기계파괴(러다이트)
운동(1811)
단결금지법
폐지(1824)
영국 공장법(1802)
신빈민법(1834)

차티스트운동
(1838~1848)

스웨덴 사민당
연속집권
(1932~1976)
미국 뉴딜정책
(1933-1935)
미국 사회보장법
(1935)

영국「베버리지
보고서」(1942)

카를 마르크스
「자본론」1권
출간(1867)
독일 사회주의자
탄압법(1878)
독일 비스마르크
사회보험(1883)
독일 사민당
의회진출(1890)
영국 노동당
창당(1890)

영국 페이비언운동
(19세기 말,
20세기 초)
러일전쟁(1904)
영국 자유당
집권(1906~1915)
영국 국민보험법
(1911)
영국 여성참정권법
통과(1918)

소비에트연방(소련)
창설(1922)
세계대공황(1929)

세계적 파시즘 득세,
반파시즘 운동 확산
중국침략전쟁
(1937)
제2차 세계대전
발발(1939)

2차 세계대전 종전
(1945)
영국 가족수당법
(1945)·
NHS법(1946)·
국민부조법(1948)

영국 엘리자베스 빈민법
(1601)
영국 정주법(1662)·
작업장법 (1696)
프랑스대혁명(1789)
엔클로저운동 본격화
영국 작업장심사법(1722)
영국 길버트법(1782)·
스핀햄랜드법(1795)

제1차 세계대전
발발(1914)
러시아 볼셰비키
혁명(1917)

| 1600-1700 | 1800 | 1900 | 1910 | 1920 | 1930 | 1940 |

환곡 진휼 기능
제도정비(18세기 초)

사창(社倉)제로 환곡
부활(1866)
사환곡 설치(1895)

일제강점(1905)

강제병탄으로 환곡
분배제도 폐지
조선임시은사금제
(1910)
3·1운동,
상해임시정부 수립
(1919)

태화복지관
설립(1921)
일제관료 대상
은급법(1923)
방면위원회(1927)
원산총파업(1929)

일제 병참기지화
가속

공업화 진행

광복군 결성(1940)
조선구호령
공포(1944)
8.15광복(1945)
후생국보 3호
(1946)

최초의 인공위성
발사(1957)

베트남전쟁(1960)
쿠바 미사일
위기(1961)
중국 문화혁명
(1966)
체코 민주항쟁
(1968)

오일쇼크
(1973, 1978)
영국 대처
집권(1979)

미국 레이건 집권
(1981)
신자유주의 본격화
영국 실업보험·
공적연금 축소
(1982, 1986, 1988)
독일 베를린 벽 붕괴
(1989)

독일 통일(1990)
소련 해체,
독립국가연합 탄생
(1992)
유럽연합 출범
(1993)
미국 AFDC 폐지·
TANF 도입(1996)
영국 신노동당 집권
(1997)
제3의 길 노선
(사회투자국가, 1998)

9.11테러(2001)
세계금융위기
발발(2007)

극우정당,
반유럽연합 정당
득세(2016)
유럽 난민사태
중동 민주화운동
IS테러
브렉시트 투표

전 세계적 양극화
민영화 반대 운동

1950	1960	1970	1980	1990	2000	2010

한국전쟁
(1950-1953)
원조 의존

4.19혁명(1960)
군사쿠데타
(1961)
한국 생활보호법
(1963)
한국 산재보험
(1964)

수출 100억 달러
달성(1977)
의료보험
도입(1977)

5.18광주민주화운동
(1980)
노동자대투쟁

6월 민주화운동
(1987)
한국
남녀고용평등법
(1987)
서울올림픽(1988)
한국
국민연금(1988)·
전국민의료보험
(1989)
동구권 국가들과
수교 시작(1989)

남북한 유엔
동시가입(1991)
한국 고용보험
(1995)
OECD 가입(1996)
한국 외환위기
(1997)

국민기초생활
보장제도 (2000)
건강보험 통합
(2002)
한국 기초노령연금
(2007)
한국 국민연금 개혁
(2007)

2008년
노인장기요양보험
무상급식(2010)
기본소득
논쟁(2010-)

보편적
보육료지원제도
(2013)
구조조정, 양극화
반대 심화

남북정상회담(2018)
아동수당(2018)

차례

제 1 부

개념과 역사

01

사회복지정책의 개념과 범주

우리는 왜 '사회복지정책'을 공부해야 하는 걸까? 사회복지학과를 졸업하기 위해서? 혹은 사회복지사 자격증을 취득하기 위해서? 솔직하고 실용적이지만, 협소하고 부분적인 답이다. 그렇다면 다른 어떤 이유가 있을까? 특정 학문을 공부하는 까닭은 해당 분야에 대한 전반적인 이해를 도모하기 위함이다. 사회복지정책을 학습하는 이유도 우리의 삶을 규정하고 우리의 삶과 밀접한 관계를 지니는 사회구조와 복지정책에 대한 이해를 확대하는 데 있다. 특히 정책전문가와 사회복지사를 꿈꾸는 후속세대는 사회복지정책에 대한 관심과 이해를 바탕으로 좀 더 심화된 학습과정과 미래의 과업을 준비할 수 있다.

자본주의 사회는 사회복지정책의 도입과 발전을 통해 다양한 사회적 위험에 대응하면서, 개인이 추구하는 좋은 삶과 우리 모두가 함께 잘살 수 있는 공동체를 구현하기 위해 노력해왔다. 한 사회에서 제공하는 복지정책의 수준과 성격은 해당 사회를 둘러싼 정치·사회·경제적 환경과 해당 사회가 경험해온 역사적 유산에 따라 크게 달라진다. 정책의 제도화 과정은 해당 사회에서 공유되는 주요 가치와 이념이 반영된 문제이며, 다양한 사회적 행위자 간 공적 논쟁과 정치적 타협의 과정을 통해 결정되기 때문이다. 주요 행위자는 계급, 젠더, 인종, 지역 같은 축에 의해 구분되지만, 그러한 축들 또한 변별적으로 존재하지 않는다. 이처럼 행위자들이 각축하는 정치적 투쟁의 과정에서 개혁적인 정치가와 전문 관료의 역할이 크게 부각된다. 따라서 사회복지의 거시적 실천에 관심이 있고, 정부와 정당, 정책연구소, 시민단체 등에서 전문가로 활동하려는 비전을 갖고 있다면, 정책에 대한 전반적인 이해와 심화된 학습을 통해 올바른 관점과 전문적 기술을 배양하고 습득할 필요가 있다. 사회복지정책에 대한 관심은 미시적 실천이나 임상 사회사업에 관심 있는 학생들에게도 필수적이다. 정책 설계의 세부적인 내용에 따라 실천 방법과 기술이 달라질 수 있고, 실천 현장의 경험이 정책의 실행과 발전 과정에 중대한 영향을 미칠 수 있기 때문이다.

사회복지학을 전공하지 않는 일반 시민들도 사회복지정책에 관심을 가질 필요가 있다. 사회구성원의 믿음과 선택에 따라 사회복지정책의 대상과 급여의 범위, 형태와 수준 등이 결정되기 때문이다. 개인과 사회, 시장과 국가, 성장과 분배에 대한 정부의 신념과 선호에 따라 복지정책의 내용과 수준은 크게 달라질 수 있다. 각종 선거에서 개별 정당은 사회복지정책을 핵심 의제로 취급하며 공약을 만들고 '맞춤형 복지' 혹은 '포용적 성장' 같은 수사를 동원해 시민을 설득하고 정권을 창출하기 위해 노력한다. 복지 이슈와 쟁점에 대해 지속적으로 토론하고 협상하며, 복지담론을 형성하고 발전시켜 복지정책의 확대 혹은 축소의 정치를 수행한다. 전형적인 유형을 넘어 새로운 시대에 적합한 창의적이고 혁신적인 대안을 고민하거나 실험하기도 한다. 사회복지정책은 그러한 시대정신과 미래의 비전을 반영하기 마련이므로 많은 사람들의 관심사로 부상할 수밖에 없다. 정책의 개혁과 발전은 정치적 이슈이자 과정이기 때문에, 올바른 정치적 선택을 위해 사회복지정책에 대한 일반 사회구성원의 관심과 이해는 필수적이다. 그 과정에서 사회구조와 변화를 조망하는 거시적 안목과 비판적 사고까지 배양할 수 있다면 더할 나위 없다.

다행스럽게 현재 우리는 명실상부한 복지국가에 살고 있다. 정부 예산의 약 35%가 보건복지 영역에서 지출되고 있으며, 각종 사회적 위험에 대응하기 위한 다양한 정책들이 형식적으로 완비되어 있다. 그럼에도 불구하고 많은 사람들이 복지정책의 불완전성에 문제를 제기하고, 급여 내용과 수준에 불만족스러워한다. 정책 실현을 위해 더 많은 세금을 납부해야 하는 사람은 물론이고, 취약계층은 엄격한 수급자격과 낮은 급여수준에 불만을 표시한다. 중산층도 예외는 아니다. 어쩌면 사회구성원 모두가 만족하지 않을지도 모른다. 복지정책이 특정 인구집단만을 위해 제공되는 특별한 제도가 아니기 때문이다. 우리 모두는 부지불식간에 사회복지정책에 노출되어 다양한 급여의 수혜를 경험하며 살아가고 있다. 태어나면서부터 아동수당을 수급하고 무상보육서비스를 경험하며, 무상교육과 무상급식을 통해 교육서비스를 이용한다. 취업을 위해 적극적노동시장정책을 활용하고, 질병과 상해 시 건강보험의 규정에 따라 의료서비스를 제공받는다. 각종 시설에서 이용하는 상담, 치료, 재활서비스도 정부정책에 의해 제공되는 사회서비스이다. 죽기 전까지 국민연금과 기초연금을 통해 노후소득을 보장받으며, 장기요양보험에서 제공하는 돌봄서비스를 이용한다. 전 생애에 걸쳐 수많은 사회복지정책에서 제공하는 재화와 서비스를 경험하며 살아가고 있는 것이다.

이처럼 사회복지정책은 일상생활과 긴밀한 관계를 지니며, 우리의 삶에 방대한 영향력을 행사한다. 따라서 우리 모두는 사회복지정책에 일정 정도 익숙해질 필요가 있으며, 보다 적극적인 삶을 구상하기 위해 정책의 세부적인 내용까지 이해할 필요가 있다. 우리가 살아가고 있는 현 사회에서 사회복지정책에 대한 이해와 관심은 사회구성원 모두가 시민의 자격으로 마땅히 가져야 할 하나의 의무이자 책임인 것이다.

사회복지정책을 개념화하는 두 가지 관점

우리나라의 사회복지학은 미국식 미시적 실천 전통을 따르는 사회사업학으로 출발했다. 이 관행은 1980년대 들어 변화를 겪게 된다. 자본주의 사회의 환경적 변화에 따라, 거시적 접근의 필요성을 인식하고 사회복지정책을 사회복지학의 독자적인 방법으로 인정했다(이혜경·남찬섭, 2015). 다만 여전히 사회사업 실천을 전제로 미시적 실천의 제도적 맥락을 탐구하는 하위접근 중 하나로 취급했다. 미국식 사회복지학의 전통을 이어간 셈이다.

동시에 사회복지정책을 한국적 맥락에서 어떻게 개념화할 것인가와 관련해 두 가지 관점이 등장했다. 하나는 영국식 사회행정 전통과 독일식 사회정책 전통을 수용하여 사회복지정책을 사회개혁이나 복지국가를 지향하는 행동원리나 가치, 이념으로 개념화하는 사회규범적 관점이고, 다른 하나는 사회복지정책을 행위의 방침 혹은 지침으로 개념화하는 정책과학적 관점이다. 전자는 사회(복지)정책을 보다 이념지향적이고 가치지향적인 것으로 보는 반면, 후자는 사회복지정책을 보다 실용적인 대안으로 보는 경향이 있다. 두 관점은 우리나라 사회복지정책 연구를 구성하는 전통으로 공존하고 있다. 결국 우리나라 사회복지정책은 사회복지학의 토대 위에 사회규범적 전통과 정책과학적 전통을 공유하고 있는 셈이다.

사회규범적 전통에서 사회(복지)정책은 사회복지와 동등한 개념적 층위에 위치하게 된다. 사회복지의 한 방법으로서의 거시적 접근이 아니라 사회복지(학)의 다른 이름이라는 의미이다. 이 관점을 선호하는 학자들은 사회복지정책보다 사회정책이라는 용어를 사용하는 경향이 있다. 사회정책의 이념이나 가치 등을 중요하게 생각하며, 사회개혁적 접근 혹은 복지국가적 접근을 지향하는 의도를 갖고 있다(김영모, 1982; 김상균, 1987). 따라서 사회복지정책 연구는 사회복지연구 혹은 사회복지학과 동일한 의미로 이해된다. 현재 거시적 실천과 미시적 실천을 포괄하는 사회복지학의 제도적 토대와 조화롭지 않은 관점이다.

정책과학적 전통의 사회복지정책은 사회복지와 관련된 정부의 행위지침 혹은 행위방침으로 개념화되면서 가치지향적인 사회규범적 전통보다 실용적 성격을 띤다(송근원·김태성, 1995). 이런 성격으로 인해 정책과학적 전통의 사회복지정책은 사회복지학의 한 방법인 거시적 실천방법으로 자리매김할 수 있다. 정책과학은 하나의 방법으로 차용될 수도 있고, 이는 곧 거시적 실천을 연구한다는 의미이므로, 현 사회복지학의 제도적 토대와도 조화를 이룰 수 있다. 이 전통은 정책과정이나 정책분석, 정책평가 등과 같은 정책연구를 핵심 내용으로 한다.

그렇다면 사회복지정책의 개념과 범주는 어떻게 정의하고 규정할 수 있을까?

이 장에서는 사회복지정책의 개념은 물론이고 사회과학의 전 학문 영역에서 활용되고 있는 유사개념(사회정책, 사회보장, 복지국가)에 대한 학술적 정의를 시도한다. 해당 개념과 위계에 대한 국가별 차이를 비교하고, 사회복지정책과 다른 학문분야의 관련성도 논의한다. 또한 사회복지정책의 목적과 이념적 지향을 명시하고, 복지정책의 대표적인 유형에 대한 개념적 특성과 원리도 개괄한다. 핵심 개념과 범주를 정의하고 규정하는 작업은 사회복지정책의 규범적 차원과 실체적 차원의 다양한 지식과 기술을 배양하고 이해하기 위한 가장 기초적인 작업이다. 동시에 추후 논의하게 될 관련 내용의 범위와 한계를 설정하기 위한 기본적인 전제가 될 수 있다.

사회복지정책이란 무엇인가

사회복지정책의 개념을 단순하게 정의하기는 매우 어렵다. 정책형성이나 발전 과정에서 다른 유사개념들과 혼용되어 구분이 쉽지 않고, 여러 학문 분야 간 다소 융합적인 성격을 갖고 있으며, 특정 국가의 정치·경제·사회·문화적 특성에 따라 개념적 정의와 내용에 차이가 존재하기 때문이다. 공유되는 핵심 내용은 인간의 복지welfare와 안녕well-being을 위한 모든 영역의 다양한 활동을 포괄한다는 것이다.

사회복지, 사회정책, 사회보장, 복지국가의 개념

사회복지정책의 개념을 명확하게 정의하고 이해하기 위해서는 사회복지, 사회정책, 사회보장, 복지국가 등의 다양한 관련 개념과 범주적 분류를 함께 살펴보아야 한다. 먼저 각 용어에 대한 개념 정의를 시도하고, 개별 개념 간의 관계에 대해 논의해보자.

(1) 사회복지

사회복지$^{\text{social welfare}}$의 사전적 의미는 사회적으로 안락하고 만족한 상태 혹은 만족스럽고 행복한 삶, 지내기가 좋은 상태 혹은 풍요로, "인간의 사회적 욕구에 대한 서비스" 혹은 "사회문제를 해결하기 위한 방법"(김영모, 1992)이다. 사회구성원이 추구하는 사회적 욕구를 충족시켜줄 수 있는 법제, 시책, 규제, 급여 등의 서비스를 총칭(Friedlander and Apte, 1974)하며, 자본주의 사회에서 발생하는 다양한 사회적 문제에 대항하기 위한 거시적·미시적 실천체계를 포괄한다. 이 실천체계 중 정부의 제도적 차원이나 거시적 수준에서 이루어지는 체계를 사회복지정책이라고 할 수 있다.

(2) 사회정책

사회정책$^{\text{social policy}}$은 사회 전체의 공동이익을 목적으로 국가의 정치·경제·사회적 질서를 조절하고 사회적 약자를 보호하기 위한 제반 정책을 의미한다(이정우, 2013: 29-30). 19세기 중반 독일의 강단사회주의자들에 의해 주창된 것으로, 산업화 이후 발생한 다양한 사회적 위험으로부터 무산계급인 노동자를 보호하기 위해 구스타프 슈몰러$^{\text{Gustav Schmoller; 1838~1917}}$ 등이 주축이 되어 설립한 '사회정책학회' 활동으로 일반화되었다. 노동력 재생산을 위한 국가개입을 강력하게 주장하며 노동정책의 성격이 크게 부각되었고, 계급간 갈등해소를 위한 계급정책과 분배정책으로 이해되었다.

대표적인 개념 정의에 따르면, 사회정책은 "계급 간 우호적 관계의 형성, 부정의의 배제나 경감, 분배정의의 실현, 하층 및 중간계급의 도덕적, 윤리적 향상을 보증하여 진보를 촉진하는 사회입법"(Schmoller, 1875) 혹은 "분배과정의 남용과 폐단을 입법·행정 수단에 의해 극복(투쟁)하려는 국가의 정책"이다(Wagner, 1972; 김영모, 1982: 12에서 재인용). 독일의 역사학파들은 사회정책을 분배과정의 조정이나 수정을 위한 윤리적 조치라고 주장하면서 계급 대립을 완화하기 위한 하나의 수단으로 보았다(김영모, 1982: 12). 그러나 민간부문을 중심으로 산업화를 추구해온 영국에서 다양한 사회생활과 질서에 개입하는 내용으로 개념화되면서, 사회정책의 범주에 소득보장, 보건서비스, 주택정책, 개인서비스 등이 포함되기 시작했다.

사회정책은 "시민들에게 소득이나 서비스를 제공함으로써 그들의 복지를 향상시키기 위한 정부의 정책으로 사회보험, 사회부조, 보건서비스, 주택정책 등을 포함"(Marshall, 1970)하거나 "일반적으로 인정된 특수한 사회문제를 수정하거나 사회 목적을 추구하기 위한 중앙정부와 지방정부의 건강, 교육, 복지, 사회서비스의 개발과 관리에 관련된 정책"(Townsend, 1975)으로 정의할 수 있다.

사회정책의 개념과 범주는 시대의 변화와 더불어 다변화된 개인적 욕구가 반영되면서 크게 확장되어왔다. 사회적 위험이나 욕구에 기반하여 소득보장정책, 건강정책, 노동정책, 교육정책, 주택정책, 돌봄정책, 개별 사회서비스 등으로 구분할 수 있으며, 대상별로 아동정책, 청년정책, 노인정책, 여성정책, 가족정책, 장애인정책, 이민자정책 등으로 분류하기도 한다.

(3) 사회보장

사회보장social security의 사전적 의미는 '사회적으로 걱정이나 불안을 없게 한다'이다. 미국의 프랭클린 루스벨트Franklin Roosevelt: 1882~1945 대통령이 뉴딜정책을 설명하는 과정에서 처음 사용한 용어로, 미국에서 '사회보장법'(Social Security Act, 1935)이 제정되고 영국에서 「베버리지 보고서」(Beveridge Report, 1942)가 발표된 이후부터 광범위하게 사용되고 있다.[1] 다양한 사회적 위험으로부터 사회구성원을 보호하기 위한 보장체계를 총칭하는 것으로, 소득보장과 서비스를 포괄하고 사회보험, 사회부조, 사회서비스로 구성되어 있다. 사회정책의 실천과정에서 핵심적인 영역 혹은 장場으로 인식되고, 복지국가의 핵심 요소이기도 하다. 사회보장제도의 발전에 크게 기여하고 있는 국제노동기구ILO와 국제사회보장연합회ISSA에서 발표한 개념을 살펴보면 다음과 같다.

• 노령, 실업, 질병, 폐질, 산재, 출산, 생계부양자 상실 등으로부터 소득과

1 　「베버리지 보고서」에는 사회보장의 개념이 명확하게 제시되어 있다. 사회보장은 "실업, 질병 또는 산재로 인해 소득이 중단되었을 경우 이에 대처하고, 노령으로 인한 퇴직이나 다른 사람의 사망으로 인한 부양 상실에 대비하며, 출생, 사망, 결혼 등과 같은 특별한 지출을 감당하기 위한 소득의 보장"을 의미한다(Beveridge, 1942).

우리나라 사회보장기본법의 주요 내용

제1조 (목적) 이 법은 사회보장에 관한 국민의 권리와 국가 및 지방자치단체의 책임을 정하고 사회보장정책의 수립·추진과 관련 제도에 관한 기본적인 사항을 규정함으로써 국민의 복지증진에 이바지하는 것을 목적으로 한다.

제2조 (기본 이념) 사회보장은 모든 국민이 다양한 사회적 위험으로부터 벗어나 행복하고 인간다운 생활을 향유할 수 있도록 자립을 지원하며, 사회참여·자아실현에 필요한 제도와 여건을 조성하여 사회통합과 행복한 복지사회를 실현하는 것을 기본 이념으로 한다.

제3조 (정의) 이 법에서 사용하는 용어의 뜻은 다음과 같다.

1. '사회보장'이란 출산, 양육, 실업, 노령, 장애, 질병, 빈곤 및 사망 등의 사회적 위험으로부터 모든 국민을 보호하고 국민 삶의 질을 향상시키는 데 필요한 소득·서비스를 보장하는 사회보험, 공공부조, 사회서비스를 말한다.

2. '사회보험'이란 국민에게 발생하는 사회적 위험을 보험의 방식으로 대처함으로써 국민의 건강과 소득을 보장하는 제도를 말한다.

3. '공공부조'란 국가와 지방자치단체의 책임하에 생활유지 능력이 없거나 생활이 어려운 국민의 최저생활을 보장하고 자립을 지원하는 제도를 말한다.

4. '사회서비스'란 국가·지방자치단체 및 민간부문의 도움이 필요한 모든 국민에게 복지, 보건의료, 교육, 고용, 주거, 문화, 환경 등의 분야에서 인간다운 생활을 보장하고 상담, 재활, 돌봄, 정보의 제공, 관련시설의 이용, 역량 개발, 사회참여 지원 등을 통하여 국민의 삶의 질이 향상되도록 지원하는 제도를 말한다.

5. '평생사회안전망'이란 생애주기에 걸쳐 보편적으로 충족되어야 하는 기본 욕구와 특정한 사회위험에 의하여 발생하는 특수욕구를 동시에 고려하여 소득·서비스를 보장하는 맞춤형 사회보장제도를 말한다.

건강 수준을 보장하기 위해 개인이나 가구에 사회에서 제공하는 보호

• 개인이 노령, 무능력, 장애, 실업, 양육과 같은 사고를 당했을 때 일정 수준의 소득을 보장해주기 위해 법이나 강제적 규정을 통해 실현되는 사회적 보호 프로그램

이외에도 수많은 학자들이 사회보장에 대한 나름의 개념 정의를 시도하

고 있는데 나열하고 있는 신·구 사회적 위험의 내용과 순서만 다를 뿐, 보장의 주체를 정부로 명시하고 급여제공의 목적을 일정 수준에 대한 보장으로 제시하고 있다는 점에서 핵심은 대동소이하다. 대표적인 개념으로 "노령, 과부, 질병, 장애, 실업, 아동부양 등으로 소득의 상실 또는 소득 보호의 욕구가 있는 어떤 특정의 상황 속에 놓여 있는 개인의 화폐소득을 증대시켜주는 정부의 조치"(Titmuss, 1974)와 "질병, 실업, 노령, 의존, 산재, 장애 등 현대 사회에서 개인이 자신의 능력으로 스스로 보호하지 못하는 사회적 위험에 대처하기 위해 사회에 의해 제공되는 사회적 보호 프로그램"(Friedlander, 1968) 등이 있다. 우리나라의 '사회보장기본법'에 적시된 개념은 "출산, 양육, 실업, 노령, 장애, 질병, 빈곤 및 사망 등의 사회적 위험으로부터 모든 국민을 보호하고 국민 삶의 질을 향상시키는 데 필요한 소득·서비스를 보장하는 사회보험, 공공부조, 사회서비스"이다.

(4) 복지국가

복지국가^{welfare state}는 사회정책이 정치체제의 중요한 일부로 구축되어 있는 국가를 의미한다. 사회정책은 복지국가를 유지·관리하고 사회·경제적 변화에 대응하여 변용시키기 위한 거시적 실천체계 혹은 수단이다. 따라서 복지국가는 다양한 사회정책 혹은 사회보장제도의 총합이라고 할 수 있다. 대표적인 학술적 개념은 "정부가 구성원의 소득, 의료, 안전, 영양 등과 같은 최소한의 생계 기준을 정치적 권리에 기반하여 보장하는 정치체계"이다(Wilensky, 1975). 이 개념은 복지공급의 주체와 사회적 위험의 범위, 급여 수준의 적절성과 권리성 등을 비교적 명확하게 제시하고 있어, 여러 연구에 가장 많이 인용되는 개념 중 하나이다.

후기산업사회에 들어서서 보편적 복지수급권에 대한 요구 확대, 신사회위험^{NSR: new social risks}의 등장, 그리고 복지국가의 성격에 대한 인식 변화로 인해 전통적 복지국가의 개념과 측정 과정이 너무 협소하다는 주장이 생겨났다(Bonoli, 2006). 가부장적 남성생계부양자 중심의 복지정책을 넘어 모든 시민의 개인적 권리를 보장하고 돌봄^{care}이나 활성화^{activation} 같은 새로운 욕구에 대응하기 위한 더욱 포괄적인 복지국가의 개념화와 조작화가 필요해졌다. 기본적인 생활을 보장하기 위한 다양한 형태의 기능적 등가물이 생겨나면서, 시장의 자율적 작동 이후에 개입하여 재분배 이슈에만 집중하던 기존의 측정방식(예: 탈상품화, 계층화 등)에 한계를 느끼게 된 것이다. 시장의 역할에 재/조정을 가할 수 있는 적극적인 힘을 가진 국가의 역할을 기대하게 되면서, 개념과 측정도구도 단순한 소득·의료보장의 범주를 넘어 단체교섭을 통한 임금조정, 최저임금이나 고용보호 같은 노동(시장)정책, (누진적) 조세정책 등을 포괄하는 수준으로 확장되고 있다(Bonoli, 2006; 김교성·김성욱, 2011).

사회복지정책의 개념

사회복지정책을 단순하게 정의하면 '사회적 욕구나 사회문제에 대한 사회적 대응'이다. 여기서 '사회적'이라는 단어는 매우 다양한 의미를 담고 있다. 첫째, 인민people의 '일반적 의지'general will에 의한 '정부의 행위'를 의미한다(Titmuss, 1974: 24). 사회복지정책은 모든 시민의 복지증진을 위한 중앙정부와 지방정부의 다양한 활동의 상징이며, 전국단위 혹은 지역 차원에서 제정하는 법규와 규정, 행정적 절차를 통해 구현된다. 정책 구현의 기본적인 주체로 정부를 명시함으로써 적극적 국가개입의 필요성을 강조한다. 동시에 인민 혹은 사회구성원 간 관계성과 공유성에 초점을 맞춘다면, 개별적인 것을 넘어 하나의 연대solidarity로도 규정할 수 있다. 사회문제의 원인과 이를 해결하기 위한 전략적 사고와 행위의 단위가 개인이 아닌 동질적 집단이라는 의미이다.

둘째, 사회적 욕구의 내용과 범주를 결정하는 과정이 사회적이라는 점에서 '사회복지정책이란 무엇인가'라는 질문은 '누구를 위한 사회복지정책인가'라는 질문으로 전환될 수 있다(Titmuss, 1974: 138). 사회복지정책의 개념에 포함되는 범주와 유형을 규정하는 작업은 대단히 정치적일 수밖에 없으며(Fraser, 2013), 계급, 인종, 젠더 등에 관한 한 사회의 지배적인 규범이나 가치, 이데올로기에 따라 전반적인 정책의 구조뿐만 아니라 해당 제도의 대상 범주, 급여 내용과 수준, 전달체계, 재원조달 방법 등도 완전히 달라질 수 있다.

셋째, 사회복지정책은 사회문제를 해결하기 위한 사회개혁과 사회구조의 변화에 주목한다는 점에서 '사회적 목적'을 갖고 있다고 할 수 있다. 경제적 측면을 넘어 인간관계 속에서 비경제적 활동과 행위에 영향을 미친다는 '사회적 함의'도 내포하고 있다. 따라서 사회복지정책은 시장경제논리 혹은 경쟁원리에 반하는 어떤 것으로 파악되고 취급된다. 자본주의의 발달 초기에 부흥한 전통적인 경제정책과 공공정책(전기, 수도, 통신, 교통 등의 공공재 관련)에 사회정책(재분배, 교육, 건강, 노동, 돌봄, 교육, 주거, 조세, 환경 등)의 영역이 추가되면서 정부의 활동 범주는 크게 확장되었다. 정부는 이 영역에 적극적으로 개입하여 사회구성원의 복지증진을 도모하고, 사회구성원 간의 계급·젠더·인종적 불평등을 완화하며, 더 나아가 사회정의와 사회통합을 추구하고 구현한다.

(1) 사회복지정책과 사회정책

사회복지정책과 사회정책은 '정책'이라는 단어를 사용한다는 공통점이 있다. 정책은 어떤 무엇인가를 하나의 형태에서 다른 형태로 변화시키기 위한 (혹은 변화시키지 않기 위한) 노력이며, 특정 목적을 달성하기 위한 행위·행동 중심의 용어이다(Titmuss, 1974; 1979). 정부는 정책이라는 행위를 수행함으로써 사회현상의 개선이라는 목적을 달성하기 위해 노력한다.

그러나 정책 수행 혹은 변화의 대상을 사회구조 전반으로 확대할 것인지, 복지적 측면에 국한할 것인지에 따라 '사회'정책 혹은 '사회복지'정책으로 구분할 수 있다. 전자의 경우, 사회적 욕구 충족과 사회문제 해결을 위한 사회질서 혹은 사회구조를 재/조정하는 과정을 포괄하여 보다 근본적인 문제에 접근한다. 기본적인 자원을 획득하는 과정에서 시장(경제)에 대한 적극적 개입을 추구하며, 노동시장, 교육, 건강, 주거, 돌봄 등의 영역을 포함한다고 할 수 있다.[2] 이에 반해 사회복지정책은 단지 시장소득이 분배된 이후의 재분배과정에 집중하는 경향을 보인다. 시장의 분배 결과에 입각하여 이차적 재조정의 과정에 초점을 맞추며, 근본적인 원인이라고 할 수 있는 사회질서에 대한 개입을 가급적 자제하려는 자유주의적 사고에 기반하고 있다(이정우, 2013: 31). 두 개념을 이런 방식으로 구분할 경우, 사회정책은 사회복지정책보다 광범위한 개

---

2   사회정책의 영역을 '지역사회 시설이나 환경'으로 광범위하게 확장하기도 한다. 여기에는 도시 재개발, 지역사회 공원, 오염이나 소음 대책 등 개인이 시장에서 살 수 없는 것들이 포함된다(Lafitte, 1962: 9; Titmuss, 1974: 29-30에서 재인용).

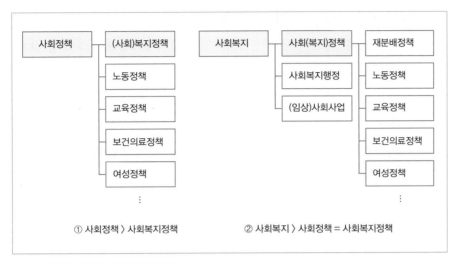

사회정책	(사회)복지정책		사회복지	사회(복지)정책	재분배정책
	노동정책			사회복지행정	노동정책
	교육정책			(임상)사회사업	교육정책
	보건의료정책				보건의료정책
	여성정책				여성정책

① 사회정책 〉 사회복지정책　　　　② 사회복지 〉 사회정책 = 사회복지정책

그림 1-1　사회복지정책과 사회정책의 관계

넘이 될 수 있다. (사회)복지정책은 사회정책의 하위 분야로 간주되며,[3] 다른 노동정책, 교육정책, 주거정책, 여성정책 등과 함께 사회정책의 핵심 구성요소 중 하나로 취급된다(그림 1-1의 ① 참고).[4]

　　그러나 사회정책을 인민의 '복지' 향상을 위한 정부의 개입으로 정의하면, 사회복지의 영역 안에 포함할 수 있고 '사회복지'정책으로 부를 수도 있다. 복지의 핵심 영역과 범주를 시장의 분배과정으로까지 확대하려는 사회복지학의 최근 경향을 감안하면, 사회복지정책과 사회정책의 구분은 큰 의미를 갖지 않게 된다. 근원적 정의와 미묘한 차이[nuance]만 존재할 뿐, 대표적인 학문 영역별 구분에 불과하다. 이 경우 사회복지라는 용어는 모든 사회(복지)정책 영역과 민간주도의 사회사업 혹은 임상·실천 영역을 포괄하는 광범위한 용어로 격상된다. 그러면 사회(복지)정책의 모든 영역이 사회복지의 하위체계로 편입되는 현상이 발생하는데, 이는 사회복지의 개념을 초광의로 해석한 결과이다(그림 1-1의 ② 참고).

---

[3]　　사회정책의 범주를 재분배 영역으로 협소하게 취급하는 국가(대표적으로 영국)에서 사회복지정책은 사회정책과 크게 다르지 않은 동일한 개념으로 이해되기도 한다.

[4]　　사회정책의 영역 아래 다양한 관련 정책들을 나열하지 않고 동등한 수준으로 인정하여 병렬적으로 구성하기도 한다.

(2) 사회복지, 사회복지정책, 사회보장 간의 위계

이처럼 복잡한 개념적 관계는 사회복지와 사회복지정책, 사회보장 간 위계 설정 과정에서도 반복된다. 주지하다시피, 독자적 학위를 수여하며 하나의 학문 분야로 인정받고 있는 사회복지학은 크게 사회(복지)정책 영역과 사회사업(실천·임상) 영역으로 구분된다.[5] 사회복지학의 석·박사학위를 수여하는 대학 중 사회정책과 사회사업 전공을 따로 명시하는 대학도 존재한다. 현재 '사회복지사업법'에서 규정하고 있는 사회정책 영역의 주된 교과목은 사회복지정책론, 사회복지법제론, 사회보장론, 사회복지발달사, 복지국가론 등으로 구성되어 있다. 이 중 대표적인 교과목인 사회복지정책론은 거시적 실천체계에 대한 이해와 분석 역량을 배양할 수 있도록 관련 지식과 이론, 가치·이념·철학, 분석과 평가방법 등의 내용을 다루며, 사회보장론은 사회보험, 사회부조, 사회서비스와 같은 핵심제도의 특성과 원리, 문제점과 개선방안 등을 포괄적으로 다룬다(김교성·석재은·홍경준, 2015). 따라서 학술적 측면에서 사회복지가 가장 높은 수준의 상위개념에 위치하며, 그 아래에 사회복지정책과 사회보장이 순차적으로 하위체계에 자리매김하게 된다(그림 1-2의 ① 참고).

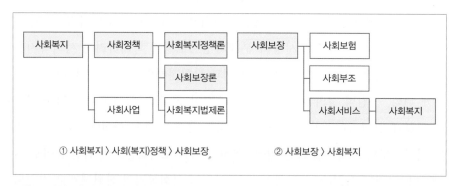

그림 1-2 사회복지, 사회정책, 사회보장의 관계

그러나 우리나라의 사회복지 관련법의 세부항목을 살펴보면, 사회보장의

5 　사회복지학의 세부 전공 영역은 ① 정책, ② 행정, ③ 서비스, ④ 임상 사회사업의 다양한 조합에 기초하여 크게
　　2분법(①+②+③ vs. ④; ①+② vs. ③+④), 3분법(①, ②+③, ④; ①+②, ③, ④; ①, ②, ③+④), 4분법(①, ②,
　　③, ④)으로 구분할 수 있다.

개념이 사회복지나 사회복지정책보다 상위에 위치하고 있다는 사실을 알 수 있다. 대표적인 사회법인 '사회보장기본법'은 명칭 자체로도 사회보장을 크게 강조하고 있고, 하위체계로 사회보험과 공공부조(사회부조), 사회서비스를 포괄하며, (사회)복지는 사회서비스 중 취약계층을 대상으로 한 서비스로 한정하고 있다(그림 1-2의 ② 참고). 사회복지를 잔여적 개념으로 축소하기 위한 경향이 강하게 드러나는 지점이다.

(3) 사회복지정책과 사회정책, 그리고 주요 제도

사회복지정책과 사회정책의 관계를 보다 명확하게 규명하기 위한 도식은 그림 1-3과 같다. 개념적 구조에 대한 이해를 돕기 위해, 현재 우리나라에서 운영하고 있는 대표적인 복지제도를 함께 구성했다. 사회정책은 사회복지와 동일한 개념적 층위에 자리하며, 하위 층위에 위치한 사회복지정책 및 사회보장과 긴밀한 연관성을 갖는다. 사회보장의 대표적인 유형에는 사회보험, 사회부조, 사회수당, 사회서비스가 포함되며, 우리나라의 5대 사회보험은 국민연금,

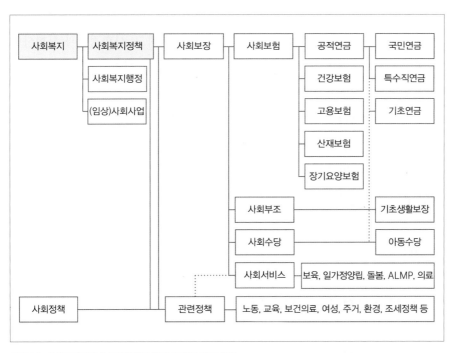

그림 1-3 사회복지정책과 사회정책의 관계, 그리고 주요 제도

건강보험, 고용보험, 산재보험, 장기요양보험으로 구성되어 있다. 대표적인 공적연금 중 하나인 기초연금은 일반조세에 의해 준보편적으로 제공되지만, 자산조사를 통해 상위 30%를 제외하여, 수당과 부조의 성격을 함께 내포하고 있다. 사회복지행정과 사회사업 실천의 내용도 사회서비스의 제공 과정에 일부 관여한다.

(4) 국가별 차이

이러한 개념적 구분과 위계는 국가마다 매우 상이하게 나타난다. 북구와 대륙 유럽의 대표적인 복지국가인 스웨덴과 독일의 사회정책은 노동시장정책과 고용(노동자) 보호, 그리고 소득보장정책, 가족정책, 주택정책, 사회서비스 등을 포괄하고, 사회보장은 소득보장의 기능을 하는 사회보험과 사회부조로 구분된다. 두 나라 모두에서 복지라는 용어는 크게 사용되지 않고 있다. 독일의 영향으로 일본의 사회정책에는 노동정책의 유산이 깊게 남아 있으며, 노동정책과 사회보장으로 구분된다. 사회보장은 사회보험, 사회부조, 사회서비스, 공중위생으로 구성되며, 사회복지는 사회복지서비스의 역할에 집중하고 있다.

영국의 사회(복지)정책은 사회보장, 건강서비스, 개인서비스, 교육정책, 주택정책으로 구분되며, 사회보장은 소득보장을 의미하고, 사회정책과 사회사업은 확연하게 분리되어 있다. 의료보장이 국민건강보호서비스[NHS: National Health Services]로 분리되어 있는 특수성이 반영된 결과이다. 미국에서는 역사적 유산으로 인해 사회정책보다는 사회보장이라는 용어가 널리 사용되며, 일반 대중은 사회보장을 노령연금과 동일한 개념으로 이해하고 있다. 유사한 맥락에서 사회복지를 사회부조[AFDC·TANF]와 동일하게 취급하며 (수급자에 대한) 부정적이고 경멸적인 용어로 사용하고 있다(백인립, 2013). 사회복지정책의 수급자격과 관련된 논쟁[deserving vs. undeserving]을 부각시키며 핵심 용어의 상식적 활용과 위계를 무시하고 있다.

사회복지정책과 사회과학

사회복지정책을 공부하는 데 있어서의 핵심 장애물은 해당 학문을 이해하기 위한 학문적 내용이 너무 방대하다는 데 있다. 사회복지정책의 핵심 개념과 이론들은 사회학, 정치학, 경제학, 행정학, 여성학은 물론이고 역사학, 심리학, 법학, 철학, 통계학, 인구학, 교육학 등 다양한 학문 분야와 직·간접적으로 연계되어 있다. 사회복지정책론이 인간의 안녕과 복지를 위한 학문이기 때문이다. 따라서 사회·정치·경제적 생활과 과정에 대한 광범위한 접근이 필요하다. 최근 사회복지정책이 갖는 다학제적 속성과 정체성은 더욱 확대·강화되고 있다. 대표적인 학문 분야의 핵심 주제와 내용, 그리고 복지정책과의 관련성을 차례로 살펴보자.

(1) 사회학

사회학은 사회현상과 사회구조에 관심을 갖고 있으며, 그 안에서 발생하는 다양한 인간행동과 행위에 대해 분석한다. 사회적 사실과 사회적 행위, 사회적 관계의 상호작용, 사회구조의 변동과 제도 등을 체계적으로 탐구하여, 거시적·미시적 이론을 생성하고 실증주의 연구방법론을 강조하며 과학적 학문체계로 발전해왔다. 사회현상에 대한 확장된 이해와 사회과학적 사고에 필수적인 핵심 이론과 비판적 관점을 제공하며, 사회조사와 비교, 실험 등에 필요한 방법론적 지식 창출에도 기여해왔다. 사회복지정책은 사회학에서 다루는 사회문제, 사회계층, 사회변동, 사회운동 등의 주제를 공유하며, 노동사회학, 정치사회학, 가족사회학, 역사사회학 등의 하위 분야와도 관련이 있다.

(2) 정치학

정치학은 정치현상을 연구하는 학문이다. 국가권력을 획득하고 행사하는 과정에서 다양한 행위자 간의 갈등과 타협의 현상을 분석한다. 오랜 학술적 전통과 철학적 기반하에 발전해왔지만, 구체적인 제도와 정책에 관심을 갖게 되면서 실천적 학문으로 변모했다. 기본적인 관심의 대상과 영역이 정부와 국가에 있다는 점에서 사회복지정책과 깊은 관련이 있다. 정치철학에서 다루는 주요 가치(자유, 평등, 정의, 인정)뿐 아니라 정책결정 과정과 복지정치의 분석과 비교에 크게 활용되고 있는 기초 이론과 방법(공공선택론이나 제도주의)을 발전시켜왔다.

(3) 경제학

경제학은 희소한 자원의 효율적 사용에 주목하면서 재화의 생산과 분배, 교환과 관련된 다양한 현상을 연구하는 학문이다. 생산의 핵심요소인 자본과 노동, 수요와 공급, 생산시장과 노동시장의 구조, 국가와 시장의 역할과 관계, 부의 분배와 불평등 문제에 집중한다. 주로 경제현상을 분석하여 경제적 법칙을 규명하지만, 때로는 가치판단을 위한 규범적 기준을 제공하기도 한다. 자본주의 사회에서 경제정책과 사회복지정책의 상보적 관계는 필수적이다. 사회복지정책의 학문 영역에서 경제이론, 경제사, 정치경제학적 접근 등을 공유해왔다. 정책분석의 과정에서 계량경제학이나 게임이론에서 다루는 다양한 방법들도 활용된다.

(4) 행정학

행정학은 국가의 효율적 운영에 주목한다. 비영리단체나 민간영역, 시민단체와의 협력적 관계에도 관여하지만, 정부조직의 운영과 관리방식이 주된 연구대상이며 주제이다. 정부조직과 인사관리, 재무행정, 중앙정부와 지방정부의 관계 등을 다루며, 통치를 위한 각종 정책의 수립과 집행과정에도 관심이 있다. 정책의제 설정, 정책형성, 정책과정, 정책분석, 정책집행, 정책평가와 관련된 다양한 기술과 방법을 개발하고 실행하여 사회복지정책의 발전에 기여해왔다.

이 외에도 최근에 사회복지정책의 전통적 접근에 새로운 관점과 이론을 제시하고 있는 여성학이나 역사적 사실에 대한 자료나 연구방법상 상호 교류가 가능한 역사학, 개인의 행태에 대해 좀 더 심층적인 접근을 시도하는 심리학 등의 분야가 있다. 사회복지정책의 학문적 발전을 위해서는 인접 학문과의 활발하고 상호 보완적인 교류가 확대되어야 하며, 유사학문 간 통섭적·융합적 접근도 필요해 보인다.

사회복지정책의 목적과 주요 모델

주요 목적과 핵심 가치

사회복지정책의 목적은 앞서 살펴본 다수의 개념 속에 이미 내재되어 있다. 학자들과 국제기구에서 제시한 사회복지정책의 개념을 보면, 다양한 사회적 위험(예: 노령, 질병, 실업, 산재, 돌봄 등)에 대비하기 위해 대표적인 형태의 보장체계(예: 사회보험, 사회부조, 사회/보건서비스, 주택정책)를 활용하면서 추구하는 이상적인 목표(복지 향상, 생활수준 보장, 삶의 질 향상, 분배정의 실현, 부정의 배제 등)를 구체적으로 적시하고 있다.

(1) 주요 목적

주된 목적은 크게 보장security, 평등equality, 사회정의social justice의 추구로 요약할 수 있다. 첫째, 사회복지정책의 가장 핵심적인 목적은 생계보장에 있다. 사회구성원 전부 혹은 일부를 다양한 사회적 위험과 자원의 결핍으로부터 보호함으로써 최저한의 생활을 보장한다. 최근 국제노동기구ILO는 회원국을 대상으로 한 사회보장의 새로운 전략과 원칙으로 '사회적 보호 최저선'SPF: Social Protection Floor을 권고하고 있다. 국가는 모든 시민에게 생애 전반에 걸쳐 소득과 건강의 영역에서 최소한 기본적인 수준의 사회보장을 그들의 존엄과 권리에 기반하여 제공해야 한다는 것이다(ILO, 2014: v). IMF와 세계은행에서 선호하는 사회적 안전망이 아니라 바닥floor이라는 용어를 사용한 이유는 일부 인구집단을 대상으로 사회적 구호 차원에서 급여를 제공하는 것이 아니며 일정 수준의 생활수준을 '보편적 권리'로 보장해야 한다는 점을 강조하기 위해서이다(김교성, 2017: 152).

둘째, 사회복지정책은 모든 시민이 차별 없이 권리에 기반하여 인간다운 생활을 할 수 있도록 간여하는 사회적 노력이라는 점에서 사회적 평등을 추구한다. 시장경제에서 발생하는 비효율성을 개선하고, 계급, 인종, 젠더 간 격차

해소와 누진적 재분배를 통해 사회적 배제 현상을 축소하고 사회통합을 추구함으로써 정의로운 사회 건설에 이바지한다. 때론 긍정적 차별^{positive discrimination}의 방식을 활용하여 사회적 평등을 달성하기도 하지만, 대체로 결과의 평등보다는 기회의 평등^{equal opportunity}에 주목하는 편이다.

셋째, 사회복지정책의 궁극적 목적은 사회정의를 구현하는 데 있다. 기본적으로 궁핍한 사람들의 사회적 재화에 대한 접근성을 촉진하고, 다양한 형태의 차별로 억압받고 대항하는 사람들의 사회권 증진을 위해 노력한다(Weiss, Gal, and Katan, 2006: 792). 빈곤과 불평등이 부재한 사회를 오랜 기간 주요한 가치로 추구해왔으며, 사회구조에 대한 비판과 사회개혁에 대한 지속적 관심, 그리고 복지에 대한 도덕적·해방적 전통을 고수하고 있다. 이러한 내용은 스웨덴의 '국민의 집' 이념과 일맥상통한다.

(2) 핵심 가치

사회복지정책은 사회적 위험에 대한 국가의 제도적 개입을 전제로 하고, 최저생활에 대한 보장과 평등한 삶의 추구를 통해 복지의 극대화를 목표로 삼고 있다(Marshall, 1965). 어떤 사회적 위험에 대응할 것인지, 그리고 얼마나 많은 대상에게 어떤 수준의 급여를 제공할 것인지, 필요한 자원은 어떻게 동원할 것인지 등과 관련된 수많은 정책적 결정과정은 정치적 문제이지만, 결국 한 사회의 특정 가치 및 이념적 요소와 연결되어 있기 때문에 가치 지향적 성격을 갖고 있다. 사회복지정책이 다른 사회과학과 구별되는 가장 중요한 지점 중 하나이며, 정책의 설계와 실행, 분석과 평가 과정에서 특정 가치를 추구하고 도덕적·규범적 판단을 내린다. 사회적 목적을 추구하는 과정에서 가치적·이념적 차원의 선택을 주저하지 않음으로써 이론적·분석적 방법에만 의존하는 다른 사회과학의 한계를 과감하게 초월하고 있는 것이다. 리처드 티트머스^{Richard Titmuss, 1907~1973}는 사회복지정책의 가치지향성을 크게 강조한 학자 중 한 명인데, 유명한 『사회정책^{Social Policy}』이라는 저술에서 '가치중립적 입장에서 사회정책을 다루면 그것은 무의미한 행위가 될 것'이라고 주장했다(Titmuss, 1974: 21).

사회복지정책은 자본주의 사회에서 차별과 억압, 배제로 인해 불평등과 부정의를 경험하고 있는 소수자를 대변하고 모든 사회구성원의 동등한 참여를

국민의 집

스웨덴의 페르 알빈 한손Per Albin Hansson 총리는 1928년에 국회에서 '국민의 집'이라는 제목하에 "국가는 모든 국민의 좋은 집이 되어야 한다"고 주장했다. 평등한 권리 보장과 사회통합, 그리고 공동체적 사회에 대한 비전은 오랜 시간 사회민주당이 추구하는 미래사회의 상징적 개념으로 위치했으며, 지속적인 사회정책의 확장을 통해 구현되었다. 연설 내용의 일부를 소개하면 다음과 같다.

집(가정)의 기본은 공동체와의 동고동락에 있다. 훌륭한 집에서는 누구든 특권의식을 느끼지 않으며 누구도 소외되지 않는다. 독식하는 사람도 없고 천대받는 아이도 없다. 다른 형제를 얕보지 않으며 그를 밟고 이득을 취하지 않는다. 약한 형제를 무시하거나 억압하지 않는다. 이런 좋은 집에서는 모든 구성원이 동등하고, 서로 배려하며, 협력 속에서 함께 일한다. 이런 '국민의 집'은 오늘날 우리가 안고 있는 특권 상류층과 저변 계층의 사회·경제적 격차 문제를 극복할 수 있을 것이다(신필균, 2011: 53).

보장하기 위한 노력이다. 따라서 사회복지정책에서 표방하는 대표적인 가치는 자유, 평등, 정의, 연대이며, 이들 가치는 사회복지정책의 정체성을 대변해주는 동시에 지향점이라고 할 수 있다.

사회복지정책의 세 가지 모델

사회복지정책의 전통적 유형을 이해하고 이념적 지향을 탐색하기 위해, 여러 연구에서 자주 인용되는 주요 모델을 살펴보자. 윌렌스키와 르보(Wilensky and Lebaux, 1958)는 현대화 과정에 주목하여 사회복지를 잔여적 모델과 제도적 모델로 구분했다.

이들과 다르게 티트머스(Titmuss, 1974: 30-32)는 사회복지정책의 이념적 지향의 차이에 주목하면서, 대표적인 이념형을 잔여적 모델, 산업성취형 성과 모델, 제도적 재분배 모델로 분류했다.[6] 다양한 학문적 배경에 근거한 대략적인

---

6   다른 대표적인 이념형(Esping-Andersen, 1990)의 내용은 제8장 "사회복지정책의 주요 이론"에서 다룬다.

분류에 불과하지만, 사회복지정책의 목적과 수단, 가치 지향의 측면에서 핵심적인 차이점을 제공하고 있다. 자본주의 사회에서 중요하게 인식되는 노동윤리와 가족제도에 대한 사고도 내재되어 있다.

(1) 잔여적 모델

우선 잔여적 모델Residual Model에서 개인의 욕구는 가족이나 시장(경제)과 같은 두 가지 자연적인 경로를 통해 적절하게 충족될 수 있다고 전제한다. 이 두 기제가 정상적 경로로 활동하지 못할 경우에 새로운 체계인 사회복지정책이 임시적으로 등장하여 문제를 해결하며, 해당 기제가 다시 정상적으로 작동되면 일시적 제도의 활동은 중단된다. 빈민법Elizabeth Poor Law의 전통에 기초하여 보충적이고 임시적이며 대체적 특성을 갖고 있으며, 권리에 기초하기보다는 자선 혹은 시혜라는 오명을 갖고 있다(Titmuss, 1974: 30-31). 이러한 전통은 작은 정부와 시장의 역할을 중시하는 정치·사회적 보수주의자들과 맥을 같이한다. 세금감면과 규제완화를 통해 기업 투자의 활성화와 일자리 창출, 낙수효과 등을 기대하며, 복지증진을 위한 민간영역의 활동을 중요하게 생각한다.

(2) 산업성취형 모델

산업성취형 모델Industrial Achievement-Performance Model은 사회복지정책의 주요한 역할을 경제의 부속물로 생각한다. 개인의 사회적 욕구는 업적과 일의 수행, 그리고 생산성에 따라 충족되어야 한다. 동기, 노력, 보상, 계급 형성, 집단 충성도 등과 관련된 다양한 경제적·심리적 이론에 기반하여 발전해왔으며, 흔히 시녀적 모델Handmaiden Model로 불린다(Titmuss, 1974: 31). 실제로 사회복지정책은 경제성장 혹은 생산활동에 긍정적 기능과 효과를 갖고 있다. 일정 수준의 소득을 보장하여 유효수요를 확대하고 분배와 성장 간의 선순환 구조를 확립하며, 사회투자적 성격의 정책과 서비스 제공을 통해 인적자본의 향상과 건강한 노동력을 지속적으로 확보하고 제공함으로써 생산체계를 강화하는 성과도 기대할 수 있다. 동아시아 복지체제론을 설명하는 발전주의 국가론(Johnson, 1982)이나 생산주의적 복지체제론(Holiday, 2000)도 경제정책에 종속되어 있는 사회복지정책을 강조한다는 점에서 이 모델의 주장과 유사하다.

(3) 제도적 모델

제도적 모델[Institutional Redistributive Model]은 잔여적 모델과 같이 응급적 요소나 비정상성을 가정하지 않고 개인의 욕구를 충족시켜줄 수 있는 통합적 제도로 사회복지정책을 인식한다. 자본주의 사회에서 개인은 자신의 역량만으로 사회적 위험에 충분히 대비할 수 없으므로 정부의 적극적인 개입을 통해 사회문제를 해결하고 사회구조를 개혁해야 한다는 입장이다. 따라서 법적 제도화 과정을 통해 보편적으로 제공되는 복지급여는 개인의 안녕이나 복리를 증진시키기 위한 정상적인 위치를 담보하고 있다(Titmuss, 1974: 32). 자원의 재분배를 통해 사회적 평등을 추구한다는 점에서 사회복지정책의 권리성을 강조하고 있다.

사회복지정책의 유형과 영역

사회복지정책의 유형은 크게 사회보험, 사회부조, 사회수당, 사회서비스로 구분할 수 있다. 정부는 노령, 질병, 실업 등의 대표적인 사회적 위험으로부터 구성원을 보호하기 위해 사회보험을 활용하고, 일부 취약계층의 최소한의 소득을 보장하기 위해 사회부조를 운영하며, 확대된 욕구에 대응하기 위해 일정 범위의 사회서비스를 제공한다.[7] 우리나라의 사회보장기본법에서 제시한 대표적인 보장체계의 구분과 동일하며, 최근 도입되어 아직 법에 수록되지 않은 사회수당을 추가하였다. 네 가지 유형의 제도들은 각기 다른 할당의 원칙을 갖고 있다. 사회보험에서는 노동시장 내 지위가 주된 요소라면, 사회부조는 (자산조

---

[7] 이 외에도 사회보상(social compensation)과 국가적립기금(national provident fund)의 유형도 존재한다. 전자는 정부가 특정한 고통이나 피해를 입을 사람을 위해 일반재정을 이용하여 보상적 성격으로 제공하는 급여로, 전쟁피해자나 과거 정부에 의해 기본적인 인권을 침해당한 피해자를 위한 장애, 노령, 유족연금 등이 대표적인 사례이다(Pieters, 2006). 후자는 개인이 평상시에 임금·소득의 일정 비율로 산정된 금액을 정부나 민간에서 관리하는 기금에 강제로 적립했다가 특정 사회적 위험에 노출되었을 때 적립금과 이자가 포함된 자신의 계좌에서 일부를 인출하여 사용하는 방식이다. 싱가포르는 중앙적립기금(CPF: Central Provident Fund)을 대표적인 사회안전망으로 운영하고 있다.

사에 따른) 소득수준, 사회수당은 시민권, 그리고 사회서비스는 개별적인 욕구에 따라 급여가 제공된다. 하나씩 구체적으로 살펴보자.

사회보험

사회보험 social insurance은 보험 원리에 기초하여 사회적 위험에 대비하는 사회보장체계이다. 특정 연대체에 소속된 구성원들은 강제적(혹은 자발적)으로 기여금을 납부하고 사회적 위험에 당면했을 때 급여를 제공받는다. 자본주의 발전 초기의 공제보험 mutual insurance에서 기원을 찾을 수 있는데, 최초의 사회보험을 제정한 독일 수상 오토 비스마르크 Otto Bismarck; 1815~1898를 기념하여 비스마르크식 Bismarckian 접근이라고 부른다.[8] 기여와 급여가 연동된 소득비례방식을 적용하여 공정 equity의 가치를 추구하며, 급여제공을 통해 소득재분배 효과를 발생시킴으로써 평등과 연대의 가치를 반영한다. 국가의 노력과 강제적용을 통해 위험 분산의 크기를 확대하며, 사용자와 노동자 양자가 보험료를 납부하여 '후불 임금'적 성격도 갖고 있다. 대표적인 구사회위험의 종류에 따라, 노령으로 인한 노동력 상실과 소득중단에 대비하기 위한 노령연금, 질병으로 인한 노동력 재생산의 위기와 과도한 지출로부터 보호하기 위한 건강/의료보험, 산업재해로 인한 노동력 상실을 예방하기 위한 산재/노동자재해보험, 실업으로 인한 노동력 재생산의 위기에 대처하고 안정적 소득유지를 위한 고용/실업보험 등으로 구분할 수 있다. 대체로 임금수준과 기여기간을 반영하여 차등적 급여를 제공한다.

일부 연구자들은 사회보험의 등장과 실행을 과거 빈민법 시대와 현대 복지국가를 구분하는 중요한 시점 혹은 사건으로 간주한다(Flora and Heidenheimer, 1981; Pierson, 1991). 이는 사회보험이 갖는 두 가지 특성 때문이다. 우선 산업화로 인해 발생한 다양한 사회적 위험에 대한 정부의 적극적 개입과 책임이 강조된다. 사회보험이 시행되면서 정부가 직접 시장(경제)으로부터 보호

---

8   노동자 중심의 특성과 기여금 납부의 전제가 부각되는 방식이다. 반대로 보편적 인구집단을 포괄하거나 정부의 일반재정을 통해 재원이 마련되는 방식을 베버리지식(Beveridgian) 접근이라고 부른다.

받을 수 없는 개인의 최소한의 소득을 보장하고, 지속적인 고용을 책임지며, 예기치 않은 사고나 노령, 실업으로 인한 경제적 불안정 수준을 '예방'하고 약화시키는 일을 수행하게 되었다(Briggs, 1961: 221-258). 다음으로 이러한 정부의 최저한의 생계보장이 모든 시민의 '정치적 권리'로 보호된다. 사회보험은 종교적 자선이나 박애의 의무 혹은 자산조사를 활용한 선별적 보호가 아니며, 보험금 납부를 통해 급여가 제공되는 시민 모두의 평등한 권리이다. 다만 노동을 전제로 '선가입'하고 위험이 발생하면 '후지급'하는 방식이 갖는 제한된 권리이며, 노동에 부착되어 있는 형식적 권리라는 평가도 공존한다.

최근 들어 자본축적과 생산방식의 변화로 인해 자본주의의 질적 변화가 관찰되면서 사회보험 중심의 복지국가에 대한 한계가 부각되고 있으며, 이에 대한 비판과 대안적 사회보장제도의 모색이 활발하게 이루어지고 있다. 사회보험은 자본과 노동의 장기적인 계약관계가 성립되지 않을 경우 운영 자체가 불가능한 제도이다. 장기적인 사회보험의 세대 간 합의는 완전고용과 노동 중심의 경제체제가 지속적으로 유지될 것이라는 가정하에 성립된 약속이다. 그러나 후기산업사회에 들어서면서 괜찮은 일자리의 지속적 창출과 표준적 고용관계의 유지는 구조적으로 불가능해졌다. 플랫폼 경제하에서 새로운 고용형태가 등장하면서 수많은 불안정 노동자가 사회보험의 사각지대에서 어려운 생활을 지속하고 있다. 복지국가의 대표적인 보장체계의 기반에 균열이 발생하기 시작한 것이다(김교성·백승호·서정희·이승윤, 2018: 67).

전통적 사회보험의 다른 한계는 젠더 정의 측면에서 발견할 수 있다. 사회보험이 남성노동자 중심으로 발달해오면서, 노동시장 참여에서 차별을 경험하고 있는 여성은 가구주에게 경제적으로 의존하며 피부양자로서 간접적·형식적 권리만 공유할 뿐이라는 주장이다(O'Connor, 1993). 오랜 시간 젠더 부정의·불평등의 핵심기제로 기능하면서, 가부장적 지배질서를 정당화하고 일부 국가에서는 남성 중심의 사회보험과 여성 중심의 사회부조로 구분된 '이중복지체계'two tiers of welfare의 구축에 기여해왔다(Fraser, 1989; Sainsbury, 1997).

사회부조

사회부조^{social assistance}는 사회보험과 전혀 다른 배분 원칙에 입각하여 사회적 위험에 대응하는 최후의 사회적 안전망이다.[9] 사회보험과 달리 보험금 납부의 의무가 존재하지 않으며, 사회수당의 시민권적 권리와 달리 자산조사를 전제로 선별적으로 제공되는 생존권적 급여이다. 비기여와 자산조사 방식으로 인해 표적화^{targeting}와 잔여적^{residual} 특성이 부각되며, 최저 수준의 보장 원칙과 더불어 낙인^{stigma}이 수반된다. 수급자는 간혹 일할 수 있는데도 일하지 않는 '게으름뱅이'로 취급되거나 가짜 자격을 통해 급여를 제공받는 '부정 수급자'로 의심받는다. 그러나 이러한 행위는 시민권적 권리로 제공되는 '복지권'을 부정하는 것이다.

사회부조는 '정부가 일정 수준 이하의 소득이나 자원을 가지고 있는 사람의 최저생활을 보장하기 위해 자산조사를 실시하고 일반재원을 활용하여 제공하는 모든 종류의 급여와 서비스'로 정의할 수 있다. 유사 개념들이 핵심 내용의 다양한 조합으로 제시되고 있지만, 대체로 제도 운영의 주체가 정부와 지방정부로 명시되며 대상은 일정 수준 이하의 소득이나 자원을 가지고 있는 취약계층과 빈곤집단으로 한정된다. 급여의 형태는 현금^{in-cash}과 현물^{in-kind} 서비스로 구분된다. 급여의 수준으로는 최저^{minimum}, 괜찮은^{decent}, 적절한^{adequate or reasonable} 등의 형식적 표현이 동원되지만, 최소한 인간의 존엄성을 유지할 수 있는 수준이 되어야 본연의 목적을 달성할 수 있다. 정부의 일반세금을 통해 재원이 충당된다. 보장하는 대표적 사회적 위험의 범주에는 빈곤, 교육, 의료, 주거, 긴급한 사회적 위험 등이 포괄된다. 구체적인 제도는 현금급여를 중심으로 최저 수준 이하의 모든 인구집단을 포괄하는 일반부조, 실업자, 노인, 한부모 등의 특정 집단을 대상으로 하는 범주형 부조, 그리고 다른 부조형 급여에 선택적이고

---

9 사회부조는 국제기구에서 발행하는 간행물에서조차 통일된 용어를 발견하기 어려울 만큼 다양한 용어가 혼재되어 사용되고 있다. 유사한 용어로는 사회부조(social assistance), 국민부조(national assistance), 공적부조, 공공부조(public assistance), 일반부조(general assistance), 보충급여(supplement benefit), 소득지원(income support), 사회기금(social fund) 등이 있다(김교성, 2009: 61). 이 장에서는 사회보험, 사회서비스, 사회수당 등 다른 제도와의 통일적 활용을 위해 사회부조로 사용한다.

표 1-1 사회보험과 사회부조의 특성 비교

기준	사회보험	사회부조
원리	보험원리	부조원리
대상	전 국민 / 보편성(강제 적용을 통한 위험 분산)	생활곤궁자 / 선별성(자산조사와 낙인)
목적	사회적 위험 예방(사전적 예방 / 생활보장과 빈곤 방지)	생활보장과 탈빈곤(사후적 처치)
재원	기여금(노·사 각출)	일반재정
급여	소득비례방식	최저생활 보장
원칙	소득재분배 원칙	열등수급 원칙

보충적으로 부착되는 연계부조로 구분할 수 있다(Eardley, Bradshaw, Ditch, Gough, and Whiteford, 1996; 김교성 외, 2018: 235-237).

후기산업사회에 들어서 복지국가가 재구조화하는 과정에서 사회부조의 자격과 급여가 노동과 연계되는 경향을 보이고 있다. 수급권자의 부족한 부양능력과 복지에 대한 의존성을 우려하여 급여의 핵심 내용이 자립생활과 탈빈곤을 독려하는 방식으로 변화되었다. 자산조사를 더욱 엄격하게 수행하고 급여기간을 제한하거나 권리와 의무와의 연계를 주장하며 강제적 혹은 통합적으로 자활사업이나 직업훈련에 참여하는 것을 조건으로 급여를 제공하고 있다(김교성, 2009; 김교성 외, 2018: 237-238). 수급자에 대한 단순한 소득보장을 넘어 고용능력 개발과 탈빈곤 지원을 통한 국가복지의 확대라는 평가가 존재하지만, 실제 수급자의 의무와 조건을 강화하여 급여 대상과 복지재원을 축소하는 명분으로 사용되기도 한다.

사회수당

사회수당social allowance은 보편적 사회보장의 가장 전형적인 유형이다. 인구학적 기준과 특성에 기초하여 대상을 선별하고 일정액의 급여를 제공한다. 범주형 사회부조로부터 수급 대상을 수직적으로 확대하며 발전해왔고, 아동, 노인, 장애인, 한부모 등을 주 대상으로 실시하고 있다. 대표적인 제도에는 노령연금과 아동·가족수당, 그리고 성남시에서 시행하고 있는 청년배당 등이 포함된다.

사회수당은 '특정 시민 혹은 거주민에게 정액의 현금급여[10]를 소득수준, 고용상태, 자산조사와 무관하게 조세에 기반하여 지급하는 제도'로 정의할 수 있다(ISSA, 2016: 2). 구체적으로 살펴보면, 우선 인구학적 할당 원칙에 따라 수급집단을 제한하여 완전한 보편성이 보장되는 것은 아니지만, 노동시장에서 배제된 피부양자를 포괄하여 복지에 관한 시민권적 권리를 확장하고 있다. 남성생계부양자를 중심으로 운영되던 전통적 복지국가가 사회수당을 운영함으로써 제도적 확장을 통해 이중생계부양자가족중심모델 dual-breadwinner family model 로 이행했다는 평가도 존재한다. 대체로 정액방식이 선호되지만, 상황에 따라 차등적인 급여 수준이 적용되기도 한다. 아동·가족수당에서 자녀수에 따라 첫째 아동과 둘째 아동의 급여를 다르게 책정하는 경우가 대표적인 사례(독일)이다. 아동의 연령별(오스트리아) 혹은 가구의 소득별(영국, 프랑스)로 차등급여를 지급하기도 한다. 마지막으로, 소득수준과 자산조사에 기초하여 수급 대상을 선정하지 않는다는 점에서 사회부조와의 차별성이 인정되며, 갹출된 사회보험의 적립금이 아닌 일반 조세에 기반해 급여가 제공된다는 점에서 권리적 측면이 다시 강조된다(김교성, 2017; 김교성 외, 2018: 248-249).[11] 따라서 마셜(Marshall, 1964)의 시민권 담론이나 ILO(2014/15)의 사회적 보호 최저선 SPF 의 측면에서 한걸음 발전한 제도로 이해할 수 있다. 남성노동자를 넘어 특정 인구집단의 모든 시민을 대상으로 사회보험의 기여 의무나 사회부조의 욕구와 무관하게 사회적 권리 차원에서 수당을 제공하기 때문이다. 일부 완화된 보편성과 무조건성이 담보되어 있기 때문에, 다른 사회보장제도에 비해 기본소득과 유사성이 많은 제도이다(김교성 외, 2018: 250).

표 1-2에서는 수급 대상과 자산조사 실시 여부, 근로조건 부과 여부에 따

---

10   현물급여를 사회수당의 한 형태로 인정해야 한다는 견해도 존재한다. 현금으로 급여의 형태를 제한하는 수당은 협의의 개념이며, 광의의 개념 속에 교육, 의료, 사회서비스 등의 현물급여가 포함될 수 있다는 주장이다(Van Parijs, 1995: 79).

11   일부 국가에서는 범주형 사회부조가 갖는 낙인적 의미를 감추기 위해 단지 '수당'이라는 명칭을 활용하기도 한다. 자산조사를 실시함으로써 사회부조의 성격을 갖고 있음에도 불구하고 실업수당, 청년수당, 보육수당, 장애수당으로 명명한다. 실업보험과 건강보험에서 제공하는 일부 급여를 실업수당이나 상병수당이라고 부르기도 한다. 그러나 이러한 방식에는 기여가 수반되는 사회보험의 성격이 내포되어 있어 사회수당의 범위에 포함시키기 어렵다.

표 1-2 각종 사회보장제도에 대한 비교

구분		자산조사	
		실시	미실시
대상	전체	—	기본소득
	특정 집단	사회부조	사회수당
노동 의무	○	노동연계형 사회부조(급여수급 조건)	사회보험(기여금 납부의 전제)
	×	범주형 사회부조(현 기초연금, 장애수당)	보편적 현금급여(사회수당, 기본소득)

출처: 김교성·백승호·서정희·이승윤(2018), p. 251.

라 다양한 사회보장제도를 비교하고 있다. 사회보험의 노동의무는 기여금 납부를 위한 전제이며, 사회부조의 노동의무는 급여수급을 위한 조건으로 작동한다. 사회부조와 사회수당의 공통점은 인구학적 특성에 따른 할당 원칙이 존재한다는 것이며, 차이점은 자산조사의 실시 여부에 있다.

전반적인 사회보장의 체계 안에서 사회수당의 위치나 기능적 역할은 사회보험이나 사회부조에 비해 크지 않다. 두 제도에 비해 상대적으로 늦게 도입되었고, 수당제도 자체를 운영하지 않는 국가도 상당수에 이른다. 제도가 갖는 보편성으로 인해 특정 인구집단의 다수를 포괄하고 있지만, 급여수준이 충분하지 않아 재분배효과는 미미한 편이다. 역사적 복지국가에서 일종의 최저소득을 보장하는 보완적 혹은 보충적 기능을 담당해온 것으로 평가된다(노대명·여유진·김태완·원일, 2009: 26, 김교성 외, 2018: 250에서 재인용).

사회서비스

다른 사회보장제도에 비해 사회서비스[social services]에 대한 개념 정의는 상대적으로 매우 어렵다. 이는 제도에 내재되어 있는 후발성, 개별성, 복잡성의 특성에 기인한다. 사회서비스는 다른 사회보장제도에 비해 상대적으로 늦게 발전한 복지국가의 현물급여이며, 생애주기에 직면하게 되는 다양한 사회적 욕구에 대한 대면적·개별적 대응이다. 급여 내용 역시 감정노동을 수반하고 단순하지 않아서 표준화된 서비스를 제공하기 어렵고, 보장의 목적과 범위가 광범위하여 시장이나 민간영역에서 전달하는 다양한 유사 서비스 혹은 개인 서비스와 경쟁하고 있다.

역사적으로 영국의 사회서비스는 공공복지체계 전반을 지칭하는 용어였다. 그러나 1970년대에 들어서 해당 용어가 사회정책으로 대체되면서, 사회서비스는 개인 서비스에 한정하여 사용되는 협의의 개념으로 축소되었다. 시간이 흘러 복지국가의 확장기를 경험하면서, 사회서비스는 교육과 의료, 주거와 돌봄서비스를 포괄하는 용어로 사용되었다. 그러나 후기산업사회에 들어서 신사회위험에 대한 대응 과정에서 사회투자social investment 담론이 등장하면서 돌봄서비스 중심의 개념으로 구체화되었다. 사적 영역에서 주로 여성(가족)에 의해 제공되던 아동과 노인 돌봄의 책임이 사회적 역할과 의무로 전환되면서 정책적 필요성이 부각되고, 보육, 부모휴가, 장기요양 등의 다양한 탈가족화defamiliar-ization 정책이 마련된 결과이다. 이후 돌봄서비스는 광의의 사회서비스와 협의의 사회서비스를 구분하는 기준으로 활용되고 있다.

그러나 일반적으로 사회서비스의 개념적 범주는 전통적인 교육과 보건의료, 주거서비스에 고용과 돌봄서비스의 내용을 포괄하고 있다. 이러한 내용은 우리나라 사회보장기본법에도 분명하게 명시되어 있다. 제3조(정의)에서 사회서비스의 분야를 '복지, 보건의료, 교육, 고용, 주거, 문화, 환경'으로 구분하고, 주된 활동을 '상담, 재활, 돌봄, 정보의 제공, 관련시설의 이용, 역량 개발, 사회참여 지원 등'으로 규정하고 있다. 남찬섭(2012)은 이 새로운 정의에 대해, 사회서비스의 분야를 포괄적으로 확대했지만 그 수단을 사회복지서비스에서 활용되는 핵심활동으로 제한했다는 점에서 '포괄적·외연적 지향과 영역적·내포적 지향의 개념적 긴장'을 내포하고 있다고 평가한다. 최근 개념 정의에 관한 학술적 논의 외에 사회서비스의 공공성, 서비스의 질, 전달체계, 중앙정부와 지방정부의 역할, 일자리 창출 효과, 공급자 관련 문제 등 다양한 이슈와 쟁점이 크게 부상하고 있다.

표 1-3은 사회보험과 사회부조, 사회수당의 개념적 특성을 대상과 재원, 급여를 중심으로 요약정리한 것이다. 여기에 사회서비스를 급여형태의 하나로 취급해 삽입하고 행과 열을 교차시켰다. 건강보험과 장기요양보험의 의료서비스와 요양서비스는 전 국민에 대한 강제적용을 통해 적정 수준의 급여를 보험

표 1-3 사회보험, 사회부조, 사회수당과 사회서비스

	대상	수급권	재원	급여	급여형태	
					현금	서비스
사회보험	보편적	기여여부 기여기간	보험료	적정급여추구 소득비례	연금 실업보험	건강보험 장기요양 급여
사회부조	선별적	자산조사 근로조건	일반조세	최저수준	생계급여	의료급여
사회수당	보편적	시민권 거주기간	일반조세	낮은 수준 정액	아동수당 기초연금	NHS 무상보육

료에 기반해 제공하는 사회보험 유형에 포함할 수 있다. 소득과 재산에 기초하여 보험료를 차등적으로 납부하지만 유사한 수준의 서비스를 제공받는다는 점에서 재분배적 성격을 내포하고 있다. 국민기초생활보장제도의 의료급여는 자산조사에 기초하여 일부 인구집단에게 조세를 통해 제공되는 사회부조의 특성을 갖고 있다. 무상보육은 시민권과 일반조세에 기반해 보편적으로 제공되는 대표적인 수당 형태의 돌봄서비스이다.

사회복지정책에 대한 학문적 접근

사회복지정책에 대한 학문적 접근은 세 가지 차원으로 나누어볼 수 있다. 하나는 '사회복지정책을 누구를 대상으로 어떻게 급여를 제공하는 것으로 설계할 것인가'와 같은 실제적인 차원이다. 다른 하나는 '사회복지정책이라는 것이 애초에 왜 필요하고, 그것이 궁극적으로 추구하는 바는 무엇인가'와 같은 규범적인 차원이다. 이 두 가지 차원은 분리해서 접근해서는 안 되고 통합적으로 접근해야 한다. 개별 연구에서 어느 한 차원에만 초점을 맞추는 것이 불가피할 수도 있지만, 그 경우에도 다른 차원에 대한 주의를 놓쳐서는 안 된다. 여기에 사회복지정책이 갖는 실천적 차원을 추가할 수 있다. 사회복지정책의 형성과 개혁, 운영과정에 참여하여 특정한 견해를 관철시키기 위해 수행하는 다양한 활동을 의미한다. 세 차원을 간략하게 표현하면 다음과 같다.

- 규범적 차원—사회복지정책은 왜 필요한가? 어떤 방향으로 설계할 것인가?
  - 철학적·가치적 접근 : 철학적·가치적 차원에서 사회복지정책의 필요성과 방향 탐구
  - 이데올로기적 접근 : 주요 이데올로기에서 말하는 사회복지정책의 필요성과 방향
  - 이론적 접근 : 사회복지정책의 필요성과 내용에 대한 논증과 실증
- 실제적 차원—사회복지정책을 어떻게 설계할 것인가? 실제로 어떻게 구성되어 있는가?
  - 정책학적 접근 : 정책형성론, 정책분석론, 정책평가론
  - 정책분석론적 접근 : 할당, 급여, 전달, 재정
- 실천적 차원—사회복지정책을 어떻게 구현할 것인가? 특정 견해를 어떻게 관철시킬 것인가?
  - 전략적 접근 : 주체, 대상, 목표, 방법

그러나 사회복지정책에 대한 통합적 접근은 생각처럼 쉽지 않다. 사회복지정책이 왜 필요한가라는 질문에 대해 어떤 답을 구했다고 해도, 이 답으로부터 사회복지정책을 어떻게 설계하고 구현할 것인가와 관련된 답을 자동적으로 도출할 수 있는 것은 아니기 때문이다. 예를 들어 사회복지정책의 목표를 욕구에 따른 복지급여의 분배로 결정했다고 해서, 복지급여의 대상자 선정과 급여의 제공 방법 등에 관한 설계가 자동적으로 정해지는 것은 아니다. 그림 1-4에 제시된 정육면체의 두 면은 각각 규범적 차원과 실제적 차원이 차지하고, 다른 한 면은 실천적 차원을 나타낸다. 규범적 차원과 실제적 차원은 각기 독자적인 대안과 선택지를 갖고 있지만 또 다른 한편으로 서로 연관되어 있기 때문에, 다양하고 복잡한 결합적 선택의 조합이 가능하다.

우리는 규범적 차원을 나타내는 내용을 이 책의 제2부 「가치, 이념, 이론」에서 다룰 것이고, 실제적 차원의 대안은 제3부 「분석원리」에서 다룰 것이다.

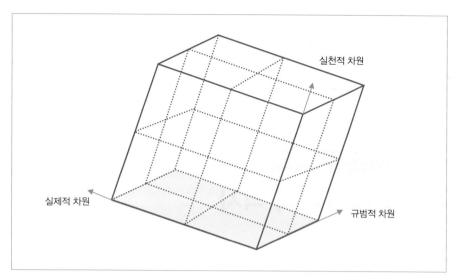

그림 1-4 사회복지정책의 학문적 접근

제4부에서는 실천학문으로서 사회복지정책이 갖는 실천적 차원에 대해 살펴보고 우리 사회에서 진행된 사회복지운동의 경험에 대해서도 간략하게 서술할 것이다.

토론쟁점

1   자본주의 사회에서 발생하는 사회문제를 근본적으로 해결하기 위해서는 시장에 대한 적극적 개입이 요구된다. 사회복지정책이 취급하는 사회적 위험과 정책의 범주는 어디까지 확대되어야 할지 논의해보자.

2   사회복지정책이 추구해야 할 목적과 핵심 가치에 어떤 다른 내용을 추가할 수 있을지 함께 토론해보자.

3   자본주의의 질적 변화가 감지되면서 전통적 복지국가를 추동해온 전형적인 사회보장제도(예: 사회보험)의 문제점이 부각되고 있다. 환경 변화와 관련하여 어떤 문제점이 부상하는지 탐구해보고, 변혁적 대안에 대해서도 논의해보자.

02

서구 자본주의와
사회복지정책의 역사

왜 사회복지정책의 '역사'를 공부해야 할까?

다양한 답을 제시할 수 있지만, 사회복지정책의 역사를 아는 것은 사회복지정책의 현재를 이해하고 현재를 넘어서는 데 기여할 수 있기 때문이다. 구체적으로 첫째, 역사를 들여다보는 것은 사회복지정책 이슈에 대한 깊이 있는 이해를 돕는다. 현재의 사회복지정책은 그 자체가 역사의 산물로 역사적 변화와 논쟁의 흔적을 고스란히 담고 있다. 일례로 현 공공부조정책 이슈들은 과거에 빈곤에 대응한 사회복지정책들의 흔적과 빈곤관의 역사적 변화를 담고 있다. 사회보험 도입기의 재정, 대상 논쟁 역시 현재 사회보험제도의 한계와 가능성을 이해하는 데 도움이 된다. 둘째, 역사 일반이 그러하듯이 사회복지정책의 역사는 다양한 이상을 추구하는 행위자들의 정치적·정책적 선택, 그리고 그 결과를 보여준다. 셋째, 궁극적으로 사회복지정책의 역사는 역사적 반복을 넘어서서 지금 이곳에서 새로운 정책적 선택을 하도록 하는 상상력과 행동의 원천이 될 수 있다. 특히 사회복지정책의 전개를 자본주의 역사와의 연관 속에서 살펴보는 것은 최근 자본주의의 변화 속에서 사회복지정책의 새로운 모습과 역할을 생각해보는 데 도움이 될 것이다.

서구 사회복지정책의 역사는 자본주의의 태동, 발전, 그리고 위기와 변형의 역사와 궤적을 같이한다. 사회복지정책은 자본주의 시장경제가 갖고 있는 다양한 구조적 문제에 대한 대응이며, 주로 시장경제의 불평등한 분배 결과를 수정해냄으로써 이러한 문제를 완화시키고자 하기 때문이다. 또한 자본주의의 태동과 변형은 경제구조 변화에 그치는 것이 아니라 가족, 종교, 지역공동체, 국가 등에 대한 기대와 역할까지 바꿔냈다. 이는 생산부문뿐만 아니라 돌봄, 교육, 소비 등 재생산 부문을 포함한 모든 사회 영역을 전면적으로 바꿔내는 과정이었다. 이렇게 바라볼 때 자본주의 발전과 함께 봉건사회의 가부장적 가족과 종교가 수행한 재생산 보증 역할이 국가 사회복지정책으로 상당 부분 넘어간 것을 이해할 수 있다.

물질적 토대의 변화뿐만 아니라 다양한 주체들의 정치적 실천 역시 사회복지정책의 역사에서 중요하다. 사회복지정책에 관한 행위자들의 실천을 고려하지 않는다면 각국 사회복지정책의 역사적 궤적 차이를 설명하기가 어려울 것이다. 따라서 사회복지정책의 역사를 설명하기 위해서는 특정 역사적 국면에서 어떠한 정치적 운동이 발생했고 이들이 무엇을 추구했는지 알아볼 필요가 있다. 이에 이 장에서는 서구 사회복지정책의 역사를 구조와 주체의 상호작용을 통해 살펴보고자 한다.

여기서 살펴볼 사회복지정책의 역사는 봉건제에서 자본주의로의 전환이 이루어지던 시기의 빈민법부터 최근 복지재편기까지다. 사회복지정책의 역사를 시기별로 구분하는 방식은 다양할 수 있으나, 이 장에서는 서구 자본주의의 역사적 전개 과정을 참고해 서구 사회복지정책의 변화 과정을 크게 다음 네 국면으로 구분한다.

1) 봉건제 붕괴 및 자본주의 태동기의 사회복지정책(17~18세기)
2) 자본주의 공업화 시기의 사회복지정책(19~20세기 전반)
3) 자본주의가 고도화되는 시기의 사회복지정책(20세기 중반)
4) 현대 자본주의의 위기 및 변형기의 사회복지정책(20세기 후반~현재)

표 2-1 서구 사회복지정책의 변화과정과 한국

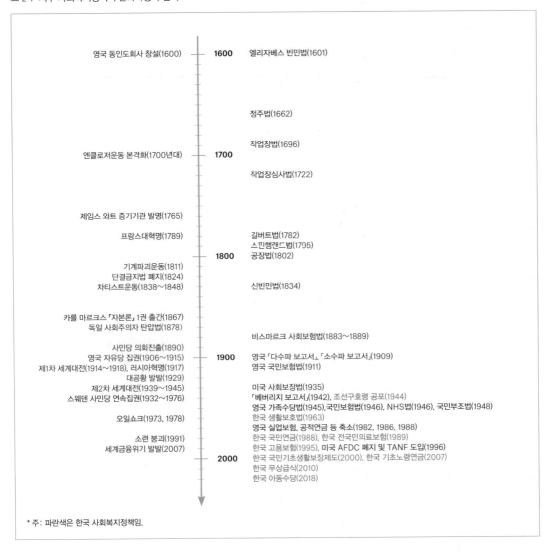

* 주: 파란색은 한국 사회복지정책임.

이 네 국면은 영국 빈민법, 독일 비스마르크의 사회보험법, 미국 사회보장법, 베버리지^{William Beveridge}의 사회보장 구상과 관련 입법들, 현대 복지국가의 사회복지정책 발전, 자본주의 경제위기 이후 계속되고 있는 복지국가 재편기의 사회복지정책 변화 등을 포함한다. 특히 시기 2)와 3)의 경계에는 대공황과 세계대전이 있다. 즉, 자본주의의 '황금기'가 도래하고 현대 복지국가의 사회복지정책이 고도로 발전하기 직전에 극심한 정치경제적 위기가 펼쳐졌다. 사회복지정책의 역사를 참고해 20세기 후반에 닥쳐온 자본주의 위기가 지금 사회복지정책에 어떤 변화를 요구하는지 더 깊이 생각해보자. 이는 21세기 사회복지정책 재편 과정에서 우리가 무엇을 할 것인가에 대해 통찰력을 제공할 수 있다.

봉건제 붕괴와 자본주의 태동: 구호와 통제의 양날을 가진 칼, 빈민법

이 절에서는 봉건제에서 자본주의로의 생산양식 전환 면에서 세계에서 가장 선도적인 지역이었던 영국의 17~19세기 빈민법의 전개 과정을 살펴본다. 당시 서유럽에서는 국민국가가 형성되고 무역 발전으로 상업자본이 성장함에 따라, 자본주의가 싹트고 있었다.

영국에서는 봉건제가 흔들리고 상업자본주의가 출현하기 시작하는 15~17세기에 엔클로저^{enclosure}운동이 전국적으로 벌어졌다. 양모산업을 위해 농지가 사라짐에 따라 수많은 농민들이 부랑자로 전락했다. '양이 사람을 잡아 먹는' 사태가 전개된 것이다. 또한 종교개혁으로 많은 교회와 수도원이 해산되면서 종교기관을 통해 구호를 받던 빈민들도 거리로 내몰렸다.

이렇게 봉건영주와 농민들의 봉건제적 관계가 붕괴되기 시작하고, 종교기관의 자선 기능이 약화되는 상황에서 농민들은 더 이상 농민이 아니게 되었다. 이들은 대규모 빈민이 되었다. 빈민은 존재 자체로 봉건제의 지배와 복종, 보호라는 사회질서에 큰 위협이 되었다.

더욱이 16세기 후반 해외무역의 발전과 이후 지속된 공업의 발전은 생산양식 변화를 촉진했고, 이는 봉건제적 사회관계에서 벗어나 떠돌아다니는 빈민을 더욱 증가시켰다. 이에 국가는 구호와 통제를 함께 수행하는 빈민법을 통해 이에 대응했다.

종교개혁, 엔클로저운동 등으로 부랑자가 대거 발생한 시기에 작동한 빈민법은 봉건제의 구획과 사회질서를 유지하고자 했고, 권위에 의한 억압과 통

엔클로저운동

엔클로저운동은 식민지 무역 확대 및 상공업 발전 과정에서 양모가 주력 수출상품이 되면서 지주들이 공동경작권이 존재하고 있던 농지를 양을 치는 목장으로 전환한 사건을 말한다. 특히 16세기에 영국에서 모직공업은 가장 중요한 산업으로 여겨졌다. 양목축에서 커다란 상업적 이익이 발생하면서, 지주들은 봉건제의 경작에 대한 관례를 앞장서서 깨기 시작했다. 이는 지주가 주도한 일방적이고 급작스러운 변화였다.

엔클로저운동은 다양한 측면에서 근대 자본주의로의 전환을 매개했다. 첫째, 엔클로저운동은 경작지 활용 방식을 바꾸는 것에서 끝난 것이 아니라 봉건적인 사회관계의 철폐, 즉 영주와 농민 사이의 봉건적인 지배와 보호관계까지 깨뜨리는 결과를 낳았다. 둘째, 많은 농민들이 농지에서 쫓겨나 부랑자로 전락하거나 도시로 내몰려 하층 공장노동자가 되었다. 이러한 풍부한 노동력의 공급은 공업 발전을 촉진했다. 셋째, 엔클로저운동은 중소농민의 몰락과 대농장 형성을 가져옴으로써 농업 부문의 자본주의화를 진전시켰다.

제를 추구했다는 점에서 여전히 봉건적이었다. 그러나 시장과 교역의 발전으로 인한 대규모 사회변동으로부터 초래된 빈곤문제에 대응했다는 점에서, 그리고 빈민들의 노동력을 최대한 활용하고자 했다는 점에서 이제 막 출현하기 시작한 자본주의 생산양식에 부합하는 측면이 있었다. 국민국가의 성립 역시 이전과는 다른 차원의 국가 개입을 가능하게 했다. 빈민법은 봉건제 붕괴 이후에도 완전히 소멸되지 않고 자본주의 노동시장의 형성을 촉진하는 방식으로 전개되었고, 빈민법의 정신 중 일부는 현대 자본주의 국가의 공공부조제도로 이어졌다.

엘리자베스 빈민법(1601)

17세기의 시작과 함께 엘리자베스 여왕 시절에 만들어진 빈민법[Poor Law, 1601]은 이전에 만들어진 빈민 관련 법령들(1572년, 1576년, 1597년)을 공식화하고 전국 단위에서 체계화한 것으로, 이후 만들어진 빈민구호제도의 토대가 되었다. 이에 서구 사회복지 역사에서는 빈곤문제에 대한 국가의 체계적 개입의 기원을 1601년의 영국 빈민법에서 찾기도 한다.

　1601년 빈민법은 빈민을 '노동능력 있는 빈민^{the able-bodied poor}, 노동능력 없는 빈민^{the impotent poor}, 요보호아동^{dependent children}' 세 가지 유형으로 분류해 서로 다른 처우를 받도록 했다. 첫째, 노동능력이 있는 빈민은 교정원이나 작업장에서 강제노역에 종사하게 되었다. 만일 노동능력이 있는 빈민이 이를 거부할 경우에는 감옥에 감금되고 형벌을 받았으며, 심지어 처형되는 경우도 있었다. 둘째, 노동능력이 없는 빈민이란 노인, 아이가 있는 홀어머니, 육체적·정신적 장애로 일을 할 수 없는 사람들, 즉 만성질환자와 정신질환자 등을 지칭했다. 이들 노동능력이 없는 빈민은 구빈원에 수용되어 최저한의 생존이 가능한 수준에서 구호를 제공받았다. 셋째, 부양가족이 없거나 부모가 있어도 부양할 능력이 없는 요보호아동은 양육을 희망하는 가정에 위탁하거나 수공업자 등에게 도제로 보내졌다. 즉, 요보호아동은 수공업자에게 맡겨져 성인이 될 때까지 노동력을 제공했다.

　엘리자베스 빈민법은 무차별적인 자선을 베푼 것이 아니라 위와 같이 빈민을 분류하고 처우를 다르게 했다는 점에서, 그리고 비록 선언적인 것이지만 빈곤구제에 대한 책임이 국가에 있다는 관점에서, 각 교구에 구빈감독관 임명을 의무화하고, 재원을 조세(교구단위 구빈세)로 충당하는 등 최초로 빈민구호 책임을 교회가 아니라 지방행정기관이 졌다는 점에서도 근대적이었다. 그러나 엘리자베스 빈민법은 떠도는 빈민을 사회불안 요소로 보고, 강제노역을 부과하고 통제에 따르지 않을 경우 잔인한 처벌을 가하는 등 매우 억압적이었다. 구호보다는 통제를 통한 봉건제 사회질서 유지가 당시 빈민법의 더욱 본질적인 목적이었다.

　또한 빈민법은 노동력을 중시해 노동능력을 중심으로 빈민을 분류하고 이들에게 강제노역을 부과해 이들의 노동을 최대한 이끌어내고자 했다는 점에서 특징적이다. 빈민을 추방해 단순히 눈에 보이지 않게 만들고자 한 것이 아니라 이들을 체계적으로 분류해냄으로써 노동의무를 부과할 수 있는 대상으로 본 엘리자베스 빈민법의 관점은 상공업이 발전하던 당시 지배적 경제사상이었던 중상주의를 반영했다. 중상주의자들은 국부 증가는 금은 등 화폐의 증대에 있다고 보았다. 화폐량은 수출이 늘어날 때 증가하는데, 수출 증가를 위해서는 상품생산을 위한 노동력의 확보와 활용이 중요했다. 즉, 중상주의자들은 국부의 원천으로 생산을 위한 노동을 중시했고, 빈민의 노역은 국가의 부를 증대시키는 수단이 되었다.

엘리자베스 빈민법 이후에도 빈민법의 내용은 사회가 변화함에 따라 계속함께 변화했다. 이후 자본주의의 본격적인 발전과 함께 출현하는 빈민구호제도는 구호와 통제라는 빈민법의 본질과 이를 위한 제도적 수단이라는 면에서 어떻게 변화하게 될까?

정주법(1662)

정주법 The Act of Settlement and Removal, 1662은 부랑자들이 영지 혹은 교구 사이를 자유롭게 이동하는 것을 금지하고 부랑자들을 연고가 있는 곳으로 추방하기 위해 제정된 법이다. 정주법에 따르면, 모든 개인들은 법적으로 정해진 지역 내에서만 거주할 수 있으며 타 지역에서 들어온 이주민들은 원칙적으로 법적 거주지역으로 돌아가야 한다.

빈민법이 만들어지면서 빈민들은 가능한 한 구빈비용을 댈 수 있는 부유한 지역으로 이동해 다니기 시작했다. 이는 애초에 빈민법이 의도한 사회질서 유지에 배치되는 일이었고, 부랑민을 오히려 늘리는 결과를 가져오기도 했다. 또한 구빈비용의 계속적인 증가가 초래되기도 했다. 사회질서 유지와 구빈비용 통제를 위해 빈민들의 이동 통제가 요구되면서 정주법이 만들어진 것이다. 이는 빈민법의 사회질서 유지와 통제라는 목적에 충실한 것이었다.

그러나 정주법은 당시 기술발전, 공장 증가 등에 힘입은 자본주의로의 이행에 배치되는 것이었다. 공업화로 인해 특정 지역에 많은 인력의 유입이 필요한 상황에서, 정주법은 신흥자본가들의 노동력 확보를 어렵게 했다. 즉, 자본주의적 생산관계가 만들어지고 노동시장이 형성되기 위해서는 자유로운 노동자들이 출현할 필요가 있었으나, 정주법은 이를 가로막았다. 이에 정주법의 규정들이 점차 완화되기 시작했다. 정주법은 18세기의 본격적인 공업화와 도시의 형성이라는 도도한 흐름 앞에서 무력화되었고, 1795년에 사실상 폐지되었다.

작업장법(1696)·작업장심사법(1722)

17세기 말~18세기 초에 제정된 작업장법^{Workhouse Act, 1696}은 노동능력이 있는 빈민들의 노동력을 최대한 활용하면서 구빈비용을 줄이기 위한 목적에서 만들어졌다. 이 법은 빈민의 시설 내 강제노역을 강화했는데, 이들의 노동 역시 국가의 부의 증대에 기여할 수 있다는 중상주의적 사고를 배경으로 만들어진 것이다. 1696년에 만들어진 브리스톨 작업장은 소녀에게는 실 잣는 일을, 소년에게는 방적을, 유아에게는 보호와 교육을 제공해 빈민에게 합당한 일자리 제공이란 목적이 유지되었음을 보여준다(박광준, 2011). 그러나 시설입소를 통한 보호비용은 과거에 비해 높았고, 빈민들은 작업장 수용을 피하고자 구제 요청을 꺼리게 되어 작업장이 구제신청 억제효과가 있음을 보여주었다.

특히 작업장의 악명이 높아지기 시작한 것은 1722년에 작업장심사법^{Workhouse Test Act, 1722}이 제정된 이후였다. 작업장심사법의 핵심 내용은 빈민구호비용을 줄이기 위해 노동능력이 있는 사람들에 대한 원외구호를 없애고 심사를 통해 노동능력이 있다고 판단될 경우에는 무조건 작업장에 강제로 수용하는 것이었다. 이 법은 빈민에 대한 처벌적 태도를 가지고 있었으며, 작업장을 빈민들이 구제신청을 억제하도록 만드는 정책수단으로 상정했다. 이 시기 빈민들이 작업장에 가느니 차라리 굶어 죽는 것을 선택할 정도로 작업장의 악명은 높았다. 그만큼 작업장 안에서의 빈민들의 생활은 매우 고통스러웠다. 특히 작업장이 정부가 직접 관리하기보다는 계약을 통해 민간이 위탁운영하는 것으로 바뀌면서 작업장 환경은 더욱 악화되었다. 작업장 관리를 위탁받은 이들은 정부에 최저관리비용을 제시하고 작업장 운영권을 획득하게 된 만큼 유지·관리비용을 아끼기 위해 빈민들을 부당하게 대우했다. 작업장 안의 식사는 형편없었고, 빈민들은 혹독한 추위에 시달렸으며, 주거는 비위생적이었다. 작업장 내 사망률도 높았다. 가혹한 작업장은 악명 높았던 공장노동을 대체하는 수단이 되지 못했다.

이에 작업장에서는 노동력이 부족해져, 구빈원에서 구호를 받아야 할 노동능력이 없는 병자나 노인들까지 수용해 강제노역을 시켰다. 작업장은 그 자체로 심각한 사회적 문제가 되었고, 작업장 개선을 주장하는 목소리가 높아졌다. 특히 작업장 내에서의 높은 영아사망률이 폭로되면서 의회에서 작업장에 대한 대규모 조사를 실시했다. 당시 하원의원이었던 토머스 길버트^{Thomas Gilbert}는 작업장의 개선에 큰 관심을 가졌는데, 그는 작업장에 대한 조사 결과를 바탕으로 '길버트법'으로 잘 알려진 빈민법 개정안을 의회에 제출했다.

길버트법(1782)

길버트법^{Gilbert Act of 1782}은 빈민법 행정을 개선하고 빈민법에 인도주의적인 요소를 도입하기 위해 만들어졌다. 길버트법은 크게 두 가지 내용을 담고 있다. 첫째, 원외구호의 허용이다. 길버트법은 노동능력이 있는 빈민일지라도 작업장 수용 대신 일자리를 얻을 때까지 자신의 집에 거주하면서 취업알선 등을 포함한 구호를 받을 수 있도록 허용했다. 둘째, 교구들 사이의 구호재정 여력의 차이를 줄이기 위해 여러 교구가 연합체를 만들어 구빈세를 함께 징수하고 지출하도록 하고 합동으로 구빈원도 설립할 수 있도록 했다.

길버트법은 '작업장 입소를 중심으로 하는 구빈체제로부터 벗어나 원외구호에 눈을 돌리기 시작한 최초의 시도'(박광준, 2011)라는 점에서 새로운 인도주의적 구빈제도라고 평가받았으나, 교구민들이 부담해야 할 구빈세가 늘어나자 불만의 목소리도 생겨났다. 게다가 혁명으로 인해 유럽 대륙으로부터의 식량 수입이 어려워지면서 식품 가격이 급속히 상승하고 기근이 더욱 심각해지자, 길버트법만으로는 인도주의적 구빈행정의 효과가 제대로 나타나지 못했다.

스핀햄랜드법(1795)

18세기 말에 만들어진 스핀햄랜드법^{Speenhamland ACT of 1795}은 길버트법이 담고 있는 인도주의적 원외구호라는 내용을 한층 더 발전시켜 만들어진 빈민구호법으로, 영국 남부 스핀햄랜드 지역에서 처음 시작되었다. 칼 폴라니^{Karl Polanyi}는 빈민에게 구호를 통해 최저생계를 보장하는 스핀햄랜드법의 의의를 자본주의 시장화라는 거대한 물결이 농촌 경제를 덮치는 것을 막기 위한 댐과 같은 역할을 하는 것으로 파악한 바 있다. 물론 이 댐은 임시적이었고, 자본주의 사회로의 진전을 가로막는 장애물로 작용했다는 점에서 자본주의 생산양식이 확산되는 가운데 붕괴될 수밖에 없었다(Polanyi, 1944).

스핀햄랜드법의 핵심은 최저생계 개념의 도입과 최저생계보장이다. 이 법은 교구 내에서 최저생계를 설정하고 노동능력 없는 빈민뿐만 아니라 노동능력 있는 빈민들에게도 임금보조제도를 도입해 가족 수에 따른 최저생계 기준에 따라 수입을 보장하는 것이다. 이 제도는 18~19세기에 걸쳐 공업화, 도시화로 노동력 부족 현상이 만연하게 된 농촌지역에서 노동력 이탈을 막아주는 기능을 했다. 즉, 노동자들이 열악한 공장에 진입하는 대신 농촌에 머무를 수 있는 선택지를 제공한 것이다. 이런 이유에서 스핀햄랜드법의 도입으로 증가하게 될 구호비용을 지주들에게 부담시킬 수 있었다. 공업화로 인해 농촌지역의 노동력 부족 현상이 만연한 가운데 스핀햄랜드법이 영국 전역으로 확산되었다.

그러나 이 제도는 초기 자본주의 공업화가 진행되는 가운데 발생하는 주기적 불황과 실업으로 인한 실업자 구호비용을 농촌이 떠맡도록 하는 역할을 했다. 도시노동자들은 불황기에 농촌에 돌아와 구호에 의존했다. 또한 임금보조제도 때문에 사용자들은 노동자들의 임금을 최저생계가 불가능한 수준으로 낮추었고, 그 비용은 스핀햄랜드제도의 재정으로 충당되었다. 이에 스핀햄랜드법에 의한 구빈비용은 크게 증가했다. 더욱이 공장으로 노동력을 원활히 동원해야 하는 상황에서 이러한 구빈비용 증가에 대한 비판은 높아져 갔다. 이는 이후 스핀햄랜드제도가 소멸하게 된 이유가 되었다. 그러나 이 제도가 갖고 있는 최저생계기준의 설정과 최저보장이라는 특징은 현대의 빈곤정책에 커다란 유산을 남겼다.

신빈민법(1834)

자본주의로의 이행이 본격화되면서 봉건사회의 농촌 부랑자 통제정책이었던 기존 빈민법은 더 이상 시대에 맞지 않게 되었다. 기술혁신에 힘입어 가속화되고 있는 공업화를 뒷받침하기 위해 노동력을 원활히 공급해야 하는 상황에서, 국가는 이를 촉진할 필요가 있었다. 새롭게 만들어진 신빈민법^{Poor Law}

Reform of 1834은 스핀햄랜드법과 대조적으로 자본주의 공업화를 보조하는 장치, 더 구체적으로 말하면 자본주의 노동시장의 형성을 도울 수 있는 내용을 갖추고 있었다. 그러나 구제를 받는 빈민의 입장에서 보면, 과거 빈민법의 직접적인 통제와 형벌과는 다르지만 신빈민법도 억압적이기는 마찬가지였다. 과연 신빈민법은 왜 만들어졌을까?

신빈민법은 걸인들이 늘어나면서 구빈세 부담이 증가하고 기존의 빈민법에 대한 맹렬한 반대가 야기된 가운데 만들어졌다. 특히 나폴레옹전쟁으로 인해 구빈세 부담을 낮출 필요가 더욱 커졌다. 이에 1832년에 빈민법 조사를 위해 '왕립빈민법조사위원회'가 설치되었다. 이 위원회는 나소 시니어Nassau Senior 등 자유주의자들이 주도했다.

그 결과 1834년에 신빈민법이 만들어졌다. 신빈민법은 다음 세 가지 원칙에 기초했다. 첫째, 열등처우 원칙Principle of Less Eligibility, 둘째, 전국균일처우 원칙Principle of National Uniformity, 셋째, 작업장 활용 원칙Principle of workhouse system이다. 첫째, 열등처우의 원칙은 국가의 도움을 받는 빈민의 처우는 스스로 벌어 생활하는 최하위 노동자의 생활보다 더 나을 수 없다는 것이다. 아무리 노동시간이 길고 임금이 낮더라도 공장노동자가 되는 것이 작업장에서 구호를 받는 것보다는 나아야 했다. 이는 노동능력이 있는 빈민의 구제 요청을 국가가 공식적으로 거절할 수 있는 근거가 되었다. 둘째, 전국균일처우 원칙은 빈민들은 어느 지역에 살든 동등한 처우를 받아야 한다는 것이다. 이는 전국적으로 통일된 행정을 수행할 수 있는 국민국가가 확립된 당시의 상황을 반영한다. 셋째, 작업장 활용 원칙은 노약자, 질병자 등 예외적인 경우에만 원외구제를 허용하고 노동능력이 있는 빈민은 예외 없이 누구든지 일을 해야만 구제를 받을 수 있도록 한 것이다. 스핀햄랜드제도로 느슨해진 작업장 제도를 다시 강화함으로써 조금이라도 노동능력이 있는 빈민은 결국 작업장이든 공장이든 어디서든 노동력을 제공해야 생존수단을 얻을 수 있었다.

신빈민법은 빈민을 구호하기 위한 장치이기도 했지만, 카를 마르크스Karl Marx가 언급한 것처럼 이중적인 의미에서 자유로운, 즉 봉건제의 지배와 예속으로부터 자유로운 동시에 굶어 죽을 자유를 함께 가지게 된 사람들이 도시 '노동자'로 거듭나도록 압박을 가하는 장치이기도 했다. 이는 신빈민법하에서 빈민을 사회적으로 열등한 존재로 낙인찍음으로써 가능했다. 신빈민법은 토지로부터 분리되어 생산수단을 잃은 이들이 더 이상 걸인으로 존재할 수 없게 하고, 노동시장 바깥에서의 생존 가능성을 최소화함으로써 노동력을 사고파는 자본주의 노동시장 형성을 간접적으로 지원했다.

자본주의 공업화와 도시화, 그리고 새로운 사회복지정책의 전조

새로운 사회정책의 등장 배경

19세기 말~20세기 초 새로운 사회정책이 등장하게 된 배경은 무엇보다도 자본주의 공장생산의 확산과 착취의 심화였다. 자본주의 공업화가 본격화되면서 도시에 노동자계급이 대규모로 형성되었다. 이들의 생활조건은 극도로 나빴다. 초기 산업화 시기에 발생한 잦은 불황은 만성적이었고, 실업은 주기적이었다. 이들은 실업, 산업재해, 퇴직, 질병 등 새로운 사회문제에 무력하게 노출되었다. 밀집된 주거공간은 협소했고 위생상태는 건강을 해치기에 충분했다. 악명 높은 스모그와 오염된 물 역시 마찬가지였다. 노동자계급은 극도의 저임금과 장시간 노동에 시달렸다. 더욱이 싼 노동력에 대한 자본의 요구에 부응해 여성과 어린아이까지 공장노동에 종사하게 되면서 노동자계급의 건강상태는 어린 시절부터 위험상태에 있었다. 당시 기록에 따르면, 많은 아동이 아기 때부터 공장기계 밑에서 자라다가 5~6세부터 섬유공장 방적기로 일을 했다. 저임금에 시달리다가 공장에서 밀려난 노인들의 빈곤문제는 더욱 극심했다. 당시 많은 이들은 사회의 유지, 즉 사회재생산이 위기에 처해 있음을 인식하게 되었다.

이러한 대규모 사회문제를 타개하기 위해 다양한 사회운동이 출현했는데, 일시적이었지만 러다이트^{Luddite}운동[1]이 큰 반향을 불러일으켰고, 생활습관 개선 운동이었던 금주운동, 경제부문의 개혁운동이었던 노동조합운동과 협동조합

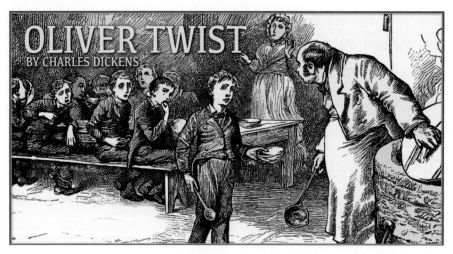

그림 2-1 당시 영국의 불평등한 계층화와 산업화, 빈곤상황, 아동노동, 빈민구제소의 실태를 잘 보여준 찰스 디킨스의 『올리버 트위스트』.

운동, 정치부문의 개혁운동이었던 차티스트Chartist운동, 혁명적 사회주의운동 등이 발생했다.

이 중 상층 지식인운동이었던 페이비언 소사이어티Fabian Society의 활동은 자본주의 공업화과정에서 발생한 사회문제가 당사자인 노동자와 빈민뿐만 아니라 상층의 우려와 사회개혁 요구도 낳았음을 보여준다. 새로운 사회정책 도입 배경으로 이러한 사회운동을 살펴보자.

차티스트운동 정치에서 사회문제의 해법을 찾고자 한 것으로, 1838~1848년에 노동자들을 중심으로 전개된 보통선거권운동이다. 이들은 남성보통선거권, 비밀투표, 의원출마자 재산자격제한 폐지 등을 주장하면서 주로 의회청원, 시위, 파업 등을 통해 선거권 확대를 추진했으나 무력으로 진압되어 소멸되었다.

노동조합운동 19세기에는 과거의 길드 등으로부터 노동자 단결의 유산

---

1   러다이트운동은 19세기 초에 영국에서 자본가들의 하청을 받아 일하는 섬유노동자들이 주도한 대규모 기계파괴운동이었다. 극도로 낮은 임금으로 고통을 받던 노동자들에게 자본주의 생산체제하의 기계는 인간을 노고에서 해방시키는 것이 아니라 더욱 고통스럽게 만드는 것으로 생각되었다. 기계를 때려 부수는 행위는 노동조합 결성이 금지된 상태에서 노동자계급이 기계를 소유한 자본가에 대한 증오를 분출하는 수단이었다.

을 이어받아 노동조합운동이 활성화되었다. 자본주의 공업화과정에서 등장한 다수 노동자의 계급운동인 노동조합운동은 빠르게 퍼져 나갔다. 영국에서는 1799년에 단결금지법 제정을 통해 노동조합운동을 억압하고자 했으나, 이는 1824년의 법 폐지 이후 급속히 성장했다. 운동의 주창자들은 노동시간 단축, 일할 수 있는 아동의 최저연령 인상 등 노동조건의 개선을 주장했다. 노동조합운동은 차티스트운동 및 다양한 조류의 사회주의운동과 연결되어 전국적으로, 국제적으로 성장했다. 이 운동은 여러 나라에서 사회주의 정당과 영국 노동당 등 사회민주주의 정당의 대중적 기반이 되었다.

협동조합운동 노동자들의 열악한 생활조건을 바꾸고자 시작된 협동조합운동도 19세기에 활성화되었다. 노동자들은 자본가들이 생산과정에서뿐만 아니라 공장매장에서 폭리를 취하는 횡포에 민주적 조직 형태를 갖춘 협동조합 조직을 통해 대항했다. 1844년에 로치데일협동조합[2]의 큰 성공이 협동조합운동 본격화의 계기가 되었다. 협동조합운동은 프랑스와 이탈리아를 비롯한 유럽 전역에서 활성화되어 1895년에 국제협동조합연맹[ICA] 대회가 열리기도 했다.

사회주의운동 혁명적 사회주의운동은 19세기에 노동운동과 연결되어 활성화되었다. 혁명을 통한 자본주의 붕괴와 사회주의로의 전환을 도모하는 이 운동은 국가와 자본의 집중적인 탄압 속에서도 마르크스주의 등을 통해 체계화되었고, 대중적 지지에 힘입어 정치적 성공을 거두었다. 특히 19세기 후반에 독일에서는 사회민주주의 정당이 선거에서 승리를 거두기도 했다. 1864년의 제1인터내셔널, 1889년의 제2인터내셔널 등은 국경을 넘어서는 사회주의운동의 국제적 연대[3]와, 또한 19세기 말 사회민주주의운동의 성장을 보여주었

---

2   로치데일협동조합은 공업도시였던 로치데일 지역 노동자 28명이 모여 1844년에 만든 소비협동조합이다. 이들은 생산과 소비를 모두 포괄하는 협동조합사회에 대한 비전을 가지고, 적정 가격으로 믿을 만한 품질의 생필품을 공동으로 구매·공급하는 작은 가게부터 시작해, 좋은 품질, 정직한 판매 등에 힘입어 큰 성공을 거두었다. 로치데일협동조합은 1866년에는 조합원 수가 50배, 자본금이 400배로 늘어났다. 로치데일협동조합의 1인 1표 권리, 윤리적 소비, 이용액에 비례하는 배당원칙은 현재의 협동조합운동으로 이어지고 있다. 이에 로치데일협동조합은 세계 최초의 근대적인 협동조합으로 여겨진다.

3   제1인터내셔널의 정식 명칭은 국제노동자협회(International Workingmen's Association)로, 1864년에 영국 런던에서 결성된 최초의 국제적인 노동운동조직이다. 그러나 1871년에 파리코뮌이 붕괴된 이후에 제1인터내셔널은 쇠퇴해 1876년에 해체되었다. 제2인터내셔널은 1889년에 프랑스 파리에서 사회주의운동에 근간을 두고 만들어졌다. 제2인터내셔널은 1889년 대회에서 5월 1일을 노동절로, 1910년 대회에서 3월 8일을 세계여성의날로 선포했고, 하루 8시간 노동제를 요구하는 국제적인 운동을 펼쳤다.

다. 특히 러시아혁명 이후에 프롤레타리아독재를 주장하는 레닌주의를 거부하고 의회주의, 대의민주주의를 수용한 사회민주주의는 사민주의정당 집권이라는 정치적 성공을 거두었다. 사민주의는 생산수단의 사적 소유를 수용하는 등 사회주의로의 전환 자체보다 사회개혁을 강조했다. 사회민주주의운동은 집권 이후에는 노동-자본-국가의 타협을 주도하면서 복지국가의 발전을 주도했다.

페이비언주의운동 19세기 말 20세기 초에 활발했던 영국의 페이비언주의 운동 역시 사회개혁을 통해 당시에 만연한 실업, 질병 등의 사회문제를 해결하고 자본주의를 내부로부터 바꿔내고자 한 사회민주주의운동이었다. 그러나 페이비언주의자들은 대중운동보다는 정당에 대한 정책내용 투입에 집중했다. 이후 이들의 개혁안은 영국 노동당 정책에 반영되었고, 노동당 의원들을 배출하면서 영국의 사회정책 입법과 복지국가의 형성에 큰 영향을 미쳤다(박광준, 2004).

정리하면, 19세기는 자본주의 공업화가 본격적으로 이루어지고 노동자계급이 대규모로 형성되면서 새로운 사회문제들이 극단적인 형태로 발생한 시기이자, 이를 극복하기 위한 여러 방향의 사회운동이 빠르게 성장한 시기이다. 대중의 고통이 깊어지면서 정치, 경제, 윤리, 소비 등에서 개혁 혹은 혁명을 도모하는 운동들이 성장한 것이다. 이는 기존과는 다른 형태의 사회복지정책 도입에 영향을 미쳤고, 자본주의 자체의 변화를 가져왔다.

공장법의 도입과 확산

산업재해, 질병, 건강 및 위생문제 등이 심화되면서 영국 노동자들의 건강 수준은 나빠졌고, 이는 공장에서의 작업 효율성도 떨어뜨렸다. 즉, 자본주의 공업화와 함께 대규모로 등장한 사회문제는 노동자 개개인에게 고통을 야기했을 뿐만 아니라 자본가의 이윤까지 떨어뜨릴 수 있었다. 더욱이 제국주의 시대에 국력의 핵심인 군사력에도 악영향을 미쳤다. 자본의 장기적인 이윤유지와 노동력의 지속적인 재생산, 나아가 군사력의 유지를 위해서도 과도한 착취를 방지하는 것이 반드시 필요했다.

이에 공장에서의 장시간 노동과 아동노동을 규제하는 등의 내용을 담은 공장법Factory Acts이 도입되었다. 처음에 만들어진 공장법은 1802년 영국의 '보건 및 도덕에 관한 법'이었다. 이 법은 아동의 작업시간을 12시간으로 제한하고 야간작업을 금지시키는 내용을 담고 있었다. 1833년에 새로 만들어진 공장법 규제 역시 주로 최대 노동시간과 고용할 수 있는 아동의 연령에 관한 것이었다. 당시 영국에서는 제국주의에 기반한 섬유산업 팽창 속도에 비해 노동력이 부족했고 장시간의 아동노동도 만연했다. 심지어 아동의 18시간 노동 사례도 보고되었다. 이윤의 극대화를 위해 노동시간을 극단적으로 늘리고 아동을 노동자로 활용하는 것은 노동자들의 건강, 교육, 가족, 출산 등에 파괴적인 영향을 미쳤다. 이는 사회의 유지 자체에도 위협이 되었다. 이런 상황 때문에 공장법을 통해 노동력 사용에 대한 직접적인 규제를 도입한 것이다.

이 법에서는 아동에 대한 처우개선 및 10시간으로 노동시간 제한, 공장감독관의 파견, 9세 이하 아동 고용금지 등을 규정했다. 이후 1847년에는 이 법을 다시 개정했다. 주요 내용은 18세 미만의 아동과 여성의 하루 작업시간을 최고 10시간으로 하는 것이었다. 19세기 중반에 독일, 프랑스, 오스트리아 등에서도 공장법이 제정되었고, 이후 자본주의와 함께 전 세계로 확산되었다.

공장법은 이전까지 자본가의 고유 권한이자 자유의 영역으로 여겨졌던 공장에서의 노동력 사용에 제한을 가한다는 점에서 자본과 노동의 권리에 대한 관점을 바꿀 수 있는 중요한 계기였다. 또한 수많은 사회문제의 원천인 공장노동 자체에 직접 개입한다는 점에서 노동자의 생존에 매우 중요한 사회개혁이었다.

물론 당시의 공장법은 아동과 여성을 보호해 장기적인 노동력 재생산을 지원한다는 점에서 노동자 개인들보다는 결국 사회를 보호하기 위한 것이라는 의도를 직접적으로 드러냈다. 또한 공장법은 노동력 사용에 대한 규제책이었지, 적극적인 보장을 추구한 것은 아니었다는 점에서 사회문제 대응책으로서는 많은 한계가 있었다. 초기에 공장법 준수에 대한 국가의 강력한 압박은커녕 법 자체가 유명무실한 경우가 많았음은 말할 것도 없다.

본격적인 자본주의 공업화와 근대적 사회복지정책의 도입

혈족, 교구, 영지 등에 기초한 봉건적 사회관계망은 새로운 자본주의 사회경제체제하에서 노동자들을 제대로 보호할 수 없었다. 사회문제 급증과 보호체계 붕괴는 특히 자본주의 발전을 지속하는 데 꼭 필요한 노동력 재생산을 저해했다. 따라서 기존 사회체계를 보호하고 노동력을 지속적으로 확보하기 위해 자본과 국가는 소극적인 규제를 넘어 적극적인 보장을 제공함으로써 자본주의 공업화에 수반된 사회문제에 대응하고자 했다.

이렇게 19세기 말에 등장한 새로운 사회복지정책이 바로 사회보험이다. 사회보험은 20세기에 자본주의와 함께 전 세계로 확산되었다. 사회보험 도입의 구체적인 계기는 국가마다 다르지만, 그 배경에는 노동자들의 삶을 안정시키고 빈곤을 예방하고자 하는 목적과 함께, 19세기에 들불처럼 번진 사회운동의 영향력을 감소시키고자 하는 정치적 목적이 있었다는 점은 유사하다.

사회보험의 주된 보장 대상은 노동자계급이고, 사용자와 노동자 혹은 국가가 보험재정을 부담한다. 물론 현재 많은 국가에서 사회보험제도의 보장 대상은 노동자를 넘어 국민 전체로 확대되었다. 그러나 사회보험이 주로 다루는 위험이 산재, 질병, 퇴직, 실업 등으로 인한 노동력 판매의 중단이라는 점에서 사회보험과 노동의 관계는 본질적이다. 사회보험은 그 대상과 재원 등에서 노동능력이 없는 빈민을 대상으로 국가재정을 통해 구제를 했던 빈민법과는 크게 다르다. 빈민법이 국가가 베푸는 시혜의 의미를 담았다면, 사회보험은 보장대상과 재원조달방식을 바꾸면서 시혜가 아닌 권리의 의미를 담게 되었다. 특히 국가는 사회보험 도입을 통해 다수 노동자들이 겪는 사회문제에 대응하는 책임을 맡게 되었다. 이렇게 사회보험은 국가 역할, 사회복지정책의 의미 등에서 빈민법과는 매우 다른 관점을 제시하는 제도로, 현대 복지국가를 향한 중요한 출발점이 되었다.

독일 비스마르크의 사회보험법

19세기 말 독일 비스마르크의 사회보험제도 도입은 20세기에 전 세계에 확산된 사회보험제도의 시초가 되었다. 독일의 사회보험은 유럽 대륙의 주변 국가는 물론, 형태는 다르지만 영국의 사회보험제도 도입에도 영향을 미쳤다.

비스마르크의 사회보험제도는 비슷한 시기에 제정된 사회주의자탄압법[4]과 함께 다룰 필요가 있다. 사회주의자탄압법이 당시 노동자들에게 영향력을 확산시키고 있던 사회주의운동을 무력으로 억누르기 위한 것이라면, 사회보험은 노동자들을 회유하기 위한 것이었기 때문이다.

독일의 공업화는 19세기 중후반에 영국, 프랑스 등에 비해 뒤늦게 진행되었지만, 노동자계급의 조직력이나 정치적 열망, 사회주의운동의 영향력은 더욱 컸다.

1870년경 통일 이후, 독일의 공업화는 비스마르크가 사실상 지배한 제국의 주도하에 압축적으로 진행됐다. 이는 독일의 공업화에서 국가의 역할이 두드러지게 중요했음을 의미한다. 과거에 길드를 통해 권리를 보호받았던 수공업자들과 빈곤한 농민들은 노동자계급으로 흡수되었고, 급격하게 커진 독일 노동자계급은 빠르게 재해, 질병, 실업 등의 위험에 노출되었다. 그러나 독일에서는 이런 대규모 사회문제에 대응할 만큼 부르주아들의 역량이 성숙하지 못했기 때문에 결국 문제해결을 정치가 맡게 되었다. 이에 독일 노동자계급은 짧은 공업화 경험에도 불구하고 스스로를 보호하기 위해 빠르게 단결해 자신들의 운동조직을 결성했고, 이를 정당으로 발전시켰다. 독일 노동자계급은 1875년에 사회주의노동당(이후 사회민주당)을 결성했고 지방의회에서 높은 득표율을 기록하면서 기존 정치세력에 충격을 주었다. 특히 사회주의노동당의 성장은 독일의 신흥 부르주아와 보수적 지주귀족인 융커Junker에게 상당한 위협이 되었다. 이에 사회주의자들의 정치활동을 억제하고자 1878년에 사회주의자탄압법이 제정되었다. 그러나 사회주의노동당은 그 직후인 1878년 선거에서

---

4   1878년에 제정된 사회주의자탄압법은 두 번에 걸친 황제 암살미수사건을 빌미로 제정한 법으로, 선거운동 참여와 의회활동을 제외한 사회주의자들의 조직활동과 공개적 정치활동 일체를 금지했다.

6.1%의 지지율을, 1890년 선거에서도 19.7%의 지지율을 얻는 등 빠르게 성장했다. 더욱이 몰락귀족 융커 출신인 비스마르크는 부르주아에게 적대적이었고 강력한 국가를 추구했다. 비스마르크는 노동자들이 겪고 있던 재해와 질병 등에 안전망을 제공함으로써 노동자들을 제국의 충성스러운 신민으로 포섭하고자 했다. 즉, 비스마르크의 목표는 노동자들이 황제에게 충성하고 복종하는 것이었다. 이를 지원하는 장치로 그가 선택한 것이 사회보험이었다. "그의 사회보험은 노동자계급을 국가에 속박시키는 데 가장 적절한 국가온정주의적 인사관리정책이었다."(Rimlinger, 1971) 요컨대 비스마르크 사회보험은 노동자들을 국가로 포섭해 자본주의 사회질서를 안정시키려는 장치였다.

따라서 비스마르크는 사회보험 재정을 노동자가 분담하는 방식이 아닌 국가 부담 방식을 선호했다. 사회보험 대상 역시 당시 노동운동의 주축이었던 대기업 남성노동자로 국한시키고자 했다. 또한 사회보험을 운영하는 주체를 국가로 정해 사회보험을 통해 국가와 노동자를 연결시켜 조직하고자 하는 구상을 갖고 있었다(문기상, 1988). 그러나 사회보험제도의 도입 시도와 함께 재정과 사회보험조직 운영 통제권을 둘러싼 논쟁이 크게 벌어졌고, 실제로 도입된 제도는 처음 구상과는 달라지게 되었다(문기상, 1988).

논란 끝에 독일에서 세계 최초로 만들어진 사회보험은 1883년에 제정된 건강(질병)보험이었다. 먼저 도입을 시도한 것은 산재보험이었으나 논쟁이 길어지면서 건강보험이 먼저 도입되었다. 건강보험 보험료는 노동자가 2/3, 고용주가 1/3을 분담하며, 제도의 관리운영은 해당 조합원들의 대표자들이 맡도록 했다. 뒤이어 1884년에 산재보험, 1889년에 노령/장애연금보험 등이 만들어졌다. 산재보험은 자본가들이 관리조직을 독점해 제도운영의 통제권을 장악하되 독일제국보험공단 운영비를 제외한 모든 비용을 부담하는 방식으로 운영되었다. 노령/장애연금보험은 정액의 기초연금을 국가가 직접 제공하는 것이었다. 연금제도는 노동자들이 국가로부터 적은 금액이라도 연금을 받게 되면 국가에 대한 충성심을 가질 수 있다고 판단한 비스마르크의 의도에 비교적 충실하게 만들어졌다.

독일의 사회보험제도는 자본주의 공업화 과정에서 산재, 질병, 퇴직, 실업 등의 사회문제와 계급갈등을 겪는 여러 나라에 국가가 주도하는 제도화된 보장과 개입의 시초가 되었다. 특히 사회복지정책의 발달 면에서 기존의 국가 역할이 빈민을 대상으로 하는 최후의 잔여적인 구제였던 것이 사회보험제도를 통해 국가 역할은 대규모로 형성된 노동자를 대상으로 하는 위험보장 및 빈곤 예방으로 크게 확대되었다. 자본주의 공업화에 수반된 사회적 위험에 대비하기 위한 사회보장 안전망을 구축하는 것은 국가의 일이 되었고, 독일의 사회보험 도입은 그 시작점이었다.

영국의 빈민법 개혁과 국민보험법

20세기 초에 영국에서는 빈민법에 대한 비판이 높아졌고 다양한 사회운동의 영향으로 사회개혁을 옹호하는 목소리가 커지고 있었다. 이에 1900년대 자유당 정부 집권기(1906~1915)에 일련의 사회개혁 입법이 이루어졌고, 1911년의 국민보험법을 통해 사회보험제도가 도입되었다. 1908년에 노령연금,[5] 1911년에 의료보험과 실업보험이 도입되었다.

당시 자유당 정부가 사회보험을 도입한 이유는 여러 가지였다. 첫째, 비스마르크 사회보험의 경우와 마찬가지로 영국의 귀족과 부르주아에게도 사회보장제도는 질병, 산재, 은퇴, 실업으로 인한 노동자의 고통을 완화시켜 노동운동과 사회주의운동 등의 영향력을 줄일 수 있는 수단으로 인식되었다. 둘째, 19세기 후반 도시 노동자, 농부, 광부 등에게도 참정권이 부여되었고 1890년에 노동당이 만들어지면서 보수당과 자유당을 아우르는 기존의 정치세력에 사회개혁을 향한 정치적 압박이 더욱 커졌다.

20세기 초 영국 사회보험제도 도입의 더욱 구체적인 맥락은 빈민법 개정이라는 당시 상황 속에서 살펴볼 필요가 있다. 1886년에 찰스 부스Charles Booth는 사회조사를 실시해 런던 인구의 1/3이 빈곤 상태에 있음을 알림으로써 빈곤을 사회문제로 인식하도록 하는 데 일조했다. 부스의 조사를 요크시 빈곤문제에 적용하고 조사방식과 빈곤선 개념 도입 등의 측면에서 한층 더 발전시킨 시봄

---

5   1908년 노령연금제도는 70세 이상의 노인 중 소득·자산조사, 도덕성 조사 등을 거쳐 대상을 선별해 비기여연금을 제공하는 제도였다.

찰스 부스의 사회조사와 시봄 라운트리의 사회조사

1889년 부스는 최초로 빈민생활실태조사를 실시했다. 런던에서 이루어진 부스의 조사 결과를 검증하고자 라운트리는 1901년 요크시 빈민 생활실태조사를 실시했다. 부스의 사회조사는 현대 사회과학적 방법을 활용한 조사의 시작으로 알려져 있다. 부스의 조사는 런던시민 중 30.7%가 빈민이며, 그 주된 원인은 저임금과 불안정한 일자리, 그리고 노령에 있음을 밝혔다. 한편 라운트리는 부스의 빈곤선 개념을 발전시켜 기초생필품 구입이 불가능한 1차 빈곤과 기초생계만 가능한 수준의 2차 빈곤을 구분했고, 빈곤의 세대에 걸친 순환을 보여주었다. 라운트리 조사는 요크시민 27.8%가 빈곤하며, 역시 나쁜 일자리, 보건의료, 주택, 교육의 결여가 빈곤의 원인임을 제시했다. 이 두 개의 실태조사는 당시 영국사회에 빈곤이 대규모로 존재하고 있으며, 빈곤의 원인이 당시 통념처럼 도덕적, 성격적 결함이 아니라, 사회에 있음을 밝혔다. 빈곤문제 대응은 자선에 의해서는 불가능하며, 사회적 차원의 개입이 필수적임을 보인 것이다.

라운트리^{Seebohm Rowntree}의 1899년 사회조사 역시 당시 지배적인 자유방임적 빈곤관을 바꾸는 데 기여했다. 여기에 보어전쟁(1899~1902)에 나선 영국 병사들의 영양실조와 허약한 신체조건은 충격을 던져주었다. 이에 더해 당시 노동자들 사이에서 영향력을 확산시키던 신생정당인 노동당 역시 빈민법 개정을 강하게 주장했다. 이에 따라 애초에 국가 역할 최소화를 추구하던 자유당도 빈민법 개혁을 포함한 사회개혁에 동의하기 시작했다.

이에 따라 1905년에 빈민법 개혁을 위해 '빈민법과 빈민구제에 관한 왕립위원회^{Royal Commission on the Poor Laws and Relief of Distress}'(이하 왕립빈민법위원회)가 만들어졌다. 왕립빈민법위원회는 빈곤에 대한 관점에 따라 다수파와 소수파로 분리되어 첨예한 의견 대립을 보였다. 다수파는 자유주의에 기반을 둔 자선조직협회^{COS: Charity Organization Society} 출신과 정부 측 위원들이었던 반면에, 소수파는 페이비언 소사이어티 회원들과 인보관운동^{Settlement House Movement}의 지지를 받던 사람들로서, 저명한 페이비언 사회주의자였던 시드니 웹^{Sydney Webb}과 베아트리스 웹^{Beatrice Webb}이 포함되어 있었다. 그래서 빈곤의 원인, 현상, 대안에 대한 이들의 의견은 일치할 수 없었다. 이에 왕립빈민법위원회는 1909년에 「다수파 보고서」와 「소수파 보고서」를 각각 제출했다.

　다수파는 빈곤에 대한 책임은 대체로 개인에게 있다는 관점에서 빈민에게 원조를 제공하되 나태하고 만성적인 빈민은 강력하게 통제해야 한다고 주장했다. 즉, 빈자에 대한 가혹한 조치를 유지하고 원외구호는 계속 민간에게 맡기려 했다. 「다수파 보고서」는 현행 빈민법의 유지와 개선을 주장했는데, 핵심은 빈민법을 개정해 교육법이나 실업자법 등을 포함하는 통합법을 만들어 '공공부조'로 개명하자는 것이었다.

　반면에 소수파는 빈곤을 개인의 나태가 아니라 사회경제구조에 의해 발생하는 문제로 바라보았다. 이에 억압적인 빈민법을 전면적으로 폐지하고 완전히 새로운 사회정책을 도입할 것을 주장했다. 즉, 「소수파 보고서」에서는 국민생활최저선을 확보하기 위해 보건, 교육, 주택 등과 수당을 제공해 빈곤을 예방하고, 노동 가능한 빈민들을 위해 중앙정부가 책임지고 직업 알선과 직업훈련 서비스 등을 제공할 것을 주장했다. 비록 「소수파 보고서」는 채택되지 않았지만 이 보고서는 보장 기준으로 국민최저선 개념을 제시하고, 빈곤을 예방하기 위한 조치를 강조함으로써 이후 「베버리지 보고서」에까지 영향을 주었다. 즉, 「소수파 보고서」는 일찍이 20세기 초에 복지국가제도에 관한 아이디어의 싹을 틔운 중요한 문서로 볼 수 있다.

　1906년에 총선에서 승리해 새로 집권당이 된 자유당은 두 보고서 모두 받아들이지 않고, 독자적인 노선의 사회개혁을 추진했다. 자유당은 당수인 데이비드 로이드 조지$^{David Lloyd George}$의 주도 하에 아동급식법(1906년), 산재에 대한 사용자 책임을 제시한 노동자보상법(1907년), 노령연금법(1908년), 직업소개법과 최저임금법(1909년), 국민보험법(실업보험과 건강보험, 1911년) 등의 사회개혁 입법을 수행했다. 특히 로이드 조지는 독일의 비스마르크와 마찬가지로 노동자계급의 사회주의운동 참여에 대한 대응책으로서 사회보험의 역할에 주목해 1911년에 영국 최초의 사회보험 도입을 주도했다.

　사회보험 도입 시도는 여러 정치세력 간에 논쟁을 불러일으켰다. 그러나 사회보험제도가 갖는 중층적인 속성, 그리고 재정조달의 유리함은 결국 제도 도입을 가능하게 했다. 로이드 조지와 자유당에게 사회보험제도는 기여에 의해 급여권이 형성되는 일종의 '강제적인 자조$^{compulsory self-help}$'로, 자유주의 이념

인보관운동

인보관은 산업혁명 과정에서 극심해진 빈곤문제의 해결을 목적으로 설립된 민간기관으로, 현 지역사회복지관의 원형으로 알려져 있다. 인보관운동은 인보관에서의 빈민과의 교류, 교육, 빈민과 함께하는 사회운동 등을 통해 빈곤지역의 환경과 생활을 개선하고자 하는 사회개혁운동이었다.

최초의 인보관은 1884년 런던의 토인비홀Toynbee hall이었다. 토인비홀에서는 노동환경 개선과 지역민들의 생활을 돕기 위한 활동을 했는데, 옥스퍼드대학교와 케임브리지대학교의 학생들도 동참했다. 즉, 인보관운동에는 당시의 중간계층과 지식인들이 주로 참여했다. 미국에서도 1889년에 시카고의 빈민가 지역에 최초의 인보관인 헐하우스Hull house가 만들어졌다. 헐하우스에서 일하는 모든 사람들은 함께 숙식하면서 주택, 공공위생, 노동착취 문제 등에 관심을 갖고 사회개혁을 시도했다.

인보관운동은 빈곤이 사회구조와 제도의 문제이며 빈민 자신이 문제를 해결할 능력이 있다는 진보적인 사고에 기반을 두고 전개되었다. 이는 기존의 자선조직협회가 당시 빈곤의 원인을 빈민의 나태함 등 도덕적 문제로 바라보며 빈민을 통제와 구제의 대상으로 본 것과 크게 대비된다. 인보관운동은 이후에 지역사회복지, 그룹워크 등에 영향을 미쳤다.

에 부합되는 것이었다.[6] 이에 사회보험제도 형성 기간 내내 자조 원리가 강조되었다. 그 결과 보험재정은 국가뿐만 아니라 고용주, 노동자로부터 조달하는 방식으로 도입되었다.[7] 한편 보수당은 사회보험의 강제가입 규정에 대해 반대

---

6 사회보험의 재정은 원칙적으로 일반 조세가 아니라 가입자의 기여금으로 조달된다. 즉, 사회보험제도 내에서 가입자들이 받는 사회보험급여가 결국 자신들이 낸 기여금에서 조달된다는 재정적인 메커니즘을 '자조'로 묘사한 것이다. 다만 사회보험은 의무가입 및 기여금 징수를 원칙으로 하기 때문에 '강제적인 자조'로 일컬어진다. 이러한 재정조달 면에서의 자조는 개인의 책임을 강조하는 자유주의 이념에 부합한다. 그러나 현대의 사회보험제도 대부분은 제도 내에 강력한 재분배장치를 갖고 있으며, 출산 및 육아휴직, 실업기간 등에 대한 기여인정 등을 통해 자조보다는 가능한 한 많은 인구에 대한 포괄적이고 적절한 보장을 추구하고 있다.

7 1911년에 만들어진 의료보험의 재정은 노동자가 매주 4펜스, 사용자가 3펜스, 정부가 2펜스를 부담해 조달되었고, 피보험자는 조합을 선택할 수 있되 가입은 의무화되어 있었다. 국가는 감독 기능을 맡았다. 즉, 의료서비스 제공에 국가가 직접 담당하는 역할은 없었다. 이런 의미에서 당시의 의료보험은 국민이 스스로 의료보장과 질병급여를 받도록 강제한 자유주의적인 제도였다고 할 수 있다(원석조, 2009). 한편 실업보험의 도입은 실업 가능성이 높은 산업분야로 제한되었고, 1909년의 직업소개법에 의해 만들어졌던 지역 단위의 직업소개소를 통해 운영되었다(원석조, 2009; 김승훈, 2010).

했고, 페이비언주의자들은 기여한 자만이 급여권을 갖게 된다는 것에 반대했다. 일부 사회주의자는 노동자의 기여가 아니라 부자 과세를 통해 재정조달을 할 것을 주장했다. 마지막으로 노동자들은 사회보험이 공제조합과 같이 이미 존재하고 있던 상호부조조직의 역할을 없애버린다는 점에서 반대했다. 이를 반영해 1911년의 사회보험에서는 기존 공제조합 중 공인된 조합이 의료보험의 운영권을 갖게 되었다. 이에 더해 조선, 철강, 건설 등의 분야에 실업보험제도가 함께 도입되었다. 실업보험 역시 사용자, 노동자, 정부가 함께 재정조달을 했고, 보험료와 급여가 비례하도록 설계되었다.

그러나 노동당과 노동조합은 사회보험 도입과 같은 사회개혁으로 노동자 개인이나 노동조합이 해결할 수 없는 사회문제에 국가가 나서게 된다는 것에 긍정적이었다. 이들은 이러한 사회개혁을 통해 국가의 성격까지 바꿀 수 있다는 전형적인 사회민주주의적인 견해를 갖고 있었다. 1911년 사회보험 도입은 실제로 국가의 역할을 확대시켰고, 전국적으로 통일된 보장을 제공했다. 그 결과 많은 이들이 사회보험급여를 받게 되었다. 이렇게 본다면, 큰 틀에서 영국에서의 사회보험제도 도입은 일련의 사회개혁과 함께 전개된 영국 자본주의의 방향 전환, 즉 자유방임자본주의에서 국가 개입이 수반된 자본주의로의 전환을 도모하는 시작이기도 했다.

미국의 사회보장법

미국은 독점과 과점이 성행하고 극도의 노동착취를 수반하는 자유방임자본주의를 오랫동안 유지했다. 미국에는 전국적인 사회보장제도가 도입되어 있지 않았다.[8] 그러나 1929년 대공황 발발 이후 사회구성원들의 생존뿐만 아니라 자본주의 자체의 생존을 위해 국가의 시장경제 개입과 사회복지정책 도입이 요구되었다. 미국 자본주의의 방향 조정이 요구된 것이다. 이런 요구에 대한 응답 중 하나가 바로 1935년 사회보장법Social Security Act이었다.

1929년 10월에 주식시장 폭락으로 시작된 대공황은 미국경제와 개인의

---

8   이는 연방제라는 국가구성방식과도 연관되지만, 지배적 이념으로서의 자유주의에 힘입은 것이기도 했다.

그림 2-2 20세기 초반 미국의 파업 당시 군대와 대치 중인 시위자들. 옆은 1930년대 세계대공황 당시 무료급식배급소 앞에 줄 선 사람들(미국 시카고). 실업과 빈곤은 노동문제의 양면이었고, 그 결과 국가가 사회보장제도를 추진해야 할 필요성이 커졌다.

생존에 치명적인 영향을 미쳤다. 1927년 7월에 3.3%였던 실업률은 1933년 11월에 23.2%에 달했다(Shalaes, 2007). 농업부문 침체 여파로 1929~1933년 사이에 은행 1만 개가 문을 닫았고, 같은 기간 국민총생산은 약 절반으로 줄었다(경제정책비서관실, 2007).[9] 당연히 빈민과 실업자 구제는 국가의 중요한 과제가 되었다. 정부개입 최소화와 자유방임이라는 자유주의적 정책기조는 의미 있는 대응책이 되지 못했으며, 대중의 지지 또한 받지 못했다. 1932년에 압도적인 득표율로 집권한 루스벨트정부는 뉴딜이라는 이름 아래 금융부문 개혁, 국가가 주도하는 대규모 공공인프라 구축과 공공일자리 제공, 농업 지원, 적극적인 빈민구호 등에 나섰다. 또한 연방정부가 실업과 빈곤문제에 개입할 수 있는 제도틀로 전국적인 사회보장제도 도입을 추진했다. 물론 이는 당시 대중의 사회보장제도 도입 요구를 일부 수용한 것이기도 했다.

루스벨트는 1934년 6월에 사회보장에 관한 교서를 통해 경제적 안정에 관한 개인의 권리보장을 위해 전국적인 사회보장제도 수립을 제안했고, 실업보험과 노령연금 등에 대한 연구를 위해 경제보장위원회Committee on Economic Security를 구성했다. 1935년 1월 위원회가 내놓은 사회보장법 제안은 대통령과 의회를

9　1929~1933년 사이의 미국 국민총생산(GNP)은 1929년에 경상가격 기준으로 100이라고 할 때 1933년에 53.6으로 크게 감소했다(경제정책비서관실, 2007).

타운센드townsend 운동

1930년대 대공황기에 빈곤한 대중은 각지에서 사회보장제도 도입을 요구했다. 대표적인 사례가 타운센드운동이다. 은퇴한 의사였던 프랜시스 타운센드Francis Townsend는 65세를 넘긴, 범죄 경력 없는 모든 은퇴한 미국 시민에게 30일 이내 소비를 조건으로 월 200달러씩 정부가 지급할 것을 제안했다. 그는 1933~1934년에 자신이 제안한 노령연금 도입을 위한 전국적인 운동을 조직했다. 타운센드는 노령연금법안 청원에 2천만 명 이상의 서명을 모았다. 기타 유사한 제안들이 뒤이었는데, 루이지애나 주지사인 휴이 롱Huey Long도 모든 시민에게 연소득 5,000달러를 보장하는 '부의 공유Share the Wealth프로그램'을 발표했다(Rayback, 1966).

거쳐 법제화되는 과정에서 수차례의 타협을 통해 수정되었고, 마침내 1935년 8월에 입법화되었다.

　1935년 사회보장법은 미국 최초의 연방정부 차원의 사회복지정책으로, 독립기구인 사회보장위원회의 설치, 연방-주 결합체계의 실업보험, 연방 수준의 노령연금에 관한 내용을 담고 있었다. 당시의 실업보험은 농업, 가사, 교육, 8인 미만의 사업장 등을 제외하고 유급노동자의 절반 정도를 포괄했으며, 재정은 사용자 기여를 통해 조달되었다(Rayback, 1966). 노령연금은 노동자와 사용자가 함께 기여해 재정조달을 하고, 급여는 기여에 비례하되 상하한액을 두는 방식으로 지급되었다.

　사회보장법은 많은 논쟁을 낳았다. 대상포괄의 미비함, 낮은 급여액, 그리고 조세가 아닌 기여금으로 재원을 충당한 것에 대한 비판이 제기되었다. 보수적인 의원들과 경제학자들은 기여금이 발생시키는 디플레이션 가능성을, 고용주들은 부담의 증가를 비판했고, 무엇보다도 주 단위 프로그램에 부가해 연방 차원 프로그램에 대해 기여금을 부과하는 것이 합헌인지에 대한 논란이 커졌다. 그러나 대공황 시기 빈곤과 불안정에 처한 일반 대중과 노동자들은 사회보장법에 호의적이었다. 또한 사회보장법에는 연방정부가 재정을 보조하고 주정부가 관할하는 공공부조프로그램과 사회복지서비스에 관한 내용도 포함되어 있었다. 1939년에는 사회보장법에 유족연금이 덧붙여졌다. 사회보장법은 당시 흑인 농업노동자들과 여성노동자 다수가 배제되었다는 점에서 많은 한계가 있었음에도 불구하고(Rayback, 1966), 연방정부 차원의 사회보장제도 수립을 통해 미국 사회복지정책의 골격을 마련했고, 대공황기에 이루어진 다른 임시적 구호조치와 달리 현재까지 미국인의 삶에 큰 영향을 미치고 있다.

대공황기 사회보장법은 세제 개혁, 노동법 개혁 등과 함께 미국사회의 운영 방향을 크게 변화시켰다. 루스벨트정부는 세제 개혁을 통해 상속세와 기업세를 정률에서 누진세로 변경했고 고소득자의 소득세를 인상했다(Shalaes, 2007). 또한 1935년 7월에 전국노사관계법 The National Labour Relations Act, 혹은 와그너법 Wagner Act 이 통과되면서 노동자들의 노동조합 결성이 합법화되었고 단체교섭이 허용되었다. 루스벨트정부 집권 초기에 만든, 단결권 및 단체교섭권을 인정한 전국산업회복법 NIRA: National Industrial Recovery Act 이 대법원의 위헌판결을 받았음에도, 다시 전국노사관계법을 통해 노동권을 보장한 것은 정부가 어떤 입장을 갖고 있었는지를 명확히 보여주었다. 노동조합에 대한 폭력적 탄압이 가져온 대중의 분노와 전국노사관계법에 대한 합헌 판결은 미국에서 노동조합 결성의 붐을 가져왔고 노사관계와 실업문제에 대한 미국사회의 접근방식을 바꾸어냈다.

정리하면, 1935년 미국 사회보장법은 대공황기 미국의 자유방임자본주의의 방향 수정의 일환으로 출현한 것이었다. 사회보장법은 빈곤과 실업은 개인책임이 아니라 사회적으로 대처해야 할 문제라는 관점을 공식화했고, 지금도 미국 사회복지정책의 골격을 이루고 있다.

자본주의 고도화와 현대 복지국가의 발전

전 세계를 뒤덮은 대공황과 유례없는 비참한 전쟁이었던 제2차 세계대전이 끝난 이후에 서구 자본주의 국가들은 복지국가로의 본격적인 발전을 이루었다. 소위 복지국가의 황금기이다. 그렇다면 현대 복지국가의 형성과 발전은 어떤 배경 속에서 이루어졌을까?

복지국가의 형성 배경

우선 대공황기 대규모 빈곤과 실업, 제대로 작동하지 않는 시장경제에 대한 국가의 광범위한 개입 경험, 그리고 총력전이었던 제2차 세계대전에서 국가가 수행한 전시물자와 의료서비스의 생산과 분배 역할은 종전 이후에도 국가가 적극적인 사회복지정책을 설계하고 수행하는 데 일조했다.

또한 국가의 적극적인 사회복지정책 실행은 자본주의 시장경제에 대한 국가의 관리와 제어, 이로 인해 조성된 노동과 자본의 계급타협 속에서 이루어졌다. 즉, 복지국가는 대규모 재분배를 가능하게 하는 케인즈주의 경제정책과 계급타협정치를 특징으로 하는 자본주의의 특정한 국면 속에서 발전한 것이다. 물론 전후 서구 자본주의의 빠른 성장 역시 복지국가 발전을 가능케 한 기반이었다.

이념과 정치지형 전환 역시 복지국가 발전을 견인했다. 20세기 초 대공황과 전쟁을 거치면서 자유방임자본주의를 옹호하는 사상들은 현실적인 것으로 받아들여지지 않았다. 또한 사회주의 이념의 혁명, 공동소유, 프롤레타리아독재 등의 요소가 갖는 극단성을 완화한 사회민주주의 이념의 발전과 확산이 이루어졌다. 대중적으로 성공한 사민당은 유럽 여러 나라에서 사회복지정책 발전을 주도했다. 사민당은 혁명이 아닌, 국가의 시장경제 개입과 사회복지정책을 통한 자본주의의 인간화, 즉 자본주의 사회의 극심한 빈곤, 불평등, 열악한 노동조건 개선 등을 표방했고, 이를 실현하기 위한 경제사회정책의 방향 전환을 도모했다. 사민당은 집권 이후에 보편적이고 관대한 소득보장제도와 주택, 교육, 의료, 돌봄, 노동 부문의 공공사회서비스 발전에 많은 노력을 기울였다. 이들은 복지에 관한 적극적인 국가 역할을 통해 시장경제의 불평등을 완화시키고 사회연대를 증진시키고자 했다.

1920년대에 스웨덴 사민당이 제시한 '국민의 집으로서의 사회society as people's home'라는 슬로건은 전후 아동수당, NHS, 공적연금, 부모보험, 공공주거, 보육, 요양서비스, 적극적노동시장정책 등의 도입을 통해 현실화되었다. 스웨덴 복지 발전은 사민당과 노동자계급이 함께 정치적으로 성장해, 마침내 자본과 힘의 균형을 이뤄냄으로써 만들어낸 결과물이기도 했다.

「베버리지 보고서」

　복지국가 발전의 시작점으로 상징성을 갖는 것이 바로 영국의「베버리지 보고서」^{Beveridge Report,} _{정식명칭} 'Social Insurance and Allied Services'이다. 영국에서 2차 세계대전이 한창이던 1941년 '사회보험 및 관련 사업에 관한 각 부처의 연락위원회'가 조직되었고, 위원장이었던 윌리엄 베버리지의 주도하에 1942년 12월경에 포괄적인 사회보장체계 구축에 관한 내용을 담은 보고서가 발간되었다(원석조, 2009). 이 보고서는 대중의 커다란 관심을 끌었고, 새로운 복지국가의 시대를 여는 청사진으로 받아들여졌다.

　「베버리지 보고서」는 영국사회 진보를 가로막는 '5대 해악^{Five Giants}'으로 궁핍·결핍·빈곤^{want}, 질병^{disease}, 무지^{ignorance}, 불결^{squalor}, 나태^{idleness}를 지목했고, 이에 대항해 국가를 재건하기 위해 국가사회보험제도와 공공부조를 기본으로 하는 사회보장체계 구성을 주장했다. 보고서에서는 사회보장제도의 6대 원칙들로 정액기여, 동액급여, 행정책임 통일, 대상과 보장범위의 보편성, 급여 적절성, 대상자 분류의 원칙 등을 언급했다. 또한「베버리지 보고서」는 사회보장제도를 성공적으로 구성하기 위한 기본 조건으로 가족수당, 포괄적인 보건서비스, 완전고용 등을 제시했다. 이는 현대 복지국가 발전의 기본조건과 원칙들로

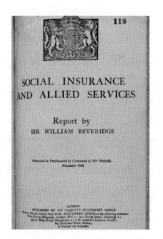 

그림 2-3 영국 경제학자 윌리엄 베버리지(1879~1963), 2차대전 중 사회보험과 연합국 전시근로위원회 의장에 임명되어 건강보험, 실업보험, 연금 등 모든 국민들을 위한 국가사회보험제도와 공공부조를 정비한「베버리지 보고서」를 작성했다.

그림 2-4 「베버리지 보고서」는 '5대 해악'으로 궁핍, 질병, 무지, 불결, 나태를 지목했다. 궁핍은 홀로 오지 않는다는 의미를 담은 일러스트.

중요하게 자리 잡았다.

　종전 직후 집권에 성공한 노동당 정부는 「베버리지 보고서」의 영향하에서 1945년 가족수당법$^{Family\ Allowance\ Act}$, 1946년 국민보험법$^{National\ Insurance\ Act}$, 1946년 국민보건서비스법(NHS법)$^{National\ Health\ Service\ Act}$, 1948년 국민부조법$^{National\ Assistance\ Act}$ 등을 통해 복지국가 체계를 구축했다.[10] 스웨덴 역시 비슷한 시기인 1947년에 아동수당, 1953년에 국민건강보험제도, 1960년에 소득비례방식 공적연금^{ATP}을 도입하고, 공공이 주도하는 주택, 교육, 의료, 고용지원, 돌봄서비스 등을 도입함으로써 인류 역사에 유례없는 '요람에서 무덤까지의 사회보장'을 실현하게 되었다. 「베버리지 보고서」에서 주장한 보편적이며 포괄적인 보장을 실현한 것이다. 그러나 「베버리지 보고서」는 정액기여라는 면에서 저소득층에게 불리한, 사실상 보험재정에 역진적인 원칙과 국민최저수준을 주장해, 사회보장제도를 통한 적절한 수준의 보장은 사실상 불가능했다. 보편적인 최저수준 보장은 평등을 적극적으로 실현하는 데 명확한 한계를 가졌다.

10　사회복지정책을 한창 도입하는 시기였던 1945년부터 1948년까지 영국 노동당 정부는 은행, 석탄, 가스, 전력, 교통 등의 산업을 국유화하는 법령을 제정했다.

사회복지지출의 증가

이 시기 복지국가 발전 성과를 보여주는 대표적인 지표는 사회복지지출이다. OECD 주요국의 GDP 대비 복지지출 평균은 1960년에 12.4%에서 1975년에 23.12%로 두 배 가까이 증가했다. 벨기에, 덴마크, 네덜란드, 스웨덴은 GDP 대비 복지지출이 1970년대에 이미 30%를 넘어섰다. 이들 국가는 1970년대 중반에 국내에서 생산되는 부의 30% 이상을 복지에 사용한 것이다.

특히 제2차 세계대전 이후부터 1970년대 중반까지 노령연금과 의료보장 지출이 크게 증가했다. 스웨덴, 노르웨이, 네덜란드를 비롯한 몇몇 국가에서 보편적인 기초연금이 도입되었고, 20세기 초에 도입된 공적소득비례연금 수급자 수가 증가했다.

의료보장지출 역시 대상자 범위와 포괄하는 질병 및 치료 범주의 확대, 질병예방과 건강증진 노력의 증대에 따라 증가했다. 아동수당의 도입과 보편적인 사회서비스 발달 또한 사회복지지출 증가에 기여했다.

결국 사회복지지출 증가는 생애과정에서 발생하는 주요한 위험들을 복지제도가 대부분 포괄하고, 적용대상을 보편화하면서, 사회복지급여 수준이 경제성장률 이상으로 올라가면서 나타난 결과라 할 수 있다. 즉, 사회복지급여는 기초보장을 넘어서서 '적절성 adequacy'[11]을 갖추게 되었다. 정리하면, 제2차 세계대전 이후부터 1970년대 중반까지 복지국가에서는 복지제도 확충을 통해 사회복지제도의 포괄성, 대상 보편성, 급여 적절성이 갖추어졌고, 이는 복지지출 증가를 가져왔다.

복지지출 증가는 국가의 시장경제 개입, 사회복지정책을 통한 삶의 질 향상, 분배에 기초한 계급타협이라는 복지국가체제가 작동하는 동안 상당 기간 유지되었다. 국가가 주도하는 관대한 재분배와 계급타협은 자본주의 시장경제가 지속적으로 성장함에 따라 정당화될 수 있었다. 건강, 교육, 보육, 주거보장 등을 통한 원활한 노동력 재생산, 실업급여와 연금 등 복지급여의 수요유지, 적

11　사회복지급여의 적절성은 사회복지급여가 최저한도의 생활 유지를 가능하게 하는 수준을 넘어서서 사회복지급여 수급 이전에 벌던 노동소득에 상당히 근접해 기존의 생활수준을 유지할 수 있게 하는 수준에 이르렀다는 것을 의미한다.

표 2-2 서구 자본주의 국가의 GDP 대비 사회복지지출 비중: 1960, 1975년

(단위: %)

	1960년	1975년
캐나다	11.2	20.1
프랑스	14.4	26.3
독일(서독)	17.1	27.8
이탈리아	13.7	20.6
일본	7.6	13.7
영국	12.4	19.6
미국	9.9	18.7
호주	10.2	18.8
오스트리아	17.9	24.5
벨기에	17.6	34.5
덴마크	–	32.4
핀란드	15.4	23.3
그리스	8.4	10.6
아일랜드	11.7	23.1
네덜란드	16.2	37.1
뉴질랜드	13.0	16.3
노르웨이	11.7	26.2
스웨덴	15.4	26.8
스위스	8.0	19.1
평균	12.48	23.13

출처: 김태성·성경륭(1993), p.114, 표 11-4.

극적 노동시장정책의 효율적 인력 배치, 연대임금정책의 구조조정 촉진 등이 사회복지정책이 기술혁신과 경제성장에 기여할 수 있다는 것, 즉 사회복지정책과 자본주의 경제의 선순환을 설명해주었다. 특히 공공사회서비스의 발전은 국민의 삶의 질을 높일 뿐만 아니라 여성 노동시장 참여율의 비약적 증가를 통해 성장과 고용 등에 긍정적인 영향을 미쳤다.

　서구 자본주의 국가에서 일련의 사회복지제도 수립과 복지지출 팽창을 통해 이루어진 현대 복지국가의 발전은 문명사회에서 인간이 누려야 할 삶에 대한 권리, 국가와 사회의 역할, 자유, 평등, 연대에 대한 기존의 생각을 바꿔놓았다는 점에서 전환적이기도 했다.

자본주의와 복지국가의 위기, 그리고 변형

자본주의 위기와 우파정부의 복지 축소

1973년 유가폭등을 불러온 오일쇼크는 약 30년간 지속되어온 자본주의 시장경제의 성장세를 꺾어놓음으로써 복지국가체제에 타격을 입혔다. 오일쇼크 이후에 OECD 국가들의 평균 경제성장률은 5%대에서 2%대로 떨어졌고, 물가상승률은 급등했으며, 실업률도 두 배가량 상승했다. 경제위기는 기존 계급타협의 정치구조 및 사민주의 정치세력에 대한 국민들의 반감을 불러왔다. 그 결과 1980년을 전후해 여러 국가에서 우파정부가 집권하게 되었다. "1976년에 석유파동 등으로 IMF의 구제금융을 받은 영국은 1979년에 노동당 정부가 실각하고 마거릿 대처Margaret Thatcher의 보수당 정부가 들어서면서 대대적인 복지개혁을 단행했다. 미국에서도 1981년에 로널드 레이건Ronald Reagan 공화당 정부가 수립되었고, 유럽 여러 나라에서도 보수회귀의 물결이 터져 나왔다."(주성수, 1992) 대공황과 세계대전을 계기로 침체되었던 자유주의의 부활을 도모하는 신자유주의 정치세력이 1980년대에 주도권을 갖게 된 것이다.

이러한 정치적 흐름은 복지국가 발전 기반인 서구 자본주의의 방향 전환을 가져왔다. 우파정부는 시장경제에 대한 국가개입 철회, 민영화, 탈규제, 그리고 무엇보다도 사회복지정책의 후퇴를 적극적으로 추진했다. 신자유주의 정치세력[12]은 프리드리히 하이에크Friedrich Hayek 등을 따라 국가의 시장개입이 섭리에 어긋나는 것처럼 묘사했고, 경제위기는 국가의 시장개입과 복지 확대에서 비롯된 것이라고 주장했다. 따라서 이들이 제시한 경제위기와 정부재정 위기에 대한 해법은 시장에 대한 국가개입을 최소화하고 사회복지지출을 줄이는 것, 요컨대 '작은 국가'였다. 영국의 대처정부와 미국의 레이건정부는 이러한

---

[12] 이들은 신우파(new right) 혹은 신보수주의자(neo-conservatist)로도 지칭된다. 신우파는 자유시장을 옹호하면서 국가개입 축소를 주장하는 세력이고, 신보수주의는 국가와 가족의 전통적 권위 회복과 사회적 규율 강화를 강조한다. 하지만 통상 대처, 레이건 등은 시장자유주의와 보수적인 가족 이념을 동시에 추구하므로, 현실에서 이들을 구분하기는 어렵다.

정책 전환을 적극 실행했다. 이들 정부는 국가의 공공부채 증가에 대해 사회복지정책 축소와 공공부문 민영화로 대응했다. 대처정부는 통신, 가스, 수도, 전력, 철도 등에 대한 대대적인 민영화와 노동조합의 분쇄에 적극적으로 나섰으며, 영국 복지국가의 산물인 공공주택, 공공교육, 학교급식, 국민보건의료서비스NHS 등의 축소와 기초연금, 실업급여, 공공부조 등 소득보장의 삭감을 시도했다. 레이건정부 역시 노동조합 탄압과 함께 복지지출 축소를 시도했다. 이렇게 복지 축소, 시장경제에 대한 국가규제 철폐가 이어지면서 케인즈주의는 후퇴했다. 대공황기에 도입된 금융자본과 대자본에 대한 제어장치는 대부분 사라졌고, 자본축적의 핵심은 금융부문으로 옮겨갔다. 이는 제조업 등 생산부문에서의 노동과 자본의 계급타협 필요성을 약화시켰다. 즉, 자본 입장에서는 계급타협을 위해 복지지출을 감당할 필요성이 줄어들었다. 모두에게 일정 수준 이상의 삶의 질을 보장하고 불평등에 대항하는 핵심기제였던 복지국가의 존립 기반이 흔들리게 된 것이다.

다만 역설적인 것은 대처정부의 복지정책 축소가 집권기 복지지출 감소를 가져오지 못했다는 것이다. 영국 복지지출은 1980년 기준 GDP 대비 16.3% 이었고, 1990년 기준 16.7%였다. OECD 국가 전체를 보아도, 1965년의 GDP와 복지비를 각각 100으로 보았을 때 1973년의 지수는 각각 159와 230이었고 1985년의 지수는 각각 200과 370이었다. 즉, 복지지출 증가율이 경제성장률을 크게 앞섰다(Pierson, 1991: 133). 신자유주의적 정책 전환과 경기회복 지체가 빈곤과 실업의 증가를 가져왔고, 이것이 복지수요를 증가시켰기 때문이다. 고령화와 인플레이션에 따른 복지급여 연동 역시 복지지출 증가를 가져왔다. 이미 경로화된path-dependent 복지지출을 줄이는 것은 어려운 일이었다. 더욱이 NHS와 같은 보편적인 사회복지정책을 축소하는 것에는 대중의 반대가 극심했다.

그러나 적극적인 재분배의 기반이었던 자본주의 정치경제가 근본적으로 달라진 속에서, 특히 복지국가를 뒷받침했던 노동자계급운동이 침체된 가운데, 사회복지정책 축소는 계속되었다. 일부 국가에서는 공적연금, 의료보장, 아동 및 노인 돌봄, 직업훈련 등을 민영화시키는, 기존 복지국가 발전 경로의 전격적 전환path-breaking이 시도되었다.

중도좌파의 제3의 길과 사회복지정책의 변화

1990년대 중후반 영국, 독일, 프랑스 등지에서 집권한 중도좌파정부는 앞서 집권했던 우파정부의 민영화, 탈규제, 복지개혁이라는 정책기조를 계승했다. 이는 토니 블레어[Tony Blair]가 이끄는 영국 노동당 정부, 게르하르트 슈뢰더[Gerhard Schröder]가 이끄는 독일 사민당 정부, 이탈리아 올리브동맹의 로마노 프로디[Romano Prodi] 정부 모두 마찬가지였다.[13] 미국 민주당의 빌 클린턴[Bill Clinton] 정부 역시 탈규제와 복지축소에 적극적이었다. 유럽의 사민주의 정당들은 더 이상 노동자계급을 대표하는 정당이 아니었다. 당시 대부분 사회민주주의자들은 사회민주주의와 신자유주의 사이에서 소위 '새로운 중도'를 모색한다는 의미에서 제3의 길을 표방했다. 사회복지정책에 대해서도 소위 '비효율적인 사민주의 복지정책'도 '야만적인 신자유주의 정책'도 아닌, 차별화된 제3의 정책노선을 추구했다.

제3의 길 노선은 영국 노동당 정부가 표방한 '적극적 복지'에서 잘 드러난다. 블레어정부는 대처집권기의 복지 축소로 인해 늘어난 빈곤층과 실업자에 대한 국가 지원을 확대했으나, 그 대부분은 교육, 훈련, 노동을 조건으로 지원을 제공하는 조건부 프로그램이었다. 노동당 정부는 복지정책의 사회투자적 의미를 강조했는데, 그 일환으로 아동의 자산형성 프로그램(장기아동발달계좌), 청년, 실업자, 한부모, 장애인, 고령자 등의 노동시장 투입을 위한 뉴딜프로그램 등을 실시했다. 복지국가의 목적과 방향을 국민이 노동시장에 들어가 생산적인 활동에 참여하도록 유도하는 것으로 돌린 것이다. 미국의 클린턴정부 역시 AFDC[Aid to Families with Dependent Children]를 TANF[Temporary Assistance for Needy Families]로 대체함으로써 공공부조 수급자들의 근로 의무를 강화하고 수급기간을 제한해 노동시장 참여를 압박했다. 이렇게 1990년대에 등장한 '복지에서 노동으로[Welfare-to-Work]' 정책은 적극적 복지 혹은 생산적 복지의 핵심으로 복지국가정책의 주요

13　이탈리아에서는 1996년 4월에 좌파연합인 올리브동맹이 선거에서 승리했고, 영국에서는 1997년 5월 총선에서 토니 블레어가 이끄는 노동당이 1979년의 패배 이후 다시 정권을 잡았다. 프랑스 역시 같은 해 5월 총선에서 좌파연합 리오넬 조스팽(Lionel Jospin)이 승리를 거두었고, 독일에서는 1998년 9월 총선에서 슈뢰더가 이끄는 사민당이 승리했다. 2000년 당시 유럽연합(EU) 15개국 중 14개국에서 좌파정당이 집권했다.

흐름 중 하나가 되었다.

또한 1990년대 이래로 소득보장과 사회서비스 전 분야에서 민간의 역할을 강조하는 복지혼합이 강조되었다. 1990년대에 집권한 중도좌파정부는 신우파정부에 뒤이어 다양한 방식으로 공적연금급여, 실업급여 등의 관대성을 낮추고 사적연금을 비롯한 민간보험의 역할 비중을 높였다. 스웨덴의 의무가입 사적연금인 프리미엄 연금Premium Pension, 독일의 임의가입 사적연금인 리스터Riester 연금 등은 사민당 정권에서 도입되었다. 이렇게 소득보장에서 공공의 역할이 축소되고 일부는 민간에 맡겨졌다. 사회서비스 분야에서도 공공사회서비스의 비중 축소와 민간 공급자의 역할 증가가 이루어졌다. 주택, 교육, 돌봄, 의료, 고용 지원 등에서 국가의 직접적인 서비스 제공이 감소하고, 민간 영리 및 비영리 복지서비스 공급자의 서비스 제공이 촉진되었다. 일례로 신노동당 정부는 국민의료서비스NHS와 같이 국민의 지지가 높은 사회서비스 분야에서도 빠르게 서비스 민간위탁을 실시했다. 이러한 NHS의 변화는 '은밀한 민영화creeping privatization'로 일컬어진다(Givan and Bach, 2007). 효율성 증대, 관료주의 억제, 수급자 혹은 클라이언트의 선택의 자유 증진 등이 이러한 복지혼합을 강조한 명분이었다. 그러나 이는 사회서비스의 질 저하 등의 불만을 야기했다.

1990년대 후반부터 2000년대까지 지속된 중도좌파정부의 복지수급요건 강화, 공공사회서비스 축소, 공적연금, 실업급여, 상병수당 등 현금급여의 축소는 성장과 복지 모두를 추구하기 위한 것이었지만, 적어도 복지라는 목적을 실현하는 데에는 많은 문제를 불러일으켰다. 1990년대 복지국가의 전환된 정책으로는 불평등이 심각해지고 노동빈곤working poor 문제가 대두되는 상황에 제대로 대응하기 어려웠다. 일례로 복지국가 발전기에 상당히 감소했던 노인빈곤 문제가 공적연금 축소, 의료보장 후퇴 등으로 인해 다시 심각해지고 있는 상황에서, '복지에서 노동으로' 정책을 강조하는 것은 해법이 되지 못했다. 또한 노동시장 유연화로 고용의 질이 나빠지고 있는 상황에서 사회복지급여의 수급 조건으로 노동시장 참여를 강조하는 것은 효과적인 대응책이 될 수 없었다.

즉, 1980년대의 신우파 집권기를 거치면서 노동조합 등 조직된 노동의 힘이 약화되고 노동시장 탈규제가 이루어지며 고용의 질이 저하되는 가운데 일자리 참여가 곧 빈곤 탈출과 자립을 의미하는 것은 아니게 되었다는 것이다. 결국 빈곤과 불평등이 심화되는 가운데 '제3의 길'이라는 대응은 신자유주의 노선과 차별적인 성과를 거두지 못했다.

그럼에도 중도좌파정부들의 '제3의 길' 실험은 21세기에 집권한 좌우정 당 모두의 복지정책에 상당한 유산을 남겼다. 2000년대 후반에 유럽에서 우파 정당들이 약진했으나, 이들이 내세운 복지정책 방향은 기존 신자유주의 정책 과 거리를 두는 것이었다. 스웨덴을 비롯한 몇몇 나라에서 우파정부는 1980년 대처럼 복지국가 자체를 공격하기보다는, 앞서 집권한 중도좌파정부들이 내 세운 성장과 복지의 동시 추구, 노동을 촉진하는 복지, 복지혼합 등 중도적 복 지정책과 유사한 정책 방향을 내세웠다. 우파정당들 역시 시민들의 삶 속에 자 리 잡은 사회복지제도의 역할을 전면적으로 제거하는 것은 어렵기 때문이다 (Pierson, 1994). 뿐만 아니라 사회투자국가, 생산적 복지 등을 슬로건으로 하 는 중도좌파의 사회복지정책 방향은 우리나라의 사회복지정책 발전에도 영향 을 미쳤다. 자활지원, 노인일자리 사업, 근로장려세제 등 빈곤층의 노동 참여를 강조하는 다양한 복지프로그램에서 보이듯이, 한국의 사회복지정책에서 효율 (성장)과 복지의 동시 추구는 오랫동안 강력한 지침이었다.

사회복지정책의 역사와 21세기의 도전

서구 사회복지정책의 역사는 자본주의 발전 및 전환과 맥락을 함께하며 전개되었다. 앞서 살펴본 바와 같이, 신빈민법의 노동능력 중심의 빈민 분류와 배치, 노동 무능력자로 제한된 구제는 자본주의 노동시장의 형성을 촉진했다.

19세기 말 20세기 초에 이루어진 여러 나라의 사회보장제도 도입은 자유 방임자본주의 자체의 한계와 그 잔인성으로 인해 발생한 사회운동들로 촉발된 자본주의 전환의 일부였다. 제2차 세계대전 이후에 본격화된 복지국가의 발전 은 케인즈식 시장개입과 계급타협을 기반으로 하는 자본주의하에서 가능했다. 1980년대부터 지금까지 지속되고 있는 복지국가의 축소와 재편은 금융자본의

그림 2-5 학교 민영화와 예산삭감정책에 항의하는 시위. 2012년 이탈리아(ⓒshutterstock)

부상 같은 자본주의의 변화와 노동자계급 약화와 같은 계급정치의 변화 속에서 이루어졌다.

2018년 현재 우파정당이 이끄는 독일의 앙겔라 메르켈 정부, 영국의 테레사 메이 정부, 프랑스의 에마뉘엘 마크롱 정부 모두 복지국가의 근본적 후퇴를 추구하고 있지는 않다. 2008년의 금융위기가 정부의 재정위기로 이어지면서 유럽 전역에서 소득보장급여의 삭감이 이루어졌으나, 신자유주의 이념에 충실한 규제완화, 복지에 대한 전면적인 공격은 감행되지 않았다. 오히려 금융부문 등에 대한 시장규제가 강화되었다. 이들의 노선을 기존 신자유주의 노선과 완전히 차별화된 '새로운 자본주의'를 추구하는 것으로 볼지, 극단적인 신자유주의를 완화시킨 새로운 중도로 볼 것인지 등에 대해서는 추가적인 논의가 필요하다.

확실한 점은 지금 사회복지정책은 기존과는 다른 차원의 자본주의 위기에 더해 세계화, 이주의 증가, 고령화, 금융시장의 잦은 위기 등으로 인해 커다란 도전을 맞이하고 있다는 것이다. 이는 복지지출을 증가시킬 뿐만 아니라 복지국가를 지탱하는 사회연대의식에 균열을 가져오기에 복지국가를 뿌리에서부터 뒤흔들 수 있다.

현재의 자본주의와 복지국가는 과거의 자유방임시기나 복지국가 전성기와는 다른 새로운 지점 위에 서 있다. 복지국가는 변화하는 중이지만 변화의 방향은 확실치 않다. 다만 신자유주의, 제3의 길 등과는 다른 방향으로 사회복지정책을 재구성할 것을 요구하는 목소리가 커지고 있다는 점은 주목할 만하다. 이러한 사회복지정책 재구성에 대한 요구는 노동, 정치, 금융, 조세 개혁 등을 포함하는 자본주의 개혁 요구의 중요한 일부이다. 앞서 살펴본 사회복지정책의 역사는 지배계급의 이해관계나 정치지도자들이 추구하는 바뿐만 아니라 다수 대중이 현실 속에서 어떤 고통을 겪고 있으며 무엇을 요구하는가에 의해서도 변화가 이루어질 수 있음을 말해준다. 이러한 이유에서 21세기 사회복지정책의 재편의 길은 여러 방향으로 열려 있다.

토론쟁점

1   자본주의 태동기부터 복지국가 재편기까지 빈곤정책이 담고 있는 빈곤에 대한 관점은 어떤 방향으로, 얼마나 변화했다고 생각하는가?

2   비스마르크 사회보험법, 영국 국민보험법을 비롯한 19~20세기 복지국가로의 정책전환을 직접 시도한 것은 보수주의자, 자유주의자들이었으나 사회운동의 역할 역시 중요하다. 당시 사회복지정책 형성에 다양한 사회운동이 수행한 역할에 대해 어떤 평가를 내릴 수 있을까?

3   서구 복지국가의 사회복지정책 시작부터 발전에 이르는 과정은 한국 사회복지정책 발전에 어떤 교훈을 주는가?

4   자본주의 노동시장의 형성, 발전을 지원하는 것은 자본주의 역사 내내 사회복지정책의 중요한 기능이었다. 지금 기술변화, 유연화 등으로 노동시장이 근본적으로 변화하는 가운데 사회복지정책은 어떤 변화의 압박을 받게 될 것인가?

03

한국 자본주의와
사회복지정책의 역사

역사를 이해한다는 것은 왜 지금 우리가 여기에 있는지를 이해하는 첫걸음이다.[1]

사회복지정책은 하늘에서 떨어지듯 만들어지는 것이 아니기 때문에, 현재의 한국 사회복지정책을 이해하기 위해서는 한국 복지체제가 어떤 길을 걸어왔는지 이해하는 것이 중요하다. 오늘날 서구 복지국가를 대표하는 영국, 독일, 스웨덴 복지국가의 특성은 그들이 걸어왔던 역사의 산물이다. 독일 복지국가의 역사는 보수의 기획에서 시작되었고, 스웨덴 복지국가를 만들었던 힘은 제조업 노동자와 중간계급 간의 계급연대에 있었으며, 영국 복지국가의 기원은 자유시장의 폐해로부터 자본주의를 지키기 위한 자유주의적 대응의 산물이었다.

하지만 정작 우리는 우리의 역사를 알지 못한다. 한국 사회복지의 역사에 대한 연구가 매우 드물기 때문이다. 물론 어려운 여건에서도 훌륭한 성과를 낸 몇몇 연구들이 있지만, 대부분의 선행연구는 복지정책을 연대순에 따라 기술

---

[1] 이 장의 내용 일부는 윤홍식(2019), 『한국 복지국가의 기원과 궤적 1』(서울: 사회평론아카데미)을 바탕으로 수정·보완된 것이다.

하거나 1980년대 후반 이후의 정책변화에 대해 다루고 있을 뿐이다(감정기·최원규·진재문, 2010; 안상훈·조성은·길현종, 2005; 하상락 편, 1989). 더욱이 근대 이전의 제도는 거의 알려져 있지 않다.

우리가 한국 사회복지정책의 역사를 다루는 것은 바로 우리 자신을 알기 위해서이다. 우리의 역사를 모르고서는 우리가 직면한 사회적 위험에 대응할 수 있는 사회복지정책을 설계할 수 없기 때문이다. 이러한 인식에 기초해 이 장에서는 18세기부터 2016년까지 한국 복지의 역사를 다룬다. 먼저, 한국 사회복지정책의 역사를 서술하기에 앞서 시대 구분을 하고 각 시대의 특성에 대해 살펴본다. 다음으로, 한국 사회복지정책의 대략적인 흐름을 설명한다. 제도 중심으로 설명하기보다는 복지체제라는 큰 틀에서 각 시대의 중요한 특징을 설명하는 방식으로 역사를 서술한다. 마지막으로, 한국 사회복지정책의 역사와 그것이 우리에게 주는 함의에 대해 정리한다.

한 가지 이야기해둘 것이 있다. 이 장에서는 '복지'라는 용어 대신 '분배'라는 용어를 사용하기도 하는데, 이는 복지를 모든 시대를 관통하는 용어로 사용할 때 생기는 오해를 피하기 위해서이다. 일반적으로 복지는 자본주의 시장원리에 대응하는 개념으로 사용했다. 복지는 다양하게 정의될 수 있지만, 복지의 핵심은 인간이 시장에 의존하지 않고도 인간답게 살아갈 수 있도록 하는 것이다. 복지를 이렇게 정의했을 때, 자본주의 사회가 아닌 전前자본주의 사회 또는 전근대사회의 분배제도(체계)에 '복지'라는 이름을 붙이는 것은 적절하지 않다. 모든 분배제도에 복지라는 명칭을 붙이면, 우리는 인간이 존재했던 모든 시대에 복지라는 용어를 사용해야 하기 때문이다. 그래서 여기서는 한국 사회가 자본주의로의 이행을 본격화한 일제강점기부터 복지라는 용어를 사용하고, 그 이전에는 분배(체계)라는 용어를 사용한다.

한국 복지체제의 시기 구분

이 절에서는 18세기부터 박근혜정부의 마지막 해인 2016년까지 대략

200여 년의 시간을 따라가며 한국 사회복지정책의 역사를 대략 네 시기로 구분해서 서술했다. 첫 번째 시기는 18세기부터 1945년까지로 세계적으로는 자본주의 세계체계에서 영국의 패권이 위기에 처하고 미국이 새로운 강대국으로 등장했던 시기이다. 이 시기에 한국 사회는 1876년 개항을 전후해 자본주의 세계체계로 편입되면서 자본주의 체제로의 이행을 시작했다. 구체적으로는, 18세기부터 1910년 일제에 의한 강제병탄에 이르는 시기와 일제강점기를 다룬다. 두 번째 시기는 1945년부터 1961년까지 대략 25년의 시기를 다룬다. 미국이 자본주의 세계체계의 패권국가로 등장해 전성기를 구가한 때이자 서구 복지국가의 황금기였다. 이 시기에서는 자유주의와 자본주의를 이식한 미군정기와 분단, 한국전쟁을 거치면서 반공주의가 심화되는 이승만 권위주의 정권 시기를 다룬다. 이때 한국의 복지는 미국의 원조물자에 의존하는 특성을 보인다. 세 번째 시기는 1961년부터 1997년 외환위기까지 약 40년간이다. 본격적인 산업화가 이루어진 시기로, 박정희와 전두환 권위주의 정권 시기와 1987년 민주화 이후 등장한 노태우·김영삼 정부 시기를 다룬다. 이 시기에는 경제개발이 공공복지를 대신하는 기능적 등가물 역할을 했다. 경제성장이 일자리를 만들고, 일자리가 사람들을 빈곤으로부터 벗어나게 했다. 성장이 곧 복지였다. 하지만 이러한 개발국가 복지체제는 1990년대 초부터 해체되기 시작해서 1997년 외환위기를 맞이하며 위기에 직면한다.

마지막으로 네 번째 시기는 1997년부터 2016년까지 20년간이다. 이 기간은 자본주의 세계체계에서 미국의 패권이 신흥국의 등장으로 위협받은 시기이다. 1997년부터 2008년 금융위기 이전까지 신자유주의 자본주의가 전성기를 구가한 전반기와 2008년 금융위기 이후 위기에 처한 후반기로 구분된다. 서구 복지국가는 20년 내내 위기에서 벗어나지 못했다. 이 시기에 한국에서는 경제성장을 통해 분배를 실현했던 개발국가 복지체제가 해체되고 GDP 대비 사회지출이 사회보험을 중심으로 확대되었다. 이 시기의 핵심쟁점은 두 가지이다. 하나는 김대중·노무현 자유주의 정부에서 확대된 복지의 성격을 이해하는 것이고, 다른 하나는 2008년부터 시작된 이명박·박근혜 보수정부 9년을 자유주의 정부 10년의 계승과 단절이라는 관점에서 평가하는 것이다. 특히 보수정부 9년은 한국 복지국가의 확장성을 제도적으로 제약했다는 점에서 한국 복지체

표 3-1 한국 사회복지정책과 복지체제 시기 구분

시기		분배·복지정책의 특성
I 전근대적 분배체계와 자본주의 복지체제로의 이행기 18세기~1945년	조선 후기 18세기 전후~1910년	– 환곡을 중심으로 국가적 분배제도의 성장과 해체 – 정치경제적 변화에 조응하지 못하는 소농 중심의 분배체계(환곡체제)
	일제강점기 1910~1945년	– 자본주의 분배제도로서 사적 소유권 확립 – 지주 중심의 세금정책과 전근대적 구휼제도
II 원조복지체제 1945~1961년	미군 점령시기 1945~1948년	– 자본주의 분배체계의 형성 – 외국 원조에 기초한 전근대적 구휼제도의 지속
	이승만 권위주의 정권 시기 1948~1961년	– 자본주의 분배체계의 확립 – 사회보장제도에 대한 논의와 공무원연금제도 도입 – 원조에 의한 사회복지급여(원조복지체제의 성립)
III 개발국가 복지체제 1961~1997년	박정희·전두환 권위주의 정권 시기 1961~1987년	– 경제성장과 낮은 세금을 통한 사적 자산축적이 국가복지를 대신하는 개발국가 복지체제의 확립 – 전두환정권의 안정화 조치로 인한 공적 재원의 체계적 축소
	민주화 이후 보수정부 1, 2기 (노태우·김영삼 정부) 1987~1997년	– 성장을 통해 불평등과 빈곤을 완화하는 개발국가 복지체제의 약화 – 노동과 숙련을 배제한 성장체제의 지속으로 공적 사회보장의 이중구조화 형성 – 건강보험 통합 논쟁을 계기로 한 복지정치의 태동
IV 복지국가 복지체제 이행기 1997~2016년	자유주의 정부 1, 2기 (김대중·노무현 정부) 1998~2007년	– 전통적 복지제도(사회보험과 공공부조)의 도입과 확대 – 공·사적 영역에서 한국 복지체제의 역진적 선별성 강화[2] – 민간 중심의 사회서비스 확장
	자유주의 신개발국가 (이명박·박근혜 정부) 2008~2016년	– 성장을 통한 분배를 실현하기 위해 개발국가 복지체제의 복원 시도와 실패 – 사회보험 중심과 민간 중심의 사회서비스 확대라는 측면에서 자유주의 정부의 복지정책 계승 – 공공복지의 '확장성 제약'의 제도화

제의 성격을 이해하는 데 중요한 전환점이 된다.

2   복지정책에서 선별주의는 일반적으로 자산과 소득 조사를 통해 취약계층을 걸러내고 이들에게 복지급여를 제공하는 할당원리를 말한다. 반면 역진적 선별주의 또는 선별성은 통상적인 선별주의와는 반대로 상대적으로 높은 임금과 안정적 고용의 혜택을 받는 중·상위계층에 공적 사회보장제도가 집중되는 현상을 설명하기 위한 용어로 사용했다.

전근대적 분배체계와 자본주의 복지체제로의 이행, 18세기 전후~1945년[3]

분배체계는 현대 사회만의 고유한 제도가 아니다. 사람들이 사회를 이루고 살아가는 사회라면 생산이 필요하고, 생산이 안정적으로 이루어질 수 있도록 뒷받침하는 사회제도도 필요하다. 그렇기 때문에 모든 사회에는 그 사회의 정치경제적 특성에 따라 고유한 분배체계가 있고, 그 분배체계가 제 기능을 수행하는지의 여부는 그 사회의 지속 가능성을 결정하는 가장 중요한 기준이다. 전근대사회 또한 생산력을 유지하기 위해 고유한 분배체계가 존재했다. 당연히 조선사회도 고유한 분배제도를 갖고 있었다. 하지만 조선사회의 생산을 지속 가능하게 했던 분배제도는 우리가 알고 있는 향약, 계, 두레, 구휼제도 등이 아니었다. 이러한 것들은 자연재해로 농사를 망친 농민들이 먹고사는 문제를 해결하고 다음해 농사를 지을 수 있도록 농업사회의 생산력을 재생산하는 분배제도가 아니었다. 향약은 향촌에 살고 있는 양반이 지역사회를 지배하는 도구였을 뿐이고, 이마저도 18세기에 들어서면서 해체되기 시작했다(정승진, 2009:353). 여기에서는 그 시대의 생산력을 보존하고 재생산하는 제도로서 분배제도를 접근했다. 시기적으로는 18세기부터 1910년 조선이 일제에 강제병탄되기 이전까지의 분배체계와 일제강점기의 분배체계에 대해 다룬다.

전근대적 분배체계, 환곡체제

새로운 눈으로 보면 지금까지 그냥 지나쳤던 것들이 중요한 의미를 갖게 된다. 조선의 분배체계 또한 마찬가지이다. 조선이 500년 넘게 체제를 유지할 수 있었던 중요한 배경에는 농업 생산력을 유지하기 위한 '환곡'이라는 분배제도가 있었기 때문이다. 역사 교과서에 등장하는 삼정(전정, 군정, 환정)의 하나

---

3   이 부분은 다음 글을 바탕으로 수정·보완했나. 윤홍식(2016), "선자본수의 분배체계의 해체",
     『한국사회복지학』 68(2): 79-105. 윤홍식(2016), "일제강점기 한국 분배체계의 특성, 1910-1945",
     『사회복지정책』 43(2): 35-60.

인 환곡은 백성을 수탈하는 세금제도로 알려져 있다. 그러나 환곡은 본래 농업 생산력을 유지하기 위한 목적으로 제도화된 분배제도였다. 환곡은 가뭄과 홍수 등 자연재해로 인해 흉년이 들면 곡식을 빌려주고 가을에 곡식을 추수하면 빌려주었던 곡식에 이자 10%를 붙여 돌려받는 제도였다.[4] 물론 현재의 이자율과 비교할 때 국가에서 운영하는 환곡의 이자율이 10%라면 높다고 볼 수도 있다. 하지만 당시 일반 농민이 민간에서 곡식을 빌리면 20%를 내야 했고 부호에게 빌릴 경우 50~300%의 이자를 내야 하는 경우도 있었기 때문에, 10%는 당시로서는 최적의 대출 조건이었다(최익한, 2013[1947]).

조선 정부는 민간에서 높은 이자를 받는 것이 문제가 되자 연 20%의 이자를 받을 경우 고리대로 규정하고, 고리대 확산을 막고 농민의 재생산을 보장하기 위해 10%의 이자를 받는 환곡을 확대했다(박이택, 2010). 빌려주었던 곡물의 양보다 10%를 더 받았던 이유는 환곡제도를 유지하기 위해서는 일정한 규모의 곡물 비축량을 유지해야 했기 때문이다. 모든 농민이 봄에 빌렸던 곡식을 가을에 갚을 수 있는 것이 아니었기 때문에 빌려준 곡식의 일부는 돌려받지 못하는 일이 발생했고, 이러한 경우를 대비해 10%의 이자를 곡식으로 받아 환곡의 규모를 유지할 필요가 있었다. 또한 농민이 10%의 이자를 내고도 농업 재생산이 가능했던 것은 그만큼 당시 농업 생산력이 뒷받침을 해주었다는 것을 이야기해주는 것이다(송찬섭, 2002).

그러면 당시 환곡의 규모는 어느 정도였을까? 환곡의 규모를 측정하는 것은 조선 후기 재분배제도의 규모를 알 수 있는 중요한 기준이다. 정확한 규모를 추정하기는 어렵지만, 18세기 중·후기를 기준으로 대략 당시 GDP의 17.0%에 달했고 자연재해로 인해 발생한 빈민을 구제하기 위해 비축된 환곡의 규모만도 GDP의 14.0%에 달했다(윤홍식, 2016). 1776년(영조 52년)에 환곡은 728만 석으로 최고치에 달했는데, 도정하지 않은 곡식을 기준으로 하면 환곡의 규모는 무려 1천만 석에 달했다. 당시 조선보다 인구가 52배 많았던 만주족의 청나라에서 운영하던, 환곡과 유사한 상평곡의 규모가 4,800만 석이었

---

4 『속대전』에 따르면, 환곡은 "봄에 빌려주고 절반은 창고에 두었으며 가을에 거둘 때 모(이자)를 10분의 1로 취하는" 제도였다(최익한, 2013[2017]).

다는 점을 고려하면, 조선의 환곡 규모는 인구에 대비해서 청나라의 5배에 이르는 엄청난 규모였다(이영훈, 2002). 당시에 세계 어디에도 이 정도의 규모를 농민의 재생산을 위해 비축한 국가는 없었다. 한국의 GDP 대비 사회지출이 5%를 넘은 해가 2001년이었다는 점을 고려하면, 당시 분배제도로서 환곡의 규모가 얼마나 대단했는지를 추정할 수 있다.

조선 후기에 들어서면서 조선 정부가 이렇게 엄청난 규모의 환곡을 비축한 이유에는 몇 가지가 있다. 첫째, 18세기가 되면서 조선은 본격적인 소농사회로 진입했는데, 소농은 생산물을 비축할 수 없었기 때문에 자연재해에 취약했고 이러한 소농의 생산력을 유지하기 위해서는 국가적 분배체계의 구축이 필수적이었다(박이택, 2010).

둘째, 영조는 집권 초기에 대규모 기근이 발생해 어려움에 처했던 경험이 있었고, 이후 이러한 문제에 대응하기 위해 환곡의 규모를 적극적으로 확대했다. 셋째, 18세기 들어서 이앙법이 확산되었는데, 이앙법은 직파법에 비해 수확량은 많지만 가뭄에 취약해 이를 대비할 필요가 있었다. 이러한 이유로 영조 시기에 환곡이 대규모로 비축되면서 국가적 분배체계가 갖추어진 것이다. 실제로 조선 후기에 소수 부호를 제외한 대부분의 농민은 환곡 없이는 생존이 불가능했다. 환곡은 취약계층을 위한 구휼제도가 아니라, 지금 방식으로 표현하면 조선 사회의 중산층이라고 할 수 있는 자영농의 재생산을 보장하는 분배제도였다고 할 수 있다.

또한 우리가 영국의 빈민법에서 유래했다고 알고 있는 공공부조의 수급 자격과 관련된 열등처우의 원칙, 노동능력 기준, 부양의무자 기준 등도 조선의 환곡제도에 명시되어 있었다. 성인남녀가 환곡의 구휼미를 받기 위해서는 노동할 수 없다는 것을 증명해야 했고, 노비와 같이 주인이 있는 경우와 부양자가 있는 경우에도 구휼미를 받을 수 없었다(원재영, 2014). 더욱이 영국의 빈민법과 비교하면 조선의 환곡제도는 인간적이었다. 구휼미를 받는다고 시설에 가두는 경우도 없었고, 구걸을 한다고 신체에 낙인을 찍고 채찍질을 가하는 경우도 없었다. 현재 국민기초생활보장제도의 부양의무자 기준, 노동능력 기준 등은 영국의 빈민법이나 조선의 환곡제도에서 빈민을 구제할 때 적용했던 것처럼 권리성이 약한 공공부조의 일반적 특성이라고 할 수 있다.

이러한 환곡제도는 18세기 후반에 들어서면서 백성을 수탈하는 세금으로 변질된다. 실제로 정조 시기에 접어들면 환곡의 기능이 재해에 대비해 농업 생산력을 유지하는 것에서 중앙정부와 지방정부의 재정을 보충하는 용도로 바뀌게 된다. 환곡을 나누어주지 않고 가을에 이자만 받는다거나 필요하지 않은 농민에게 강제로 환곡을 빌려주고 이자를 받는 등의 수탈이 자행되었던 것이다. 이로 인해 조선 후기로 가면 환곡의 이자 수입이 전체 조세수입의 36%에 이르러 토지에 부과되는 세금에 이어 두 번째로 큰 비중을 차지하게 된다(송찬섭, 2002).

환곡이 이렇게 수탈적 성격으로 변화된 이유는 18세기에 들어서면서 상품화폐경제가 발달하고 농민층이 분화되면서 소농 중심의 자족적 농업사회가 해체되어가고 있는데도, 조선의 세금 징수는 여전히 자족적인 농업사회를 전제로 제도화되어 있었기 때문이다(윤홍식, 2016).

이로 인해 조선 정부는 상품화폐경제의 발달에 따라 증가하는 지출을 충당하기 위해 자영농을 재생산하기 위해 운영되었던 환곡제도를 세금을 걷는 제도로 이용한다. 분배제도인 환곡제도가 농민을 수탈하는 제도로 변질된 것이다(원재영, 2014; 문용식, 2000). 결국 분배제도가 수탈제도로 변질되면서 조선사회는 위기에 처하게 된다. 1811년 평안도 농민항쟁, 1862년 진주농민항쟁, 1894년 갑오농민전쟁 등은 모두 경제사회 변화에 조응하는 분배체계를 구축하지 못한 조선 사회가 위기에 처했다는 것을 보여주는 상징이었다.

하지만 환곡의 성격이 농민을 수탈하는 제도로 변화해가는 와중에도 환곡은 흉년으로 인해 굶주린 백성들을 구제하고 농사를 지을 수 있는 종자를 제공하는 역할을 계속했다. 조선 정부도 환곡을 개혁하려는 다양한 시도를 했지만 환곡을 대신하는 분배제도를 만들지는 못했다. 분배제도로서 명맥을 유지하던 환곡은 조선이 일제에 강제병탄되면서 역사에서 사라졌다. 분배제도인 환곡이 수탈제도로 변화했다는 것은 경제사회 변화에 조응하지 못하는 분배제도가 사회의 지속 가능성을 어떻게 위협하는지를 보여주는 역사적 사례라고 할 수 있다.

일제강점기, 전근대적 구휼제도의 지속

　　분배체계의 관점에서 주목해야 할 일제강점기의 특성은 한국사회에 사적 소유권에 근거한 근대적 토지소유가 확고해졌다는 점이다. 한 시대의 가장 중요한 분배는 그 사회의 가장 중요한 생산물을 어떻게 나눌 것인가와 관련된다. 농업사회라면 당연히 농업 생산물을 어떻게 나눌지가 가장 중요한 분배의 문제이고, 산업사회라면 기업주와 노동자 간에 이윤과 임금의 몫을 어떻게 나눌지가 중요하다. 그리고 그 분배를 나누는 중요한 기준은 누가 생산수단을 소유했는지에 따라 달라진다. 농업사회에서는 누가 토지를 소유했는지가 중요한 분배의 기준이 되는데, 조선사회에서 이 토지소유권은 지금 우리가 알고 있는 방식과는 다른 형태로 존재했다. 조선의 모든 토지는 명목상 국왕의 것이었다. 지주는 단지 토지에서 생산된 생산물의 일부를 수취할 권리만 갖고 있었고, 농민은 '도지권'이라고 불리는, 그 토지에서 경작할 권리를 갖고 있었다(안병태, 1982). 농민은 토지에 대한 수취권을 팔 수 없었지만 경작권(도지권)은 팔 수 있었다. 그래서 한 번 소작을 하게 되면 수십 년씩 농사를 지었고 자식에게 물려줄 수도 있었다. 국왕, 지주, 농민이라는 세 주체가 토지를 소유하는 형태의 중층적 토지소유권은 일제가 토지조사사업을 시행하면서 근대적 토지소유권(자본주의적 토지소유권)으로 전환되었다.[5]

　　근대적 토지소유권의 확립은 생산물의 분배가 지주 중심으로 이루어졌다는 것을 의미하고, 일제가 지주 세력을 포섭하려는 의도와 맞물려 식민지 지주제를 강화하는 역할을 했다. 식민지 지주제는 쌀과 같은 농업 생산물이 일제의 산업화를 지원하기 위해 일본으로 이출되는 과정과 맞물려 확대된다.[6] 일제

---

[5] 근대적 토지소유권의 제도화가 언제부터 시작되었는지는 논쟁적이다. 일부에서는 대한제국 시기에 실시된 광무양전을 통해 토지소유증서를 발급해주었기 때문에 근대적 토지소유권의 출발을 대한제국 시기로 보아야 한다고 주장한다(김건태, 2013; 김용섭, 2004). 타당한 주장이다. 다만 분명한 점은 전국적 차원에서 근대적 소유권이 확립된 시기는 일제가 토지조사사업을 완료한 이후라고 보는 것이 적절해 보인다는 것이다. 토지조사사업을 둘러싸고 많은 논란이 있지만, 여기서는 분배라는 관점에서 근대적 사적 토지소유권의 확립이라는 점만 강조하는 것이 좋을 것 같다.

[6] 국가 간의 교역은 수출과 수입이라는 용어를 사용한다. 하지만 일제강점기에 조선은 일본의 식민지였기 때문에 국가 간 교역에 사용되는 수출과 수입이라는 용어를 사용하는 것은 적절하지 않다. 그래서 지역 간 교역이라는 의미에서 이출과 이입이라는 용어를 사용한다.

그림 3-1 1929년 원산총파업 시위행렬. 원산의 전체 노동자가 파업을 단행했고, 이는
1920년대 노동운동사상 최대규모 노동투쟁으로 전해진다.

가 쌀을 증산하기 위해 두 차례 시행한 산미증식계획도 일제의 산업화에 필요
한 노동자의 식량을 저렴한 비용으로 제공하기 위한 정책이었다. 일제의 이러
한 정책이 지주에게 일방적으로 이로운 정책이 되면서, 토지조사사업이 완료
된 1920년 이후에 격렬한 소작쟁의가 전국적으로 발생했다. 수십 년간 유지되
었던 소작권이 1년 만에 종료되고 지주가 부담해야 할 각종 세금과 비용이 소
작농에게 전가되면서, 소작쟁의가 일제의 식민지 지배를 위협할 정도로 격렬
해진 것이다(우대형, 2008). 결국 일제가 소작권을 일정한 수준에서 보호하는
조선농지령이라는 개선책을 내놓으면서 소작쟁의는 잦아들게 된다. 1934년에
공포된 조선농지령의 주요 내용은 소작 기간을 농지의 경우 3년 이상으로 하
고 소작료도 조정이 가능하게 하는 내용을 담고 있었다(지수걸, 1994).

　　1930년대 중반부터는 조선의 산업구조가 농업에서 공업으로 이동해가면서
자본가와 노동자 간의 분배문제가 중요한 쟁점으로 떠올랐다. 일제가 1937년에
중국침략전쟁을 본격화하면서 조선은 일제의 병참기지가 되고, 화학, 제철, 기
계공업 등 중화학공업을 중심으로 공업화가 진행된다. 근대적 계급인 노동자
가 역사에 등장하게 된 것이다. 1930년대 이전까지는 일제와 지주 연합 대 소
작농 간의 권력관계가 지배적이었다면, 중국침략전쟁 이후에는 일제, 지주, 자
본가의 연합이 형성되고 소작농과 노동계급이 이에 맞서는 형국이 만들어졌

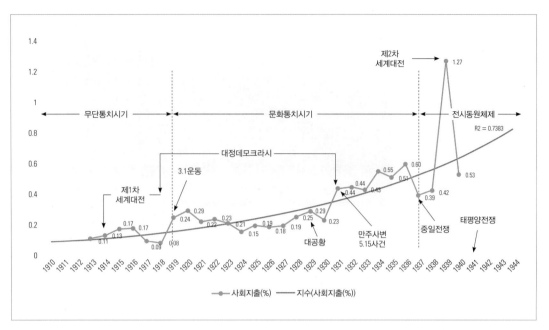

그림 3-2 일제강점기 사회지출 규모의 변화

* 일제강점기에 조선 내 총생산 대비 사회지출 비율은 김낙년(2006)이 편집한 『한국의 경제성장, 1910-1945』의 부록에 수록되어 있는 국민계정 통계와 총독부의 목적별 지출 자료에 근거해 산출된 수치이다. 사회지출은 총독부의 목적별 지출 중 사회보장과 복지와 보건을 합산해 산출했다.

다. 사회복지정책의 관점에서 노동계급의 등장이 중요한 이유는 이때부터 식민지 조선에서 사회보험과 같은 근대적 사회보장제도에 대한 요구가 나타나기 시작했기 때문이다. 경성(서울)에서 결성된 출판노조가 1931년에 발표한 행동강령에는 여성노동자의 산전산후 유급휴가, 해고수당제, 질병 및 상해에 대한 치료비 지급 등 요구사항이 제시됐다(김경일, 2004).

하지만 일제강점기에 조선의 분배체계는 변화하는 사회경제적 조건에 맞는 새로운 분배체계를 구축하지 못하고 여전히 전근대적 구휼제도에 머물렀다. 일제는 당시의 생산력을 보존하기 위한 어떠한 전국적인 분배제도도 만들지 않았다. 그림 3-2에서 보는 것처럼, 조선총독부의 복지 관련 지출은 당시 GDP의 0.08~0.17%를 넘지 않았다. 그나마 그것도 조선임시은사금제[7]에 따

---

7   1910년 8월에 일제가 조선을 강제병탄하면서 일본 국왕의 명령으로 조선총독부가 기명식 국공채를 발행할 수 있도록 했는데, 이렇게 마련된 재원이 조선임시은사금이다.

그림 3-3 산미증식계획 등으로 증산량보다 많은 쌀이 일본으로 이출됐다. 1920년대 이후 한반도에서는 격렬한 소작쟁의가 전국적으로 발생했다.

라 총독부가 기명식 국공채를 발행해서 생기는 이자(연리 5%)로 운영했다. 그리고 일제에 협력한 친일 조선인에 대한 지원과 일제에 필요한 비단 생산과 같은 산업에 지원하는 용도로 대부분 쓰였다(김지영, 2008). 1930년대 후반에 조선총독부의 복지 지출이 증가한 것도 중국침략전쟁을 수행하면서 군인과 유가족에 대한 지원이 늘었기 때문이다.

사실 일제는 빈민에 대한 전근대적인 구휼조차 제대로 시행하지 않았다. 총독부가 발간한 자료에 따르면, 1934년과 1940년에 조선총독부의 구조 대상 빈민은 전체 인구의 각각 0.007%와 0.009%에 불과했다(배기효, 1999). 사회복지정책을 체제유지를 위한 수단으로 활용한 것도 일제강점기에 시작되었다. 1944년에 제정된 조선구호령의 시행세칙을 보면 "(…) 결전을 앞에 두고 국민생활의 계조를 확보하고, 건강한 국민과 강력한 군사의 배양을 육성하거나, 인구정책 등 후생보건의 견지에서도 본 구호제도를 (…)"이라고 적혀 있다. 하지만 일제는 이러한 조선구호령조차 패망할 때까지 시행하지 않았다(윤홍식, 2017). 빈민을 주요 대상으로 하기는 했지만, 조선총독부가 재정을 지원하고 민간이 서비스를 제공하는 한국 사회서비스의 전형적 형태도 일제강점기에 시작되었다.

원조복지체제, 1945~1961년

일반적으로 한 사회의 복지체제가 어떤 모습으로 변화하는지는 일국적인 문제라고 생각한다. 서구 복지체제의 다양성을 노동계급과 좌파정당의 힘이 얼마나 강한지를 기준으로 설명하는 권력자원론도 개별 국민국가의 정치경제에 기초해서 이론화된 것이다. 하지만 이런 일국적 차원에서 복지체제의 특성을 설명하는 이론은 서구 복지국가를 설명하는 데는 타당하지만 한국과 같이 식민지를 벗어난 신생독립국의 복지를 설명하기에는 적절하지 않다. 왜냐하면 한국과 같은 신생독립국의 복지는 단지 그 나라만의 문제가 아니기 때문이다. 1945년의 해방 이후에 한국 복지체제는 한국사회에 지대한 영향력을 미친 초강대국인 미국에 크게 의존했다. 1945년부터 1961년까지 한국 복지체제에는 국가-가족-시장이라는 통상적인 주체 이외에 미국이라는 강력한 외부적 힘이 존재했다. 원조복지체제는 이러한 현실을 반영한 개념이다. 원조복지체제 시기에 한국인의 복지는 서구 복지국가와 달리 국가-시장-가족-미국(원조)의 관계 속에서 결정되었다.

미군정기: 자본주의 분배체계의 확립, 1945~1948년[8]

복지체제의 관점에서 미군정기를 볼 때, 먼저 1945년 8월 15일부터 미군이 한반도 북위 38도선 이남에 상륙하기 전인 9월 7일까지에 주목할 필요가 있다. 비록 3주가 조금 안 되는 짧은 기간이었지만, 이 시기는 진정한 해방공간이 열린 때였다. 일제가 패망하고 외세가 아직 한반도에 진주하지 않은 상황에서 건국준비위원회와 인민위원회가 구성되어 식량과 치안을 통제했다. 일제가 남겨놓은 공장에서는 노동자의 자주관리가 이루어졌고, 농민은 일본인의 토지를 접수했다. 일제가 남겨놓은 생산수단을 어떻게 분배할 것인지를 둘러싸고

---

8 미군정 부분은 다음 글을 바탕으로 다시 작성한 것이다. 윤홍식(2017), "미군정하 한국 복지체제, 1945~8:좌절된 혁명과 대역전", 『한국사회정책』 24(2): 181-215.

무한한 상상이 가능했던 시기이다.

상황은 미군정이 시작되면서 바뀌었다. 미군정은 친일지주 세력까지 동의했던 생산시설의 국유화를 외면하고 일제의 산업시설을 민간에 불하해 생산시설의 사유화를 단행했고, 일본인이 소유했던 토지를 농민들에게 분배했다. 적산불하를 통해 국가에 종속된 자본가를 육성하고, 농지개혁을 통해서는 체제에 순응적이고 보수적인 소규모 자영농을 만들었다. 남한 단독정부 수립 이후 1987년까지 무려 40여 년이나 계속된 반공·권위주의 정권을 지지하는 보수화된 농민이라는 광범위한 지지기반을 창출한 것이다. 미군정 3년을 거치면서, 남한은 당시 조선인의 70%가 지지했던 사회주의 체제 대신 17%만 지지했던 자본주의 사회가 되었다(『동아일보』, 1946). 미군정은 자본주의를 돌이킬 수 없는 체제로 한국사회에 고착화했다.

이 시기는 경제적으로 남한의 거의 모든 생산력이 축소된 때였다. 공업 생산액은 1939년에 533,194,000원에서 1946년에 136,984,000원으로 74.3%나 감소했다(김기원, 2003). 1939년의 GDP에서 공업생산(제조업)의 비중이 30.5%였다는 점을 고려하면, GDP가 22.7%나 감소한 것이다(김낙년, 2006). 계속되는 미군정의 실정은 가뜩이나 어려운 경제를 더 어렵게 만들었다. 일제의 통제와 다른 자유시장경제의 우월함을 보려주려고 했던 미군정의 미곡 자유화조치는 하이인플레이션을 유발했다. 곡물 가격은 1945년 8월을 기준으로 1946년 9월에 600%나 올랐고, 직물 가격은 1,200%나 상승했다(한국산업은행 조사부, 1955, 차남희, 1997 재인용). 복지정책으로는 후생국보 3호, 3A호, 3C호에 기초해서 전재민, 이재민 등 취약계층에 대한 식량 배급과 같은 최소한의 구호정책만 펼쳤다. 다만 일제강점기와 비교하면 상대적으로 관대한 급여가 제공되었다. 미군정기의 구호대상 인원은 전체 인구의 1.2%인 25만 명 수준이었는데, 일제강점기였던 1940년의 0.009%와 비교하면 무려 137배나 확대된 것이었다(배기효, 1999; 이영환, 1989). 미국의 원조에 의존해서 식량 배급과 취약계층에 대한 최소한의 구호정책을 펼친 것이 미군정 시기 복지체제의 특징이었다.

이승만 권위주의 시대: 원조복지체제의 성립, 1948~1961년[9]

이승만 권위주의 정권 시기의 한국 복지체제에 대해, 어떤 연구자는 이승만이 미국을 동경했고 조선구호령을 원용한 생활보호사업을 추진했다는 점에서 자유주의의 특성을 갖고 있고, 군경원호사업과 공무원연금과 같은 체제유지 세력을 위한 제도를 우선적으로 도입했기 때문에 보수주의의 특성을 갖고 있다고 평가했다(안상훈, 2010). 하지만 우리 모두가 잘 알고 있듯이, 해방 이후부터 1960년대 초까지 한국은 소위 자유주의 또는 보수주의 복지체제가 갖는 중요한 특성을 제도화할 수 있을 정도로 산업화가 이루어지지도, 이에 조응해 권력자원이 성장하지도 못했다. 1950년대의 한국은 농업사회였고, 이제 막 자본가계급이 형성되기 시작했으며, 삼백산업(설탕, 밀가루, 면화)과 같은 소비재 경공업을 중심으로 산업화가 시작되었을 뿐이다. 당시 한국 복지체제는 이러한 조건 위에서 형성되었다.

우리가 1950년대라는 제약을 전제로 이 시기의 복지체제를 평가한다면, 가장 핵심적인 평가영역은 소위 1차적 분배를 결정하는 농지개혁과 귀속재산 불하의 적절성이다. 미군정기에 이어 계속된 농지개혁은 불철저했지만, 봉건적 질서를 해체하고 농촌사회를 소작농 중심에서 영세자영농 중심으로 재편했다. 하지만 농업 생산물을 수취했던 주체가 지주에서 국가로 바뀌었을 뿐, 농민들의 삶에는 큰 변화가 없었다. 그럼에도 이 시기에 농민들은 자신의 생산물을 다음 세대의 교육을 위해 투자했고, 이러한 투자가 1960년대 이후에 한국의 고도성장의 중요한 인적 토대가 되었다.

귀속재산은 노동자들의 자주적 공장관리 요구를 배제하고 사적 자본을 강화하기 위해 민간에 불하되었다. 이 과정에서 온갖 불법과 특혜가 주어졌고, 새로운 신흥자본가 집단이 권위주의 체제에 종속되는 결과를 가져왔다. 문제는 국가와 자본의 이러한 관계 설정이 산업부문에서 자본과 노동 간의 힘의 관계

---

9 이승만정권 시기는 다음 글을 바탕으로 재작성한 것이다. 윤홍식(2018), "이승만 정권시기 한국 복지체제: 원조(援助)복지체제의 성립, 1948-1960", 『사회복지정책』 45(1): 115-147

표 3-2 총 인구 대비 피난민 및 전재민 비율

	현재인구	피난민(가)	전재민(나)	합계(가+나)
인구 수	20,689,493	3,807,226	4,018,187	7,825,413
인구 대비 비율	100.0%	18.4%	19.4%	37.8%

출처: 하상락(1989), "한국 사회복지사의 흐름", 하상락 편, 『한국 사회복지사론』, pp.38-109, 서울: 박영사, p.90을 수정한 것임.

를 자본에 결정적으로 유리하게 만들었다는 점이다. 이는 산업생산의 잉여가 노동자에게 공정하게 분배될 수 없는 구조를 만들었다. 당시 노동자의 임금은 노동력의 재생산이 불가능한 수준이었다.

이승만정권은 적산불하와 농지개혁이라는 1차적 분배 이외에 공공복지를 통해 국민에게 재생산 비용을 보장해줄 자원을 확보할 능력을 갖고 있지 못했다. 표 3-2에서 보는 것처럼 피난민과 전재민이 전체 국민의 37.8%에 달하는 상황인데도, 이승만정권은 이들에게 최소한의 생존권조차 보장해주지 못했다. 공공복지의 확대를 위해서는 세금을 더 걷어야 했지만, 당시 이승만정권은 적절한 세원을 확보하지 못했다. 더욱이 조세 징수가 직접세에서 간접세로 전환되면서, 조세는 불평등을 교정하는 제도가 아닌 불평등을 강화하는 역할을 했다. 실제로 1948년과 1960년을 비교해보면, 누진적으로 설계된 소득세가 전체 세수에서 차지하는 비중이 33.4%에서 8.6%로 급감한 반면, 역진적 세금인 물품세(소비세)는 11.2%에서 54.5%로 급증했다(한국경제 60년사 편찬위원회, 2010). 또한 정부 재정의 상당 부분을 미국의 원조에 의존하고 있었기 때문에, 이승만정권은 공공복지를 통해 계급 간의 갈등을 조정할 필요가 없었다.

1956년을 기준으로 무상원조 규모는 GDP의 무려 23.3%에 달했고, 정부 수입에서 조세의 비중이 42.1%인 데 반해 원조 수입은 57.9%에 달했다(한국경제 60년사 편찬위원회, 2010). 그림 3-4에서 보는 것처럼, 이러한 상황을 반영하듯 1948년부터 1961년까지 복지를 담당했던 보건사회부의 지출보다 미국의 원조를 받는 민간의 사회복지지출 비중이 더 컸다. 환율을 어떻게 책정하는가에 따라 다를 수 있지만, 1957년에 원조를 통해 지출되는 복지는 GDP 대비 0.66~1.36%였던 것에 반해 보사부의 지출은 1.13%에 그쳤다. 정부 예산의 절반 가까이가 원조에 의존하고 있다는 점을 고려하면 정부의 사회복지지출은

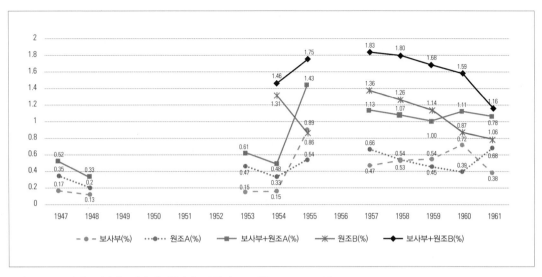

그림 3-4 GDP 대비 보건사회부 예산 및 외원기관 구호물자 규모 비율, 1948~1961년

* 1953~1961년 보건사회부 예산 중 1953년 예산은 사회부와 보건부의 예산을 합산한 것임. 한국개발연구원(1991), 『한국재정 40년사: 제4권 재정통계(1)』, 서울: 한국개발연구원, pp.84-97. GDP 자료, 한국은행 경제통계시스템(http://ecos.bok.or.kr/). 원조 금액은 미화로 표시된 금액을 협정환율로 계산한 것임(원조A는 공식환율을 적용한 것이고, 원조B는 시장환율(미국본토불)을 적용한 것임). 김낙년(2004), "1950년대의 외환정책과 한국경제", p.206; 최원규(1996), 『외국민간원조단체의 활동과 한국 사회사업 발전에 미친 영향』, p.72.

사실상 원조에 의존한 지출이었고, 원조 없이는 복지를 제공하는 것 자체가 어려웠다고 볼 수 있다.

　　의료보험과 실업보험 등 사회보험을 도입하기 위한 다양한 시도도 있었다. 다만 당시 가장 시급한 문제는 실업이었기 때문에 실업보험에 대한 논의가 가장 활발했다. 실제로 보사부 조사에 따르면, 1956년에 5인 이상 사업체에 취업한 사람이 23만 명에 불과한 데 반해 실업자는 97만 명에 달했다(남찬섭, 2005). 대한노총의 자료에 따르면, 실업자는 208만 명에 달했다. 원조를 제공했던 미국도 실업보험 도입을 검토할 정도였다(이주실, 2011). 하지만 이승만 정권과 민주당 정권에서 기획되었던 실업보험은 1961년에 박정희가 주도한 군사쿠데타가 발발하면서 무산된다. 다만 1960년 1월에 공무원연금법이 제정되면서 비록 특수직 연금이지만 한국에서 처음으로 근대적 사회보험이 제도화된다. 공공부조의 경우 조선구호령과 미군정의 후생국보에서 벗어나 1953년 10월에 근대적 의미의 공공부조인 국민생활보호법 초안이 작성되었지만, 재정 문제로 국회를 통과하지 못하고 폐기되었다(『동아일보』, 1953).

결국 1950년대의 한국 복지체제는 외국(미국)의 원조물자에 의존해서 최소한의 구호가 사적으로 이루어지는 "원조복지체제"였다. 복지 제공이 외국의 원조에 기초하고 그 분배조차 외원기관에 의존하는 상황에서 시민의 복지에 대한 국가의 역할은 매우 제한적이었다. 한국 사회복지정책의 역사라는 관점에서 1950년대 이승만 권위주의 정권 시기는 한국사회에서 복지가 국가의 역할과 무관한 사적인 문제로 치부되는 출발점이 되었다. 복지가 사적 문제로 이해되면서, 한국사회는 개인과 가족이 자신의 복지를 스스로 책임져야 하는 각자도생의 길을 걸을 수밖에 없었다.

개발국가 복지체제의 시기: 복지국가의 등가물, 1961~1997년[10]

1961년 5월에 박정희가 군사쿠데타로 집권한 시기부터 1998년 2월 정부 수립 이래 처음으로 평화적으로 정권교체가 이루어지기 전까지, 한국 복지체제에서는 경제성장이 일자리를 만들고 그렇게 만들어진 일자리가 국민의 소득을 높여 빈곤과 불평등을 줄이는 역할을 했다. 서구에서 복지국가가 했던 것과 유사한 일을 한국에서는 1961년부터 1997년까지 거의 40년 동안 경제성장이 대신한 것이다. 개발국가 복지체제라고 명명한 것은 바로 이러한 1960년대부터 1990년대 후반까지 한국 복지체제의 특성을 표현한 것이다. 여기에서는 박정희·전두환 권위주의 정권과 1987년 민주화 이후에 집권한 노태우·김영삼 정부를 다루었다.

---

10 이 부분은 다음 글을 바탕으로 작성됐다. 윤홍식(2018), "박정희 정권시기 한국 복지체계", 『한국사회정책』 45(1): 115-147. 윤홍식(2018), "민주주의 이행기 한국 복지체계, 1980-1997", 『한국사회복지학』 70(4): 37-68.

권위주의 개발국가 복지체제, 1961~1987년

한국 현대사에서 1961년부터 1987년까지는 논쟁적인 시기이다. 권위주의 정권에 의해 민주주의와 인권이 철저하게 억압되었지만 급속한 산업화가 한국사회를 경제적으로 풍요롭게 했기 때문이다. 이 시기에 한국 복지체제는 수출주도형 경제성장에 조응하는 방식으로 변화했다. 1960년대 중반부터 시작된 경공업 중심의 산업화는 농촌에 존재하고 있던 광범위한 유휴 노동력을 고용해서 절대빈곤에서 벗어나는 기회를 제공했다. 1970년대에 들어서면서 한국 경제의 중심이 경공업에서 중화학공업으로 이동하기 시작하자, 노동자계급(노동계급)의 중심도 저숙련 여성노동자에서 숙련 남성노동자로 변화했다. 수출 중심의 대기업에 고용된 노동자들과 내수 중심의 중소기업에 고용된 노동자들 간에 이중구조가 만들어지기 시작한 때도 바로 이 시기이다.

이 시기에 많은 복지제도가 만들어졌지만 실효성은 거의 없었던 것으로 보인다. 다만 1970년대 후반으로 가면서 대기업 정규직 노동자가 주 대상인 사회보험을 중심으로 사회보장제도가 만들어졌다. 산재보험은 대규모 사업장을 중심으로 가장 먼저 도입되어 급속한 산업화와 함께 적용 대상이 빠르게 확대되어갔다. 강제적 의료보험은 처음에는 기업 부담을 이유로 거부되었다가 1970년대 후반에 가서야 대규모 사업장을 중심으로 도입되었다. 한국 복지제도가 사회보험 중심으로 확대되는 경로의존성을 갖게 된 출발점이었다. 공공부조로는 조선구호령과 미군정의 후생국보를 대체하는 생활보호법이 1961년 12월에 제정되었지만, 사실상 법명을 개명한 것 이외에 큰 변화가 없었다(국가법령정보센터, 2016). 생활보호법이 몇 차례 개정을 통해 공공부조의 모습을 갖추게 된 것은 전두환정권이 들어선 이후였다. 사회서비스도 1980년대에 들어서면서 취약계층을 중심으로 확대되기 시작했지만, 여전히 국가가 재원을 담당하고 민간이 서비스를 제공하는 일제강점기의 형태가 지속되었다. 권위주의 시기에 실업, 질병, 노령 등 자본주의 사회에서 노동자들이 일상적으로 직면하는 사회적 위험에 대한 대응은 사실상 매우 제한적인 영역과 대상에 국한되었다.

하지만 이 시기에는 경공업화와 중화학공업화라는 두 차례에 걸친 산업

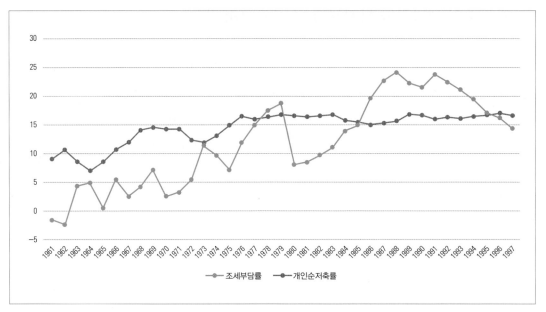

그림 3-5 조세부담률과 개인순저축률의 변화 추이, 1961~1979년(%)

* 한국경제60년사 편찬위원회, 『한국경제60년사 1: 경제일반』, p.215; 통계청(2016), "저축률", http://www.index.go.kr

화가 빈곤과 불평등을 완화했다는 점에서 서구 복지국가의 기능적 등가물처럼 보였다. 권위주의 개발국가가 주도한 경제성장은 사람들에게 일자리를 제공했고, 낮은 세금은 가구의 가처분소득을 늘려 중·상층 가구가 민간보험, 개인저축, 부동산(주택) 등과 같은 사적 자산을 구축할 수 있게 했다. 특히 1974년 1월 14일에 '국민생활의 안정을 위한 대통령긴급조치'로 소득세 납부 대상의 85%가 면세 대상이 될 정도로 권위주의 정권은 감세정책을 일관되게 추진했다(김미경, 2018). 그림 3-5에서 보는 것처럼, 개인의 순저축률은 점점 더 높아졌고 사적 자산축적도 늘어갔다. 복지에 대한 가족책임주의가 일부 계층에서 가능해진 것이다. 서구 복지국가의 대표적 사회보장정책으로 알려진 사회보험, 공공부조(생활보호제도와 의료보호제도) 등 공적 사회보장제도는 경제성장을 통한 일자리 창출과 부동산, 저축 등 사적 자산축적으로 대표되는 사적 보장제도의 보완적 기능을 수행하는 데 지나지 않았다.

이러한 권위주의 정권의 성장제일주의 정책은 절대빈곤율을 낮추는 데 중요한 공헌을 했다. 실제로 절대빈곤율은 경공업 중심의 산업화가 본격화된 1965년에 40.9%에서 1980년이 되면 9.8%로 낮아졌다(서상목, 1979; Suh and

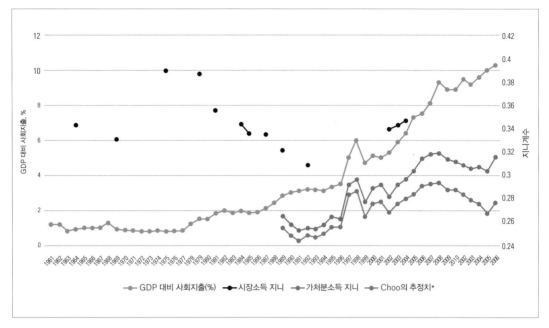

그림 3-6 GDP 대비 사회지출과 불평등지수의 변화, 1962~2016년

* Choo의 추정치: Choo가 추정한 시장소득 기준 지니계수. 1960년대부터 1990년대까지 한국사회에서 경제성장이 어떻게
소득불평등을 완화했는지를 보여주는 자료이다.
* Kwack, S. Y. and Lee, Y. S.(2007), Income Distribution of Korea in Historical and International Prospects. Seoul: KDI;
OECD(2018), Social Expenditure-Aggregated Data, https://stats.oecd.org/Index.aspx?DataSetCode=SOCX_AGG;
김연명(2015), 신동면(2011), 한국은행 경제통계연보 각년도. 주의: 1980년부터 1989년까지의 GDP 대비 사회지출 규모는
한국은행에서 제공하는 경제통계연보에서 가져왔다. 1980년부터 1989년까지의 중앙정부와 지방정부의 총 복지예산을 해당 연도
국내총생산으로 나눈 값이다. 신동면이 산출한 1962년부터 1979년까지의 GDP 대비 사회지출 비중과 1990년부터 현재까지의 GDP
대비 사회지출 비중과 그 산출 방식이 상이할 수 있기 때문에, 대략적인 경향만 확인하는 정도로 이해할 필요가 있다. 1962-1979년간
OECD 지출 통계는 김연명(2015)의 발표문을 참고했다.

Yeon, 1986). 그림 3-6에서 보는 것처럼, 절대빈곤율을 낮춘 것은 공적 사회지
출이 아니었다. 공적 사회지출은 1980년까지 큰 변화가 없었기 때문이다. 절대
빈곤과 달리 소득불평등은, 산업화 초기 단계에서 심화된다는 사이먼 쿠즈네
츠[Simon Kuznets]의 주장처럼, 1970년대에 들어서면서 심화되었다. 경제성장이 불
평등을 완화시키기 시작한 시기는 1970년대 후반과 1980년에 쿠데타로 권위
주의 체제를 연장시킨 전두환정권 때였다. 1976년에 0.391까지 높아졌던 지
니계수는 권위주의 정권이 끝나가던 1986년에 0.337까지 낮아졌다. 지니계수
는 이후에도 1993년까지 10년 넘게 계속 낮아졌다.

　　이 10년이 조금 넘는 기간은 성장이 일자리를 만들고 그렇게 만들어진 일
자리가 불평등을 완화하는 한국 개발국가 복지체제의 황금시기였다. 하지만
역설적이게도, 경제성장이 빈곤과 불평등을 완화했던 이 개발국가 복지체제

황금시기의 국민적 경험이 민주화 이후 30년 동안 한국사회에서 국가복지의 성장을 가로막는 걸림돌이 되었다.

복지정책의 측면에서 보면, 비정규직의 절대 다수와 자영업자의 대부분이 공적 사회보험으로부터 배제된 현재의 한국 복지체제는 개발국가 시대에 시작되었다고 할 수 있다. 1997년의 외환위기 이후에 집권한 김대중정부가 사회보험의 명목적 대상을 보편적으로 확대하고 역대 정부 또한 사회보험의 실질적 보편성을 확대하기 위한 정책을 지속했지만, 20년이 지난 지금도 한국의 사회보험제도는 비정규직과 자영업을 포괄하지 못한 상태로 남아 있다. 또한 공적 사회보장제도가 노동력의 상품화와 개인저축과 민간보험으로 대표되는 사적 자산축적의 보완적 역할을 수행하고 있는 것도, 기본적으로 경제성장을 통한 일자리 창출과 개인과 가족의 사적 자산축적을 통해 시민이 직면한 사회적 위험에 대응하고자 했던 개발국가 복지체제의 유산이라고 할 수 있다.

결국 권위주의 정권이 만들어놓은 개발국가 복지체제에서 개별 시민이 사적 이익에서 벗어나 사회적 연대에 기초해 공공복지를 보편적으로 요구하는 것은 쉽지 않았다. 경제성장이 공공복지의 확대를 위한 사회적 조건이 아니라 계층 간 불평등을 확대하며 공공복지의 확대를 가로막는 장애물이 되었던 것이다.

1980년대 초에 실시된 전두환 권위주의 정권의 감세정책도 큰 역할을 했다. 박정희 권위주의 정권 또한 감세정책을 일관되게 추진했지만, 경제개발을 위해 공적 재원의 확충이 불가피했고 고도성장으로 인해 그림 3-5에서 보았던 것처럼 GDP 대비 조세부담률은 지속적으로 높아졌다. 박정희 집권 초인 1961년에 9.7%에 불과했던 조세부담률은 1979년에 16.9%까지 높아졌다. 하지만 전두환 권위주의 정권이 들어서면서 조세수입과 재정지출을 동시에 줄이는 신자유주의적 안정화 정책이 추진되면서 GDP 대비 조세부담률은 1980년 이후 1997년까지 16%대를 넘지 못하고 정체되었다. 국가복지를 보편적으로 확대하기 위한 재원이 심각하게 제약된 것이다. 전두환 권위주의 정권이 만들어놓은 이러한 제약은 1987년의 민주화 이후에도 한국의 복지정책이 사회보험을 중심으로 확대될 수밖에 없는 재원 구조를 만들었다.

고도성장이 더 이상 가능하지 않은 시대에 권위주의 개발국가 복지체제의 복지 패러다임(성장을 통한 분배와 낮은 세금)이 수많은 사회문제를 야기하고 있는 것도 이 때문이다. 이러한 평가에 근거했을 때, 권위주의 개발국가 복지체제 시기는 광범위한 사각지대와 취약한 공적 사회보장, 사적으로 축적된 자산이라는 한국 복지체제의 근원적 문제가 형성된 때였다. 개발국가 시기 동안 경제개발은 많은 사람들을 절대빈곤에서 벗어나게 했지만, 불평등을 확대했고 복지를 집합적 연대의 산물이 아닌 경쟁을 통한 개인의 사적 축적물로 만들어버렸다.

민주화와 개발국가 복지체제의 지속, 1988~1997년

1987년의 민주화는 한국 복지정책의 중요한 전환점이다. 그림 3-7에서 보는 것처럼, 이는 조세부담률과 국민부담률(조세와 사회보험기여금 포함)의 차이가 커지기 시작하면서 한국 복지체제가 사회보험 중심으로 확장되는 전환점이 된다. 물론 사회보험 중심의 복지정책 확대가 본격화된 것은 1997년의 외환위기 이후에 김대중정부가 출범하면서부터이지만, 그 시작은 1987년 민주화 이후였다. 사회보험 중심의 복지 확대는 상대적으로 안정적인 임금과 고용

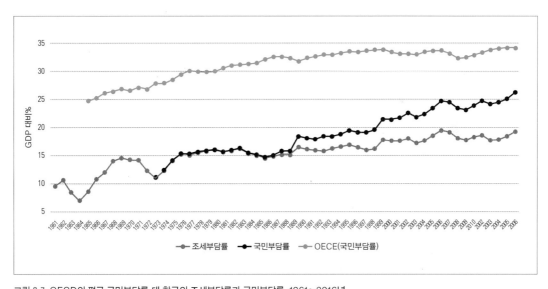

그림 3-7 OECD의 평균 국민부담률 대 한국의 조세부담률과 국민부담률, 1961~2016년
* OECD(2018), Revenue Statistics: OECD countries: Comparative tables, https://stats.oecd.org/Index.
aspx?DataSetCode=REV#; 통계청(2018), e-나라지표: 조세부담률, OECD, http://www.index.go.kr

을 보장받는 정규직 노동자를 중심으로 공공복지가 확대되었다는 것을 의미했다. 또한 1987년 민주화 이후에 집권한 노태우정부 시기는 1987년 민주화의 여진이 여전히 강하게 남아 있던 때로, 노동자의 실질임금이 상승하고 토지공개념 같은 강력한 부동산정책이 실행되면서 생산과 소비가 국민국가 차원에서 성장을 견인하는 복지체제가 형성되어가는 것처럼 보였다. 통계청 자료에 따르면, 1986년을 기준(100)으로 1990년에 서울 강남의 주택 가격은 180.8이었고 1997년에도 173.1로 안정적이었다(통계청, 2018). 수출이 경제발전에 여전히 중요한 역할을 하고 있었지만, GDP 성장에 대한 연평균 기여도는 소비와 투자가 압도적이었다(한국경제 60년사 편찬위원회, 2010).[11] 수출에서 수입을 차감한 순수출의 연평균 기여율은 노태우(-1.85%)·김영삼(-0.14%) 정부 기간 동안 마이너스였다. 순수출이 마이너스라는 이야기는 수출이 한국경제 성장에 기여한 것은 분명하지만, 그만큼 성장의 과실이 해외로 빠져나갔던 것이다.

민주화 이후 개발국가 복지체제는 권위주의 시기 개발국가 복지체제와 달리 노동자의 임금인상과 노동조건 개선이라는 경제적 요구를 물리력으로 억누를 수 없었다. 노동자의 실질임금 증가율은 노동생산성 증가율보다 높아졌고, 공공복지 확대 없이 경제성장을 통한 국민의 소득증가가 국민국가 차원에서 생산과 소비를 선순환시키는 '개발국가 복지체제'가 지속되는 듯했다. 어쩌면 노태우정부 시기는 한국 복지국가의 역사에서 처음으로 북서유럽의 복지국가와 유사하게 국민국가 차원에서 생산과 소비가 선순환하는 복지체제가 작동하고 있었는지도 모른다. 다른 점이 있다면 공공복지를 경제성장이 대신하는 복지국가 없는 복지체제였다. 하지만 낮은 이자율, 낮은 환율, 낮은 유가라는 3저 호황이 끝나면서 가격경쟁력에 의존했던 재벌 대기업이 성장의 성과를 국민과 나누는 '개발국가 복지체제'는 지속되기 어려웠다. 그렇다고 재벌 대기업이 과거 권위주의 시대와 같이 노동자에게 낮은 임금을 강요할 수도 없었다.

이 시기 재벌 대기업으로 대표되는 한국의 자본은 두 가지 선택지 중 하나를 선택해야 했다. 하나는 노동자의 임금을 생산성에 준하는 수준으로 유지하고 기업경영과 관련해 노동자의 참여를 일정 수준에서 보장하며 노동자가 직

---

11   노태우정부(소비 6.06%, 투자 4.43%), 김영삼정부(소비 4.63%, 투자 2.63%).

그림 3-8 1980년대 노동운동. 권위주의 군사정권 시기가 끝나고, 점차 경제적, 정치적 민주화와 성장, 복지에 대한 요구가 커졌다.

면하는 실업, 질병, 노령 등의 사회적 위험에 대응하는 공적 사회보장제도를 확대하는 길이었고, 다른 하나는 노동과 숙련을 배제하고 자동화를 통해 생산성을 높이는 길이었다.

정치적으로는 전두환 쿠데타세력(민주정의당), 박정희 쿠데타세력(신민주공화당), 김영삼으로 대표되는 보수야당(통일민주당) 세력의 일부가 보수대연합(민주자유당)을 만들어 노동자의 요구를 정치적으로 제어할 수 있는 조건이 창출됐다. 또한 재벌 대기업의 입장에서 보면 근무연수에 따라 임금이 높아지지만, 이러한 임금체계가 노동자의 숙련축적과 무관한 상황에서 노동자의 숙련에 기초한 성장을 추구한다는 것은 어려운 선택이었다.

이러한 조건에서 민주화 이후 보수정부와 재벌 대기업은 첫 번째 길이 아닌, 두 번째 길을 선택했다. 공공복지라는 것이 한 사회가 재생산해야 하는 핵심 노동력의 재생산을 보장하는 중요한 분배체계라는 점을 고려하면, 스웨덴, 독일 등 북서유럽의 복지국가가 추구했던 노동자의 숙련에 기초한 성장의 길을 포기했다는 것은 한국의 공공복지체제가 보호해야 하는 노동력이 소수의 엘리트 노동자, 즉 재벌 대기업의 경쟁력을 보장하는 자동화 생산설비를 관리할 수 있는 노동자로 제한된다는 것을 의미했다. 이러한 조건에서 1997년 외환위기 이후에 집권한 김대중정부가 추진한 사회보험 중심의 공공복지의 확장은 필연적으로 정규직 대기업 노동자 중심의 역진적 선별주의 복지체제를 강화하게 된 것이다.

구체적으로 사회복지정책의 측면에서 보면, 이 시기에 몇 가지 중요한 변화가 있었다. 먼저 1988년부터 국민연금이, 1995년에는 고용보험이 도입되면서, 형식상 중요한 4대 보험(건강보험, 산재보험, 국민연금, 고용보험)이 모두 제도화되었다. 의료보험의 통합 논쟁도 주목할 만한 변화였다. 직역별로 분리되어 있는 의료보험을 건강보험 단일체계로 통합한다는 여야와 시민사회의 합의가 노태우 대통령의 거부권 행사로 무산되었지만, 통합을 둘러싸고 정당, 시민사회, 노동조합, 재계 사이에 연대와 대립 구도가 만들어지면서 한국 복지체제 역사에서 이전까지 볼 수 없었던 복지정치가 나타나기 시작했다. 1987년의 민주화를 생각하지 않고는 상상할 수 없는 일이었다.

1982년의 법 개정을 통해 생활보호법에 포함되었던 부양의무자 기준이 1990년의 가족법 개정과 함께 4촌 이내의 혈족 등으로 축소되었다(허선, 2002). 사회서비스 영역에서는 1987년에 남녀고용평등법이 제정되어 비록 무급이지만 육아휴직제도가 도입되었다. 1990년대 이후의 영유아 보육의 확대도 주목할 만한 변화이다. 그러나 김영삼정부의 '보육사업확충 3개년 계획'이 시행되면서 민간시설 중심으로 보육서비스가 확대되는 유산을 남겼다(윤홍식, 2018). 재정은 국가가 책임지고 서비스는 민간이 제공하는 일제강점기 이후의 한국 사회서비스의 제도적 특성이 지속되었다.

사적 자산축적이 중·상층에서 공공복지를 대신하는 특성도 지속되었다. 노태우정부가 개인의 사적 자산 형성을 지원하면서 민간생명보험의 가입 건수도 급증했다(생명보험협회, 2016). 1997년을 기준으로 연간 보험료 수입액은 49조 원으로, 소득세 14.8조 원, 간접세 25.4조 원을 압도했다. 민간보험의 보험료 지급액도 1997년 GDP 대비 7.7조 원으로, GDP 대비 사회지출의 두 배에 달했다. 대기업 노동자의 임금인상과 함께 민간생명보험이 사회적 위험에 대비하는 중·상층의 중요한 사적 보장제도가 되었다. 재벌 대기업을 중심으로 기업복지가 본격적으로 확대되기 시작한 것도 이 시기였다. 재벌 대기업은 전체 노동자의 사회적 위험에 대응하는 보편적 사회보장제도의 확대 대신 기업별 사내복지를 강화하는 방식으로 자신들의 자동화된 생산체제를 유지할 노동력을 포섭했다. 공적 영역과 사적 영역 모두에서 안정적 직장을 갖고 있는 노동자와 그렇지 못한 사람들 간의 차이가 점점 더 벌어지면서 한국사회의 양극화 현상이 나타나기 시작했다.

복지국가 복지체제로의 이행, 1998~2016년[12]

외환위기를 거치면서 1960년대의 산업화와 함께 시작된 성장을 통한 분배라는 개발국가 복지체제가 해체되어갔지만, 이를 대신하는 대안적 복지체제가 구성되지는 못했다. OECD 회원국 중 두 번째로 높은 자살률(2015년), 가장 낮은 출산율(2016년), 여성의 낮은 사회경제적 지위(2018년), 전쟁 중인 국가보다 낮은 삶의 만족도, 심화되는 소득불평등에서 보듯이, 사회적 문제는 개발국가 시대보다 더 심각해지는 것처럼 보였다. 김대중정부의 출범과 함께 공적 사회보장제도는 크게 확대되었지만, 공공복지의 확대가 시민들 간의 불평등을 심화시키는 역설적인 상황이 발생했다. 외환위기 이후 19년 동안 비정규직 노동자와 자영업자는 공적 사회보장제도인 사회보험으로부터 배제되었다. 사회보험의 대상으로 포괄된 정규직과 중산층도 불충분한 사회보험 급여만으로는 사회적 위험에 대응할 수 없었기 때문에, 자신과 가족의 안위를 사적 자산축적에 계속 의존해야 했다. 결국 외환위기 이후 19년 동안 집권 세력의 이념적 지향은 자유주의에서 보수주의로 바뀌었지만, 괜찮은 일자리와 상대적으로 높은 소득을 올리는 집단을 중심으로 공적 사회보장과 사적 자산축적이 이루어졌던 한국 복지체제의 역진적 선별성은 지속되었다.

12 　이 부분은 다음 글을 바탕으로 작성됐다. 윤홍식(2018), "자유주의 정부 시기 한국 복지체계: 1998-2007", 『한국사회복지교육』 44: 27-50. 윤홍식(2018), "역진적 선별성의 지속과 확장성의 제약, 2008-2016", 『한국사회정책』 25(4): 163-198.

자유주의 정부 10년, 1998~2007년

해방 이후에 처음으로 민주적 선거에 의해 정권이 바뀌는 역사적 사건이 1998년에 일어났다. 수십 년 동안 이어진 이승만·박정희·전두환 권위주의 정권에 대항해 민주주의를 외치던 세력이 수평적 정권교체를 통해 집권했다는 것만으로도 새로운 역사가 시작되는 것 같았다. 대다수 국민은 김대중정부가 외환위기를 극복하고 국민에게 더 나은 삶을 보장할 것이라는 기대를 했고, 이러한 기대를 반영하듯이 집권 초(1998년 3~5월) 김대중 대통령 지지율은 71.0%에 달했다(한국갤럽, 2016). 민주주의 세력답게 김대중·노무현 정부는 사회보장제도의 보편성을 확대했고, GDP 대비 사회복지지출 또한 비약적으로 증가했다. 1995년에 7.5백만 명이었던 국민연금 가입자 수는 2006년이 되면 17.7백만 명으로 증가했다(보건복지부·보건사회연구원, 2017). GDP 대비 사회지출도 그림 3-6에서 보았듯이 1997년에 3.5%에서 노무현정부 마지막 해인 2007년에는 7.1%로, 불과 10년 만에 두 배 이상 증가했다. 노무현 정부 시기 발간된 「사회비전 2030」은 한국 복지국가의 비전과 전망을 담은 최초의 국가보고서라는 점에서 큰 의의가 있었다. 하지만 불평등은 자유주의 정부 10년 동안 심각해졌다. 공공복지를 확대했는데도 불평등은 완화되지 않았다.

문제는 '성장을 통한 분배'라는 개발국가 복지체제가 1990년대 초를 기점으로 작동하지 않기 시작했고 외환위기를 계기로 그 징후가 보다 더 분명해졌음에도 불구하고 김대중·노무현 정부가 이를 대체하는 새로운 성장체제를 만들지 못하고 재벌 대기업에 의존하는 개발국가의 수출주도형 성장체제를 지속했다는 데 있었다. 복지정책은 기본적으로 노동시장이라는 1차 분배에서 발생하는 불평등과 빈곤을 완화하는 역할을 수행한다. 그런데 1차 분배가 이루어지는 노동시장에서 불평등이 심화된다면, 불평등을 완화하는 복지정책의 역할은 제한적일 수밖에 없다. 더욱이 불평등을 완화해야 할 복지정책의 대상이 보편적이지 않고 상대적으로 안정적 고용과 괜찮은 임금을 받는 노동자에게 집중되어 있다면, 문제는 더 심각해질 수밖에 없다. 이것이 자유주의 정부 10년 동안 공공복지 확대에도 불구하고 불평등과 빈곤이 심화되었던 이유이다.

자유주의 정부는 재벌 대기업의 경쟁력을 강화하는 경제성장 전략이 유발

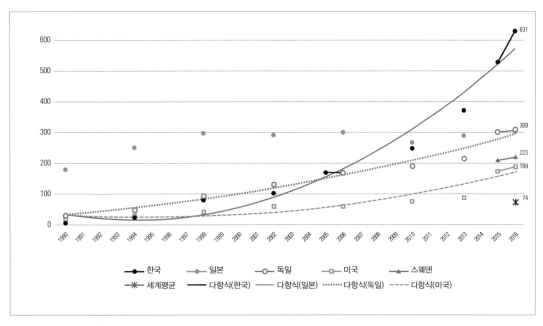

그림 3-9 주요 제조업 강국의 제조업 로봇 밀도의 변화, 1990~2016년
* 1990~2013년 자료는 정준호(2016), International Federation of Robotics.

하는 사회적 문제를 공공복지의 확대를 통해 완화하려고 했지만, 사회보험 중심의 복지확대는 명백한 한계가 있었다. 사회보험을 중심으로 공공복지가 확대되면서, 사회보험의 주 대상인 정규직 노동자와 사회보험으로부터 배제된 비정규직 노동자와 자영업자 간에 불평등이 더 확대되었다. 실제로 조세와 공적이전을 통한 빈곤감소효과를 보면, 정규직은 15.1%인 데 반해 비정규직은 1.8%에 불과했다(전병유 편, 2017). 더욱이 민주주의 세력이 집권했음에도 재벌 대기업 중심의 수출주도형 성장체제가 축소되기는커녕 오히려 강화되자, 재벌 대기업은 노동과 숙련을 배제하는 자동화를 더욱 가속화시켰다. 그림 3-9에서 보는 것처럼, 노동자 1만 명당 사용하는 로봇 수는 1998년에 80.2대에서 2006년에 168.6대로 급증했다. 노동시장 유연화와 노동과 숙련을 배제한 대기업 중심의 수출주도형 성장체제하 시장에서 좋은 일자리가 만들어지는 것은 더 어려워졌다.

사회복지정책의 관점에서 보면 이러한 현상은 사회보험 기여금을 정기적으로 납부할 수 있는 좋은 일자리가 상대적으로 감소하고 사회보험으로부터 배제된 나쁜 일자리가 증가한다는 것을 의미했다. 결국 자유주의 정부 10년은 노동시장과 사회보장에서 계층 간 불평등이 확대되는 역설적 결과를 가져왔다. 물론 의미 있는 변화도 있었다. 노사정이 공공복지를 확대하기 위한 사회협약을 맺은 것은 한국 복지국가의 역사에서 처음 있는 일이었다. 20년 넘게 논란을 거듭하던 건강보험 통합도 의료서비스의 보편성을 높였다는 점에서 한국 복지체제의 큰 도약이라고 할 수 있다. 소득보장정책과 관련해서는 시민권에 기초한 국민기초생활보장제도가 시행되어 해방 이후 처음으로 근대적 공공부조제도가 만들어졌다. 노무현정부는 전통적인 소득보장 대신 인적자본 향상을 위해 사회서비스 지출을 확대하는 '제3의 길'이라고 알려진 사회투자전략을 실행하려 했으나 가시적 성과를 거두지는 못했다. 2005년부터는 저출산·고령화사회에 대한 대응을 본격화하면서 아동 돌봄을 중심으로 사회서비스를 확대했다.

그러나 사회서비스가 민간 중심으로 확대되면서 시장화와 영리화로 인해 서비스의 질과 관련된 문제가 나타나기 시작했다. 사회보험과 관련해서는 소득대체율을 대폭 낮춘 연금개혁(70%에서 60%로, 다시 40%로)과 사적 보험을 지원하는 정책이 동시에 추진되면서, 노후소득보장체계의 공적 성격이 약화되고 시장에 대한 의존이 강화되었다. 그나마 다행스러운 일은 저소득 노인에 대한 기초노령연금이 제도화된 것이지만, 임금노동자 평균소득의 5%에 해당하는 급여로는 노인 빈곤문제를 해결할 수 없었다. 노인 빈곤율은 무려 50%에 가까웠다.

공공복지의 대상이 확대되었지만, 사회보험과 같은 공공복지의 대상이 되는 집단과 배제되는 집단의 경계는 더 분명해졌다. 개발국가 이래 사적 자산 축적이 공공복지를 대신하는 한국 복지체제의 특성도 지속되었다. 주택 가격으로 대표되는 부동산 가격은 노태우·김영삼 보수정부 10년과 달리 급등하면서 사적 자산을 축적하려는 중산층의 욕구가 더 강화되었다. 실제로 전국의 주택가격지수(1986=100)는 1997년에 149.4(서울 강남, 173.1)에서 2007년에 229.4(서울 강남, 374.3)로 급등했다. 민간(생명)보험도 외환위기 이후에 자유주의 정부가 추진한 금융산업화와 맞물리면서 사적 보장기제로서의 역할이 축소되고 수익성을 추구하는 투자상품의 성격이 강화되었다(이지원·백승욱, 2012).

이처럼 자유주의 정부 10년 동안 한국 복지체제는 공·사적 노후소득보장 모두 안정적 일자리와 임금을 보장받는 계층을 중심으로 제도화되는 역진적 선별성이 강화되었다. 공공복지의 확대가 사회보장제도의 불평등을 심화시키는 역설적 상황이 벌어진 것이다.

복지정치의 측면에서는 노무현정부가 한미자유무역협정 같은 신자유주의 대외개방정책을 추진하고 대기업 중심의 수출독주체제를 공고화하면서 노동자계급과의 갈등이 심화되었다. 실제로 정권별 구속된 노동자 수를 보면, 노무현정부 시기에 구속된 노동자 수는 김영삼정부 시기에 구속된 노동자 수 632명보다 두 배 가까이 많은 1,052명에 달했다(김홍두, 2008). 무상의료, 무상보육, 무상교육 등과 같은 보편적 복지를 내걸고 원내에 진출했던 사민주의 정당인 민주노동당은 정파 갈등(자주파 대 평등파)으로 분열하면서 한국 복지정치에 과오를 남겼다.

긍정적인 변화도 있었다. 김대중·노무현 정부의 한반도 평화정책과 두 차례 이어진 남북정상회담은 한국사회에서 반공 이데올로기를 약화시키고 한국사회의 균열구조가 사회경제적 이슈를 중심으로 형성될 수 있는 단초를 마련했다. 하지만 자유주의 정부가 추진한 신자유주의 정책과 세계적으로 신자유주의가 전성기를 구가했던 대외조건 등으로 인해 자유주의 정부 10년간 불평등이 심화되면서 시민들은 자유주의 정부에 대한 지지를 철회했고, 다시 '성장을 통한 분배'라는 개발국가 복지체제의 복원을 외치는 보수정부의 9년 집권이 이루어졌다.

보수정부 9년, 신자유주의의 개발국가식 강화

경제성장을 통해 시장에서 만들어지는 일자리는 보수정부가 꿈꾸었던 최상의 복지였다. '경제성장률 7%, 국민소득 7만 불, 세계 7위권'을 꿈꾸었던 이명박 대통령, 아버지의 꿈이 복지국가였다고 회상하며 세금을 줄이고 규제를 풀며 법질서를 세우겠다는 박근혜 대통령도 모두 경제성장을 통해 일자리를 만들고 이 일자리를 통해 국민의 복지를 높이겠다고 했다. 그러나 보수정부는 '성장과 일을 통한 복지'라는 개발국가 복지체제를 복원시키지 못했다. 보수정

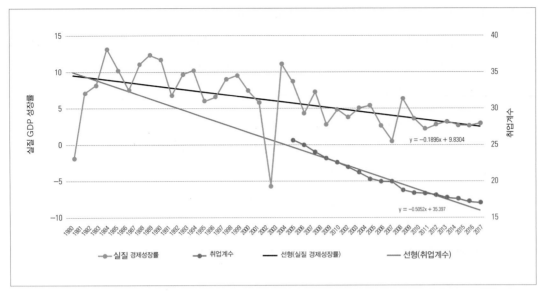

그림 3-10 실질 GDP 성장률과 취업계수의 변화, 1980~2017년
* 통계청(2018), e-나라지표: 국내총생산 및 경제성장률(GDP), http://www.index.go.kr/potal/main/EachDtlPageDetail.
do?idx_cd=2736; 한국고용정보원(2018), 통계로 보는 노동시장: 취업계수 및 고용탄성치, https://statistics.keis.or.kr.

부가 집권했는데도 경제성장률은 자유주의 정부 시기보다 더 낮아졌고 신규 취업자 수도 좀처럼 늘지 않았다. 보수정부 9년 동안 (월 평균) 신규 취업자 수는 31.6만 명에 그쳤다(통계청, 2018). 외환위기 직후를 제외한 자유주의 정부 9년(1999~2007) 동안 40.3만 명의 신규 취업자가 늘어난 것과 비교하면 무려 10여 만 명이 감소한 것이다.

월 평균 신규 일자리의 규모를 40만 개 이상으로 유지하기 위해서는 연평균 5% 이상의 성장을 해야 하지만(김용현, 2005), 그림 3-10에서 보는 것처럼 실질 GDP 성장률은 이명박정부 시기에 3.2%에 그쳤다.[13] 특히 2012년 이후에 국제교역 환경이 나빠지면서 박근혜정부 4년 동안 연평균 성장률은 2.8%로 더 낮아졌다. 대외조건이 한국 같은 수출주도형 경제가 성장을 지속되기 어려운 상황이 되었던 것이다. 더욱이 성장의 성과마저도 재벌 대기업에 집중되면서 고용과 분배 상황이 더 악화되었다. 보수정부가 들어서자 재벌 대기업은 노동과 숙련을 배제한 공정 자동화를 더욱 가속화시켰고, 그림 3-9에서 보았던

---

13   김대중·노무현 정부 시기에 연평균 실질 GDP 성장률은 각각 5.3%와 4.5%였다.

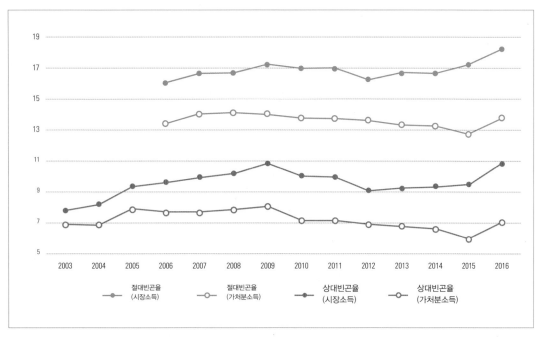

| | 2003 | 2004 | 2005 | 2006 | 2007 | 2008 | 2009 | 2010 | 2011 | 2012 | 2013 | 2014 | 2015 | 2016 |

절대빈곤율
(시장소득)   절대빈곤율
(가처분소득)   상대빈곤율
(시장소득)   상대빈곤율
(가처분소득)

그림 3-11 절대·상대 빈곤율과 빈곤 감소율의 변화, 2003~2016년
* 주: 빈곤율은 전체 가구를 대상으로 조사한 수치이다. 출처: 기초보장연구실(2016), 『2016년 빈곤통계연보』, 서울: 보건사회연구원.

것처럼 2013년을 기점으로 한국은 세계에서 노동자 1만 명당 로봇을 가장 많이 사용하는 국가가 되었다. 이처럼 노동과 숙련을 배제한 재벌 대기업 중심의 자동화에 기초한 수출주도형 성장이 지속되면서 취업계수가 계속 낮아졌다.

보수정부가 약속했던 성장을 통한 분배, 개발국가 복지체제는 복원되지 않았다. 그렇다고 보수정부가 자유주의 정부가 추진했던 복지정책을 후퇴시킨 것도 아니었다. 현상적으로 보면 자유주의 정부의 복지정책을 계승했고 확장했다. GDP 대비 사회지출을 보면, 그림 3-6에서 보았던 것처럼 노무현정부 마지막 해인 2007년에 7.6%에서 2016년에 10.4%로 2.8%포인트(36.8%) 증가했다. 물론 보수정부 9년 동안 GDP 대비 복지지출은 연평균 0.3%포인트 증가해 자유주의 정부 시기의 증가율 0.4%포인트에는 미치지 못했지만, 공공복지지출은 보수정부 9년 동안에도 지속적으로 증가했다. 이명박정부는 노무현정부가 제도화했던 근로장려세제[EITC], 노인장기요양보험, 사회서비스 바우처사업 등 거의 대부분을 실행했고, 보육료 지원 대상을 확대하고, 취약계층에 대한 아동양육수당을 새롭게 도입했다. 이처럼 보수정부가 자유주의 정부의 정책을 계승한 것은 당시 비정규직의 증가, 저출산과 고령화로 인한 돌봄 위기 같은 새로운 사회적 위험이 확대됐기 때문이기도 했다. 박근혜정부는 대선 당시 약속했던 보편적 기초연금 도입, 중증질환 100% 국가책임 등 핵심공약을 파기했지만, 소득하위 70%를 대상으로 기초연금의 지급수준을 높였고 보편적 보육료 지원과 보편적 아동양육수당을 제도화했다. 보수정부가 공공복지를 확장한 것이다. 복지 후퇴를 시도한 대표적 사례로 언급되는 보수정부의 의료민영화정책도 사실 그 기원을 따져보면 (비록 그 세부적 내용이 다를지라도) 노무현정부에서 기획한 '의료산업화정책'을 계승한 것이었다(송이은, 2012).

지니계수로 측정한 소득 불평등, 절대빈곤율과 가구소득 중위소득 50% 이하를 기준으로 측정한 상대빈곤율도 그림 3-6과 그림 3-11에서 보는 것처럼 보수정부 출범 이후에 낮아졌다. 1997년의 외환위기 이후 자유주의 정부 10년 동안 증가했던 불평등과 빈곤이 감소한 것이다. 소득 불평등의 감소는 2008년의 금융위기가 상대적으로 자산소득의 비중이 큰 소득 상위계층에 타격을 주었기 때문에 개선되었다고 할 수 있지만(Milanovic, 2017[2014]), 가처분소득 기준 빈곤율의 감소를 통해 볼 때 보수정부 시기에 저소득층의 살림살이가 자유주의 정부 시기보다 미약하지만 개선되었다고 평가할 수 있다. 특히 시장소득 기준 빈곤율은 2012년부터 증가했지만, 가처분소득 빈곤율이 감소했다는 사실은 공공복지가 빈곤을 완화하는 데 일정한 역할을 했다는 것을 의미한다. 공공복지로 인한 절대·상대 빈곤 감소율은 2007년에 각각 23.0%와 15.6%에서 2015년에 36.8%와 26.0%로 커졌다. 빈곤율이 다시 상승하기 시작한 2016년에도 빈곤 감소율은 각각 34.3%와 24.6%에 달했다.

이상과 같이 보수정부는 표면적으로 보면 공공복지를 확대했던 자유주의 정부의 복지정책을 계승한 것처럼 보였다. 한국의 공공복지가 경제성장 수준에 조응하지 못하는 지체된 상태에 있다는 것은 누구나 인지할 수 있는 사실이었고, 1997년의 외환위기 이후에 자살률, 출산율, 소득 불평등과 빈곤 등 거의 모든 사회지표가 악화되는 상황이었기 때문에 보수정부가 공공복지를 축소한다는 것은 불가능했다. 누가 집권하든 공공복지는 확대될 수밖에 없는 상황이었다. 특히 2010년 6월 4일 지방선거에서 쟁점이 되었던 '보편적 무상급식' 논쟁을 계기로 보편적 복지는 국민적 관심의 대상이 되었다. 2011년 8월 오세훈 서울시장이 보편적 무상급식 시행을 묻는 주민투표가 투표율 미달로 무산되면서 보편적 복지에 대한 지지여론이 확인되었다. 보수정부의 복지 확대는 이러한 변화된 정치사회적 환경이 반영된 결과였다.

그러나 보수정부와 자유주의 정부의 복지정책에는 공공복지의 양적 지출로는 보이지 않는 중요한 차이가 있었다. 보수정부는 단기적으로 공공복지를 확대하지만 중장기적으로는 공공복지가 일정 수준 이상으로 확대되는 것을 막는 전략을 구사했다. 보수정부의 이러한 전략은 1980년대 미국과 영국 보수정부의 복지축소 전략인 '장래의 삭감 가능성'이라는 측면에서 '체계적 축소'와 유사해보였다(Pierson, 2006[1994]). 하지만 미국과 영국의 보수정부와 한국 보수정부의 전략 간에는 큰 차이가 있었다. 서구 복지국가는 이미 일정 수준의 공공복지가 제도화된 상태에서 제도화된 복지정책의 장래 증가분을 억제·축소하는 전략을 구사한 것(체계적 축소)이었다. 반면 한국의 보수정부는 새로운 복지정책을 도입하고 기존의 복지정책을 확대하면서도 이러한 복지정책이 '미래에' 일정한 수준 이상으로 확대되지 않도록 하는 전략을 구사했다는 점에서 서구의 축소 전략과 차이가 있었다. 한국 보수정부의 체계적 축소는 확대와 제약이 동시에 입안되었다는 점에서 '확장성의 제약'이라는 부르는 것이 더 타당해 보였다.

실제로 보수정부는 다양한 방식으로 '확장성의 제약' 전략을 실행했다. 대표적 사례는 이명박정부의 대규모 감세정책과 이로 인해 발생하는 세수결손을 보충하기 위해 재정적자를 증대시킨 것이었다. 감세정책은 세금을 낮추어 민간의 소비와 투자를 진작시켜 경제성장을 이루겠다는 전략으로, 성장을 통한 분배를 실현하는 개발국가 복지체제를 복원하기 위한 이명박정부의 핵심 국정운영 기조였다. 국회 예산처(한겨레, 2018. 2. 24) 자료에 따르면, 집권 5년 동안 대략 82조의 감세가 이루어졌다. 문제는 감세정책이 소비와 투자를 활성화시키지 못했을 뿐만 아니라 공공복지 확대를 위해 필요한 정부재원을 축소시켜 장기적으로 공공복지 확대를 가로막게 될 것이라는 데 있었다. 실제로 GDP 대비 국민부담률은 노무현정부 마지막 해인 2007년의 24.8%에서 2010년 23.2%로 낮아지면서 OECD 평균과의 차이가 더 벌어졌다(OECD. 2018; 통계청, 2018). 세수를 줄였지만 4대강사업 같은 과거 권위주의 정권 시기의 토목사업을 확대하면서 국가와 공기업의 채무가 급격히 증가했다. 이명박정부 5년간 국가채무가 144조, 공기업 부채는 226조나 증가했다(통계청, 2018). 결국 감세와 부채증가는 공공복지 확대에 쓰일 돈줄을 옥죄는 역할을 했다.

사회서비스 제공 비용을 구조적으로 낮추기 위해 사회서비스를 민간 중심으로 확대한 것도 '확장성의 제약' 전략의 일환이었다. 이명박정부 시기에 오세훈 서울시장이 시행한, 민간보육시설을 '서울형 어린이집'으로 전환해 민간기관의 서비스를 마치 공공이 제공하는 서비스와 유사한 것으로 인식하게 한 정책과 노인요양서비스를 민간영리기관을 중심으로 확대한 것도 이러한 맥락에서 이해할 수 있다. 건강보험과 국민연금과 관련해서는 민간보험을 지원하면서 중간계층에 공적 사회보험의 보장성을 높이라는 요구를 봉쇄하는 전략을 취했다.

박근혜정부 들어서는 공무원연금을 개혁해 더 많이 내고 덜 받는 제도개혁을 했고, 기초연금을 국민연금과 연계시켜 장기적으로 재정절감을 도모했다. 보건복지부에 따르면, 단기적으로는 기초연금이 기존 제도였던 기초노령연금보다 비용이 더 들어가지만 2028년 이후에는 기초연금이 기초노령연금보다 재정지출이 더 낮은 것으로 추계되었다(오미옥·이수경, 2015). 기초노령연금을 계속 시행했을 경우 2060년 소요 예산은 263.8조 원인 데 반해 기초연금의 경우는 228.8조 원으로, 35조 원의 예산이 절감되는 것으로 나타났다. 아동양육수당을 전면화한 것도 예산이 많이 들어가는 보육시설을 이용하는 가구의 비중을 줄이고 아동 돌봄을 여성에게 일임해 장기적으로 보육서비스에 투여될 공적 예산을 줄이는 전략이었다. 실제로 양육수당을 수급하는 아동 수는 2012년에 102,653명에서 2016년에 933,153명으로 거의 9배 이상 증가했다(통계청, 2018). 반면 어린이집을 이용하는 3세 미만의 아동 수는 동 기간 동안 1,487,361명에서 1,451,215명으로 감소했다. 더불어 보육 비용을 지방자치단체로 이전시키려는 시도는 집권 기간 내내 지방자치단체와 갈등을 유발했다. 유사 중복사업을 정비한다는 명목으로 9,997억 원 규모(전체 지방자치단체 복지예산의 15.4%)의 지방자치단체 복지정책을 정비 대상으로 선정해서 지방자치단체와 시민사회의 강력한 반발에 부딪혔다(이찬진, 2017). 이처럼 보수정부는 공공복지를 양적으로 확대했지만, 공공복지 확대를 제약하는 다양한 장치를 제도화해서 복지국가의 확대 가능성에 구조적 제약을 제도화했다.

한국 사회복지정책의 과제

우리는 지난 역사를 추적하며 한국 사회복지정책의 변화를 한국 복지체제의 변화라는 큰 그림을 통해 살펴보았다. 한국에서는 1960년대부터 1997년의 외환위기까지 거의 40년 동안 성장과 일자리를 통해 분배가 이루어지는 '개발국가 복지체제'가 서구 복지국가의 기능적 등가물로 기능했다. 그러나 개발국가 복지체제는 1997년의 외환위기가 발생하기 수년 전인 1990년대 초중반에 이미 작동을 멈추었다. 성장을 하는데도 불평등과 빈곤이 증가하는 현상이 나타났던 것이다. 1997년의 외환위기는 이러한 한국 개발국가 복지체제가 해체되는 과정에 기름을 부었다. 그렇다고 공공복지가 개발국가 복지체제를 대신한 것도 아니었다. 1997년의 외환위기를 거치면서 역사상 전례 없는 수준으로 공공복지를 확대했는데도 불구하고 불평등과 빈곤은 줄어들지 않았다. 특히 공공복지가 사회보험을 중심으로 확대되면서 공공복지가 상대적으로 괜찮은 사회경제적 지위에 있는 사람들만을 선별해 보호하는 한국 복지체제의 역진적 선별성이 강화된 것이다. 사적 자산축적에서도 계층간 불평등이 확대되면서, 한국 복지체제는 공적, 사적 모든 영역에서 역진적 선별성이 강화되었다.

이러한 현상은 한국 복지체제가 권위주의 시대의 개발국가 복지체제와 1997년의 외환위기 이후 복지국가로의 이행기를 거치면서 사회경제의 변화에 조응하는 복지정책을 제도화하지 못한 결과였다. 이미 1980년대에 전두환 권위주의 정권의 신자유주의 정책으로 노동시장이 유연화되기 시작했고, 1990년대에 들어서면서 기업이 이윤을 실현하는 방식이 핵심부문 이외의 부차적인 부문(예를 들면, 회계, 청소, 경비, 고객관리 등)을 외주화하는 방식으로 재편되기 시작했는데도, 한국 복지체제는 기업이 노동자를 직접 고용하는 산업화시대에 기초해 설계된 사회보험을 중심으로 복지정책을 확대했다. 기업은 정보통신기술 발전의 도움으로 파견, 하청, 외주화 등 다양한 형태로 전통적으로 기업의 범주 안에서 고용했던 노동자를 직접 고용하지 않고도 자신이 원하는 형태로 고용해 생산활동을 하고 있다. 이로 인해 자본은 자신이 직접 고용한 노동자 이외의 어떤 노동자에게도, 설령 그 노동자가 자신의 기업을 위해 일한다고 해도 어떠한 책임도 지지 않는 상태에 있다. 산업화시대와는 완전히 다른 기업경영과 노동-자본관계가 형성된 것이다. 만약 이러한 변화가 자본주의의 새로운 흐름이라면, 한국 복지체제는 바로 이러한 위험에 대응하는 정책을 제도화해야 했다. 그러나 대부분의 정치인, 관료, 전문가는 이러한 문제를 인지하지 못했다.

최근 논쟁이 되고 있는 기본소득을 둘러싼 논쟁[14]도 기본적으로 이러한 기업의 이윤실현 방식과 이에 따른 고용형태의 변화와 관련이 있다고 할 수 있다. 물론 기본소득이 이러한 변화에 대한 적절한 대응인지는 논쟁적이다. 기본소득은 이러한 자본주의의 변화를 시민권에 기초한 보편적 수당이라는 단순한 방식으로 해결하려고 한다. 하지만 역사적으로 사회경제적 변화에 대응해 생산력을 재생산하기 위해 설계되지 않은 복지정책은 지속 가능하지 않았다. 분명한 점은 기본소득이든 다른 어떤 것이든, 한국 복지체제는 이러한 정치경제적 변화에 조응하는 새로운 복지정책을 제도화해야 한다는 것이다. 2017년에 출범한 문재인정부는 결국 자본주의의 새로운 이윤실현 방식에 반해 기업의 고용형태를 과거 형태로 되돌려놓든지 아니면 변화한 고용형태에 조응하는 새로운 복지정책을 제도화하든지 둘 중 하나를 선택해야 한다. 역사적 경험은 복

---

14   기본소득은 유급노동을 전제로 만들어진 기존의 소득보장정책과 달리, 유급노동의 참여와 관계없이 시민권에 기초해 정기적으로 적절한 수준으로 개인단위로 국가 또는 공적 기관이 지급하는 정액수당으로 알려져 있다. 스위스에서는 한국 돈으로 월 280만 원의 기본소득을 도입하자는 정책이 국민투표에 붙여졌고, 핀란드에서는 기존의 실업급여를 기본소득이 대신할 수 있는지 실험이 진행되었다. 한국에서도 지방자치단체에서 다양한 기본소득이라고 부르는 정책들이 실험되고 있다. 이처럼 기본소득이 기존의 사회복지정책을 대신해 주목받게 된 계기는 2015년 당시 이재명 성남시장(2019년 현재 경기도지사)이 성남시 거주 청년들을 대상으로 기본소득 형태의 '청년배당' 정책을 준비중이라고 발표하면서부터라 할 수 있다. 기본소득이 기존의 복지국가를 대신할 수 있다는 논의에서부터 단계적으로 기본소득을 확장하자는 논의까지 다양한 논의가 이루어지고 있다. 특히 보편적 수당제도가 (부분)기본소득이라는 새로운 이름을 달고 중요한 소득보장정책의 하나로 등장하고 있다. 세계 각국에서 실험되고 있는 '기본소득'에 대한 이야기가 궁금하다면 다음 책을 참고하라. 리차드 K. 카푸토 (2018[2012]). 『기본소득, 존엄과 자유를 향한 위대한 도전』, 윤홍식·남찬섭 외 옮김. (Basic Income Guarantee and Politics). 서울: 나눔의 집.

지정책과 복지체제가 그 시대의 정치경제적 변화에 조응하지 못했을 때, 그 시대를 살아가는 사람들이 직면하는 사회적 위험에 대응하는 분배제도가 아니라 사회적 위험을 확산시키는 제도로 변질된다는 것을 확인시켜준다.

토론쟁점

1   조선시대의 환곡이라는 분배제도가 현재 한국 복지국가를 만들어가려는 사람들에게 주는 함의는 무엇일까?

2   왜 경제성장을 통해 일자리를 만들고, 이렇게 만들어진 일자리가 국민의 소득을 높여 불평등과 빈곤을 완화하는 '개발국가 복지체제'가 1990년 초중반 이후 한국사회에서 적합하지 않게 된 것일까?

3   만약 한국 사회복지정책이 상대적으로 고용이 안정되고 임금수준이 높은 정규직 일자리에 있는 사람들에게 더 많은 급여가 지급되도록 만들어졌다면(역진적 선별주의), 이러한 문제를 해결할 수 있는 대안은 무엇일까?

4   3번 질문과 관련해 한국사회가 사회복지정책을 확대한다면 보편적으로 확대하는 것이 좋을까, 아니면 선별적으로 확대하는 것이 좋을까?

제 2 부

가치, 이념, 이론

04

사회복지정책의 가치 1

자유, 평등, 정의, 연대

가치란 무엇이며 왜 중요한가?

일상에서 가치^{value}라는 용어는 여러 의미로 사용되지만, 공통적 의미는 특정 행동이나 존재양식이 다른 행동이나 존재양식보다 '바람직하다'는 판단이다 (Beckett and Maynard, 2005). 예를 들어, 사회복지 실천현장에서 일하는 사회복지사가 개별화의 원칙이나 비밀보장의 원칙을 준수하는 것은 그렇지 않은 경우보다 더 바람직하다.

그런데 바람직하다는 판단은 사회와 시대에 따라, 개인에 따라 다를 수 있다. 예컨대 한국정부는 1980년대까지도 출산억제를 바람직한 정책으로 여겨 추진했지만 지금은 출산장려를 바람직한 정책으로 추진하고 있다. 바람직한 행동이나 존재양식 그 자체를 가치라고 한다면, 사회와 시대, 더 나아가 개인에 따라 서로 다르게 나타나는 바람직함에 관한 견해 내지 판단을 가치관 혹은 가치판단이라고 할 수 있다.

그러면 이와 같은 가치를 사회복지정책에서 왜 다루어야 하는가?

첫째, 가치는 사실파악에 영향을 미친다. 흔히 사실을 가치와 다르다고 생각하며 또 개념적 차원에서 가치와 사실을 구분할 수 있기도 하다. 즉, 가치는 규범적 normative 속성과 평가적·판단적 judgemental 속성, 그런 규범과 판단에 따른 특정 행위를 요구하는 처방적 prescriptive 속성을 갖는 데 비해 사실은 객관적으로 존재하는 어떤 것을 말한다. 하지만 가치를 완전히 배제한 채 사실을 그야말로 객관적으로 파악할 수 있는 경우는 없다.

특히 사회복지정책은 사회문제(바람직하지 못한 어떤 상태)에 개입하여 그것을 해결 내지 경감한다는 목적(이 목적이 달성되면 사회는 약간이나마 바람직한 상태에 있게 될 것이다)을 달성하고자 한다. 따라서 사회복지정책에서는 어떤 상태에 대해 그것이 바람직한지 아닌지 혹은 그것이 사회문제인지 아닌지의 파악이 매우 중요하다. 사회문제가 아니라면 개입을 하지 않을 것이며 또 사회문제라 해도 그 성격에 따라 개입방향이 달라질 것이고 또 문제의 규모나 영향의 크기에 따라 개입의 정도가 달라질 것이기 때문이다.

그런데 문제는 사실파악이 그야말로 객관적이라 할 수 있는 방식으로 이루어지지 않는다는 데에 있다. 2000년대 초 최저생계비는 당시 중위소득의 40%에 약간 못 미치는 수준이었다. 이에 대해 일부 논자들은 최저생계비가 너무 높다고 생각했고, 또 다른 논자들은 너무 낮다고 생각했다. 최저생계비가 높다고 생각한 사람들은 최저생계비를 높이면 정부가 지급하는 생계비가 인상될 뿐만 아니라 그 인상된 생계비를 더 많은 사람에게 주어야 하고 그렇게 되면 정부로부터 도움받아 생활하는 더 많은 사람들이 정부의 도움 없이 열심히 일해서 살아가는 사람들의 생활수준에 너무 가깝게 다가갈 것이며 이는 공평하지 못한 것이라고 주장하였다.[1] 반면 최저생계비가 낮다고 생각한 사람들은 정부로부터 도움을 받는 사람들을 열심히 일하지 않는 사람인 것처럼 묘사하는 것 자체가 잘못된 편견이며, 또 최저생활을 한다는 것은 극기생활을 하는 것이 아니고 그 역시 생활이므로 삶에서 필요한 항목들은 모두 소비할 수 있어야 하고 그 소비수준을 중위소득의 절반도 안 되게 떨어뜨리는 것은 사실상 극기생활을 강요하는 것이라고 주장했다.

1   이와 같은 가치는 역사적으로는 열등처우의 원칙으로 나타났고 이는 지금도 강력한 영향력을 발휘하고 있다.

가족과 여성에 관련된 인식의 변화

가치가 사실의 인식에 미치는 영향은 소년소녀가정의 예에서도 알 수 있다. 현재 공식적으로 소년소녀'가정'이라 불리지만, 이 아이들은 전에는 소년소녀'가장'이라 불렸다. 이 단어는 1970년대 초에 아동복지사업을 하던 한 인사가 처음 만든 것으로 알려져 있는데 당시 정부는 이 용어를 적극 채용하였다. 왜 그랬을까? 그때는 경제개발이 최우선가치로 간주되었고 또 1960년대까지 한국에 제공되던 원조가 중단되고 차관으로 변경되는 등의 사정으로 자립경제니 국내저축증진이니 하면서 정부가 국민들에게 '자립'을 강조하던 때였다. 따라서 부모의 사망 등으로 부모로부터 부양받을 수 없는 미성년자들이라도 그중 큰 아이가 가장노릇을 하면서 자립적으로 살아가는 모습을 보여주는 것은 경제개발과 자립의 가치를 선전하는 데 더없이 좋은 예가 될 수 있었다. 물론 부모로부터 부양받을 수 없는 미성년자에게 '가장'이라는 단어를 붙이는 것은 잘못이라는 비판이 있었지만 그런 비판은 별 영향을 미치지 못했고 그 단어는 매우 오랫동안 사용되었고 지금도 많은 사람들은 그렇게 사용한다. 정부는 2000년에 와서 기발한 관료적 창의성을 발휘하여 그 단어의 한 획만 바꾸어 소년소녀가정을 공식용어로 정했다. 하지만 그 이면에 놓인 가치는 사실 한 획 정도도 바뀌지 않은 것이다. 외국에는 이런 단어 자체가 없다. 부모로부터 부양받지 못하는 미성년자는 보호대상이며 사회는 후견인을 지정하든지 해서 보호의무를 다해야 하는 것이다. 부모의 사망 등으로 부모의 보호를 받을 수 없는 미성년자가 발생할 수 있다는 사실은 한국이나 외국이나 변함이 없다. 동일한 사실이 왜 다르게 묘사되며 왜 다르게 파악되는 것인가? 여러 가지 이유가 있겠지만 가치도 중요한 역할을 한다.

가치가 사실인식에 영향을 미치는 예로 「베버리지 보고서」도 들 수 있다. 전후 영국 사회보장의 청사진이라 할 수 있는 이 보고서는 '여성의 사회보장은 곧 남성'이라는 전제를 가지고 있었다. 당시 여성은 취업했더라도 결혼하면 대부분 직장을 그만두었기 때문이다. 그래서 전후 전통적인 사회보장은 여성의 사회보장 수급권을 독자적으로 인정해야 한다는 생각 자체가 없는 채로 설계되었다. 이는 다시 말하면 여성이 독자적인 사회보장권리를 갖지 않는다는 사실을 문제로 생각하지 않았기 때문에 그에 대한 개입 자체를 생각하지 않았다는 것이다. 하지만 오늘날에는 영국만이 아니라 다른 많은 나라에서도 여성이 결혼 후 직장을 그만두는 것을 바람직하다고 생각하지 않는다. 그래서 사회보장권리에서도 젠더평등을 달성하기 위한 조치들을 나름대로 취하고 있다. 결국 결혼한 여성이 직장을 그만두는 동일한 사실이 발생할 때 과거에는 그것을 기정사실화하고 그 전제 위에서 제도를 설계한 반면, 오늘날에는 그런 사실이 일어나지 않게끔 제도를 설계하고자 하는 것이다.

최저생계비가 중위소득의 40%에 조금 못 미친다는 것은 누구에게나 동일한 사실이지만 그 동일한 사실을 어떻게 받아들이느냐는 그 사람이 어떤 가치를 가지고 있는가에 따라 달라진다. 그리고 당연한 수순이지만 최저생계비가 높다고 생각한 사람들은 최저생계비를 낮추려는(혹은 동결시키려는) 개입을 추진했고, 반대로 최저생계비가 낮다고 생각한 사람들은 최저생계비를 높이려는 개입을 추진했다.

지금까지 살펴본 예들을 보면 사실을 파악함에 항상 가치가 개입된다는 사실을 알 수 있다. 우리가 파악하는 사실은 글자 그대로의 객관적인 사실이라기보다는, 사실을 파악하고자 하는 사람이 어떤 가치를 가지고 있는가에 따라 달리 파악되는 사실이다. 이렇게 가치에 따라 사실이 달리 파악되므로 우리가 사실이라고 생각하는 것 자체가 실제로는 그 안에 이미 가치를 담고 있는 사실이다. 이처럼 사실이 가치를 이미 담고 있다는 의미에서 그것을 가치적재적[value-laden] 사실이라고도 한다. 가치를 완전히 배제한다는 의미의 가치중립적[value-free] 사실이란 존재하지 않는다.

사회복지정책에서 가치가 중요한 첫째의 이유에 대해 다소 길게 다루었는데 둘째 이유는 이 첫째 이유를 이야기하는 과정에서 이미 어느 정도 이야기가 되었다. 즉, 사회복지정책에서 가치가 중요한 둘째의 이유는 바로 사회복지정책의 목적이 가치에 의해 크게 영향을 받기 때문이다. 앞에서 사회복지정책은 무언가 바람직하지 못한 상태에 개입해 조금이라도 바람직한 어떤 상태로 전환하고자 하는 것이라고 했다. 사회복지정책이 도달하고자 하는 그 바람직한 상태가 바로 사회복지정책의 목적이다. 또 우리는 앞에서 가치를 바람직함이라고 하였다. 따라서 사회복지정책의 목적은 그 자체가 특정의 가치를 가진 것으로 설정될 수밖에 없다. 물론 현실에서 사회복지정책의 목적은 훨씬 구체적인 진술로, 때로는 숫자를 포함한 진술로 표현되는 경우가 많다. 예컨대 '공보육 이용아동을 전체 보육대상아동의 40% 또는 50%까지 확충하겠다'는 진술이 그런 예이다. 그런데 이런 진술의 이면에는 보육은 공공재 혹은 가치재라는 생각, 다시 말해서 아동양육은 국가가 일정부분 책임을 져야 한다는 가치가 놓여 있다. 만일 보육을 공공재나 가치재라고 생각하지 않는다면[2] 공보육 이용아동을 늘리겠다는 목적 자체를 세우지 않았을 것이다.

이제 사회복지정책이 추구하는 바람직함, 즉 사회복지정책의 가치에는 어떤 것이 있는지 살펴보자. 4장과 5장에서 우리는 사회복지정책이 추구해온, 혹은 추구해야 할 가치로 자유, 평등, 정의, 연대, 시민권, 공공성, 인정 7가지를 상정한다. 이들을 선정한 이유는 무엇보다도 가장 널리 거론되어왔다는 보편성 때문이다.

물론 이 7가지 가치가 사회복지정책의 가치를 모두 열거한 것은 아니다. 예를 들어 논자에 따라서는 사회통합, 민주주의, 효율성 등을 중요한 가치로 제시할 수 있다. 하지만 사회통합은 크게 보아 7가지 가치 중 하나인 연대에 포괄되고, 민주주의는 시민권에 관련된 논의에 포함될 수 있다. 효율성은 본질적으로 자원을 어떻게 배분할 것인가의 측면에 초점을 둔 것이어서, 무엇을 위한 자원의 배분인가 혹은 무엇을 위한 효율성인가가 여전히 질문으로 남게 된다. 이런 점에서 효율성은 가치라기보다는 특정 가치의 실현을 위한 수단이라고 보는 것이 더욱 타당하다.

여기서 제시하는 7가지 가치는 근대 시민사회의 등장을 배경으로 하며, 이런 점에서 이들을 모더니즘적 가치라고 할 수 있다. 이 장에서는 보다 전통적인 의미의 모더니즘적 가치인 자유, 평등, 정의, 연대를 살펴보고, 5장에서는 시민권, 공공성, 인정에 대해 살펴본다.

자유

가장 일반적인 의미에서 자유는 타인의 권력이나 의지에 종속되지 않은 상태를 의미한다(O'Brien and Penna, 1998). 이런 의미에서 자유는 '간섭이나 강제가 없는 상태'를 말하며, 이런 자유를 소극적 자유라고 한다(~로부터의 자

---

2 공공재는 간단하게 말하면 사회구성원들이 큰 대가를 치루지 않아도 비교적 쉽게 이용할 수 있고 또 사회 전체에 긍정적인 영향을 미치는 재화여서 시장에서는 제대로 공급하기 어려운 재화를 말하며, 가치재는 공공재와는 달리 대가를 치르지 않고 이용할 수 있는 것은 아니지만 그 공급을 장려하는 것이 사회 전체적으로 바람직한 재화를 말한다.

자유의 개념을 구분한 이사야 벌린

자유의 개념을 소극적 자유와 적극적 자유의 두 개념으로 구분한 것은 1958년 이사야 벌린Isaiah Berlin, 1909~1997에 의해서였다. 이사야 벌린은 러시아 리가(현재의 라트비아)에서 태어나 어린 시절 러시아혁명을 보았고 그 후 영국으로 이주했다. 그가 자유 개념을 두 가지로 구분한 것은 적극적 자유 개념을 경계하기 위해서였지만, 그의 두 자유개념이 꼭 그의 의도대로만 사용되는 것은 아니다.

그림 4-1 이사야 벌린
(©isaiahberlin.org)

유). 하지만 자유는 '원하는 바를 실현할 수 있는 상태'를 의미하기도 한다. 예를 들어 실업자는 소극적 의미에서는 자유롭다고 할 수 있다. 아침에 출근하지 않아도 되고, 정해진 시간까지 일을 하지 않아도 된다. 즉, 간섭이나 강제가 없다. 그러나 실업자는 가족구성원이 필요로 하는 소득을 얻지 못하고, 사회적으로 의미 있는 관계를 형성하기도 어렵다. 즉, 원하는 바를 실현할 수 있는가의 측면에서 보면 실업자는 자유롭지 못하다. 이런 의미의 자유를 적극적 자유라고 한다(~를 할 자유).

적극적 자유와 소극적 자유

자본주의를 옹호하는 사람들은 대개 소극적 자유만을 의미 있는 개념으로 간주하는 경향이 있으며, 자본주의에 비판적인 입장을 취하는 사람들은 자유의 개념을 적극적 자유까지 확장시키는 경향이 있다(Fitzpatrick, 2013).

소극적 자유를 주장하는 사람들은 예를 들어 어떤 사람이 고급호텔에 숙박할 돈이 없을 수 있지만 그렇다고 그가 고급호텔에 숙박할 자유까지 없는 것은 아니라고 하며 자유의 개념을 적극적 자유로까지 확대하는 것은 불필요하게 국가의 간섭을 초래할 수 있다고 주장한다. 이와 같은 소극적 자유는 경제적인 면에서는 대개 선택의 자유라는 개념으로 주창되어왔다(Heywood, 1994). 즉, 시장에서 소비자들은 원하는 재화를 구입할 수 있어야 하고 노동자들은 노동시장에서 원하는 직업을 선택할 수 있어야 한다. 마찬가지로 기업은 자신들이 원하는 상품을 생산하고 원하는 노동자를 고용할 수 있어야 한다. 이를 위해서는 시장이 그 자체로 작동되도록 간섭하지 말아야 한다는 것이다.

하지만 시장에서 이루어지는 선택이 진정으로 자유로운 것인가에 대해서는 많은 비판이 있다. 선택의 자유가 작동되려면 합리적인 선택이 가능하다는 전제가 충족되어야 하는데, 시장실패market failure 3 개념에서 보듯이 현실에서는 이 전제가 성립하지 않는 경우가 많다. 또한 실업률이 높고 일자리가 많지 않은 상황에서 노동자가 선택한 직장, 혹은 노동조건이 그야말로 자유로운 선택에 따른 것인지 역시 의문의 여지가 다분하다.

간섭과 강제가 없다는 의미의 소극적 자유 개념은 사생활보호와도 밀접히 연관된다(Heywood, 1994). 사생활보호는 사적 영역과 공적 영역 간의 구분을 전제한 개념으로, 사적 영역에서의 선택은 그 자체로 보호되어야 함을 의미한다. 따라서 소극적 자유를 옹호하는 것은 공적 영역보다 사적 영역을 우선시함을 의미한다. 그래서 교육이나 사회복지도 개인의 선택에 맡겨야 한다는 입장으로 이어지게 된다. 반드시 소극적 자유를 옹호하지 않더라도 사생활보호는 매우 중요하다. 특히 오늘날과 같은 정보사회에서 사생활보호는 남다른 중요성을 갖는다.

하지만 그럼에도 불구하고 사생활보호에 내재해 있는 공적 영역과 사적 영역의 구분에 의문을 제기할 수 있다. 사적 영역에는 가정 영역과 가족관계, 개인적 관계 등이 포함되는데 여기에서 발생하는 일이 공적 영역의 권력관계와 무관한가 하는 것이다. 대표적으로 가정폭력이나 데이트폭력을 생각할 수 있다. 과거 가정폭력은 사적 영역에서 일어나는 일이라 하여 공권력이 제대로

---

3   주류경제학에서는 시장이 정부 등 다른 요인의 개입이 없다면 최적의 효율성을 구현할 수 있다고 주장한다. 즉, 시장은 자유롭게 작동되기만 한다면 자원을 가장 효율적으로 배분할 수 있다는 것이다. 주류경제학에서는 이처럼 자원을 가장 효율적으로 배분한 것을 파레토 효율성(Pareto efficiency)이라 한다(파레토는 이 개념을 주창한 이탈리아 출신의 학자이다). 하지만 시장은 외부성, 공공재, 불완전한 정보, 자연독점 등의 요인으로 인해 파레토 효율성을 달성할 수 없는데, 이를 시장실패라고 한다.

사생활보호와 사회보장정보시스템

복지는 사생활보호와 복잡한 관계를 갖는다. 몇 년 전부터 정부는 복지사각지대의 발굴을 목표로 13개에 이르는 공·사기관으로부터 약 25종에 달하는 개인정보를 받아 이를 사회보장정보시스템을 활용해 처리하고 있다. 이렇게 처리된 정보는 시·군·구의 통합사례관리팀으로 송부되고 이 팀에서는 그에 따라 관할구역의 가정을 방문하게 된다. 그런데 이 정보에는 단전·단수·단가스 정보에서부터 개인신용정보 등 민감정보까지 포함되어 있다. 정부에 복지급여를 신청하고서 국가에 개인정보를 제공하는 것은 그나마 인정한다 해도, 복지급여를 신청하지 않았는데(그래서 사각지대) 정부가 그의 개인정보를 수집·처리해서 일선공무원으로 하여금 그 사람을 방문하게 한다면 이는 개인정보보호에 어긋나고 사생활보호에도 어긋나는 것이 아닐까? 어려운 문제이다.

개입하지 않은 예가 많았다. 즉, 가정집 대문 앞에서 정치가 멈추었던 것이다. 데이트폭력도 과거에는 개인적 관계에서 발생하는 일로 치부되는 경우가 많았다. 하지만 지극히 사적 영역의 일로 보이는 가정폭력과 데이트폭력에는 권력관계가 숨어 있다. 이런 점에서 개인적인 것은 정치적인 것이다.

자유의 개념이 적극적 자유로까지 확장되어야 한다고 주장하는 사람들은 소극적 자유만을 주장하는 것이 지극히 형식적인 언설에 불과하다고 비판한다. 예를 들어 "부자에게 다리 밑에서 잘 자유가 있는 것처럼 거지에게도 호텔에 숙박할 자유가 있다"는 말은 무의미하다는 것이다. 즉, 자유를 소극적 자유로 한정하여 거지에게도 호텔에 숙박할 자유가 있다고 주장한다면, 이는 자유라는 가치가 갖는 의미를 잃어버리게 만든다는 것이다. 인간이 자유라는 가치로 무엇을 하려는지 생각한다면, 소극적 자유만을 강조하는 것은 공허한 주장이다(Fitzpatrick, 2013).

적극적 자유 개념은 흔히 자아실현이나 자율성 개념과 연관되어왔다. 예를 들어 사람들은 누구나 자신이 원하는 바를 행할 수 있기를 원하며, 자신이 바람직하다고 생각하는 상태에 이르기를 원한다. 여기 한 학생이 있다고 가정하자. 그는 성실히 공부하여 졸업 후에 원하는 직업을 가지고 그 직업을 통해 이루고자 했던 바를 실현하고 싶어 한다. 그런데 이 학생은 매학기 등록금을

자유에 관한 또 다른 논의들

그림 4-2 아마르티아 센

자유에 대한 센Amartya Sen의 접근은 흔히 역량접근 capacity approach으로 알려져 있다. 센(2001)에 의하면 사회구성원들은 각자가 생각하기에 바람직하다고 여기는 존재와 활동(이를 '기능'functioning이라 한다)을 달성하고자 한다. '기능'은 개인마다 다를 수 있다. 질병에서 회복하는 것일 수도 있고 좋은 친구를 사귀는 것일 수도 있고 공부를 잘하는 것이거나 또는 취업이나 승진일 수도 있고 다른 사람으로부터 존중받는 것일 수도 있다. 이처럼 기능(존재와 활동들)이 사람마다 다르므로 기능의 조합도 사람마다 다르다. 운동신수로서의 삶을 살려는 사람에게 바람직한 기능의 조합은 건강과 좋은 체력, 순발력, 대회 출전과 좋은 성적을 거두는 것 등이다. 이처럼 사람에 따라 기능의 조합은 달라지는데(대안적 기능집합) 이는 결국 사람마다 좋은 삶이 다르다는 것이다. 그런데 센에 의하면 여기서 중요한 것은 대안적 기능집합, 즉 사람마다 다르게 생각하는 좋은 삶을 추구하고 영위할 자유이다. 이 자유가 바로 센이 말하는 능력인데 이것은 대안적 기능집합에 도달할 수 있는 기회를 의미한다. 이 능력의 집합 역시 사람마다 다르다. 부자가 단식을 한다면 굶는다는 점에서는 빈자와 마찬가지다. 하지만 부자는 마음만 먹으면 얼마든지 좋은 음식을 먹을 수 있다. 따라서 부자에게는 좋은 음식을 먹거나 단식할 자유(능력집합)가 모두 있는 것이지만 빈자는 그렇지 않다.

자유에 관한 센의 접근과 유사한 듯 보이는 것이 기본소득 주창자로 유명한 판 파레이스Van Parijs(2016)의 실질적 자유에 관한 논의이다. 그에 의하면, 사람들이 자신이 하고픈 일을 할 단순한 권리만 갖는 것은 형식적 자유이며 자신이 하고픈 일을 할 진정한 역량까지 갖출 때 그것이 실질적 자유이다. 실질적 자유가 보장되기 위해서는 권리보장과 자기소유, 그리고 기회의 최소극대화라는 세 가지 조건이 모두 만족되어야 한다(김교성 외, 2018). 여기서 기회의 최소극대화가 가장 중요해서 이것이 보장되지 않고 앞의 둘만 보장된 상태가 형식적 자유이다. 기회의 최소극대화는 기회의 배분에 있어서 최약자부터 시작해서 그다음 약자, 또 그다음 약자 등의 순으로(반드시 이 순서를 지켜야 한다) 기회의 배분이 그들에게 유리하도록 함을 의미한다(이것은 최소극대화라는 롤스의 개념을 응용한 것으로 판 파레이스는 이를 렉시민leximin이라고 한다. 렉시민에 대해서는 뒤에 롤스를 살펴볼 때 다시 언급하기로 한다). 판 파레이스는 기본소득이 바로 이 기회의 평등을 보장할 수 있다고 주장한다.

마련해야 하는 경제적 사정 때문에 아르바이트를 하느라 원하는 만큼 공부하지 못했다. 그래서 원하는 직업을 갖지 못해 당초 생각했던 바를 이루지 못하는 상황에 처했다. 이 경우 그에게 공부 대신 아르바이트에 나서라고 간섭하거나 강압을 행사한 사람은 아무도 없다. 따라서 소극적 의미에서 이 학생은 자유를 누렸다고 할 수 있다. 하지만 자신의 꿈을 이루지 못하는 상황에 처한 그 학생에게 간섭이나 강제가 없다는 의미에서 자유롭다고 말하는 것이 과연 의미가 있을까? 소극적 의미에서는 자유롭다고 할지라도 자신의 목표를 실현하지 못하는 상황에 처해 있으므로, 그런 자유는 공허할 것이다. 그는 어쩌면 자신의 인생에서 스스로가 주인이 되지 못한다고 느낄 수도 있으며, 자아실현을 하지 못했다는 생각에 매일의 생활에서 의미를 크게 느끼지 못할 수도 있다. 진정으로 의미 있는 자유라면, 사람들이 적극적 의미로도 자유로워야 한다.

적극적 자유를 옹호하는 논자들은, 단순히 강제나 간섭이 없는 것을 넘어서서 사회구성원이 자아를 실현하고 각자의 삶에서 자율성을 발휘하는 상태에 이르기 위해서는 그들에게 삶을 영위하는 데 필요한 자원(소득과 부 등)이 어느 정도 보장되어야 한다고 주장한다. 소득과 부를 좀 더 골고루 분배한다면, 모두가 각자에게 필요한 적극적 자유를 보다 골고루 누릴 수 있을 것이다. 그렇기 때문에 적극적 자유의 옹호자들은 자원의 재분배가 필요하다고 주장한다.

사회복지정책과 자유

사회복지정책은 자유와 밀접히 관련되어 있다. 사회보험의 경우를 살펴보자.
사회보험은 사회구성원의 가입을 강제하여 사회적 위험에 직면한 경우에 급여를 제공하는 제도이다. 이는 개인의 소극적 자유를 제한함으로써 위험에 직면한 사람들의 적극적 자유를 부분적으로나마 신장시키려는 것이다. 예를 들어 실업보험에 가입하지 않을 자유를 제한하여 모두가 의무적으로 기여금을 납부하게 해 기금을 조성하고, 이 기금을 통해 실업자에게 급여를 지급함으로써 그 실업자로 하여금 원하는 혹은 필요로 하는 재화와 서비스를 구입할 수 있게 한다. 또한 국민최저선은 모든 국민에게 그 이하로 떨어져서는 안 되는 최저수준의 생활수준을 설정하여 이를 보장해줌으로써 최소수준의 적극적

근로연계복지와 인간성 파괴

근로연계복지의 실상을 잘 보여주는 영화로 2016년에 개봉한 〈나, 다니엘 블레이크〉를 들 수 있다. 이 영화의 주인공인 다니엘 블레이크는 심장질환으로 직업을 잃었다. 그는 상병수당을 신청했지만 담당자는 점수표에 있는 질문대로 기계적으로 점수를 매겨 상병수당 대상에서 탈락하였다. 상병수당 탈락에 대한 이의제기와 수당재신청 과정에서 다니엘은 응답대기음만 지루하게 계속되는 전화와 익숙하지 않은 인터넷 신청 그리고 혹 전화가 되어도 업무소관과 절차만 앵무새처럼 반복하는 담당자들로 인해 어려움을 겪는다. 상병수당을 못 받는 동안 실업수당이라도 받으려고 구직센터에 가지만 역시 인터넷 신청이라 다니엘에게는 어렵다. 구직센터는 심장병을 앓는 다니엘에게 구직활동을 해야 한다는 말만 되풀이한다. 구직센터 벽에 다니엘은 '나는 사회보장번호도 구직신청번호도 아니고 다니엘이다'라고 스프레이로 썼다. 인간이라는 주장을 한 것이다. 하지만 다니엘은 그 일로 벌금형을 받는다. 우여곡절 끝에 상병수당 재신청이 받아들여져 사무실에서 재심사를 기다리는 중에 다니엘은 심장마비로 사망한다.

근로연계복지를 주장한 사람들은 사회복지급여를 받는 사람들은 그 대가로 사회적 책임을 다해야 하는데 그 사회적 책임은 바로 일하는 것이라고 주장했다. 하지만 근로연계복지는 심장질환으로 사실상 일하기가 어려운 다니엘과 같은 사람에게도 근로활동에의 참여를 강제하기 위해 점수표를 만들어 사람을 점수화하고 그런 점수화하는 일마저 업무분장하여 외주화하였다(영화 속 담당자들은 정부와 계약을 맺은 업체의 직원들이다). 근로연계복지를 주장하는 사람들은 노동이 중요하다고 말하지만 정작 부동산 투기나 건물임대로 버는 불로소득에 대해서는 입을 다문다. 가난한 노동자에게는 적극적 자유를 보장하기 위한 복지급여를 대가로 소극적 자유를 앗아가면서 부자들이 불로소득을 버는 자유에 대해서는 아무런 대가도 요구하지 않는 것이다. 다니엘의 장례식날 친구인 케이트는 다니엘을 죽인 것은 이 나라의 법과 제도였다고 절규한다.

자유를 국가가 모두에게 보장하려는 것이다.

최근에는 사회복지급여를 받는 조건으로 국가가 제시하는 근로활동에 참여하도록 의무화하는 정책이 증가하고 있다. 이런 정책을 흔히 노동연계복지 혹은 근로연계복지workfare라고 한다. 원래 사회복지급여는 어떤 이유로든지 노동활동을 하기 어려워진 사람들에게 일정한 소득(이전소득)을 제공함으로써 적어도 일정기간 동안 근로활동을 하지 않고도 생활을 영위할 수 있게끔 하려는 목적으로 등장했다. 그래서 적어도 일정기간 동안 노동력을 상품화하지 않고도 생활을 영위하게 한다는 점에서 이를 탈상품화^{decommodification}라 한다. 그런데 근로연계복지는 탈상품화와 반대로 근로활동에 참여할 것을 조건으로 사회복지급여를 제공하는 것이므로 전통적인 사회복지의 기능을 거꾸로 세운 것이다. 결국 근로연계복지는 재상품화^{recommodification}를 강요하는 것인데 그것을 국가가 나서서 한다는 점에서 관리적 재상품화라 한다. 사회복지급여는 적어도 일정기간 동안 일을 하지 않을 자유를 줌으로써 그것을 통해 적극적 자유를 보장하려는 것인데, 근로연계복지는 적극적 자유를 제공하는 대가로 근로활동에의 참여를 강제함으로써 소극적 자유를 제한하는 것이다.

사회복지정책은 전통적으로 소극적 자유와 적극적 자유 사이에서 늘 긴장을 유지해왔다. 이는 적극적 자유가 국가에 의한 재분배를 필요로 하며, 따라서 자원의 보다 평등한 분배를 필요로 하기 때문이다. 소극적 자유를 옹호하는 사람들은 사회복지정책에 의한 재분배가 되도록이면 가난한 사람들을 대상으로 한 정책에 한정되어 시장의 자유로운 작동을 방해하지 않아야 한다고 주장해왔다. 반면 적극적 자유를 옹호하는 사람들은 사회복지정책이 시장에 보다 적극적으로 개입하여 시장의 작동을 수정해야 한다고 주장해왔다. 즉, 이 문제는 자유와 평등 간의 관계와 관련되어 있다. 이제 평등에 대해 살펴보자.

평등

평등은 한마디로 '동등하게 대우받음'을 의미한다. 하지만 이것만으로 현실에서 어떤 것이 평등인지를 가려내기는 그리 쉽지 않다. 사회복지정책뿐만 아니라 사회문제와 관련된 여러 쟁점에서 수량적 평등, 비례적 평등, 기회의 평등 같은 여러 평등 개념이 논의되는 것도 그 때문이다.

수량적 평등과 비례적 평등

방금 말한 수량적 평등, 비례적 평등, 기회의 평등이라는 세 가지 평등 가운데 앞의 두 가지는 아리스토텔레스[Aristotle]에게서 유래했다. 아리스토텔레스는 『니코마코스 윤리학[Ethika Nikomacheia]』에서 평등을 수량적 평등(혹은 산술적 평등)과 비례적 평등으로 구분했다(Fitzpatrick, 2013). 수량적 평등은 몫을 받을 사람들 각자에게 똑같은 몫을 나누어주는 것을 의미하며, 비례적 평등은 받을 사람의 속성에 비례하여 몫을 나누어주는 것을 의미한다.

즉, 수량적 평등의 관점에서는 모두에게 똑같은 몫을 배분하는 것이 중요하며, 비례적 평등의 관점에서는 받을 사람의 속성을 잘 고려하여 배분하는 것이 중요하다. 속성을 고려한다는 말은 결과적으로 서로에게 '불평등한' 배분이 이루어진다는 말인데, 이를 설명하는 개념이 공평한 불평등[equitable inequality]이다. 불평등과 불공평이 같다고 생각할 수도 있지만, 비례적 평등 개념을 주장하는 사람들은 불평등과 불공평은 다르다고 주장한다. 즉, 불평등은 같지 않다는 의미이며 불공평은 납득할 근거가 없다는 의미라는 것이다.

하지만 불평등이 그 자체로 불공평을 의미하는 경우가 현실에서는 상당히 많다. 예를 들어 국민의 50% 이상이 땅을 한 평도 가지지 못한 반면, 누군가는 태어나자마자 수십만 평의 땅을 물려받아 토지소유의 불평등이 발생한다면, 이는 그 자체로 불공평하다.

자본주의 사회에서는 대개 수량적 평등보다는 비례적 평등이 현실성이 있는 것으로 간주되곤 한다. 분배할 몫은 한정되어 있기 때문에, 필요한 사람에게 더 많은 몫을 배분하는 것이 타당해보인다. 따라서 비례적 평등의 관점에서는 받을 사람의 속성을 잘 고려하는 작업, 즉 어떤 기준으로 판단할 것인가가 중요해진다.

그렇기 때문에 비례적 평등에 대한 비판은 이 기준에 대한 비판이기도 하다. 즉, 비례적 평등에서는 몫을 받을 사람의 속성 중 무엇을 기준으로 삼을 것인가가 항상 문제가 된다(이재율, 1995). 일반적으로는 능력, 노력, 성과(혹은 기여)와 같은 속성을 몫의 배분을 위한 기준으로 삼는다. 하지만 이 기준들은 각자 문제가 있다. 능력은 측정하기도 어려울뿐더러 이를 기준으로 할 경우 노력한 이를 배제하여 형평에 어긋날 수 있다. 노력을 기준으로 하면, 노력했음에도 성과가 없는 사람에게 과도한 몫을 주게 되어 역시 형평에 어긋날 수 있다. 성과 혹은 기여를 기준으로 하면, 많은 노력을 했지만 성과 혹은 기여도가 낮은

『니코마코스 윤리학』

서양 지성사에 가장 큰 영향력을 끼친 사상가 중 한 명인 아리스토텔레스B.C 384~322의 저작으로, 서양 고전시대 도덕적 세계관의 완성적 형태로 평가받는 고전이다. 중세 기독교 세계관에 큰 영향을 미쳤으며, 현대 민주주의에 대한 연구에도 종종 인용되는 저작이다. 니코마코스는 아리스토텔레스의 아들 이름이다. "어떤 삶이 좋은 삶, 즉 행복인가?"라는 질문을 논구하는 총 10권의 책으로 되어 있으며, 그중 본문에서 언급한 수량적 평등과 비례적 평등에 관한 내용은 5권에서 다루고 있다. 실제 책에서는 수량적 '평등'이 아닌 수량적 '정의'라는 개념으로 설명하고 있다.

사람을 배제할 수 있어 역시 형평에 어긋난다는 비판을 받을 수 있다. 이런 점에서 자본주의 사회에서 당연시하는 능력이나 노력, 성과에 따른 분배가 사실은 그 기준조차 확립하기 쉽지 않은 문제를 안고 있다. 설사 기준을 세웠다 해도, 어느 정도의 능력(노력, 성과)에 어느 정도의 보상을 줄 것인지가 여전히 문제로 남는다.

이 세 가지 기준과 다소 상반되는 지향성을 가진 기준으로 욕구needs 4를 들수 있다. 욕구에 따른 분배를 옹호하는 욕구론자들은 욕구(기본적 욕구)의 충족은 모든 인간으로 하여금 의미 있는 삶을 영위하게 하는 데 반드시 필요한 전제조건이라고 주장한다(Doyal and Gough, 1991; Heywood, 1994; Dean, 2010). 욕구는 능력, 노력, 성과 세 가지가 어떤 긍정성('~가 있다' 혹은 '~가 많다'로 표현할 수 있는)을 가진 것과 달리 부정성('~가 없다', '~가 있어야 한다'로 표현할 수 있는)을 가진다(Goodin, 1988; Miller, 1999). 즉, 앞의 세 가지 기준은 그것을 많이 가진 것에 비례하여 몫이 주어지는 반면, 욕구는 무언가가 없는 정도에 비례하여 몫이 주어진다. 이런 측면 때문에 욕구는 앞의 세 가지에 비해 시급성을 요하는 기준이다. 시급성을 요하는 것으로서의 욕구는 모든 인간에게 꼭 필요한 것이라는 점에서 보편성과 필수성(객관성)을 가지며, 모든 인간

---

4   욕구는 사회정책의 연구와 실천 영역에서 오랫동안 논의된 주요 개념 중 하나이다. 특히 복지국가의 등장과
     함께 욕구에 대한 논의가 핵심적으로 다루어지기 시작했다. 욕구에 대한 상세한 설명은 제9장을 참고하라.

기본적 욕구는 어디까지일까?

2017년 12월, 한 후원아동이 크리스마스 선물로 20만 원짜리 겨울외투를 선물받고 싶다고 말했다가 이를 과한 요구로 받아들인 개인후원자가 후원을 끊어버린 사건이 있었다. 인터넷 게시판 등에서는 '그 정도는 요구할 수 있다'와 '20만 원짜리 옷은 사치품이다'라는 의견이 대립했다. 2018년에는 기초수급자 아동이 식당에서 돈가스를 사먹는 것을 보고 '내 세금이 과하게 쓰이는 게 아니냐'는 민원을 넣은 사례가 있었다. 복지의 제공이 '최소생계에 필요한' 수준에서 이루어져야 한다는 인식이 있는 것이다. 그러나 '최소생계'라는 것 역시 명확히 규정되기 어렵다.

이와 같은 인식은 복지수급자들에게서도 발견된다. 청년층을 대상으로 현금을 지급하는 복지정책인 서울시의 '청년수당' 수급자들은 공통적으로 '현금을 어디에 쓸 수 있는지가 고민됐다'고 말한다. 정책시행주체인 서울시에서는 도박 등 일부 지출처를 제외하면 자유롭게 사용할 수 있는 현금이라 설명했지만, 그럼에도 불구하고 주변 시선에 대한 걱정, 세금의 사용에 대한 개인의 내적 갈등이 있었던 것이다. 사회가 복지로서 책임져야 하는 기본적 욕구는 어디까지일까? 또, 이런 기본적 욕구에 대한 서로 다른 사회적 인식은 어떻게 해결할 수 있을까?

에게 기본적인 것이라 할 수 있다. 이런 특성을 감안해 욕구를 기본적 욕구^{basic} ^{needs}라고도 한다.

이런 의미에서 볼 때, 기본적 욕구는 단순한 소망^{want}이나 욕망^{desire}, 선호 ^{preference}와 구분된다. 가령 빨간색 스포츠카에 대한 소망, 욕망, 선호는 보편성도 필수성도 객관성도 시급성도 가진 것이라고 보기 어렵다. 물론 사회복지정책에서 '기본적' 욕구가 어디까지를 포괄하는지는 시대와 나라에 따라 다르다.

이와 같은 특성을 가진 욕구를 충족시키고자 하면, 결과적으로 평등주의적 분배를 지향하게 된다. 물론 욕구에 따른 분배도 능력이나 노력, 기여에 따른 분배처럼 그 자체로는 불평등한 분배를 결과한다. 일례로 건강한 사람과 병자가 있을 때 의료서비스에 대한 욕구는 당연히 후자가 더 클 수밖에 없으며, 따라서 의료서비스는 병자에게 더 많이 배분되어야 한다. 그런데 병자와 건강한 사람의 구분이 계층적 구분이 아니라 위험에 따른 구분이기는 하지만, 위험의 발생이 계층적인 경우도 상당히 많다는 점을 감안하면 질병에 걸릴 확률이 저소득계층에서 더 높다고 볼 수 있다. 따라서 병자에게 더 많은 의료자원을 배분하는 것은 계층 간 분배를 보다 평등하게 하는 데 기여할 수 있다. 자본주의에서는 대개 지불능력에 따라 의료자원을 불평등하게 배분하는 경향이 있는데, 여기에 욕구에 따라 배분하는 장치를 가미하게 되면 이는 지불능력에 따른 의료자원의 불평등한 분배를 교정하는 역할을 하게 되고 최종적으로 의료자원의 분배가 결과의 평등에 좀 더 가까운 상태가 될 것이다. 이런 점에서 욕구에 따른 분배는 평등주의적 지향성을 갖는다고 할 수 있다.

결과의 평등을 주장하는 논리가 모두 욕구에 따른 분배를 주장하는 것은 아니지만, 욕구를 고려하는 것이 결과의 평등을 실현하는 한 가지 방법일 수 있다는 점은 분명한 것 같다.

결과의 평등과 관련하여 흔히 사과를 똑같은 크기로 나누어서 분배하는 것처럼 실제 사회에서는 현실성이 없다는 주장을 펴는 경우가 많다. 하지만 결과의 평등을 옹호하는 사람들이 사회경제적 자원을 과일 나누듯이 배분하자고 주장하는 경우는 사실상 없으며, 그들 역시 불평등을 일정하게 인정하고 있다(George and Wilding, 1994: 126-128). 결과의 평등 옹호론은 현실적으로는 최고소득자의 소득이 최저소득자의 소득보다 4배 이상 되어서는 안 된다든지 주택을 소유할 수 있는 상한을 정하라든지 하는 식으로, 소득과 부의 격차를 줄여야 한다는 주장으로 표현된다.

이러한 주장에는 궁극적으로 소득과 부의 지나친 불평등(격차)으로 인해 누구라도 욕구의 충족에서 배제되어서는 안 된다는 생각이 깔려 있다. 물론 이와 같은 생각은 갑에게 욕구가 있다면 그런 사실로 인해 갑과 같은 공동체에 속한 다른 사람들에게 그 욕구를 충족시켜주어야 할 도덕적 의무가 발생한다는 전제, 즉 인간은 서로에 대해 사회적 책무를 진다는 전제에 기초한 것으로, 이기적 인간을 상정하는 사람들, 특히 신자유주의자들에게는 받아들여지기 어렵다.

기회의 평등

수량적 평등과 비례적 평등 간의 논쟁은 매우 오래되었으며 화해되기 어려운 점도 있는데, 이 두 평등 개념을 혼합한 것으로 기회의 평등 개념이 있다.

기회의 평등 개념에서는 무언가를 얻을 기회를 모두에게 똑같이 배분(수량적 평등)하고, 몫을 얼마나 얻는가는 각자의 능력, 노력, 성과에 따라 달라질 수 있으며, 그렇게 차이가 나는 것은 공평하다고 간주(비례적 평등)한다. 이와 같은 기회의 평등 개념은 흔히 달리기 경주의 비유로 설명된다. 즉, 달리기 시합에서 출발선을 모두가 똑같이 긋고 시작하고 공정한 규칙을 적용하여 달리게 한다면 결승점에 누가 더 먼저 도달하는가는 각자에게 달린 문제이며, 결승점 도달에서의 차이는 공평하다는 것이다. 그런데 이러한 기회의 평등 개념에도 문제가 없지는 않다.

(1) 논점 1: 출발선의 문제

우선, 출발선을 어디에 그을 것인가가 문제가 될 수 있다. 다시 말해서 인생의 출발선을 무엇으로 정할 것인가가 문제가 된다는 것이다. 만일 출생을 출발선으로 잡게 되면 이 출발선을 동등하게 하기 위해서는 상속제도를 폐지하는 등 대단히 급진적인 조치를 취해야 하지만, 기회의 평등 개념을 주장하는 사람들 중 누구도 그런 급진적인 조치를 원하지는 않는다. 현실적으로 이 출발선은 학령전 연령 정도로 정해지는 경향이 있다. 그러나 이렇게 특정나이를 기준으로 출발선 하나를 긋는 것 역시 여러 문제를 낳는다. 가령 '흙수저'인 아이는 맨발로 나왔는데 '금수저' 아이는 롤러스케이트를 타고 나왔다면, 이를 평등하다고 보기는 어려울 것이다. 이렇게 되면 그 이후에 나타나는 결과의 차이는 정당하다는 전제도 함께 무너진다. 즉, 출발선을 한 번 똑같이 그었다고 해서 그것이 출발의 평등을 보장하지는 않는다.

인생의 출발선은 출생일 수도 있고 학령전 연령일 수도 있지만, 누군가에게는 중학교 입학일 수도 있고 성인이 되는 해일 수도 있고 자녀의 출생일 수도 있다. 즉, 인생의 출발선을 특정시기로 정하는 것보다는 생애주기에 따른 조치가 더 중요할 수 있다. 생애주기를 고려한 여러 출발선을 설정하고 각 출발선마다 조건의 평등을 고려하는 것이 중요할 수 있다(Turner, 1986).

(2) 논점 2: 긍정적 차별과 역차별 논란

기회의 평등 개념과 관련하여 또 한 가지 살펴볼 필요가 있는 쟁점으로는

| 더 알아보기 |

헤드스타트

학령전 연령을 '인생의 출발선'으로 정한 정책의 고전적인 예가 미국 민주당 정부가 1960년대에 실행한 헤드스타트Head Start이다. 이 헤드스타트는 그야말로 달리기 시합이라는 비유를 정책의 명칭으로 반영한 것인데, 달리기 경주에서 출발선에 머리를 나란히하고 선 아이들을 연상시킨다. 후에 '헤드스타트'에서 '스타트'는 기회균등을 실현하기 위한 정책을 가리키는 고유명사처럼 사용되어서, 영국에서는 슈어스타트Sure Start로 나타나기도 했다. 한국의 예로는 희망스타트, 드림스타트 등을 들 수 있다.

긍정적 차별positive discrimination이 있다. 이것은 과거의 불이익이나 구조적 불평등을 보상해주기 위해 특정집단의 구성원에게 특례대우를 해주는 것으로(Heywood, 2014: 391), 다민족국가인 미국에서 인종차별을 시정하려는 차별시정조치affirmative action로부터 비롯되었다. 미국의 경우, 대표적인 제도로 대학입학 시 소수인종에게 할당제를 시행하는 것을 들 수 있다. 한국의 경우, 장애인차별금지법과 장애인의무고용제도, 그리고 여성의 고용평등을 진작하기 위한 여성고용할당제도 등이 긍정적 차별을 실현하기 위한 대표적인 제도이다.

긍정적 차별 조치와 관련된 대표적인 논란은 바로 역차별reverse discrimination 논란이다. 즉, 긍정적 차별은 그것이 가진 본래의 좋은 의도에도 불구하고 과거의 차별이나 구조적 불평등을 만드는 데 가담한 적이 없는 개인을 거꾸로 차별하는 부당한 조치라는 비판이다. 미국에서 역차별 논란은 해군 복무와 직장생활을 하던 30대 초반의 앨런 배키가 의대를 가기 위해 1972년과 1973년에 캘리포니아대학교 의과대학에 지원했다가 연거푸 낙방한 후에 자신의 성적이 우수했음에도(실제로 배키의 성적은 평균보다는 높았다) 대학의 소수인종할당입학제로 인해 낙방했고 이것이 역차별이라면서 캘리포니아대학교를 상대로 소송을 제기하면서 크게 불거진 바 있다. 연방대법원까지 올라간 이 소송은 1978년에 연방대법원이 배키의 입학을 허용하는 판결을 함으로써 일단락되었다. 하지만 이와 유사한 시기에 브라이언 웨버라는 백인남성이 자신이 회사의 직원교육프로그램에서 배제된 것은 소수인종할당제로 인한 것이라며 제기한 소송에서는

그림 4-3 미국의 소수인종우대정책 논쟁과 시민행동(©npaper)

연방대법원이 1979년에 회사의 긍정적 차별 조치가 역차별이 아니라는 판결을 내렸다(이 두 사례에 대해서는, 이정우, 2010: 233-234 참조).

결국 긍정적 차별이 역차별이냐의 여부에 관해 이 개념의 원조격이라고 할 수 있는 미국의 연방대법원이 비슷한 시기에 상반된 판결을 내린 것이다. 이는 그만큼 이를 둘러싼 논쟁이 복잡하고 어려울 수 있다는 사실을 보여준다.

그런데 긍정적 차별 조치가 역차별이라는 주장과 관련해 적어도 한 가지는 분명하다. 즉, 긍정적 차별 조치가 역차별이라는 주장은, 긍정적 차별 조치를 통해 차별을 시정하려는 노력이 시도되기 전의 상황, 즉 구조적 차별로 인해 소수인종은 교육기회를 그만큼 얻을 수 없었고 따라서 백인은 그만큼 많은 교육기회를 가질 수 있었던 상황이 당연한 것이었고 현재에도 그러해야 한다는 생각을 전제한 것이다. 물론 배키가 그 당시에 소수인종을 차별한 것은 아니지만, 만일 배키의 대학입학 이전부터 미국에서 소수인종이 차별 없이 교육기회를 얻을 수 있었다면 배키는 어떻게 되었을까? 알 수 없는 일이기는 하지만 배키의 입학을 허용한 연방대법원의 판결도 사실은 긍정적 차별 조치 자체가 잘못되었다고 한 것이 아니라, 당시 캘리포니아대학교가 소수인종할당비율을 너무 높게 정했다고 하여 배키의 입학을 허용한 것이었다.

긍정적 차별 조치와 관련된 또 다른 논점을 생각해볼 수 있다. 예를 들어

평등에 대한 다른 각도에서의 접근

본문에서는 평등을 몫의 배분방식이라는 측면에서 수량적/비례적 평등, 기회평등으로 구분하여 살펴보았다. 하지만 평등은 무엇의 평등인가(소득인가 부인가, 기회인가, 자유인가 등), 누구와 누구 간의 평등인가(젠더 간인가, 인종 간인가 등), 어떻게 평등하게 할 것인가(재분배인가, 할당제인가 등)의 측면에서도 생각해볼 수 있다.

무엇을 평등하게 할 것인가의 면에서 사람들의 견해가 다르다는 것은 너무나 명백하다. 흔히 정치적 우파는 불평등을 옹호한다고 알려져 있지만, 그들은 인간이 평등하게 태어났다는 사실과 자유가 모두에게 평등하게 보장되어야 한다는 것에는 찬성하고 그런 점에서 그들도 일종의 평등주의자이다. 좌파는 소득과 부의 평등까지 주장한다. 우파와 좌파는 평등의 대상이 다른 것이다.

	존재론적 평등[1]	자유와 권리	기회	소득	부(재산)
우파	○	○	×(△)	×	×
중도파	○	○	○	△	×
좌파	○	○	○	○	○

1. 존재론적 평등은 인간은 모두 동등하게 태어났다는 의미의 평등을 말한다.
2. ○ 찬성, △ 조건부 찬성, × 반대

누구를 대상으로 한 평등인가에 대해서도 사람들의 견해는 일치하지 않는다. 어떤 사람들은 성별 불평등이 별 문제가 아니라고 생각하지만 다른 사람은 그렇지 않다. 평등의 대상이 되는 집단은 초기에 성별이나 인종이었다가 지금은 장애인과 성적지향이 다른 사람 등으로 변화하고 있다. 어떻게 평등하게 할 것인가에 대해서도 사람들의 견해는 다르다. 위에서 본 것처럼 긍정적 차별 조치에 대해 사람들의 태도는 다르다. 또 어떤 사람은 재분배를 찬성하지만 어떤 사람은 반대한다.

참고: Rae(1981); Sen(1999).

소수인종이 실제로 자신의 노력으로 성과를 이룩했음에도 불구하고, 그 성과가 마치 긍정적 차별 조치 같은 특례로 인해 얻어진 것처럼 비쳐짐으로써 본인도 자존감을 상하고 다른 사람들로부터 인정도 받지 못하는 상황에 처할 수 있다는 것이다.

우리나라의 경우에도 대학 입학과 관련한 긍정적 차별 조치의 일환으로 지역균등입학제를 시행하고 있다. 일부에서는 지역균등입학제가 능력주의에 어긋난다고 비판하지만 지역균등입학제는 우리나라에 만연한 지역차별로 인한 불이익을 시정하려는 것이다. 또 지역균등입학제는 대학 입학생의 계층적·지역적 다양성을 향상시켜 사회적 연대의식을 제고하는 데에도 장점이 있을 것이다.

사회복지정책과 평등

사회복지정책과 평등은 밀접한 관계가 있다. 가령 국민최저선의 경우 비록 낮은 수준이기는 하지만 모두에게 그 이하로 떨어져서는 안 되는 생활수준을 보장하려는 것이라는 점에서 낮은 수준에서의 결과의 평등을 추구한다고 할 수 있다. 또한 사회복지정책을 정당화하는 근거 중 한 가지로 욕구가 주목받아왔는데, 욕구의 충족은 자본주의적 분배를 보다 평등한 것으로 수정하는, 사회복지정책의 한 원칙으로 오랫동안 작동해왔다. 한편 사회보험의 현금급여에서 흔히 소득비례급여가 적용되는데, 이는 성과에 따른 보상이라고 할 수 있다. 이처럼 성과에 따라 몫을 분배하는 것을 공적주의 혹은 업적주의라고 한다.

지금까지 살펴본 수량적 평등과 비례적 평등 개념 사이의 갈등은 둘 중 어느 것이 사람들을 공평하게 처우하는가의 문제를 둘러싼 갈등이기도 하다. 공평성은 곧 정의의 개념과 연결된다.

정의

정의 justice는 한마디로 '옳음'을 의미한다. '옳음'은 사람마다 달리 개념화될 수 있는데, 이를 정의관이라 할 수 있다.[5] 원래 정의는 근대 시민사회의 성립 이후 사법司法 영역에 적용되던 원리였다. 전통사회에서는 법 적용이 신분에 따라

---

5   정의와 정의관의 구분에 대해서는 롤스(1999) 참조.

분배정의

분배정의는 아리스토텔레스에게서 비롯된, 매우 오래된 개념이다. 일찍이 아리스토텔레스는 『정치론Politika』에서 정의를 인간이 이행해야 할 최고의 덕이라고 주장하면서 이를 응보적 정의(처벌과 관련)와 교정적 정의(손해배상과 관련), 그리고 분배적 정의(사회의 부와 기회, 권리, 의무 등의 분배와 관련)로 구분한 바 있다(Christman, 2004[2002]).(이러한 구분은 『니코마코스 윤리학』에서도 볼 수 있다.) 사회정의는 19세기 중반부터 사회의 편익과 부담을 배분하는 사회경제적 제도들을 사회의 정의로움 여부를 판단하는 기준으로 보면서 나타난 개념이다(Swift, 2001: 9). 그에 따라 사회경제적 편익과 부담의 분배와 밀접히 연관되어 사용되었다(Heywood, 1994: 235).

차등적으로 이루어져왔는데, 근대 시민사회에서는 이러한 자의적 법 적용을 금지하고 모두가 신분에 관계없이 법 앞에 평등하다는 법치를 확립하고자 했다. 법치의 확립을 위해서는 공평무사한 법의 적용에 대한 논의, 즉 정의란 무엇인가에 대한 논의가 있어야 했다. 이렇게 정의에 관한 논의는 자본주의 초기에 사법 영역에서 전개되었다.

법의 적용과 집행이 정의로우려면, 우선 법의 적용 과정이 공평무사해야 하고 또 적용되는 법의 내용이 공평무사해야 한다. 전자를 절차적 정의라고 하고, 후자를 실체적 정의라고 한다. 하지만 절차적 정의가 보장된다고 해서 그것이 반드시 실체적 정의까지 보장하는 것은 아니다. 예를 들어 서구에서도 20세기 초까지 여성에게 투표권이 없었기 때문에, 투표권을 요구하는 여성에게 투표소 출입이 금지되었고 어기는 여성에게는 처벌이 따랐다. 이는 당시의 법에 규정된 '공정한' 절차를 따라 이루어졌을 것이다. 하지만 여성에게 투표권을 금지한 법의 내용 자체가 과연 옳은 것, 다시 말해 정의로운 것인가? 오늘날 대부분의 사람들은 여성의 참정권을 제한한 것은 정의롭지 못하다고 답할 것이다. 사법 영역에서 비롯된 정의 개념은 후에 다른 영역, 특히 사회경제 영역에도 적용되는 개념으로 확장되었는데, 이를 사회정의 혹은 분배정의라고 한다.[6]

---

6   정의는 원래 사법 영역에 적용되었고 사회정의 혹은 분배정의에 대비하여 법적 정의 혹은 사법적 정의라 한다.

의무론과 목적론

앞에서 정의는 옳음이라고 했는데, 이 옳음을 어떻게 판단할 것인가와 관련하여 크게 두 가지 전통이 있다. 한 가지는 옳음^{right}을 그 자체로 정의하고 판단하려는 철학적 전통이며, 다른 한 가지는 옳음을 좋음^{good}으로 대체하여 판단하려는 전통이다.[7] 전자는 대개 의무론과 연관되며, 후자는 목적론과 연관된다. 의무론적 전통으로는 임마누엘 칸트$^{Immanuel Kant}$의 도덕철학이 대표적이며, 목적론적 전통에 입각한 논리로 오늘날 가장 널리 알려진 것은 공리주의이다.

의무론에서는 옳음을 실현하기 위한 형식적 기준, 예를 들어 평등이나 공평성 같은 기준을 제시하고자 한다. 또한 선과 악이 어떻게 분배되어야 하는가를 결정하려는 기준, 즉 분배적 기준도 제시하고자 한다. 이들 기준은 논자에 따라 달라질 수 있기 때문에, 의무론 전통에 속하는 정의론은 여러 가지로 나누어진다. 예컨대 공적이나 업적에 따라 몫을 분배해야 한다는 공적주의 혹은 업적주의 정의론도 있고, 욕구에 따른 분배를 선호하는 욕구론도 있고,[8] 특정 속성보다는 공정한 교환이라는 절차를 중요시하는 로버트 노직$^{Robert Nozick}$의 소유권리론 등이 있다.

반면 공리주의에서는 옳음을 실현하기 위한 형식적 기준이나 선과 악의 분배를 결정하려는 분배적 기준은 논자에 따라 달라지기 때문에 그것을 결정하기가 어렵다고 보고, 옳음을 좋음으로 대체하는 편이 더 실용적이라고 주장한다. 즉, 옳음을 판단하기 위한 독자적 기준을 세우는 것보다 좋음을 기준으로 옳음을 판단하려는 것이다. 그리하여 공리주의에서는 옳음을 '좋음(선=이익)의

---

7   '좋음'은 보통 한자어로 '선(善)'으로 옮기는데, 이 경우 '善'은 착하다는 뜻이라기보다는 이익이 된다, 혹은 효용을 가져다준다는 의미이다. '善'의 영어 단어의 복수형 'goods'는 재화라는 뜻인데, 이를 통해 '善'에 대한 동서양의 인식 차이를 엿볼 수 있다.

8   욕구에 따른 분배는 앞에서 평등을 설명하면서 언급한 바 있다. 공적(功績)은 영어의 desert를 번역한 것인데 이것은 자격이라는 뜻도 갖는다. 정의는 '옳음'을 의미하지만 이 옳음을 자격이 있는 사람에게 몫이 돌아가게 하는 것이라고 해석하는 입장이 공적주의로서 이는 사람들의 직관에 강력한 호소력을 갖는다. 공적은 때로 업적(merit)으로 지칭되기도 한다(흔히 능력주의라고 할 때 meritocracy라고 한다). 앞에서 평등을 설명하면서 몫의 분배기준으로 능력, 노력, 기여를 들었는데 이들이 바로 공적주의적 정의관에서 공적의 기준으로 거론되는 것들이다. 이런 점에서 우리는 공적주의 정의관의 핵심 내용을 이미 살펴본 셈이다. 로버트 노직의 소유권리론은 이 절의 뒷 부분에서 살펴본다.

최대화와 나쁨(악=비용)의 최소화'에 있다고 본다. 우리가 흔히 들은 바 있는 "최대 다수의 최대 행복"은 이를 표현한 것이다.[9] 따라서 공리주의는 옳음과 관련해서 실체적 기준을 제시하며 선과 악의 분배와 관련해서는 좋음의 총계가 극대화되어야 한다는 점에서 분배적 기준보다는 집계적 기준을 제시한다.[10]

존 롤스의 정의론

정의와 관련된 논의에서 의무론적 전통에 입각한 입장들과 공리주의 간의 논쟁은 오랫동안 진행되어왔다. 그런데 이 논쟁은 1971년에 존 롤스John Rawls의 『정의론A Theory of Justice』이 발표된 이후부터 롤스의 정의론 대 그에 대한 비판론의 구도로 전개되었다. 롤스의 정의론은 기본적으로 자유주의에 입각하며 평등주의적 요소를 가미한 것이다.

롤스는 인간이 사회를 이루어야 한다는 일반적 사실 외에 아무런 전제가 없는 상태에서 사회를 구성한다면 어떻게 할 것인가, 질문하고 그에 답하는 방식으로 논의를 전개한다. 일반적 사실 외에 더 이상의 전제가 없다고 가정하는 이유는 그렇게 해야만 사회의 구성에 참여하는 사람들이 자신의 이해관계를 관철하려고 하지 않고 공정하게 사회를 구성할 것이라고 생각하기 때문이다. 이를 위해 롤스는 사회의 구성에 참여하는 사람들이 자신의 부나 지위, 권력 등에 대해 알지 못하는 상태라고 가정한다. 이처럼 자신의 상태에 대해 알지 못하는 것을 '무지의 베일'에 가려져 있다고 하고, 그렇게 무지의 베일에 가려져 사회의 구성에 참여하게 되는 상태를 '원초적 상황'이라고 한다. 따라서 이렇게 되면 사람들은 사회가 구성된 후에 부나 지위, 권력 등의 면에서 일종의 무작위 배정을 받는 셈이다. 이와 같은 상황에서 이루어지는 사회의 구성은 무엇보다 절차적으로 공정하리라는 것이고 그에 따라 그는 자신의 이론을 '공

---

9   공리주의는 과정보다는 결과적으로 좋음의 총계가 극대화되는 것을 추구한다는 점에서 결과론적이고 목적론적이다. 또한 좋음의 극대화를 추구한다는 점에서 쾌락주의적인 성격을 갖는다.

10   좀 더 엄밀히 말하면 공리주의는 실제로는 분배에 무관심한 이론이다. 왜냐하면 공리주의는 선과 악이 평등하게 분배되든 특정집단에게만 분배되든 혹은 공적에 따라 분배되든 간에 좋음(선)의 총계가 극대화될 수만 있다면 어떠한 분배라도 받아들일 수 있기 때문이다.

정으로서의 정의'라고 부른다(Rawls, 1999; Johnston, 2011도 참조).[11] 결국 롤스는 부나 지위, 권력의 면에서 무작위로 배정되는 상황에서 사회를 구성한다면 사람들은 무엇보다 공정하게 사회를 구성할 것이라고 가정하고, 그렇게 공정하게 사회를 구성할 때 사람들이 채택하게 될 원리가 무엇이 될 것인가를 논증해나간 것이다.

그러면 그 원리, 즉 공정한 절차 속에서 사람들이 사회를 구성하기 위해 채택할 원칙은 무엇인가? 롤스는 이를 크게 두 가지로 제시한다(Rawls, 1999, 53).

첫째, 각자는 타인의 유사한 자유체계와 양립할 수 있는 평등한 기본적 자유의 가장 광범위한 체계에 대해 동등한 권리를 가진다.

둘째, 사회경제적 불평등은 (a) 모든 사람에게 이익이 되리라고 합리적으로 기대될 수 있게끔 편성되어야 하고 (b) 모든 사람에게 개방된 직위와 직책에 결부되게끔 편성되어야 한다.

첫째 원칙은 다소 복잡하게 서술되어 있지만 간단히 말하면 다른 사람의 자유와 조화로운 자유를 모두가 동등하게 누릴 수 있어야 한다는 것으로 흔히 자유의 원칙이라 불린다. 둘째 원칙은 사회경제적 불평등이 허용되지만 그것이 어떤 조건에서 허용될 수 있는지를 밝히는 원칙으로서 두 가지로 나누어진다. 하나는 기회균등의 원칙(b)으로 사회경제적 불평등은 그것이 반드시 직위와 관직에 따른 것이어야지 그 외의 것, 예컨대 젠더나 인종, 장애 등에 따른 불평등은 허용해서는 안 된다는 것이다. 그리고 직위와 관직은 반드시 그것을 얻을 기회가 모두에게 균등하게 보장되어야 한다는 것이다. 다른 하나는 차등원칙difference principle으로서, 사회경제적 불평등이 모두에게 이익이 된다고 할 때 그

---

11 롤스의 이런 접근은 사회계약론적 전통에 입각한 것이다. 사회계약론도 그 내부에 여러 접근이 있는데 롤스는 18세기에 장 자크 루소(Jean Jacques Rousseau)가 취했던 것과 유사한 접근을 택하였다(Gombert et al., 2012 참조). 루소는 18세기 당시의 사회계약론을 비판하면서 공정한 사회계약이 성립되기 위해서는 사회계약에 참여하는 사람들이 계약단계에서 자신들의 권리를 포기해야만 한다고 주장했다. 사람들이 자신들이 이미 가진 지위나 재산에 대한 권리를 가지고 사회계약에 참여한다면, 그들은 자신들의 권리가 유리하게 보장되는 사회를 구성하려고 할 것이다. 루소는 그렇게 되면 공정한 사회계약이 성립될 수 없다고 보았다.

것은 그 불평등이 사회에서 가장 불리한 위치에 처할 사람(최소수혜자)에게 가장 이익이 되는 방식이어야 한다는 것이다. 최소수혜자에게 가장 이익이 되는 방식으로 사회경제적 불평등이 존재해야 한다는 것을 최소극대화maximin 원칙이라고 한다. 만일 사람들이 모여서 구성하게 될 사회의 조직방식에 세 가지가 있다고 할 때, 이 세 사회조직 모두에서 불평등은 불가피하므로 누군가는 틀림없이 최소수혜자의 위치에 놓이게 될 것인데 이때 최소수혜자에게 가장 유리한 사회조직을 택하는 것이 정의롭다는 것이다.

롤스는 이 원칙들에 우선순위가 있다고 말하는데 그것은 첫째의 자유원칙이 가장 우선적이며 그다음이 기회균등원칙이고 마지막이 차등원칙이다. 그리고 롤스에 따르면 이 순서는 축차적lexicographical이라고 한다. 축차적이라는 말은 사전편찬식의 순서를 따른다는 의미인데 'ㄴ'은 반드시 'ㄱ' 다음에 와야 하므로 그렇게 말하는 것이다. 따라서 축차적이라는 것은 순위가 바뀔 수 없음을 의미한다.[12] 롤스의 정의론에 대해서는 여러 가지 평가가 있지만, 서구 선진복지국가의 모습을 잘 반영하고 있다는 점에 대해서는 대체적으로 합의하고 있다(박호성, 1994; Kukathas and Pettit, 1990).

로버트 노직의 소유권리론

노직의 정의론(Nozick, 1974)은 소유권리론entitlement theory으로 불리는데 이것은 그가 롤스에 반대하여 분배정의라는 개념은 의미가 없다는 것을 주장하기 위해 전개한 것이다. 노직의 소유권리론을 간단하게 말하면 ① 어떤 소유물에 대한 권리를 어떤 사람이 최초에 정당하게 취득했다면 그는 그 소유물에 대해 배타적인 정당한 권리를 가지고(최초취득에서의 정의의 원리), ② 그 사람이 그의 소유물을 타인에게 정당하게 이전했다면 그 타인도 그 소유물에 대해

---

12 앞에서 판 파레이스의 실질적 자유를 살펴볼 때 그가 기회균등을 최약자에서 시작하여 그다음 약자, 그다음 약자의 순으로 진행하면서 기회균등이 그들에게 가장 많이 보장되는 사회구성을 찾아나가야 한다는 것을 렉시민이라고 한다고 했는데, 이것은 기회균등에 최소극대화 원칙을 적용하면서 이를 최약자부터 축차적 서열로 적용해야 함을 의미한다. 그래서 이를 판 파레이스는 기회균등의 축차적 최소극대화(leximin)라고 명명한 것이다.

정당한 권리를 가지며(이전의 원리), ③ 만일 이 두 과정에서 불의가 발생했다면 불의의 발생 이전의 상태를 기준으로 이를 교정해야 한다(교정의 원리)는 것이다. 여기서 ①과 ②에서 말하는 정당한 권리가 바로 노직이 말하는 소유권리이다. 이 세 가지 원리 중 노직의 논리에서 중요한 것은 앞의 두 가지인데 이를 통해 노직이 말하고자 하는 바는 사람들이 정당하게 소유한 것을 정당하게 교환하였다면 그로 인한 결과는 그것이 어떤 것이든(설사 매우 불평등한 것이라 할지라도) 정의롭다는 것이다. 우리가 문제 삼을 수 있는 것은 최초취득과 교환이라는 절차일 뿐이며 거기에 문제가 없다면 그것을 거쳐 나타난 분배결과를 놓고 정의니 불의니 하는 판단 자체를 적용할 수가 없다는 것이다. 복지도 사람들 간의 자발적 교환에 의해 이루어지는 것이어야지, 정부가 나서서 사람들의 의사에 반하여 자원을 징수하고 분배할 문제가 아니라는 것이다.

노직은 자신의 주장이 정당함을 보이기 위해 월트 챔벌린이라는 실존했던 미국의 유명한 농구선수를 주인공으로 한 가상의 예를 든다(Nozick, 1974: 160-162). 사람들은 월트 챔벌린의 농구경기를 보고 싶어 한다. 농구시즌이 시작되기 전의 어떤 분배상태(D1)가 있다고 가정하자. 이 D1을 어떤 상태라 해도 좋다. 각자의 정의관에 따라 정의로운 분배상태이면 된다. 이제 시즌이 시작되고 챔벌린은 홈경기 시 매 입장권마다 25센트를 자기가 가져가는 것으로 구단과 계약했다. 시즌이 시작되어 사람들은 입장권을 구입하였고 그때마다 챔벌린의 몫으로 마련된 상자에 25센트를 넣었다. 그 시즌에 100만 명의 관중이 챔벌린의 경기를 보았고 그래서 챔벌린은 시즌이 끝난 후 25만 달러를 얻게 되었다. 시즌 종류 후의 분배상태(D2)에 챔벌린은 보통사람은 상상도 못할 큰 부를 얻었다. 이것이 잘못된 것인가? 사람들은 다른 것을 선택할 수도 있었지만 굳이 25센트를 상자에 넣고 농구경기를 보는 선택을 했다. 거기에 어떤 강요도 없었다. D2는 챔벌린과 구단과 사람들 간의 자발적인 교환에 의해 나타난 결과이다. 따라서 이를 불의라고 할 수 없다.

하지만 월트 챔벌린의 예를 통한 노직의 추론은 문제가 많다. 노직은 최초의 분배상태인 D1이 어떤 형태로든 정해지면 그다음에는 사람들이 자신의 소유물을 마음대로 처분하고 교환할 수 있다고 전제한다. 그러나 이 전제 자체가 오류이다. 만일 D1이 평등한 상태라고 하면 어느 정도까지는 사람들의 교환이 허용될지 모르지만 평등을 파괴할 정도로 사람들이 소유물을 처분하면 그에 대해 제재가 가해질 것이다. 왜냐하면 그 사회는 평등을 축으로 구축된 사회인데 사회의 근간을 흔드는 행위를 그냥 둘 수가 없기 때문이다. 마찬가지로 D1이 불평등한 경우에도 그 불평등한 구조에서 이득을 보는 사람이 자신의 이득이 유지되는 방향으로 소유물의 처분이 일어나게끔 할 것이다. 결국 어떤 분배 상태가 정의롭다고 해도 그것이 곧 소유물의 절대적 소유권을 보증하는 것은 아닌 것이다. 노직은 소유권리가 절대적임을 논증하고 싶어 한다. 그래서 챔벌린의 예를 든 것이다. 그런데 노직은 챔벌린의 이야기를 전개하면서 논증의 대상이 되는 것을 이야기 속에 먼저 포함시켜 버렸다. 즉, 논증의 대상이 되는 것을 논증의 전제로 사용하는 추론상의 오류를 저지른 것이다.

사회복지정책과 정의

사회복지정책은 정의, 특히 분배정의의 실현과 연관성을 가진 것으로 간주되어왔다. 그리하여 사회복지정책적 실천을 통해 복지국가를 확립하려는 사람들은 사회복지정책의 시행에 필요한 부담과 그로부터 얻는 혜택을 가능하면 사회복지정책적 개입을 필요로 하는 사람들에게 유리하게 배분하고자 노력해왔다.

하지만 이런 노력은 때로는 직관과 다른 결과를 낳기도 한다. 가령 직관적으로 보았을 때 가난한 사람들을 대상으로 하여 그들에게 복지혜택을 집중시키는 공공부조가 중산층 이상에도 급여를 주는 사회보험이나 그보다 더 보편적인 사회수당보다 훨씬 더 재분배적이고 따라서 분배정의의 실현에 유리하다고 생각하기 쉽다. 하지만 실제로 국가 간의 비교연구에 따르면, 공공부조의 비중이 큰 국가보다 사회보험이나 보편적 사회수당의 비중이 큰 국가의 분배상태가 훨씬 더 양호한 것으로 나타난다.

이를 재분배의 역설이라고 하는데(Korpi and Palme, 1998), 이런 역설이 나타나는 근본적인 이유는 사회보험이나 보편수당이 공공부조보다 훨씬 더 많은 자원을 재분배하기 때문이다. 또 공공부조는 기본적으로 저소득층에만 혜택을 주는 관계로 정치적 지지기반이 굳건하지 못하기 때문이다. 공공부조가 정치적으로 취약하다는 사실은 역사적으로 경제가 어려움에 처하면 사회보험보다 지출규모가 훨씬 작은 공공부조를 표적삼아 복지를 공격하는 경향이 많았다는 데서도 알 수 있다. 이는 오늘날에도 여전하여 마치 공공부조가 경제의 어려움을 초래한 주된 원인인 것처럼 이미지화하고 그 대상자들에게 근로활동에의 참여를 조건으로 복지급여를 제공하는 조치가 취해지고 있다(제4장 앞쪽 '근로연계복지' 설명을 참조하라).

연대

자유가 부당한 간섭을 받지 않음과 동시에 각자가 원하는 바를 실현할 수 있는 상태를 의미하고, 평등이 동등한 대우를 받는 것을 의미하며, 정의가 옳은 것을 의미하는 것이라면, 연대solidarity는 사람들이 서로 의무감과 책임감을 느끼고 함께하려는 상태를 의미한다. 연대는 자유나 평등, 정의보다는 다소 하위의 가치이다. 하지만 연대는 이들 가치에 대해 중요한 의미를 갖는다. 자유와 평등, 정의는 모두 일정한 사회적 관계라는 한계를 전제한다. 즉, 자유는 모두에게 적용되는 보편적 가치이지만, 그럼에도 불구하고 자유에는 사람이 속한 공동체가 정한 한계 안이라는 제약이 존재한다. 평등과 정의는 사회적 관계를 전제해야만 성립할 수 있다. 연대는 이러한 사회적 관계 내지 공동체의 범위와 관련된다.

연대는 원래 로마 채권법의 연대보증 규정에서 유래했는데(Bayertz, 1999), 이것은 후에 프랑스혁명의 박애 개념으로 계승된다(Zoll, 2008). 연대보증은 둘 이상의 채무자들이 서로에 대해 책임과 의무를 이행할 때 성립한다. 이것이 17~18세기를 거치면서 법률의 범위를 넘어 사회적인 의미로 확장되었다.

연대의 사실적 차원과 규범적 차원

연대 개념은 사실적 차원과 규범적 차원을 모두 가지고 있다. 사실적 차원이란 일정한 동질성과 동등함이 존재해야 연대가 이루어질 수 있다는 것을 의미하며, 규범적 차원이란 상호 간에 의무와 책임을 이행해야 한다는 것을 의미한다(Bayertz, 1999). 이렇게 보면 연대는 일정한 동질성과 동등함을 가진 사람들 사이에 존재하는 것으로, 서로 의무와 책임을 다하려는 정서와 행동을 의미한다.

그런데 동질성과 동등성에 기초한 연대를 상정하면 그 이면에 배타성을 반드시 갖게 된다. 즉, 연대는 연대하고자 하는 사람들이 대항해야 하는 어떤 세력 내지 대상을 전제하며, 또 연대의 범위에 들지 못한 대상, 즉 동질성과 동등성을 갖지 못한 대상에 대한 배타성을 의미하기도 한다(Zoll, 2008; Bayertz, 1999). 연대는 프랑스혁명의 세 가지 이념인 자유, 평등, 박애 중 박애와 연관성이 있다. 한때는 형제애가 널리 사용되었지만, 이것이 연대로 대체된 데에는 배타성을 극복하려는 노력이 있었다. 이러한 노력과 함께 연대의 범위가 점차 넓어졌는데, 19세기 후반과 20세기에는 특히 노동자 연대와 거의 동일한 의미로 받아들여졌다(Zoll, 2008).

현대사회에서 연대의 의미

오늘날 연대는 점점 어려워지고 있다. 무엇보다도 동질성과 동등성을 기반으로 한 연대가 한계에 부딪히게 되었다. 서구의 경우 제2차 세계대전 이후부터 1970년대까지는 노동자들의 동질성과 동등성을 기반으로 한 노동자 연대가 비교적 잘 작동했다. 노동운동의 발전이 서구보다 늦었던 한국의 경우에는 1980년대 후반까지도 노동자 연대가 어느 정도 작동했다. 대표적인 예가 1987년의 노동자대투쟁이다. 하지만 이처럼 노동자 연대가 가능했던 시절에도 노동자들 사이에 이질성은 존재했고, 그런 이질성을 극복하는 과정 역시 쉽지 않았다. 그럼에도 불구하고 당시에는 노동자라는 동질성으로 각자의 이질성을 극복할 수 있었다. 그리하여 한국의 경우에는 노동자대투쟁이 1980년대 민주화투쟁에서 나름의 기여를 하기도 했고, 나아가 노동자들의 권리를 확보하려는 투쟁이 가능하기도 했다.

하지만 오늘날에는 노동시장의 변화로 노동자들 간 동질성의 근거가 더욱

희박해졌다. 가장 대표적으로는 노동시장의 내부자와 외부자[13] 간에 노동조건의 본질적 내용이 달라지면서 이질성의 근거가 강화되었다. 거기에 이민자, 여성, 장애인 등 과거 노동자들 간의 연대라는 기치에 포괄되었던(혹은 연대라는 이름으로 억압되었던) 이질성이 각자 존재의 인정을 요구하고 있다. 일찍이 에밀 뒤르켐 Emile Durkheim 은 동질성에 근거한 연대를 기계적 연대라고 하고, 이질성이 강조되고 개인화가 강조되는 상태에서 유지되는 연대를 유기적 연대라고 하여 더욱 중시했다(Zoll, 2008).

세계화로 인한 지구적 이동이 빈번한 오늘날에 뒤르켐이 말한 유기적 연대의 의미는 더욱 강조된다. 과거 농업사회에서는 동질성에 근거한 연대가 상대적으로 보편적이었다면, 오늘날에는 이질성과 차이에도 불구하고 연대를 이루는 것이 더 중요할 수 있다. 자유와 평등, 정의의 가치에 전제된 사회적 관계의 범위를 과거의 동질성에 근거한 노동자 연대의 범위보다 훨씬 더 넓게 확장할 필요가 있다.

사회복지정책과 연대

연대는 사회복지정책보다는 사회복지정책실천 혹은 사회복지운동(제15장 "한국 사회복지정책 실천과 운동"을 참고하라)의 영역에 더 가까워 보일 수 있다. 그러나 연대의 가치 역시 앞서 살펴본 3가지 가치와 마찬가지로 사회복지정책과 밀접한 관련을 갖는다. 최근에 이루어지고 있는 '세대 간 연대'와 관련된 논의를 살펴보자.

오늘날에는 연대의 공간적 범위 확장, 예를 들어 여성과 이민자, 장애인을 포괄하는 방향으로의 확장도 필요하지만 시간축을 고려한 확장도 필요하다. 즉, 노령화로 노인인구가 늘어나고 동시에 출산율이 낮게 지속되면서 노인부양부담이 커질 것으로 예측됨에 따라 연대는 세대를 아우르는 개념이 되었다.

13 　노동시장의 내부자는 근로조건이 양호하고 노동조합이 결성되어 있는 산업부문에 취업한 노동자들로, 정규직이며 주요 사회적 위험에 대한 사회보장적 보호가 확실한 사람들이다. 반면 노동시장의 외부자는 비정규직 노동자들이나 실업자 등으로, 이들은 취업과 실업을 반복하여 고용 경력이 불연속적이고 단속적이며, 따라서 사회보험 수급권도 불안정하다.

장애인고용과 연대

장애인의무고용제도는 유럽에서 비롯된 제도인데 프랑스의 의무고용률은 6%이다. 따라서 프랑스의 기업은 해당 기업 노동자의 6%를 장애인으로 고용해야 하며 그 비율을 채우지 못하면 부담금을 납부해야 한다. 의무고용제도를 운영하려면 장애인등록제가 필요하다. 왜냐하면 기업이나 국가나 기업이 고용한 사람이 의무고용대상으로 인정되는 장애인이라는 사실이 상호 확인되어야 하고 그래야 부담금을 매길지 장려금을 줄지 결정할 수 있기 때문이다. 그런데 프랑스에서 의무고용제로 등록한 장애인은 전체인구의 5%밖에 안 된다(심진예 외, 2017: 157). 따라서 프랑스의 기업들은 의무고용 등록장애인을 모두 고용해도 구조적으로 정부에 부담금을 낼 수밖에 없는 처지이다. 프랑스 정부와 기업 모두 이런 현실을 알고 있다. 그런데 왜 이런 의무고용률을 그대로 두는가? 가장 근본적인 이유는 연대에 가치를 두기 때문일 것이다. 우리나라에서 이런 식으로 의무고용률을 정했다면 어떻게 되었을까? 생각해볼 일이다.

물론 세대 간의 연대는 연금제도에서 오래전부터 사용되었다. 하지만 오늘날 저출산·고령화 추세로 중요성과 함께 이를 둘러싼 논란과 갈등이 더 커졌다. 일부에서는 정부가 아동과 청년에 비해 노인세대에 지나치게 많은 공적자금을 투입하고 있는데 이런 공적자금의 비용을 세금으로 부담하는 젊은 세대는 퇴직 후에 현재의 노인세대만큼의 혜택을 누리지 못할 것이므로 이중적 의미에서 형평에 어긋난다는 세대 간 형평론intergenerational equity 혹은 세대형평론generational equity을 주장한다(Williamson et al., 1999). 하지만 세대형평론에는 몇 가지 문제가 있다(남찬섭, 2017 참조).[14] 첫째, 세대형평론은 이전세대가 사회투자나 기타 인프라 투자 등을 통해 자산을 물려줄 가능성을 소홀히 평가하는 경향이 있다. 둘째, 세대형평론은 세대를 지나치게 강조하여 세대 내 계층문제를 간과하는 경향이 있다. 예컨대 미래세대에 부담을 주지 않기 위해 현 세대의 복지를 삭감하면 현 세대 내에서 서민층은 더 불리한 위치에 놓이고 그러면 그 서민층에게서 태어날 미래세대는 지금보다 더 불리한 처지에 놓일 것이다. 이것이야

---

[14] 국민연금의 재정문제와 연관하여 세대형평론을 살펴본 논의로는 주은선·이은주 (2016); 주은선 외 (2017) 등을 참조하라.

말로 미래세대에 부담을 전가하는 것이다. 셋째, 세대형평론은 모든 세대는 그 세대의 자원을 다른 세대에 의존하지 않고 스스로 마련해야 한다는 전제를 가진 것인데 이는 로빈슨 크루소의 세대론판이라 할 만한 것으로, 현실적으로 불가능한 전제이다.

앞에서 우리는 오늘날 지구화의 흐름과 노동시장 변화 등의 요인들로 인해 동질성과 동등성에 기반을 둔 연대가 점점 어려워지고 있다는 점을 살펴보았다. 이러한 관계로 이질성과 차이가 존재하는 상태에서의 연대가 중요성을 더해가고 있다.

이 문제는 연대라는 가치가 상정하는 공동체의 범위에 누구를 소속시킬 것인지, 공적인 것의 범위를 어디까지로 설정할 것인지, 이질성과 차이를 어느 정도로 받아들일 것인지 등의 질문과 연관된다. 이는 곧 시민권과 공공성, 인정의 가치와 연관되는 질문으로, 이에 대해서는 다음 장에서 살펴본다.

토론쟁점

1 복지국가는 적극적 자유를 옹호하는 것으로 볼 수 있다. 하지만 그렇다고 복지국가가 소극적 자유의 확립 없이 발전할 수 있는가? 소극적 자유와 복지국가 간의 관계는 무엇일까? (더 알아보기: 사생활보호와 사회보장정보시스템 참조)

2 평등은 누구와 누구 간의 평등인가와 관련하여 점점 그 대상을 확대해온 경향이 있는데 최근 한국에서는 젠더평등과 이민자의 평등문제가 부각되고 있다. 이들은 한국의 사회복지정책에 어떤 영향을 미칠까?

3 본문에서 살펴본 정의론은 대개 분배문제에 초점을 둔다. 하지만 최근에는 모든 인간은 돌봄이 필요하다는 점이 강조되면서 상호의존이 중요시되고 있다. 모두가 모두에게 의존하고 서로 돌봄을 필요로 한다고 할 때 그런 사회에서의 정의는 어떤 것이어야 하는지 스스로 조사해보고 생각해보자.

4 최근 플랫폼 경제의 확산으로 노동시장이 변화하고, 일하는 사람들 간의 경쟁과 파편화는 더욱 심해져가고 있다. 그래서 분열의 조건이 더 많아지고 있다. 이런 상황에서 각자의 특성을 인정하면서도 서로 연대할 수 있는 방법은 무엇일까?

05

사회복지정책의 가치 2
시민권, 공공성, 인정

이 장에서는 사회복지정책의 다른 주요한 가치인 시민권, 공공성, 인정에 대해 논의한다. 시민권과 공공성은 복지국가의 정책 마련과 실행과정에서 이론적 정당성과 철학적 기반을 제공한 주요 담론이고, 인정은 최근 사회복지정책 분야에서 새롭게 부상하고 있는 주요 가치 중 하나이다. 순서대로 하나씩 구체적으로 살펴보자.

시민권

산업화 이전 사회의 구성원은 태어나면서부터 부여되는 하나의 귀속적 지위를 갖고 있었다. 그러나 산업혁명을 경험하고 경제가 성장하면서 계급구조의 등장과 더불어 개인의 성취를 강조하는 새로운 사회관계의 양식이 도입되었다. 동시에 안정적인 민주주의 제도의 운영을 통해 정치적 구조의 평화적 이행이 이루어지고 사회적 동원 능력이 변화하면서, 사회적 연대를 위한 새로운 형태의 사회적 지위가 필요하게 되었다. 이러한 문제에 대해 토머스 마셜^{Thomas} $^{H. Marshall; 1893~1981}$이 제시한 사고의 개념이 바로 '시민권^{citizenship}'이다. 시민권이란 '공동체의 완전한 구성원 모두에게 부여된, 여러 가지 권리와 권력을 향유할 수 있는 지위^{status}'이다.

공민권, 정치권, 사회권

시민권은 영국의 국민국가 형성 과정과 함께 발전해왔고, 공민권$^{civil right}$, 정치권$^{political right}$, 사회권$^{social right}$의 세 가지 요소로 구성되어 있다.

(1) 공민권

공민권의 구체적인 권리는 '사유재산권'과 '계약체결의 자유', '언론·출판·집회·결사의 자유'와 '법 앞의 평등' 등 개인의 자유를 실현하는 데 필수불가결한 내용을 포함하고 있다(Marshall, 1963: 74). 이는 18세기 부르주아의 등장과 영국의 명예혁명과 청교도혁명, 프랑스혁명, 미국의 독립전쟁과 남북전쟁 등의 시민혁명을 통해 중세 봉건사회의 신분적 억압으로부터 탈피하면서 획득된 것들이다. 왕권이나 신권으로부터 해방된 자유를 모든 시민이 평등하게 보호받을 수 있는 시민권적 권리를 의미한다. 사유재산권과 계약체결의 자유 권리는 자본주의 생산양식의 성장을 가능하게 했고, 언론·출판·집회·결사의 자유와 법 앞의 평등 권리는 자본주의 사회에서 시민계급 혹은 시민사회가 성장할 수 있는 기반을 제공했다(박순우, 2004: 89).

(2) 정치권

19세기 유럽에서는 공민권의 발전과 더불어 정치권이 형성되기 시작했는데, 이는 '한 사회의 성원으로서 투표할 수 있는 권리뿐만 아니라 대의기구에 선출될 수 있는 권리'를 의미한다(Marshall, 1963: 74). 이전까지 정치적 권리는 소수의 집단만이 누릴 수 있는 특권이었다. 귀족과 젠트리^{gentry} 계급에 국한된 배타적 권리였으며, 공민권의 확대를 통해 성장한 일부 신흥자본가계급에게 조세와의 교환 조건으로 제공된 권리에 불과했다. 그러나 19세기 들어 자본주의의 발달과 함께 성장한 노동자계급이 이미 획득된 언론·출판·집회·결사의 자유를 활용하여 정치적 권리를 성취하기 위한 다양한 운동을 전개했다. 참정권의 쟁취는 노동운동의 핵심과업이 되었는데, 가장 대표적인 것이 차티스트운동이다. 노동자계급이 정치적 권리를 보장받게 되면서 그들의 욕구를 정치적으로 해결할 수 있는 토대가 마련되었다. 이는 복지국가 발달의 전제가 되는 민주주의의 발전이라는 맥락으로 이해할 수 있다.

(3) 사회권

자본주의와 시민사회 성장의 토대였던 공민권과 민주주의의 확대를 가능하게 한 정치권을 바탕으로 20세기에는 사회권이 발달하게 된다. 사회권이란 '적정 수준의 경제적 복지로부터 사회적 유산을 공유하고 그 사회의 보편적 기준에 따라 문명화된 삶을 살 수 있는 권리'이며, 대체로 교육과 사회복지서비스를 통해 실현된다(Marshall, 1963: 74). 사회권은 정부의 시장규제를 통해 적정 수준의 경제적 안정을 보장하거나 사회보장프로그램의 운용을 통해 계급 간의 긴장을 완화시켜주고, 노동자계급의 지위를 시장에서 독립적인 상태로 변화시켜주는 역할을 한다. 공동체의 멤버십과 성원 간의 기능적 유대를 바탕으로 실현되며, 개별 시민은 이를 통해 한 사회의 완전한 구성원이 될 수 있다(Marshall, 1963: 81). 이러한 사회권은 제2차 세계대전 이후에 복지국가가 급속하게 확대되면서 실현 가능한 현실이 되었다.

마셜은 이러한 세 가지 권리가 모두 성취되어야 비로소 완전한 시민권[full citizenship]이 확립된다고 보았다. 그리고 각각의 권리는 전형적인 역사적 시기를 갖고 있으며 지난 300년 간 누적적으로 발전해왔다고 주장한다. 영국에서 18세기부터 이어져온 개인의 자유와 관련된 기본적인 권리의 확장은 19세기에 들어서 정치적 시민권의 확보를 추동했으며, 노동자계급의 선거권 획득과 성공적인 정치적 동원의 결과로 20세기에 들어서 역사적인 복지국가가 도래했다는 설명이다(표 5-1). 이처럼 시민권을 구성하는 세 가지 권리는 각각 상호독립적이지만 누적적 과정을 통해 발전해왔다.

표 5-1 시민권의 성장

	공민권	정치권	사회권
전형적 시기	18세기	19세기	20세기
주요 원칙	개인적 자유	정치적 자유	사회복지
전형적 조치	구속적부심사(Habeas Corpus) 표현, 사고, 신앙의 자유 법적 계약의 자유	투표권 의회개혁 국회위원 보상	무상교육, 연금 의료보장 (복지국가)
	⟶ 누적적 ⟶		

출처: Marshall(1963), pp.70-74; Pierson(1991), p.23.

사회복지정책과 시민권

시민권은 특정 공동체나 소속 국가에 대한 완전한 구성원$^{full\ membership}$을 특징으로 하는 평등주의적 사고를 내포하고 있다. 모든 구성원에게 부여된 지위와 동등하게 제공된 권리는 평등하게 존중받는다. 또한 국가의 통치와 운영에 참여할 정당성을 부여한다는 점에서 민주적이지만, 일국 내에 전적으로 소속되는 반면 다른 국가에는 적용할 수 없다는 점에서 독자성을 갖고 있다.

사회복지정책의 측면에서 마셜의 시민권은 복지국가의 핵심 개념을 구성하는 중요한 내용이다. 근대 복지국가의 모든 구성원은 시민으로서 마땅히 향유할 수 있는 개인적 자유와 정치적 참여, 그리고 경제적 복지를 하나의 '권리'로 취득하게 된다. 특히 사유재산권에 상응하는 사회권에 대한 법적·실천적 지위를 확보함으로써 노동의 상품화 문제를 근본적으로 해소하고, 일정한 계급적 지위를 갖게 되어 첨예한 계급갈등을 완화하는 데 일조하게 된다(Esping-Andersen, 1999). 과거 억압적인 사회부조에 의해 선별적으로 제공되던 복지급여는 수급자로 하여금 수치스러운 낙인을 경험하게 했다. 그러나 사회권의 실현을 통해 국가에서 제공하는 복지서비스의 내용이 당연한 권리로 인정되기 시작했다. 모든 사회복지 급여와 서비스는 개별 시민에게 정상적인 제도와 보편적 권리로 제공되었으며, 국가는 국민을 위해 적극적인 복지제공의 역할을 수행했다. 국가의 책임하에 구성원의 복지와 관련된 균등한 권리를 인정함으로써, 자본주의 사회에서 발생하는 다양한 형태의 불평등문제를 극복하고 보다 평등한 사회의 건설을 위해 노력하게 된 것이다. 결과적으로 시민권의 발전을 통해 근대 복지국가는 크게 확대되었으며, 현대 사회복지의 제도적 모형에 구체적 기준을 제시함으로써 사회복지정책의 발달에도 기여했다(Mishra, 1981).

마셜은 권리를 획득하기 위해 지켜야 할 의무도 명시하고 있는데, 여기에는 납세, 병역, 가족구성원의 교육, 공동체 복지증진의 의무 등이 포함된다(Marshall, 1963: 82-84). 납세의 의무에는 일반조세뿐만 아니라 사회보험을 위한 기여의 의무가 해당되며, 교육의 의무는 구성원이 자신의 자유와 권리를 이해하고 활용하기 위한 필수적인 전제조건이다. 공동체의 복지증진 의무는 복지수혜자를 낙인으로부터 보호하고 공동체의 생활방식에 포괄함으로써 상호협력과 이타주의에 기반한 통합된 사회를 건설하는 데 필요한 요소이다. 이처럼 권리와 의무의 상호관계와 호혜성을 강조하는 마셜의 시민권론은 다소 자유주의적 사고를 가지고 있는 것처럼 보인다(박순우, 2004).

시민권에 대한 다양한 비판

마셜의 시민권에 대한 비판적 평가에서는 내용 자체에 내재되어 있는 진화론적이고 몰성적인 gender blinded 한계에 주목한다. 지나치게 호혜성을 강조하고 일국적 담론에 불과하다는 비판 또한 존재한다.

(1) 진화론적 시민권에 대한 비판

마셜의 시민권과 관련된 핵심적인 비판은 주로 분석 대상과 진화론적 결과에 집중되어 있다. 영국 중심의 설명이라는 한계와 세 가지 시민적 권리가 누진적 진화의 과정을 거쳐 발전했는지에 대한 의문이다.

마셜의 주장이 영국의 시민권과 관련된 발전과정에 집중하고 있는 것은 분명한 사실이다. 그러나 실제 보통선거권이 획득된 연도와 복지국가의 핵심 제도인 사회보험의 입법 연도를 비교해보면, 정치권과 사회권의 도입 순서가 반드시 일치하는 것은 아니다. 우선 영국의 경우 남성과 모든 성인에게 보통선거권이 부여된 시기가 1918년과 1928년인 데 반해, 산재보험, 건강보험, 연금,

실업보험이 도입된 연도는 각각 1897년, 1911년, 1908년, 1911년으로 정치권과 사회권과의 순차적 관련성이 확인되지 않는다. 1860년에 남성의 보통선거권을 보장했던 미국의 사회권이 1930년대까지 지체된 것도 예외적 사례로 간주할 수 있다(Pierson, 1991).

그러나 남성선거권을 빠르게 제공했던 다른 국가에서 상대적으로 빠르게 사회보험을 입법한 사례들이 발견되어 두 변수 간의 상관관계가 일부 확인되고 있다. 예를 들어 남성선거권을 각각 1871년과 1848년, 1849년에 보장했던 독일과 프랑스, 덴마크는 1900년 이전에 산재보험, 건강보험, 연금제도를 차례로 도입하여 사회권 확대의 기반을 다졌다. 여성투표권을 한 세대 빠르게 확대시킨 뉴질랜드(1893년)에서 가족수당(1926년)을 가장 먼저 도입한 것도 우연이 아니다. 종합하면, 보통선거권이 주어진 연도와 권리성이 보장된 사회보험의 입법 연도 간의 선후관계에 일정한 규칙은 발견되지 않는다고 할 수 있다.

20세기 이후 세 시민권 간의 관계는 사회권을 중심으로 상호의존적 관계로 변화된다. 인간의 삶에 대한 기본적인 사회권이 보장되지 않는 사회에서는 개인의 실질적인 자유와 정치적 권리가 확보되기 어렵기 때문이다. 구성원 간의 소득과 생활상 불평등 수준이 강화될수록 우선적 기본권으로 보장되어야 할 평등한 자유의 원칙도 위협받을 수 있다. 심각한 양극화 현상이 부각되고 있는 우리나라의 현실이 이를 반증하고 있다.

(2) 젠더적 차원의 비판

페미니스트 이론가들은 마셜의 시민권이 남성 중심의 권리에 집중한 나머지 여성의 사회적 권리를 소홀하게 다루고 있다고 비판한다(O'Connor, 1993; Orloff, 1993; Sainsbury, 1997). 영국의 백인 부르주아 남성 중심의 권리 범주에 불과하며 젠더나 인종적 집단 간의 차이를 전혀 고려하고 있지 않다는 지적이다. 특히 법에 기반하여 형식적으로 인정되지만 현실에서 실질적으로 보호받지 못하는 여성의 시민권이 대표적인 피해사례로 제시된다. 여성의 기본적인 자유와 정치적 권리, 그리고 복지와 관련된 법적 권리는 언제나 상대적으로 늦은 법적 보호의 대상이었으며, 지금도 차별 없이 동등한 권리를 보장받고 있는지 의문이다(김교성·이나영, 2018). 예를 들어 영국에서 여성의 재산권은 1857년

그림 5-1 1916년 미국 여성참정권 옹호론자 시위(©shutterstock)

에 '결혼 및 이혼법'이 통과되면서 보호받기 시작했으며, 30세 이상의 여성에게 투표권이 부여된 것도 '여성참정권법'이 통과된 1918년의 일이다. 공적 영역에서 여성의 진출을 가능하게 했던 '성차별 금지법'도 1919년에 이르러서야 제정되었다(김윤태, 2013: 249).

공적 영역과 사적 영역 간의 가부장적 분리와 경계 설정의 문제는 시민권과 관련된 젠더적 비판의 핵심이다(조형·강인순·정진주, 2003: 63). 두 영역 간의 분리는 남성 시민의 권력과 권리를 유지·확대하는 기제로 활용되어 왔으며, 남성 생계부양자와 가족임금^{family wage}에 기반한 경제·복지체제는 무급·가사·돌봄 노동에 종사하는 다수의 여성으로 하여금 경제적 종속과 실질적인 권리 영역의 배제를 경험하게 했다. 오랜 시간 동안 젠더 평등을 위해 노력한 결과 공민권에 대한 법적인 권리는 일부 보장되었지만, 아직도 다양한 영역에서 젠더·인종과 관련된 격차는 크게 해소되지 않고 있다(김교성·이나영, 2018: 13). 우리나라의 상황도 예외는 아니다.

(3) 호혜성에 대한 비판

불안정 노동의 확산으로 인해 전통적 형태의 임금노동이 보편화될 수 없다면, 시민권에 대한 생각은 변화되어야 한다. 생산보다는 분배문제에 집중하던 근대 복지국가에서 사회적 부의 주된 소유주는 노동자였다. 그러나 사회적 부에 대한 인식이 변화하면서, 사회적 급여와 서비스의 수급자격에 대한 생각도 크게 바뀌고 있다. 모두가 생산과정과 사회적으로 유용한 활동에 참여하고 있으므로, 분배과정에서 특별한 자격이나 호혜성에 대한 증거를 제시할 필요가 없고 권리와 의무에 대한 논쟁도 무의미한 것으로 취급된다. 모든 사회구성원이 복지급여와 관련하여 충분한 자격을 가지고 있다는 의미이다. 이는 전통적 시민의 범주에서 배제되었던 여성과 아동, 노인을 위한 권리적 측면의 급여 확대와 연관된 이슈이며, 최근에는 기본소득basic income에 대한 논의로 발전하고 있다.

탈상품화의 개념을 제시한 에스핑안데르센(Esping-Andersen, 1990: 56)은 "복지국가라고 정의할 수 있으려면 최소한 시민들이 스스로 노동을 그만두고 싶을 때 일자리나 소득 혹은 전반적인 복지의 손실 없이 자유롭게 일을 그만둘 수 있는 상황을 보장하지 않으면 안 된다"고 주장했다. 국제노동기구(ILO, 2014/15)의 '사회적 보호 최저선SPF' 캠페인에 따르면, 노동시장에서 배제된 모든 사람에게 최저소득을 지급해야 하며 이는 시민들이 국가에 기대하는 기본적인 책임에 해당된다(Ferguson, 2017:126-127). 일부만 충분한 몫을 가지고 풍요롭게 살아가고 나머지는 부족한 자원으로 황폐한 삶을 살아간다면, 투쟁을 통해 획득한 시민권이 결코 자랑스럽거나 만족스럽지 않을 수 있기 때문이다 (김교성·이나영, 2018: 13).

(4) 일국적 접근에 대한 비판

마셜의 시민권이 국민국가의 틀 내로 제한되어 있다는 비판도 존재한다. 논문이 출간된 시기를 고려하면 당연한 결과일 수 있으나, 현 시대의 상황에 비추어보면 일면 타당한 지적이다. 세계화, 정보통신의 발전, 다국적기업과 자본이동의 활성화, 다양한 형태의 국가 간 무역의 확장, 이민자와 난민 증가 등으로 인해 제2차 세계대전 이후에 복지국가 중심의 개별 국가로 한정된 시민권의 개념은 변화된 자본주의 환경과 새로운 (복지) 욕구에 더 이상 적합하지 않게 되었다. 이에 시민권의 개념도 지역사회local, 국가national, 지역regional(예를 들

초국적 시민권

초국적 시민권transnational citizenship은 한 국가 이상의 국가에 대해 의무와 책임을 가진 글로벌 시민들이 점차 늘어나고 있음을 직시하고 해당 욕구를 대변할 수 있는 시민권의 제도화를 위해 새롭게 논의되고 있는 개념이다. 가장 대표적인 형태가 유럽연합의 시민권European Union Citizenship이다. 유럽연합은 유럽의 25개 가맹국에서 시민, 사회, 경제적 권리를 주장할 수 있는 초국가적 수준의 기구를 구성하고, 1993년 11월에 발효된 마스트리히트 조약의 제8조에 의거하여 광범위한 유럽연합 시민권을 설정했다. 해당 조약에 "회원국 국적을 가진 모든 사람은 유럽연합의 시민권을 가진다"라고 규정하고, 자유 이동의 권리, 유럽연합 내 거주국에서 지방의회 및 유럽의회 선거에 참가할 권리, 유럽연합 외에서 타 유럽연합 국가로부터 외교 및 영사 보호를 받을 권리, 유럽의회에 청원할 수 있는 권리, 유럽연합 옴부즈만을 이용할 권리 등을 명시했다(이종원, 2004). 다만 마셜의 시민권 개념 중 주로 공민권과 정치권에 관한 내용만 포함되어 있을 뿐, 사회권에 대한 명시적 언급은 제시되어 있지 않다. 물론 동 8(2)조에 "유럽연합 시민은 동 조약으로부터 부여받은 모든 권리를 향유할 수 있다"고 규정하여 조약에 명시된 사회권을 일부 향유할 수 있도록 했으나, 유럽연합의 사회적 권리는 시민이 기준이 아니라 노동자 중심으로 운영되기 때문에 사회정책과 관련된 시민의 개념을 충실하게 이행하고 있지 않다(이종원, 2004). 시민권에 따른 급여가 거주지가 아닌 고용상태에 종속되어 다수의 이민자가 사회권의 범위에서 배제되고 있다(김교성, 2005: 55).

면 유럽), 그리고 세계적global 수준까지 점차 확대되어가고 있는 추세이다. 이러한 국제시민권cosmopolitan citizenship은 개별 국가 중심의 시민권에 비해 전 인류와 인종에 적용될 수 있는 새로운 일련의 권리와 의무를 규정한 것이라고 할 수 있다. 주요 기능은 국제사회의 이질적인 특성을 대변하는 다양한 글로벌 공동체의 참여를 위해 제한 없는 상호 의사소통의 과정을 제도화하는 데 있다. 불공정한 사회구제에 대응할 수 있는 대화적dialogic이며 상호 의존적인 공동체를 건설하기 위해 글로벌 수준의 권력과 강제를 대화와 합의로 대체하자는 것이다(Wagner, 2004; 김교성, 2005: 53-54에서 재인용).

공공성

　최근 사회복지정책 영역에서 공공성 강화라는 이슈가 새롭게 부상하고 있다. 특히 우리나라의 보육, 돌봄, 장기요양 같은 사회서비스 분야에서 정부의 공공성을 강화해야 한다는 주장이 크게 대두되고 있다(류연규, 2013; 백선희, 2013; 석재은, 2016). 이는 국가의 복지가 민영화되고 시장화되거나 축소되는 과정에서 공공성이 크게 훼손되었고 커다란 위기에 직면하고 있다는 사실의 반증이며, 그에 대한 대응적 성격으로 이해할 수 있다(남찬섭, 2012: 88). 다른 한편으로 정부를 대변하는 '공쇼'을 탈환하기 위해 시민사회를 대변하는 '공共'을 강화하여 공공성을 재구성하자는 주장도 있다. 정부가 해결해야 할 문제가 있지만 시민들이 함께 해결해야 할 문제도 존재하며, 그 과정에서 공공성의 의미가 온전하게 실현될 수 있다는 의미이다(하승우, 2014: 20-21).

공공성의 개념

　공공성이 무엇인가에 대한 개념을 정의하는 문제는 간단하지 않다. 시민권의 경우처럼 대표적인 학자나 사상가를 발견하기 어려우며, 시대를 초월한 일관된 이론도 존재하지 않는다. 다양한 성격으로 인해 개별 학문 분야에서 가지는 관심과 강조하는 측면도 상이하기 때문에, 사회복지정책 분야에서 명확한 정의를 내리고 일괄적으로 적용하는 것은 불가능하고 불필요한 작업이 될 수 있다.[1] 대체로 행위주체로 국가를 상정하는 측면을 강조하고 있지만, 실제

1　일부 논자들은 공공성 개념의 효용성에 의문을 제기하기도 한다. 개념이 지나치게 다의적이어서 복잡하다는 비판(Benn and Gaus, 1983)을 받는가 하면, 다른 한편으로는 현대 사회의 다원주의적 실용주의와 맞지 않는 획일적 개념이라는 비판(Mathews, 1984)도 존재한다. 하지만 그 개념이 명확하지 않다고 해서 공공성이 중요하지 않다고 단정짓기는 어렵다. 공공성과 대조되는 단어인 '사사성(私事性, privateness)'의 의미는 본래 '박탈된'이었다(Arendt, 2017). 사적인 삶이란 공적 관계가 박탈된 삶으로, 완전히 사적인 삶은 다른 사람에게 보이지 않고 목소리가 들리지 않는, 관계가 완전히 박탈된 삶이라는 것이다(齋藤純一, 2009: 14). 사사성에 관한 이러한 논의를 바탕으로 인간이 타인과 맺는 공적 관계의 중요성을 거꾸로 유추해볼 수 있다. 공공성은 이른바 사회적인 것을 조직하는 중심 개념인 것이다(Newman and Clarke, 2009: 11). 따라서 공공성의 개념을 규정하려는 시도는 비록 그것이 어렵다고 하더라도 자못 중대한 의미를 갖는다고 할 수 있다.

이론적 개념의 범위는 보다 다양하고 확장적인 내용을 포괄하고 있다.

(1) 사전적 의미

국립국어원의 『표준국어대사전』에 따르면, 공공성公共性, Publicness, Offentlichkeit 의 사전적 의미는 "한 개인이나 단체가 아닌 일반 사회구성원 전체에 두루 관련되는 성질"이다. 사적인 성질과 구별되는 공동체common와 공동public을 위한 성질을 의미한다(하승우, 2014: 7). 한자의 '널리, 여럿의, 공평할' 공公과 '함께, 같이'의 공共이 합쳐진 '공공公共'은 '사사로울' 사私, private와 '낱낱, 하나의' 개個, individual와 대치되는 개념으로, '모든 사람이 함께'라는 의미로 파악된다(홍성태, 2008: 81).

영어 'public'의 어원은 라틴어 'pubes'인데, 이는 개인의 행동이 다른 사람에게 미칠 수 있는 영향을 이해하고 자신의 입장을 벗어나 전체를 사고할 수 있는 수준의 성숙성을 의미한다(Mathews, 1984: 122; 임의영, 2003). 이에 반해 'private'을 의미하는 라틴어 'privatus'는 부족과 박탈을 의미하는데, 인간의 자격이 없는 상태의 다른 표현이다. 따라서 'public'이라는 말은 아동, 여성, 외국인, 노예를 제외한, 국가 공동체의 운영에 참여할 수 있는 정치적 권리를 가진 '인민'을 의미한다(임의영, 2003:26).[2]

한편 독일어 'Offentlichkeit'의 형용사형인 'Offentlich'의 중세적 어원의 의미는 '비밀이 아닌, 공개된' 혹은 '접근 가능한, 개방되어 있는'이다(소영진, 2008: 41; 조한상, 2009: 19). 시간이 흐르면서 '올바른, 정의로운'의 의미가 더해지면서 공공복리나 공적 이익 같은 규범적 요소와 결합되었지만, 그 기저에는 '누구나 볼 수 있는 명백한 상태'라는 현대적 해석이 가능한 '개방성'의 원리가 반영되어 있다. 이상의 내용을 종합하면, 공공성은 (정치적 권리를 가진) 다수의 사회구성원과 관련된 성질로, 일반적으로 모두에게 노출된 '개방성' 혹은 '공개성'의 속성을 가진다.

---

2   당시 인민의 의미는 국가 공동체의 공식적 표현과 다르지 않으므로, 공공성도 이 '국가'의 개념을 내포하고 있다는 주장도 있다(조한상, 2009: 17).

(2) 이론적 개념화

이러한 '개방성'에 대한 강조는 다수 이론가들의 주장에서 재확인된다. 18세기 관념철학의 대가인 칸트(Kant, 1991: 55-56)는 「계몽이란 무엇인가」라는 질문에 대한 하나의 답변」에서 국가 공직자에게 '이성의 사적 사용the private use of reason'을, 시민사회의 주체에게 '이성의 공적 사용the public use of reason'을 강조했다. 근대사회에서 공공성의 중심영역이 국가에서 시민단체로 옮겨갔다는 의미이며(김상준, 2010: 7), 당시 하나의 국민국가로 통합되지 않은 독일의 상황에서 전제군주를 견제할 수 있는 공적 주체로서 시민사회가 접근할 수 있는 개방성을 강조한 것이다.

유럽에서 17~19세기에 출현한 부르주아 공론장의 자유주의적 모델과 구조변동을 다룬 위르겐 하버마스Jurgen Habermas; 1929~도 관료제나 공권력의 밀실정치에 대항하여 광장의 정치로 대변되는 '공론장public sphere'과 민주적 의사소통의 과정을 강조하고 있다(홍성태, 2012). 한편 20세기 초반 미국 혁신주의 시대 철학자 존 듀이John Dewey; 1859~1952는 공적인 것을 개인 간의 행위의 결과가 당사자의 범위를 넘어 제삼자에게까지 간접적으로 영향을 미치는 것이라고 규정하면서, 그것을 인식하고 규제하는 것이 바로 '인민의 일'이라고 주장했다. 이는 당사자가 아닌 제삼자에게 영향을 미칠 때 작동될 수 있는 공공성의 '범위'를 지정해주는 것처럼 보이지만, 사실은 국가가 개인의 자유에 공적으로 간섭할 권한이 없다는 고전적 자유주의의 견해를 반박하기 위한 주장이다(조승래, 2014: 39-40).

이러한 내용은 20세기 중반에 한나 아렌트Hannah Arendt; 1906~1975에 의해 더욱 강조된다(Arendt, 2017: 23-33). 그는 『인간의 조건The Human Condition』에서 전체주의에서 벗어나는 길은 개인주의적 자유주의의 회복과 강화를 통해서가 아니라 고대 폴리스 정신의 회복에서 찾을 수 있다고 주장했다. 인간의 사적 영역의 확대보다는 공적 영역에 대한 참여를 통해 '공동의 삶'의 세계로 진입하는 것이 필요하다는 의미이다. 공적 영역은 인간의 행위와 언행, 일이 시작되는 장소이고, 지배와 피지배의 사적 영역을 넘어서는 평등의 구역이며, 자유의 본질이라고 단언한다. 그러나 근대사회에 들어서 개인주의의 발달과 함께 공적 영역의 우월성이 사라지면서 공적인 것의 의미도 크게 훼손되었다(조승래, 2014:

40-42에서 재인용). 결과적으로 공공성은 시대와 환경에 따라 변화하는 다의적인 개념이지만, 일반적으로 개인과 사적 관계를 넘어 '공적' 문제에 대한 '공동'의 관심과 개입을 의미하며 '공적 이익'과 '민주성', '공개성'의 특성을 갖는다고 할 수 있다.

(3) 학문 분야별 접근

공공성에 대한 학문 분야별 접근과 핵심 내용도 매우 다양하게 관찰된다. 논의가 가장 활발하게 진행되어온 학문 분야는 행정학이다. 행정학에서는 공공성의 국가통치적 윤리와 규범으로서의 성격을 강조하면서 신자유주의의 영향으로 공공성이 위기에 직면했다고 진단한다(소영진, 2003; 임의영 2010). 사적 영역과 대비되는 행위주체로서의 공공 영역에 대한 강조는 물론이고 정치적·경제적 권한에 따라 무수한 공공성의 속성을 구분하여 다차원적으로 접근하고 있다. 공공성 수준에 대한 측정을 시도하거나 공공이익이나 공익적 가치를 실현하는 공공의 성과에 주목하기도 한다(양성욱·노연희, 2012: 37-39).

다른 학문 분야의 관심은 상대적으로 미흡하거나 협소한 수준에 머무르고 있다. 사회학에서는 시민사회의 참여와 운동에 주목하고 있고(홍성태, 2012), 경제학에서는 시장실패에 따른 국가 개입의 필요성 측면에서 일부 논의되고 있을 뿐 명확한 개념 규정에도 큰 관심을 두고 있지 않은 듯 보인다(안현효, 2008: 165). 정치학에서도 정치적 행위 자체를 공적인 것으로 취급하기 때문에 개별적인 개념 정의가 존재하지 않는다(남찬섭, 2012: 90; 양성욱·노연희, 2012: 35).

사회복지학에서는 주로 복지의 공급주체 변화에 대한 내용을 중심으로 논의가 전개되고 있다(신동면, 2010; 주은선, 2016). 그러나 사회적 급여의 생산과 공급에는 정부와 비영리단체[NPO], 그리고 영리조직이 혼재되어 있기 때문에, 국가나 정부에 한정하여 공공성을 설명하는 것은 한계가 있다. 다양한 과정을 거쳐야 하는 일이므로, 국가가 공공성을 담보하는 유일한 주체가 될 수 없는 것도 사실이다(하승우, 2014:11). 오히려 어떤 경우 국가는 공공성을 앞세워 특정 규범적 속성을 억압하기도 한다(齋藤純一, 2009). 국가는 복지제도를 통해 사회구성원의 생존권을 보장한다고 하지만, 많은 경우 (비록 명시적이지는 않지만)

그 대가로 정치적 충성과 순응을 요구하기도 한다. 공공성을 명분으로 국가정책 정보의 공개를 막음으로써 어떤 사안의 개방성을 제한하기도 하고, 공공성을 보장하기 위한 국가의 행위가 관료적으로 흘러 민주적 권리를 가진 시민의 품위를 손상시키기도 한다.

개념적 모호함으로 인해 학제 간 구분이 명확하지 않은 경우도 발견된다. 이수연, 손승혜, 이귀옥(2016)의 연구는 민주화 이후 특정 행위자[actor]의 의료 민영화와 관련된 정치적 행위를 실증적으로 분석하여 공공성에 대한 간학문적 교차분석을 시도하고 있다. 중요하게 논의되는 정책 영역도 전력, 가스, 교통, 통신 등이 포함되는 기간산업에서 보건·의료, 교육, 환경, 언론, 문화, 학문, 금융, 주택·토지 분야에 이르기까지 매우 광범위하게 확대되고 있다(신진욱, 2007). 행위의 주체(국가, 인민, 다수), 목적(공익, 공공성과), 속성(개방성, 접근 가능성, 민주성, 공정성, 평등성) 등의 차원에서 다양한 개념적 구성이 활발하게 진행되고 있지만, 시대와 지역별로 다양함은 물론이고 여러 학문 분야에서 다각적으로 논의되고 있어 합의가 어려운 개념임에는 분명하다.

(4) 실체적·내용적 공공성과 과정적·절차적 공공성

공공성을 실체적·내용적 의미의 공공성과 과정적·절차적 의미의 공공성으로 구분하여 살펴볼 수도 있다. 우선 실체적·내용적 공공성이란 사회공동체 내에서 하나의 규범으로 작동하는 것으로, 정의나 평등, 연대, 사회적 통합과 같은 가치를 추구한다는 의미이다. 공공성이 다루어진 역사적 계보를 통해 볼 때, 전제군주나 전체주의 같은 독점권력에 대해 다수의 주체가 참여하여 토론하고 견제함으로써 평등의 가치를 확대시키는 과정으로 이해할 수 있다. 사회적 부 혹은 한정된 자원을 어떻게 분배할 것인가의 문제와 연계되어 '정의론'의 주된 주제로 다루어지기도 한다(안현효, 2008: 42). 사회적 연대와 통합을 추구하기 위한 수단으로 강조될 수 있고 반대로 공공성의 확보를 통해 사회적 통합과 연대의식을 성취할 수도 있어, 상보적 관계로 이해할 수 있다.

과정적·절차적 공공성이란 다양한 가치를 추구함에 있어서 민주적 절차를 담보해야 한다는 의미이다. 다수가 참여함으로써 발생하는 갈등의 상황을 어떻게 민주적 절차의 과정을 통해 해결할 것인가에 대한 문제는 주요 내용의 실현과정에서 정당성을 부여하기 때문에 매우 중요하다. 절차적 민주성이 담보되지 않는 실체적 내용은 그 자체로 기본 전제를 상실한 것이므로 이미 실패한 것으로 간주할 수 있다.

이상의 내용에 기초해 공공성의 개념을 한 문장으로 정의하면, '한 사회의 공동체성과 공동의 이익을 강화하기 위해 관련된 모든 구성원이 참여하여 민주적이고 개방된 절차를 통해 자유, 평등, 정의 같은 중요하고 다양한 가치를 추구하고 구체화하는 과정'이라고 할 수 있다.

사회복지정책과 공공성 담론

최근 사회복지정책 분야에서 공공성 담론이 어떻게 구성되고 있는지에 대해 사회보장의 주요 범주인 사회보험, 사회부조, 사회서비스로 구분해 간략하게 살펴보자.

(1) 사회보험

사회보험의 공공성은 연기금 투자의 수익성과 대비되는 가치로 활용된다. 이는 국민연금기금의 투자와 운용에 있어 수익성을 지나치게 강조하다 보면 노령과 장애 등의 사회적 위험에 대비하는 연(기)금의 본래적 기능이 제한될 수 있다는 우려에 기인한다. 그러나 저출산·고령화 추세와 경제침체 현상이 지속되고 있는 현 상황에서 공격적인 해외투자와 수익률 확대를 통해 연기금의 안정성을 강화하자는 주장도 상존한다. 우리나라같이 거대 연기금을 운용하는 경우, 이를 둘러싼 공공성과 수익성에 대한 갈등은 심해질 수밖에 없다. 국민연금기금의 공공성 원칙은 연기금 투자시 환경environmental, 사회social, 지배구조governance와 같은 요소를 고려한 사회책임투자, 국민연금기금의 보육, 요양, 의료, 재활서비스 등을 위한 공공의 사회서비스 인프라 투자를 주장하는 근거이기도 하다.

(2) 사회부조

사회부조는 전통적인 국가복지의 영역이다. 국가와 지방자치단체의 책임이 법으로 명시되어 있어 다른 분야에 비해 강한 공공성이 담보되어 있다. 우리나라의 '국민기초생활보장'제도에서는 부양의무자 기준에 대한 지속적인 완화와 폐지를 통해 수급자에 대한 사적 부양을 축소하고 공적 영역의 책임성을 점차 확대시키고 있다. 급여체계를 '개별급여방식'으로 전환하는 과정(2015년)에서 교육급여의 부양의무자 기준이 이미 폐지되었고, 문재인정부 들어 2020년까지 주거·의료·생계급여의 연차별 폐지계획이 발표되는 등 사적 부양이 점차 축소되는 수순을 밟고 있다.

(3) 사회서비스

공공성에 대해 가장 활발한 논의가 진행되는 분야는 사회서비스 영역이다. 복지국가의 위기와 신자유주의 담론이 광범위하게 등장하면서 국가 주도의 공적 영역에서 시장의 참여와 민간위탁의 확대 현상이 자주 목격되고 있다. 최근에는 국가와 시장 외에 시민사회가 '견제 주체'로 적극 부상하면서 국가-시장-시민사회의 새로운 역학구도 안에서 공공성에 대한 재구조화 노력이 진행되고 있다. 이는 복지혼합welfare mix의 전환적 체제에서 '전통적으로 국가복지의 역할로 수행되어왔던 공공성의 가치를 새롭게 등장한 시장과 시민사회에 요구할 수 있을 것인가'에 대한 이슈와 관련이 있다. 이 문제는 시장과 시민사회가 '복지의 주체로 성공적으로 기능할 수 있는가', '만약 가능하다면 공공성을 추구해야 할 의무가 있는가', '어떤 차원에서의 공공성을 어떻게 확보할 수 있을 것인가'에 대한 질문으로 이어진다.

반대로, 시장과 시민사회의 참여로 인해 국가복지의 직접적인 개입이 줄어들고 그에 대한 책임도 완화되는 것처럼 보이지만 재정과 서비스에 대한 관리·감독이 강화되면서 국가의 지배력이 오히려 확대되고 있는 상황에 대한 문제제기도 존재한다(주은선, 2016). 따라서 '서비스 전달과정에서 비용 부담을 이유로 복지책임을 민간과 시민사회에 떠넘기는 과정에서 발생하는 부정적인 측면은 무엇인가', '이를 해결하기 위해 국가의 공공성을 (재)강화할 수 있는 방법은 있는가', '공공성을 강조하면서 참여의 자율성이 침해될 가능성을 줄이는 방안은 무엇인가' 등에 대한 심도 있는 고민과 논의가 필요하다. 시민에게 제공되는 사회서비스의 공급 주체가 누구인지에 대한 이슈보다 사회적 통합과 공공이익, 신뢰, 투명성, 재정적 책임성 등이 더욱 중요하기 때문이다(양성욱·노연희, 2012: 51).

복지혼합과 공공성

사회정책의 복지혼합 관점에서 공공성을 추구하고 국민의 시민권을 확립하기 위한 개별 주체의 역할을 재구성하면 다음과 같다. 먼저 국민의 사회권을 실현하는 '주체'로 국가를 상정할 수 있다. 모든 국민은 인간다운 생활을 할 권리를 가지며, 국가는 사회보장과 사회복지의 증진에 노력할 의무를 가진다. 이 관계에서 공공성을 추구한다는 것은 국가가 국민의 사회권을 보장하기 위해 위임받은 권한을 적극적으로 행사할 수 있도록 하는 근거가 될 수 있다. 동시에 사회문제에 대한 정의, 의제설정, 정책결정과 집행, 평가 등 정책 실행의 전 과정에서 형평성이나 평등성의 규범과 절차적 민주성을 강조하는 것을 의미한다. 국가는 복지공급의 주된 공급자로 활동할 수 있으며, 민간에 대한 규제 혹은 감독과 더불어 한정된 자원의 배분 과정에서 재정 관리를 통해 사회적 책임성을 강화하는 역할도 수행할 수 있다.

'복지주체가 반드시 정부여야 하는가?'와 관련된 질문도 공공성의 개념적 발전을 추동하고 있다. 국민의 자유권을 실현하는 주체로 '시장'을 활용하자는 의미이다. 복지 이용자의 다양한 욕구를 충족시키고 선택권을 강화하기 위해 시장의 민감성과 유연성을 이용할 수 있다. 이는 공공성을 강조하는 것이 자율성을 침해하는 것이라는 단순한 이분법적 구도를 넘어 공공성과 자율성이 조화롭게 공존하는 상태를 추구하기 위해 노력하는 과정을 전제한다. 민간기업도 우리 사회의 공동체 안에서 중요한 시민의 일원이며, 적극적으로 (시장)공공성을 추구하는 것이야말로 수준 높은 사회적 책임을 이끌어내기 위한 기본적인 원칙이 될 수 있다(조대엽·홍성태, 2015).

참정권을 실현하는 주체로서 시민사회의 중요성도 강조된다. 시민사회의 역할은 협동조합이나 사회적기업을 운영하거나 육아공동체를 구성하는 등 지역사회에서 복지의 공급주체로 직접 참여하는 형태로 나타난다. 국가와 민간기업 간의 견제와 균형의 한 축으로 서비스의 전반적인 과정에 참여할 수도 있다. 국가의 복지책임 확대를 제안하거나 민간복지주체의 투명성을 요구하고 모니터링 하는 등의 활동이 대표적인 예이다. 이 과정에서 시민사회의 공공성이 추구하는 바는 복지사회의 공동체성에 대한 가치 추구와 그것이 합의와 민주적 절차에 따라 진행되는 데 필요한 성숙한 시민사회 문화의 정착이다. 이처럼 국가-시장-시민사회의 복지혼합 차원에서 공공성을 확보한다는 것은 실체적·내용적 공공성과 과정적·절차적 공공성을 확보하기 위한 지속적인 노력의 과정으로 이해할 수 있다.

인정

최근 우리 사회에서 새로운 대안적 실천철학으로 '인정recognition'이 부각되고 있다. 전통적으로 복지국가나 사회복지정책의 핵심 가치는 국가의 재분배 역할에 대한 규범적 정당성을 추구하는 분배적 정의에 관한 것이었다. 이는 빈곤과 불평등, 박탈과 사회적 배제 등의 경제적 억압과 주변화문제를 고민하면서 자원의 보다 공정하고 평등한 분배를 통해 인간의 존엄을 확대하기 위한 노력이었다. 그러나 사회·경제적 양극화의 문제와 더불어 개인 혹은 집단에 대한 무시, 혐오, 모욕, 수치심, 억압 등의 새로운 사회 부정의에 대한 인식이 확대되면서, 재/분배의 정치를 넘어 정체성의 정치가 사회정책의 주요 가치로 부상하게 되었다. 그렇다면 인정의 의미는 무엇인가? 인정의 대상은 누구인가? 사회구성원은 사회로부터 무엇을 인정받아야 하는가? 이와 같은 질문에 답하기 위해 이 절에서는 인정의 개념과 주요 관점을 소개하고, 정치철학의 분야에서 진행된 활발한 논쟁의 내용을 정리하며, 사회복지정책의 측면에서 인정의 중요성을 논의할 것이다. 인정은 정치·사회·실천철학 분야의 질문이고 인정의 주 내용이 윤리학, 비판이론, 정의론의 영역을 모두 포괄하고 있어 쉽게 다룰 수 있는 주제는 아니다.

왜 인정에 주목하는가

인정에 대한 본격적인 논의에 앞서 '우리는 왜 현 시점에서 인정이라는 가치에 주목하는가?'라는 질문에 답해보자. 이는 크게 세 가지 차원에서 설명할 수 있다(김기덕, 2015).

(1) 새로운 철학적 규범에 대한 요구

우선 인정에 대한 강조는 새로운 철학적 규범을 필요로 하는 시대적 요구에 기초한다. 1980년대 이후에 여성, 흑인, 성소수자, 장애인 등을 중심으로 다양한 정체성 회복운동이 활발하게 진행되면서 소위 '타자'에 대한 관심이 크게 신장되었다. 문화적 다양성이 부각되는 다원화된 사회에서 다수의 사람들이 자신이 추구하는 삶의 취향과 가치에 대한 인정을 더욱 적극적으로 요구하게 된 것이다. 이는 분배적 정의를 통해 인간이 대면하는 다양한 사회적 위험을 극복하고자 노력했던 평등주의적 자유주의에 대한 반감으로 이해할 수 있다. 특히 여성이나 성소수자, 그리고 최근 크게 확대되고 있는 이주민과 난민의 권리와 관련된 문제들은 더 이상 분배적 정의의 틀 안에서 논의하기 어려운 한

그림 5-2 여성, 성소수자, 이주민, 난민의 권리와 관련된 문제들은 사회복지 영역에 새로운 과제를 던지고 있다.
(ⓒshutterstock)

계를 지니고 있다. 경제적 생산과 분배의 문제가 사회적 갈등의 핵심 요소이고 고유한 인간이 가지는 문화적인 '차이'는 부차적으로 취급하는 전통적인 사고로는 후기산업사회에서 발생하는 다양한 사회문제에 적절하게 대처하기 어렵다는 한계를 인식하게 된 것이다(김기덕, 2015).

(2) 분배적 정의의 한계

분배적 정의의 성과가 가지는 한계도 개인행동과 통합적 사회운영을 위한 새로운 이념의 필요성을 가속화했다. 신자유주의 시대에 경제적 양극화 현상이 일반화되면서 상호인정에 기초한 공동체적 연대의 중요성이 통합적 차원에서 제기되었다. 불평등한 자원의 분배 현상은 경제적 문제가 아니라 낙인이나 편견 혹은 무시 같은 문화적인 문제와 결합된다는 주장이 제기되면서, 분배의 정치를 넘어 정체성의 정치를 통해 불평등문제까지 해결할 수 있다는 '인정투쟁'의 도덕적 정당성이 확보된 것이다. 동시에 불평등한 사회를 초래한 국가와 기업에 대항할 수 있는 연대적 공동체가 부족한 실정에서, 불안정 노동의 확산으로 인해 세력이 약화된 노동자계급도 다른 집단과의 연대가 절실해졌고 해당 집단의 인정욕구에 대한 수용 필요성이 강화되었다.

(3) 타자 윤리에 대한 관심

철학적 차원에서 '타자 윤리ethics of the other'에 대한 관심이 증가한 것도 한 가지 요인으로 간주할 수 있다. 근대사회에는 자유롭고 평등한 모든 사회구성원에게 동일한 권리를 제공하기 위한 '보편적' 철학 규범이 필요했다. 모든 인간에게 하나의 정체성에 기반한 동일한 원칙이 적용되면서, 포섭되지 못한 여타의 고유성이 부정되고 그들에 대한 '차이'가 무시되는 결과가 초래되었다. 보편주의적 동일화 전략이 가지는 폭력성을 극복하고 소수자의 권리확장 요구가 확대되기 시작하면서, '타자 윤리'의 영역에서 책임, 관용, 환대와 더불어 인정이 대표적인 가치로 부각된 것이다(문성훈, 2011). 이는 다양성에 대한 포용이 가능한 사회로 변화하기 위한 노력이며, 백인남성 중심적 가치와 사회적 규범에 대한 인정투쟁의 과정으로 이해할 수 있다.

최근 들어 '좋은 삶'과 '자아실현'의 중요성이 강조되면서, 인정은 인간의 실존과 직결된 문제일뿐만 아니라 본능적 욕구라는 생각으로까지 발전하게 된다. 사실 사회복지의 궁극적인 목적은 자원에 대한 평등한 분배가 아니라 행복과 좋은 삶을 추구하는 데 있다. 인간은 타인과의 상호인정에 기초하여 근원적 고독감과 분리 불안의 상태를 극복하고 좋은 삶에 대한 추구를 통해 자아실현을 할 수 있다. 자신에 대한 긍정적 이해와 자아실현이 가능한 좋은 삶을 위한 전제조건으로 인정이 필요하다는 의미이다(김기덕, 2015; 문성훈, 2011).

인정의 개념

인정은 보편성과 고유성을 동시에 추구해야 하는 사회적 인간으로서의 갈등관계를 해결하기 위해 등장한 대안적 가치이다. 기본적으로 주체가 타자에 대해 갖는 특정한 태도와 상호작용을 의미하는 철학적 용어이기는 하지만(김기덕, 2015: 325), 역사적 논쟁과 발전과정을 통해 사회적 갈등을 직시하고 극복하기 위한 목적을 가진 주요한 가치로 발전해왔다.[3]

(1) 헤겔의 인정 개념

인정에 관한 역사적 개념은 게오르크 헤겔Georg Hegel; 1770~1831의 초기 저작에서 찾아볼 수 있다. 그는 상호주관적 인정을 통해 자아가 형성된다는 점에 주목하고 모든 시민의 개인적 자유와 사회연대적 인정에 대해 고민했다(Honneth, 2014: 14). 그리고 그는 인정을 "타자를 자신과 동등한 것이면서 구별되는 것으로 인식하는 주체들 간의 이상적 호혜관계"로 정의했다(정호범, 2011: 24-26). 호혜관계란 주체에 대한 인정관계를 의미한다. 인간의 정체성은 타자와의 관계에 대한 인정을 통해 형성된다. 따라서 인간은 자신의 존재와 자기인식을 인정받기 위해 생사를 걸고 투쟁life-and-death struggle하며, 그러한 과정을 통해 자신의 존재를 입증할 수 있다. 다른 사람과의 갈등과 투쟁이 발생하는 원인도 서로를 인정하고 공존하는 관계가 훼손되었기 때문이다(정호범, 2011).

---

3   김기덕(2015: 325)은 인정이 비판이론과 정의론 분야에서 인간과 사회에 관한 포괄적인 견해와 실천방안 등을 제시하고 있다는 점에서 단순한 개념이나 이론의 범위를 넘어 하나의 패러다임으로 간주되어야 한다고 주장한다.

(2) 호네트의 인정 개념

헤겔의 인정 개념을 발전시켜 현대적 관점의 인정이론을 정립한 사람이 독일의 비판주의 철학자 악셀 호네트^{Axel Honneth; 1949~}이다. 그는 헤겔의 철학적·관념적 인정의 개념에 사회심리학자인 조지 미드^{George Mead; 1863~1931}의 일반화된 타자의 개념을 결합하여 현대적 비판이론의 새로운 해석을 시도했다. 그리고 그는 인정을 "개인이나 집단의 정체성을 주체와 타자가 상호긍정하는 행위"로 정의하면서 '정체성'에 대한 인정을 크게 강조하고 있다. 상호긍정의 의미는 타자가 주체와 구별되는 대상이 아니라 주체에게 영향을 미치는 다른 능동적 주체로 존재하게 된다는 의미이다(문성훈, 2011: 411). 이 과정을 통해 개인은 자기의식을 형성함과 더불어 자아실현을 할 수 있으며, 적절한 인정의 과정이 수용되지 않는다고 판단되는 경우, 사회변혁을 위한 인정투쟁에 나서게 된다. 따라서 인정은 개인이 사회 속에서 정체성을 형성하고 자아실현을 이루며 존재하기 위한 필수조건이라고 할 수 있다. 이와 같은 개념 정의는 인간의 존재와 발달에 대한 설명의 도구로 인정 개념을 활용하는 것으로 이해할 수 있다(김기덕, 2015: 327)

(3) 인정에 대한 다른 정의들

인정은 책임, 관용, 환대와 더불어 '타자 윤리'의 영역에서 대표적인 윤리적 개념 중 하나로 정의되기도 한다. 인정은 주체가 타자를 대하는 바람직한 태도나 행위와 관련되며, 일반적으로 "자아와 타자 간의 상호인정에 근거하여 수행되는 타인에 대한 긍정적인 평가나 반응의 총칭"으로 정의할 수 있다(문성훈, 2011: 413; 김기덕, 2016: 327-328). 다만 책임, 관용, 환대의 윤리는 타자를 수동적 존재로 간주하고 주체의 대상으로 인식하며 다소 일방적이고 시혜적인 측면을 부각하는 반면, 인정은 상호주관주의에 입각하여 주체에게 적극적으로 반응하고 주체의 자기형성에 결정적인 영향을 미치는 능동적인 타자를 상정한다. 타자의 시각을 통해 자신을 반성하는 탈중심화된 주체도 윤리적 접근의 주 대상인 타자와 더불어 동일화의 폭력에서 함께 해방될 수 있다는 시각이다(문성훈, 2011: 411-412).

보편적 사회규범의 원리를 제공하는 측면에서 인정의 개념을 정립하고 위치시키는 노력도 존재한다. 가장 대표적인 학자가 페미니즘 정치철학자인 낸시 프레이저[Nancy Fraser; 1947~]이다. 인정을 '동료[peer]로서 상호작용을 통한 동등한 참여'로 규정하고, 정체성이 아니라 구성원이 갖는 사회적 지위에 대한 사회적 구성물로 이해한다. 정의론적 관점의 지위모델이며, 참여적 평등이 강조된다.

인정의 재조명: 호네트와 프레이저 논쟁

인정이론과 관련하여 활발한 논쟁을 교환한 학자는 호네트와 프레이저이다. 두 사람 모두 사회적 부정의에 대한 진단과 해결방안으로 문화적 인정의 중요성을 강조하지만, 상이한 접근 방식을 통해 각자의 주장을 전개하고 있다.

(1) 호네트의 인정일원론

호네트는 개인의 자아실현을 가능하게 하는 사회를 추구하며, 개인의 긍정적 정체성의 형성과 자아실현을 위해서는 사회구성원 간의 상호주관적 인정이 필요하다고 역설한다. 사회적 인정관계의 구조는 크게 사랑(원초적 관계), 권리(권리관계), 연대(가치공동체)라는 세 가지 형태로 구분된다. 우선 인간은 사랑이라는 인정 형태를 통해 정서적 욕구를 가진 존재로 인정되며 구체적 욕구도 사랑을 통해 충족한다. 타자에 대한 원초적 관계의 형태로 구분할 수 있는데, 사랑의 주체들은 욕구본능 속에서 서로를 추구하고 서로의 존재와 욕구를 인정하게 된다. 여기서 인정은 정서적 일치와 격려의 성격을 가지며, 사랑을 '타자 속에서 자기 자신으로 존재하는 것'으로 이해한다. 이 차원에서 무시는 학대나 폭행 같은 가장 기본적인 인격적 굴욕의 형태로 발현되며, 신체적 훼손을 하거나 불가침성을 위협하는 특성을 보인다. 주체로부터 학대받은 대상은 사회적 치욕을 느낌과 동시에 자신과 세계에 대한 믿음을 상실하게 된다(Honneth, 2014: 189-190; 252-253).

권리관계에 대한 인정 형태에서 상호인정의 관계는 동등한 권리를 부여받음으로써 형성된다. 공동체 내에서 개인과 타자는 권리와 의무를 정당하게 배분하는 사회적 규범에 동의하고, 동등한 권리를 공유하면서 존엄한 구성원으로서 사회적 인정을 확인받을 수 있다. 근대사회에 들어서 개인의 권리는 자유

그림 5-3 낸시 프레이저와 악셀 호네트

와 생명, 소유권 등에 대한 소극적 형태의 권리(자유권)에서 의사결정과정에 직접 참여(정치권)하고 재화의 평등한 배분을 요구(사회권)하는 적극적 권리로 확장되며 발전해왔다. 이는 정치적 공동체의 완전한 구성원으로 존중받기 위한 인정투쟁이 관철된 결과이다(Honneth, 2014: 213; 224-230). 특정한 권리의 공유과정에서 배제된 개인은 무시를 경험하게 된다. 무시는 사회적 불가침성에 대한 위협이며 동등한 권리를 갖는 타자와 관계하는 과정에서 상호주관적 기대와 '자기존중'을 잃어버리게 한다(Honneth, 2014: 253-254).

연대와 관련된 인정은 정서적 사랑과 권리 인정을 넘어 사회적 가치부여를 필요로 한다. 인간은 공동체적 연대 안에서 자신만의 특수한 속성을 지닌 존재로 인정되며, 이는 자신의 능력에 적극적으로 관계하는 것을 가능하게 한다. 공동체의 주체들은 타자와의 관계 속에서 대등한 방식으로 상호가치를 부여하고, 특정 가치나 지향하는 목적을 공유하며, 사회적 인정을 통해 공동의 성과를 추구한다. 상호연대적 관계에 대한 인정을 통해 개인이 도달하게 되는 실천적 자기관계는 집단적 자부심이나 '명예로움'이다. 연대 차원의 무시는 존엄성의 부정이나 모욕 같은 굴욕의 형태로 나타나고, 궁극적으로 개인의 명예와 존엄성을 위협하며, 자기가치 부여의 상실을 동반한다(Honneth, 2014: 246; 255).

세 가지의 인정 형태가 모두 실현될 경우, 개인은 공동체의 완전한 구성원이 될 수 있다. 반대로 어떤 형태이건 무시와 모욕에 대한 경험은 울분과 심리적 훼손을 통해 '발전된 자아의식'(혹은 정체성)에 대한 파괴의 위험을 동반하여 사회적 저항과 인정투쟁을 유발하는 동기로 작용할 수 있다. 동시에 개인의 무시 경험은 집단 전체의 핵심 체험으로 해석되어 집단적 요구로 발현되는 사회적 투쟁의 실천적 과정으로 발전할 수 있다(Honneth, 2014: 299). 호네트에 따르면, 분배와 관련된 갈등과 투쟁의 내용 역시 문화적 인정투쟁의 한 부류로 해석할 수 있고, 분배 부정의에 대한 논의의 핵심도 인정질서의 차원을 떠나 성립

표 5-2 사회적 인정관계의 구조

인정 형태	원초적 관계(사랑, 우정)	권리관계(권리)	가치공동체(연대)
인정 방식	정서적 배려	인지적 존중	사회적 가치 부여
개성의 차원	욕구 및 정서 본능	도덕적 판단 능력	능력, 속성
진행 방향		일반화, 실질화	개성화, 평등화
실천적 자기관계	자기믿음	자기존중	자기가치 부여
무시의 형태	학대, 폭행	권리 부정, 제외시킴	존엄성 부정, 모욕
위협받는 개성 구성요소	신체적 불가침성	사회적 불가침성	명예, 존엄성

출처: Honneth(2014), p.249에서 일부 수정.

할 수 없다. 인정의 차원이 분배의 문제를 포괄할 수 있고 분배의 문제가 인정의 차원으로 환원될 수 있다는 주장이다(김원식, 2009:110-116). 이것이 그의 이론적 접근을 '인정일원론primacy of recognition'으로 명명하는 이유이다.

(2) 프레이저의 관점적 이원론

프레이저는 '동등한 참여parity of participation' 혹은 '참여적 등위participatory parity' 원칙에 기초하여 분배와 인정의 문제를 통합적으로 정당화할 수 있는 규범적 준거를 제시한다. 그에게 인정은 사회정의의 문제이다. 정의로운 사회는 개인이 동등한 자격으로 사회의 모든 결정구조에 참여하여 활발하게 상호작용을 나눌 수 있는 사회이다(Fraser and Honneth, 2014: 60). 이를 위해 경제적 차원의 객관적 '분배' 정의와 상호주관적인 동시에 문화적인 '인정'이 동반되어야 한다. 경제적 차원의 부정의는 '불평등'한 분배구조와 관련되며, 문화적 차원의 부정의는 '무시'로 표현될 수 있다. 분배와 인정이라는 두 차원은 상호 대립되거나 분리된 실체가 아니라 통합적이고 상호 밀접하게 연관된 범주이다. 각자의 범주로 환원되지 않는다는 점에서 이원론적이지만, 밀접하게 연관되어 상호침투가 가능하다는 점에서 실제적 이원론과 다른 '관점적 이원론perspectival dualism'으로 평가된다.[4]

---

4   분배와 인정은 상호 배타적이거나 양자택일의 문제가 아니라 독립적이지만 상호 연결이 가능하다는 점에서,

사회정의 실현을 위한 프레이저의 전략

동등한 참여라는 정의를 실현하기 위해 자원의 결핍과 지위의 종속을 동시에 타파할 수 있는 대책이 필요하다. 프레이저는 구체적인 전략으로 긍정전략affirmative strategy과 변혁전략transformative strategy을 제시한다. 두 전략 모두 현존하는 부정의한 현실을 개선하기 위한 목적을 가지고 있다.

긍정전략은 사회질서가 만들어낸 부정의의 결과를 교정하는 전략(결과 중심)이고, 변혁전략은 부정의를 산출하는 근원적 구조 자체를 변화시키는 전략(원인 중심)이다. 정치적 실행 가능성은 높지만 내용적 결함이 존재하는 긍정전략과 건전하고 바람직한 계획이지만 실행의 어려움이 존재하는 변혁전략 사이의 중도적인 방법으로 비개혁주의적 개혁nonreformist reform도 고려할 수 있다. 기존의 틀 안에서 일부 개혁의 과정을 통해 인정과 분배의 욕구가 충족되면 목표 이상의 변화가 동반되면서 투쟁의 지형 변화가 감지되고, 기회구조의 변화와 함께 선택 범위가 확장되면 그것들이 가지는 누적효과로 인해 부정의를 산출하는 근본 구조의 변형도 추구할 수 있다는 전략이다(Fraser and Honneth, 2014: 126-167).

프레이저는 불평등과 무시를 동시에 시정할 수 있는 통합적 방안으로 '교차―시정cross-redressing'과 '경계―인식boundary awareness'이라는 구체적 전략도 제시한다. 전자는 무시(혹은 불평등)를 시정하기 위해 분배적(혹은 문화적) 수단을 활용하는 전략이고, 후자는 각각의 전략들이 집단 간의 경계 설정에 미치는 효과를 주의 깊게 고려해야 한다는 의미이다(Fraser and Honneth, 2014: 148-154).

프레이저에게 인정은 사회구성원의 '지위status'와 관련 있다. 사회적으로 인정되어야 하는 것은 개인이나 집단의 '정체성'이 아니라 개별 구성원이 사회적 상호작용을 하는 과정에서 필요한 온전한 '동료'로서의 사회적 지위이다. 따라서 인정은 문화 가치의 '제도화된 패턴'[5]들이 사회적 행위자를 동등한 수준에서 사회적 삶에 참여하는 동료로서 자리할 수 있게 하는 제도적 구성물로 이해되어야 한다(Fraser and Honneth, 2014). 그러므로 몰인정은 문화적 해墙

사회정의의 두 차원을 포괄하고 조화시킬 수 있도록 통합적으로 접근해야 할 필요성이 제기된다(Fraser and Honneth, 2014: 30-54).

5   사회적 제도가 동등한 문화규범 간의 상호작용을 통제하는 것을 의미한다. 결혼제도로 인해 동성애자의 복지수급권이 박탈되는 것을 대표적인 사례로 들 수 있다(Fraser, 2000).

가 아니며, 사회적 종속의 제도화된 관계에 기초하여 발생하고, 이에 대한 시정도 사회제도의 변화 혹은 탈제도화를 통해 달성될 수 있다.

프레이저는 추후 작업에서 정의 개념에 정치 차원의 대표(참여)라는 내용을 추가하여 정의를 분배, 인정, 대표(참여)라는 삼차원적 구성으로 재개념화했다(Fraser, 2010). 정치적 대표는 분배와 인정을 둘러싼 당사자의 개입과 절차의 문제로, 인정과의 유사성이 다소 발견되지만 환원이 불가한 영역이며, 동등한 참여를 부정하여 정의를 방해하는 다른 차원으로 취급된다(김교성·이나영, 2018). 이 차원의 부정의는 일상적인 '대표 불능misrepresentation'이나 '잘못 설정된 틀misframing'과 관련이 있다. 승자독식 방식의 소선거구제 같은 왜곡된 의사결정 규칙과 베스트팔렌적Westphalian 정치공간(영토)의 한계 등을 대표적인 사례로 지적할 수 있다.[6]

(3) 호네트와 프레이저의 차이

호네트의 '인정일원론'과 프레이저의 '관점적 이원론'의 근본적인 차이를 비교해보자. 전자는 분배의 문제도 인정의 한 양상이고 철학적이고 근원적인 문제라고 주장하는 반면, 후자는 부정의의 차원을 다원화하여 경제적 차원과 문화적 차이로 구분하되 상호 연결된 것으로 바라보는 실천적 측면을 강조한다. 비판이론의 내용을 수직적으로 심화시킨 호네트와 달리, 프레이저는 기존 정의론의 내용을 수평적으로 확대하는 전략을 사용한 것처럼 보인다(김기덕, 2015: 333). 한편 주체와 타자를 구분하고 있는 호네트와 달리, 프레이저는 이를 구분하지 않고 동료로 표현하고 있다. 이는 인정과 세상을 바라보는 두 학자의 상이한 관점이 부각되는 지점이다.

호네트는 개인을 중심으로 그들의 자기의식 형성이나 자기실현을 중요하

---

6 '대표불능'은 잘못된 선거제도로 인해 정치적 참여의 동등성이 박탈되는 경우를 말한다. 우리나라 국회의원 선거의 소선거구제도는 유권자의 투표 행위가 의석수로 정확하게 반영되지 않아 (비례대표제에 비해) 대표 차원에서 정의롭지 않은 것으로 평가할 수 있다. '잘못 설정된 틀'의 문제는 '케인스주의적-베스트팔렌적'으로 표현되는 일국적 복지국가의 폐쇄성과 관련이 있다. 지구화 시대에 초국적 차원에서 발생하는 다양한 부정의의 문제를 야기하는 사적 권력들(초국적기업, 외국인 투자자, 국제적 환투기세력)은 대체로 정의의 관할권에서 벗어나 있다. 복지국가는 가난하고 멸시받는 사람들의 요구를 국내적 정치공간에 제한함으로써, 정의의 문제와 관련된 당사자를 정치적 논의의 영역에서 배제하고 있는 것이다(Fraser, 2010).

표 5-3 인정일원론과 관점적 이원론의 차이

	호네트의 인정일원론	프레이저의 관점적 이원론
이론적 배경	비판이론	정의론
주요 관점	(개인) 존재론적	(사회) 실천적
인정의 대상	정체성	사회적 지위
무시(부정의)	정체성에 대한 훼손	자원 결핍과 지위 종속
부정의의 원인	정당한 인정 요구에 대한 사회적 무시	제도화된 문화적 가치 패턴
부정의의 시정	사랑, 권리, 업적(연대)에 대한 인정투쟁	사회제도의 변화
전략	—	긍정전략, 변혁전략

게 생각하는 반면, 프레이저는 사회적 측면에서 동등한 참여의 평등이라는 보편적인 정의의 중요성을 강조한다(김기덕, 2015: 337). 이것이 정의와 관련하여 공감할 수 있는 객관적이고 단일한 기준을 제시하는 프레이저의 명확한 주장이 설득력을 갖는 이유이다. 정체성과 자아실현, 좋은 삶 등과 관련한 내용은 다소 주관적이고 다양한 해석이 가능하며, 보편적 기준을 적용할 경우 특정 집단(예: 백인남성) 중심의 지배규범을 강화할 위험이 상존한다. 두 학자의 인정이론에 대한 구체적인 비교는 표 5-3과 같다.

사회복지정책과 인정이론

인정이론은 기존의 경제 중심적 정의론의 내용과 사회복지정책의 지평을 확대시켜주는 긍정적인 역할을 하고 있다. 특히 전통적인 분배적 정의론에서 간과했던 문화적 무시에 대한 관심을 이끌어내면서, 젠더, 인종, 성소수자, 이민자 등의 고유성에 대한 인정을 통해 기존의 사회복지정책이 반영하지 못했던 주요한 가치에 대해 고민하게 한다. 동시에 자기실현을 통한 긍정적 자기인식을 형성할 수 있게 한다는 점에서 사회복지의 궁극적인 목적과도 부합된다.

인정 요구는 개인들 간의 인식과 문화적 측면에서의 접근처럼 보이지만, 무시가 제도화되는 양식에 따라 법적, 제도적, 정책적 변화가 요구되므로 사회정책의 제도적 개선책에 대한 확장적 사고가 요구된다. 개별 구성원의 참여의 동등함을 추구하기 위해 경제적 분배와 문화적 인정의 범주를 함께 고려하면서 포괄적이고 균형적인 사회 진단을 통해 통합적인 해결책을 모색해야 할 것이다. 인정 차원에서 현 제도가 가지고 있는 문제를 교정하기 위한 작업도 필요하다. 복지국가의 사회부조는 급여를 지급하는 과정에서 '낙인찍기'가 발생하여 수급자를 대상으로 문화적 차원의 부정의를 양산하는 대표적인 제도로 이해할 수 있다. 사회구성원 간의 연대의식을 저해하고 분열과 갈등을 조장할 가능성이 높기 때문에, 잔여적·선별적 제도에서 보편적 제도로의 변화가 요구된다.

인정이론은 세계화가 진행될수록, 그리고 다문화사회로 발전할수록, 더 큰 영향력을 행사할 것으로 전망된다. 또한 사회복지정책이 인간 존재의 최소한의 욕구와 기본적 권리를 보편적으로 보장하는 동시에 취약계층과 소수집단의 차이에 대한 인정을 통해 특수한 고유성을 고려해야 한다는 과제를 제시한다. 사회복지정책의 다양한 영역과 대상에 대한 실천전략을 모색하는 과정에서 분배적 정의와 더불어 문화적 인정 측면에 대한 고려가 필요한 이유이다.

토론쟁점

1. 복지국가의 발전에 중요한 이정표 가운데 하나인 「베버리지 보고서」와 마셜의 시민권 이론은 다양한 측면에서 기본적 가치와 이상을 공유하고 있다. 어떤 측면에서 그런 평가가 가능할까?

2. 최근 우리나라의 다양한 영역(교육, 의료, 보육, 요양 등)에서 사회서비스 제공과 관련된 문제가 심심치 않게 발생하고 있다. 사회서비스의 공공성 확대 방안은 무엇이며, 그 과정에서 정부와 시장, 시민단체의 역할은 무엇일까? 최근 활발하게 논의되고 있는 '사회서비스원'의 설치와 연계하여 논의해보자.

3. 후기산업사회 들어 계급문제를 넘어 인종, 젠더, 세대, 섹슈얼리티와 연관된 다양한 사회적 위험과 이슈가 등장하고 있다. 연대와 평등의 가치를 강조하는 전통적 분배정의와 다양한 인구집단의 차이에 대한 인정 가운데 더욱 중요하게 강조되어야 할 가치는 무엇인지 논의해보자.

06

사회복지정책과 주요 이념 1

자 유 주 의 , 보 수 주 의 , 사 회 주 의

이념이란 무엇인가? 이념이란 자유, 평등 등 주요 가치에 대한 지향과, 인간과 사회의 바람직한 존재방식에 대한 입장을 담은 사고체계이다. 각 이념은 '인간이란 어떤 존재인가, 좋은 사회의 요건은 무엇인가, 인간의 필요를 충족시키는 바람직한 방식은 무엇인가'에 대한 입장 차이를 보인다. 특히 근대 사회이념은 현 자본주의의 문제점과 바람직한 사회변화 방향에 대한 입장을 핵심 내용으로 포함한다.

그렇다면 사회복지정책을 학습하는 데 이념에 대한 이해가 필요한 이유는 무엇일까? 근대 사회이념은 인간의 정치적 실천을 이끌어냄으로써 사회복지정책의 형성과 변화에 중요한 동력이 되었으며, 사회복지정책의 목적과 지향점을 제시하여 그 내용에도 영향을 미쳤다. 예를 들어 앞서 제2장에서 살펴본 것처럼, 보수주의는 독일 사회보험제도를 도입한 동력이자 가입자의 지위체계를 유지시키고자 하는 기여-급여 비례 방식이라는 사회보험제도 원리에 영향을 미쳤고, 사회민주주의의 탈자본주의, 탈시장을 통한 체제 전환이라는 비전은 공공사회서비스의 발전을 촉발했다. 어떤 사회이념은 사회복지정책 내용에 바로 반영되지 못한 경우에도 장기적 정책 비전으로 지속적인 영향력을 행사하기도 한다. 영국 페이비언주의자들이 주로 작업한 「소수파 보고서」는 결국 전후 영국 노동당의 사회복지정책을 통해 구현되었다.

또한 이념은 사회복지정책에 관련된 여러 가치 중 무엇을 우선 추구할 것인가, 어떤 의미의 가치를 추구할 것인가에 대한 나침반 역할을 한다. 일례로 각 이념의 자본주의에 대한 입장 차이는 현실 사회복지정책이 기회의 평등, 공평, 절대적 의미의 평등 중 어떤 의미의 평등을 추구할 것인가 하는 선택에 영향을 미쳤다. 그렇기 때문에 자본주의 시장경제와 대안사회에 대한 주요 이념의 견해와 추구하는 가치의 차이를 이해할 때 사회복지정책에 관한 여러 논쟁을 깊이 이해할 수 있다. 영국, 미국, 독일, 한국 등 여러 나라에서 벌어진 공적연금 축소 및 민영화를 둘러싼 논쟁은 재정, 급여 등에 대한 제도 내용 이해뿐만 아니라 신자유주의 시대 자본주의의 속성을 이해할 때 더욱 명확히 파악될 수 있다.

이 장에서는 사회복지정책의 형성과 발전에 영향을 미친 주요 이념으로 자유주의, 보수주의, 사회주의를 다룬다. 앞의 세 이념은 자본주의 시장경제체제의 전개 과정에서 인간과 사회에 대한 관점은 물론, 자본주의 시장경제의 폐해, 국가의 역할, 사회복지정책의 존립 근거, 사회복지정책의 바람직한 지향 면에서 서로 다른 내용을 전개함으로써 사회복지정책의 형성과 발전에 영향을 미쳤다. 에스핑안데르센(1990)은 이 세 이념을 주축으로 현대 복지국가들을 보수주의 복지체제, 자유주의 복지체제, 사회민주주의 복지체제로 구분하였다. 한편 생태주의와 페미니즘은 근대성 자체에 대한 반성적 내용을 담고 있으며, 자본주의 시장경제에 대한 입장보다는 각각 인간과 자연의 관계, 젠더관계 등에 대한 입장이 이념의 핵심요소라는 점에서 다음 제7장에서 별도로 다룬다.

이제 각 이념의 주요 내용을 살펴보고, 이들이 사회정책에 어떻게 영향을 미쳤는지 알아보자.

자유주의

자본주의의 태동과 함께 출현한 자유주의는 봉건제에 대항하는 요소를 갖춘 동시에, 태동하고 있던 자본주의를 정당화하는 요소 또한 갖고 있었다. 즉, 자유주의는 전자본주의 시기와는 다른, 사회의 주요한 작동요소인 '자유로운 개인', '시장', '국가개입 제한'에 부합하는 내용을 갖추고 있다.

이 절에서는 고전적 자유주의, 수정자유주의, 신자유주의를 다룬다. 이 세 이념은 자본주의의 역사적 흐름과 함께 차례대로 등장했다. 고전적 자유주의는 봉건적 사회질서와는 이질적인 근대 자본주의 사회경제체제가 형성되는 과정에서 출현한, 새로운 사회질서에 부합하는 이념으로 17~18세기에 체계화되었다. 고전적 자유주의는 자유방임적인 초기 자본주의 질서에 부합하는 세계관을 구성했다. 그러나 빈곤, 질병, 무지, 아동노동의 참상 속에서 자유 개념의 전환을 통해 자유주의를 수정하고자 하는 시도가 이루어졌다. 주로 19~20세기 초반에 수정자유주의의 흐름이 형성되었고, 수정된 자유주의는 초기 노동정책과 사회복지정책 등을 통한 국가의 자본주의 시장경제에 대한 개입을 옹호하는 기초가 되었다. 그러나 시장경제에 대한 국가개입과 사회복지정책을 당연시한 사회 흐름에 맞서, 자본주의 위기의 원인을 복지국가에 돌리고 고전적 자유주의의 부활을 통해 자유주의의 방향을 다시 전환하고자 20세기 후반에 출현한 것이 신자유주의이다. 이제 이 세 가지 자유주의를 살펴보자.

고전적 자유주의: 개인의 자유를 최상의 가치로

고전적 자유주의는 개인의 자유를 최상의 가치로 추구하는 이념으로, 서구 자본주의의 형성기에 주도적 사회계급으로 등장한 부르주아계급이 구체제Ancien Regime에 대항하고 새로운 근대적 사회질서를 창출하는 과정에서 이를 뒷받침하는 이념으로 형성되었다. 개인의 예속을 가져오는 신분제에 기초한 사회질서가 아니라 시민이라는 평등한 개인들이 사회의 기본 단위가 되는 새로운 사회질서를 만드는 데 동력이자 지향점이 된 이념이 바로 자유주의이다. 즉, 자유주의는 근대 시민사회와 자본주의의 형성과 발전의 기본 이념으로, 가장 중요하게 추구하는 가치는 '개인의 자유'이다. 자유주의자들의 자유시장경제에 대한 옹호 역시 이것이 개인의 자유를 가장 크게 촉진시키는 경제체제라는 판단에서 비롯된다.

자유주의의 출발점은 개인이다. 개인은 합리성을 가진 자유로운 시민이다. 시민으로서 가지는 자유와 권리의 핵심은 특히 소유에 관한 것이다. 존 로크[John Locke; 1632~1704]는 자유주의를 최초로 체계화한 사상가로, 개인의 천부적 재산권의 정당화가 그의 시민사회와 정부이론의 핵심으로 여겨진다. 로크는 모든 사람이 소유에 대한 자연권을 갖고 있는 것이 자명하다며[1] 천부적 재산권을 정부보다 앞서 있는 존재로 전제했다.

> 인간이 국가로 연합하는 것과 자신들을 정부의 지배하에 두는 가장 크고 주요한 목적은 자신들의 재산 보전이다(Locke, 『통치론[Two Treatises of Government]』 [1690; Macpherson, 1962]에서 재인용).

로크에 따르면, 국가는 자유로운 시민들의 권리양도 '계약', 즉 사회계약을 통해 존립한다. 로크는 사회계약론을 통해 국가권력이 개인의 자유와 권리를 침해하고 전횡을 일삼을 때 그 존립 근거를 상실한다고 주장함으로써 부르주아혁명에 정당성을 부여했다. 로크의 자연권 사상과 인민주권론에 기반한 자유주의 이념은 영국의 명예혁명, 미국의 독립혁명, 프랑스혁명 등 일련의 부르주아혁명들에 영향을 미쳤고, 근대 자유민주주의 체제의 토대가 되었다.

자유주의자들은 자유로운 시장을 옹호하고 국가의 개입, 특히 당시의 중상주의 이념에 따라 이루어진, 국가의 경제개입에 반대했다.[2] 초기 자유주의자

---

1   크로포드 맥퍼슨(Crawford Macpherson)은 로크가 개인의 소유권을 최초로 정당화할 때 포함했던 자연적 제한—즉 부패되지 않을 만큼, 사용할 수 있을 만큼, 자신의 노동력이 혼합된 만큼 소유할 수 있음—을 화폐 도입을 통해 제거해냈음을 논증했다(Macpherson, 1962). 이로써 자연권 이론은 전적으로 재산 불평등과 개인의 무제한적 점유를 자연권으로 정당화하는 것이 되었다고 설명한다. 맥퍼슨은 로크가 개인의 절대적 재산인 노동 및 타인의 노동력 구매를 통해 획득한 재산에 대한 권리는 사회의 어떠한 도덕적 요구도 능가한다고 말했는데, 이는 재산 소유가 사회적 기능이자 사회적 의무를 수반한다는 전통적 견해를 붕괴시키는 것이었다고 평가한다.

들은 자유방임 laissez-faire 을 주장했다. 애덤 스미스 Adam Smith; 1723~1790 는 고전적 자유주의 경제이념을 정초했다. 그는 절대주의 국가가 절대주의적 특권을 가지고 중상주의에 따라 보호주의 정책을 고수하는 동시에 만연한 부패를 옹호하고 있던 현실을 논박하면서 『국부론 Wealth of the Nation』(1776)을 통해 시장경제와 사유재산제도의 정당성을 설파했다. 스미스는 자본주의 시장경제체제하에서 각 개인은 자기이익의 극대화를 추구하고 그것이 사회 전체의 공동선을 향상시킨다고 주장했다. "우리가 저녁식사를 기대할 수 있는 것은 정육업자나 양조업자, 제빵업자들의 자비심 때문이 아니라 그들의 사적 이익 추구 때문이다"(Smith, 1776)라는 『국부론』의 유명한 문구는 이를 표현한다. 그는 "공익은 공익에 기여하도록 의도된 행동들보다는 개인의 이기심에 의해 증진된다"고 보았다(Taylor, 2007). 즉, 스미스는 인간 본성은 이기적이며 시장경제는 이러한 인간 본성을 발전의 동력으로 활용할 수 있다는 점에서 정당성을 갖는다고 보았다. 또한 스미스는 시장경제의 장점으로 "필요한 정보를 가장 많이 아는 당사자가 사업의 주체가 되고, 경쟁의 효율성이 발휘되며, 분업에 의한 기술 발전이 실현되고, 시장 거래는 쌍방 모두에게 이익을 주며, 가격 변동에 의해서 수요자와 공급자가 합리적으로 생산과 소비를 조절할 수 있고, 관리들의 무능과 부패가 배제된다"는 것 등을 지목했다. 그러나 그가 주장한 자유는 정의의 법을 준수하면서 추구하는 자유이다. 이것은 정의의 법을 지키지 않는 이기심과 구분된다(이근식 외, 2001). 또한 스미스는 사유재산제도가 확립되어 군주와 귀족의 강탈로부터 개인의 재산을 보호할 때 경제 발전이 가능하다며 이를 위해 법치주의가 필요하다고 보았다(이근식 외, 2001).

고전적 자유주의는 평등하고 자유로운 개인을 사회의 침해될 수 없는 기본 요소로 보았다는 점에서 구체제에 반하는 급진적인 측면을 갖고 있었으나, 다른 한편으로는 소유권을 침해할 수 없는 절대적 권리로 취급하고 자유로운 시장경쟁의 불평등한 결과를 자유의 소산으로 옹호하는 측면을 갖고 있었다. 고전적 자유주의는 자본주의 시장경제를 수호하고자 한다는 점에서 그 계급적

---

2   당시 유럽의 군주들은 부국강병을 위해 경제에 적극 개입했는데, 이를 옹호한 이념이 중상주의였다. 국가의 경제개입은 대체로 대자본에게 유리하고 중소상공인들에게는 불리했다. 중상주의하에서 대자본은 독점적 영업권을 얻는 등 정경유착을 통해 특혜를 받았다.

성격을 뚜렷이했다. 그에 따라 노동능력이 없는 자에 대해서는 최소한의 빈민 구제만을 허용했다.

고전적 자유주의는 중상주의 이후에 근대국가와 초기 자본주의 시장경제 질서를 뒷받침하는 지배 이념으로서 중요한 역할을 했다. 그러나 자유주의도 극단적인 불평등과 비참함, 그리고 무엇보다도 노동력 재생산의 위기에 무조건 눈을 감을 수는 없었다. 이러한 위기의식을 반영하여 일부 '사회적' 요소를 도입하는 자유주의의 변형이 이루어졌다.

수정자유주의: 사회불평등을 고려한 자유주의 수정

수정자유주의는 초기 자유주의의 자유지상주의적 요소를 억제하고 정당한 이유, 특히 사회의 필요에 의해 개인 자유를 제한하는 것이 필연적임을 인정하는 방향으로 변화한 자유주의 사상을 가리킨다.[3] 자유방임자본주의의 폐해가 명시적으로 드러난 19세기에 국가의 사회복지 실시를 옹호하는 형태로 자유주의의 변형이 본격적으로 이루어졌다. 즉, 수정자유주의는 자유를 타인과의 연대, 타인에 대한 해 등 사회적 요소를 고려하여 재개념화함으로써, 자본주의 시장경제 유지를 옹호하면서 동시에 국가는 진정한 자유를 누리지 못하는 사회구성원을 위해 사회복지 제공 같은 적극적 역할을 해야 한다는 주장을 뒷받침했다. 이에 따라 수정자유주의는 19세기 말과 20세기 초의 빈민법 개선, 노령연금 도입, 뉴딜정책에 영향을 미쳤다.

18세기 영국의 대표적인 수정자유주의자인 토머스 페인[Thomas Paine; 1737~1809]은 시장경제를 지지하면서 동시에 사회복지를 강조했다. 그는 인간은 누구나 빈곤으로부터 자유로울 권리가 있으며 빈자에 대한 지원은 귀족제 폐지와 부자에 대한 세금을 통해 실현될 수 있다고 했다(김병곤, 1999).

19세기에 존 스튜어트 밀[John Stuart Mill; 1806~1873]은 자유시장 경제학의 과학적 설명이 조잡하며 공익을 위해 시장경제에 대한 어느 정도의 국가개입이 필요하다고 주장했다.[4] 밀은 『자유론[On Liberty]』(1859)에서 시민적 자유 또는 사회적 자

---

3   수정자유주의는 '신(new)자유주의'로도 불리며 신(neo)자유주의와 구별된다.

유에 관해 설명하면서 자본주의가 개인의 자유를 억압하는 위협요소가 된다는 점을 언급했다. "타인에게 해를 끼치지 않는 한 개인의 자유는 절대적으로 보장되어야 한다"는 그의 원칙은 타인에게 해를 끼치는 행위가 자유의 이름으로 옹호될 수 없으며 그에 대한 사회적 제재가 필요하다는 것을 의미한다. 국방 등 사회적 의무의 회피, 불우한 이웃을 외면하는 것 등이 그것이다(문지영, 2009). 밀은 자신의 발전을 위한 노력, 타인의 행복에 대한 관심을 갖고 자기이익과 타인의 이익을 조화시키기 위해 노력하는 것이 진정한 자유를 지향하는 것이라고 보았다. 그는 빈곤이 개인 문제가 아니라 사회제도의 문제이며, 이를 해결하기 위해서는 토지소유의 제한, 엄격한 상속세 징수, 협동조합의 건설 등과 같은 사회제도의 개선이 필수적이라고 주장했다. 특히 그는 노동자와 자본가 사이의 세력 균형을 위해 노동자계급의 노조 조직권이 보장되어야 한다고 주장했다. 즉, 개인의 자유에 대한 사회적 규제의 필요성을 지지한 것이다(문지영, 2009).

19세기 말 20세기 초, 빈곤이 만연하고 사회주의운동이 크게 성장하여 이것이 자본주의 체제의 정당성에 의문을 제기하게 만들면서 토머스 그린[Thomas Green; 1836~1882] 등은 자유를 사회적 맥락에서 재개념화하여 국가개입의 정당성을 옹호했다. 그린은 자유의 의미를 사회적인 것으로 전환했다. 그린은 자유를 단순히 외적 구속의 부재가 아니라 '다른 사람들과 협력하여 행할 가치가 있는 어떤 것을 행할 적극적인 힘 또는 능력'이란 적극적인 자유의 의미로 재개념화하였다(Green, 1888; 문지영, 2009)[5]. 그린은 '인간을 인간답게 살도록 보장하는 것'이라는 의미에서 '인격의 성장'을 최고의 가치로 삼았다. 그는 자유권 중 재산권이 재산을 가진 자에게만 이익이 된다면 다수의 빈자를 보호하기 위해 개

---

4   밀은 무엇보다도 자유주의 정치이론에서 위대한 족적을 남겼다. 밀은 『자유론』에서 정부와 여론의 억압성을 우려하여, 특히 다수가 개인의 자유를 억압하여 순응주의자를 만들어내고 이류 정치문화를 조성할 수 있다는 '절대다수의 폭정'을 경고했다. 그는 개인이 자신의 정신과 신체에 대한 주권을 가져야 한다고 주장했다. 우리가 자유로워지기 위해서는 양심, 사고, 느낌, 생활양식, 다른 사람과 결속할 자유가 필요하다는 것이다(Taylor, 2007).

5   정치사상가 벌린(Isaya Berlin: 1909~97)은 어떤 목표를 추구할 수 있는 적극적 자유와 속박에서 벗어나는 소극적 자유를 구분한 바 있다. 그는 그린과는 반대로, 소극적 자유를 지지하고, 적극적 자유는 결국 집단의 이름으로 개인 자유의 훼손을 가져온다고 비판한 바 있다.

인의 자유를 제한하는 것이 불가피하다고 했다. 이는 당시 노동자와 소작인들이 맺은 불리한 계약들을 염두에 둔 것이었다. 그는 개인의 인격 성장에 장애가 되는 것들을 제거하기 위한 국가의 적극적 역할을 주장했다. 그린의 사상은 19세기 말에 영국 자유당의 정책 전환에 큰 영향을 미쳤다(박광준, 2011).

레너드 홉하우스Leonard Hobhouse; 1864~1922는 다른 사람의 이익을 고려하지 않고 이기심이 지배하는 비사회적 자유unsocial freedom와 타인에게 해를 주지 않도록 속박이 부과된, 사회 전반에 분배되어야 하는 사회적 자유social freedom를 구분하여 자유를 재개념화했다. 그는 자유를 사회 전체에 분배하기 위해 국가개입이 필요하다고 여겼다(Hobhouse, 1911; Taylor, 2007). 홉하우스는 개인의 자유에 국가가 간섭할 수 있는 근거를 다음과 같이 말한다. "첫째, 사회적 자유는 상호 제한에 기초한다. 법적 제재가 없는 자유는 진정한 자유를 훼손한다. 둘째, 국가개입은 한편에서는 개인의 자유를 제한하면서 다른 한편에서는 개인의 자유를 확대한다. 셋째, 개인의 의지가 사회공동체의 의지와 충돌할 때에는 공동체가 선이라고 인정하는 것을 강제하는 행위를 합법적인 것으로 인정하거나 공동체의 의지가 개인의 발달을 속박함을 시인해야 한다. 넷째, 개인의 자유와 국가 통제는 서로 모순 없이 발전할 수 있다. 개인의 정신과 인격이 발달할 수 있는 조건을 확보하는 것이 국가의 기능이다."(Hobhouse, 1911; 박광준, 2011에서 재인용)

존 롤스는『정의론』이라는 저작을 통해 국가의 재분배 기능, 즉 복지국가의 정당성을 옹호했다.[6] 롤스는 우선 평등한 자유의 원칙을 주장했다. 누구나 사상, 양심, 언론, 집회, 선거의 자유, 재산 소유의 자유 등과 같은 기본적 자유에 대해 평등한 권리를 가져야 한다는 것이다. 또한 그는 사회적·경제적 불평등은 최소수혜자의 이익을 최대화시키는 한에서 정당성을 가진다는 의미에서 차등원칙을 주장했다. 약자를 배려하는 한에서 성장이 용인될 수 있다는 것이다. 그리고 그는 기회균등의 원칙을 통해 사회불평등이 형식적 기회균등뿐만 아니라 실질적 기회균등까지 보장될 때 정당화될 수 있다고 설파했다. 이러한 롤스의 논의는 개인의 자유와 사회적 평등을 조화시키려고 했다는 점에서 고

6   롤스의 정의 원칙에 대한 구체적인 내용은 제4장을 참고하라.

전적 자유주의와 뚜렷하게 구분된다.

수정자유주의에서는 끊임없이 불평등이 산출되는 자본주의 사회에서 자유가 의미를 가지려면 불평등의 감소가 필요하다고 주장했다(Taylor, 2007). 수정자유주의는 20세기에 자유주의 정치세력이 시장경제에 대한 국가개입을 승인하는 이념적 기반이 되었다. 즉, 수정자유주의는 뒤에서 설명할 사회주의, 사회민주주의와 함께 케인즈주의적 국가개입의 기반 이념이 되어 20세기의 자본주의 운용방식에 영향을 미쳤다.

신자유주의: 복지국가 공격으로 부활한 자유주의

신자유주의는 20세기에 시장에 대한 국가개입을 용인하는 형태로 변형되었던 자유주의를, 다시 개인의 자유를 극단적인 형태로 옹호하는 자유주의로 복귀시켜 1980년대 이후에 국가복지의 축소와 복지의 시장화에 직접적인 영향력을 발휘한 사상체계이다.[7] 신자유주의는 국가개입이 수반된 자본주의 호황이 1970년대부터 위기로 전환되면서 국가개입을 옹호했던 수정자유주의와 사민주의 이념과 정책을 강력하게 공격함으로써 생명을 얻었다. 신자유주의의 현실정치에 대한 영향력은 1979년 영국의 대처 집권, 1980년 미국의 레이건 집권을 계기로 발휘되었으며, 최근에 이르기까지 많은 나라에서 사회복지정책 전환에 방향키 역할을 했다. 신자유주의의 대표적 이론가는 프리드리히 하이에크, 로버트 노직, 밀턴 프리드먼[Milton Friedman; 1912~2006] 등이다.

신자유주의자에게 자유시장은 절대적인 옹호의 대상인 반면, 국가의 시장개입은 반드시 정부실패를 수반하기 마련이기에 비판의 대상이다. 시장은 창조력과 기업가정신[entrepreneurship]을 만개시켜 개인의 자유와 복리 증진, 자원의 효율적 배분을 가져올 수 있다(Hayek, 1973; Thorsen and Lie, 2007에서 재인용). 이상적인 국가는 그 역할과 책임이 최소화된 '최소국가'로, 국가의 유일한 적법한 목적은 개인, 상업적 자유, 강력한 재산권을 보호하는 것이다(Mises,

---

7 신자유주의를 자유주의가 아닌 보수주의로 분류하는 견해도 있다. 고전적 자유주의 시대에는 보수주의가 위계와 전통 같은 것을 중시하는 이념이었으나 역사적으로 자본주의와 타협해오면서 오늘날에는 사실상 시장경제를 보호하는 이념이 되었다.

1962; Nozick, 1974; Hayek, 1979; Thorsen and Lie, 2007에서 재인용).[8] 그 근거는 '정부실패'이다. 국가의 사회권 보장을 통한 평등한 자원 분배가 반드시 복지를 개선시키지는 않기에 국가의 역할 범위는 가능한 한 축소되어야 한다. 신자유주의의 입장에서 정치의 목표는 개인의 소극적 자유의 극대화이며 국가는 개인의 자유를 늘리기 위한 매개일 뿐이다.

신자유주의자들은 인간 행위의 유일한 동기는 이기심이며 국가개입 역시 개인들의 이기심과 밀접하다고 말한다. 사회복지정책의 발전 역시 이러한 이기심에 비추어 설명되는데, 사회복지정책은 관료조직 자체의 팽창을 위해 불필요하게 확장된다는 것이다. 따라서 시장실패가 발생하는 경우에도 국가가 개입하지 않는 것이 더 나은 경우가 대부분이라고 말한다. 국가는 문제를 해결하기보다는 오히려 문제를 야기한다는 것이다. 이에 신자유주의자들은 정치를 비합리적이고 부패한 것으로 그리면서 그 영역을 최소화하고자 한다(장하준, 2006).

시장에서 사적 계약의 자유와 책임은 개인에게 있으므로 선택권은 합리적 시민에게 매우 중요하다. 핵심은 선택의 결과가 선택을 수행한 개인의 몫이라는 것이다. 즉, 개인은 자유로운 선택의 결과를 유일하게 책임지는 주체이며, 사회불평등은 자유로운 선택의 결과인 한 도덕적으로 수용 가능한 것이 된다. 신자유주의자들은 "인간의 미덕은 시장에서 경쟁하는 주체로서 기능할 때, 즉 자유시장에의 참여로 인한 위험을 받아들이고 빠른 변화에 적응하려고 할 때 확보된다"(Friedman, 1980; Thorsen and Lie, 2007에서 재인용)고 말한다. 결국 개인은 경쟁하고 선택하며 경영하는 주체일 때 윤리적이다.

신자유주의의 입장에서 사회권이란 것은 필연적으로 사회의 일부가 다른 일부를 위해 강제적으로 세금을 납부하도록 만들어 타인의 재산권을 침해한다는 점에서 문제를 가진다. 사회권 보장을 위해서는 세금이 필요한데, "모든

---

[8] 노직은 국가의 정당한 영역은 강제, 절도, 사기로부터의 보호와 계약의 이행 같은 협의의 기능들에 국한되어야 한다고 하였고(Nozick, 1974), 하이에크는 국가의 역할은 법과 질서를 지키고 계약 이행을 강제하며 국방과 최소한의 소득을 제공하는 것에 국한되어야 한다고 했다(Hayek, 1979). 사회계약론적 국가기원론에 따르면, 국가는 법 질서(특히 재산권 보호)라는 공공재 공급 문제를 해결하기 위해 발생한 제도이다. 법 질서는 일단 그것이 공급되면 공급비용을 부담하지 않은 사람들도 혜택을 누릴 수 있는 '공공재'이기 때문에 시장기구에 의해 최적 수준으로 공급될 수 없다. 따라서 이러한 시장실패에 대응하여 국가가 탄생했다(김병곤, 1999).

세금은 강제노동에 지나지 않기 때문이다."(Nozick, 1974; 전용덕, 2013에서 재인용)

신자유주의의 복지국가 비판은 기본적으로 가치와 윤리의 차원에서 이루어진다. 개입주의적인 국가는 자원 재분배를 통해 일부 사람들을 위해 다른 사람들의 자유에 해를 끼치는 등 신자유주의가 추구하는 지상의 가치인 개인의 자유를 위협한다. 또한 복지국가는 정부에 대한 개인의 의존을 강화시킴으로써 인간의 본성마저도 왜곡한다는 점에서 비윤리적이다. 더욱이 복지국가는 평등과 분배를 지나치게 강조하고, 개인의 선택과 책임을 간과하며, 복지를 국가복지와 동일시하여 시장·가족·자원봉사 부문의 역할을 무시한다. 게다가 복지국가를 통해 대규모로 재분배가 이루어짐에도 불구하고 여전히 빈곤문제는 심각하다는 점에서 개인을 국가에 의존하도록 만드는 전략의 문제해결 효과성 역시 의심스럽다. 이러한 신자유주의의 이념에 따라 영국의 대처정부는 국민에게 의존문화를 탈피하여 가족 안에서 일하고 이웃을 돌보도록 요구했다(Taylor, 2007).

한편 신자유주의에서 추구하는 국가는 최소국가에 그치지 않는다. 바람직한 국가는 최소국가이자 동시에 시장을 모방하여 변형된 국가이다(Munck, 2009; 박상현, 2009에서 재인용). 시장은 국가의 모델이 되어 국가 자체의 시장화가 추구된다. 신공공관리론에서는 공공부문을 시장과 같이 경쟁상황에 둠으로써 효율성을 높일 수 있다고 주장하며 기업가정신을 강조한다. 공공조직도 정부 지원을 놓고 경쟁해야 한다는 것이다. 나아가 신자유주의 국가는 자유방임에 그치는 것이 아니라 시장 확대를 적극적으로 추구하는 국가이다. 이는 신자유주의가 구자유주의와 구분되는 지점이다. 신자유주의의 이념은 국가가 공공복지의 역할을 완전히 폐기하는 것이 아니라 그에 관한 최소한의 책임을 져야 한다고 한다. 그러나 이는 사회정의와 자본주의 근간이 되는 윤리를 덜 침해하도록 조심스럽게 이루어져야 하며, 복지도 시장원리를 가능한 한 모방하여 제공될 때 그 부작용이 덜하다고 주장한다.

자유주의와 사회복지정책

자유주의의 이념에서 바라보는 사회복지정책의 존립 근거와 역할은 무엇일까? 또 자유주의 이념은 사회복지정책의 설계에 어떤 형태로 반영될까?

어떤 자유주의냐에 따라 약간씩의 차이는 있지만, 자유주의 이념은 사회복지정책에 대해 국가 역할의 최소화, 시장화 혹은 민영화, 선택의 자유 및 자조self-help의 강조, 근로연계복지workfare(워크페어), 선별주의 옹호 등으로 반영된다. 사회자유주의에 비춰보아도 사회복지정책은 '결과의 평등'보다는 '기회의 평등'을 옹호한다.

자유주의 이념에 따르면, 인간의 필요는 국가가 아닌 시장을 통해 충족되는 것이 올바르고 자연스럽다. 즉, 자유주의자들은 개인이 구매능력에 따라 자유로운 선택을 하여 복지욕구를 충족시키는 것이 도덕적이며 또 경제적으로도 바람직하다고 본다. 그럼에도 불구하고 지나친 불평등과 빈곤이 야기하는 도덕적·정치적 문제 등을 고려할 때 최소한의 국가개입은 정당하다.

그러나 자유주의의 기본 시각은 불평등과 빈곤은 문제이지만 그렇다고 자본주의 시장경제 자체가 잘못된 것은 아니라는 것이다. 따라서 도덕적·정치적인 이유 등에서 불평등, 빈곤, 노동문제 등에 대해 국가개입이 이루어질 수 있지만, 이는 그 원인이 되는 시장경제질서를 직접 수정하는 것이 아니라 그 결과에 대한 것으로 제한되어야 한다.

고전적 자유주의 입장에서 사회복지정책의 범위도 시장경제질서를 침해하지 않도록 최소화되어야 한다. 자유시장경제의 작동이라는 과정이 정당하므로, 그 결과인 불평등과 빈곤 역시 정당하기 때문이다. 따라서 이 입장에서는 국가의 사회복지정책의 대상 인구와 급여수준이 최소화되는 것이 바람직하다. 최소수준 이상의 욕구 충족은 각자의 책임이다. 개인이 시장에서 돌봄, 교육, 의료, 주택, 소득보장 등의 상품을 자유롭게 선택하되 이에 대한 국가개입은 가능한 한 적을수록 좋다는 것이다. 필요를 충족하는 데 '국가개입의 축소'와 '자유로운 선택'이 중요한 원칙이기 때문이다.

이렇게 공공복지 수준을 억제하는 것은 두 가지 효과를 갖는다. 우선 '복지시장'의 발달이다. 즉, 시장을 통해 개별적으로 복지욕구를 충족하는 것을 지배적인 패턴으로 만든다. 또한 공공복지 억제는 낮은 임금의 수용과 자본주의 노동윤리 강화효과를 갖는다.

개인의 욕구 충족은 개인의 책임이라는 전제하에, 고전적인 자유주의적 사회복지정책의 대상은 자립능력이 없는 자로 제한될 수 있다. 이는 복지제공에서 선별주의 원칙으로 표현된다. 소득 및 자산조사와 노동능력 조사 등을 통해 사회복지급여 대상을 제한하고, 자조할 수 없거나 가족이 책임질 수 없는 사람만을 자격 있는 수급자라고 한다. 고전적 자유주의는 신빈민법의 열등처우 원칙을 통한 구호 수준 제한, 노동능력이 있는 빈민의 강제 작업장 수용 등에서 알 수 있듯이 초기 사회복지정책에서 강력하게 관철되었다. 초기의 연금제도 역시 이러한 노동능력 조사와 소득조사 등을 대부분 포함했다. 또한 20세기 후반에 신자유주의의 영향하에서 빈민을 대상으로 하는 공공부조의 수급자격, 수급기간 제한 역시 강력하게 이루어졌다. 이 입장에서 보면, 보편적 사회보장은 자원 낭비이다.

수정자유주의의 입장에서는 낮은 수준의 보편적 수당까지도 기회의 평등과 자유의 고른 사회적 배분을 위한 조치로 용인되곤 한다. 이것이 복지국가의 역사에서 보편적 수당제도의 도입을 위한 자유주의자와 사회민주주의자들의 동맹이 가능했던 이유이다. 수정자유주의자들은 사회를 상호 연결된 통일체로 바라보고 적극적 자유, 사회적 자유 개념 등으로 자유를 재개념화함에 따라 국가가 빈곤을 제거하고 주택 부족과 질병의 공포로부터 사람들을 해방시키는데 중요한 역할을 할 수 있다고 보았다. 미국의 린든 존슨^{Lyndon Johnson}정부의 '빈곤과의 전쟁'은 학교에 대한 원조, 훈련프로그램, 주택 제공 등을 포함했고 빈곤의 대물림을 막고자 했다. 이 프로그램은 빈곤층을 위해서뿐만 아니라 미국 사회의 도덕적, 경제적 안녕을 촉진하기 위한 것이었다(Johnson, 1971; Taylor, 2007에서 재인용).

1980년대 이후에 서구사회의 지배적 이념이었던 신자유주의에 의거한 사회복지정책 재편은 자유주의 원칙을 사회복지정책에 충실하게 관철시키고자 복지 대상자 및 급여수준 등의 축소를 통해 정부의 역할을 최소화하는 방향으로 이루어졌다.

신자유주의자들은 민영화를 통해 돌봄, 교육, 의료, 주택 등의 사회서비스,

연금 등의 소득보장에서 시장의 역할을 늘리는 정책 방향을 추구했으며, 이는 자원배분의 효율성을 높이고 선택의 자유를 증진시킨다는 명분으로 정당화되었다. "민영화는 민간의 활력을 고무하고 시장경제에 대한 믿음을 부활시키며 국민의 의존적인 태도를 불식하는 데도 기여할 뿐만 아니라 복지서비스의 수혜자에게 비용을 부담시키는 수익자부담 원칙을 강화시킨다는 것"(김태성·성경륭, 1993) 역시 민영화의 또 다른 명분이었다.

신자유주의가 사회복지정책에 미친 영향력은 전방위적이다. 우선 신자유주의자들은 사회복지서비스 공급에 대한 국가의 역할을 줄이는 대신 시장에 더해 보완적으로 가족과 지역사회, 종교단체 등 사적 영역이 복지에 대해 더 많은 책임을 갖도록 하는 형태의 개혁을 추구했다. 특히 자원배분의 효율화를 명분으로 복지공급에서 민간영리기관들의 역할을 확대했다. 또한 빈곤층에 대한 공공부조 수급 조건을 더욱 제한하고 복지수급 조건으로 일을 요구하는 근로복지연계(워크페어)의 확대 역시 신자유주의 이념의 영향력을 반영한다.

역설적인 것은 신자유주의의 영향하에서 국가가 복지수급자를 제한하기 위해 근로능력 조사와 소득조사 등 개인에 대한 조사와 감시를 강화해 개인의 자유를 더욱 침해할 수 있다는 점이다. 즉, 빈곤층 등 약자에 대한 신자유주의적 국가정책은 국가의 더 많은 개입과 감시를 수반하는 권위주의적인 것이기도 하다.

신자유주의는 1990년대 말부터 본격적인 발전단계로 들어선 한국 사회복지정책의 제도 선택에도 영향을 미쳤다. 이 시기에는 한국 사회복지정책의 확대와 동시에 신자유주의의 영향을 받은 제도 구성이 이루어졌다. 일례로 한국은 1998년의 경제위기 이후에 공공복지 지출이 계속 빠른 속도로 증가했지만 국가의 사회서비스 공급자 역할은 여전히 OECD 최하위권에 머물러 있다. 한국에서 전체 의료기관 중 공공의료기관이 차지하는 비율은 5.7%이고 공공 병상의 수는 9.5%에 불과하다(2013년 기준). 국공립 어린이집 이용률은 전체 어린이집 수 대비 7.8%, 이용 아동 수 기준으로는 12.9%에 머물러 있다(2017년 말 기준). 즉, 복지지출 증가 가운데에도 이렇게 공공사회서비스 제공기관 확충이 정체된 것은 한국사회의 이념지형과 무관하지 않다. 특히 2007년에 도입된 장기요양보험제도는 영리사업자들이 사회서비스의 공급을 주도하는 장기요양서비스 시장의 형성을 가져왔다. 노인장기요양시설 중 국공립시설은 전체 시설의 2.22%이고 전체 입소정원의 5.15%를 담당하고 있다(2014년 기준, 주은선 외, 2015). 사회서비스의 공급과 이용 촉진이 사회서비스 시장의 형성과 확대를 통해 이루어진 탓이다. 시장경쟁은 사회서비스의 질을 향상시키기보다는 공급자들의 유혈적 경쟁으로 인한 종사자들의 고용의 질 저하, 투입비용 절감을 위한 서비스 질의 저하를 가져왔다.

소득보장정책에도 신자유주의 이념은 영향력을 행사했다. 각국에서 빈곤층에 대한 소득보장을 다양한 방식으로 축소하고 근로의무를 강화하는 조치들이 이루어졌다. 또한 세계은행의 직간접적인 영향하에서 전 세계에서 공공복지 축소, 민간연금시장 확대 노력의 일환으로 국민연금 같은 공적연금제도가 전면적으로 혹은 일부 민영화되었다. 이와 함께 최종연금급여를 보장하지 않는 확정기여defined-contribution 방식의 기업연금 및 개인연금의 확대 조치가 취해졌다.

한국에서도 2007년 국민연금 개혁을 통해 40년 가입 평균소득자의 연금급여수준은 60%에서 40%로 떨어졌다. 정부는 이를 퇴직연금제의 도입, 개인연금 보험료에 대한 세제혜택의 확대 등을 통해 사적연금 활성화의 계기로 삼고자 했다. 그 결과 국민연금의 급여수준은 제도 도입 이후 30년이 지났음에도 낮은 수준으로 고착된 반면, 퇴직연금시장과 개인연금시장의 규모는 크게 확대되었다. 또한 기초연금액은 꾸준히 인상되었지만, 기초연금과 국민연금을 합산한 공적연금의 전체 보장 수준은 사적연금의 활성화를 유도할 수 있을 정도로 제한적이다.

요컨대 다양한 스펙트럼의 자유주의 이념은 사회복지정책의 등장부터 최근의 변화에 이르기까지 영향을 미쳤고, 한국에서도 국가 역할의 최소화, 민영화와 복지시장의 활용, 취약집단 지원 시 근로의무의 강화 등 사회복지정책 기조에 반영되었다.

보수주의

보수주의 이념

　보수주의는 개인의 자유보다 사회질서의 유지에 가치를 둔다. 보수주의자들은 인간 본성은 이기적이고 악하다고 본다. 보수주의의 인간에 대한 회의는 인간 본성뿐만 아니라 인간 이성에 대한 것도 포함한다. 인간 이성은 위대하지 않고, 이성에 의해 선을 실행함으로써 오히려 해를 끼칠 수 있으며, 더욱이 이성은 악을 합리화시키는 도구가 될 수도 있다는 것이다. 따라서 보수주의자들은 인간이 자유로워지기보다는 감독되고 훈련될 필요가 있다고 주장하면서 인간을 규율할 수 있는 사회질서를 강조한다. 특히 지금까지 유지해온 평화롭고 안정적인 사회질서를 계속 지켜나가는 것을 최선의 선택으로 본다. 에드먼드 버크^Edmund Burke; 1729~1797는 『프랑스혁명에 대한 성찰^Reflections on the Revolution in France』(1790)에서 인간 본성에 대한 이러한 생각에 기초해 사회를 움직이는 동력으로 여러 세대에 걸쳐 성취된 사회적 협력관계를 중요시했다. 그는 사회적 협력관계의 지속을 위해 전통과 관습을 유지하는 것이 필수적이라고 보았다.

　또한 보수주의는 소수가 다수를 통치해야 한다는 신념에 기초하여 불평등을 인정한다. 즉, 위계적인 사회질서 유지의 타당성을 주장한다. 인간의 자질은 불평등한데 이는 자연적이므로(Taylor, 2007) 현명하고 신중한 소수에게 권력이 부여되어야 한다.[9] 보수주의에서는 개인의 자유가 사회질서에 비해 우선순위가 낮고 사회질서의 테두리 내에서 허용된다. 평등은 지위의 유지를 포함한 제한적 의미에서 승인된다.

　보수주의는 기본 윤리로 위계질서의 유지와 이에 대한 충성심을 강조한다. 보수주의 이념에서 바람직한 사회상은 전자본주의 시기의 가족, 직업, 종교

---

[9] 버크는 소수만이 충분한 부를 가질 수 있고 품위 있는 덕행을 계발하고 정치적 지혜에 필요한 자질을 닦을 수 있는 여유시간을 누릴 수 있기에 정치제도는 계몽된 소수의 통제하에 있어야 한다고 믿었다(Burke, 1790; Taylor, 2007에서 재인용). 그러한 소수 지도자가 될 수 있는 사람은 진정한 본래의 귀족(true natural aristocracy)인데, 이들은 세습귀족들로 사유재산과 세습된 권위가 그러한 특별한 기회의 기반이다.

등 위계관계들이 엄격하게 형성되어 있는 사회공동체에서 발견된다. 보수주의 윤리는 이러한 위계질서를 유지하는 데 기능적이다. 보수주의 이념에서 윤리적인 인간은 개인으로 존재하기보다는 가족, 직업집단, 종교, 국가 안에서 위치에 걸맞은 역할을 하는 존재이다. 특히 인간은 소속집단에 대한 충성심을 가져야 하며, 가부장, 종교지도자, 그리고 국가는 개인의 충성에 대해 개인의 복지와 안전보장으로 보답해야 한다.

보수주의의 내용 중 하나는 '가부장적 온정주의 Paternalism'이다. 노블레스 오블리주 Noblesse Oblige는 많은 성직자들이 설파한 상층계급의 책무이며, 공동체 유지를 위해 필수적인 것으로 간주된다. 부자에게는 빈자를 보호하고 훈련시킬 의무가 있다. 이러한 온정주의적 관점은 현대 복지에도 적용된다. 이언 길모어 Iain Gilmour는 정부가 극단적인 불평등을 감소시키고 빈민을 도와야 한다고 주장했다. 사회복지는 평등 수준을 체계적으로 높이는 것이 아니라 자선을 베푼다는 차원으로 접근해야 한다. 온정주의가 필요한 이유는, 온정주의가 서로 다른 지위에 있는 사람들 사이의 관계를 윤택하게 하기 때문이다(Gilmour, 1992; Taylor, 2007에서 재인용).

보수주의의 또 다른 주요 내용 중 하나는 가부장제와 모성을 옹호하고 젠더관계에서 차별을 유지하고자 하는 경향이다. 보수주의에 입각한 전형적인 태도는 전통적인 가부장적 가족제도의 유지와 보존을 추구하는 것이다. 가부장의 권위에 기대어 경제적 욕구는 물론, 돌봄 욕구 등의 충족이 가족 단위로 완결적으로 이루어지는 사회시스템이 바람직하다는 태도이다. 이렇게 보면 보수주의는 사회주의와 마찬가지로 집합주의의 요소를 공유하지만, 평등보다는 위계를 강조하며, 특히 전통적인 가부장적 가족제도의 유지를 도모한다는 점에서 사회주의와 큰 차이가 있다.

자본주의에 대한 보수주의의 태도는 복합적이며 자본주의 체제 도입과 정착 과정에서 변화해왔다. 19세기 중반에 보수주의는 자본주의 자유시장체제에 대한 강력한 비판 이념이었다. 영국의 초기 보수주의자들은 산업화, 도시화와 시장경제의 발전이 사회를 파괴한다고 비판했다. 특히 도덕과 종교의 붕괴를 비판했다. "보수주의 전통에는 자본주의의 금전 중심 관계 cash nexus에 대한 회의, 그리고 경멸이 깊이 내재되어 있다. 토머스 칼라일 Thomas Carlyle은 고전적 자유주의자들의 정치경제관이 비인간적이어서 연민, 이해, 자비심으로 조절될 필요가 있다고 했으며, 사회질서와 사회의 자연적 조화를 회복하기 위해 정치인들이 노동자와 사용자 사이의 선의의 관계를 개발하도록 노력해야 한다고 믿었다."(Carlyle, 1843; Taylor, 2007에서 재인용) 보수주의가 이상화하는, 온정주의에 의한 위계적인 공동체 질서라는 측면에서 볼 때, 자본주의 시장경제는 충성과 책임, 온정을 찾아볼 수 없다는 점에서 바람직하지 않다.

그러나 보수주의자들은 자본주의 시장경제체제로의 전환에 전면적으로 저항하기보다는 전환 과정에서 보수주의적 가치를 유지하거나 활용했다. 19세기 말 독일에서 비스마르크가 황제를 정점으로 하는 강력한 제국 안에서 권위주의에 의한 빠른 산업화를 추구한 것이 그 예이다. "보수주의자들은 통제 없는 자유시장이 경제적 효율성을 보장하는 최선의 방안이라고 생각하기보다는, 절대주의와 가부장제야말로 계급투쟁 없이 자본주의로 나아가는 최선의 법률적·정치적·사회적 외피라고 보았다."(Esping-Andersen, 1990)

자본주의가 지배적인 사회경제질서가 된 현 상황에서, 보수주의자들은 안착된 질서인 자본주의를 보호하고자 한다. 현실에서 보수주의자들은 대자본과 긴밀한 관계를 맺어왔다(Taylor, 2007). 보수주의자들은 자본주의를 보호하는 주요한 방식이 국가개입이라고 보았다. 이들은 시장경제에 대한 국가의 개입이 자본주의의 무절제를 제어하는, 책임 있는 정치적 행위라고 본다. "이들의 입장에서 효율적 생산체제를 가능하게 하는 것은 경쟁이 아니라 규율이며, 시장보다는 국가가 우월하다."(Esping-Andersen, 1990) 또한 이들은 계급갈등이 심화되면 지위의 경계선들이 무너질 수 있다는 점에서, 위계질서의 유지라는 차원에서 계급갈등의 발생을 경계한다. 요컨대 보수주의의 입장에서는 자본주의 시장경제의 효율성을 높이고 체제 내부로부터 발생하는 갈등을 줄이기 위해 권위주의적인 국가의 개입이 필요하다고 본다.

그러나 20세기 후반에 보수주의는 시장자유주의를 적극적으로 수용하는 형태로 변형되었다. 즉, 온정보다는 국가의 시장개입 억제가 더 중요한 가치가 되었다. 대표적인 예가 대처정부의 보수주의이다. 또한 현실에서는 보수주의에서 강조하는 권위, 위계질서, 온정, 충성, 가부장주의 등은 자본주의 사회의 불평등을 심화시키기도 한다. 특히 가부장주의는 성별 위계를 활용한 노동착취와 저임금시스템을 유지하는 배경이기도 하다. 요컨대 보수주의와 자본주의는 복합적인 관계를 맺고 있다.

보수주의와 사회복지정책

보수주의의 입장에서 국가의 사회복지정책은 가족, 종교, 직업 등 각 사회 영역의 위계와 전체 사회질서를 유지시키는 데 중요하며, 이는 국가의 사회복지정책 운영의 여러 요소를 통해 구현된다. 즉, 보수주의의 관점에서 보면, 첫째, 약자들을 보호하기 위한 사회복지정책은 사회를 유지하는 데 기여해 사회의 안정성을 높인다. 더욱이 몇몇 정책들은 직접적으로 충성심을 제고하며 위계적인 사회질서의 유지에 이바지한다. 둘째, 사회복지정책은 국가의 국민에 대한 가부장적 책임의 표현이자 온정주의의 소산이기도 하다. 노블레스 오블리주가 그 예이다.

그렇다면 보수주의에 입각한 사회복지정책의 바람직한 형태는 무엇일까? 보수주의자들은 기존의 종교, 직업, 지역 등에 근거한 집단 혹은 체계들과 소규모 단위의 전통과 특수성을 유지하고자 한다. 그런 면에서 조합주의Corporatism 방식의 사회보장은 보수주의의 전통과 연관된다.[10] 또한 보수주의에서는 공동체 내의 위계와 불평등을 유지하는 것이 바람직하다고 보기 때문에, 가부장제라는 보수주의의 가치는 구체적인 사회복지정책의 내용에 반영되기도 한다. 이런 내용들을 좀 더 자세히 살펴보자.

첫째, 보수주의의 관점에서 사회복지정책은 사회 유지를 위한 도구로서 유용성을 갖는다. 칼 폴라니Karl Polanyi[11]는 『거대한 전환The Great Transformation』(1944)에서 스핀햄랜드법을 지방의 봉건적 공동체의 자기보호 시도로 해석한 바 있다.

---

10   조합주의는 유럽 대륙에서 사회보험의 운영에 국가가 아닌 직업집단, 특히 노동과 자본이 운영주체가 되어 협상을 통해 의사결정을 하는 것을 강조하는 관행과도 연관된다.

11   폴라니는 자유주의, 사회주의, 보수주의 이념과는 거리를 둔 경제사상가로, 자율적으로 조정되는 시장경제의 개념에는 실체가 없으며 실제로는 경제가 사회에 뿌리를 내리고 있다고 보았다. 그는 자본주의 경제체제로의 전환, 전면적인 상품화 과정을 비판적으로 분석했다. 또한 자본주의 체제에서 사회가 다양한 방식으로 스스로를 보호하고자 한다는 것을 살펴보았고, 상품관계가 지배하지 않는, 대안적 원리에 의한 경제체제 구축을 제안했다.

그림 6-1 칼 폴라니는 자본주의 시장경제를 '악마의 맷돌'로 비유하며, 스핀햄랜드법을 봉건공동체의 자기보호 시도로 해석했다.

폴라니가 '악마의 맷돌'로 비유한 자본주의 시장경제가 농업노동자들의 삶과 사회질서를 붕괴시키는 가운데, 영국 전역에서 지주들이 일종의 최저생계보장 제도인 스핀햄랜드법의 도입을 주도해 봉건적 농촌사회의 유지를 도모했다는 것이다. 물론 스핀햄랜드법은 자본주의 시장경제라는 물결이 밀려드는 가운데 이를 막고자 한 댐과 같은 것이었으나 보호는 일시적일 수밖에 없었다. 스핀햄랜드법은 집행과 재정 기반이 봉건적이었기에 자본주의 체제 전체에서 주기적으로 발생하는 대량실업과 빈곤문제의 영향으로부터 자유로울 수도 없었고, 오래 지속될 수 없었다.

보수주의자에게 사회복지정책은 국가의 사회질서 유지의 도구가 될 수 있다. 사회복지정책은 개인들의 충성심을 확보하여 국가가 권위를 유지하고 사회를 보호하는 역할을 할 수 있도록 한다는 것이다. 보수주의의 이러한 관점은 비스마르크의 사회보험제도 도입 시도에서도 드러난다. 독일에서 노동자들에 대한 사회주의의 영향력이 커지는 가운데, 비스마르크는 사회보험 도입을 통해 노동자들의 국가에 대한 충성심을 제고하고 권위에 대한 복종을 강화하고자 했다. 사회보험제도가 강력한 국가를 유지하는 데 기여하기를 희망한 것이다. 비스마르크의 사회보험제도 원안에서는 국가가 사회보험제도를 통해 제도 관리를 전담하여 노동자들을 직접 조직하고, 기여금도 전액 부담하는 방안을 추진했다.[12] 비스마르크가 관심을 가졌던 것은 사회보험이 노동자의 생활보장

12   독일의 사회보험제도는 의회의 반대로 비스마르크가 구상한 원안대로 도입되지 않았다. 비스마르크의

에 미치는 효과가 아니라 그것이 노동자들의 국가관에 미치는 효과였다(Rim-linger, 1971).

한국에서도 박정희정권이 쿠데타를 통해 집권한 직후에 군인연금과 공무원연금을 도입한 것은 보수주의의 입장에서 사회복지정책의 충성심 제고와 질서유지 효과를 의도한 것으로 평가된다. 당시 국가는 군인연금과 공무원연금에 대해 초기의 낮은 보험료에 비해 미래의 높은 연금급여를 약속함으로써 당시 정부의 비용 부담은 거의 들이지 않으면서 넉넉한 노후보장에 대한 약속을 통해 이들의 충성을 확보하고자 했다.[13]

둘째, 보수주의의 입장에서 사회복지정책은 국가 차원으로 확대된 국가 온정주의의 산물이기도 하다. 보수주의의 이념 안에서 국가개입은 국민의 권리보다는 연민과 자선에 기반한다. 보수주의의 입장에서는 개별적 혹은 집단적인 권리 요구나 갈등보다는 자선, 충성, 봉사가 넘쳐나는 공동체를 가치 있는 것으로 바라보며, 사회복지는 이러한 가치 있는 공동체를 위한 것이다.

이러한 온정주의적 의도는 앞서 언급한 위계적 사회질서의 유지와도 긴밀한 연관성을 갖는다. 국가는 개인을 보호해야 할 의무가 있으며, 이에 대해 개인은 충성을 통해 보답한다. 즉, 보호와 충성의 교환이다. 앞서 언급한 비스마르크의 사회보험 입법에는 온정주의 및 국가 차원으로 확대된 가부장주의의 산물이라는 측면도 존재한다. 국가가 산재, 질병 등의 위험에 대해 노동자계급을 수호하되 노동자들이 독일 국가와 황제에게 복종할 것을 의도한 것이다. 에스핑안데르센은 보수주의 개혁가들이 추구했던 사회보험 모델에 대해 개인의 충성심을 군주나 국가의 권위에 직접 묶어놓는 것이라고 설명한 바 있다(Esping-Andersen, 1990). 보수주의의 관점에서는 국가복지가 온정의 산물이며 동시에 동의와 충성심을 확보하여 현행 사회질서를 유지하는 방안이다. 복지는 사회권의 산물이 아닌 것이다.

사회보험제도 도입 과정과 그 의의에 대한 자세한 내용은 문기상(1988)을 참고하라.

13   군인연금과 공무원연금 제도 도입은 절차적 정당성을 갖추지 못하고 집권한 박정희정부가 큰 비용을 들이지
     않고서도 집권 초기의 불안정성을 해소하는 데 기여했을 것으로 보인다. 군인연금 보험료와 공무원연금 보험료
     가운데 국가의 부담분은 오랫동안 매우 낮은 수준으로 유지되었는데, 이는 수십 년이 지난 후 일반재정을 통한
     군인연금과 공무원연금 지출 보전을 불가피하게 만들어 논란의 불씨를 제공했다.

보수주의의 이념을 반영한 사회복지정책의 원칙으로는 보충성 원칙^{subsidiar-}ity principle을 들 수 있다. 이 원칙은 복지욕구의 충족에서 전통적인 가족제도와 공동체의 기능을 우선시하는 것이다. 가족, 교회, 이웃, 조합 등이 우선이고 국가복지는 최후의 의지처로 간주된다. 현대의 국가복지에서도 국가는 복지제공의 기본틀을 형성하되 민간의 자선 활성화가 바람직한 것으로 여겨진다. 보충성 원칙은 남유럽 국가들, 영국의 보수당정부와 미국의 우파정부의 복지정책에서도 관찰된다. 과거에 미국의 조지 부시^{George Bush}정부는 아동이 있는 가족 원조를 위해서는 연방정부의 적극적 개입보다는 종교기관의 사회복지 기능의 확대가 사회를 강화시키는 방법이라고 주장했다(Taylor, 2007).

계급과 지위, 집단에 따라 서로 다른 프로그램들을 법제화하여 운영하는 조합주의적인 사회복지정책 운영, 그리고 이와 결부된, 직업 및 소득에 따른 복지 지위의 차등 역시 보수주의의 이념에 부합한다. 조합주의는 특히 직종별 조합의 전통을 가진 유럽 대륙에서 사회보험제도의 발달에 영향력을 발휘했다. 조합주의적 사회보험은 노동자들 사이의 직업별 혹은 직종별 지위의 격차를 유지하는 데 기여했다.[14]

또한 보수주의에 의거한 국가개입은 가부장제를 전제하며 이를 강화하고자 한다. 남성은 생계부양자, 여성은 가사노동과 돌봄 담당자라는 것을 전제하여 사회복지정책을 구성하고 이를 강화한다. 사회보험의 급여체계와 사회서비스, 특히 보육, 간병, 노인돌봄 제공의 기반을 전통적인 성역할 모델에 두는 것이다. 사회복지정책에서 보수주의는 사회서비스의 정책 방향을 사회적 돌봄에 대한 지원 확대보다는 가족 내 돌봄을 격려하기 위해 그에 대한 보상을 강화하는 것, 빈민에 대한 소득 지원 조건으로 가족돌봄 및 부양을 내거는 것, 남성을 생계부양자로 간주하되 여성에게는 독자적인 연금수급권보다는 모성 기능과 유족 지위에 의거한 보상을 강조하는 것에 둔다. 이는 사회복지정책을 통해 가

---

14   이러한 불평등에 대한 옹호는 다른 사회정책에서도 드러난다. 보수주의에 의거한 국가개입은 평등을 추구하지 않으며, 오히려 사회적 차이는 가능한 한 유지되어야 함을 전제로 해서 이루어진다. 이러한 태도가 반영된 대표적인 영역이 교육이다. "보수주의자들은 교육에 대해 엘리트주의적인 태도를 취해왔다. 국민에게 최소한의 교육을 제공하는 것은 정당하지만, 모든 이에게 동일한 교육을 제공하는 것은 무익하며 교육은 차이를 제거하기보다는 구별의 표시를 제공해야 한다는 것이 보수주의자들의 입장이다."(Taylor, 2007)

부장적인 가족과 공동체의 가치 회복을 도모하는 것이다.

사회주의

사회주의는 자본주의 사회에 대한 비판, 즉 노동착취, 노동소외, 불평등에 대한 비판으로부터 시작하여 자본주의의 철폐와 평등, 해방을 추구하는 이념이다.[15] 사회주의는 시장이 개인을 자유롭게 하며 평등을 가져올 수 있다는 자유주의적인 견해에 반대하면서 자본주의 자체의 모순과 불평등은 더욱 심화될 수밖에 없다고 본다. 자본주의 철폐와 사회주의로의 진전이 필연적이라는 것이다. 사회주의의 스펙트럼은 공상적 사회주의, 마르크스주의, 사회민주주의, 시장사회주의 등 다양하다. 여러 사회주의 이념 중 19세기 말 이후에 정치, 경제, 그리고 사회복지정책에 큰 영향을 미친 마르크스주의와 사회민주주의에 대해 살펴보자.

마르크스주의

마르크스주의는 19세기 후반부터 현재까지 사회에 커다란 영향을 미친 근대 사회주의 이념으로, 사상체계는 카를 마르크스와 프리드리히 엥겔스^{Fried-}^{rich Engels: 1820~1895}, 그리고 그 후계자들을 통해 만들어졌다.

마르크스주의에 의거한 사회분석의 출발점은 개인이 아니라 사회적 관계이다. 마르크스주의에서는 인간의 본질이 역사적·사회적 산물로서만 파악될 수 있다고 했는데, 특히 마르크스와 엥겔스가 사회적 관계를 이해하는 핵심으로 본 것은 바로 계급관계이다. 계급관계는 지배와 피지배 관계로 착취적일 수

---

15   사회주의는 자본주의 체제에 대한 비판에 기초하여 평등과 노동해방을 추구하는 완결적인 이념으로 이해되지만, 일부에서는 사회주의를 특정의 역사적 단계로, 즉 '능력에 따른 노동과 필요에 따른 분배'가 이루어지는 공산주의 이전의 과도기적인 단계로 개념화하기도 한다. 이 책에서는 사회주의를 전자의 방식으로 설명한다.

밖에 없고 본질상 갈등적이기 때문에 계급투쟁이 필연적으로 발생할 수밖에 없다. 이는 앞서 살펴본 자유주의자들이 독립적인 개인을 출발점으로 삼는 것과 명확하게 대조된다.

마르크스주의의 역사관은 생산력의 발전과 계급투쟁을 동력으로 하는 진보의 과정으로 역사를 바라본다. 마르크스와 엥겔스는 역사를 서로 다른 생산양식에 의해 구분되는 연속적 발전단계로 바라보았다.[16] 즉, 인류사회는 '원시공산제 → 고대 노예제 → 봉건제 → 자본주의 → 공산주의'에 이르는 5단계의 발전을 거치게 된다. 자본주의 이후에 노동자계급이 건설할 공산주의 사회는 '능력에 따라 일하고 필요에 따라 분배'가 이루어지며 노동자해방이 성취된 사회로 묘사된다. 마르크스는 자본주의의 붕괴는 프롤레타리아혁명을 통해 이루어지며, 공산주의 사회로 나아가기까지 인류사회는 상당 기간 사회주의 단계에 머물러 있게 된다고 설명했다. 역사의 진보를 추동하는 것은 경제적 토대, 즉 확대되는 생산력과 부의 분배를 둘러싼 계급투쟁의 상호작용이다. 마르크스와 엥겔스는 자본주의의 철폐와 공산주의로의 진행에서 특히 중요한 것은 노동자계급의 정치운동을 통한 혁명이며 노동자운동이 역사 진보의 계기가 될 것이라고 주장했다.

마르크스는 『자본론Das Kapital』(출간연도: 1867[1권], 1885[2권], 1894[3권])을 통해 근대 서구사회를 자본주의 사회라고 부르고 그 작동원리를 분석하는 데 집중했다. 자본주의 사회는 잉여가치 형태로 잉여생산물이 추출되는 것을 특징으로 하며, 생산과 교환은 인간의 필요를 충족하기 위해서가 아니라 잉여가치와 이윤을 위해 이루어진다. 마르크스는 자본을 가진 자와 노동력 외에는 가진 것이 없는 자 사이의 분할이 현대의 착취와 갈등 구도를 규정하며 기본적인 사회관계, 즉 계급관계를 성립시킨다고 보았다(Held, 2010). 그는 『자본론』을 통해 자본주의 내부의 위기 발생 법칙을 논증했다.[17] 마르크스의 이러한 자본

---

16   사회구성체는 사회를 구성하는 여러 관계와 제도들의 망, 특정 유형의 경제, 권력체계, 국가기구, 문화생활 등을 포함하는 경제적·정치적·문화적 현상의 결합이다. 마르크스는 이들 요소들의 상호관계를 생산양식의 분석을 통해 밝힐 수 있다고 주장했다. 생산양식이란 사회의 기본구조인 생산의 사회적 관계를 의미하는데, 이 관계는 잉여생산물이 추출되고 전유되는 지배적 방식을 구체화한 것이다.

17   마르크스는 『자본론』을 통해 상품분석에서 시작하여 잉여가치 착취, 자본순환 등 자본주의의 작동원리에 대한 비판적 규명을 시도했다. 이를 통해 그는 자본주의가 고도화되면서 이윤율이 경향적으로 저하하고 경제위기가

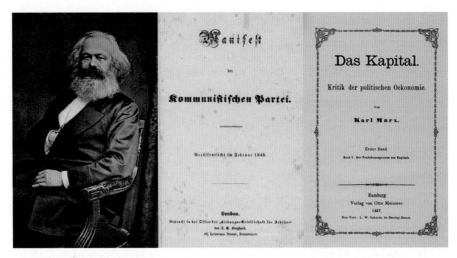

그림 6-2 칼 마르크스는 인류사에 가장 영향을 많이 끼친 저작 중 하나인 『자본론』(총3권)을 통해 자본주의 내부의 위기 발생 법칙을 분석했다.

주의 분석은 마르크스주의에 과학적 기반을 제공한 것으로 평가되며, 이후 현대 자본주의 경제에 대한 비판적 분석의 시초가 되었다.

마르크스는 자본주의의 작동법칙으로 인한 내재적 모순과 위기가 심화되고 계급갈등이 첨예화된다면 그 결과로 자본주의가 붕괴하고 공산주의 사회가 도래할 것이라고 주장했다. 자본주의하에서 인류는 지금껏 창조한 질서 가운데 가장 사회화된 생산을 하게 되지만 이미 출현한 모든 사람의 협력과 상호의존을 새로운 사회의 논리로 확장시켜 내적 모순을 해소하는 공산주의 사회가 출현하게 된다는 것이다. 즉, 그는 역사적 진보의 필연성을 주장했다.

이제 마르크스주의에서 논하는 국가에 대해 살펴보자. 마르크스주의는 자유주의 경제이론과 국가이론 모두 물질적 기반을 갖지 못한 환상이라고 비판한다. 앞서 수정자유주의자인 밀이 자유민주주의 국가는 개인 간의 평등과 정의를 증진시키는 동시에 개인과 재산의 안전을 유지시킴으로써 정당성을 가진다고 주장했으나, 마르크스와 엥겔스는 소위 '중립적인 자유주의 국가'와 '자유로운 시장경제'라는 관념은 환상에 불과하다며 국가에 대한 자유주의적 관

반복되는 가운데 자본의 집적과 집중이 발생하며 노동자 대중이 점점 더 빈곤해지게 된다는 것을 논리적으로 제시했다.

점에 가차 없이 공격을 가했다. 자본주의 사회에서 국가는 결코 중립적일 수 없으며 시장경제 안에서 개인 역시 자유롭지 않다고 주장함으로써 자유주의 사상과 단호히 결별했다(Held, 2010).

마르크스의 자본주의 경제 분석에 비해 국가이론은 모호한 부분이 많은데, 이는 현대 마르크스주의에서 국가와 사회개혁에 대한 해석에 논란의 여지를 남겼다. '국가는 부르주아의 위원회'라는 마르크스의 언급은 국가가 지배계급의 체제유지 도구임을 의미한다. 국가는 궁극적으로 자본주의 사회를 유지시키는 장치라는 것이다. 국가는 공동체를 보호하고 형식적으로 모든 사람을 동등하게 대함으로써 '중립적'이 될 수 있다. 그러나 국가는 필연적으로 생산수단의 사적 소유를 보호하고 재산이 있는 자의 특권을 유지시킴으로써 이미 한쪽 편을 들고 있다. 자유방임은 그 자체로 불평등에 대한 특정한 유형의 개입이다. 국가는 경제생활과 소유관계 그 자체를 형성함으로써 자본의 임노동 착취에 중심적인 역할을 한다(Held, 2010). 결국 마르크스주의자에게 국가는 공산주의혁명을 통해 궁극적으로 폐기되어야 할 대상이다. 다만 마르크스는 공산주의로 향하는 과도단계(사회주의)에서 국가가 사회의 변화를 이끌어야 한다고 말한다. 이 시기에 국가는 프롤레타리아의 지배하에서 새로운 사회질서를 만들고 확산시켜야 한다. 긴 이행기를 상정하고 그 기간의 국가 역할을 강조한다는 면에서 마르크스주의는 무정부주의와 구분된다.

공장법의 의의에 대한 긍정적 평가에서 볼 수 있듯이, 마르크스는 국가의 자본주의 시장경제에 대한 개입, 즉 사회개혁의 가치를 전면적으로 부정하지는 않았다(Marx, 1867). 그러나 그는 국가의 정책적 개입이 자본주의의 질서를 공고화하는 도구가 될 수 있다는 점에서 사회개혁 자체에 매몰되는 것은 비판했다. 마르크스와 엥겔스는 물론 이후의 마르크스주의자들은 사회민주주의의 사회개혁 노력이 노동자들이 혁명에 나서는 것을 막는다고 보아 이에 비판적이었으며, 스스로를 사회민주주의자들과 명확히 구분하고자 했다. 사회개혁에 대한 이러한 관점은 마르크스주의자들의 현대 자본주의와 복지국가에 대한 분석에서도 유지되었다. 랠프 밀리밴드[Ralph Miliband]는 국가의 경제개입이 자본주의의 근본 특성을 변모시키지 않았고 자본주의 유지에 이바지했다고 보았다(Miliband, 1977; Taylor, 2007에서 재인용). 클라우스 오페[Claus Offe]도 복지국가가 자본주의 체제의 일부로서 자본주의의 유지에 정치적·경제적으로 어떻게 작동하는지 분석한 바 있다(Offe, 1984).

정리하면, 마르크스주의에서 복지국가는 자본주의 사회체제에 대중이 정치적으로 동의하게 만들고, 대규모 재분배를 통해 현대 자본주의의 경제적 모순을 완화시키며, 노동력 재생산의 비용을 자본이 아닌 사회가 함께 분담하도록 만든다. 마르크스주의의 사회복지정책과 복지국가에 대한 입장은 사회민주주의 사상을 살펴볼 때 더욱 뚜렷하게 드러난다.

사회민주주의

(1) 유럽 대륙과 스칸디나비아의 사회민주주의

사회민주주의는 정통 사회주의 이념의 변형으로, 독일, 오스트리아, 스웨덴 등에서 발달했다. 사회민주주의는 20세기 내내 사회민주주의 정당들의 성공을 통해 유럽의 정치와 사회정책의 발전에 큰 영향을 미쳤다. 또한 사회민주주의 자체 내의 혁신은 물론 사회민주주의에 기반해 현 자본주의 사회에 대한 대안을 모색하려는 노력 역시 계속되고 있다.

사회민주주의는 사회주의와 주로 세 가지 지점에서 차이를 보인다.

첫 번째는 국가에 관한 것이다. 사회민주주의자들은 민주주의를 통해 국가의 성격을 바꿀 수 있으며, 국가의 주된 역할은 지배나 통제가 아니라 보편적 사회권 보장의 주체가 되어 공공성을 실현하는 것이라고 본다. 사회민주주의자들의 국가에 대한 이러한 견해는 시민들이 보통선거권을 핵심으로 하는 정치적 권리를 확보하면서 의회민주주의의 가능성이 대폭 증가했다는 판단에 기초한다.

두 번째 차이는 혁명이냐 개혁이냐 하는 것이다.[18] 사회주의 이념은 혁명을 통한 기존 국가기구의 철폐를 추구하는 반면, 사회민주주의는 사회 각 부문과 조직의 꾸준한 민주적 성장을 통한 사회주의의 점진적 실현을 꿈꾸었다. 여

---

18 에두아르트 베른슈타인(Eduard Bernstein; 1850~1932)은 자본주의의 내적 모순 및 계급투쟁의 심화라는 테제를 모두 부정하고 자본주의의 적응력이 더욱 강해지고 있기 때문에 현 체제 내에서의 개혁에 더욱 집중해야 한다고 주장하며 마르크스주의를 정면으로 비판했다(박호성, 1991).

러 사회민주주의 이론가들은 정치개혁과 의회민주주의를 수단에 그치는 것이 아닌, 사회주의의 수단이자 최종 목표로 삼았다.[19] 복지개혁은 노동자들의 교육, 건강 수준을 높여 궁극적인 변혁 역량을 강화시킨다.

세 번째 차이는 자본주의 시장경제에 대한 태도이다. 사회민주주의는 자본주의 시장경제를 용인하고 큰 틀에서 이를 효율적으로 운용하고자 한다. 사회민주주의는 현실 자본주의에서의 작동을 염두에 둔 이념이니만큼, 자본주의는 관리의 대상이며 시장경제의 효율적 작동 역시 관심사이다. 마르크스주의 이론이 자본주의 시장경제에서의 노동에 대한 근본적 비판을 통해 노동소외와 착취에 저항할 것을 주장한 것에 비해, 사회민주주의는 고용창출을 통한 노동력의 원활한 상품화에 주력한다.

북유럽 사회민주주의를 대표하는 스웨덴 사회민주당은 장기간의 집권을 통해 사회민주주의 이념을 경제사회정책에 반영하여 이념을 현실화했다. 이 점에서 이들이 표방한 사회민주주의의 특징과 사회민주주의의 작동 결과는 주목할 만하다. 스웨덴 사회민주당은 정강을 통해 민주적 사회주의를 추구함으로써 '필요에 따른 분배'라는 사회주의 원칙과 민주주의를 동시에 지향한다. 스웨덴 사회민주당은 1930년대에 사회주의 계획경제를 공식적으로 포기했고 생산수단의 국유화보다는 경제민주화와 복지국가를 추구했다. 즉, 국유화 대신 '국민의 집으로서의 사회'[20]를 내세웠다. 스웨덴 사회민주주의는 국가를 완전고용을 유지할 수 있도록 위기를 규제하는 조직으로 간주했다. 에른스트 비그포르스Ernst Wigfors; 1881~1977는 국가가 경기순환에 반대로 움직이는 정책을 추구하면 실업이 감소하고 전체 경제가 활성화될 수 있다는 점을 발견했다. 국가는 자본주의 시장의 변덕에 대항하여 무기력하지 않으며 경제는 통제될 수 있다는 것이다. 재정지출을 통한 수요증진 논리를 수용함으로써 경제위기 대응책

---

19 대표적인 사회민주주의 이론가이자 실천가인 베른슈타인은 민주주의가 사회주의를 쟁취하기 위한 투쟁에서 수단이자 동시에 사회주의의 최종 목표라고 했다.

20 '국민의 집'은 스웨덴 사민당 당수였던 페르 알빈 한손의 1928년 국회연설 제목이었다. 연설의 일부를 소개하면 다음과 같다. "지금의 스웨덴 사회는 사회구성원 간의 진정한 '평등'을 요구받고 있다. 이런 사회적 격차를 해소하고 좋은 국민의 집을 건설하기 위해 사회적 돌봄 정책과 경제적 균등 정책이 요구된다. 또한 기업경영에서 노동의 가치가 인정되는 정당한 지분이 지불되어야 한다. 민주주의는 모든 사회경제적 측면에서 이루어져야 한다."(Hilson, 2008)

그림 6-3 노동자가 역사의 발전을 '복지정치'로 가속화시키자는 뜻을 담은 스웨덴 사민당의 오래된 선거포스터. 1980년대 들어 스웨덴은 복지예산을 둘러싸고 치열한 논쟁정국을 맞았다.

은 임금삭감이나 지출 축소가 아니라 임금인상과 국가의 재정지출 확대가 되었다. 아담 쉐보르스키[Adam Przeworski]에 따르면, 케인즈주의 형성에 앞서 수요증진과 안정화 논리 등 케인즈주의적 경제정책을 채택한 것은 스웨덴 사회민주주의의 강력한 복지국가 지향을 만들어냈다 (Przeworski, 1980). 케인즈주의적 경제정책의 성공은 국유화를 추진해야 할 이유를 사라지게 만들었다.

이제 북유럽 사회민주주의에서는 '자본주의의 철폐가 아닌 자본주의의 인간화'를 목표로 하게 되었다. 그 주요 수단은 복지국가였다. 복지를 통해 시장의 불평등을 최대한 완화하고자 한 것이다. 유럽의 다른 사민주의 정당들도 '계획'을 포기하고 혼합경제와 복지국가를 추구했다. 국유화는 선택적인 것으로 몇몇 산업분야로 제한되었다. 또한 사회민주주의자들은 자본주의 경제의 관리자를 자처하며 경제성장률을 높이고 실업률을 낮추는 데 집중했다. 이를 위해서는 자본과의 타협이 요구되었고, 사회민주당은 '생산수단에 대한 사적 소유 철폐' 대신 급진적 재분배정책에 대한 자본가의 협력을 확보했다. 1980년대 이후에 경제위기와 정치적 위기를 맞이해, 스웨덴 사회민주주의는 신자유주의를 일부 수용하여 경쟁과 효율을 강조하고 정책 방향으로 민영화, 시장화, 지방화 등을 제시했다.[21]

점진주의에 입각한 오랫동안의 실험은 사회민주주의가 한 사회로 하여금 높은 수준의 인권, 평등, 연대를 성취하도록 했음을 보여준다. 그러나 다른 한편으로 사회민주주의 정책은 효율적인 자본주의의 질서를 강화시키는 데 기여

21　스웨덴 사회민주주의의 신자유주의 수용과 이로 인한 이념적·정책적 전환에 대해서는 리네르(Ryner, 2003)를 참고하라.

했다. 사회민주주의는 계속 변화하는 가운데 여전히 사회연대와 평등, 그리고 사회권으로서 복지를 옹호하는 이념으로서의 의미를 가지고 있다.

(2) 페이비언주의

사회주의의 사회민주주의적인 변형은 영국에서는 페이비언주의로 나타났다. 유럽 대륙과 스칸디나비아의 사회민주주의가 의회민주주의와 사회개혁을 전략의 중심에 두면서 혁명적 사회주의로부터 변형된 것이라면, 페이비언주의는 마르크스주의의 정치경제이론과 분리된 채 독자적인 특성을 가지고 발전했다. 페이비언주의의 주요 사상가는 조지 버나드 쇼 George Bernard Shaw; 1856~1950 와 베아트리스 웹 Beatice Webb: 1858~1943 과 시드니 웹 Sydney Webb: 1859~1947 등이다.[22]

페이비언주의는 20세기 영국에서 공장법 확대, 교육 개혁, 빈민법 개혁 등에 참여하여 초기 복지국가의 형성에 영향을 미쳤으며, 페이비언 소사이어티는 아직도 영국 노동당과 긴밀한 관계를 맺고 있다. 1884년에 페이비언 소사이어티를 창설할 당시, 그 이름을 한니발 Hannibal 과 지구전을 벌인 로마 장군 파비우스 Fabius 에서 따온 것에서 볼 수 있듯이, 페이비언주의는 점진주의를 근간으로 한다. 자본주의에 대한 사회주의 투쟁을 사회개혁 형태의 장기전으로 전개한다는 것이다. 즉, 페이비언주의는 의회를 통해 점진적으로 사회개혁 입법을 수행하면서 생산수단의 사적 소유를 철폐하여 사회주의로 나아가고자 하는 이념이다(박광준, 1990). 그러나 1990년대 중반 소위 현대화된 사회민주주의는 개혁의 축적을 통한 사회변혁이라는 전망을 폐기하기도 했다.

페이비언주의의 내용은 『페이비언 사회주의 논집 Fabian Essays in Socialism 』(1889)에 잘 나타나 있는데, 시드니 웹은 이 책에서 사회개혁의 조건으로 다음 네 가지를 들고 있다. 1) 민주적일 것, 2) 점진주의적일 것, 3) 대중에 부도덕한 것으로 간주되지 않을 것, 4) 입헌적이고 평화적인 개혁이어야 할 것 등이다(박광준, 1990).

---

[22] 베아트리스 웹은 이후 1905~09년에 활동한 빈민법에 관한 왕립위원회에서 「소수파 보고서」 발간에 주도적인 역할을 하였으며, 시드니 웹은 이후 노동당 내각에서 각료로 활동하였다. 웹 부부는 함께 『노동조합주의의 역사』(The History of Trade Unionism 1984), 『산업민주주의』(Industrial Democracy, 1897) 등을 저술하여 영국 노동조합이론에 큰 영향을 미쳤다.

이러한 점진주의의 원천은 무엇일까? 맥브라이어에 따르면(McBriar, 1966), 그 원천은 첫째, 민주주의에 대한 기대, 둘째, 사회주의의 도덕적 배경이 구성원에게 호소력을 가질 것이라는 기대이다. 웹은 사회주의를 사회진화의 필연적인 귀결로 보았다. 과거 100년간 유럽사회에서 이루어진 발전은 '민주주의의 불가항력적인 진보'로, 자본주의하에서도 영국 민주주의는 토지, 자본의 사적 소유에 대한 점차적 제한, 누진적 과세, 수많은 산업입법, 구빈체계 등을 도입했다. 이는 자본주의가 사실상 집합주의적인 방향으로 진화해왔다는 것을 의미했다. 의회정치하에서 자유방임적 자본주의는 쇠퇴해왔다. 웹은 "사회주의란 장래 목표가 아니라 현 사회 속에 이미 존재하고 있는 것"이라고 했다. 특히 영국에서 1832년, 1867년, 1884년 등의 선거법 개정은 '노동자계급의 선거권 행사에 의한 사회개혁'에 대한 신념을 더욱 강하게 뒷받침했다.[23] 이들은 국가를 중립적인 것으로, 역사는 점진적으로 발전하는 것으로 보았다(박광준, 1990).

따라서 대부분 지식인이었던 페이비언주의자들의 주요 전략은 침투와 설득이었는데, 이들은 정당 활동과 로비를 통한 의회에서의 영향력 행사, 대중에 대한 계몽활동에 집중했다. 노동자계급과의 결합은 상대적으로 간과되었다. 그러나 「소수파 보고서」를 통한 빈민법 개혁 시도가 실패로 돌아감으로써 자유당 정부에 대한 웹 부부의 침투는 실패로 끝났다. 더욱이 페이비언주의는 논리 면에서도 폭력혁명이 왜 불가능한가에 대한 설명과 사회주의의 핵심인 경제계획에 관한 내용이 결여되어 있고 인간 본성에 대한 낭만적 인식에 기초한다는 약점을 갖고 있었다(박광준, 1990).

그럼에도 노동당이 사회주의 정책을 약속한 1918년 당 대회에서 시드니 웹이 강령을 작성하면서 페이비언주의는 영국 노동당에 큰 영향력을 발휘했고, 1945년 노동당 집권 이후에도 영국 사회복지정책을 구축하는 이론적 토대

---

23 영국에서는 1832년 1차 선거법 개정을 통해 부르주아(산업자본가, 중간 시민층)에게 선거권이 부여되었다. 이는 노동자들에게는 선거권을 부여하지 않아 후일 차티스트운동을 유발하였다. 2차 선거법 개정은 1867년에 이루어졌는데, 선거권이 도시노동자와, 일부 농촌노동자들에게까지 확대되었다. 3차 선거법 개정은 1884년, 1885년 두 번에 걸쳐 이루어졌다. 이를 통해 지방 소작인, 농촌노동자, 광산노동자에게까지 선거권이 확대되었고, 비밀투표제가 확립되었다. 이후 1918년 4차, 1928년 5차 선거법 개정을 거쳐 선거권이 21세 이상 남녀로 확대되었다.

를 제공했다. 20세기 초에는 빈민법 개혁에 반영되지 못한 「소수파 보고서」는 2차 세계대전 이후에 '복지국가라고 일컬어지는 국가체제를 전망한 위대한 문서'가 되었다(박광준, 1990).

(3) 제3의 길

사회민주주의는 러시아와 동유럽의 국가사회주의 붕괴 이후에도 유럽 정치에서 상당한 영향력을 유지했다. 이는 1990년대 중반에 사회민주주의 내부로부터 '제3의 길'이라는 이념적 혼종이 출현한 것과 무관하지 않다. 당시 유럽 사회민주주의 정당들은 일제히 중도로의 이념적 전환을 추구했다. 제3의 길은 기존의 사회민주주의와 신자유주의 사이에서 새로운 길을 모색하고자 한 움직임이며, 이념체계로 완성되기보다는 사회민주주의 정당들의 노선 변화와 정책 실천을 통해 그 내용을 채워나갔다.

제3의 길 노선을 정초한 학자는 앤서니 기든스[Anthony Giddens]로, 그는 사회민주주의 노선의 현대화를 주장하며 자유주의 요소에 영향을 받은 혁신적인 제안을 더해 새로운 노선을 제시했다(Giddens, 1998). 그 영향하에서 당시 영국의 블레어 총리는 노동당 정강에서 국유화를 삭제하고 시장경제의 중요성을 강조하는 등 정책 전환을 시도했다.[24]

기든스는 저작 『제3의 길[The Third Way]』(1998)에서 사회정의는 자본주의 안에서 실현 가능하며,[25] 이는 결과의 평등보다는 기회의 평등을 통해 실현되어야 하고, 자원의 재분배보다는 기회의 재분배가 중요하다고 주장했다(Giddens, 1998). 기든스는 빈곤보다 사회적 배제가 문제이며 평등의 진정한 의미는 다양성에 대한 존중, 사회적 포용, 잠재력 배양에 있다고 보았다. 만인은 동등한 가치를 가지므로 잠재력을 발휘할 수 있도록 기회의 평등이 보장되어야 한다는 것이다.

---

[24] 블레어는 끈질긴 캠페인 끝에 영국의 양대 주요 노동조합(UNICON과 T.G.W.U)의 반대에도 불구하고 1995년 당 대회에서 당헌 4조의 "생산, 분배, 교환수단들의 공동소유"라는 규정을 "권력, 부, 기회가 소수가 아닌 다수의 수중에 있는 공동체"로 개정했다.

[25] 제3의 길을 통해 다시 수정된 사회민주주의 노선은 자본주의 시장경제가 경제를 조직하는 최선의 방식임을 수용한다. 다만 시장의 문제점과 모순을 완화하기 위해 시장은 반드시 관리되고 통제되어야 한다.

또한 기든스는 '개인의 책임과 집합적 책임 간의 새로운 균형을 찾는 것'이 중요하다면서 공동체와 함께 '개인의 책임'을 강조한다. 이에 따라 신자유주의자들처럼 복지국가를 철폐하거나 사민주의자들처럼 기존의 복지국가를 유지하려고 하기보다는 복지국가의 능동적 재구성을 추구했다. 그 핵심은 복지국가의 역할을 국가와 시민사회의 파트너십을 중심으로 재편하는 것이다. 개인, 지역사회, NGO 등이 주도권을 가지고 직접 정책 수행을 하고 국가는 이들을 지원하고 연결시킨다는 것이다. 이는 복지를 직접 제공하는 국가에서 민간에게 권한을 부여하는 국가, 개인과 민간을 지원하는 국가로의 기능 전환을 추구하는 것이다.[26] 제3의 길이 규정하는 복지국가는 소위 '책임성 있는 시민들'이 필요할 때 접근할 수 있는 안전망과 자원망이다(Taylor, 2007).

이렇게 기회의 평등, 국가와 시민사회의 파트너십을 강조한 맥락에서, 기든스는 '사회투자국가social investment state'를 기존의 복지국가에 대한 대안으로 제시했다. 사회투자국가는 개인의 모험과 투자를 장려하는, 시민사회와 국가가 함께 운영하는 복지국가이다(Giddens, 1998). 그는 대규모의 공공지출과 국가에 대한 의존을 야기하는 실업급여 억제, 노동시장 활성화 정책, 복지혼합, 기회 확대를 위한 사회투자적 실천 등을 강조했다.

이러한 이념적 혼합은 영국 노동당에 새로운 돌파구를 마련해주었으나, 현실에서는 혼란스러운 광경을 연출했다. 블레어정부는 한편으로 최하층에 대한 지원과 복지지출을 늘려 아동빈곤과 노인빈곤을 줄였으나, 다른 한편으로는 복지와 노동의 연계 및 노동시장의 유연화를 계속 허용하면서 집권기에 노동시장에서의 불평등도가 높아졌다. 또한 시장경제의 중요성을 강조하면서 법인세와 소득세를 낮추는 등 신자유주의자들의 주장을 일부 수용했다.

노동당이 추진한 제3의 길은 최근 몇 년 동안 보수당이 내세운 '따뜻한 보수'라는 사회복지정책 방향에도 영향을 미치는 등 강한 생명력을 가졌다. 그러나 이는 또한 이념으로서 제3의 길이 가지는 정체성에 대한 의문을 계속 제기하도록 만들었다. 또한 영국 노동당은 2015년에 민영화와 긴축노선 등에 반대

---

26 1998년에 영국 신노동당이 내놓은 '지역공동체를 위한 뉴딜(New Deal for Communities)', 즉 복지제공에 지역공동체 중심의 거버넌스를 구축하여 사회적 자본을 창출하려는 시도(Lund, 2003)가 그 사례가 될 것이다.

해온, 고전적 좌파 이념에 더 충실한 제레미 코빈^{Jeremy Corbyn}을 당수로 선출하면서 과거 블레어 총리와 고든 브라운^{Gordon Brown} 총리 시절의 신노동당에서 벗어나고 있다. 어떤 의미에서 제3의 길은 과거의 이념이 되고 있는 것이다. 기회 평등, 사회 투자의 촉진, 민간부문과 국가의 파트너십을 강조한 제3의 길 사회 정책 노선이 오히려 중도와 우파정당의 사회복지정책 대안을 구성하는 데 계속 영향력을 발휘하는 가운데, 이것이 다시 왼쪽으로 선회하고 있는 21세기 사회민주주의 내부에서도 계속 존립할 수 있을 것인지 지켜볼 필요가 있다.

사회주의와 사회복지정책

마르크스의 사회개혁에 대한 유보적 태도는 현대 마르크스주의의 사회복지정책에 대한 비판, 즉 사회복지정책은 '자본주의의 모순 출현을 유보시키는 정치적·경제적 생명연장장치'라는 비판으로 연결되었다. 따라서 사회주의 이념을 통해 살펴보는 사회복지정책의 의의와 원리는 복지국가의 발전을 실제로 뒷받침한 이념이었던 사회민주주의 이념을 중심으로 설명하겠다.

사회주의자들에게 사회복지정책의 존재 근거는 다른 무엇보다 사회주의 이념이 추구하는 자본주의의 철폐, 상품화로부터의 해방, 평등, 사회연대의 가치들이다. 사회주의는 기본적으로 자원분배가 시장 성과나 세습신분에 의해서가 아니라 필요^{needs}에 의해 개별적이기보다는 집합적으로 이루어져야 한다고 본다. 사회복지정책은 필요에 따른 분배를 시행함으로써 시장경제에서 발생하는 불평등을 완화하는 주요 기제가 될 수 있다.

사회주의의 관점에서 사회복지정책의 의의를 좀 더 구체적으로 논의해 보자.

첫째, 사회복지정책은 사회민주주의의 정치적 이상을 실현하는 데 기여한다. 임금 의존성을 줄이는 것은 노동자의 입지를 강화시키고 고용주의 절대적 권위를 약화시킨다. 사회복지정책은 노동자의 임금 의존성을 줄이고 소득, 주거, 건강, 교육 등 생활상의 필요를 충족시킴으로써 노동자들의 정치 참여, 즉 권력자원 동원^{power resource mobilization}을 가능하게 한다. 특히 사회민주주의자들은 궁핍한 노동자계급의 혁명이 아니라 의회민주주의 안에서의 계급 동원이 사회주의의 이상을 실현하는 수단이라고 보았다.

둘째, 사회복지정책은 해방을 위한 도구일 뿐만 아니라 경제적 효율성의 제고를 위한 전제이다. 복지정책의 전략적 가치는 자본주의에서 생산력의 지속적 발전을 촉진하는 데 있다(Esping-Andersen, 1990). 이는 연금, 실업급여 등이 경기순환에 기여한다는 소극적인 의미에서뿐만 아니라, 사회복지정책이 건강하고 교육받은 노동력을 육성하고 필요한 산업에 효율적으로 노동력을 배치하는 기능을 수행한다는 적극적인 의미에서 그러하다. 사회복지정책의 저출산 극복에 대한 기여, 대규모의 공공고용 창출을 통한 여성노동력의 활용 등이 그 예이다.

셋째, 사회주의의 입장에서 사회복지정책은 사회권 확충을 통해 노동력 상품화의 굴레에 있는 노동자들이 출산, 질병, 교육, 실업, 은퇴 등 다양한 국면에서 에스핑안데르센이 언급한 '탈상품화'가 될 수 있도록 지원한다. 즉, 사회복지정책은 사회 내에 시장원리를 벗어난 해방의 영역을 구축한다.

사회주의의 평등과 연대 가치는 사회개혁과 사회복지정책의 구성 형태에도 영향을 미쳤다. 사회주의는 자본주의적 성과주의를 벗어나는 방식으로, 필요에 의한 분배와 결과의 평등을 강조하는 형태로 사회복지정책이 설계되도록 한다.

그 예로 높은 수준의 보편주의를 들 수 있다. 보편주의는 모두에게 평등한 보장을 제공하는 복지대상 설정의 원칙으로, 사회복지서비스와 소득보장에 모두 적용될 수 있다. 모든 시민을 대상으로 하는 의료서비스인 국민보건의료서비스(NHS)가 대표적이다. 보편적 공공보육 같은 차별 없는 사회서비스 역시 평등과 사회연대라는 가치에 부합한다. 스웨덴 사회민주당이 보편적인 공공보육의 확대 과정에서 내세운 '한 사람의 아이는 모두의 아이'라는 슬로건은 이를 잘 표현한다. 높은 수준의 보편주의를 통해 공공복지가 저소득층뿐만 아니라 중간층 이상까지 포괄할 때 계층을 불문한 사회연대와 결과의 평등을 달성할 수 있다. 즉, 높은 수준의 보편적 보장은 탈상품화의 원리를 중간계급으로까지 확대하며 노동계급과 중간계급의 분리를 허용하지 않는다(Esping-Andersen, 1990). 한편 낮은 수준의 공공복지 급여를 보장하는 보편주의와 높은 수준의 공공복지 급여를 보장하는 보편주의는 그 의미가 현격히 다르다. 낮은 수준

그림 6-4 국제행동의 날 시위, 런던. ⓒ Neil Cummings/Flickr(출처: Wikimedia Commons)
전 세계 곳곳의 시민들이 금융자본이 점령한 현실과 위기에 맞선 2011년 월스트리트 점거 국제행동의날, 전 세계 1,500개 도시에서, 미국에서만 100개 이상의 도시에서 시위를 벌였다. 일자리, 집, 미래를 빼앗긴 99%가 금융자본 등 1%에 맞선다는 취지였다.

의 보편적 급여와 서비스는 사회주의보다는, 모두에게 최소한의 기회 평등을 부여하고 사회적 자유의 영역을 보장한다는 의미에서 수정된 자유주의 이념에 부합한다. 사회주의의 입장에서 낮은 수준의 보편주의는 중간층의 복지시장으로의 이탈을 가져온다는 점에서 사회연대에 결함을 낳는다.

또한 사회주의는 자본주의 시장으로부터의 해방과 함께 전통적 가족으로부터의 해방을 함께 지향하는 형태로 사회복지정책을 발전시키고자 한다. 사회민주주의 국가의 사회복지정책은 남성생계부양자 모델이 아닌 양성(혹은 다양한 젠더)이 함께 일하고 돌보는 새로운 가족 모델을 구축하기 위해 소득보장, 돌봄 지원, 고용정책 등에서 성평등 요소를 강화한다. 가족돌봄을 사회적 돌봄으로 전환시키기 위한 공공주도의 보육, 간병, 노인돌봄 체계 구축이 그 예이다. 이는 보수주의 사회복지정책과 사회주의 사회복지정책이 뚜렷이 대비되는 지점이다.

혁명적 사회주의 이념은 20세기에 현실 국가사회주의의 실패로 인해 그 영향력을 크게 상실했다. 사회민주주의 역시 진보의 이념에서 자본주의 체제를 관리하기 위한 이념으로 수정을 거듭했다. 그럼에도 2008년의 세계금융위기에서 보듯이 자본주의의 위기가 반복되고 불평등과 빈곤의 문제가 심화되는 한, 사회주의 이념은 21세기에도 새로운 모습으로 자본주의를 비판하고 대안을 제시하는 역할을 맡을 것이다. 이 과정에서 사회복지정책은 계속 중요하게 취급될 것이다. 지난 세기에 경쟁과 대비되는 필요 중심의 자원배분 전략이 소득불평등을 완화하고 사회구성원 다수의 삶의 질을 향상시키는 성과를 거두었기 때문이다.

자유주의, 보수주의, 사회주의 비교

이 장에서 다룬 자유주의, 보수주의, 사회주의 세 이념은 근대 자본주의의 사회경제질서를 배경으로 발전해왔고 그와 관련된 이슈들을 다루어왔다. 이들 세 이념이 추구하는 가치는 근본적으로 다르고, 인간과 사회에 대해서도 다른 관점을 갖고 있다. 현재의 자본주의 체제에 대해서도 매우 다른 입장을 견지하고 있다.

앞서 살펴본 것처럼, 자유주의가 자본주의를 정당화하는 요소를 담고 있으며, 수정자유주의와 신자유주의 등 자본주의 전개와 함께 변화해온 반면, 보수주의와 사회주의는 자본주의에 대한 비판의 원천이 되어 왔다. 보수주의는 자본주의하에서 전통적인 가족, 종교, 지역공동체의 파괴와 변형에 대해 비판의식을 담고 있다. 보수주의의 가부장주의와 온정주의적 측면에서 보면 자유시장경제의 작동 결과인 극심한 빈곤과 불평등, 이로 인한 비인간적인 사회현상들은 완화되어야 한다. 보수주의자들의 이런 입장은 사회복지정책 형성에 영향을 미쳤다.

한편 사회주의는 19세기부터 현재에 이르기까지, 인간해방과 평등이라는 가치지향에 따라 초기자본주의부터 현재의 글로벌 금융자본주의에 이르는 자본주의에 대한 비판과 끈질긴 저항의 사상적 기반이 되었다. 특히 사회민주주의는 20세기 중반 사회복지정책 발전에 직접적으로 영향을 미쳤다. 사회주의는 비판과 해방의 이념에 그치지 않고 노동운동 등 주요 사회운동과 결합하여 국유화 등 자본주의 시장경제에 대한 전면적인 국가개입, 그리고 공공 중심의

표 6-1 자유주의, 보수주의, 사회주의의 비교

	자유주의	보수주의	사회주의
우선적인 가치	개인의 자유	전통, 권위	평등, 연대
추구하는 사회	– 자유시장자본주의 – 자유민주주의	– 권위주의적 엘리트 지배	– 자본주의 계급착취로부터의 해방 – 공산주의
국가	최소국가	권위적 국가	점진적 철폐 대상 복지국가
사회복지정책의 의의	– 적극적 자유, 사회적 자유 증진 – 사회(노동력) 재생산	– 사회질서 유지 – 국가온정주의	– 노동자 정치참여의 기반 형성 – 자본주의의 효율성 제고 – 사회권의 강화
사회복지정책의 설계 원칙	– 최소구제: 열등처우, 선별주의 – 근로복지연계 – 민영화/시장화	– 보충성의 원칙 – 조합주의 – 복지 차등화	– 공공주도 복지공급 – 높은 급여 – 보편주의

사회복지정책 발전에 큰 역할을 담당해왔다. 이러한 세 이념의 차이를 정리하면 표 6-1과 같다.

　자유주의, 보수주의, 사회주의는 현대 사회복지정책의 발전에 큰 영향을 미친 주요한 이념들로, 지금도 계속 변화하는 사회복지정책을 분석하는 데 통찰력을 제공해준다. 특히 이 세 이념은 최근 한국의 사회복지정책의 변화 동기, 목적, 강조점 등을 이해하는 데 도움이 된다. 이들의 자본주의와 복지국가에 대한 근본적 입장 차이는 새로운 복지자본주의의 문턱에 있는 한국사회 이념지형을 파악하는 데 기여한다.

　나아가 이들 세 이념이 앞으로 사회복지정책 논의에 과거와 같은 함의와 통찰을 제공할지 생각해볼 필요가 있다. 현재 사회복지정책에 대한 분석과 대안 논의는 20세기에 비해 더욱 다양한 문제에 대한 통찰을 필요로 한다. 금융자본주의의 불안정성, 생태계 파괴, 지구적 불평등 심화, 극단화되고 있는 인종주의/민족주의, 기술지상주의와 인간소외 등으로 인해 21세기 사회복지정책이 다루어야 할 사회문제는 더욱 복잡해지고 있다. 특히 노동의 성격과 고용관계가 빠르게 변화하고 있는 가운데, 생산력의 지속적 발전과 노동계급 중심성을 고수하고 있는 기존 사회주의 혹은 사회민주주의 이념이 탈자본주의와 대안사회를 지향하는 핵심 이념이 될 수 있을 것인지는 논쟁의 대상이다. 노동에 국한되지 않은 다양한 활동의 가치를 인정하고, 탈노동에 기초한 대안적 생산체제와 분배체계 구축을 주장하는 목소리가 커지고 있다. 물론 이러한 주장에 대해서도, 현 자본주의 사회에서 억압의 핵심이자 지역, 젠더, 민족의 틀로 다양하게 변주되고 있는 노동착취문제를 핵심으로 다루지 않는 사상체계가 대안이념으로 성립가능한가, 생산관계와 노동의 변화에 대한 진단은 과장되지 않았는가, 탈노동을 추구하는 대안이념 실행의 핵심 주체는 누구인가라는 의문 또한 제기되고 있다. 대안이념 차이는 사회복지정책 발전 방향과 구체적인 대안에도 차이를 가져오기에 이 논쟁은 사회복지정책에 대해서도 의의를 가진다.

자유주의, 보수주의, 사회주의를 비롯한 이념들은 21세기 사회복지정책 분야에서 진행되고 있는 다양한 변화를 설명하고 대안사회를 향한 해법을 찾는 데 기여할 때 비로소 박제되지 않는 생명력을 가질 수 있을 것이다.

토론쟁점

1 　사회복지정책에 대한 입장에서 드러나는 한국의 정당과 집권세력의 주요 이념은 무엇이라고 생각하는가? 마찬가지로 사회복지정책에 대한 입장에서 드러나는, 한국 대중에게 지배적인 이념은 무엇일까?

2 　한국의 이러한 이념지형은 향후 사회복지정책 발전에 어떻게 작용할까?

3 　신자유주의 시대에 민영화, 탈규제, 독점이 심화되었고, 세계 경제위기를 거치면서 불평등이 심화되고 있다. 이런 가운데 지금 사회복지정책이 바탕에 두어야 할 이념은 무엇이라고 생각하는가?

07

사회복지정책과 주요 이념 2

페 미 니 즘 , 생 태 주 의

페미니즘feminism과 생태주의ecologism는 고유한 가치체계에 기반해 인류역사와 현재의 사회현상을 바라보는 독자적 패러다임을 구축하고 있는, 바람직한 인간상과 사회상을 구성하는 사상체계이다. 이에 따라 페미니즘과 생태주의는 사회복지정책을 분석하고 변화의 지향점을 제시하는 데에도 고유한 관점을 제시하고 있다. 이 장에서는 페미니즘과 생태주의의 내용과 이 이념들이 사회복지정책을 바라보는 시각을 소개한다.

페미니즘과 생태주의는 그 핵심가치와 지향은 다르지만 모두 성찰적 근대성reflexive modernity1에 닿아 있다. 이 두 이념은 인류의 '근대성'이 남성중심적, 발전중심적으로 형성되었다는 비판을 전개하며, 근대성 자체를 다시 반성적으로 바라볼 것을 주문한다. 이들이 보기에 남성중심성과 발전중심성은 근대성을

---

1   울리히 벡(Ulich Beck)과 앤서니 기든스에게 성찰적 근대성은 과거와 구분되는 새로운 근대성을 표현하는 개념이다(Beck, 1986; Giddens et al., 1994). 일방향적, 단선적이며 명료한 근대성의 시대와는 달리 성찰적 근대성은 근대화 자체가 가져오는 자연의 파괴 같은 본질적 위험, 그리고 주변화와 배제의 작동 등에 주목하고 근본적인 반성을 한다. 페미니즘과 생태주의는 소위 합리적 이성의 지배, 정치적 민주주의와 경제적 자본주의 체제가 가져온 여성의 배제와 차별, 자연의 주변화 혹은 질식을 드러내고자 한다. 주변화된 것들,

형성하는 주요 요소로, 배제와 차별, 폭력성을 낳아왔다. 이 두 이념은 사회복지정책을 근대의 산물로 바라보며, 이러한 이유에서 여러 사회복지정책이 갖고 있는 근본 전제와 지향에 대해 비판적 입장이다.

우선 페미니즘은 젠더 관점에서 자본주의와 사회복지정책을 비판했다. 페미니즘은 기존의 자유, 평등이라는 가치와 시민권이 사실상 남성 중심적으로 구성되었고, 이러한 가치지향에 입각하여 발전한 사회복지정책은 결국 가부장적인 가족과 노동을 유지시키는 역할을 했다고 비판한다. 물론 페미니즘도 일부 사회복지정책이 젠더 평등을 제고했음을 인정하며, 이러한 정책들을 옹호하기도 한다.

생태주의는 산업기술문명이 가져온 인간의 자연 착취, 경제성장중심의 사회운영, 공동체 파괴라는 결과에 대해 현대 복지국가 역시 자유롭지 않으며, 사회복지정책의 전개 방향은 산업사회 발전과 그 궤적을 함께했다고 본다. 이렇게 페미니즘과 생태주의는 사회복지정책에 대해 근본적 비판을 가하면서 기존의 틀을 넘어서는 사회복지정책의 변화를 촉구하고 있다. 이 두 이념 각각이 추구하는 이상과 대안사회의 모습은 현재 사회복지정책의 근본적 변화를 모색하는 원천 중 하나라고 할 수 있다.

이 장에서는 페미니즘과 생태주의의 내용을 설명하고, 각 이념과 사회복지정책의 연결 지점을 살펴볼 것이다. 특히 페미니즘과 생태주의 각각이 사회복지정책을 어떻게 평가하고 있으며 21세기 사회복지정책의 변화 방향에 대해 어떤 제안을 하고 있는지 살펴보자.

타자화된 것들을 새롭게 복원하고 중심과 주변의 관계를 재구성하려고 한다는 점에서 이 두 이념은 성찰적 근대성과 연관되어 있다. 성찰적 근대성은 기존의 단선적이며 억압적인 근대성에 대한 근본적 반성을 통해 이를 전면적으로 재구성하는 것을 지향한다. 근대성의 근본적 재구성은 체계와 개인의 관계를 재구성하는 것, 즉 개인화, 하위정치의 복원을 통해 시작된다(Giddens et al., 1994 등 여러 문헌 참고). 물론 페미니즘과 생태주의를 성찰적 근대성과 연결시키는 것이 이 두 사상이 갖는 탈근대적 가능성을 협소하게 만든다는 비판도 있다.

페미니즘

페미니즘은 여성 및 다양한 성에 대한 억압과 젠더 불평등[2]의 근원으로 가부장제^{Patriarchy}를 비판하고, 젠더 평등과 해방을 추구하는 이념이다. 페미니즘의 입장에서 성 정체성과 성역할은 미리 정해져 있는 것이 아니고 우리 스스로를 인지하는 연결망 안에 있는 개인들의 사고, 느낌, 행동 간의 변증법적 관계에 따라 달라진다(Rowbotham, 1989: 113). 이렇게 보면 사회에 존재하는 여성과 성소수자에 대한 차별과 종속은 자연스러운 상태가 아니라 남성에 의해 창조된 것이다. 가족, 연인, 친구 등 개인과 개인 사이의 관계로 나타나는 것들이 사실상 권력의 요소를 포함하고 사회의 권력 지형을 반영하므로, 페미니스트들은 "사적인 것은 정치적인 것이다.$^{The\ personal\ is\ political.}$"라고 선언한다. 또한 페미니스트들에게 국가는 성별 간 권력분배에 중요한 역할을 하는 장치로, 사회복지 정책 역시 그러한 장치의 일부이다.

페미니즘의 내부에는 다양한 조류가 형성되어 있으며, 이들은 젠더 억압의 근원과 억압을 분쇄하는 전략, 그리고 사회정책에 대한 입장 등에서 차이를 보인다. 예들 들어 특정 성에 대한 차별과 억압을 몇몇 제도의 문제로 보느냐, 아니면 사회구조 자체의 문제로 보느냐에 따라 페미니즘 내부의 입장이 달라진다. 또한 젠더 차별과 억압을 사회구조의 문제로 보는 경우, 자본주의하에서의 계급착취 질서와 연관된 것으로 보느냐, 독자적인 억압구조의 문제로 보느냐에 따라 서로 다른 페미니즘의 흐름이 형성되고 있다.

---

2   젠더는 남성이나 여성의 신체를 규명하는 해부학적, 생리적 차이를 일컫는 성(sex)과 달리 남녀의 심리적, 사회적, 문화적 차이를 다루는 용어이다. 젠더는 반드시 한 개인의 생물학적 성의 직접적인 산물일 필요는 없다. 젠더와 생물학적 성 사이의 관계에 대해서는 여러 가지 입장이 있는데, 이는 젠더 차이와 불평등에 대한 다양한 해석과 직접 연관된다(Giddens, 2009).

다양한 페미니즘[3]

(1) 자유주의 페미니즘[4]: 젠더 평등을 위한 제도개혁

자유주의 페미니즘은 인간은 누구나 자유롭고 평등한 존재라는 자유주의 사상에 근거한다. 이는 근대 자본주의 제도를 사회운영의 기본틀로 인정하고, 법과 제도의 개선을 통해 자본주의하에서 평등한 처우를 확보함으로써 여성의 권리 신장을 추구하는 것이다. 자유주의 페미니즘의 기본 시각은 자본주의 체제라는 틀 자체가 불공평하기보다는 여기에 여러 성이 동등하게 참여할 수 없는 기회의 불균등함이 문제라는 것이다.

이 입장에서 젠더 평등을 추구하는 것은 공평성 추구의 일환이다. 자유주의 페미니즘의 입장에서 젠더 불평등은 주로 불공평성이라는 면에서 문제가 되며, 이는 법률 제정을 통해 보완될 수 있다고 여긴다. 자유주의 페미니스트들은 여성이 경쟁적 자본주의 제도에 참여함으로써 이득을 얻을 수 있다고 믿는다. 그 결과 자유주의 페미니즘의 입장에서 제기된 대표적인 사회운동은 기회의 평등을 증진시키기 위한 차별철폐운동이다. 이들은 일자리와 교육에서의 동등한 기회 확보, 대중매체 등에서의 성 차별 관행 타파를 위한 운동에 적극

---

3   1세대 페미니즘이라는 용어는 급진적 페미니스트들이 자신들의 이론을 2세대 페미니즘이라고 부르며 참정권 운동을 중심으로 전개된 과거의 자유주의 페미니즘을 1세대 페미니즘이라고 부른 데서 비롯되었다. 물론 1세대 페미니즘이 여성시민권 확보의 핵심으로 삼은 투표권 운동은 자유주의 사상에 기반을 두었지만 또한 사회주의 운동과도 결합한 것이었다. 그 결과 1차 세계전쟁 이후 대부분 나라에서 여성투표권을 도입하게 된다. 이후 페미니즘운동의 침체기를 지나 1960년대 미국에서 급진적인 페미니즘이 등장하였다. 2세대 페미니즘은 성별화된 사회체계 자체와 가부장제가 여성억압의 근본이라고 주장하였고, 섹슈얼리티, 가족, 재생산 권리, 불평등 등으로 담론 범위를 넓혔다. 3세대 페미니즘은 그 시기는 논쟁거리이지만 1990년대 초 해체주의, 탈구조주의의 영향하에 '다양한 피부색과 인종과 국적과 종교와 문화적 배경'을 지닌 여성을 인식함으로써 생겨났다고 한다. 이들은 평등보다 차이에 주목하며, 근대성 자체뿐만 아니라 기존 페미니즘의 보편화 경향도 비판한다(ko.wikipedia.org).

4   근대를 이끈 자유주의 사상은 '모든 사람은 이성적 존재이며 동등하다'는 사고를 기본으로 하지만, 정작 로크나 루소 등은 여성이 이성적이기보다 감성적 존재이며 이성적으로 더 우월한 남성의 통제를 받아야 한다고 믿었다. 이러한 기존 자유주의의 한계와 당대의 통념을 넘어 여성 역시 이성적 존재임을 강조한 것이 자유주의 페미니즘이었다. 이성의 원칙이라는 면에서 여성 차별적 관행이나 제도는 불합리하고 전근대적인 것이므로 이를 바꿔야 마땅하다는 것이다. 자유주의 페미니즘의 주창자들은 기성사회의 틀 안에서 여성의 지위를 높이는 데 일차적 관심을 두었다. 1789년에 프랑스혁명에 동참한 올랭 드 구즈(Olympe de Gouges)는 정치권을 포함한 여성의 시민권을 주창했으며, 영국에서는 메리 울스턴크래프트(Mary Wollstonecraft)가 여성교육의 필요성을 강조했다(김영희, 2008).

적이었고, 실제로 많은 진전을 이루어냈다.

이렇게 기존 법과 제도 내에서의 개혁을 중시하는 자유주의 페미니즘의 입장에서는 여성의 복지증진을 위해 국가권력을 사용하는 것이 중요하다. 즉, 자유주의 페미니즘은 젠더 평등 증진을 위해 국가를 주로 활용하는 페미니스트운동으로, 사회복지정책 역시 여성의 동등한 권리를 확보하는 핵심적인 도구이다. 이러한 종류의 페미니즘은 국가의 중립성, 도구로서의 활용 가능성에 대한 낙관에 기초한다.

그러나 자유주의 페미니즘은 현 사회체계에 대한 근본적인 문제제기를 회피하는 탓에 기회의 평등 이전에 발생하는 젠더 억압과 폭력에 대해 제대로 대응하는 이념으로 작동하지 못했다. 이에 "자유주의 페미니즘은 젠더 불평등의 단편적 현상들에 치중했을 뿐 근본 원인을 제거하지 못했으며 여성에 대한 체계적 억압을 인정해본 적이 없다는 비판을 받고 있다."(Giddens, 2009) 빅 조지 Vic George와 폴 와일딩 Paul Wilding 역시 자유주의 페미니즘은 본질적으로 백인 중산층 여성의 열망에 대한 반응이라고 비판적으로 언급했다(George and Wilding, 1994).

(2) 사회주의 페미니즘: 젠더억압 철폐를 위한 자본주의 극복

사회주의 페미니즘은 젠더문제의 핵심을 여성이 남성에게 구조적으로 종속되는 사회체계, 즉 자본주의에서 찾는다. 여성의 종속과 노동자계급의 종속은 같은 경제적 토대에서 기인한다는 주장으로, 가부장제와 자본주의는 본질적으로 서로 얽혀 있다는 것이다. 사회주의 페미니즘은 엥겔스의 『가족, 사유재산, 국가의 기원 Der Ursprung der Familie, des Privateigenthums und des Staats』(1884)의 고대사회 가족경제 분석 등에 기초해, 가부장제가 본질적으로 자본주의와 기원을 함께한다고 주장한다.[5] 사회주의 페미니즘은 성적 착취는 계급착취의 부산물이라고 보고 자본주의의 가부장적 통제를 비판하며 사회주의를 여성해방의 전제조건으로 주장한다. 즉, 사회주의 페미니즘은 여성종속의 기원을 경제적인 것에서 찾는다.

---

[5] 엥겔스의 사회주의 페미니즘 논리에 따르면, 가부장제는 계급억압과 마찬가지로 사유재산제에 기반을 둔다. 자본주의는 소수의 남성에게 부와 권력을 집중시켜 남성의 여성 지배를 가져온다. 자본주의하에서 여성은 급여조차 받지 못하는 재생산 노동자로, 착취의 대상이다.

따라서 사회주의 페미니즘은 여성의 동등한 기회를 보장하기 위한 법률 제정에 비판적이다. 소위 동등기회의 보장은 주로 중산층 여성의 이익에 이바지하고 여성억압의 경제적 근원을 약화시키는 데에는 무력하기 때문이다. 사회주의 페미니스트들은 동등기회의 보장을 위한 조치가 오히려 여성의 종속을 연장시킬 것이라고 보았다. 또한 사회주의 페미니즘에서는 국가의 사회복지정책이 여성종속의 표면적인 증상을 다룰 수 있을지는 몰라도 불평등을 야기하는 경제관계 자체를 전환시키기에는 불충분하다고 평가한다. 여성종속과 계급불평등을 본질로 하는 자본주의하에서 평등의 환상은 사람들을 속이고 근본적인 변혁을 가로막아 오히려 많은 해를 끼친다는 것이다(Coote and Campbell, 1987: 22-26).

사회주의 페미니즘은 가부장제를 벗어난 가족의 재구조화, 가사노동의 노예적 측면 종식, 사적 돌봄으로부터의 해방, 여성의 생산노동 참여와 노동현장에서의 평등 등을 추구하며, 이는 사적 소유와 계급제도 철폐를 위한 사회주의 혁명을 통해 가능한 것으로 여긴다. 즉, 사회주의 페미니즘은 젠더 억압의 철폐를 위해 가부장제와 자본주의를 함께 없애야 한다고 주장한다.

사회주의 페미니즘은 젠더 불평등과 억압의 문제를 역사적·구조적 관점에서 분석하고 해방의 전망을 제시했다는 점에서 의의가 있다. 그러나 여성억압을 곧바로 계급억압으로 환원하는 경향, 사회주의 혁명 이후에 나타나는 젠더 불평등과 억압의 문제를 경시하였다는 단점이 있다(김영희, 2008).

(3) 급진주의 페미니즘: 근본적 억압체계인 가부장제 철폐

급진주의 페미니즘은 여성억압이 체제를 뛰어넘는 문제로 다른 무엇보다도 뿌리 깊은 근원성을 갖는다고 본다. 여성억압은 계급억압의 부산물이 아니라는 것이다. 남성의 여성착취와 지배체제로서의 가부장제는 비단 자본주의에 국한되지 않는 보편적인 현상이다. 급진주의 페미니즘은 남성이 여성억압적인 체제 속에서 여성의 출산과 양육 역할을 규정하고 여성을 착취함으로써 계속 이익을 얻어왔고 권력을 독점했다고 본다.

급진주의 페미니즘은 출산, 섹슈얼리티, 문화에 주목한다. 이들은 여성억압의 1차 근원지로 가족을 지목한다. 가족은 생물학적 출산과 돌봄 기능에 관해 여성에게 특정한 역할을 부여한다. 슐라미스 파이어스톤Shulamith Firestone; 1945~2012
은 『성의 변증법The Dialectic of Sex』(1970) 등에서 남성이 여성의 성과 출산을 통제
함으로써 여성을 지배한다고 했다. 생물학적 가족 자체가 여성억압의 핵심이
므로 여성해방을 위해서는 생물학적 가족을 철폐하고, 여성에 의한 출산과 성
에 대한 통제를 종식시킴으로써 가족과 가족을 특징짓는 권력관계를 폐지해야
한다고 주장했다. 즉, 급진주의 페미니즘은 여성의 성적 해방, 결혼과 모성애의
종식을 추구한다.

더불어 급진주의 페미니즘은 매체를 통해 재생산되는 섹슈얼리티와 여성
의 몸과 관련된 여성성에 대한 관념, 남성적 시선에 의한 여성의 대상화, 성폭
력 등이 개별적, 우연적인 것이 아니고 사회 전체에 걸친 남성의 우위와 여성
지배를 지속시킨다는 점에 주목했다. "사적인 것은 정치적인 것이다"라는 언
급은 이러한 다방면에 걸친 여성억압에 주목하는 것이다(Giddens, 2009). 가부
장제 이데올로기와의 투쟁의 일환으로, 이들은 여성다움/남성다움의 이분법적
인 발상을 해체하고 양성성을 바람직한 것으로 추구한다.[6]

급진주의 페미니즘은 성, 출산, 육아 등 소위 '사적인' 이슈들을 공공담론
의 영역으로 가져왔고 정치적인 것으로 규정해냈다는 점에서 의의가 있다. 급
진주의 페미니스트들에 의해 근본적인 억압장치로 '가부장제'라는 용어가 비
로소 일반적인 것이 되었다. 그러나 급진주의 페미니즘은 여성억압의 근본적
성격을 강조한 나머지 모든 문제를 남녀대립이라는 틀로 환원하는 경향을 보
이며, 남성은 물론 여성 내부의 차이, 그리고 젠더문제와 계급, 인종 등 다른 억
압구조의 관계 역시 간과하는 경향을 보인다.

급진주의 페미니즘은 거대한 억압체계인 가부장제의 폐지를 위해 이를 지
탱시키는 다양한 장치들과 전면적으로 투쟁한다. 법 개혁 등을 통해 점진적 변
화를 추구하는 것은 여성해방의 주요한 관심사가 아니다. 그럼에도 급진주의
페미니즘의 입장에서도 사회복지정책을 비롯한 국가의 다양한 정책이 가족이

---

6   모든 페미니즘이 남성성/여성성의 이분법을 철폐하고자 하는 것은 아니다. 그 내부에는 다양한 조류가
    있다. 우선 여성성을 관계를 맺고 돌보는 성향으로 규정하고 이를 긍정적 자원이자 사회를 살리는 대안으로
    부각시키는 문화적 페미니즘의 흐름이 있다. 또한 기존의 이성애 중심적인 생각과 행위는 남성 중심적인 것으로
    남성 위주의 성애가 여성통제와 관련된다는 주장하에 이성애를 거부하고 자매애 등을 강조하는 흐름도 있다.

란 것의 구성과 가족 안팎의 권력관계, 성역할에 가져오는 변화는 주목의 대상이 될 수밖에 없다.

(4) 포스트모던 페미니즘: 이분법의 해체와 타자들의 복원

포스트모던 페미니즘은 모더니즘의 이분법에 대한 비판에 기초해 여성 일반에 대한 억압에 대항하는 것이 아니라 여성, 남성 등 일반적인 이름 아래 가려졌던 다양한 개별 존재의 복원을 추구한다. 포스트모던 페미니즘을 다른 페미니즘 이념과 구분 짓는 핵심은 "모든 여성이 공유하는 보편적 정체성이나 공통의 경험이 존재한다는 생각에 도전하고, '여성'이라는 하나의 보편적 본질이 존재한다는 주장을 거부하는 것이다."(Giddens, 2009: 569) 이에 따라 여성의 사회적 위치를 설명하는 거대이론이 존재한다는 주장은 불가능하다. 가부장제, 인종, 계급, 젠더 불평등 같은 기존 담론은 본질주의적이라는 이유로 거부된다. 여성성이라는 동일하고 본질적인 속성이 존재하기보다는 아주 다양한 경험을 한 이질적 여성—이성애자, 레즈비언, 하류층 노동자, 이주여성 등—들이 존재한다는 것이다.

포스트모던 페미니즘이 이렇게 보편성과 본질을 거부하는 것은 포스트모더니즘의 근대성 비판의 맥락에서 비롯됐다. "근대성 개념에는 '통일되고 자기동질적인 주체의 능동성에 대한 믿음'뿐만 아니라 '나'라는 주체를 중심으로 설정하고 타자를 대상화하는 이분법적 사고에 기초해 타자를 정복하고 세계를 경영하려는 기획이 내포되어 있다."(김영희, 2008) 이러한 근대성은 개별자들을 주변화하고 때로는 억압하는 것을 오랫동안 당연시해왔다. 포스트모던 페미니즘은 젠더관계 속에서 배제되고 주변화되어 있던 다양한 타자들을 복원하고자 하는 기획이다.

포스트모던 페미니즘의 핵심은 차이, 특히 차이의 의미에 대한 인식이다. "이질적 집단과 개인들이 보여주는 '타자성otherness'은 배제, 취약함 등 부정적인 것으로 표상되지 않고 각자 나름의 형태로 축복받고 있다. 타자성의 긍정성은 포스트모던 페미니즘의 주요 주제이며, 다원성, 다양성, 차이, 개방을 상징한다. 여러 개의 진리와 역할들, 현실이 존재하는 것이다."(Giddens, 2009: 569) 이에 여성에 대한 어떤 규정도 거부한다.

포스트모던 페미니즘은 해체를 추구한다. 우선 남성의 언어와 남성적 세계관, 구체적으로는 근대적 이분법의 해체를 시도한다. 남성이 세계를 선-악, 이성-감성, 미-추 등 이원적으로 바라보는 것, 남성은 정상적 존재, 여성은 비정상적 존재로, 혹은 남성은 이성적 존재, 여성은 감성적 존재로 규정하는 것 등을 해체하는 것이다. '해체'란 이러한 이원 개념을 공격하는 것이며, 새롭고 긍정적인 방식에 입각해 반대 개념을 재구성하는 것이다. 또한 포스트모던 페미니즘은 동일성의 해체를 시도한다. 각 존재들이 사실상 개별자로 존재하는 가운데 남성이라는 이름으로 혹은 여성이라는 이름으로 동일성을 강요하는 것은 억압이다. 급진적인 대안은 존재를 거대 범주로 환원하지 않고 그 자체로 드러내기 위해 동일성을 해체하고 차이를 해방시키는 것이다. 이러한 동일성의 해체, 이분법의 해체는 '인간'으로서 해방되기 위한 것이다. 이에 포스트모던 페미니즘은 남성의 여성억압구조를 포함한 모든 억압적 구조로부터 여성뿐만 아니라 성소수자와 남성까지 포함하는 인간해방을 목표로 한다.

포스트모던 페미니즘은 거대담론을 동원하여 여성억압을 설명하고 해결책을 찾을 수 있다고 보지 않는다. 여성의 정체성을 선험적으로 규정하는 것은 또 다른 억압이기 때문이다. 포스트모던 페미니즘은 궁극적인 해방을 위해서는 주변화되어 있는 각자의 정체성을 드러내고 각각의 운동을 전개해나가는 것이 필요하다고 본다.

페미니즘과 사회복지정책

페미니즘의 입장에서 사회복지정책의 발전을 어떻게 볼 것인가? 여기에는 크게 두 가지 시각이 있다. 하나는 사회복지정책이라는 것 자체가 가부장제의 일부로 본질적으로 여전히 여성억압적이라는 것이고, 다른 하나는 사회복지정책 발전과 복지국가라는 성과가 젠더 평등을 위해 활용될 수 있다는 것이다. 이는 국가라는 것이 본래 기존의 지배체제를 견고하게 유지하기 위한 것이라는 견해와, 국가는 상대적으로 자율성을 가지며 성평등을 위해 활용될 수 있다는 견해, 즉 국가의 본질에 대한 두 가지 대조적 견해의 연장선상에 있다.

우선 페미니즘 입장에서 국가복지의 한계를 강조하는 논리를 보자. 국가의 복지제도가 여성에게 약간의 수입과 일할 기회를 제공했다고 하더라도 이 것이 여성해방을 가져오지 않았고 오히려 여성이 새로운 의존관계를 형성하도 록 만들었다는 비판이 있다. 국가의 정책 개입이 여성이 자율성을 회복하는 데 기여했다기보다는 여성을 다른 방식으로 의존적으로 만드는 사회체계 형성에 기여해왔고, 국가개입은 단지 여성의 의존 형태만 바꾸어놓았다는 것이다(조 형 외, 2003: 42). 실비아 월비$^{Sylvia Walby}$의 가부장제 이론은 이러한 분석에 기초 를 제공한다(Walby, 1990). 월비는 가부장제를 사적 가부장제$^{private patriarchy}$와 공 적 가부장제$^{public patriarchy}$로 구분한다. 사적 가부장제가 개인에 의한 가족 내 여성 착취와 여성의 공적 참여 배제로 나타난다면, 공적 가부장제는 여성이 정치, 노 동시장 등 공적 영역에 참여하지만 여전히 재력, 권력, 지위를 확보하지 못하고 착취당하는 상태이다. 그녀는 가부장제가 사적인 형태에서 공적인 형태로 변 모했다고 설명한다. 그녀의 이런 주장은 자유민주주의 제도의 확산과 각종 사 회복지정책 도입에 대한 비판적 논의로 연결될 수 있다.[7]

사회복지정책을 통해 추구되어온 개인들의 상품관계로부터의 자유, 즉 탈 상품화는 페미니즘의 입장에서는 비판의 대상이 되었다. '시장으로부터의 자 유'는 애초부터 노동력을 상품화하지도 못하고 비시장 무급노동에 종사해온 다수 여성의 경험을 배제하고 있다는 것이다. 페미니스트들은 탈상품화론이란 남성노동자의 탈상품화를 말하는 것일 뿐이라고 일축한 바 있다(Orloff, 1993; Sainsbury, 1999). 젠더를 떠난 보편적 시민을 상정한 채 사회복지정책을 통해 탈상품화를 추구하는 것은 가상에 불과하다. 유급노동 중심의 탈상품화-재상 품화의 순환을 추구하는 사회보장 안전망을 구성한다면,[8] 유급노동에서 불리

7　여성주의 입장에서도 자유민주주의 제도는 비판의 대상이 된다. 표면적으로 남녀가 동등하게 정치에 참여할 수 있는 것처럼 보이지만, 실제로 정치에 참여할 수 있는 이들은 오직 '남성'들뿐이기 때문이다. 자유민주주의는 그 기원에서부터 체계적으로 여성과 여성성을 배제한 채, 남성 중심인 세상에 대한 이해와 남성의 정체성만을 반영하고 있다. 과거에 여성이 합리성이 결핍된 존재로 취급되어 평등한 시민으로 정치에 참여하지 못한 것과 달리, 지금은 여성투표권이 인정되고 있지만, 여성은 민주화 초기에 동원의 대상으로 고도로 정치화되었다가 민주화 과정이 종결되면 시민의 대표나 고위 관료직에서 거의 배제되었다(조형 외, 2003).

8　사회보장제도는 실업, 질병, 산재, 출산, 육아 등의 국면에서 사회보장급여를 제공하여 시민들이 유급노동에 참여하지 않아도 생활을 유지할 수 있도록 하는 탈상품화를 가능하게 한다. 그러나 사회보장급여를 받기 위한 엄격한 조건으로 구직활동과 일정 기간 이상의 유급노동 경력을 내걸거나, 사회보장급여 수준과 수급기간을 철저하게 유급노동 경력에 비례하게 만드는 등의 방식으로, 사회보장제도는 시민들이 다시 유급노동 참여에 매달리게 만들 수 있다.

하며 빈번히 배제되는 여성 시민에 대해 이러한 사회보장체계는 남성에게서와 같은 형태로 작동하지 못한다. 여성은 노동력의 완전한 상품화를 지속하기 힘들기 때문이다. 유급노동을 기준으로 해 사회보장제도가 형성된다면, 여성에게 편향된 가사노동과 양육노동은 더욱 주변화된다.

이에 페미니스트들은 '남성은 가족부양자, 여성은 경제적 의존자'라는 가부장적 이데올로기와 성역할 분리에 기초한 사회구조 속에서, 유급노동을 중심으로 놓고 탈상품화를 보장하되 다시 노동시장(유급노동)으로의 복귀를 지원하고 촉진하는 사회복지정책들은 남성과 여성의 격차와 지배를 재생산할 뿐이라고 비판했다. 유급노동 영역에서의 고용률, 임금, 고용지위 등에서의 젠더 격차가 극복되지 않은 상태에서 이러한 정책은 결국 격차와 경계를 줄이거나 없애는 데 크게 기여하지 못한다는 것이다. 사회보장급여에 대한 권리와 노동에 대한 의무가 상응하도록 구성되어 있는 사회보험정책들이 대표적인 예이다. 결국 여성은 여전히 노동시장의 주변적 위치에 배치되고, 가사노동의 가치는 평가절하되며, 여성은 사회보험 수급자가 되기보다는 최소보장을 하는 공공부조 수급대상이 된다는 것이다. 이에 캐롤 페이트먼^{Carol Pateman}은 "복지국가는 진정한 해결책을 제공하지 않는다. 복지국가는 남성에게 복지에 대한 권리를 부여하고 여성은 대개 피부양자가 되거나 자산조사제도의 수급자가 되는 이중제도를 창조해왔다"고 복지국가를 비판했다(Pateman, 1987).

여성은 사회보험 수급자가 되는 경우에도 독자적인 수급자 지위를 갖기보다는 아내(피부양자)로 혹은 유족 등 가족 내 위치에 의해 수급자격이 결정된다. 여성이 독자적인 사회보험 수급권을 갖지 못하는 것은 가부장주의적 성별분업, 남성에 대한 여성의 경제적 의존이라는 현실이 사회복지정책에 반영된 것이다. 많은 경우에 복지수급 단위는 가족이며, 가족 유지의 원칙에 기반을 둔다. 아내의 복지수급권은 남편의 복지수급권에 뒤따르는 피부양자 지위에 따르며, 급여액 역시 남편의 수급권에 따라 결정된다. 공적연금의 배우자급여가 대표적인 예이다.[9]

페미니스트들은 가부장적 노동시장과 남성의 경제권력을 반영하는 이러

---

9   주로 남성인 가족부양자는 아내 등 피부양자를 부양하는 비용에 대한 보상으로 세금감면을 받는다. 페미니즘

한 사회복지정책들이 남성부양자의 책임을 기정사실화하면서 남성에 대한 여성의 경제적 의존과 부르주아 가족이념[10]을 강화했다고 비판한다. 여성에게 개별적인 수급권을 주기보다는 주로 피부양자로 취급하는 국가의 사회복지정책들이 가부장적 가족체계를 반영하는 것을 넘어서서 이를 지원하고 정당화하고 있다는 것이다. 이는 남성에 대한 여성의 비자발적 의존을 한층 광범위하게 만든다(조형 외, 2003: 43).

다른 한편 이러한 주장과 대조적으로, 국가는 페미니즘의 관점에서 여성해방의 잠재성을 가진 것으로 평가되기도 한다. 즉, 국가는 사회복지정책을 통해 성평등을 제고하고 여성이 가부장제의 억압에 대항할 수 있도록 했다는 것으로, 국가는 단순히 가부장제 유지를 위한 남성들의 지배도구가 아니라는 것이다.

복지국가의 형성 이후에 국가는 사회복지정책을 통해 여성에게 후원적 기능을 했다. 가부장적 가족이념에 기반해 사회복지정책이 제도화되면서, 이는 월비가 주장한 소위 공적 가부장제의 한 축이 되기도 했지만(Walby, 1990), 사회복지정책에는 분명히 여성의 지위를 향상시킨 측면이 있다. 즉, 사회복지정책은 성별 간 권력분배에 중요한 역할을 하는 장치로, 공적 영역에서 가부장제를 단순히 반복한 것이 아니라 남성과 여성의 권력관계에 변화를 가져왔다는 것이다. 복지국가에서의 남성과 여성의 관계는 전통적인 가부장적 가족의 권력관계보다 분명히 진일보한 측면이 있다.

사회복지정책의 발전은 복지정책의 수급자, 그나마 주로 공공부조 수급자이거나 남성수급권에 부속된 수급자로 존재했던 여성들을 대거 공공부문 노동자, 복지서비스 제공자로 변화시켰다. 또한 가족 안에서 여성의 것으로 여겨졌던 돌봄, 가사 등의 재생산 역할을 사회화시킴으로써 여성의 공적 영역으로의 접근성을 향상시켰다. 물론 노동력 재생산과 세대 재생산의 역할 전체가 가족에서 사회로 이전되지는 않았으나 사회복지정책의 발달과 함께 상당 부분이

입장에서 이렇게 피부양자인 아내에 대해 세금공제를 하는 것은, 여성이 독립적으로 경제활동을 하는 것에 비해 여성이 피부양자로 가정 안에 머무는 것을 조세 측면에서 유리하게 만드는 것으로 평가된다. 즉, 이러한 조세정책은 여성의 경제적 종속을 강화하는 것으로 여겨진다.

10 부르주아 가족이념은 이상적인 가족은 부모와 자녀로 이루어지고 성별 노동분업이 이루어지는 경제단위라는 것으로, 이러한 가족이 결국 자본주의 체제의 기본 단위가 된다.

공적 책임 영역으로 편입되었다. 이와 함께 가족 안에 여전히 존재하는 가부장적 성역할의 분리 역시 한층 완화된 것으로 보고되고 있다. 이는 여성의 정치권력 강화와 여성의 지위 향상에도 긍정적인 역할을 한다.

일례로 스웨덴, 덴마크 등 스칸디나비아 복지국가는 여성을 공공부문 노동자로 진출시키고 가족을 지원하며 사회적 돌봄을 강화하는 전략을 통해 남성과 여성이 함께 경제활동을 하고 가족을 돌보는 모델을 진전시켰다. 이들 국가는 여성의 경제적 독립성 강화와 지위 향상에 더해 여성을 독립적 주체로 개념화하는 성평등 문화정책을 마련했고, '사적인 것'으로 취급되던 가정폭력, 성폭력, 낙태문제를 '공적'인 사회문제로 부각시켰다. 이러한 사회정책은 여성의 경제적 종속성, 여성빈곤문제를 크게 완화시켰으며, 나아가 정치, 예술, 교육, 대중매체뿐만 아니라 가족까지 포함한 사회 전반에서 젠더관계 변화에 기여했다. 특히 여성의 노동권을 강력하게 보장함으로써 기존에 가족 단위로 취급된 사회복지급여를 개인 단위 급여제도로 바꿔낼 수 있었다. 즉, 사회보험급여에서도 여성의 개별적 수급권이 강화되고 배우자급여와 같이 남성으로부터 파생된 수급권이 사라졌다.[11]

그러나 발전된 복지국가에서도 여성이 가사노동과 돌봄노동에 참여하지 않아도 될 만큼 충분한 선택권은 주어지지 않는다. 부모휴가(육아휴직) 이용의 성별 차이와 여성 취업자의 시간제 비율 차이 등은 여전히 사적 영역과 공적 영역에서 성역할의 차이가 존재함을 보여준다. 또한 직접 기여금을 낸 사람의 연금수급권 절반을 이혼시 배우자에게 제공하는 배우자연금수급권, 일정 기간 동안의 육아에 대해 사회보험료를 납부한 것으로 인정해주는 아동크레딧 등은

---

11   세인즈베리(Sainsbury, 1999: 77~79)는 사회정책 유형을 남성부양자 모델(male breadwinner model)과
성역할 분리 모델(separate gender roles model), 개인주의 모델(individual model)로 분류하였다.
첫째, 남성부양자 모델은 엄격한 성별 역할분리에 기반하여 남편은 가장으로서 전일제 노동을 통해 가족을
부양하며, 아내는 돌봄 역할을 수행한다. 사회복지정책 수급자는 생계부양자로서 주로 남성이며, 급여 단위는
가족, 급여는 가족임금 개념에 근거를 둔다. 둘째, 성역할 분리 모델은 남성부양자 모델과 마찬가지로 주된
임금노동자로 남성을 상정하고 돌봄의 가족책임을 강조하지만, 생계부양자 모델과는 달리 여성과 남성
모두에게 사회복지 수급권을 제공한다. 그러나 사회복지정책 급여 수급권은 성역할에 따라 달라서, 여성
수급권의 주된 기반은 돌봄제공이다. 셋째, 개인주의 모델은 사회복지정책이 여성의 유급노동과 남성의
돌봄 참여를 지원하여 남성과 여성이 모두 노동자이자 양육자가 될 수 있도록 하는 것으로 특히 국가의
공공사회서비스 확충과 돌봄에 대한 유급화 등과 같은 개입이 중요하다.

무급노동의 가치를 적극적으로 인정한 진전이기는 하지만, 기존에 무보수노동이자 사회적으로 고립된 노동이었던 가사노동과 돌봄노동의 가치를 얼마나 적극적으로 평가할 것인지는 여전히 논란이 되고 있다.

다시 말해, 사회복지정책에서 무급노동의 가치를 적극적으로 평가하고 보상하는 것이 여성의 공적 영역으로의 진출을 오히려 저해할 수 있다는 견해와, 다른 한편 돌봄 등의 무급활동에 대해 사회보장 수급권을 적극적으로 부여하여 사회복지정책이 다양한 성의 개인적 자율성과 선택권을 강화시킬 수 있다는 견해가 충돌한다. 이와 같이 페미니즘운동은 지난 한 세기 동안 작동한 사회복지정책의 기본틀에 근본적인 도전을 하고 있다.

생태주의

생태주의 개념과 철학

생태주의는 "에콜로지 ecology를 중심으로 인간의 현실과 역사를 새롭게 바라보고, 인간과 자연의 관계를 동반자적이며 연대적인 것으로 재규정해내고자 하는 관점이자 철학"(김종철, 2008)이다.[12] 생태주의가 현재 문제로 삼는 현상은 공동체의 해체, 인간의 도구화, 그리고 무엇보다도 환경위기와 생태적 재앙 등이다. 나아가 생태주의자들 가운데 일부는 "인간의 자연 지배는 애초에 인간이 인간을 지배하는 현상에서 비롯되었기 때문에 계속 이를 고발하고 저항할 필요가 있다"(이상헌, 2011)면서 사회적 억압 역시 문제 삼는다. 즉, 인간-자연의 억압이 사회적 억압과 무관하지 않음을 역설하면서 인간의 자연 지배뿐만 아니라 인간의 인간 지배까지 포함하는 모든 형태의 지배와 억압을 철폐하는 전

---

12   에콜로지는 인간과 자연 사이의 바람직한 관계를 추구하는 이념, 삶의 자세, 사회운동 등을 가리킨다. 이 세계의 생물과 무생물을 포함한 모든 존재가 관계의 망으로 연결되어 있고 이 관계의 망으로 인해 존재할 수 있다는 세계관에 기초한다. 이 관점에서 보면, 인간 역시 자연 속의 수많은 존재와의 관계에 기초하여 생명을 유지하고 있다. 이에 상호 의존과 공생의 원리가 중요해진다.

면적인 대안을 추구한다. 결국 생태주의자들은 사회문제를 극복하기 위해서 사회가 완전히 새롭게 조직되어야 한다고 주장한다.

생태주의는 자본주의에 대해 비판적이다.[13] 생태주의에서 바라보는 자본주의는 본질적으로 불공평하고 불안정하며 낭비적이다. 자본주의의 발전과정에서 확산되는 물질주의와 불안정한 자본주의를 지속시키기 위한 소비의 확대는 결국 인간과 자연 모두에 파괴적인 결과를 가져온다. 앙드레 고르Andre Gorz는 소비주의가 인간의 산업생산에 대한 의존을 지속시키며 자본주의를 영속시킨다고 주장한 바 있다(Gorz, 2008). 또한 생활수준의 향상을 도모하는 개발과 발전을 진행할수록 부의 독점은 심화되고 빈곤문제는 갈수록 해결 불가능한 것이 된다. 이러한 자본주의는 지속 가능하지 않다. 지속 가능하지 않은 자본주의를 지속시키려고 하는 시도와, 인간과 자연 모두에 해로운 자본주의를 인간화하려는 시도는 이치에 맞지 않다. 동시에 생태주의는 기존 사회운동에 대해서도 사회의 진보를 물질적인 소비능력 확대로 측정해왔다는 점에서 비판적이다. 사회주의라는 기존의 대안에서도 산업사회의 문제점은 역시 나타났다. 오염원에 대한 과세나 재활용 등의 대안은 부분적이다. 인류는 이를 넘어서서 삶의 방식을 근본적으로 바꿔내야 한다.

생태주의는 각 개인에게 해방과 자기결정권이라는 질문을 제기한다. 생태주의는 새로운 정신적 가치에 기초한, 자본주의와 산업사회의 근본적 해체를 주장하는데, 사회의 완전한 재조직화를 이끄는 것은 기존의 물질중심적 가치를 벗어난 대안적 가치로, 생태주의가 추구하는 것은 상호보완성, 자율성, 연대성이다. 상호보완성은 타인과 더불어 사는 것을 인간다움의 가치로 한다는 것이고, 자율성은 인간의 주체적 삶의 회복을 의미한다. 산업화로 인해 일과 삶이 분리되면서 인간의 주체적 삶은 객체적 삶으로 전환되었고, 노동소외로 인간은 소비를 통해 대리만족을 얻게 되면서 타자화되고 자율성을 상실한 존재가

---

13 시장생태주의는 현재의 자본주의적 시장 메커니즘을 그대로 용인하거나 개선하여 생태위기를 해결하려는 입장으로, 자본주의에 대해 근본적으로 비판적인 것은 아니다. 시장생태주의는 공업주의와 과학기술이 인류를 더 발전시킬 것이라는 믿음, 시장이 자원을 가장 효율적으로 배분하는 메커니즘이라는 믿음, 현재의 불평등한 권력구조와 계급구조는 불가피한 것이거나 정당화될 수 있다는 인식에 기초한다. 이는 환경이 새로운 자본축적과 이윤창출의 기회가 되었음을 드러내는 신자유주의적 입장으로 녹색산업에 대한 강조 등으로 드러난다.(이상헌, 2011).

되었다는 것이다. 연대성은 인간과 자연의 동반자적 관계를 강조하는 것이다 (박경일 외, 2003: 124). 또한 생태주의는 불평등을 반대하고 개인, 공동체, 사회 그리고 환경에서의 반생명적 요소를 찾아 제거함으로써 억압된 타자의 권리를 수용하고 조화시키고자 한다. 이반 일리치Ivan Illich는 "환경위기에 대한 유일한 해결책은 우리가 함께 일하고 서로 보살피며 지내는 삶이 더 큰 행복을 가져다 준다는 깨달음을 많은 사람들과 공유하는 데 있다"고 말했다. 생태주의가 추구하는 이러한 가치는 대안사회로 나아가기 위해 요구되는 물질적 희생을 수용하고 산업사회의 질서에 도전할 수 있는 기반이 된다는 점에서 중요하다.

모든 억압을 철폐한 사회형태로, 상호보완성, 자율, 연대의 가치에 부합하는 대안으로 생태주의가 지향하는 것은 공동체 사회이다. 이 새로운 사회는 중앙집권적 국가가 지배하는 체계가 아니라 작은 공동체들의 연결망으로 조직화된 사회이다. 물론 지역사회를 비롯한 공동체들은 국가 수준과 국제적 수준에서 통합될 수 있다(Schumachers, 1974: 113; Taylor, 2007에서 재인용). 이러한 지향은 생태주의가 갖고 있는, 산업자본주의뿐만 아니라 중앙집권적 국가에 대한 비판적 입장과 관련된다. 생태주의는 국가에게 우리의 사회적·경제적 생활을 관할하는 권력을 부여하는 것이 합당한지 의문을 제기한다. 아나키스트였던 머레이 북친Murray Bookchin은 "국가는 '남성 문명의 제도적 정점'이고 사회의 운영보다는 사회적 강압에 관심이 있다"고 일갈했다(Bookchin, 1990; Taylor, 2007에서 재인용). 생태주의자들은 국가권력의 중앙집중화는 관료정치를 강화시키고, 시민의 미덕과 사회적 책임감을 갉아먹으며, 시민들을 서비스의 수동적 수혜자로 바꾸어낸다고 비판한다. 그 결과 사람들은 정치에서 멀어지고 정치는 전문적 권력조종자가 실행하는 기술로 전락한다(Taylor, 2007). 평등과 정의를 구현하기 위한 소득재분배와 사회서비스 제공은 필요하지만, 이는 반드시 중앙집권화된 국가에 의해 이루어질 필요는 없다는 것이 이들의 주장이다.

사람들은 서로에 대한 책임과 환경에 대한 책임을 수용해야 하며, 폭넓은 사회적 욕구는 사회자본 개발을 통해 지역사회 수준에서 해결되어야 한다(Taylor, 2007). 중앙집권적 국가에 대한 거부와 대안으로 공동체를 추구하는 것은 인간소외를 극복하도록 하며 시민이 주체로서 책임감을 공유하도록 한다는 점에서 생태주의가 추구하는 근본적 가치에 부합한다.

생태주의와 사회복지정책

생태주의는 현재까지의 사회복지정책에 대해 몇 가지 점에서 비판적이다. 우선 복지를 통한 자본주의 지속은 여전히 '성장' 패러다임의 틀 안에 있다는 점에서 비판의 대상이 된다. 복지국가가 자본주의의 해악을 감소시킨다고 하더라도, 결국 복지국가는 산업주의와 지속적 성장을 유지하기 위해서 존재한다는 것이다. 토니 피츠패트릭^{Tony Fitzpatrick}은 "성장에 의존하고 더 많은 수요에 자원을 공급하는 복지국가는 복지국가가 의존하는 바로 그 자원을 소모시키기 때문에" 결국 지속될 수 없다고 말한다(Fitzpatrick, 2001; 346). 이런 이유에서 높은 수준의 공공복지지출은 생태주의 입장에서 선호의 대상이 아니다.

둘째, 기존 복지국가의 국가중심성, 관료중심성이 시민을 타율적인 존재로 만든다고 지적한다. 생태주의자들은 일부 마르크스주의자들이 주장하는 바와 마찬가지로, 복지국가가 전문가, 과학기술, 관료적 방법에 의존하며, 강제적이어서 책임감 있고 활동적인 시민을 만들어내는 데 그다지 긍정적이고 가치 있는 역할을 하지 못했다고 주장한다(Green Party, 1997; George and Wilding, 1994: 170-171; Taylor, 2007에서 재인용). 생태주의 시각에서 볼 때, 사회문제는 산업사회의 본질로부터 비롯되었음에도 불구하고, 기존 복지국가의 사회복지정책은 여전히 문제의 근본 원인을 다루지 못한 채 증상에 대응하는 데 급급하다.

생태주의 입장에서 중앙집권적 복지국가는 바람직하지 않지만, 평등의 달성과 빈곤 철폐는 여전히 중요한 과제이다. '생산량의 증가가 빈곤을 감소시킨다'는 기존 도식을 거부한다면(Gorz, 2008), 공존과 공생을 위해 자원의 평등한 분배는 더욱 중요하다. 이에 고르(1983)와 몇몇 나라의 녹색당 등은 노동해방과 결합된 기본소득^{basic income}을 대안으로 주장한다. 생태주의의 관점에서 자본주의 사회에서 왜곡된 노동을 해방시키는 것,[14] 임금노동을 '자신을 위한 노

---

14 앙드레 고르는 인간의 노동을 다음과 같이 분류한다. 첫째, 사회의 필요에 부응하는 경제적이고 합리적인 노동(타율노동), 둘째, 개인의 욕구와 일치하는 스스로 명령한 노동(자율노동), 셋째, 사회의 필요에 의한 노동이지만 자신을 위한 노동이다. 이 중 자율노동 영역은 소외되지 않은 영역으로, 노동의 본래적 의미에 충실해야 하고 자율성과 자기충족성의 원칙에 지배되어야 한다. 그러나 자본주의 사회에서는 이 영역도 경제적

동'으로 전환하고 상실된 개인의 실존적 욕구를 자본의 경제논리보다 우위에 두도록 하는 것은 중요한 과제이다. 이에 무급노동의 의의를 되살리고 모든 이들에게 권리로서의 기본소득을 지급하자는 것이다. 이러한 기본소득은 노동시간 단축과 노동해방을 뒷받침하는 수단이다(이상헌, 2011).[15]

노동시간 감소와 기본소득 제공은 공동체사회로의 이행을 촉진한다. 고르는 노동시간을 줄인다면 사람들이 타인을 돌보고 기술을 전수하는 데 더 많은 책임을 가질 수 있고, 이와 같은 상호부조에 근거한 사회가 실용적인 선택이 될 것이라고 했다(Gorz, 1983: 96-98). 영국 녹색당 역시 모든 시민들의 기본욕구를 충족시킬 수 있도록 기본소득[Citizen's Income]을 충분히 제공한다면 사람들은 자발적으로 다양한 노동에 참여하게 될 것이며, 복지국가는 모든 시민이 '사회적으로 유용한' 노동을 할 수 있는 복지사회로 옮겨갈 수 있을 것이라고 했다(Taylor, 2007).

생태주의가 추구하는 공동체사회라는 대안에 부합하는 복지제공 단위는 중앙보다는 지역이며, 공급 주체는 다원화되어야 한다. 복지는 단순히 개인책임과 국가책임 사이에서 선택해야 하는 문제가 아니라 국가보다 작은 단위들이 사회보장, 교육, 보건의료, 노인과 아동 돌봄서비스의 전달 책임을 맡도록 해야 한다는 것이 생태주의의 주장이다. 기존의 주요한 자원공급자였던 국가와 시장 양자 모두에 거리를 두고 개인과 지역이 더욱 적극적으로 참여해야 한다는 것이다. 개인의 적극성을 촉진하는 지역단위제도의 한 예로 지역고용 및 교환시스템[LETS: Local Employment and Trading Systems 16]을 들 수 있다.

합리성에 지배된다. 그는 노동이 공적 이익을 위한 사적 생산활동이어야 함에도 불구하고 자본주의 사회에서는 단순한 임금 확보 활동으로 전락했다고 주장하였다(이상헌, 2011).

15   기본소득은 생태주의뿐 아니라 제6장에서 설명한 사회주의와 자유주의의 영향을 받은 대안이기도 하다. 예를 들어 기본소득이 코뮌주의나 사회주의로의 이행 전략이라고 하는, "기본소득을 꾸준히 확대하면 코뮌주의로 직행할 수 있다"(Parijs, 2005)라든지 "남부럽지 않게 살 수 있는 수준의 후한 기본소득이 사회주의적인 개혁"(Wright, 2005)이라는 주장은 기본소득의 사회주의적 기반을 드러낸다. 다른 한편 일부 자유주의자는 NIT(Negative Income Tax) 형태의 기본소득을 주장했다. 최근 핀란드의 중도우파정부는 기본소득 형태의 실업수당 실험을 실시하다가 중단한 바 있다. 세계 여러 곳에서 기본소득 실험이 진행되면서 전통적인 노동운동 진영에서는 기본소득이 오히려 저임금노동을 확산시킬 것이라며 비판적 입장을 내놓기도 한다. 기본소득이 실제로 노동해방의 기반이 될 것인가, 아니면 저임금노동과 낮은 수준의 평등한 보장을 제공하는 데 그칠 것인가는 여전히 논쟁의 대상이다.

16   LETS는 특정 공동체 안에서 각자가 소지한 기술과 자원을 필요한 사람에게 제공하고 그 대가로 자기

물론 생태주의 관점에서 중앙국가와 관료중심주의 극복을 위해 추구하는 복지공급주체 다원화와 지역단위 자율성의 강화는 기존에 중앙국가의 역할을 강화하며 이루어졌던 복지국가 발전을 되돌릴 수 있다는 우려도 낳는다. 즉, 생태주의자들의 주장이 신자유주의 입장에서 국가책임을 축소시키고자 하는 민영화 경향과 결합하여 지역간, 계층간 불평등의 확대를 가져올 수 있다는 우려이다. 이러한 불평등 심화 우려를 불식시키면서 시민의 자율성과 연대수준을 높일 수 있는 작은 주체들의 역할 강화가 생태주의 사회복지정책 패러다임의 성패를 가를 것이다.

결국 생태주의에 부합하는 사회복지에 중요한 것은 자율, 책임, 상호부조의 정신이다. 생태주의자들은 사람들이 국가복지의 수동적 수급자이기보다는 스스로 공공복지의 책임을 공유한다는 사실을 인식하고 지역사회에서 적극적이 되도록 요구한다. 즉, 시민으로서 스스로 조직하고 결정할 수 있어야 한다는 것이다. 사회복지는 사람들이 잠재력을 실현하는 기반이 되어야 하고, 실질적 자유를 실현하는 기반임을 입증해야 한다. 특히 생태주의는 개인의 복지가 가족, 사회, 국가, 환경과 관련되며, 사회복지가 가능하기 위해서는 인간 누구나 자신과 타인의 복지를 공존시키고, 나아가 인간과 생태계가 공존하도록 할 책임감을 자각해야 한다고 역설한다(박영미, 2004). 생태주의에서 사회복지는 공동체를 얼마나 부활시킬 것인가, 그리고 현재 산업자본주의 사회의 물질주의적, 시장주의적 가치와는 근본적으로 다른 가치를 얼마나 확산시키는가에 달려 있다.

비교와 전망

앞서 설명한 다양한 페미니즘 이론, 생태주의 이론은 우리가 살고 있는 세

자신도 필요할 때 언제든지 타인의 기술과 자원을 제공받을 수 있는 지역통화를 의미한다. LETS는 1983년 캐나다의 코목스밸리 마을에서 시작된 것으로 알려져 있다. 불황으로 실업률이 치솟자, 주민인 마이클 린턴이 '녹색달러'라는 지역화폐를 만들어 주민들이 노동과 물품을 교환하게 하고 컴퓨터에 거래내역을 기록했다.

표 7-1 주요 페미니즘, 생태주의 이론 비교

	자유주의 페미니즘	사회주의 페미니즘	급진주의 페미니즘	포스트모던 페미니즘	생태주의
핵심 문제점	기회의 젠더 불평등	자본주의와 얽힌 가부장제로 인한 여성착취와 억압	보편적, 근본적 억압체계인 가부장제	근대성: 동일화 압력, 이분법(남/녀)	인간의 자연지배, 공동체 해체, 인간의 도구화
자본주의에 대한 입장	현 체제 인정	철폐 대상	–	–	조류에 따라 다양함
지향하는 사회	동등한 기회와 권리	탈자본주의, 탈가부장제	가부장제 철폐	인간으로서 해방: 차이 인정, 개방	공동체 사회 인간–자연지배, 인간–인간지배 철폐
방법	법, 제도 내 개혁	사회주의 혁명	여성의 성적 해방, 결혼, 가족, 모성애 종식	각자의 정체성에 맞는 개별 운동	노동시간 단축과 해방 기본소득
국가의 사회복지정책에 대한 입장	젠더 평등을 위한 의미있는 도구	근본적 변혁 가로막음	일부	보편성, 통질성에 근거한 정책 거부	비판적
비판	젠더 불평등의 본질이 아닌 현상만 다룸	여성억압과 착취를 계급문제로 환원	모든 문제를 젠더대립으로 환원	개별화된 정체성에 근거한 운동의 취약성	녹색당의 체제내화

계의 문제진단과 자본주의에 대한 입장, 추구하는 대안사회, 대안을 향해 나아가는 방법, 사회복지정책에 대한 입장 등 여러 측면에서 차이를 갖고 있다. 이를 정리하면 표 7-1과 같다.

　　페미니즘과 생태주의는 이론에 그치지 않고 대중매체, 현실 사회운동, 정당정치 등을 통해 여러 사회문제를 드러내고 대안을 제시하는 데 기여하고 있다. 대표적으로 최근 전 세계에서 전개되고 있는 미투$^{me\ too}$운동의 열기와 그 파급력은 젠더 차별과 억압을 종식하려는 페미니즘의 목표가 이론에 그치지 않고 현실에서 '일상의 정치'를 통해 위력을 발휘하기 시작했음을 보여준다. 이념이 개인의 실천을 끌어내고 삶과 사회를 바꾸고 있는 것이다. 나아가 몇몇 국가에서는 독자적인 페미니즘 정당과 생태주의 정당이 대중의 지지를 놓고 다른 정치세력들과 경쟁을 벌이고 있다. 우리나라에서도 녹색당이 독자적인 정치활동을 하고 있다. 몇몇 국가에서 녹색당은 집권좌파연합의 일부로 자리 잡고 있다. 더 광범위하게는 이들 이념이 지향하는 젠더 평등, 생태위기 해소 등의 목표들이 원내 주요 정당들의 정책에도 다양하게 반영되어왔다. 이는 21세기에 페미니즘과 생태주의가 우리나라 사회복지정책의 전개에 영향을 미칠 수 있음을 보여준다.

물론 우리 사회에서 페미니즘과 생태주의에 입각해 제기된 사회복지정책 이슈는 아직 그 범위가 제한적이다. 페미니즘의 영향하에서 논의된 한국사회복지정책의 과제는 배우자연금 확충과 아동크레딧 등을 통한 여성의 사회보장 수급권 확대, 출산휴가와 육아휴직 등을 통한 모성권 보장 등 주로 어머니나 배우자로서 여성지위에 관한 것에 집중되어 있다. 앞으로 페미니즘에 입각한 사회복지정책 논의는 더욱 다양해질 여지가 있다. 사적 돌봄과 사회적 돌봄에서의 젠더 평등 확대, 젠더 다양성에 입각한 동성 파트너에 대한 사회보장권 확대 등이 그 예이다. 그리고 오랫동안 해결되지 않은 이슈로 젠더 불평등과 얽혀 있는 빈곤과 소득불평등 문제를 계속 적극적으로 다뤄나갈 필요가 있다.

생태주의 입장에서 우리 사회에서 적극적으로 제기되고 논의된 사회복지정책 과제는 찾아보기가 쉽지 않다. 그럼에도 생태주의 역시 우리 사회의 패러다임을 바꾸고 사회구성원의 삶을 '공동체적'으로 재조직하기 위해 필요한 사회복지정책의 과제를 제기하는 데 기여할 것으로 보인다. 생태주의자뿐만 아니라 일부 자유주의자나 사회주의자도 옹호하는 기본소득정책, 노동시간 단축과 안식월, 안식년 등 다양한 휴가제도 도입, 국가보다는 마을, 협동조합 등 공동체적 방식을 강조하는 사회복지정책 등이 그 예이다.

한편 페미니즘과 생태주의는 철학적 기반이 다양하고 사회적·문화적 맥락에 따라 다양한 조류로 분화되어 발전하였기 때문에 실천방향은 일관되지 않다.[17] 이 두 이념이 제시하는 대안사회의 방향과 실천방식의 스펙트럼은 매우 넓고 여전히 많은 논쟁을 불러일으키고 있다. 그런 만큼 이 이념들이 사회복지정책에 제기하는 정책 이슈와 실천방향은 훨씬 다양해질 수 있다. 따라서 해법을 도출하기 위한 정치적 합의 과정은 더욱 중요해질 것이다.

---

17 심지어 페미니즘과 생태주의는 애초에 표방한 바와 달리 자본주의의 상품화 논리와 결합하여 소비의 촉매로 활용되고 있거나 극단적인 경우 테러리즘 같은 폭력적 수단과 결합한 경우도 있다. 니나 파워(Nina Power)는 페미니즘이 젠더 해방과 주체화의 욕망을 소비의 욕망으로 대치시킴으로써 자본주의의 상품화에 활용되는 현상과, '열성적인 전문직 여성'이라는 상징이 불안정한 고용의 시대에 새로운 노동윤리로 자리 잡고 있는 현상을 분석한 바 있다(Power, 2009). 즉, 그녀는 페미니즘이 현재의 자본주의 상품사회를 공고히 하는 데 활용되고 있음을 보여주었다. 생태주의 역시 새로운 마케팅의 도구로 활용되기도 한다.

젠더 폭력과 억압으로부터 자유로우며 젠더 평등이 확보된 사회로 나아가도록 만드는 사회복지정책을 향한 길, 그리고 발전주의 패러다임을 벗어나 평화로운 공존을 추구하며, 자율적이며 연대하는 시민이라는 생태주의에 입각한 새로운 사회복지정책으로 향하는 길은 아직 멀다. 그러나 페미니즘과 생태주의는 사회복지정책이 추구하는 주요 가치인 자유, 평등, 연대, 시민권, 민주주의 등의 실현 범위를 확장시키는 데 기여했고, 지금 이 두 이념에 의한 정치적 실천은 더욱 활발해지고 있다. 페미니즘과 생태주의는 우리 사회의 사회복지정책이 이러한 가치들을 향해 한발 더 나아가도록 만드는 원동력이 될 것이다.

토론쟁점

1   페미니즘과 생태주의의 여러 흐름 중 우리 사회의 문제를 설명해내고 대안을 찾는 데 더욱 적합하다고 생각하는 입장은 무엇인가?

2   페미니즘 입장에서 젠더 평등과 해방을 위해 제기해야 하는, 한국 사회복지정책 개혁과제로는 무엇이 있을까?

3   생태주의자 일부는 기본소득을 지지하며, 일부는 비판한다. 지지하는 입장에서는 기본소득이 경제성장 중심 사회의 극복을 돕는다는 것을 강조하며, 비판적인 입장에서는 기본소득 제공으로 인한 소비 증대가 반생태적이라는 것을 주장한다. 당신의 의견은 무엇인가?

08

사회복지정책의 주요 이론

사회정책 발달이론과 복지국가 유형론

사회복지정책과 복지국가 관련 이론들은 다양한 학문 분야의 공헌에 의해 발전해왔다. 사회복지학을 비롯해 사회학, 정치학, 경제학, 행정학, 정책학 등의 대표적인 사회과학자들이 비교사회정책^{Comparative Social Policy}의 영역에서 학문 간 경계를 초월해 사회정책과 제도에 대한 다양한 견해들을 검증하고 실증하며 체계적인 이론으로 발전시켰다. 사회과학 분야에서 이론이란 '특정 사회현상을 설명하고 이해를 확장시키기 위한 목적으로, 다양한 관찰과 경험적 지지의 방법을 활용하여 제시되는 종합적이고 체계적인 견해'를 의미한다. 우리는 이들 이론에 대한 학습을 통해 사회현상에 대한 설명과 미래상황에 대한 예측을 할 수 있고, 정책 개발과 집행과정에 필요한 유용한 함의를 도출할 수 있다.

이 장에서는 사회복지정책의 주요 이론을 사회정책 발달이론과 복지국가 유형론으로 구분해 검토할 것이다. 이를 통해 '자본주의의 역사적 궤적에서 복지국가와 사회정책이 어떤 원인과 경로로 발전해왔는지', 그리고 '어떤 특성과 형태로 요약되고 분류되는지'를 체계적으로 이해할 수 있을 것이다. 나아가 미래 사회정책의 방향을 설정하는 과정에서 추구해야 할 하나의 이념적 지향 혹은 목표로 활용될 수 있으며, 구체적인 실행전략을 구상하고 공략해야 할 대표적인 표적집단을 상정하는 데 도움이 될 수 있다.

사회정책 발달이론과 관련된 초기 저작들에서는 역사적 사실에 대한 비교와 실증적 연구 과정을 통해 사회정책의 '형성', 혹은 복지국가의 '발달'을 설명하는 데 주목하고 있다. 과연 어떤 요소들이 한 국가로 하여금 다른 국가에 비해 더 빠르게 사회보장제도를 도입하게 하고 더 많은 사회보장비를 지출하게 하는가, 그 답을 구하기 위한 노력이었다. 사회과학 전반에서 사회권Social Right의 발달 속도와 수준에 관한 정치·경제·사회적 원인을 거시적 수준에서 규명하기 위한 격렬한 논쟁이 벌어졌다. 대표적인 사회정책 발달이론으로 산업화 이론, 권력자원이론, 국가 중심적 이론, 신제도주의 이론을 들 수 있다.

복지국가 유형론은 다양한 복지국가의 '형태'와 '차이'에 주목한다. 관련 연구에서는 복지국가가 다르게 채택하고 있는 주요 프로그램의 외형적 차이에 대한 설명과 더불어 다른 제도를 도입하게 된 이유를 규명하고 있다. 그러나 변화하는 복지국가를 유형화하는 작업은 소위 '종속변수의 문제Dependent Variable Problem'에 따라 완전히 다른 결과를 산출할 수 있다.[1] 유형 구분의 대상과 시기, 기준에 따라 유형의 수와 내용이 완전히 달라지기 때문이다.

이 장에서는 사회정책 발달이론의 세부 내용을 개괄하면서 대표적인 연구의 내용을 간략하게 소개하고 이론이 갖는 한계와 비판도 공유한다. 복지국가 유형론 가운데서는 사회보장비 지출 수준과 도입 시기에 따른 전통적인 유형화 작업과 초기 복지국가의 성격에 따른 분류(Wilensky and Lebaux, 1965; Titmuss, 1974)[2] 등은 생략하고, 복지체제론Welfare Regime과 자본주의의 다양성Varieties of Capitalism 연구에 주목한다. 이들 연구가 가장 체계적이고 논리적이며 사회정책 분야의 다양한 후속연구에 큰 영향력을 행사했기 때문이다.

---

[1] 최근 비교사회정책 연구자들은 '복지국가의 무엇을 측정할 것인가'와 관련된 분석차원의 문제와 '복지국가의 변화 정도와 방향을 어떻게 측정할 수 있을까'에 대한 방법론적 문제에 집중하면서, 이를 '종속변수의 문제'로 규정하고 있다(Clasen and Siegel, 2007). 관련 연구들은 대표적인 대리지표로 활용되는 GDP 대비 사회보장비와 사회권 지표에 대한 비판에 집중하고 있다. 복지국가의 특성과 변화를 정확하게 파악하는 문제는 복지국가의 핵심차원으로 어떤 기준을 어떻게 선택하고 측정하느냐에 달려 있다(Esping-Andersen, 1990).

[2] 이 내용은 제1장에 간략하게 소개되어 있다.

사회정책 발달이론

지난 50년 동안 비교사회정책 분야의 연구들은 괄목할 만한 이론적 성장을 이루어왔다. 그 과정에서 중심적인 개념의 변화가 관찰되는데, 1960~1970년대에는 사회경제적 요인과 '개인' 및 '집단'에 집중했다면, 1980~1990년대에는 '국가'와 '제도'로 주된 관심이 전환되었다. 관련 변수에 대한 관심도 초기의 일국적 차원을 넘어 글로벌한 차원의 변수로까지 확대되고 있다.

산업화 이론

산업화 이론Logic of Industrialism에서는 사회정책과 복지국가의 기원과 발달을 경제성장과 산업화가 야기한 사회적 요인들로 설명한다. 산업기술의 성장이 다양한 사회정책을 시행할 수 있는 경제적 기반을 제공했고, 산업화를 통해 발생한 다양한 사회적 욕구가 사회정책의 발달을 추동했다는 주장이다. 복지정책이 새로운 시대에 발생한 새로운 욕구를 충족시키기 위한 하나의 도구인 셈이다. 산업화 이론은 산업화의 과정이 비슷한 종류의 사회(구조)변화, 사회문제, 문제해결 방법을 제시하고, 종국에는 유사한 수준과 내용의 복지발달 정도를 가져올 수 있다고 가정하기 때문에 '수렴이론Convergency Theory'으로도 불린다. 이 이론에 따르면, 이데올로기나 정당정치 등의 정치적 변수는 경제적 변수에 비해 부차적인 역할을 할 뿐이다.

(1) 산업화 이론의 세 가지 변수
윌렌스키와 르보(Wilensky and Lebeaux, 1965)에 의해 체계화된 이 이론은 다음 세 가지 변수를 통해 복지국가의 발달을 설명한다. 첫째, 산업화가 가져온 경제성장의 결과이다. 국가의 재정추출 능력이 대폭 확대되면서 이를 기반으로 더 많은 사회보장프로그램의 시행이 가능하게 되었다는 설명이다. 이러한 주장은 GDP 대비 사회복지지출 비중이 경제적 발전과 함께 증가한다는 여러 연구를 통해 실증되었다.

둘째, 산업화로 인해 야기된 사회변동과 사회적 변수이다. 산업화의 결과로 산업재해, 실업, 주택문제, 범죄 같은 새로운 사회문제가 등장했다. 노인인구가 증가하고 여성의 경제활동 참여가 확대되면서 노인부양이나 가족돌봄의 기능을 대체할 필요성도 제기되었다. 전통적인 가족 중심적 보장체계나 구빈제도로는 이러한 문제에 효과적으로 대처할 수 없게 되자, 국가가 새로운 복지정책의 확대에 적극적으로 개입하게 되었다. 산업화에 따른 인구·사회학적 변화와 경제적 욕구가 제도의 발전을 추동했다는 설명이다.

셋째, 현대화^{modernization} 변수이다(Flora and Alber, 1981). 산업화는 산업혁명과 함께 정치적 혁명을 가져왔고, 이로 인한 노동자계급의 수적 증가와 확대된 정치적·사회적 동원 능력이 복지정책의 발달에 중요한 역할을 했다는 주장이다. 이러한 설명은 산업화 이론과 권력자원이론을 연결하는 하나의 가교 역할을 한다. 정치적 요인의 강조로 인해 이 설명이 산업화 이론보다 권력자원이론에 가깝다는 주장도 있다. 그러나 플로라와 알버(Flora and Alber, 1981)의 연구가 노동자의 정치적 동원 과정을 구체적으로 설명하지 못했고, 산업화가 단지 노동자의 수적 증가를 야기했다는 점에 초점을 맞추고 있기 때문에 산업화 이론에 포함하는 것이 타당하다.

산업화 이론을 증명하기 위해 다양한 국가를 대상으로 수많은 실증 연구들이 수행되었다. 이 연구들은 복지국가에 대한 초기 연구에 하나의 주제와 흐름으로 자리매김했고 비교사회정책 분야의 다양한 방법론과 통계기술의 발전까지 추동했다. 분석에 활용된 대상(서구 선진국 혹은 전 세계), 연구기간(횡단 혹은 시계열), 선정된 변수(다양한 독립변수), 측정도구(독립변수와 종속변수), 그리고 분석방법(상관관계분석, 회귀분석, 경로분석) 등의 차이로 인해 분석결과 역시 다양하게 제시되고 있다. 하지만 대부분은 산업화 변수와 인구·사회학적 변수들이 사회정책의 발달과정에서 가지는 중요성을 지지하고 있다. 대표적인 연구자는 비교사회정책 연구의 초기에 등장한 아론(Aaron, 1967), 커트라이트(Cutright, 1965), 윌렌스키(Wilensky, 1975) 등으로 축약할 수 있다.

(2) 산업화 이론의 한계

산업화 이론은 다음 측면에서 한계를 가진다. 첫째, 산업화 이론은 복지에

산업화 이론을 지지하는 대표적인 실증연구

아론은 1949년부터 1957년까지 사회보장지출이 국가 총수입의 5%를 넘는 22개국을 선정하여 사회보장비와 경제적 변수 간의 관련성을 비교했다. 연구결과는 각국의 1인당 소득이 증가함에 따라 1인당 사회보장비가 확대된다는 사실을 명백하게 보여준다. 사회보험의 실행연도로 측정된 사회보장의 역사도 주요 변수인데, 사회보험의 입법연도가 빠를수록 1인당 사회보장비가 증가한다.

커트라이트도 1934년부터 1960년까지 73개국에 대한 분석을 통해 사회보장제도의 발전 수준을 설명했는데, 경제적 발전 정도가 정치적 변수보다 더 중요한 변수라고 강조했다. 복지국가의 발달 수준은 사회보장제도(산재보험, 건강보험, 연금, 실업보험, 가족수당)의 총 실행년도SIPE: Social Insurance Program Experience로 측정했고, 경제적 발전 정도는 에너지 소비량을 대리변수로 활용했으며, 정치적 변수는 각국 의회의 정당구조를 분석하여 고안한 PRIPolitical Representativeness Index 척도를 사용했다.

윌렌스키도 대표적인 저서인 『복지국가와 평등Welfare State and Equality』에서 앞선 두 연구의 결론을 확인시켜주고 있다. 총 64개국에 대한 횡단적 분석 결과, GNP 대비 사회보장지출 비중과 1인당 GNP(경제적 발달 수준), 총 인구대비 노인인구 비중은 강한 상관관계를 보인 반면, 군사적 노력이나 정치체계는 별다른 연관성을 보이지 않았다.

대한 욕구가 증가할 수밖에 없는 이유를 잘 설명하고 있지만, 제도의 형성·발달 과정에서 구성원의 주요 가치와 역할, 이해집단 간의 갈등과 타협 등에 대한 아무런 설명 없이 모두가 사회복지의 확대를 갈망하고 있다고 단순하게 가정한다.

둘째, 특정 인구집단의 비중이 어떻게 더 높은 수준의 사회복지지출로 연결되는지는 경제적 요인만으로 설명하기 어렵다. 가령 인구 고령화에 따른 공적연금의 확대과정에는 노인집단의 정치적 압력, 전문가나 관료의 지지, 진보정당과 노동자의 복지확대를 위한 행동들이 직·간접적으로 작용한다. 이런 정치적 활동 요인을 간과하고 정부가 국민의 요구에 단순히 반응하여 공적연금이 확대된 것이라고 분석하는 것은 타당하지 않다는 비판이다(Pampel and Williamson, 1985).

셋째, 연구 방법론상의 한계이다. 산업화 이론의 연구들에서는 대상 국가를 경제적 발전 정도에 따라 선진산업국가와 개발도상국의 두 유형으로 구분했는데, 두 집단을 함께 분석하는 것은 단지 선진국이 더 많은 사회복지비를 지출한다는 평범한 결론만을 보여줄 뿐이다. 산업화 이론을 실증적으로 뒷받침하기 위해서는 비슷한 국가 간 경제적 발전 정도, 혹은 인구학적 특성과 사회복지지출 비중 간의 관계를 증명할 필요가 있다.

권력자원이론

권력자원이론Power Resource Theory은 산업화 이론의 비정치적 성격에 대한 비판에서 시작된 만큼 정치적 요인에 더 무게를 둔다.

이 이론은 사회정책이 시장의 힘을 완화하기 위해 의도적으로 사용되었다고 보는 관점에서 시작된다(Briggs, 1961: 228). 복지국가는 한 사회의 정치와 시장이 움직이는 방법과 영향력의 정도를 통해 분석될 수 있다. 시장과 정치는 제도화된 것으로 자원을 동원하고 보상을 분배하며, 사회를 움직여나가기 위해 부분적으로 상호 대체하고 부분적으로 중복되는 전략이자 영역이다. 권력자원이론의 핵심 내용은 정치와 시장이라는 서로 다른 두 영역에 적용된다. 그리고 동원 가능한 권력자원의 내용과 유형이 계급 간에 관계하는 방식에서 서로 다르다고 가정한다. 시장 권력의 기반은 자본과 경제적 자원인데, 이러한 자원은 사회계급이나 이익집단에 따라 불평등하게 분배된다.

한편 민주적 정치과정에서 권력자원의 핵심은 다름 아닌 투표권과 집단행동을 조직화할 수 있는 권리이다. 투표권은 재산이나 소득 같은 요소에 좌우될 수 있지만, 형식적으로는 시민권에 속하는 기본적이고 강력한 권리이며 평등하게 분배된다. 따라서 시장의 자원은 상대적으로 취약하지만 수적으로 대규모인 노동자가 분배를 둘러싼 유리한 조건과 결과를 획득하기 위해 정치적 자원을 활용할 수 있다. 이러한 시도는 시장에서 유리한 위치를 점하고 있는 행위자의 저항에 부딪칠 수 있고 정치적 긴장을 창출할 수도 있다. 이러한 시장과 정치 간의 갈등은 시민권과 복지국가의 발전에 직접적으로 반영된다(Korpi, 1983; 1989).

권력자원이론의 특징은 노동자계급 같은 합리적 행위자를 강조하는 데 있다. 서구 자본주의 사회는 계급갈등을 통해 고도로 발전해왔고, 민주주의하에서 이익 갈등은 선거와 정부에 대한 정당 통제를 매개로 상당 부분 해결되어왔다. 계급구조에 의해 생성된 불평등이 정당정치에 반영되어 복지국가의 발전에 중요한 역할을 했다는 설명이다(Korpi, 1983; Stephens 1979; Shalev, 1983; Esping-Andersen and Korpi, 1984). 복지정책의 발달은 산업주의의 발전과 함께 자연적으로 이루어진 것이 아니라, 프로그램의 수혜를 받는 노동자계급이 제도 실행을 위한 권력을 획득했을 때 이루어질 가능성이 높다. 따라서 복지국가의 발달은 '계급의 문제'이며, 복지국가에 대한 기본적인 지지와 옹호는 노동자계급에서 나왔다고 할 수 있다(Shalev, 1983). 개혁주의적 노동조합의 세력이 강하고 사회민주주의 혹은 사회주의 정당이 오래 집권한 국가일수록 광범위한 사회복지프로그램을 실행할 가능성이 높다는 의미이다.

이론의 기본적인 전제는 고도로 발전된 자본주의의 성립과 의회민주주의 제도의 정착에 있다. 발전된 자본주의 사회에서 자본의 힘은 자본의 소유와 관리의 분리로 인해 분산되는 반면, 산업화로 인해 그 수가 급격히 늘어난 노동자계급은 강력하고 중앙집권화된 노동조합을 통해 조직화된다. 그리고 모든 노동자에게 확산된 선거권으로 인해 정치적 권력이 강해진 노동자계급은 자신들의 이익을 대변하는 정당을 지지하게 되고, 이들 정당의 정치적 과정을 통해 노동자를 위한 사회권이 확장된다는 설명이다(Pierson, 2006).

이 이론을 증명하기 위한 다수의 경험적인 연구는 선진화된 민주주의 국가에 초점을 맞춘다. 일부 연구에서는 주로 좌파 정치세력의 긍정적인 영향력을 강조하나(Castle, 1982; Korpi, 1989; Stephens, 1979), 다른 연구에서는 노동조합의 힘을 부각시키거나(Castle and McKinlay, 1979; Gough, 1979; Stephens, 1979) 좌파·중도정부의 혼합된 영향력을 활용하기도 한다. 우파정당 집권이 복지발전에 미치는 부정적인 측면 역시 사용된다(Castles, 1982; Hicks and Swank, 1984).

권력자원이론의 한계

이 이론의 한계는 크게 세 가지로 요약할 수 있다. 첫째, 이론의 주 내용과 반대되는 역사적 사건들이 존재한다는 것이다. 복지국가의 팽창기나 황금기의 등장이 사회민주주의 정당의 집권기에 이루어진 것은 분명한 역사적 사실

사회통제적 관점

권력자원이론은 복지국가를 노동자계급의 '정치적 승리'로 간주하는 반면, 사회통제적 관점은 복지프로그램의 발달을 노동자 집단의 재생산을 촉진하기 위한 수단 혹은 노동자계급을 통제하기 위한 자본과 국가의 대응으로 간주한다. 자본주의 사회의 자본가와 지배계급이 사회 내 계급갈등을 완화하고 노동자에 의한 '사회주의혁명'을 방어하기 위해 사회정책을 활용한다는 설명이다.

지배 엘리트들은 빈민을 통제하고 사회적 안정을 유지하기 위해, 그리고 궁극적으로 자신들의 이익을 보호하고 기존 체제를 유지하기 위해 피지배계급 혹은 일부 시민에게 다양한 복지프로그램을 제공한다(Gough, 1979; Higgins, 1980; Offe, 1972; Piven and Cloward, 1971). 비스마르크가 세계 최초의 사회보험을 제정할 당시에 가졌던 정치적 의도를 생각하면 쉽게 이해할 수 있다.

이다. 그러나 복지국가 발달의 초기에 노동자계급이 국가복지의 확대를, 노동조합의 자율성과 통합성을 약화시키는 방법 혹은 임금억제의 수단으로 간주해 반대한 사례도 존재한다. 일부 국가에서 보수당이나 가톨릭 정당이 사회정책의 발달과정에서 중요한 역할을 담당한 경험도 있다.[3]

둘째, 정치와 주요 행위자의 역할을 강조한다는 점에서 진일보했지만 지나치게 계급정치에 한정시키는 오류를 범하고 있다. 후기산업사회 들어 젠더와 인종, 세대 등 '차이에 대한 인정'의 문제가 부각되고 대안적 이익집단의 활동이 활성화되면서 이 한계는 더욱 부각되고 있다. 자본의 이동과 불안정 노동의 확산, 고용관계의 다각화로 인해 노동자계급이 몰락한 점도 이론의 유용성에 의문을 제기하고 있다. 예를 들어 노동자나 자본가계급의 이익과 상이한 노인집단이나 여성의 이해관계가 정치적 압력을 행사하는 주된 요인으로 작용할 수 있다. 특히 공적연금은 다른 제도에 비해 계급정치의 영향력에 덜 민감한 편이다. 노동자계급의 이익과 연금 간의 관계가 실업수당 혹은 산재보험에 비

---

3   이런 측면에서 권력자원이론은 상호 의존적인 행위자를 분석하는 게임이론(game theory)과 유사한 성격을 보인다. 각 행위자들이 상대방의 권력과 자신에게 가능한 선택권을 인식하고 그에 기초하여 행동을 결정하고 전략을 선택하는 것이다.

해 뚜렷하지 않기 때문이다. 관대한 연금제도를 유지하기 위해 필요한 세금 부담의 문제를 두고 노동자계급과 노인집단의 이익은 상반될 수도 있다. 돌봄과 같은 신사회위험이 의제화되는 현상과도 관련이 있다.

셋째, 실증적 증명이 민주적 정당정치가 발달되어 있거나 충분한 자료의 생성이 가능한 국가들로 한정된다는 한계도 있다. 유사한 수준의 경제적 발전단계를 보이는 국가들을 표본으로 삼아 실증분석을 실시하면 산업화 변수는 중요한 역할을 하지 못하게 될 가능성이 높다. 일부 연구에서는 산업화 변수에 대한 적절한 통제 없이 노동자계급 변수에 대한 지지가 성립되기도 한다. 충분한 사례와 균형 있는 변수의 구성을 통해 정확한 실증작업이 이루어질 필요가 있다.

국가 중심적 이론과 신제도주의

앞선 두 이론은 사회정책에 대한 사회중심적 시각을 갖고 있다. 국가를 변수로 고려하지 않고 단순히 산업화의 결과나 정치적 요구에 대한 반응자로 여길 뿐이다. 국가 중심적 이론에서 국가는 그 자체로 독립적인 이익의 근원인 동시에, 개별적인 '이익'을 추구하기 위해 노력하는 하나의 행위자로 사고된다.

(1) 국가 중심적 이론

국가 중심적 이론State Centered Approach은 적극적인 행위자로서의 '국가state'를 강조하며, '이전에 존재하는 제도pre-existing institution'에 주요 행위자들이 행사하는 정치적 행위의 역사적 과정과 맥락을 통해 복지국가의 발달을 설명한다. 정치과정을 분석하는 사회학자인 스카치폴(Skocpol, 1980; 1990)과 그의 동료들(Orloff, 1993a; Skocpol and Ikenberry, 1983; Ofloff and Skocpol, 1984; Weir and Skocpol, 1985)은 국가(관료)를 다른 이익집단과 마찬가지로 자신의 목표와 이익을 실현하기 위해 노력하는, 간과할 수 없는 비중 있는 행위자이고 행동의 목표이며 대상으로 간주한다. 따라서 정책결정의 과정에서 국가는 하나의 행위자로서 중요한 역할을 수행하며, 각기 다른 국가의 성격에 따라 각기 다른 정책의 결과물이 나온다고 주장한다. 국가는 어떤 형태로든 정책에 참여하는 사회의 모든 행위자의 결정에 영향을 미치므로, 복지국가의 발전과정은

산업화 이론과 권력자원이론에서의 국가

산업화 이론이나 권력자원이론도 일부 국가 중심적 변수를 고려하고 있다. 그러나 두 이론에서 사용하는 국가 관련 변수들은 단지 중간변수일 뿐이다. 윌렌스키(Wilensky, 1975)는 복지국가의 발달에 관한 횡단 연구에서 '관료주의' 변수를 포함했는데, 그가 활용한 관료주의는 단지 산업화 이론의 경제적 발달과 인구구조 변수에 의해 설명되는 중간변수이다. 자율적 변수로 취급되기보다는 경제적 변수에 종속된 것으로 이해되며, 산업화 이론을 설명하는 다른 변수일 뿐이다.

국가 중심적 변수가 독립적인 역할을 하지 못하는 것은 권력자원이론의 연구에서도 발견된다. 사회주의는 오직 관료제를 확대시킬 뿐이라는 막스 베버Max Weber의 견해는 정당과 국가의 성격 사이의 관계를 보여주는 좋은 예이다. 노조 조직률과 정부의 노동에 대한 규제 사이의 정적 관계를 보여주는 연구도 있다(Frakt, 1977). 정부가 외부의 요구에 대응하기 위해 규제를 확대한다는 설명이다. 따라서 국가의 행위는 자율적 선택의 결과가 아니라 국가의 역할 확대를 원하고 요구하는 외부압력의 결과로 치부된다(Deviney, 1983).

국가의 정책을 담당하고 있는 전문관료나 개혁적인 정치가의 성격 혹은 국가 관료기구의 조직구조에 의해 크게 달라진다는 것이다.

국가 중심적 이론의 주된 관심사는 '국가자율성state autonomy'으로 표현되는 국가의 성격에 관한 이해에 있다. 국가자율성이란 '정책을 담당하고 있는 관료가 사회의 여러 행위자들과 정책에 대한 교섭과정에서 발휘할 수 있는 독립적인 힘의 크기'를 말한다(Mann, 1988). 이에 대한 구체적인 조작화 과정은 연구마다 조금씩 다르게 나타나는데, 중앙집권적이고 조합주의적인 정부 형태 혹은 차지할 수 있는 예산을 팽창시키려는 경향이 큰 정부가 복지국가의 확대를 추구한다는 것이 일반적인 주장이다. 충직하고 숙련된 관료와 풍부한 재정자원도 국가 권력의 핵심적인 요인 중 하나이다(Pierson, 1994).

국가를 하나의 변수로 강조하는 것은 단지 자신의 이익을 추구하는 집단 속에 국가를 편입시킴으로써 이익집단이론의 설명을 확대하려는 시도가 아니다. 국가의 정책결정 과정은 선택의 위치에 있는 사람에게 문제에 접근하고 해결하는 데 필요한 특별한 전문지식을 제공한다. 이러한 전문지식과 선택은 과

국가의 중요성을 강조하는 헤클로와 스카치폴의 연구

헤클로는 영국과 스웨덴의 사회정책에 관한 비교연구에서 사회정책은 사회·경제적 발전, 선거, 정치적 정당 혹은 이익집단의 결과물이 아니라고 주장하면서 이런 결론을 내렸다. "현대 사회정책의 발전에 있어 공무원의 위치는 매우 중요하다. 모든 분리된 정치적 요소들 중 가장 일관되게 중요한 집단을 꼽으라면…영국과 스웨덴의 관료집단이 사회정책의 연구에서 가장 우세하게 나타날 것이다."(Heclo, 1974: 301) 그는 행정가들이 선택의 기준을 과거의 정책과 관료주의적 경험에 두고 있으며, 이러한 요소들이 사회정책의 입법과 확대에 끊임없이 영향을 준다고 했다. 다만 정책의 결정과정에서 국가가 반드시 승리하는 것은 아니다. 정책에 반대하는 집단과 비교하여 자원이 부족하거나 목표 성취가 불가능할 경우, 국가조직은 약자의 위치에 설 수도 있다.

스카치폴은 대공황에 대응한 뉴딜정책에 대한 분석을 통해 미국에서 진정한 사회민주주의의 수립이 실패한 주된 원인이 연방정부의 '구조'에 있었다고 설명한다. 정책의 결정과정에서 보수주의자들의 반대에 대응할 만한 자원과 힘이 당시의 행정가들에게 부족했다는 설명이다. 결국 국가의 구조와 과거 경험은 사회 전반에 영향을 주며, 사회정책을 완전히 이해하기 위해서는 국가의 구조에 대한 완벽한 이해가 필요하다고 결론을 내렸다(Deviney, 1983).

거의 정책결정 경험과 관련되어 있으며, 현재와 미래를 위한 선택의 방향을 결정한다(Nordlinger, 1981). 이를 헤이즈와 하네만(Hage and Hanneman, 1980: 48)은 다음과 같이 정리하고 있다.

국가는 이익집단의 중개와 상관없이 직접 사회복지제도의 확대를 가져올 수 있다. 그러나 국가의 조직이 그와 반대 방향으로 구조화되어 있다면, 사회복지제도의 확대에 무관심할 수도 있다. 국가 대응성의 수준은 사회복지 욕구에 대한 인식 정도에 의해 결정되며, 국가의 내부구조에 의해 제한된다. 정보통신기술의 발전은 국가에 사회복지의 욕구를 파악하고 그에 따른 프로그램을 고안할 수 있는 능력을 제공했다. 또한 국가의 사회복지사업에 대한 수행능력은 조직의 구조에 의해 제한된다. 미약한 국가조직은 자신들이 원한다고 하더라도 사회복지의 확대를 위한 노력을 조직화할 수 없을 것이며, 강력한 국가조직은 사회복지사업을 시행하건 그 시행이 방해를 받건 자신들의 능력을 이용할 것이다.

이 이론이 등장한 이후에 사회정책 혹은 복지국가의 발달을 설명하는 일반적인 흐름은 전반적인 사회구조나 하류층의 정치적 요구로부터 국가의 구조나 제도로 옮겨졌다. 다수의 경험적 연구들이 복지제도의 발전과정에서의 국가의 역할과 반응에 초점을 맞추어 진행되어왔다(DeViney, 1983; Korpi, 1989). 대표적인 연구로 헤클로(Heclo, 1974)와 스카치폴(Skocpol, 1980)의 비교연구가 있다.

(2) 신제도주의

국가 중심적 이론의 적용은 신제도주의적 접근의 발전과 연계된다. 신제도주의New Institutionalism는 크게 역사적 제도주의, 합리적 제도주의, 그리고 사회적 제도주의로 구분할 수 있다. 그중 가장 대표적인 역사적 제도주의Historical Institutionalism는 행태주의, 다원주의, 합리적 선택이론으로 설명할 수 없는 문제에 대한 대안을 찾는 과정에서 발전해왔다.[4] 이 이론에서 '제도'는 매우 포괄적으로 정의되는데, 일반적으로 "행위자들의 이익에 영향을 미치는 동시에 행위자들 간의 권력관계를 구조화시키는 국가와 사회의 모든 제도"를 의미한다(Thelen and Steinmo, 1992). 예를 들어, 공식적인 정치제도에는 의원내각제 대 권력분립제, 연방제 대 중앙집권제 같은 대표적인 수직적·수평적 통합의 차원은 물론이고, 선거제도, 법원의 역할, 상·하원의 존재 여부 등 정치투쟁을 위한 게임의 규칙을 포괄한다(Pierson, 1994).

역사적 제도주의의 관심은 제도 그 자체에 있는 것이 아니라 행위자들 간의 상호작용을 제약하고 규율하는 제도의 영향력과 관계적 측면에 있다(정용덕·권영주·김영수·김종완·배병룡·염재호·최창현·하연섭·오니시 유타카, 1999). 구제도주의적 접근에서 제도란 개인이나 집단의 이익을 반영하는 부수적인 현상에 불과했다. 그러나 역사적 제도주의에 따르면, 개별 행위자의 선호나 이익

---

4   개인의 행위나 태도에 초점을 맞추어 분석을 시도하다보니, 각국의 특수한 사회·경제·정치적 제도와 구조, 환경의 다양성 및 영향력을 과소평가하는 한계를 보인다.

(자체)은 '제도적 맥락'에서 형성된다. (이전) 제도가 정책을 형성하고 집행하는 정부의 능력을 제한하고 정치경제적 집행자들의 행위에 영향을 미친다는 것이다. 따라서 각국의 (사회)정책 형성과 발전을 올바르게 이해하고 설명하기 위해서는 고유한 역사적 맥락도 중요하지만 맥락 형성에 주요 요인으로 작용하는 (이전) 제도 자체의 중요성이 강조되어야 한다. 역사적 제도주의에서 수행하는 제도의 역할을 요약하면 다음과 같다(Hall, 1986; Pontusson, 1995; 하연섭, 2011: 48에서 재인용).

- 제도가 정책을 형성하고 집행하는 정부의 능력을 제약한다.
- 제도가 정치경제적 행위자들에게 기회를 제공할 뿐만 아니라 그들의 행위를 제약하는 역할을 수행함으로써 그들의 전략을 결정한다.
- 제도가 정치경제적 행위자들 간의 권력배분에 영향을 줌으로써 궁극적으로 정책결과에 대한 행위자들의 영향력을 좌우한다.
- 제도는 행위자들이 자신의 이익 혹은 선호를 어떻게 정의할 것인가에 영향을 미침으로써 행위자들이 추구하는 목적을 구체화하는 역할을 담당한다.

행위자들의 이익과 선호가 (이전) 제도에 의해 형성되고 제약된다는 견해는 역사적 제도주의에 대한 설명의 핵심이다. 따라서 제도는 독립변수('t-1' 시점)인 동시에 종속변수('t' 시점)로 개념화되며, 정책의 형성과 발전과정을 설명하는 과정에서 경로의존path dependency, 거부점veto point, 공적 주장credit claiming, 비난 회피blame avoidance 등의 개념이 활용된다. 여기에 다원주의 접근의 한계를 극복하는 과정에서 앞서 설명한 국가의 상대적 자율성이 등장하면서 국가(자체)가 가지는 행위자로서의 중요성이 강조된다.

국가관료제는 사회정책 같은 공적 제도의 확대를 통해 기구의 확장, 승진 기회의 증가, 그리고 신분상의 개선 등 구성원의 지위 향상을 추구할 수 있다. 동시에 자신의 이익을 확대하고 실행하기 위한 자신만의 독특한 자원을 갖고 있다(Nordlinger, 1981). 직업적 전문지식을 이용하여 문제점을 파악하고 해결 방안을 모색하며 정보를 통제하고 지지자들을 동원하며, 동시에 반대집단의 자원과 활동을 제한할 수 있다. 그러나 사용 가능한 자원만이 국가의 성격을 규정하는 것은 아니다. 국가의 성격과 관련하여 자주 사용되는 요인은 국가의 중앙집권화 정도이다. 선행연구들은 이와 관련하여 상반된 결과를 보여준다. 사례연구와 두 국가 간의 비교연구는 지방분권화된 국가가 중앙집권적 국가에 비해 사회보장 영역에 더 많은 지출을 한다고 결론을 내린다(Freeman, 1975; Bacon and Eltis, 1976). 그러나 다수의 국가를 대상으로 실증연구를 진행한 카메론(Cameron, 1978)은 중앙집권화와 공공부문의 확대 사이에 정적 관계가 존재한다고 주장했다. 중앙집권화된 국가가 자원을 보다 잘 동원할 수 있고 공공부문의 확대를 반대하는 시도도 더욱 잘 통제할 수 있는 반면, 분열된 조직은 정부의 지출과 행동을 제한하려는 사람들과 더 많은 접촉을 해야 하기 때문이라는 설명이다.

(3) 국가 중심적 이론과 신제도주의의 한계

이 이론의 한계는 핵심 개념에 대한 측정 과정에서 부각된다. 국가의 자율성에 대한 조작화의 어려움으로 인해 많은 국가를 대상으로 한 실증적 연구를 진행하는 것이 수월하지 않다. 중앙정부의 공무원이 관리할 수 있는 일반재정의 크기, 중앙정부의 공무원 수, 조합주의적이고 중앙집권적인 정부의 구조 등이 활용되기도 하지만 측정도구의 타당성 측면에서 한계를 갖고 있다. 따라서 경험적 연구들은 대체로 일국에 대한 역사적 사례연구나 2~3개 국가 간의 역사적 비교연구에 의존할 수밖에 없다. 그러나 국가 간의 비교연구는 특정 정부 혹은 국가 형태가 복지에 더 많은 노력을 하는가에 대한 비교에 치중하고 있으며, 왜 특정 국가가 특정 방향을 선호했는지에 대한 일반화된 설명을 제공하지 못하는 한계를 보인다.

국가와 정부의 가부장적 성격에 대한 설명이 부족하다는 한계도 존재한다. 역사적 복지국가는 오직 계급문제에 천착하고 의도적으로 젠더문제를 무시하면서 부르주아 남성 중심의 국가로 발전해왔다는 비판이다. 실제 복지국가는 오랜 시간 유급노동에서 배제되어 있는 여성의 문제를 간과하고 사적인 것으로 취급해왔다. 동등한 시민권에서 배제하여 권리적 성격의 수급자격을 박탈하고, 단지 재생산에만 보조금을 지급하여 가족 내 비독립적 구성원으로 취급해왔다. 이러한 복지국가의 몰성적 ^{Gender-Blinded} 성격에는 여성을 통제하고 규제하기 위한 가부장적 정책설계자의 의도와 목적이 반영되어 있다는 주장이다(Orloff, 1993; O'Connor, 1993).

신제도주의는 인간행태에 대한 미시적 분석을 넘어 거시적인 국가와 제도차원의 접근을 시도했다는 점에서 큰 의미를 갖고 있다. 1980년대 이후 자본주의가 신자유주의로 수렴될 것이라는 주장에 대한 대안이론으로, 각국의 역사적 조건에 따라 상이한 발전 모델을 형성한다는 주장을 뒷받침하는 이론적 지위도 점하고 있다. 그러나 제도의 범위를 지나치게 확대하여 개인의 모든 행위와 태도를 제도의 차원에서 일방적으로 설명하는 결정론적 시각^{institutional determinism}을 갖고 있으며, 경로의존의 제도적 제약을 지나치게 강조하여 제도 자체의 점진적인 변화를 설명하기 어렵다는 한계가 있다(김종성, 2002).

복지국가 유형론

복지국가의 발달에 관한 학문적 관심은 국가 중심적 이론과 함께 신제도주의 이론으로 발전하고, 시간이 지나면서 복지체제론과 자본주의의 다양성 접근으로 분기된다. 전자의 대표적인 유형은 사민주의, 보수주의, 자유주의 복지체제이고, 후자는 자본주의 시장경제를 자유시장경제와 조정시장경제로 분류한다. 두 접근 간에는 공유되는 부분도 상당하다. 또한 사회적 보호체계와 생산체계 간의 연결고리를 규명하려는 학술적 시도가 본격적으로 진행되고 있다. 이 시도에서는 상이한 생산체계, 노사관계, 사회적 보호체계 사이에 모종의 제도적 상보성이 존재한다고 가정한다.

복지체제론

서구 복지국가를 중심으로 전개되어온 복지국가의 유형화 연구는 에스핑 안데르센(Esping-Andersen, 1996; 1999)을 기점으로 '다양한' 복지국가를 발견하는 방식으로 발전해왔다. 그는 복지국가를 비교할 때 복지지출 수준이나 도입된 제도의 역사(실행 기간)와 같이 국가 간의 양적 차이를 강조한 기존의 입장을 비판하고, 탈상품화를 중심으로 한 질적 측면의 복지체제 논의를 전개하면서 신제도주의에 기반한 후속 논의를 활성화하는 데 크게 기여했다. 그의 연구를 통해 한 국가가 특정 복지국가 유형에 속할 경우에 해당국의 기본적인 복지생산과 분배양식의 특징에 대해 쉽게 가늠할 수 있게 되었다.

(1) 복지체제, 탈상품화, 계층화

에스핑안데르센(Esping-Andersen, 1999: 73)이 정의하는 복지체제란 "복지생산이 국가, 시장, 가족 사이에서 배분되는 방식 혹은 복지가 생산되고 배분되는 과정에서 복지제공의 원천이 되는 국가, 시장, 가족의 결합과 상호의존 방식"이다. 이는 복지와 관련된 국가의 활동이 시장과 가족의 역할과 어떻게 결합되는가에 대한 관심이다.

에스핑안데르센은 유형 분류의 주요한 지표로 탈상품화를 활용했다. 탈상품화란 "노동자 개인 또는 그 가족이 시장에 의존하지 않고서도 생활을 유지할 수 있는 정도"를 의미한다. 이를 측정하기 위한 변수에는 연금의 소득대체율, 노인 대비 연금수급자 비율, 실업급여의 소득대체율, 대기 기간, 급여지급 기간, 경제활동인구 대비 적용인구비율 등이 포함된다.

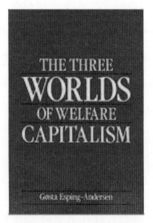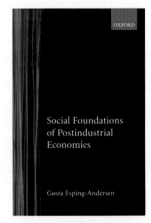

그림 8-1 에스핑안데르센의 대표저작. 『복지자본주의의 세 가지 세계』와 『포스트 산업경제의 사회적 토대』

그 외에도 복지체제를 구분하는 기준으로 계층화^{stratification}와 국가와 시장의 상대적 비중을 함께 활용하고 있다. 계층화는 복지국가가 계급의 구조화와 사회적 서열화를 창출하는 핵심 기제라는 전제하에, 복지체계의 유형을 구분하는 기준이다. 이를 측정하기 위한 대표적인 변수는 직역별로 분리된 연금 수, GDP 대비 공무원에 대한 연금지출의 비율, 총사회복지지출 대비 자산조사지출 비율, 민간연금지출 비율, 민간의료지출 비율, 경제활동인구 대비 연금·상병·실업급여 적용인구 비율, 법정 최고 급여액에 대한 평균 급여액의 비율이다. 국가와 시장의 상대적 비중은 복지공급의 혼합에 대한 관심이며, GDP 대비 민간기업연금 비율, 공공연금, 민간연금, 개인연금 지출의 비율, 총 연금지출 대비 사회보장연금, 공무원연금, 기업연금, 개인연금 비율, 65세 이상 노인 가구주 가구의 소득원천구성비(근로, 자산, 개인, 사회보장급여) 변수를 활용하여 측정한다.

(2) 세 가지 복지체제: 사민주의, 보수주의, 자유주의

복지자본주의는 크게 사민주의, 보수주의, 자유주의 복지체제로 구분할 수 있다.[5] 사민주의 복지체제의 특징은 국가가 주도해 보편적 대상과 다양한 사회적 위험을 포괄하는 동시에 관대한 급여를 보장함으로써 최대의 평등주의를 추구하는 것이다. 시민권에 기초하여 모든 사람들의 복지를 탈상품화하고 시장의존을 최소화·주변화하기 위해 노력한다. 급여의 소득대체율은 매우 높은 편이며, 완전고용이라는 목표를 달성하기 위해 재/훈련, 취업알선, 임금 보조 등 다양한 적극적노동시장정책을 실행·제공하고 있다. 젠더 평등과 사회서비스의 확대를 추구하고 높은 조세 부담률을 보인다.

보수주의 복지체제는 가족주의와 조합주의 특성에 기초하여 강제적인 사회보험을 중심 제도로 활용하며, 잔여적 사회부조가 보완적 역할을 담당한다. 사회보험은 대체로 직업별 지위에 따라 분화되어 있다. 전형적인 남성생계부양자 중심의 복지제도를 특징으로 한다. 따라서 주 생계원의 탈상품화 수준은

---

5 에스핑안데르센(1999: 74)은 복지체제론의 유형 구분이 티트머스(Titmuss)의 유형론과 상당한 유사성을 갖고 있다고 고백하고 있다. 그리고 개별 유형의 독특한 정치경제학과 사회적 유산을 강조하며 유형 분화의 원인에 대해 다소 제도주의적 입장을 취하고 있다.

표 8-1 사민주의, 보수주의, 자유주의 복지체제의 특징

	사민주의	보수주의	자유주의
역할의 비중			
가족	주변적	중심적	주변적
시장	주변적	주변적	중심적
국가	중심적	보충적	주변적
복지국가			
지배적인 연대의 양식	보편적	혈연 조합주의 국가주의	개인적
지배적인 연대의 소재	국가	가족	시장
탈상품화 정도	최대	높음(주 생계원)	최소
대표 국가	스웨덴	독일, 이탈리아	미국

출처: Esping-Andersen(1999), p.85.

높은 편이지만 비전형적인 가정(예를 들어 한부모)을 위한 복지제도는 잔여적 경향을 보인다. 이미 고용되어 있는 성인남성의 일자리를 크게 보호하는 편이고, 일반적인 고용관리에 대해서는 대체로 소극적이다.

자유주의 복지체제는 시장의 우월성에 대한 무한한 신뢰에 기초해 국가의 책임을 최소화하고 사회적 위험을 개인화하며 시장을 통해 문제를 해결하기 위해 노력한다. 사회적 보장과 급여는 잔여적이며, 표적화된 대상과 나쁜 위험 Bad Risks에 대한 원조를 제공하는 사회부조에 압도적으로 편중되어 있다. 복지제도에 관한 권리성 정도는 매우 낮은 편이며, 탈상품화 수준도 중간 정도로 평가되고 있다(Esping-Andersen, 1999). 체제별 특징을 개괄하면 표 8-1과 같다.

보편주의 성격을 강조하는 사민주의 복지국가의 사회보장제도는 계층화를 상쇄하고 사회적 연대를 실현하는 데 기여한다. 반면 보수주의 복지국가의 사회보험은 전 국민을 특정 계급 혹은 계층으로 분리하는 전략으로 활용된다. 지위, 직업 혹은 계층에 따라 각기 다른 시기에 다른 내용으로 입법화되어 임금노동자의 분열과 불평등을 초래하고 있다. 자유주의 복지국가에서는 사회보험과 사회부조 수급자가 완전하게 분리되어 있어 중산층과 빈곤층, 혹은 국가와 시장의 역할을 선호하는 이분화된 계층화 Dualism 현상이 목격된다. 이러한 차

복지국가 축소기의 세 가지 복지체제

복지국가의 비용문제가 크게 부각되면서, 경제성장에 기여하는 동시에 사회적 요구에 부합할 수 있는 형태의 복지개혁과 축소의 노력이 등장하기 시작했다. 이러한 복지국가 재구조화의 정치적 역동 역시 복지자본주의의 세 체제에 기초하여 서로 다른 특성을 보인다. 사민주의와 자유주의 국가에서는 기존의 복지체제에 대한 대중적 지지가 광범위하고 조정의 압력이 크지 않은 반면, 보수주의 국가에서는 대중적 지지는 확보되어 있으나 조정의 압력이 크게 나타나고 있다. 이에 복지축소와 관련한 다른 지형의 정치가 상존하게 된다.

모든 유형의 국가에서 공히 '비용억제cost containment'의 노력이 관찰되지만, 자유주의 국가에서는 '재상품화recommodification'에 초점을 맞추어 변화를 추동하고, 사민주의와 보수주의 국가에서는 '재조정recalibration'의 과정이 강조된다. 재상품화는 수급자격을 엄격하게 하거나 급여삭감을 통해 노동시장 참여에 대한 대안을 제한하기 위한 노력이다. 재조정의 과정에서, 사민주의 국가에서는 수립된 목적을 성취하기 위한 새로운 아이디어 측면에서 프로그램을 수정하는 '합리화rationalization' 현상이 목격되는 반면, 보수주의 국가에서는 사회적 요구나 규범의 변화에 적응하기 위한 '최신화updating'를 주요 개혁의제로 상정한다(Pierson, 2001).

이는 제도의 보편주의 원칙에 의해 사회보장체계의 기능이 최대화될 수 있다는 사실을 예증하고 있다.

(3) 복지체제론의 한계

이론의 한계는 대체로 페미니즘 진영의 비판과 다른 유형의 존재 가능성에 대한 주장에서 살펴볼 수 있다. 먼저 유형 구분의 핵심 지표인 탈상품화 지수에 여성의 사회권과 돌봄노동에 대한 관심이 결여되어 있다는 비판이 오랫동안 제기되었다. 사회권을 영위하는 주체가 남성노동자로 한정되어 있다는 지적이다(Orloff, 1993b; Sainsbury, 1994). 탈상품화 지수는 상품화된 남성노동자를 중심으로 한 사회권 확보의 정도로 측정되는데, 여기에서 여성을 남성의 탈상품화로 인해 자동적으로 혜택받는 가구 내 비독립적 존재로 상정하여 몰성적이라는 비판받은 것이다(김교성·이나영, 2018). 이후 에스핑안데르센(Esping-Andersen, 1999)은 탈가족화Defamiliarization를 추가한 복지체제론을 제시해 이

동아시아 복지국가의 연구와 유형화

김연명(2004: 138-142)은 동아시아 복지국가 연구에서 활용하는 유형화의 방법론적 한계에 집중하여 비판을 제기한다. 핵심 내용은 다음과 같다. 복지국가의 유형화는 분석 시점에 따라 같은 복지국가가 상이한 유형으로 구분될 수 있는 한계를 가지고 있을 뿐만 아니라, 복지국가의 변화 및 발달 과정을 정확하게 보여주지 못한다. 연구자들이 관심을 갖는 복지국가의 속성과 그 측정방식에 따라 유형화의 결과도 다양해질 수 있다. 문제는 이러한 속성변수 선택의 '임의성'뿐만 아니라 선택된 속성이 해당 복지국가들의 현실을 제대로 반영할 수 있는가에 대해서도 논쟁의 소지가 있다는 점이다. 또한 유형으로 분류하기 어려운 애매한 사례를 새로운 유형(예를 들어, 혼합형 또는 제4의 유형)으로 규정할 경우, 유형화가 갖는 장점인 설명과 분석의 '간결성'을 포기해야 하거나 질적으로 다른 현상(Esping-Andersen, 1999: 74)을 기존의 복지국가와 동일선상에서 논의하는 방법론적 문제를 발생시킬 수 있다. 새로운 기준으로 복지국가를 측정했다면, 기존의 서구 국가들도 재분류하여 비교의 방법론적 문제를 극복할 필요가 있을 것이다. 중요한 것은 복지국가의 유형화보다는 복지국가의 특성을 이해하여 변화를 예측하고 이에 대응하는 것이다(김교성·김성욱, 2011).

에 대한 비판을 다소 보완하고자 했다. 탈가족화란 "아동이나 노인에 대한 보호 혹은 돌봄노동이 복지제도에 의해 사회화됨으로써 서비스 부담을 가족에게 전가·의존하지 않는 정도 혹은 국가에 의해 가족의 서비스 부담이 경감되는 정도"를 말한다.[6] 그러나 탈가족화는 단순히 가족의 복지 부담이 어느 정도 감소하는지에 대한 고려일 뿐, 가족 내 복지(특히 돌봄) 공급이 분배되는 정도 혹은 가족구성원 간의 권력관계에 대한 어떠한 판단이나 지적도 하고 있지 않아 다른 한계가 부각되고 있다(류연규, 2005).

복지체제론에 대한 다른 비판은 방법론적 엄밀성이 떨어진다는 데 있다. 탈상품화 수준에 따라 해당 유형이 분명하게 구분되지 않는 애매한 사례들이 존재한다는 것이다. 제4의 유형 혹은 제5의 유형(예를 들어 남부유럽형, 오세아

---

6   이를 측정하기 위해 의료를 제외한 가족서비스 지출, 아동이 있는 가족에 대한 현금급여, 공공보육시설의 보급, 노인서비스 지출이라는 네 가지 변수를 활용했다.

니아형 등)이 존재한다는 지적도 있다. 특히 최근에 새롭게 조망되는 분야가 동아시아 사회복지의 성격과 유형에 관한 내용이다. 급격한 경제성장과 복지국가의 발달 혹은 재편의 과정을 경험하고 있는 동아시아 국가의 사회복지에 대한 관심은 미즐리(Midgley, 1986)의 논의 이후에 크게 확산되었는데, 대체로 몇 가지 용어와 담론을 통해 상징적으로 제기되고 있다. 대표적인 것으로 유교주의 복지국가(Jones, 1993), 발전주의 복지국가(Miyamoto, 2003), 보수주의와 자유주의 복지체제의 혼합형(Esping-Andersen, 1997), 생산주의적 복지체제(Holliday, 2000), 일본형 복지국가(Goodman and Peng, 1996), 대만형 복지모델(Hill and Hwang, 2005) 등이 있다(김교성·김성욱, 2011).[7]

자본주의의 다양성

복지국가와 제도에 대한 관심은 자본주의의 다양성에 주목한 연구로 분화되었다. 논의의 주된 내용들을 보면, 생산체제와 복지체제의 제도적 상보성 Institutional Complementaries 에 집중하면서 경제환경과 복지제도의 조응에 관한 이론적 배경을 제공한다.[8] 자본주의 체제는 세계화의 압력에도 불구하고 체제 내의 제도적 조정 메커니즘을 활용하여 '다양한' 방식으로 적용해왔다. 영·미식 시장 중심의 신자유주의 시장경제로 수렴하게 될 것이라는 수렴론과 정면으로 배치되는 역사적 궤적이다.

자본주의의 다양성에 대한 연구에서는 '국가'를 단위로 하는 자본주의 경제를 생산의 사회적 체계로 이해하며, 시장과 생산과정을 사회의 역사적·정치적·문화적 과정에서 형성된 '제도'의 수준에서 이해한다. 또한 개인, 기업, 생

---

[7] 동아시아 복지국가에 대한 연구와 유형화 연구의 결합은 여전히 논쟁적이다. 특히 굿맨과 펭(Goodman and Peng, 1996), 다케가와(Takegawa, 2005)는 관련 연구들이 서구의 분석 틀을 그대로 적용함으로써 동아시아 고유의 독특한 복지생산과 분배방식을 제대로 인식할 수 없을 뿐만 아니라, 동아시아 국가를 단지 서구에 대한 '예외적 사례'로 규정한다고 비판하고 있다.

[8] 복지국가를 지속 가능한 체제로 유지하기 위해서는 분배와 성장이 모두 중요하다. 따라서 사회정책과 경제정책을 분리하여 독립적으로 생각할 수 없으며, 실제로 밀접한 관련 속에 함께 발전해왔다. 앞선 복지체제론에서 살펴보았듯이, 사회정책은 노동시장과 산업구조, 노사관계 등 거시경제정책 영역의 수많은 분야와 연결되어 있으며, 자본주의 다양성 논의에서 강조하는 기업의 행위와 지배구조, 금융정책과 혁신 시스템까지 관심 영역을 확대하고 있다.

산그룹, 정부 등 정치경제의 영역에서 다양한 행위자들이 상호작용을 하면서 합리적인 선택을 하는 것에도 관심을 두고 있다.[9] 동시에 생산과 관련된 다양한 제도적 배열인 산업구조와 산업정책, 금융시장구조와 금융정책, 노동시장구조와 노동정책 및 노사관계, 직업훈련시스템과 노동시장정책, 기업의 구조와 기업 간의 관계, 생산과 관련된 중앙은행의 역할과 거시경제정책 등에 대해서도 주목한다(Hall and Soskice, 2001).

(1) 자본주의의 두 가지 유형: 자유시장경제와 조정시장경제

홀과 사스키스(Hall and Soskice, 2001)는 자본주의 국가를 자유시장경제 LME: Liberal Market Economies 와 조정시장경제 CME: Coordinated Market Economies 의 두 가지 유형으로 분류했다. 구분된 자본주의 국가들은 나름의 생산체계에 적합한 제도적 배열과 수준을 달리하는데, 이를 '생산체제 production regime'라고 부른다. 다시 말해 생산체제란 시장과 시장 관련 제도들을 통한 생산의 조직을 의미한다. 제도 안에서 자본주의 체제의 기업, 고객, 노동자, 소유주 등 소규모 주체들이 상호관계를 조직하고 구성하는 방법을 분석한다. 여기에서 가장 중요하게 고려되는 체계는 금융, 노사관계, 교육훈련, 기업 간의 관계이다(Soskice, 1999). 표 8-2는 시장경제체제에서 나타나는 생산체제의 두 가지 유형을 보여주고 있다.

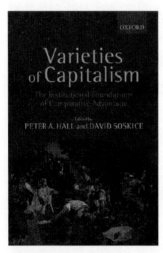

그림 8-2 홀과 사스키스(편집),
『자본주의의 다양성』

자유시장경제에서는 비시장적 조정이 거의 없고 노동은 배제되며 국가는 제한적 역할만 하는 반면, 조정시장경제에서는 국가가 기업 간의 조정 역할을 직간접적으로 시행하며 비시장적 조정이 크게 부각된다. 구체적으로 살펴보면, 자유시장경제에서는 단기주식시장에 의존

---

9 개별 행위자(예: 기업, 노조)의 행태에도 주목하지만, 사회적 구성물인 제도의 구조와 역할에 관심을 갖고 있다는 점에서 복지체제론과 공통점을 보인다. 그러나 자본주의 다양성 논의는 경제의 공급측면인 생산영역에 초점을 두고 기업과 제도 간 조정이라는 변수로 사회정책을 설명한다. 반면, 복지체제론은 노동자가 주도하는 국가의 제도적 특성을 중요한 독립변수로 취급하면서, 정치제도의 구성과 소득보장의 조정에 초점을 맞추고 있다.

표 8-2 자본주의의 유형

구분	자유시장경제(LME)	조정시장경제(CME)
대표 국가	미국, 영국	독일, 일본
금융 · 경제관리	단기자본시장(주주 중심) 제한된 기업조정 독점방지법	장기금융시장(이해관계자 중심) 강한 기업연합 기업 간 네트워크
생산시스템	미숙련 생산 대량생산 수량적 유연화	고숙련 생산 고품질 생산 유연전문화
노사관계	탈중앙화된 단체협상 경쟁적 노사관계	조정된 단체협상 노동자 참여의 법적 보장
훈련과 고용	일반적 교육 단기고용, 높은 이직 기업 간 이동성	직업훈련 장기고용, 낮은 이직 기업 내 이동성

출처: Ebbinghaus and Manow(2001), p. 6.

하며 외부재원을 통해 자금을 조달하지만, 조정시장경제의 금융자본은 장기적으로 제공되는 경향이 있다. 자유시장경제에서 기업의 지배구조는 주주 중심의 분산된 소유구조의 특징을 보이는 반면, 조정시장경제에서는 장기적인 이해관계자들에게 집중되어 있다. 또한 자유시장경제에서는 기업의 정치적 영향력이나 조직화의 정도가 낮고 전반적인 조정능력이 부족하며 국제경쟁력의 강화와 유지를 위해 국가가 탈규제를 주도한다. 노동시장은 규제되지 않은 채 유연하고, 신뢰할 만한 제도적 지원도 미약하며, 노동자들은 일반교육에 투입되어 저임금 · 저숙련 생산이 확산되는 경향이 있다.

반면 조정시장경제에서 기업들은 세계화의 압력에 대응하기 위해 임금, 직업훈련, 조사연구 등과 관련한 강고한 네트워크를 형성하고 있으며, 정부의 탈규제보다는 재/규제를 선호한다. 노동조합의 역할이 중요하며, 조정된 단체협상을 통해 노동자들을 위한 특화적 직업훈련에 기업이 투자하여 고임금, 고숙련 생산이 강화되는 특징을 보인다(Soskice, 1999; 백승호, 2006). 자유시장경제에는 영국, 미국, 아일랜드, 캐나다, 호주 등이 포함되며, 조정시장경제에는 독일, 일본, 스웨덴, 노르웨이, 스위스, 오스트리아 등이 포함된다. 조정시장경제는 다시 산업조정경제(독일, 스웨덴)와 그룹(대기업 중심)조정경제(한국, 일본)

의 세부 유형으로 분류할 수 있다(Hall, 2003). 자본주의의 다양성 연구에 따르면, 세계화 시대에 자본주의의 조정양식이나 생산체제의 특성 측면에서 자유시장경제와 조정시장경제의 간격은 전혀 줄어들지 않고 있다.

(2) 제도적 상보성

자본주의의 다양성은 경제활동과 관련된 제도의 구성과 기능에 대해 체계적 설명을 제공한다. 국가 간 모델과 비교우위를 판단하면서 행위자의 행태에 영향을 미치는 제도의 역할에도 관심을 갖고 있다. 특히 자본주의의 다양성 연구는 생산체제와 복지체제의 연계성에 관한 내용에 집중한다. 조정시장경제에서 복지국가 체제가 건재하다는 사실에 주목하면서, 생산체제, 노사관계, 사회정책 간에 모종의 '제도적 상보성'이 존재한다는 인식을 공유하고 있다. 이것이 자본주의의 다양성 연구가 복지국가의 형성과 성장에 관한 논의로 확대·발전하기 시작한 계기이다.

상보성이란 '두 개 이상의 제도가 서로 다른 제도의 성과 기여에 상호 영향을 미치며 공존하는 것'을 의미한다. 하나의 효율성이 높아지면 다른 하나의 효율성도 함께 높아지고, 두 개 이상의 제도가 함께 행위자에 대한 전략적 선택에 영향을 미치며, 행위자들의 성과가 두 개 이상의 특정 제도의 공존 또는 결합에 의해 강화될 때 상보성이 존재한다. 한 제도가 다른 제도의 결점을 보충해줌으로써 행위자들의 수익을 증가시키는 보충형[supplementarity]과 다양한 경제 하위체계 내에서 조화로운 유인구조의 상호 강화효과를 보이는 시너지형[synergy]이 있다. 예를 들면, 강력한 가족지원 정책을 통해 유연화된 노동시장의 변화를 상쇄할 수 있으며(보충형), 중앙집권화된 임금교섭과 강화된 복지체제를 이용해 노동자에게 기업이 요구하는 새로운 기술을 습득하고 숙련할 수 있는 일정 기간의 고용안정성을 보장할 수 있다(시너지형).

제도적 변화를 이해하는 데 상보성의 개념이 얼마나 유용한가를 검증하기 위해, 상보성의 존재가 제도적 변화의 과정에 얼마나 영향을 미치는지를 보여주는 다섯 가지 가설은 다음과 같다(Deeg, 2005: 3-4).

• 제도 간에 상보성이 존재한다면 한 제도의 변화는 상보적인 관계에 있

는 제도의 변화를 야기할 것이다.

- 제도들 간의 상보성이 강할수록 제도들은 안정적으로 유지될 가능성이 많다.
- 상보성 있는 제도의 변화와 관련된 중앙집권화된 조정능력을 가진 행위 자가 없다면, 한 개 이상 제도의 변화는 전체 체계의 상보성을 약화시킬 것이다.
- 상보적 제도 체계 내에서 변화가 한 번 시작되면 상보성을 향상시키거 나 약화시키는 움직임이 계속 나타날 것이다.
- 상보성이 강하다면, 제도 변화를 성공시키기 위해 한 체계에서 다른 체 계로의 변화를 촉진하고 있는 행위자가 비교적 짧은 기간 동안 관련된 제도들에서 중요하고 많은 변화를 달성해야만 한다.

(3) 자본주의의 다양성 이론의 한계

자본주의의 다양성 연구도 복지체제론이 갖는 여러 한계나 지적으로부터 자유롭지 못하다. 우선 다양한 자본주의의 유형을 단 두 유형으로 단순화한 것 에 대한 비판이 존재한다. 이러한 구분은 이론적인 것일 뿐, 현실세계에서 자본 주의 국가의 다양성은 훨씬 더 복잡한 형태로 존재할 수 있다. 국가 간의 사례 를 일반화하는 과정에서 혼합적 성격을 가진 사례가 존재하기 때문에, 일부 이 상적 국가에만 암묵적으로 적용될 뿐, 광범위한 국가군에 모두 적용하기 어려 운 모델의 정합성 문제가 존재한다. 다양한 후속연구를 통해 새로운 유형 분류 도 등장했는데, 크게 세 유형(Schmidt, 2000; 2002), 네 유형(Boyer, 2004), 그 리고 다섯 유형(Amable, 2003; Ebbinghaus, 2006)으로 구분할 수 있다(그림 8-3 참고). 특히 아마블(Amable, 2003)은 복지체제론과 자본주의 다양성 논의의 결 합을 시도하여, 자본주의 국가를 자유주의, 사민주의, 대륙유럽, 남부유럽, 아 시아 유형으로 구분하고 있다. 복지체제론과 자본주의 다양성 논의를 통합한 다른 연구는 자본주의를 자유주의 자본주의, 보수적으로 조정된 자본주의, 사 회민주적으로 조정된 자본주의로 구분하기도 한다(Schröder, 2013).

젠더 측면의 비판도 존재한다. 남성 중심적 생산관계와 조정과정에 주 목하고 여성의 생산활동을 전혀 고려하지 않는 '가부장적' 자본주의의 다양

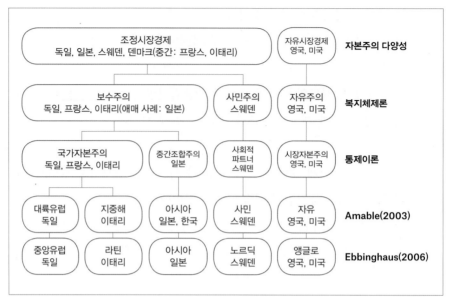

그림 8-3 자본주의 국가의 유형
출처: Schröeder(2013). p.59

성 ^{Varieties of Patriarchal Capitalism}에 대한 연구일 뿐이라는 평가이다(Estevez-Abe, 2009;

Folbre, 2009).

토론쟁점

1   복지국가의 발달을 설명하는 이론으로 복지국가의 황금기 이후 발생한 다양한
     개혁의 내용이나 궤적을 완전하게 설명하기 어렵다는 주장이 있다. 정치적 목적이
     다르고 정치적 위험이나 압력에도 반응해야 하기 때문이다. 기존 이론을 활용하여
     축소의 정치를 설명해 보고, 대안적 이론이나 설명이 있는지 탐색해보자.

2   복지국가의 유형을 정확하게 분류하기 위한 전제조건은 복지국가를 개념화하고
     조작화하는 작업과 관련이 있다. 복지국가의 특성과 수준을 측정할 수 있는
     대표적인 지표들의 장단점을 논의해보고 대안적 방법을 모색해보자.

3   에스핑안데르센이 제시한 복지체제론에 대항하는 대표적인 유형화 연구를
     찾아보고, 구체적인 방법과 핵심 내용을 비교해보자. 특히 페미니즘 학자들의 연구
     결과물을 찾아보면 재미있는 비교가 가능할 것이다.

4   우리나라 복지국가의 유형을 보수주의와 자유주의의 '혼합형^{hybrid}'으로 규정하는
     학자들이 있다. 두 유형의 어떤 특성에 기초한 주장인지 논의해보자.

제 3 부

분석원리

09

욕구와 사회적 위험

인간의 욕구^{needs}는 사회복지정책의 연구와 실천 영역에서 오랜 시간 논의되어온 주요 개념 중 하나이다. 정책을 통해 제공되는 재화와 서비스의 주요 대상을 선정하고 급여의 내용과 범위, 형태와 수준을 확정하는 데 필요한 필수적인 규범과 기준을 제공하기 때문이다. 그런데 이러한 욕구 논의^{needs talk}의 제도화 과정은 해당 사회의 주요 가치와 이념, 권리성 등의 이해관계가 반영된 정치적인 문제이다. 복지국가는 오랜 시간 사회구성원의 욕구를 중요한 정치적 담론으로 취급해왔으며, 다양한 사회적 행위자 간의 욕구충족의 요구^{needs claim}에 반응하고 타협해왔다.

일반적으로 욕구에 대한 요구는 정치, 경제, 가계^{domestic} 차원의 경계를 갖고 있다. 경제와 가계의 사적 영역에 존재하던 욕구들은 공적 논쟁의 과정을 통해 정치 영역에 자리하게 된다.[1] 논쟁과 담론 투쟁의 과정에서 상대적 구조

---

1   가계와 경제는 핵심 욕구를 고립시키고 협소하게 만들어 내면화시키는 경향이 있다. 또한 사회를 지배하는 강자의 입장을 고려하여 핵심 욕구가 정치화된 욕구로 발전하는 것을 방해한다. 그럼에도 불구하고 후기산업사회에 들어 수많은 욕구들이 가계와 경제 영역을 넘어 정치·사회 분야에 등장했으며, 국가의 적극적인 관심과 개입을 추동했다.

를 갖는 행위자들은 계급, 젠더, 이데올로기, 인종, 지역 같은 여러 축에 의해 구분되며, 그들이 발휘할 수 있는 영향력에 따라 쉽게 혹은 어렵게 공론장$^{\text{public spheres}}$에 참여하게 된다. 가계와 경제 영역을 넘어 '탈출한 욕구$^{\text{runaway needs}}$'는 그 사회의 지배적인 가치와 권력에 의해 '인정'된 사회문제[2] 혹은 '사회적 위험'으로 규정되며, 정치적 과정을 통해 국가복지에 대한 요구로 전환된다(Fraser, 2013). 이것이 개별적 욕구가 사회정의나 균등한 기회 혹은 인간의 기본적인 '권리'의 내용과 관련성을 갖는 주된 이유이다(김영모, 1992: 106). 따라서 욕구 충족의 문제는 욕구 자체가 아니라 욕구에 관한 담론과 욕구 해석의 정치적 측면에서 접근할 필요가 있다. 욕구에 대한 사회적 요구의 맥락적이고 이론적인 특성을 확인하기 위해, 그 사회의 핵심 담론과 해석에 초점을 맞춰야 한다는 의미이다(Fraser, 2013).

이 장에서는 사회복지정책 분야에서 논의되는 인간의 기본적인 욕구와 사회적 위험의 내용을 포괄적으로 개괄한다. 욕구의 개념과 차원을 정리하고, 욕구와 관련된 이론들을 간략하게 소개하며, 신·구 사회적 위험의 개념과 이론적 논의의 주요 내용을 서술할 것이다. 이후에 우리 사회에서 대표적인 사회적 위험으로 인지되는 빈곤과 박탈, 사회적 배제와 불평등, 질병과 건강에 관한 설명을 추가한다.

욕구

욕구의 개념과 종류

사회복지는 "인간의 욕구를 충족시키기 위한 사회적 노력"을 의미한다(김

---

[2] 사회문제는 "한 사회의 다수 혹은 지배적인 집단에 의해 바람직하지 못하거나 주의가 필요하다고 생각되는 사회현상 혹은 사회조건"으로 정의할 수 있다(김영모, 1981: 3). 상당수의 사람들은 사회문제로 인해 부정적인 영향을 받게 된다. 사회문제의 원인은 사회적인 것에 있으며, 개선을 위해서는 사회적인 노력이 필요하다(최일섭·최성재, 2000: 25).

영모,1992: 105). 따라서 복지의 대상은 욕구의 결핍으로 인해 사회에 적응하지 못하거나 불편한 생활을 지속하는 사람이 될 수 있다. 인간의 욕구는 생존을 위한 가장 근본적인 문제이며, 욕구 충족과 결핍의 문제는 어느 시기에나 어느 사회에나 존재해왔다. 그러나 인간의 개별적 욕구가 본격적으로 정치적·사회적 관심의 대상이 된 것은 복지국가의 등장과 그 궤를 함께한다. 산업화 이후 국가는 사회구성원의 욕구를 주요 정치적 담론 안에서 논의하기 시작했으며, 정부의 역할을 확장시키는 단계에서도 욕구에 관한 논의는 항상 핵심적으로 다루어지는 주요 과제였다.

그러나 실제로 인간의 욕구에 대한 내용을 정의하는 일은 쉬운 일이 아니다. 매우 개별적이며 주관적인 요소를 갖고 있기 때문이다. 만약 욕구를 객관적이고 중립적인 방법으로 측정할 수 있다면, 사회복지정책의 목표도 단지 객관적이고 기술적인 측면에서 다룰 수 있다. 또한 정책실천의 문제 역시 정치적 가치와 사회적 논쟁에서 자유로울 수 있으며, 성과에 대한 평가도 중립적으로 수행할 수 있다(김일중, 2011: 437).

(1) 욕구와 갈망

욕구는 간혹 '욕망want'이나 '갈망desires'과 혼용된다. 욕구는 객관적이고 공적인 인식의 사실이며, 갈망은 충족된 욕구에 대한 만족 등 심리적 상태를 의미한다. 가장 큰 차이점은 양자가 부족할 경우 나타나는 결과물의 차이에 있다. 욕구가 부족하게 되면 사망에 이르거나 사회적 기능의 부족을 경험할 가능성이 매우 높다. 따라서 인간의 욕구는 개인의 욕망이나 갈망과는 무관한, 본질적이고 집합적인 특성을 갖는다. 생존을 위한 필수적 욕구의 예로는 물, 공기, 음식, 주거와 같은 자연 혹은 환경의 위험으로부터의 보호 등을 들 수 있다. 김태성과 성경륭(1995: 254-256)은 시장을 통한 자원배분이 인간의 욕망과 갈망을 만족시킨다면, 사회복지정책을 통한 자원배분은 욕구에 대한 만족을 통해 이루어진다고 주장하면서, 욕구와 갈망의 명확한 개념적 구분을 시도하고 있다. 그들의 주장에 따르면 욕구에 대한 만족이 갈망에 대한 만족보다 중요한데, 그 이유는 인간이 욕구 충족을 통해 단순히 갈망하는 것 이상의 목표를 달성할 수 있고, 상대적 긴급성의 측면에서 욕구 충족이 갈망에 대한 만족보다 중요하기 때문이다. 갈망에 대한 만족은 주관적 이득을 얻고자 하는 시도인 반면, 욕구에 대한 해결은 인간이 추구하는 바람직한 목표를 이루는 데 필요한 전제조건이다. 그리고 갈망에 대한 만족은 비교적 제한적인 목표를 이루기 위한 수단에 불과하고, 욕구에 대한 일정 수준의 보장은 인간이 '좋은 삶'을 추구하고 목표를 달성하는 데 필요한 보편적이고 필수적인 수단을 제공한다. 따라서 인간의 보편적 욕구를 사회적 욕구로 제도화하는 과정이 중요한데, 이에 대한 보장이 사회복지정책의 근본적인 목적이라 할 수 있다.

(2) 개인적 욕구와 사회적 욕구

욕구는 '개인적' 욕구와 '사회적' 욕구로 구분할 수 있다. 개인적 욕구는 다시 신체적·물리적 욕구와 심리적 욕구로 구분된다. 전자에는 생계에 필요한 다양한 재화 등이 포함되고, 후자에는 애정이나 동기부여, 자아존중감, 성취감 등이 포함된다. 사회적 욕구에는 소득, 보건, 교육, 주거 등의 기본적 욕구와 예술, 문화, 여가, 스포츠 등의 이차적 욕구가 포함된다. 사회적 욕구는 일반적으로 사회문제 혹은 사회적 위험과 동일시되며, 이를 해결하기 위해 재화와 서비스의 동원이 요구된다. 모든 사회에는 개인의 주관적 욕구를 객관화하여 역사적·사회적으로 구성한 사회적 욕구가 존재하는데, 이것이 사회복지정책의 중심 내용이 된다.

(3) 절대적 욕구와 상대적 욕구

욕구는 '절대적' 욕구와 '상대적' 욕구로도 구분 가능하다. 절대적이란 육체적·생물학적 생존에 필요한 최소한의 수준이라는 상징적 의미를 갖는데, 복지발전이 지체된 국가에서 기본적인 욕구에 대한 보장 수준으로 활용되고 있다. 아직도 수많은 국가의 공식적 빈곤선poverty line은 육체적 생존에 필요한 칼로리 양을 근거로 계측되고 있다(김태성·성경륭, 1995: 257). 반면 상대적 욕구는 한 사회의 관습과 규범에 의해 정해지며, 다른 사람이나 다른 사회와의 비교를 통해 결정된다. 대체로 횡단적 혹은 시계열적 비교에 의존하며, 통계적 자료에 기반한 대표 수치(평균값, 중위값, 최빈값)를 활용하여 측정한다. 상대적으로 발전된 복지국가에서 많이 활용되고 있다.

(4) 직접적 욕구와 도구적 욕구

욕구를 '직접적' 욕구와 '도구적' 욕구로 구분하기도 한다. 전자는 욕구의 충족을 통해 직접적인 만족을 추구하는 것이며, 후자는 더 큰 목표를 성취하기 위한 수단으로서 필요한 욕구(교육, 직업훈련 등)를 의미한다. 롤스(Rawls, 1971)는 도구적 욕구를 해결할 수 있는 재화들을 일차적 재화primary goods 혹은 '기본재'라고 명명하면서, 이에 대한 충족을 통해 더 높은 수준의 목표를 성취할 수 있다고 주장했다. 일차적 재화에는 기본적 자유(사상, 양심, 결사의 자유 등), 이주와 직업 선택의 자유, 주요 정치경제적 제도의 책임 있는 지위에 수반되는 권력과 특권, 소득과 재산, 자기존중의 사회적 기초 등이 포함된다. 사회복지정책은 이처럼 다양한 인간의 욕구에 대한 통합적인 관점을 요구한다(Wilensky and Lebeaux, 1958).

이론적 접근

욕구와 관련된 대표적인 이론들은 크게 매슬로Maslow, 길Gil, 도열Doyal과 고프Gough, 센Sen과 누스바움Nussbaum에 의해 제시되었다. 각각의 내용을 간략하게 살펴보자.

(1) 매슬로의 욕구이론

욕구와 관련한 가장 대표적인 이론은 매슬로의 욕구이론이다. 인간의 욕구는 타고난 것이며 생리적 욕구, 안전 욕구, 소속감과 애정 욕구, 존중 욕구, 자아실현 욕구 등의 위계를 가지고 있다는 주장이다.[3] 생리적 욕구는 생존에 필요한 필수적인 욕구로, 음식, 물, 성, 수면, 배설, 호흡 같은 신체적 기능에 대한 욕구이다. 안전 욕구는 평상심과 질서를 유지하고자 하는 욕구로, 개인적 안정, 재정적 안정, 건강, 사고로부터의 안전(망) 등을 포함한다. 생리적 욕구와 안전 욕구가 충족되면 대인관계와 관련된 소속감과 애정 욕구가 등장하는

---

3 매슬로는 나중에 5단계 욕구이론의 존중 욕구와 자아실현 욕구 사이에 인지적 욕구와 심미적 욕구를 추가하여 7단계로 수정했다. 그리고 말년에 초월 욕구를 자아실현 욕구 위에 두고 이를 가장 높은 단계의 동기 혹은 인간 삶의 완성이라고 주장했다.

데, 이는 사회적 상호작용을 통해 원활한 인간관계를 유지하고자 하는 욕구이다. 존중 욕구는 지위, 인정, 명성, 주목 등 외부 혹은 타인으로부터 존중받고자 하는 욕구와 강인함, 자신감, 독립성, 자유 등으로 표현되는 자기존중의 욕구로 구분된다. 욕구 피라미드의 최상부에 위치한 자아실현 욕구는 개인이 타고난 능력과 성장 잠재력을 실행하려는 욕구라고 할 수 있다. 낮은 수준의 욕구가 충족되지 못하면 더 높은

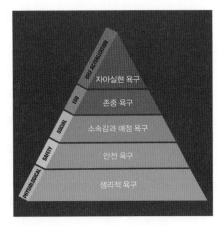

그림 9-1 매슬로의 5단계 욕구이론 피라미드
(ⓒshutterstock)

수준의 욕구를 추구할 수 없으며, 높은 단계의 욕구가 충족될수록 성취감은 높아진다. 특정 단계의 욕구가 결핍되면 동기는 강해지고, 일단 충족되면 더 이상 욕구를 느끼지 못한다. 심리학, 경제학, 경영학, 사회복지학 등에서 널리 사용되는 기본적인 이론이지만, 실증적으로 증명된 사실은 아니다. 인간의 욕구가 위계적이지 않다는 비판도 존재한다.

(2) 길의 욕구이론

길(Gil, 1992)도 인간 욕구의 위계적인 성격에 동의하면서, 사회복지정책은 인간의 욕구를 충족시켜주기 위한 목적을 가지며, 인간의 욕구는 사회정의를 쟁취하기 위한 수단으로 충족되어야 한다고 주장한다. 기본적인 욕구는 의미 있는 관계 같은 사회적이고 심리적인 욕구, 의미 있는 작업과 같은 생산적이고 창의적인 욕구, 관계와 일에 대한 욕구가 충족되었다는 믿음과 신뢰로부터 파생된 안전의 욕구, 매슬로가 주장한 자아실현의 욕구, 펼쳐진 우주에서 인간 존재의 의미를 모으는 영적인 욕구이다. 그는 이후 작업에서 좀 더 다양하고 발전된 형태의 욕구를 제시했다. 여기에는 삶을 유지하고 강화할 수 있는 재화와 서비스에 대한 규칙적인 접근, 상호존중에 기초한 의미 있는 사회적 관계와 지역사회에 귀속되어 있다는 생각, 자신의 타고난 능력 및 지역사회의 생산적 과정의 발전단계에 조응하는 의미 있고 창의적인 참여, 앞선 욕구들의 지

속적인 충족에서 파생된 보장[security]에 대한 감각, 창의적이고 생산적인 활동을 통한 자기충족 등이 포함된다.

특히 길은 사회적 환경에 기반한 욕구 충족의 중요성을 강조하면서, 인간의 욕구를 충족하는 과정에서 착취에 뿌리를 둔 억압체계와 마주할 수 있다고 경고했다. 억압체계는 경제적·사회적 특권을 유지하기 위해 사회적으로 구조화된 폭력에 의존하고 있다. 인간의 욕구와 다양한 종류의 억압을 포괄하고 있는 그의 주장은 다분히 (복지)실천적이며 글로벌 사회정의를 추구하는 동시에 개인과 사회의 발전을 위한 인간의 욕구에 초점을 맞추고 있다(Dover, 2013: 4).

(3) 도열과 고프의 욕구이론

도열과 고프(Doyal and Gough, 1991)는 인간의 욕구가 위계적이라기보다는 보편적이며 복지국가의 (부조)제도를 통해 충족될 수 있다고 주장한다. 인간의 욕구는 개인의 심리적 차원을 넘어 사회 내에서 인간으로 살아가기 위한 하나의 비용이다. 그런 의미에서 욕구가 충족되지 않은 사람은 사회에 부적응하거나 제대로 된 기능을 수행하지 못한 채 살아가게 된다. 모든 인간은 좋은 삶을 추구하는 데 방해가 되는 심각한 피해로부터 도망가고 싶어 하기 때문에, 자신이 살아가는 사회환경에 참여할 수 있는 기본적인 역량을 필요로 한다. 신체적으로 건강해야 하고, 개인의 자율성이 보장된 상태에서 나름의 선택을 할 수 있는 역량을 갖추고 있어야 한다는 것이다.

따라서 인간이 가지는 가장 보편적인 욕구는 건강[health]과 자율성[autonomy]으로 구분할 수 있다. 여기에는 정신건강, 인지능력, 사회활동과 집단적 의사결정에 참여할 수 있는 기회 등이 포함된다. 도열과 고프는 신체적 건강과 개인의 자율성 욕구를 충족시키기 위해 필요한 12개의 욕구 범주를 다음과 같이 제시했다.

영양가 있는 적절한 음식과 물, 적절한 안전이 보장된 주택, 안전한 작업환경, 의류, 안전한 물리적 환경, 적절한 건강관리, 어린 시절에 대한 보안, 다른 사람들과의 의미 있는 관계, 물리적 안전, 경제적 안전, 안전한 피임과 임신, 기본적인 교육과 적절한 다문화교육이 이론에 따르면, 특정 사회의 근본적인 조건, 문화적으로 특정한 만족기제^{satisfier}, 중간 수준의 욕구, 두 가지 보편적인 욕구(건강과 자율성) 사이에 위계적 관계가 존재한다. 기본적인 욕구를 충족하기 위해 필수적이고 근본적인 사회적 조건은 생산, 재생산, 문화적 전달, 정치적 권위 등이다. 이러한 조건들은 최소한 중간 범주의 욕구를 충족시켜줄 수 있도록 특정한 범주의 문화적이고 환경적인 만족기제를 통해 전승된다. 그리고 중간 범주의 욕구들이 충족됨으로써 인간의 가장 기본적인 욕구인 물리적 건강과 주체^{agency}의 자율성이 보장된다. 이러한 욕구의 충족은 사회적 참여를 방해하는 치명적인 요소로부터 회피하기 위해 반드시 필요하다(Doyal, 1998; Doyal and Gough, 1991).

(4) 센과 누스바움의 실현가능능력 일람표

욕구이론에서 제시하는 욕구 범주들은 간혹 센과 누스바움이 개발해 발표한 '실현가능능력^{capability}'과 비교된다. 실현가능능력은 자산이나 능력(교육, 정신건강, 체력 등) 혹은 긍정적인 자유를 더 많이 가진 개인이 빈곤을 피할 수 있고 욕구를 더 많이 충족시킬 수 있다는 것을 의미한다. 참고로 실현가능능력을 조작적으로 정의하려는 시도 중 가장 보편적으로 활용되고 있는 방법은 일람표^{list}를 제시하는 것이다(Gough, 2003; Nussbaum, 2003).

다수 선행연구의 결과에 따라 핵심 실현가능능력의 일람표는 개인적·사회적·경제적·정치적 측면으로 분류할 수 있다. 우선 개인적 실현가능능력에는 생존, 신체건강, 인지·정서적 능력, 목표 등이 포함된다. 사회적 실현가능능력으로는 만족스러운 가족관계 및 가족의 지지, 자녀 돌봄, 타인과의 관계, 소외되지 않는 삶, 긍정적 지역사회 등 가족 및 사회적 상호작용에서 지역사회·세계와의 조화에 이르기까지 다양한 내용들이 제시된다. 경제적 실현가능능력은 개인의 자율성 및 독립성에 관한 것으로, 소득활동이나 임금노동, 물적 자원의 확보, 일자리에서의 존중 등이 포함된다. 그리고 진정한 사회정의와 평등이 정치적 가치라고 언급했을 정도로 센이 강조했던 정치적 실현가능능력에는 법적 안전, 표현의 자유나 종교의 자유 등 기본적인 자유와 시민권 및 정치권 보장 등이 포함된다(김교성·노혜진, 2011: 247-248).

센의 실현가능능력

센은 인간의 복지가 기능들functionings과 실현가능능력들capabilities로 구성되어 있다고 주장했다. 기능이란 한 개인의 삶에서 가치 있는 것들을 달성한 '행위doings'와 '상태beings'의 집합을 의미한다. 자원을 가지고 가치 있는 기능들을 성취할 수 있도록 매개 역할을 하면서 동시에 가치 있는 것을 성취할 수 있는 기회와 조건은 실현가능능력이라고 할 수 있다(Sen, 1992: 48). 예를 들어 개인이 중대한 질병이나 장애가 있어 동일한 소득이 있는 다른 집단에 비해 성취하는 기능의 수준이 낮다면, 이것은 실현가능능력의 차이로 인한 결과라고 할 수 있다. 따라서 실현가능능력은 소득뿐 아니라 개인이 영위하거나 향유할 수 있는 기능의 성취를 가능하게 하는 진정한 의미의 자유라고 할 수 있다. 여기서 인간은 자신의 발전을 주체적으로 도모하는 행위자actor이면서 동시에 창조적인 주체agent이다. 주체성agency은 이러한 주체적인 인간의 행위 전반을 가리키는 용어로, 기능의 성취는 주체성의 성취로, 실현가능능력은 주체성의 자유로 볼 수 있다. 이렇게 볼 때 실현가능능력 접근에서 상정하는 복지의 범위는 삶의 질을 높일 수 있는 모든 변화를 포괄할 정도로 매우 넓다. 뿐만 아니라 모든 인간의 상태와 행위가 다양하고, 자원이 기능으로 전환되는 과정에서 작동하는 사회적 맥락도 모두 다르기 때문에, 복지의 내용도 매우 다차원적이다. 따라서 실현가능능력 접근에서 볼 때, 빈곤은 단순히 저소득을 의미하는 것이 아니라 복지의 결핍, 즉 기능과 실현가능능력의 결핍이라고 할 수 있다(Sen, 1992; 김교성·노혜진, 2011: 245-246에서 재인용).

신·구 사회적 위험

지난 30여 년에 걸친 (비교)사회정책 연구의 흐름 속에서 복지국가를 규명하고 그 성격과 국가 간 차이와 원인을 규명해온 주요한 준거는 해당 복지국가가 사회적 위험에 어떻게 대응해왔는가에 있었다. 근대국가 초기에는 주로 산업화 과정에서 파생된 노령, 질병, 실업, 산재 등이 초래하는 소득 중단이나 예외적 지출 같은 위험에 대한 대응이 전통적 복지국가에 대한 정당성의 근거가 되었다.

그러나 최근에는 후기산업사회로의 이행이라는 경제·사회구조의 변화와 새로운 사회적 위험의 대두로 인해 기존의 고전적 복지국가가 이에 적절히 대응하지 못하는 한계를 드러내고 있다. 이에 따라 소위 '구사회위험'과 '신사회위험'이라는 대척점의 형성은 사회복지정책 연구의 주요 주제로 간주되고 있다(김교성, 2013: 33).

구사회위험

복지국가란 정부가 사회구성원의 소득, 영양, 의료, 안전 같은 최소한의 생계기준을 시민권적 권리에 기반하여 보장하는 국가체계이다(Wilensky, 1975). 이 개념 속에는 복지국가의 주체와 대상, 수준, 그리고 급여에 대한 정치적 자격 등이 구체적으로 명시되어 있고, 보호해야 할 다양한 욕구와 사회적 위험의 내용도 구사회위험을 중심으로 상징적으로 서술되어 있다. 이는 복지국가에서 정의롭고 평등하게 분배되어야 하는 것들이 무엇인지에 대한 내용이며, 사회복지정책과 관련된 주요 가치 중 '포괄성 comprehensiveness'에 관한 이슈이다. 자본주의 사회에서 인간의 욕구 충족 혹은 삶의 질 향상과 관련 있는 기본적인 재화와 기회는 공정하고 평등하게 분배되어 있지 않다. 복지국가는 각종 제도의 마련과 사회적 급여의 제공을 통해 다양한 사회적 위험들로부터 개인의 삶을 보호하고, 자유롭고 평등한 삶을 추구하는 인간의 욕구를 반영하기 위해 노력해왔다.

(1) 베버리지의 5대 해악

복지국가의 이론적 기초를 제공한 베버리지(Beveridge, 1942)는 인간의 기본적인 욕구와 결핍의 문제를 해결하기 위한 대책으로 사회보험, 가족수당, 보건·의료서비스 등 포괄적인 사회보장체계를 설계하고 제안했다. 「베버리지 보고서」, 즉 그의 「사회보험 및 관련서비스에 관한 보고서 Social Insurance and Allied Service, Reported by Sir William Beveridge」(1942)에 따르면, 사회발전을 저해하는 '5대 해악'은 궁핍·결핍·빈곤, 질병, 무지, 불결, 나태이다. 이 중 궁핍의 원인은 실업, 질병, 노령, 사망 등에 의한 소득 중단이며, 사회보장의 가장 핵심적인 목표 역시 궁핍의 해소이다. 강제적인 사회보험을 통해 소득 중단과 장애, 결혼과 출산, 양육, 장제葬制 등으로 인한 궁핍의 문제에 대응하고, 나머지 해악들은 의료, 교육,

주거, 고용서비스의 제공을 통해 제거한다. 이 보고서의 가장 큰 성과는 사회보험이 보장하는 '사회적 위험의 포괄성 원칙을 확립했다'는 것이다. 베버리지는 궁핍의 주요 원인을 여덟 가지로 제시하고, 그에 대처할 수 있는 포괄적 사회보장계획을 제시했다(박광준, 2002: 349-350)[4].

보고서 전체를 관통하는 다른 주요 개념은 '국민최저선national minimum'이다. 이는 사회구성원이 어떤 경우라도 그 이하로 떨어져서는 안 되는 최저한의 소득수준을 의미하는 것으로, 개인과 가족이 생존을 유지하는 데 필수적인 항목을 선정하고 이를 화폐로 환산하는 작업을 시도했다. 기본적인 욕구로 규정된 항목에는 식료품, 의류, 광열, 기타 생필품, 주거비 등이 포함되며, 약간의 여유 지출분도 추가된다. 이는 필수품을 구입할 때 발생할 수 있는 약간의 비효율을 감안하고 생존에 필요한 기본적인 필수품 이외의 것들에 대한 구입도 가능하게 해주기 위한 배려이다(Schweinitz, 2001 [1943]: 383-385).

(2) 국제노동기구에서 제시한 사회적 위험

복지국가에서 보장해야 할 사회적 위험의 범주는 국제노동기구ILO에서 1952년에 채택한 「사회보장의 최저기준에 관한 협약Social Security Minimum Standards Convention, No. 102」에도 명확하게 제시되어 있다.[5] 대표적인 사회적 위험을 나열할 때 가장 많이 인용되는 문헌 중 하나이다. 이 협약에서는 정부가 보장해야 할 사회적 위험으로 의료, 질병(휴양), 실업, 노령, 산업재해, 자녀양육, 직업능력의 상실, 임신과 분만, 부양자의 사망(가장)의 9가지를 열거했다. 또한 이에 대응하기 위한 개별적 사회보장 급여로 의료급여, 상병급여, 실업급여, 노령급여, 고용재해급여, 가족급여, 폐질급여, 모성급여, 유족급여를 제시했다. 이 중 의료급여만 현물서비스로 제공되고, 고용재해급여와 출산급여는 현금과 현물 모

---

4   주요 궁핍의 원인과 그에 대처하기 위한 제안을 연계하면 다음과 같다. 실업—실업급여, 장애—장애급여와
     산재연금, 생활력 상실—훈련급여, 퇴직—퇴직연금, 결혼—결혼보조금·출산보조금/수당/급여·미망인급여
     보호자급여, 장제—장제보조금, 양육—아동수당, 질병—의료치료·재활

5   이 협약은 ILO의 핵심적인 협약 중 하나이며 국제 사회보장 역사에서 기념비적 위치를 점하고 있다.
     회원국이 준수해야 할 사회보장의 최저기준을 협약의 형태로 제정한 최초의 사례이며, 나중에 출산(1952),
     고용재해(1964), 노령/장애/유족(1967), 의료/상병(1969), 실업(1988), 기타(고령노동자, 1982) 등 분야별
     기준을 제시한 다양한 협약과 권고들이 제정되었다(김연명, 1997).

두, 나머지는 현금급여 방식에 따라 지급된다.[6]

이 협약은 1944년에 채택한 「소득보장에 관한 권고Income Security Recommendation, No. 67」와 「의료보장에 관한 권고Medical Care Recommendation, No.69」에 그 기원을 두고 있다. 두 권고는 사회보장 대상의 '보편성'과 사회적 위험의 '포괄성' 원칙을 제시한 혁신적인 권고안으로 인정받고 있다(김연명, 1997: 223). 이를 통해 전통적 복지국가의 사회적 위험에 대한 대응방식은 현금급여 중심의 소득보장과 현물급여 방식의 의료보장이었다는 사실을 짐작할 수 있다.

최근 국제노동기구(ILO, 2014: v)는 포용적 성장Inclusive Growth의 새로운 전략으로 '사회적 보호 최저선social protection floor'을 권고하고 있다. 핵심 내용에 따르면, 국가는 모든 시민에게 생애 전반에 걸쳐 '소득과 건강'의 영역에서 최소한 기본적인 수준의 사회보장을 그들의 존엄과 권리에 기반하여 제공해야 한다. 최저수준의 생활을 보편적 권리로 보장해야 한다는 점을 강조하고 있지만, 전 생애의 과정에서 발생할 수 있는 위험의 범주를 소득과 건강으로 상징하여 표현하고 있다(김교성, 2017: 152).

(3) 유럽사회헌장의 시민권 범주

국제노동기구 협약의 주요 내용은 1961년에 제정된 「유럽사회헌장European Social Charta, ETS No. 35」에도 재차 수록되어 있다. 1996년에 개정된 새로운 헌장(ETS No. 163)에서는 사회권과 경제권에 대한 국제적 기준을 제시했는데, 고용, 고용 조건, 주거, 교육, 건강, 사회적 보호 등 일상에서 필요한 필수적 욕구를 포괄하여 시민권의 범주를 명시했다. 차별 없이 제공되는 기본적인 소득보장은 물론 아동, 노인, 장애인, 이민자 등 취약계층에 대한 보호도 특별히 강조했다.

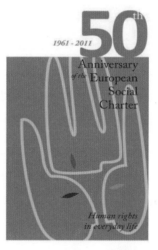

그림 9-2 1961년 제정된 유럽사회헌장이 2011년 50주년을 맞이했다.

6　그 외에도 이 협약에는 급여의 적용 범위, 종류와 수준, 비용 부담, 수급자의 권리 보호, 행정관리 등 회원국이 준수해야 할 다른 기준과 내용이 자세하게 명시되어 있다.

(4) 에스핑안데르센의 사회적 위험

복지국가 연구의 대표 학자인 에스핑안데르센(Esping-Andersen, 1999: 78-79)도 사회정책의 가장 우선적인 목표는 사람들을 사회적 위험으로부터 보호하는 것이고, 복지국가는 사회적 위험을 관리하는 세 가지 원천 중 하나라고 주장했다. 개인적인 위험은 집합적인 결과를 초래하거나 공적 배려에 대한 인식이 확산될 때, 그리고 개인이 통제할 수 없는 원인에서 비롯될 경우 사회적 위험으로 바뀌고, 가족과 시장의 실패로 인해 국가적 문제로 부상하게 된다. 이것이 포괄적이고 보편적인 복지국가가 필요한 이유이다. 이러한 사회적 위험은 계급 위험, 생애주기 위험, 그리고 세대 간 위험으로 구분할 수 있다(Esping-Andersen, 1999: 93-100). 이는 사회계층 사이의 불균등한 분배, 아동기부터 청년기와 중년기, 노령기까지의 보호, 상속된 불이익과 세대 간 위험 전승의 문제를 포괄한다.

그러나 실제로 복지국가의 수준과 유형을 구분하기 위한 에스핑안데르센의 핵심 기준들은 사회적 위험의 범위를 단지 노령과 질병, 실업 등의 구사회 위험으로 제한하고 있다. 탈상품화 지수는 연금과 실업급여의 소득대체율, (연금)수급자 수 혹은 (실업급여) 적용인구 비율 등을 활용하고 있으며, 계층화 지수 역시 연금, 의료, 실업급여의 지출수준이나 급여수준, 적용인구 비율만 포함하고 있다. 나중에 탈가족화 개념을 도입하여 아동과 가족, 노인을 위한 돌봄 욕구를 추가하기는 했지만, 대체로 역사적 복지국가의 주된 사회적 위험을 노령, 질병, 실업으로 간주하고 있음을 알 수 있다. 이는 남성생계부양자 혹은 노동자 중심 사고의 한계이다.

신사회위험

제2차 세계대전 이후부터 1970년대까지 전통적 복지국가는 상대적으로 안정적인 포드주의적 노동시장구조와 인구·가족구조를 기반으로 황금기를 구가할 수 있었다. 이 시기에 복지국가는 노령, 질병, 실업, 산재 등 이른바 전통적 산업사회에서 발생하는 사회적 위험에 주로 대응했으며, 소득상실을 보상해주는 소득보장을 중심으로 사회복지정책 프로그램을 발전시켰다. 그러나

1970년대 중반 이후에 고전적 복지국가를 지탱하던 자본주의 경제·사회구조는 급격한 변화를 겪게 된다.[7] 이와 같은 경제구조와 사회 전반에 걸친 새로운 변화는 전통적 복지국가의 소득보장 프로그램이 포괄하지 못하는 '새로운 사회적 위험'의 등장을 가속화시켰다(Esping-Anderson, 1999).

신사회위험의 개념을 규정하고 서구 복지국가의 일련의 변화과정을 그것의 등장과 연관시켜 분석하고 있는 테일러-구비(Taylor-Gooby, 2004: 2)에 따르면, 신사회위험은 '후기산업사회로의 이행과정에서 나타난 경제·사회변동의 결과로 사람들의 생애기간에 직면하는 위험들'로 규정할 수 있다. 그는 저숙련 여성의 일·가족 양립의 어려움, 노인인구 증가로 인한 돌봄에 대한 경제적 부담 증가, 교육수준이 낮을수록 심화되는 실업과 장기빈곤의 위험, 전통적인 사회보장제도의 민영화라는 네 가지 측면에서 새로운 사회적 위험의 발생경로를 고찰하고 있다(Taylor-Gooby, 2004: 3-5).

좀 더 구체적으로 살펴보면, 우선 맞벌이 부부의 증가와 여성교육의 향상으로 여성의 노동시장 참여가 급증하면서 일과 가정(가족)을 양립하기 어려운 저숙련 여성층에서 신사회위험이 나타난다. 둘째, 노인인구의 증가로 노인'돌봄'의 부담이 급증하고 있다. 돌봄의 책임은 상당 부분 여성에게 주어져 있고, 여성이 돌봄과 직장을 병행하기 어려워 노동시장에서 철수하게 되면 홑벌이 부부가 되기 때문에 빈곤 가능성이 높아진다. 셋째, 무숙련 생산직의 비중을 줄여온 생산기술의 변동, 그리고 저임금의 비교우위를 이용한 국가 간 경쟁의 격화로 발생하는 노동시장구조의 변화는 교육수준이 낮은 사람들이 사회적으로 배제되는 위험을 발생시킨다. 교육수준이 낮을수록 실업과 불안정 노동에 빠질 확률과 장기실업·빈곤에 빠질 위험성이 높아지게 되는 것이다. 넷째, 일부 국가에서 민영화된 공적연금, 의료보험 등에서 소비자가 선택을 잘못할 경우 혹은 민영보험에 대한 규제가 잘 이루어지지 않을 경우 새로운 위험이 발생할

---

7   후기산업사회로의 이행과 함께 나타난 경제·사회구조의 변화에 대한 일련의 논의들을 정리하면 다음 몇 가지
     특징으로 요약할 수 있다. 서비스 부문의 증대로 인한 생산성 하락과 경제성장의 둔화, 그로 인한 복지국가의
     재정능력 감소, 인적자본이 축적되지 못한 일부 계층에서의 장기빈곤과 사회적 배제의 심화, 여성의 노동시장
     진출 증가와 포드주의적 노동시장구조의 붕괴, 저출산·고령화, 한부모가구의 증가 같은 인구·가족구조의 변화
     등이다(Esping-Anderson, 1999; Pierson, 2001; Taylor-Gooby, 2004).

우리나라의 신사회위험 수준

우리 사회에서 논의되고 있는 대표적인 신사회위험은 저출산·고령화 같은 인구구조의 변화, 여성의 경제활동 참가율 증가로 인한 돌봄 부재, 노동시장 유연화로 인한 불안정 노동자의 양산으로 요약할 수 있다. 정부에서 공식적으로 발표하는 통계청 자료(각 연도, 표 9-1 참조)로 그 변화를 살펴보면, 우선 합계출산율은 1970년에 4.53명에서 2010년에 1.23명, 2016년에 1.17명으로 급격히 감소하고 있다. 이는 OECD 회원국 중 가장 낮은 수준이다. 의학기술의 발달과 생활수준의 향상으로 인해 노인인구의 비중도 점차 증가하고 있는데, 1980년에 11.2%에 불과했던 노령화지수는 2010년에 68.4%로 급증했고, 2017년의 104.8%를 넘어 2030년에는 212.1%에 이를 것으로 전망된다. '초저출산국가'와 '초고령사회'로 상징되는 인구구조의 변화로 인해 생산가능인구가 감소하면서 노년부양비도 1980년 6.1%에서 2010년에 15.0%, 2017년에 18.8%로 지속적으로 가중되고 있다.

다른 신사회위험은 여성의 경제활동 참가율 증가와 그에 따른 가족 기능의 변화와 관련되어 있다. 여성의 권리와 교육수준의 향상으로 인해 여성의 경제활동 참가율은 지속적으로 증가해왔다. 1960년대에 30.0%에 불과하던 수치가 2010년에 49.4%로 크게 증가하여, 그 수준이 2017년 52.7%까지 확대되고 있다. 이러한 변화로 인해 가족 내 여성이 주로 담당했던 돌봄노동에 대한 사회적 분담과 책임이 요구된다. 마지막 신사회위험은 노동시장의 유연화에 따른 비정규직 노동자의 양산이다. 2000년에 전체 노동자의 26.4%에 불과하던 비정규직 노동자의 규모는 2006년 들어 35.5%로 크게 확대되었다. 2010년에는 33.1로 일부 축소되어, 2016년에는 32.0% 수준을 보이고 있다. 그러나 한국노동사회연구소에서 발표한 비정규직 노동자의 규모는 정부 발표보다 약 10~20%p 높게 나타나 노동시장구조의 불안정성과 고용보호의 취약성을 예증하고 있다. 이들은 상대적으로 낮은 임금과 고용 불안정성, 그리고 정부와 기업에서 제공하는 사회적 안전망과 부가급여fringe benefits에서의 배제라는 위험요소를 안고 있다.

표 9-1 신사회위험의 변화

(단위: 명, %)

	1980	1990	2000	2010	2017
합계출산율	2.83	1.59	1.47	1.23	1.17*
노령화지수	11.2	20.0	30.4	68.4	104.8
노년부양비	6.1	7.4	10.1	15.0	18.8
여성 경제활동 참여율	42.8	47.0	48.8	49.4	52.7
비정규직 비율			26.4	33.1	32.0*
한국노동사회연구소			55.7**	50.4	42.4

출처: 통계청(kosis.kr; 각 연도), 김유선(2017).
주: * 2016년 수치; ** 2001년 수치

수 있다(Bonoli, 2006; Taylor-Gooby, 2001; 2004; 김교성·김연명·최영·김성욱·
김송이·황미경, 2010: 34-35). 신사회위험으로 인해 더 많은 피해를 보는 집단은
변화에 적응하지 못한 저소득층이나 노동시장에서 상대적 불이익을 감수하고
있는 청년, 여성, 인종적 소수자와 그들의 가족구성원이다(Taylor-Gooby, 2004:
7-8).

새로운 사회적 위험의 증가는 기존의 소득이전income transfer 외의 다양한 형
태의 사회서비스프로그램에 대한 욕구를 증대시키고 있다. 예를 들어 여성의
노동시장 참여 확대와 가족구조의 변화로 인해 여성의 일·가정 양립문제가 사
회화되면서 아동보육이나 부모휴가 같은 돌봄서비스에 대한 욕구가 급증했다.
고령화 역시 가족의 부양부담을 가중시키며 장기요양보호 같은 사회서비스 욕
구의 확대를 추동했다. 서비스업 중심으로 산업구조가 변화되면서 저학력·저
숙련 노동자나 노동시장에 새로 진입하는 청년층의 실업과 빈곤문제가 심각
해지고, 이들을 위한 직업훈련 및 (재)취업알선프로그램에 대한 욕구도 증대되
고 있다. 국가마다 제도 실행의 범위와 강도에 차이가 있지만, 신사회위험에 따
른 사회서비스 욕구에 대응하기 위한 다양한 정책의 도입을 시도하고 있다. 신
사회위험에 대처하기 위한 대응전략의 핵심 목표는 구사회위험과 같이 기본적
욕구에 대한 충족이 아니라 대상 인구집단의 경쟁력 강화, 기회의 확대, 행동의
변화, 책임에 대한 가정 등을 강화하는 것이다(Taylor-Gooby, 2004: 11). 대표
적인 전략인 적극적노동시장정책, 활성화정책, 가족지원정책을 발전시켜가는
과정에서 소득보장이나 의료보장 같은 구사회위험에 대한 복지국가의 기존 전
략과의 조응성 혹은 조정과정 역시 주요한 과제로 대두되고 있다.

대표적인 사회적 위험: 빈곤, 박탈, 사회적 배제, 불평등, 질병

사회적 위험의 대표적인 범주는 소득보장income maintenance과 건강보장health care
의 영역으로 구분할 수 있다. 소득의 결핍은 노령, 질병, 실업, 산재, 장애, 출산,

아동양육, 돌봄 등의 다른 위험으로 인해 영구적 혹은 일시적으로 노동능력이나 조건을 상실하게 되는 소득 단절에 기인한다. 빈곤과 박탈, 사회적 배제와 불평등의 문제가 이 영역에 포함될 수 있다. 의료문제는 생애과정에서 개인이 경험하는 육체적 손상이나 정서·심리적 혼란, 사회적 고독 등을 의미하며, 수요의 불확실성, 정보의 비대칭성, 자연적 독과점, 역선택^{adverse selection} 등의 특성으로 인해 국가개입의 정당성과 공적 보장체계의 필요성이 부각되고 있다.

빈곤

빈곤^{poverty}은 시공을 초월하여 어느 사회에나 존재하는 사회문제이면서 동시에 일상적 용어로 회자되고 있다. 하지만 '빈곤을 어떻게 정의할 것인가?' 하는 문제는 여전히 명확하게 해결되지 않고 있다. 시대와 사회, 개인이 가진 주요 가치에 따라 다르게 정의될 수 있기 때문이다. 일반적으로 빈곤은 '생존을 위해 필요한 최소한의 기본적 욕구가 충족되지 않은 상태' 혹은 '그러한 욕구를 충족하는 데 필요한 자원이 충분하지 않은 상태'로 정의된다. 그런데 문제가 되는 것은 생존을 위해 필요한 기본적인 욕구가 '무엇'이며, 그러한 욕구가 어느 정도 충족되어야 '충분'하냐는 것이다. 전자의 문제는 개인의 욕구가 물질적 차원에서 충족되는 것과 더불어 정신적 혹은 물질적 차원의 욕구를 충족할 수 있는 경제적 능력까지를 포괄하는지의 여부와 관련된 것이다. 후자의 문제는 필요한 욕구 충족의 정도가 생존에 필요한 절대적 수준인지, 아니면 한 사회의 전반적인 생활수준과 비교해 변화하는 상대적 수준인지에 대한 것이다 (이두호·최일섭·김태성·나성륜, 1991; 김교성·김성욱·이정면·노혜진, 2008: 299-300).

절대적 빈곤, 상대적 빈곤, 주관적 빈곤

학자들은 빈곤을 '절대적' 빈곤과 '상대적' 빈곤, '주관적' 빈곤으로 구분하여 정의한다. 우선 찰스 부스^{Charles Booth; 1840~1916}와 벤저민 라운트리^{Benjamin Rowntree; 1871~1954}의 연구에서 구체화되기 시작한 절대적 빈곤은 생존에 필요한 일정한 생활수준과 기본 욕구, 그리고 최소한의 소득수준에 도달하지 못한 상태를 말한다(Spicker, 1993; Saunders, 2004). 이 개념은 이해하기 쉬운 장점이 있지만, 국가나 시대에 따라 절대적이라고 설정한 기준이 변화하기 때문에 '절대적'이라는 의미 자체가 '상대적'이 되는 문제가 발생할 수 있다. 최소한의 욕구에 필수적이라고 고려되는 기준과 내용 설정에 있어서도 자의적, 상대적인 판단이 개입될 여지가 있다.

이러한 한계를 극복하기 위해 등장한 개념이 상대적 빈곤이다. 빈곤은 사회 안에서 발생하는 문제이기 때문에 그 사회 안에서 상대적으로 주변화marginalization되어 있는 상황을 고려해야 한다는 주장과 함께 등장했다(Townsend, 1979; Spicker, 1993; Saunders, 2004). 상대적 빈곤은 사회 전체 구성원과의 비교에 기초해 빈곤 여부를 규정하는 것으로, 전반적인 생활수준의 변화를 고려해야 하고 국민소득이 높은 선진국에 적용이 가능하다. 그러나 각 국가마다 적용 기준이 상이한데다 저소득층의 생활수준 향상이나 정책적 노력의 효과에 관계없이 빈곤이 규정된다는 한계가 있다.

주관적 빈곤은 빈곤 여부를 가장 잘 평가할 수 있는 사람은 본인이라는 전제에서 출발한 개념으로, 생존에 필요한 기준을 스스로 설정하고 이를 통해 빈곤을 규명한다. 이러한 과정을 통해 사회구성원이 빈곤한 것으로 간주하는 수준이 어느 정도인지를 보다 직접적으로 포착할 수 있지만, 객관성을 확보하기가 어렵다는 한계를 갖는다(World Bank, 2002; 김교성 외, 2008: 300).

빈곤의 측정

빈곤의 정의가 빈곤에 대한 근원적인 논의였다면, 빈곤의 측정은 보다 실제적인 논의다. 왜냐하면 빈곤이 측정된 결과에 따라 빈곤의 규모와 대상이 규명되고 그것이 빈곤정책의 내용과 수준으로 연결되기 때문이다. 빈곤의 측정방법을 앞서 논의한 세 가지 종류의 정의로 살펴보면, 절대적 빈곤은 한 사회에서 필수재화를 구입하기 위한 비용을 추정하여 빈곤선으로 선정하고 그 선이하의 사람을 빈곤층으로 정의하는 '전물량방식'이나 '반물량방식'을 통해 측정할 수 있다(Orshansky, 1969). 전물량방식은 생활필수품목에 대해 최저한의 수준을 설정하고 화폐가치로 환산하여 최저생계비를 구하는 측정방법으로, 과거 국민기초생활보장제도의 최저생계비가 이 방식에 기초해 계측되었다. 반물량방식은 전물량방식이 가지는 복잡함을 극복하고 보다 간편하게 빈곤선을 측정하기 위해 고안된 방법으로, 저소득층의 최소한의 식료품 지출에 엥겔계수의 역수를 곱한 화폐액을 빈곤선으로 설정한다.

상대적 빈곤은 중위소득이나 평균소득의 특정 비율로 빈곤선을 설정하여 측정한다. 이를 측정할 때 가장 논란이 되는 부분은 측정 기준과 빈곤선을 정하는 소득의 비율에 대한 것인데, '평균소득'을 기준으로 측정할 경우 극단적으로 소득이 높은 소수에 의해 빈곤선이 상승할 수 있기 때문에 주로 '중위소득'이 활용된다. 소득 비율은 40%, 50%, 60%가 일반적이다.

주관적 빈곤은 개인에게 직접 질문을 통해 그 규모를 측정하는데, 구체적인 방법은 라이덴방식과 델릭방식, 갤럽방식 등으로 구분할 수 있다(World bank, 2002). 라이덴방식은 회귀분석을 이용하여 응답자가 최소한의 소득이라고 생각하는 소득과 실제 소득의 접점을 찾는 방법이고, 델릭방식은 각자 응답한 최소생계비와 실제 소득이 일치하는 가구들의 평균소득을 최저생계비로 간주하는 방법이다. 갤럽방식은 생존에 필요한 최소비용이 얼마인지를 묻는 질문에 응답한 금액의 평균을 최저생계비로 설정하여 측정하는 방법이다(김교성 외, 2008: 301-303).

박탈

빈곤의 대안적 측정에서 가장 활발한 논의가 이루어지는 분야는 빈곤의 범위를 확대한 박탈^{deprivation}에 대한 것이다. 박탈은 개인이나 가족 혹은 특정집단이 그들이 속해 있는 사회나 국가에서 '일반적으로 관습적이거나 널리 권장되고 인정되는 음식, 의복, 주택, 주거 등의 활용이 결여되었거나, 노동조건을 포함한 사회적 조건이나 관계, 활동 등의 참여가 제한되어 있는 상태'를 의미한다. 박탈 연구와 관련해 독보적인 성과를 발표했던 피터 타운센드^{Peter Townsend;} ^{1928~2009}는 연구논문『박탈^{deprivation}』에서 그 개념을 "개인, 가족, 집단이 속한 지역공동체나 보다 넓은 사회나 국가 속에서 관찰 가능하고 증명 가능한 불이익 상태"라고 정의했다(Townsend, 1987). 사람들이 일상적으로 사용할 수 있는 음식, 의복, 주택, 편의시설, 직업, 환경, 지역사회의 조건과 시설 등의 물리적 기준이 결여되어 있거나, 사람들이 공통적으로 경험할 수 있는 고용, 직업, 교육, 가족, 오락, 사회적 활동 등에 참여할 기회를 갖지 못한다면, 박탈상태에 있다고 상정할 수 있다. 다양한 자원이나 생활양식을 포괄하기 때문에, 협의의 소득 영역에 집중한 빈곤과 분명하게 구분된다.

박탈의 차원과 측정

박탈은 '물리적' 차원과 '사회적' 차원으로 구분해 측정할 수 있는데, 물리적 차원의 항목에는 의식주를 고려한 기본적인 욕구 충족, 소비재의 활용 가능성, 고용상태나 주거여건 등이 포함된다. 사회적 차원의 항목에는 생활만족도 등을 고려한 개인적 상황에 대한 인식, 적절한 삶의 질을 향유할 수 있는 최소한의 여가와 사회활동을 할 수 있는 능력, 지역사회와 사회적 네트워크 측면을 고려한 사회·환경적 특성 등이 포함된다.

박탈의 측정과 관련한 가장 대표적인 지표 역시 타운센드(Townsend, 1987)에 의해 개발되었다. 애초 12개 항목의 60개 박탈지표를 통해 객관적 박탈을 측정했던 그는 1987년에 약간의 수정을 통해 14개 항목의 총 82개 지표를 제시했다. 전체 지표는 물리적 박탈과 사회적 박탈로 분류되며, 전자에는 음식(5개 지표), 의복(6), 주택(11), 주거시설(12), 환경(7), 지역(5), 직업(4), 노동(5)이 포함되고, 후자에는 취업권리(7), 가족활동(6), 지역사회(7), 사회제도 참여(3), 오락(2), 교육(2)이 포함된다.

사회적 배제

사회적 배제social exclusion 개념 자체가 가진 상대성과 모호함으로 인해 단일하고 명확하게 정의하기 어렵지만, 일반적으로 다차원성, 동태성(혹은 역동성), 관계성이라는 측면에서 빈곤이나 박탈과 차별성을 보인다. 다차원성은 문제의 초점을 자원의 결핍이라는 단일한 요소가 아니라, 사회적 상호작용 속에서 차별과 불평등을 유발하는 다양한 메커니즘으로 상정하는 것이다. 따라서 사회적 배제의 범위도 빈곤과 저소득 외에 저학력, 열악한 주거환경, 지역사회 환경 등의 다양한 영역을 포괄한다. 동태성은 특정 시점의 문제에만 초점을 맞추는 것이 아니라, 다차원적으로 나타나는 결과들이 발생하기까지의 '과정'과 그 이후의 과정을 중요하게 고려해야 한다는 것을 의미한다. 관계성은 사회적 배제를 고찰할 때 시간과 공간의 상대성과 더불어 배제를 일으키는 주체 및 객체와의 관계를 고려해야 한다는 의미이다. 이러한 속성을 고려해볼 때, 사회적 배제는 '다양한 차원에서 사회의 주류 질서로부터 유리되는 역동적인 과정이면서 빈곤을 형성하고 재생산하는 기제'로 정의할 수 있다. 기존의 소득 결핍이라는 경제주의적 관점에 주목하던 빈곤을 보완하는 개념이고, 정책개입에 있어서도 포괄적인 접근을 지향한다(Barry, 2002; Berghman, 1995; Room, 1995; Silver, 1998; 노혜진·김교성, 2008: 170-171).

사회적 배제의 측정

사회적 배제의 측정지표는 매우 다양하게 나타나는데, 이는 구체적인 개념 정의가 충분하게 합의되지 않은 상태에서 측정과 관련한 쟁점으로 논의가 전개되었기 때문이다. 사회적 배제의 개념이 빈곤을 대체하는 것이 아니라 보완하는 것으로 정의됨에 따라, 측정방법도 모든 대상에 적용할 수 있는 포괄적 지표를 중심으로 개발되어왔다.

대표적인 사회적 배제의 지표를 살펴보면, 크게 네 가지 영역으로 요약할 수 있다. 첫째는 소득이나 소비를 기준으로 한 빈곤 여부, 빈곤의 지속, 소득불평등 정도, 주관적 빈곤 등을 포함하는 '경제' 지표이다. 둘째는 실업, 장기실업, 종사상 지위·고용형태, 근로빈곤 등이 해당되는 '노동' 관련 지표이다. 셋째는 '사회' 지표로, 기본적인 사회복지서비스, 사회적 관계나 참여 정도, 투표율 등이 포함된다. 마지막으로 지역사회 환경, 주거의 질, 교육수준, 건강 등이 사회적 배제에 영향을 미치는 주요 메커니즘으로 고려되어 측정지표에 포함된다(Atkinson et al., 2002).

불평등

불평등^{inequality}은 개인 간 혹은 인구집단 간 소득, 부, (사회적) 지위, 기회, 권리의 차이나 격차를 의미한다. 일반적으로 특정 인구집단이 다른 집단에 비해

우리나라의 빈곤과 불평등 수준

최근 우리나라 사회정책의 범위와 수준이 확대·강화되는데도 불구하고 빈곤과 불평등 현상이 지속되거나 심지어 악화되는 역설적 상황이 목격된다. 통계청 「가계동향조사」 자료에 기초하여 상대적 빈곤율과 지니계수, 소득 5분위 배율의 추이를 살펴보면, 나름대로 안정적으로 유지되던 빈곤과 불평등 지수가 1997년 외환위기 시기에 급속하게 높아졌다. 2000년에 들어 일시적으로 낮아진 분배지수는 2001년부터 다시 증가세로 돌아서서 2004~2005년 이후에는 외환위기 시기의 수준을 넘어 크게 상승하고 있다. 2010년대에 다소 양호해진 모습도 관찰되지만 최근 들어 다시 악화되고 있다. 이른바 소득양극화 현상이 크게 심화되고 있는 것이다.

이러한 현상은 크게 세 가지 차원에서 우리 사회의 심각한 사회문제로 지적된다. 우선 문제의 심각성이 부각되는 특정 인구집단이 존재한다는 사실이다. 여성과 노인의 빈곤율이 전체 가구에 비해 2~3배 높으며, 최근 들어 1인가구의 취약성도 부각되고 있다. 다른 문제는 양극화 현상이 일시적인 것이 아니라 지속적 속성을 가진 구조화된 문제라는 데 있다. 교육·건강 불평등과 연계되어 세대 간 이전을 통해 불평등구조가 고착화되고 있다. 마지막 이슈는 이러한 현상이 독립적 문제가 아니라 다른 사회문제와 밀접한 관련성을 보인다는 점이다. 양극화 수준과 높은 상관관계를 보이는 자살률, 범죄율, 출산율 등이 이를 예증한다(김교성, 2013; 2014; 2017).

소득이나 기회 등을 더 갖고 있는 '불공정한 상황^{unfair situation}'이나 현상을 지칭하며, 자본주의 사회에서 발생하는 가장 큰 사회문제 중 하나이자 사회정의 이론의 핵심 주제이다. 복지국가는 자본주의 사회의 불평등문제를 극복하기 위해 다양한 노력을 기울여왔지만, 근본적인 해결책을 제시하는 대안체제는 아니다.[8] 사회복지정책이 불평등문제에 관심을 갖는 주된 이유는 평등을 추구하는 사회가 모든 구성원의 삶의 질 향상과 복지증진을 위한 더 바람직한 사회라는 견해에 동의하기 때문이다. 일부 경제학자들은 사회적 불평등이 기능적으로 불가피하며 혁신과 성장을 위해 필수 불가결한 요소라고 주장한다. 실제로 경제성장은 불평등을 축소시키기 위한 기본조건이 될 수 있다. 성장을 통해

8　한 사회의 불평등 수준을 완화하기 위한 도구로 사회보장제도를 활용하지만, 오히려 그 자체가 불평등체계를 구조화하는 기능을 담당하기도 한다(Mesa-Lago, 1978; Midgeley, 1986; Esping-Andersen, 1990).

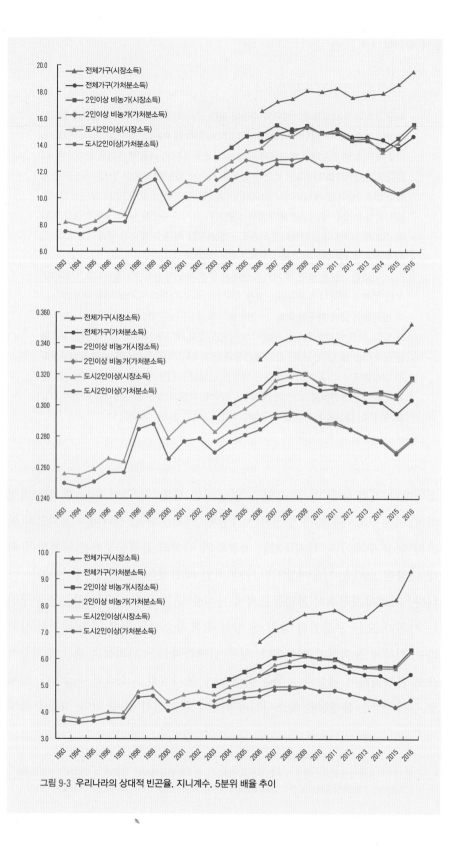

그림 9-3 우리나라의 상대적 빈곤율, 지니계수, 5분위 배율 추이

부의 크기가 커지면 낙수효과^{trickle-down effects}와 더불어 소득격차 혹은 불평등 문제가 자연스럽게 소멸될 수 있다는 가정이다. 그러나 다수의 학자들이 이 이론의 신빙성에 의문을 제기하고 있다(Bauman, 2013; Stiglitz, 2013; Hacker and Pierson, 2010; 김교성, 2014). 불평등이 존재함으로써 사회발전이 지체된다는 갈등론적 시각도 한 축을 이루며, 불평등의 확대가 경제성장에 역효과를 미친다는 연구결과도 발표되고 있다(Atkinson, 2015; Reich, 2015; Sturn and Van Treeck, 2013).

불평등의 측정

불평등 수준을 측정하기 위해 가장 많이 활용되는 지표는 소득 10분위/5분위 배율과 지니계수^{gini coefficient}이다. 소득 분위별 배율은 집단 간의 소득비중이나 평균소득의 차이를 이용하여 소득 '격차'를 살펴보는 방식이다. 상·하위 10% 혹은 20%의 평균소득 비율이나 배율을 활용하여 집단 간의 차이를 비교한다. 지니계수는 로렌츠 곡선과 대각선의 면적을 대각선과 가로축·세로축으로 구성된 삼각형의 면적으로 나눈 값이다. 가로축은 낮은 소득을 가진 사람부터 시작하여 인구를 누적해가고, 세로축은 그들의 소득을 누적하여 구성한다. 로렌츠 곡선이 대각선에 가까울수록 평등한 소득분배를 의미하며, 계수의 범위는 0(완전 평등)에서 1(완전 불평등)의 값을 갖는다(이정우·박덕제, 1996: 39-50).[9]

질병과 건강

앞서 살펴본 다양한 문제들이 주로 소득보장의 문제를 다룬 것이었다면, 질병과 건강의 문제는 의료보장의 영역이다. 의료보장은 개인의 능력으로 해결할 수 없는 의료문제를 사회적 연대의 책임하에 해결하고자 하는 노력이다. 의료보장의 핵심 목표는 개인과 지역사회의 '건강'이다. 그렇다면 건강의 개념과 정의는 무엇일까? 이 또한 쉬운 작업은 아니다. 질병이나 건강과 관련한 개인 간의 견해가 다르고, 다양한 차원을 포괄하는 복합적 개념이기 때문이다. 건

---

[9]   그 외에도 파레토계수, 타일지수, 앳킨슨지수 등이 있다.

강에 대한 정의는 크게 전통적 정의, 통계적 정의, 이상적 상태, 정상기능의 수행 등으로 구분할 수 있다(이두호·차흥봉·엄영진·배상수·오근식, 1992).

(1) 전통적 정의와 통계적 정의

전통적으로 건강이란 질병에 의한 증상이 없는 상태라고 정의되어왔다. 인간의 건강상태를 기계같이 고장 난 부속품만 교체하면 되는 것으로 이해한 것이다. 따라서 질병 치료를 통해 성취되는 상태를 목표로 치료에 집중하는 의학적 접근이 강조되었다. 그러나 특별한 질병이 없거나 치료되어도 건강하지 않은 상태가 존재하고 질병에 대한 진단도 다를 수 있다는 점에서 바람직한 정의는 아닌 것처럼 보인다.

이러한 문제를 극복하기 위해 건강의 개념을 '정상상태$^{normality \ or \ normalcy}$'로부터 도출하려는 노력이 생겨났다. 정상기능을 유지하는 것이 건강한 상태이고 이로부터 이탈되어 있는 상태가 질병이라는 관점이다. 정상상태에 대한 이견이 존재하게 되면서, 통계적 접근에 기초해서 평균 혹은 가장 빈번한 상태를 정상으로 인지하려는 경향도 생겨났다. 개인이 가지는 개별적 수치를 기관별로 분리하고 계산된 수치에 기초하여 건강한 사람을 판단하게 된 것이다. 그러나 정상상태보다 더 뛰어난 기능을 보이는 개인도 존재할 수 있기 때문에, 정상기능을 보이지 않는다고 해서 모두 건강하지 않은 것은 아니다(이두호 외, 1992: 138-142).

(2) 이상적 상태와 정상기능의 수행

신체적 차원뿐만 아니라 정신적·사회적 차원에서 이상적 상태를 설정하고 이에 기초하여 건강을 정의하는 새로운 방식이 있다. 세계보건기구^{WTO}는 "건강은 단지 질병이나 육체적 쇠약함이 없는 상태가 아니라 육체적·정신적·사회적 복지의 완전한 상태"라고 정의하면서 적극적 의미의 건강을 강조하고 있다. 따라서 질병에 대한 치료보다는 질병 발생의 예방과 건강상태를 유지하기 위한 노력이 중요한 요소로 부각된다. 그러나 이 정의는 너무 일반적이어서 구체적인 예방과 치료전략을 구축하기 어렵다는 비판이 수반된다.

기능적 적합성을 건강의 기준으로 설정하는 방식도 있다. 개인의 신체기능이나 행위가 일상적인 생활을 하는 데 큰 어려움이 존재하지 않으면 그 사람은 건강한 것으로 평가된다. 이처럼 건강을 기능적 적합성으로 이해하면, 건강에 대한 판단 기준 역시 상대적인 것이 된다. 그러나 사회에서 요구하는 정상적인 역할 수행을 기대한다는 의미는 암묵적인 측면에서 지배적인 집단의 사회적 규범을 전제하는 것이다(이두호 외, 1992: 142-146). 이것이 건강과 관련된 욕구 수준의 정의 역시 정치적 과정의 해석일 수밖에 없는 이유이다.

(3) 미충족 의료와 재난적 의료비 지출

의료 이용에 대한 욕구와 필요가 있는데 특정 이유로 인해 서비스를 이용하지 못한다면 건강수준이 악화되는 것은 자명하다. 특히 경제적 수준이 낮은 인구집단의 의료서비스에 대한 필요는 더 큰 반면, 의료 이용과 충족률은 오히려 떨어져 미충족 의료의 경험이 확산되는 경향을 보인다(김창엽, 2009). 이러한 미충족 의료 개념을 단순하게 정의하면, '의료적으로 꼭 필요한 시비스임에도 불구하고 특정 요인들로 인해 제공받지 못한 경우'를 말한다.[10]

의료비 부담은 (소득) 역진적이어서는 안 되고, 의료비가 소득의 일정비율을 넘어서도 안 되며, 의료비로 인해 가구가 빈곤층으로 전락하거나 빈곤이 심화되어서는 안 된다(Wagstaff, 2002). 이 중 두 번째 지점이 소득대비 의료비 지출과 관련되는데, 다수의 연구에서 재난적 의료비 지출catastrophic health expenditure을 통해 의료비의 부담수준을 측정하고 있다. 한 가구의 보건·의료비 지출수준이 생활비의 일정 비율 이상을 차지하는 것은 바람직하지 않다는 전제하에 보건의료 재정의 형평성을 측정하는 유용한 도구로 활용되고 있다(손수인, 2008). 재난적 의료비 지출은 '한 가구의 비자의적이고 필수불가결한 선택에 의해 소득 혹은 총 소비지출에서 의료비 지출의 비중이 비정상적으로 증가된 상태이

10　미충족 의료 경험을 정확하게 측정하기는 쉽지 않다. 필요한 의료서비스가 충족되었는가에 대한 판단은 의료서비스가 필요한 대상자에 의해 측정되고 평가되기 때문이다. 다양한 방법이 시도되고 있는데, 보건의료서비스에 대한 '접근성' 문제(Newacheck et al., 2000)로 보기도 하고, 의료적으로 필요한 서비스를 제공받았는지의 '여부'로 판단하기도 하며, 의료서비스를 적절한 시기에 욕구가 해결될 때까지 '지속적'으로 제공받았는지를 고려하기도 한다(김수정·허순임, 2011). 그러나 설문조사를 이용하여 환자 스스로 인지한 욕구가 충족되었는지를 평가하는 것이 가장 보편적인 방법으로 활용되고 있다(Cunningham and Hadley, 2007; 김교성·이현옥, 2012에서 재인용).

며, 그로 인해 한 가구의 복지를 향상시킬 수 있는 다른 소비재에 대해 평균 이하의 지출을 하게 되거나 저소득층의 경우 빈곤에 빠질 가능성이 더욱 높아지는 상태'를 의미한다(이원영·신영전, 2005).[11]

토론쟁점

1   욕구와 사회적 위험은 사회복지정책을 형성하고 발전시키는 중요한 동기가 될 수 있다. 개별적 욕구가 '사회적' 혹은 정치적 의제로 인식되고 발전해가는 과정에 대해 토론해보자.

2   양극화 현상은 우리 사회의 가장 큰 사회문제 중 하나이다. 지속적으로 확산되고 있는 소득불평등 문제의 구조적인 원인과 해결 방안에 대해 논의해보자.

3   후기산업사회 들어 신사회위험이 등장하면서 이에 대응하는 새로운 사회정책으로 '사회투자론social investment'이 부상했다. 고전적 복지국가와 차별화된 접근으로 이해되는 '사회투자론'의 주요 담론과 핵심 내용, 그리고 우리 사회에 적용하는 과정에서 발생할 수 있는 쟁점과 한계 등을 조사하여 함께 논의해보자.

---

11   세계보건기구는 한 가계의 총 보건의료지출 비용(직접의료비+건강보험료)을 그 가계의 지불능력(총소득 또는 총 소비지출−최저 생계비)으로 나눈 값을 활용하여 의료재정의 공평성(fairness in financing)을 측정한다. 이 지표의 값이 50%를 초과할 경우 그 가구는 의료비로 인해 빈곤화에 이를 수 있고, 40%를 초과할 경우 이를 재난적 의료비 지출 상태로 규정하고 있다. 이렇듯이 지불능력 대비 의료비 부담 비중이 일정 기준 이상 초과하는 것이 역치적 접근법(threshold approach)인데, 다수의 연구에서 이 역치적 접근법을 활용하여 재난적 의료비 지출을 측정하고 있다(김교성·이현옥, 2012: 258-259).

10

사회복지정책 연구의 분석틀

과정분석, 산물분석, 성과분석

사회복지정책 연구란 무엇인가?

사회복지정책은 일반적으로 사회구성원의 삶에 영향을 미치는 제도나 계획, 행위방침이 사회복지와 관련된 경우를 의미한다. 이를 행위방침으로서의 사회복지정책이라고 할 수 있다. 그런데 사회복지정책이 이런 행위방침을 연구하는 이론적 활동을 의미하는 경우도 있다. 예를 들어 '나는 사회복지정책에 관심이 있다'고 할 때, 그 말은 나는 아동수당이나 국민연금 같은 제도에 관심이 있다는 의미도 되지만 아동수당이나 국민연금 같은 것을 제도적 차원에서 분석하고 파악하는 데 관심 있다는 의미인 경우도 많다. 즉, 이론적·지적 활동 그 자체도 사회복지정책이라고 하고 그 이론적·지적 활동의 대상도 사회복지정책이라고 할 수 있다. 이 장에서는 이론적·지적 활동을 가리킬 경우 그것을 사회복지정책 연구라고 하고, 그러한 이론적·지적 활동의 대상이 되는 행위방침을 가리킬 경우 사회복지정책이라고 지칭하기로 한다.

앞의 논의에서 알 수 있듯이, 이론적·지적 활동으로서의 사회복지정책 연구의 가장 큰 목적은 무엇보다도 행위방침으로서의 사회복지정책이라는 현상을 이해하는 데 있다. 그런데 사회복지정책 연구는 이론적·지적 활동이라고 하더라도 궁극적으로는 실천과 관련된 활동이므로 그 연구가 그야말로 단순히 현상에 대한 이해만을 도모하는 데 그치지는 않는다(이는 사회복지학을 포함하여 실천과 연관된 모든 학문에 해당한다). 이런 점에서 사회복지정책 연구가 목표로 하는 이해는 실천관련적 이해라고 할 수 있다. 여기서 실천관련적이라는 말은 두 가지 의미로 생각할 수 있다. 하나는 사회복지정책 연구의 대상이 되는 행위방침 자체가 그와 연관된 수많은 이해관계자 간의 상호작용이라는 실천의 복잡한 과정이자 산물이라는 의미이다. 다른 하나는 사회복지정책 연구를 통한 이해가 사회복지정책의 수립, 즉 사회복지와 관련된 행위방침의 수립이라는 실천을 예정 혹은 전제한 것(실제로 실현되는가는 별도의 문제라고 하더라도)이라는 의미이다.

실천관련적 이해를 목표로 하는 사회복지정책 연구는 일정하게 구조화된 학문적인 제도의 토대 위에서 이루어지게 되는데, 한국에서 이 학문적 제도의 토대는 기본적으로 미국의 영향을 받아 형성되었다. 그래서 사회복지정책 연구는 사회복지를 실천하기 위한 방법 중 거시적인 실천방법을 연구하는 분야를 의미하며, 이런 거시적 실천방법의 연구분야로서의 사회복지정책 연구는 미시적 실천방법을 연구하는 사회복지실천론 그리고 중시적 실천방법을 연구하는 사회복지행정론과 함께 사회복지학을 구성한다. 따라서 사회복지정책 연구는 미시적 실천인 사회복지실천론과 중시적 실천인 사회복지행정론과 가치나 철학, 그리고 궁극적인 목적의 면에서 지속적으로 서로 소통하면서 조화를 이루어나갈 필요가 있다.

사회복지정책 연구를 위한 분석틀

정책연구의 의의와 사회복지정책 연구의 질문들

정책연구policy study는 공공정책과정을 파악하고 이해하는 것을 목표로 하는데, 그 시초는 해럴드 라스웰Harold Lasswell이 1950년대에 정책과학policy science, 즉 정책학을 주창한 데서 찾을 수 있다(정정길 외, 2017; Hudson and Lowe, 2013; Howlett et al., 2009 참조). 라스웰이 정책학을 주창한 것은 서구에서 제2차 세계대전 이후에 정부의 기능이 이전과 비교할 수 없을 정도로 증가함에 따라 공공정책과 관련된 의사결정과정을 합리화하여 문제해결의 가능성을 높일 필요성이 커졌기 때문이다(정정길 외, 2017; Howlett et al., 2009). 결국 정책연구의 일차적인 배경은 국가기능의 증대라고 할 수 있다. 제2차 세계대전 이후 그 증대의 상당 부분이 복지국가의 성장과 함께 이루어졌다는 점에서, 정책연구는 복지국가의 핵심을 이루는 사회복지정책의 연구와도 밀접히 연관된다.

사회복지정책 연구를 위한 분석틀을 논의하기 위해 먼저 정책의 개념에서 출발해보자. 이 장의 시작부분에서 말한 것처럼 정책은 학자에 따라 다양하게 규정될 수 있는데, 간단히 말하면 행위의 지침 혹은 행위의 방침course of action이라 할 수 있다(박병현, 2011; 송근원·김태성, 1995; 원석조, 2017; Blau and Abramovitz, 2004; Burch, 1999; Gilbert and Terrell, 2007).

사회에 존재하는 다양한 행위자는 주변에서 일어나는 다양한 사안과 관련하여 나름의 생각을 가지고 있다. 즉, 특정 사안에 대해 행동을 취할 것인지 그렇지 않을 것인지, 만일 행동을 취할 경우 어떤 행동을 언제 어떻게 어느 정도나 취할 것인지, 그런 행동을 취하여 무엇을 얻을 것인지 등과 관련하여 나름의 계획, 즉 지침 혹은 방침을 가지고 있다. 정책은 결국 이런 지침 혹은 방침을 가리키는데, 일반적으로 정책이라고 할 때 행위의 주체를 정부(중앙정부든 지방정부든)로 상정하는 경우가 많다는 점에서 행위주체를 정부라고 간주할 수 있다. 이 경우 정책은 정부가 가지고 있는 행위방침(혹은 행위지침)이라고 할 수 있으며, 사회복지정책이라고 하면 정부가 사회복지와 관련해 가지는 행위방침

이라고 할 수 있다.[1]

그래서 사회복지정책을 연구한다고 할 때, 그것은 결국 특정의 사회복지 문제와 관련하여 정부가 왜 그런 행동을 취하게 되었는지, 어떤 과정을 거쳐서 그런 행동을 취하기로 결정하게 되었는지, 또 그런 특정의 결정과정을 거쳐 정부가 취하기로 한 행동의 내용은 무엇이며 각각의 내용이 의미하는 바는 무엇인지를 살펴보는 것이다. 그리고 정부가 그런 행동을 취해서 어떤 결과를 얻었는지, 그 결과가 당초 정부가 그 행동을 취하고자 결정하면서 세운 목표나 의도와 어느 정도나 일치하는지 등을 파악하는 것이 될 것이다.

이 질문들은 우리가 사회복지정책을 분석하고자 할 때, 즉 사회복지정책을 이해하고자 할 때 필요한 질문들인데, 세 범주로 분류할 수 있다. 즉, 특정 행위주체(즉, 정부)가 어떻게 해서 특정의 행동을 취하기에 이르렀는가라는 종류의 질문이 첫째 범주이고, 행동을 취하기로 한 경우 그 행동의 내용이 무엇이며 각각의 내용이 갖는 의도나 의미가 무엇인가라는 종류의 질문이 둘째 범주이며, 마지막으로 특정 행동의 결과가 무엇이며 그것이 당초의 목적을 달성했는가라는 종류의 질문이 셋째 범주이다. 이 세 범주의 질문들은 정책학에서 말하는 정책과정과 연결된다. 이제 정책과정론에 대해 간단하게 살펴보고, 이어 이 세 범주의 질문들이 정책과정 연구와 어떻게 연관되는지 살펴보기로 한다.

정책과정과 정책학의 연구 분야

정책과정 policy process 은 정책이 형성되고 집행되어 결과를 산출하는 일련의 흐름을 가리키는데, 논자에 따라 정책순환주기 policy cycle 라고 부르기도 한다

---

[1] 행위주체로 민간 비영리단체를 상정할 수도 있는데, 이 경우에 사회복지정책은 민간 비영리단체가 사회복지와 관련하여 가지고 있는 행위방침이 될 것이다. 그런데 한국 사회복지학의 하위전공 분류상 민간 비영리기관의 행위방침에 관한 연구는 일반적으로 사회복지행정론의 대상으로 간주되고 있다. 이런 의미의 사회복지행정론은 민간부문을 중심으로 사회복지서비스를 발전시켜온 미국적 전통을 반영한 것이다. 해방 이후에 한국에서도 외원단체가 운영하는 사회복지시설 및 토착 민간인들이 설립·운영하는 사회복지시설을 중심으로 사회복지서비스가 발전해왔다. 그에 더하여 미국의 사회사업학을 받아들인 관계로 사회복지행정론이 민간부문의 행위방침을 연구하는 세부전공으로 받아들여졌다. 물론 한국사회에서 실제로 사회복지행정이 세부전공으로 보다 본격적인 실체를 갖게 된 시기는 사회복지정책보다 좀 더 늦은 1980년대 후반 내지 1990년대 초반이었는데, 특히 노태우정부 시기에 추진된 사회복지관의 대거 설립이 중요한 배경이 되었다.

표 10-1 정책과정을 이루는 단계 구분의 예

구 분	내 용
남궁근(2012)	의제설정 → 정책형성 → 정책집행 → 정책평가 및 정책변동
송근원 · 김태성(1995)	정책문제의 형성 → 정책 어젠다의 형성 → 대안의 형성 → 정책결정 → 정책집행 → 정책평가
Howlett et al.(2009)	의제설정 → 대안형성 → 정책결정 → 정책집행 → 정책평가
Andersen(1981)	문제제기 → 조직화(대안의 형성) → 정책채택 → 정책집행 → 평가

(Howlett et al., 2009). 정책과정을 이루는 단계는 다양하게 구분될 수 있다(표 10–1 참조).

정책과정의 단계 구분은 다양한데, 이렇게 학자에 따라 다르게 구분되는 정책과정에는 몇 가지 공통점이 반영되어 있다. 첫째, 정책이 행위방침이라는 사실이다. 둘째, 행위방침으로서의 정책은 어떤 바람직하지 못한 상태(사회문제)에 대해 무언가 행위를 취할 것을(혹은 취하지 않을 것을)[2] 전제로 한다는 것이다. 셋째, 정책과정은 행위를 취하기로 결정한 문제(정책의제)에 대해 어떤 행위를 취할 것인가를 결정하여 행위방침의 내용을 정하고(정책대안 구상 및 특정 대안의 채택) 이를 실제로 집행하여 어떤 성과를 내거나 내지 못하는(정책결과) 일련의 흐름으로 구성되어 있다는 것이다.

이와 같은 정책과정과 관련해 구분할 것이 있다. 그것은 정책과정의 각 단계에 투입되거나 그러한 투입의 결과로 산출되어 나오는 각 단계별 투입 · 산출, 이러한 투입 · 산출을 내는 활동을 의미하는 정책활동, 그리고 이런 정책활동을 수행하는 데 필요한 지적 활동이다(정정길 외, 2017: 13-15 참조). 이 세 가지는 그림 10–1을 통해 보다 잘 알 수 있다. 이 그림에서 단계별 투입 · 산출은

---

2   사회문제가 있고 그에 대해 해결의 압력이 있더라도 정부가 아무런 행동을 취하지 않기로 결정할 수도 있는데, 이런 결정을 무의사결정(non-decision-making)이라고 한다. 원래 무의사결정이라는 개념은 사회문제를 정부가 다룰 정책의제로 상정조차 되지 못하게 하는 것, 즉 쟁점화하지 못하도록 사전에 봉쇄 · 억압하는 것을 의미했다. 이 개념이 확대되어 의제화되더라도 행동을 취하지 않기로 결정하는 것까지 포함하게 되었다. 그리고 더 확대하면 행동을 취하기로 한 경우에 그 정책대안을 축소시키거나 무효화하는 것, 나아가 정책집행 과정을 무력화하거나 축소시키는 것까지 포함할 수 있다(남궁근, 2012: 380-381; 정정길 외, 2017: 234-235 참조). 결국 무의사결정은 최초의 개념보다 확장되어 정책과정 전반에 적용되는 개념이 되었다. 본문의 서술에서는 이런 점을 명시적으로 언급하지 않지만 염두에 두어야 한다.

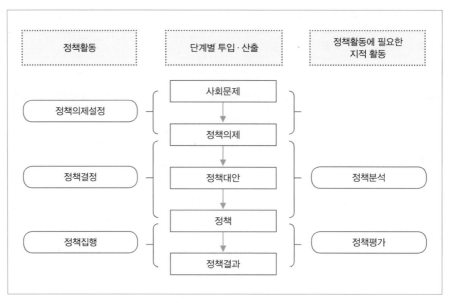

그림 10-1 정책과정의 단계별 투입·산출과 정책활동 및 그에 필요한 지적 활동

사각형으로, 정책활동 및 그에 필요한 지적 활동은 타원사각형으로 표시했다.[3]

(1) 정책의제설정

우선 정책과정은 '사회문제'라는 투입에서 출발한다. 그런데 모든 사회문제가 사회적으로 주목받는 의제, 즉 공중의제 혹은 공공의제$^{public agenda}$가 되는 것은 아니다. 또한 공공의제가 되었다고 해서 전부 정부가 주목하는 의제가 되는 것은 아니다. 즉, 사회문제 중 일부가 공중의 주목을 받는 공공의제가 되고, 그중 일부가 정부가 논의대상으로 삼는 '정책의제$^{policy agenda}$'가 되는 과정을 거친다. 이처럼 사회문제가 정책의제화하는 과정과 관련된 정책활동을 '정책의제설정'이라고 하는데, 이 활동을 통해 어떤 사회문제는 의제로 채택되지만 어떤 사회문제는 의제로 채택되지 않는다. 정책의제설정이라는 정책활동이 진행된 결과로 산출되는 정책의제는 다음 단계의 정책활동인 정책결정에 투입으로 작용한다.

---

3 기존의 선행연구에서 정책과정의 각 단계는 정책활동으로 명명되는 경우가 많다. 여기서도 정책활동이 정책과정을 이룬다는 점은 인정하지만 굳이 정책활동을 단계로 구분하기보다는 일련의 흐름 속에 존재하는 활동으로 개념화하고, 대신 그런 활동과 연관된 투입·산출을 함께 고려하는 방식으로 그림을 제시했다.

(2) 정책결정

정책결정$^{policy\ decision-making}$이란 정부가 정책의제와 관련하여 달성하고자 하는 정책목표를 설정하고, 이 정책목표를 달성하는 데 필요한 정책대안$^{policy\ alternatives}$을 고안·수립한 뒤, 이들을 비교·검토하여 그중 특정 대안을 문제해결을 위해 추진할 방안으로 선택하여 결정하는 정책활동이다.[4] 즉, 정책결정이라는 정책활동은 '정책목표 수립 → 대안형성$^{policy\ formulation}$ → 대안의 비교·검토 → 의사결정$^{decision-making}$' 과정을 거친다.

이때 정책목표를 수립하고 이를 달성하기 위한 대안을 고안·비교·검토하는 과정에서 이루어지는 지적 활동이 정책분석$^{policy\ analysis}$이다(남궁근, 2012; 정정길 외, 2017). 정책분석이라는 지적 활동은 정책결정에 연루된 정책결정자들이 필연적으로 수행하게 되지만, 그와 함께 정책학 연구자 또는 각 분야의 정책, 즉 환경정책이나 노동정책, 사회복지정책 등을 연구하는 각 분야의 전문가들에 의해 수행되는 경우도 많다. 정책분석에서 정책대안은 정책목표와 함께 투입으로 작용하는데[5] 이 투입을 재료로 한 정책분석은 정책결정자가 최종적인 결정을 내리는 데 도움을 주기 위한 결과물로, 대안에 대한 비교분석결과를 내놓게 된다.[6] 정책결정자는 정책분석의 결과물인 대안의 비교분석결과를 참조하고 정책의제와 연관된 다양한 이해관계자들의 상호작용 등을 고려하여 최종

---

[4] 여기서는 정책결정을 여러 정책대안 중 특정한 한 가지 대안을 선택하는 것으로 서술했다. 그런데 실제로는 여러 대안들이 갖는 요소들을 선택적으로 추출하여 이들을 조합해서 하나의 대안으로 결정하는 경우가 많다는 점에 유의할 필요가 있다. 본문에서는 서술상의 편의를 위해 특정 대안을 선택한다고 표현했다.

[5] 정책분석은 아직 실행하지 않은 여러 정책대안들에 대해 실행했을 때 각각 어떤 결과가 나올 것인가를 추정하는 작업을 의미한다. 이를 위한 고전적인 방법으로는 비용편익분석(cost-benefit analysis)을 들 수 있으며, 그 외에 시범사업을 실시한다든지 델파이 기법을 동원하는 경우도 있다. 뒤에서 볼 정책평가는 정책이 집행된 후에 이루어진다. 그래서 단순하게 구분했을 때, 정책분석은 정책결정이 일어나기 전에, 정책평가는 정책결정이 일어난 후에 진행되는 것이라고 할 수 있다(송근원·김태성, 1995). 그런데 정책학의 많은 용어들이 그러한 것처럼 정책분석의 용법도 여기서 말한 한 가지로 고정된 것은 아니다. 정책분석은 정책결과를 평가하는 정책평가까지 아우르는 개념으로 사용되는 경우도 많다. 정책분석을 정책대안의 비교분석만이 아니라 정책평가까지 포함하는 의미로 사용하는 예로는 백승기(2001), 송근원·김태성(1995), Howlett et al.(2009), 위머와 바이닝(Weimer and Vining, 1999) 등을 들 수 있다. 이들 중 송근원·김태성(1995: 172)은 정책대안의 비교분석만을 정책분석이라고 개념화하고, 여기서 말하는 정책평가, 즉 정책결정 후에 진행되는 정책평가뿐만 아니라 정책과정 전반에 대한 평가까지도 아울러 정책평가로 개념화했다.

[6] 이 점과 관련해서 볼 때, 위머와 바이닝(Weimer and Vining, 1999: 2, 26)이 정책분석의 최종 결과물을 조언(advice)이라고 말한 점은 매우 흥미롭다.

적으로 행위방침을 정하게 된다. 그리고 이렇게 최종적으로 정해진 산물^{product}로서의 행위방침이 정책이 된다.

(3) 정책집행

정책결정의 최종 산물로서의 정책은 그다음 단계의 정책활동인 정책집행 policy implementation에 투입으로 작용한다. 정책집행은 정책목표를 달성하기 위해 정책내용을 실현하는 활동으로, 정책수단을 실행에 옮기는 것을 핵심으로 한다 (남궁근, 2012; 정정길 외, 2017 참조). 이러한 정책집행의 산출로 나오는 것이 정책결과이다. 정책결과는 다시 정책산출과 정책성과, 정책영향으로 나뉜다(정정길 외, 2017: 526). 정책산출 policy output은 정책집행이 직접적으로 낳은 결과로, 정책수단의 실행으로 생산된 서비스의 규모 등을 말한다. 예를 들어 노인장기요양보험의 경우라면 정책집행에 의해 세워진 공급기관의 수나 서비스를 받게 된 노인의 수 등을 말하고, 아동수당의 경우라면 아동수당을 받게 된 아동과 그 가구의 수 등을 말한다. 정책산출은 정책산물 policy product과는 다른데, 정책산물이란 정책결정이라는 정책활동의 최종적인 산출로 나온 특정의 행위방침 그 자체를 말한다. 정책산출은 그런 행위방침의 실현으로 인해 정책내용이 현실에서 실제로 어떻게 작동되는가와 관련된다. 정책성과 policy outcome는 정책산출이 낳는 결과로, 정책내용이 현실에서 실제로 작동함으로써 이차적으로 생기는 결과를 의미한다. 예를 들어 노인장기요양보험에서 서비스를 받은 노인이 느끼는 만족도나 그 가족이 덜게 되는 부양부담 혹은 아동수당을 받은 가구의 부양자가 느끼는 만족도 등이 정책성과가 될 수 있다. 정책영향 policy impact은 정책집행이 낳는 좀 더 장기적인 결과이다. 예를 들어 치매·중풍을 앓는 노인을 둔 가족이나 지인들이 그 노인을 대하는 행태에 변화가 발생한다든지 혹은 어린 자녀를 둔 가구의 지출행태에 변화가 나타난다든지 하는 것이다.

이러한 정책결과를 정책효과와 비교해볼 필요가 있다. 정책효과 policy effect는 정책결과를 정책목표의 달성이라는 관점에서 바라본 것을 의미한다. 다시 말해 정책효과는 정책목표의 달성이라는 기준에서 본 정책산출, 정책성과 및 정책영향을 의미한다. 정책효과는 특히 정책성과와 혼용되는 경향이 있는데, 여기서의 구분에 따르면 정책성과는 정책산출의 이차적인 결과이고, 정책효과는 정책성과에만 대응하는 개념이 아니라 정책산출이나 정책영향과도 대응하는 개념이다. 이 둘은 단지 정책목표의 달성이라는 관점에서 접근하는가에 따라 차이가 있을 뿐이다.[7] 또한 정책효과는 정책비용policy cost과도 대응된다. 정책효과가 정책산출·정책성과·정책영향 모두와 대응되기 때문에 정책비용 역시 이 세 가지 모두와 대응된다. 정책비용은 비용의 측면에서 이 세 가지에 접근한 것이다.[8]

그리고 정책결과를 이러한 정책효과와 정책비용의 측면에서 과학적으로 분석·파악하려는 지적 활동이 정책평가policy evaluation이다. 정책평가는 목표달성의 측면만 고려할 때는 정책의 효과성을 평가하는 것이고, 정책비용을 함께 고려할 때는 정책의 효율성을 평가하는 것이다. 흔히 정책평가는 정책의 최종적인 결과를 평가하는 것이라고 생각하기 쉬운데, 정책집행과정도 평가대상이 된다. 그래서 정책평가는 정책목표와 정책집행 간의 인과관계나 매개관계 혹은 정책목표와 정책수단 간의 인과관계나 매개관계를 이해하려는 것이다. 정책평가는 여러 가지로 구분된다. 평가의 대상에 따라, 정책의 최종적인 결과를 평가하는 것을 총괄평가summative evaluation 혹은 결과평가results evaluation로, 그리고 정책의 집행과정을 평가하는 것을 형성평가formative evaluation 혹은 과정평가process evaluation로 구분할 수 있다(김형렬, 2000; 남궁근, 2012; 백승기, 2001, 정정길 외, 2017). 이 두 유형의 평가는 서로 연결될 수 있다. 즉, 정책집행이 이루어진 후의 결과에 대한 평가와 그 평가 이전에 진행된 정책집행과정에 대한 사후적 평가를 연결하여 정책효과 혹은 비非효과의 배경이나 원인을 추적해볼 수 있다. 그리고

---

[7]   본문의 설명과 관련된 것으로, 정책목표와 정책수단도 구분할 필요가 있다. 정책목표와 정책수단을 어떤 절대적인 기준으로 구분하고자 시도하는 경우가 있는데, 그보다는 이들을 상대적인 것으로, 그리고 계층적·위계적인 것으로 보는 것이 더 적절하다. 즉, 정책목표와 정책수단은 어디에 초점을 두느냐에 따라 달라질 수 있다. 어떤 추상화 수준에서는 목표로 간주될 수 있는 것이 그보다 높은 추상화 수준에서는 수단이 될 수 있다. 예를 들어 아동수당의 수급자 수를 당초에 정해진 인원만큼 달성하는 것이 어떤 경우에는 정책목표가 될 수 있는데, 이 경우에 정책수단은 예를 들어 아동수당제도의 홍보 같은 것이 될 수 있다. 하지만 아동수당이 양육자에게 만족감을 얼마나 주는가에 초점을 맞추면, 만족도가 정책목표가 되고 아동수당 수급자 수는 그것을 위한 정책수단 중의 하나가 된다.

[8]   여기서 정책결과의 하위요소로 구분한 정책산출, 정책성과, 정책영향 중 정책성과에서 말하는 성과(outcome)는 뒤에서 볼 성과분석에서 말하는 성과(performance)와 구분할 필요가 있다. 후자는 전자보다 더 넓은 개념으로 정책결과(정책산출, 정책성과, 정책영향)를 모두 포함할 뿐 아니라 정책집행과정까지도 포함한다. 이에 대해서는 뒤에서 성과분석을 이야기할 때 다시 살펴본다.

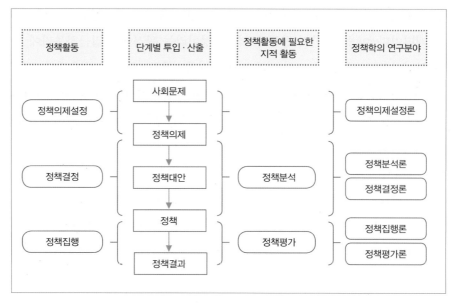

그림 10-2 정책과정과 정책학의 연구 분야

정책집행을 통해 나타난 정책결과는 그것이 정책평가라는 지적 활동을 통해 인지되는 것과 반드시 관련이 없이도[9] 다시 정책환경에 투입되고 정책과정이 다시 시작될 수 있다.

　　지금까지 살펴본 정책과정상의 정책활동과 지적 활동 및 각 단계별 투입·산출은 정책연구 혹은 정책학의 연구 분야이다. 즉, 정책의제설정론, 정책분석론, 정책결정론, 정책집행론, 정책평가론이다. 먼저 정책의제설정론에서는 사회문제로부터 정책의제에 이르는 과정이 어떻게 진행되며 그 과정에서 정책의제설정이라는 정책활동이 어떻게 전개되는가를 연구한다. 정책분석론에서는 정책목표 수립과 정책대안의 비교분석에 필요한 이론적·경험적 분석을 진행한다. 그리고 정책결정론에서는 정책 목표가 수립되고 정책대안이 형성·비교·분석되며 그중 특정 대안이 채택되는 실제의 과정이 어떻게 전개되는지를 연구한다. 정책집행론에서는 수립된 정책이 실제로 일선에서 실현되어나가는 과정을 연구하고, 정책평가론에서는 정책의 집행과정과 집행으로 나타난 정책

9　　정책집행의 결과로 나오는 산출로서의 정책결과는 인간이 인지하든 그렇지 않든, 그리고 과학적 기법을 통한 정책평가를 통해 파악하든 그렇지 않든 존재한다. 인간은 단지 정책평가라는 과학적 방법을 통해 정책결과를 좀 더 조직적으로, 그리고 어떤 면에서는 정치적으로 인지하게 된다.

결과에 대한 과학적인 파악과 분석을 시행한다.

이러한 정책학의 연구 분야는 정책과정의 각 정책활동과 지적 활동에 대응되는데, 이를 그림으로 나타내면 그림 10-2와 같다. 이 그림에서는 그림 10-1과 마찬가지로 정책과정의 각 단계별 투입·산출의 왼쪽에 정책활동이 표기되어 있고, 오른쪽에 정책활동에 필요한 지적 활동이 표기되어 있다. 그리고 지적 활동의 오른쪽에는 정책학의 연구 분야가 표기되어 있다.

사회복지정책 연구와 3P 접근

3P 접근의 개요

앞에서 정책학의 연구 분야와 정책과정에 대해 살펴보았으므로, 여기서는 사회복지정책 연구를 위한 접근에 대해 살펴보기로 한다. 사회복지정책 연구를 위한 접근을 논의한 대표적인 학자로는 길버트와 테렐(2007)을 들 수 있다. 이들은 이 접근을 위한 관점을 제도적 관점과 분석적 관점, 그리고 정치적 관점의 세 가지로 구분했다.

제도적 관점에서는 사회복지정책을 '정책'으로 접근하기보다는 하나의 기능으로 접근한다. 따라서 이 관점에 의한 접근에서는 사회복지정책 중 '사회복지'에 초점을 둔다. 그러므로 제도적 관점에서는 사회복지정책 연구가 주 목적이라기보다는 사회복지라는 것이 전체 사회에서 어떤 지위를 갖는 제도인지, 그 기능은 사회 내 다른 제도와 비교하여 어떤지 등을 규명하는 것이 주 목적이다. 이런 점에서 이 책의 논의와 좀 더 관련이 깊은 것은 제도적 관점보다는 분석적 관점과 정치적 관점이다.

이 중 정치적 관점을 먼저 살펴보자. 정치적 관점은 사회복지정책을 정치적 현상으로, 다시 말해서 한 사회 내의 여러 행위자들(정부와 그 외 시민사회나 노동 등) 간의 정치사회적 상호작용의 결과로 나타나고 변화하는 실체로 접근하는 관점을 말한다.[10] 이러한 정치적 관점에서의 연구는 앞에서 본 정책과정에서 존재하는 여러 행위자들 간의 상호작용을 분석하는 것으로 나타날 수도 있고, 다양한 복지정책에 대해 사람들이 보이는 태도를 분석하는 것으로 나타날 수도 있다.

분석적 관점에서는 사회복지정책을 '정책'으로 접근한다. 이 관점에 의한 접근은 정책학적 접근과 상당히 연관성이 깊다. 우리나라의 사회복지정책 연구에서는 길버트와 테렐(2007)의 분류를 원용한 이른바 '3P 접근'을 많이 활용해왔다. 이 책에서도 기본적으로 3P 접근, 그중에서도 산물분석을 분석틀로 채택하고 있다.

3P 접근에서 'P'라는 약어는 과정^{process}, 산물^{product}, 성과^{performance}의 첫 글자인 'p'를 의미하며 각기 과정분석, 산물분석, 성과분석의 세 가지를 대표한다. 과정분석^{studies of process}이란 사회복지정책이 정책으로 형성되는 과정을 연구하는 것인데, 분석수준과 시간차원에 따라 다시 여러 가지로 구분할 수 있다. 즉, 분석수준을 기준으로 할 때, 사회복지정책 전체를 대상으로 삼는 연구가 있는가 하면 특정의 사회복지정책 한 가지만을 대상으로 삼는 연구가 있을 수 있다. 또한 시간차원을 기준으로 하면, 장기간에 걸쳐 정책의 전개과정을 분석하는 연구와 보다 단기간에 걸친 정책의 전개과정을 분석하는 연구가 있을 수 있다. 만일 특정 정책 혹은 여러 정책을 장기간에 걸쳐 그 형성과정을 분석한다면 역사적 연구의 형식으로 나타날 것이고, 단기간에 걸쳐 정책의 형성과정을 연구하는 경우에는 앞에서 본 정책과정론에 보다 가까운 형식의 연구로 나타날 것이다.

산물분석^{studies of product}은 정책결정이라는 정책활동의 결과물로 나온 정책산물, 즉 행위방침에 대해 그 내용을 분석하는 것을 말한다. 정책결정은 문제해결을 통해 달성하고자 하는 상태에 도달하기 위한 여러 정책대안들, 즉 목표달성을 위한 여러 정책대안들 가운데 어떤 대안 내지 대안들의 요소들을 선택하는 것을 의미한다. 이러한 선택의 결과로 산출되는 것이 산물로서의 정책이다. 정책은 행위방침을 내용으로 하며, 이러한 내용이 구체적으로 어떤 것인지 그리

---

10 사회복지정책을 둘러싸고 여러 행위자들 간에 벌어지는 정치적 상호작용과정을 복지정치라 할 수 있으므로 여기서 말하는 정치적 관점은 결국 복지정치에 대한 연구라고도 할 수 있다.

고 왜 그런 내용으로 선택이 이루어졌는지 그 이면에 놓인 가정이나 전제, 이론적 근거, 가치판단은 무엇인지 등을 분석한다.

성과분석 studies of performance 은 특정 정책이 실행된 이후 그 결과를 분석·평가하는 연구를 말한다. 그리하여 성과분석은 정책결과에 대한 평가와 관련이 가장 깊은데, 이는 타당한 면이 있지만 주의해야 할 점도 있다. 이와 관련해서 길버트와 테렐(2007: 27)이 성과분석을 위한 질문으로 두 가지를 제시했다는 점을 살펴볼 필요가 있다. 두 질문 중 첫째는 프로그램이 얼마나 잘 실행되었는가, 둘째는 프로그램을 실시하여 나타난 영향이 무엇인가이다. 전자의 질문은 정책집행과 정책산출과 관련되고, 후자의 질문은 정책결과(정책산출, 정책성과, 정책영향)와 관련된다. 이렇게 보면 성과분석에서 말하는 성과는 단순히 정책성과만을 의미하기보다, 정책산출과 정책성과, 정책영향을 총칭하는 정책결과와, 그러한 정책결과에 선행하는 정책집행까지도 포괄하는 개념이라고 보는 편이 적절하다. 따라서 성과분석은 정책평가의 두 유형인 총괄평가와 형성평가를 아우르는 개념이라고 할 수 있다.

사회복지정책 연구와 정책학의 연구 분야

앞에서 살펴본 사회복지정책 연구의 3P를 정책과정 및 정책학의 연구 분야와 연결지어 살펴보자. 양자의 연결관계를 보다 일목요연하게 보기 위해 그림 10-3에 제시했다.

이 그림에서 정책활동과 그에 필요한 지적 활동은 모두 맨 왼쪽에, 그 옆에는 정책과정의 각 단계별 투입·산출을 제시했다. 또한 그 오른쪽에 정책학의 연구 분야, 그 옆에 사회복지정책 연구의 3P를 제시했다. 그리고 정책활동 및 지적 활동과 정책학의 연구 분야, 사회복지정책의 3P들이 어떻게 서로 연결되는가는 중괄호로 묶어 표시했다. 이것을 염두에 두고 그림을 보면, 사회복지정책 연구의 3P 중 두 가지 방법이 정책학 연구 분야와 직접적으로 연결됨을 알 수 있다. 즉, 사회복지정책 연구의 3P 중 과정분석은 정책학의 연구 분야 중 정책의제설정론과 정책분석론, 정책결정론과 연결되며, 성과분석은 정책집행론, 정책평가론과 연결된다. 그런데 사회복지정책 연구의 3P 중 산물분석의

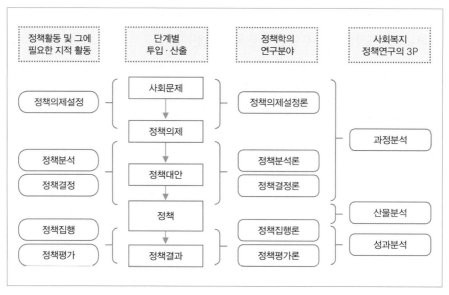

정책활동 및 그에 필요한 지적 활동	단계별 투입·산출	정책학의 연구분야	사회복지 정책연구의 3P
정책의제설정	사회문제 ↓ 정책의제	정책의제설정론	과정분석
정책분석 정책결정	정책대안	정책분석론 정책결정론	
	정책 ↓		산물분석
정책집행 정책평가	정책결과	정책집행론 정책평가론	성과분석

그림 10-3 정책과정과 정책학의 연구 분야 및 사회복지정책에 대한 3P적 접근

경우, 정책학의 연구 분야와의 연결관계가 표시되어 있지 않다. 그 이유는 무엇인가?

산물분석은 정책과정 중 정책결정이라는 정책활동을 거쳐 나온 산출로서의 정책, 즉 정책산물을 분석하는 것을 의미한다. 정책산물은 곧 사회복지정책에 있어서는 사회복지와 관련된 내용을 담고 있는 행위방침을 말한다. 만일 환경정책이라면 정책산물은 환경과 관련된 행위방침이 되고, 노동정책이라면 노동과 관련된 행위방침이 될 것이다. 이들 사회복지정책이나 환경정책, 노동정책은 행위방침이라는 의미에서는 같지만, 각각의 행위방침에 담긴 내용에서는 모두 다르다. 따라서 특정 정책이 어느 분야의 정책인가를 불문하고 일반적인 행위방침으로서의 정책의 형성과정 그 자체를 연구하는 정책학의 입장에서 보면, 각 분야마다 내용이 모두 다른 정책산물은 정책학의 연구 대상으로 삼을 수가 없다.[11] 그래서 그림에서 산물분석은 사회복지정책 연구에만 해당하는 것으로 표시되어 있다.

[11] 물론 그렇다고 해서 정책학 연구자 중에 정책산물에 관한 연구를 하는 연구자가 전혀 없다는 의미는 아니다. 연구자에 따라서는 정책학을 주된 연구주제로 삼으면서도, 예를 들어 주택정책이나 환경정책을 연구하면서도 그런 특정 영역의 정책산물을 분석할 수 있다.

산물분석이 사회복지정책 연구에만 해당한다는 점에 대해서는, 그간 사회복지정책 연구에 있어서 과정분석이나 성과분석보다는 산물분석이 과도하게 강조되어온 것이 아닌가 하는 지적과 관련해서도 답할 수 있다. 즉, 정책학이 각 정책마다 내용이 다른 행위방침을 분석대상으로 하는 산물분석을 연구 분야로 삼기가 어려운 것과 유사한 이유로, 사회복지정책은 그 정책의 내용을 고유한 연구 대상으로 삼는 것이 필수적이고 적합하기도 한 것이다.

이제 사회복지정책 연구를 통해 생산되는 지식이 정책과정에 어떤 의미를 갖는지 살펴보기로 하자.

사회복지정책 연구와 정책지식

사회복지정책 연구를 수행하면 필연적으로 정책에 관한 지식이 생산된다. 이 정책지식은 라스웰의 구분에 따라 두 가지로 나뉘는데, 정책과정에 관한 지식과 정책활동에 필요한 지식이다(남궁근, 2012; 정정길 외, 2017).[12] 정책과정에 관한 지식은 정책과정이 어떻게 전개되는가에 관한 지식을 말한다. 이것이 필요한 이유는 정책과정의 개선이 있어야 효과적인 정책수립이 가능하기 때문이다. 정책활동에 필요한 지식은 정책의 실질적 내용을 결정하는 데 필요한 지식이다. 예를 들어 보건정책의 경우에는 보건학 지식이, 환경정책의 경우에는 환경에 관한 지식이, 그리고 사회복지정책의 경우에는 당연히 사회복지에 관한 지식이 해당한다.

물론 이 두 정책지식의 구분이 항상 명확한 것은 아니다. 예를 들어 보건학 지식은 때로 보건정책의 수립과정에 영향을 미칠 수 있고(예를 들어 질병의 성격이 보건학적으로 다르게 판단되면 그에 관한 정책결정과정도 달라질 수 있다), 반대로 보건정책의 수립과정이 그에 필요한 보건학 지식을 결정하기도 한다(예를 들어 시급하게 정책이 결정되어야 할 경우, 오랜 시간을 요하는 보건학 지식의 취득은 정책수립에 필요한 지식에서 배제될 수 있고 기존에 이미 알고 있는 보건학 지식 중

---

12 원래 라스웰이 구분한 것은 정책과정에 관한 지식과 정책과정에 필요한 지식인데, 정책과정에 필요하다는 것은 곧 정책활동에 필요한 것이므로 여기서는 이를 정책활동에 필요한 지식이라고 했다.

그 당시에 필요한 것과 가깝다고 생각되는 것이 유추과정을 거쳐 동원될 수도 있다).

이런 점들을 염두에 두고 사회복지정책의 과정에서 두 정책지식이 어떻게 연관되는지에 대해 생각해보자. 앞서 살펴본 것처럼 사회복지정책 연구의 3P는 정책학의 연구 분야와 일정하게 연관된다. 즉, 과정분석은 정책의제설정론, 정책분석론, 정책결정론과 연관되고, 성과분석은 정책집행론과 정책평가론과 연관된다. 다만 산물분석은 사회복지정책 연구에 고유하게 관련된다. 정책학의 연구 분야들도 정책지식의 생산을 목표로 하는 연구활동으로 구성되므로, 각각은 정책지식과 연결된다. 단순하게 생각했을 때 정책의제설정론과 정책결정론은 일차적으로 정책과정이 어떻게 진행되는가를 파악하고자 하는 연구의 성격을 갖는다. 즉, 정책의제설정론은 사회문제가 어떤 과정을 거쳐 공공의제가 되고 최종적으로 정책의제가 되는가를 연구하는 분야이다. 그리고 정책결정론은 정책목표가 어떤 과정을 거쳐 수립되고 대안의 고안과 비교가 어떤 과정으로 이루어지며 그런 과정을 거쳐 최종적으로 특정 대안이 채택되는 과정은 어떻게 전개되는지를 연구하는 분야이다. 그런 점에서 정책의제설정론과 정책결정론은 정책과정에 관한 지식에 일차적으로 관련된 연구활동을 핵심으로 한다고 볼 수 있다. 그리고 성과분석과 연결되는 분야 중 정책집행론도 정책의 집행이 실제로 어떤 과정을 거쳐 이루어지는가를 연구한다는 점에서 정책과정에 관한 지식에 일차적으로 관련된다고 볼 수 있다.

하지만 정책분석론은 다르다. 정책분석론은 주로 정책대안을 비교·분석하는 데 관련된 연구로, 정책결정자가 결정을 내리는 데 필요한 정보를 제공하는 것을 주목적으로 한다. 이런 점에서 정책분석론은 정책결정에 필요한 지식의 산출에 일차적으로 관련된다. 정책결정에 필요한 지식은 처방적 prescriptive 접근에 의한 것인데, 처방적 접근은 규범적 접근과 경험적·실증적 접근의 결합에 기초한다. 규범적 접근은 무엇이 옳은가, 무엇이 바람직한가, 무엇을 해야 하는가 등과 같은 당위 Sollen에 관한 판단을 내리려는 것으로, 기본적으로 가치지향적이고 가치적재적 value-laden 성격을 갖는다. 한편 경험적·실증적 접근은 사실이 어떻게 되어 있는가, 현상들 간의 관계가 무엇인가 등과 같은 사실 facts 혹은 존재 Sein에 관해 파악하려는 것으로, 문제나 현상에 대한 객관적 기술 description 및 정책목표와 정책수단 간의 인과관계 파악 등을 주된 내용으로 하고 가치중립적인 성격을 갖는다.[13] 따라서 처방적 접근이란 방향에 관한 가치판단과 현상 내지 인과관계나 상관관계에 대한 사실적 판단을 결합하여 정책대안을 선택하는 것을 의미한다.

이렇게 보면 정책분석은 규범적 지식 및 경험적·실증적 지식, 그리고 이들을 결합한 처방적 접근을 통해 정책대안을 산출하여 정책결정에 필요한 조언을 생산하는 활동이라고 할 수 있다. 좁은 의미의 정책분석이 정책결정이 이루어지기 전에 수행되는 연구활동이라면, 정책평가는 정책결정이 이루어진 후에 수행되는 연구활동이다. 정책평가는 정책집행이 당초에 결정된 대로 이루어졌는지, 정책결과가 당초에 결정된 정책목표의 달성에 부합하는지를 분석하고 파악한다. 정책평가 역시 정책분석과 마찬가지로 정책활동에 필요한 지식의 산출에 일차적으로 관련된다. 예를 들어 정책집행이 당초에 결정된 대로 이루어지지 않았다는 평가가 나올 경우에 정책집행과정에 대해서는 수정이 가해질 것이며, 정책산출이나 정책성과가 당초에 예상한 바대로 나오지 않았다면 다음 정책순환 때 정책목표가 수정되거나 정책대안이 수정되는 결정이 일어날 수 있다.

지금까지 과정분석과 연관되는 것으로 정책의제설정론과 정책결정론, 정책분석론을 살펴보았고, 성과분석과 연관되는 것으로 정책집행론과 정책평가론을 알아보았다. 그러면 산물분석은 어떤가? 산물분석은 정책결정의 결과로 나오는 최종 산물인 정책의 내용을 분석하는 것이다. 이는 정책의 세부내용이 어떠하다는 것을 밝히려는 기술적인 목적을 완전히 배제하지는 않지만, 특정 내용의 정책 이면에 놓인 이론과 가정, 전제를 밝히려는 실질적인 목적이 보다 핵심적이다. 이런 점에서 산물분석은 정책과정에 관한 지식과도 연관되지만, 그보다는 정책활동에 필요한 지식의 산출에 훨씬 더 강하게 연관된다.

이제 논의를 종합해보면 1) 정책과정에 관한 지식의 산출에 연관되는 연구활동으로는 과정분석에 해당하는 것으로 정책의제설정론·정책결정론, 성과분석에 해당하는 것으로 정책집행론을 들 수 있고, 2) 정책활동에 필요한 지식

---

13 사실이 가치중립적이라는 것은 개념 설명을 위해 그렇게 말한 것이지, 실제로 가치중립적인 사실이 존재한다는 의미는 아니다.

의 산출에 연관되는 연구활동으로는 과정분석에 해당하는 것으로 정책분석론, 성과분석에 해당하는 것으로 정책평가론, 그리고 산물분석을 들 수 있다.

하지만 여기서 주의할 점은 앞에서도 말한 것처럼 이들 연구활동과 정책지식의 구분이 고정된 것이 아니라는 점이다. 예를 들어 정책결정이 어떻게 이루어지는가에 관한 지식은 정책과정을 객관적으로 파악하는 데에도 도움이 되지만, 그것을 통해 정책결정과정을 어떻게 이끌어갈 것인가에 관련된 전략의 수립에도 소용된다.

따라서 정책결정론은 정책과정에 관한 지식뿐만 아니라 정책결정이라는 정책활동에 필요한 지식도 산출하게 되는 것이다. 정책집행론에서도 마찬가지이다. 정책집행과정에 관한 경험적 지식은 정책집행을 어떻게 진행해갈 것인가의 질문에 대한 답을 내는 데에 필요한 지식이 될 수도 있다. 또한 정책 내용에 관한 실질적 지식은 정책결정과정을 개선하는 데 활용될 수도 있다. 그리고 정책분석을 통해 대안의 비교분석이 어떻게 이루어지느냐에 따라 실제로 정책결정과정이 어떻게 전개되는가에 영향을 줄 수도 있다.

사회복지정책 연구의 3P와 사회복지정책 관련 연구의 관계

사회복지정책 연구의 3P는 사회복지정책과 관련된 다른 연구들과 일정하게 연관된다. 이를 나타낸 것이 그림 10-4이다.

우선 과정분석은 사회복지정책에 관련된 연구 중 사회문제론 및 사회복지 역사 연구와 밀접한 연관성을 갖는다. 이런 점에서 과정분석은 정책학적 연구와도 연관되지만 사회학이나 정치학, 역사학 연구와도 연관된다. 제2장과 제3장에서도 사회복지정책의 역사에 대해 다루었는데, 이를 자본주의의 전개과정과 연관지어 살펴봄으로써 정치학적·역사학적 고찰을 시도했다. 정책의 내용을 분석하는 데 초점을 두는 산물분석은 곧 제도의 내용에 관한 연구와 연관된다. 좀 더 구체적으로는 사회보장제도 연구나 법제 연구, 그리고 기타 다양한 사회복지제도 연구와 연관된다. 이 책에서도 개별 제도의 내용에 대해서 혹은 여러 제도들의 묶음이 갖는 성격에 관해서 다루는 경우가 있지만, 그보다는 그런 내용이나 성격을 파악하게 하는 분석틀에 더 관심이 있다. 성과분석은 형성

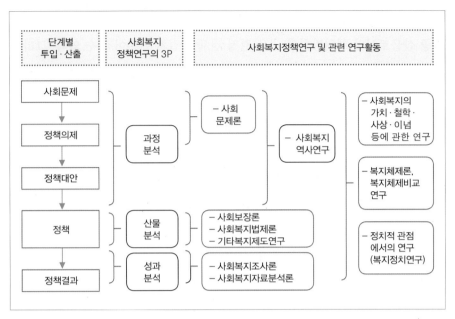

그림 10-4 사회복지정책 연구의 3P와 사회복지정책 관련 연구활동

평가와 총괄평가를 의미하는 것으로, 사회복지조사나 자료분석과 가장 연관이 깊다.

사회복지정책 연구의 3P 전반과 전체적으로 관련되는 연구로는 사회복지의 가치나 철학, 사상, 이념 등에 관한 연구와 복지(국가)체제를 연구하는 복지체제론(비교연구를 포함하여), 그리고 사회복지정책에 대한 정치적 관점에 입각한 복지정치 연구를 들 수 있다. 이 연구들이 3P 전체와 연관된다고 하는 것은 이들이 과정분석과 산물분석, 성과분석에 모두 관련된다는 의미이다. 이 중 사회복지의 가치, 철학, 사상, 이념에 관한 연구는 사회복지정책의 규범적 접근과 관련된 연구로, 행위방침으로서의 사회복지정책이 지향해야 할 방향을 판단하는 데 도움을 준다. 또한 복지국가 혹은 복지체제는 행위방침으로서의 사회복지정책이 정치적으로 표현된 것이다. 그런 점에서 이는 정책과정의 총체적·정치적 결과물이므로, 그에 대한 연구인 복지(국가)체제론은(비교연구를 포함하여) 사회복지정책에 관한 거시정치적 접근이라 할 수 있다.

이런 거시정치적 접근은 곧 복지정치 연구와 연결된다. 사회복지정책에 대한 정치적 관점의 연구인 복지정치 연구는 사회복지적 정책의제의 형성과

정책대안의 수립 및 정책결정, 정책집행, 정책평가 전반의 과정과 정책결정의 최종 산물로서의 행위방침의 내용 결정 전체에 걸쳐 이루어질 수 있다. 그리고 그 대상은 개별 정책일 수도 있고 여러 정책의 묶음 혹은 조합일 수도 있다.

사회복지정책 연구를 위한 분석틀

지금까지 논의한 내용들을 종합해 사회복지정책 연구를 위한 분석틀을 제시하면 그림 10-5와 같다. 이 그림에는 정책과정과 그 과정의 각 단계별 투입·산출, 그리고 이들과 연관된 정책활동 및 지적 활동이 표시되어 있고, 그러한 활동 및 투입·산출과 연관된 사회복지정책의 3P 접근이 제시되어 있다. 이들은 점선으로 된 흰색 네모 안에 있는데, 이 흰색 네모를 정책체제^{policy regime}라고 할 수 있다. 정책과정을 구성하는 요소들, 즉 단계별 투입·산출과 정책활동 및 지적 활동은 연루된 다양한 이해당사자들의 이해관계와의 매개를 통해 복잡하게 상호작용하는데, 이것들이 전체적으로 어우러져 정책체제를 이룬다. 이 정책체제는 보다 큰 사회체제 내에 속해 있으며 그것과 상호작용한다(이를 표시하기 위해 정책체제의 테두리가 점선으로 그려져 있다). 사회체제에는 다양한 가치와 철학, 사상, 이념이 분포하고, 그것들에 영향을 받은 정치체제와 복지국가 및 복지체제가 존재한다. 이 역시 정책체제와 영향을 주고받는다.

그림 10-5에 제시된 분석틀의 각 요소들은 이 책을 구성하는 각 장들과도 연관된다. 우선 분석틀에서 정책체제 바깥에 위치하는 사회복지의 다양한 가치와 철학, 사상과 이념에 대해서는 제4장에서 제7장에 걸쳐서 살펴보았다. 가치와 철학, 사상과 이념은 정책과정에 영향을 미친다. 예를 들어 1980년대 이전의 한국사회에는 가부장적 가치가 지배적이어서 보육의 책임을 사회가 져야 한다는 문제제기를 정책의제로 수용하기가 어려웠지만, 2000년대 이후의 한국사회에서 보육의 사회화는 매우 중요한 정책의제가 되었다. 가치와 철학, 사상과 이념은 정책내용과 정책집행에도 영향을 미칠 수 있다. 1990년대 중반까지만 해도 한국사회에서는 분배문제를 공식적으로 거론하는 것을 백안시하는 분위기가 지배적이었을 뿐만 아니라 보편주의적 수당의 도입을 주장하기도 매우 어려웠다. 분배를 강조하거나 보편적 수당의 도입을 주장하는 경우, 자칫

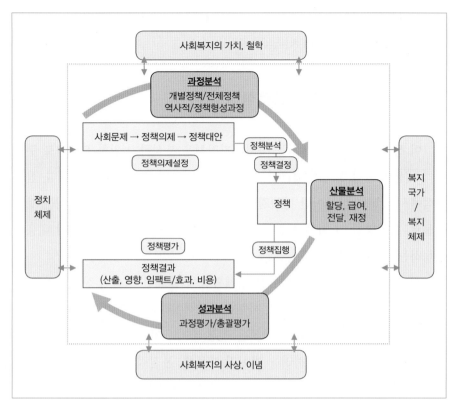

그림 10-5 사회복지정책 연구를 위한 분석틀

좌파라고 매도당할 수 있었기 때문이다.

　그리고 **그림 10-5**의 분석틀을 구성하는 요소 중 정치체제(혹은 복지정치)
나 복지국가 및 복지체제에 관해서는 이 책의 제2장과 제3장에서 역사적 논의
를 통해 살펴보았다. 이는 또한 사회복지정책 이론에 관해 논의한 제8장, 욕구
와 사회적 위험에 대해 논의한 제9장의 내용과도 연관된다(제9장의 내용은 제
4~7장에서 논의한 가치와 이념에 관한 논의와도 연관된다). 그리고 복지정치와 관
련하여, 특히 시민사회의 복지정치활동과 그것을 통한 복지국가 혹은 복지체
제의 구축 내지 개혁에 관해서는 제15장에서 다루고 있다.

사회복지정책의 산물분석

자본주의 시장과 산물분석의 의의

이 장이 속한 제3부에서는 사회복지정책을 분석하기 위한 분석틀로 주로 정책 내용에 관한 분석적 접근인 산물분석과 연관된 틀을 활용하고 있다. 산물분석에서 말하는 산물이란 정책결정이라는 정책활동을 거쳐나오게 되는 정책산물로, 행위방침 그 자체를 말한다. 따라서 산물분석이란 행위방침의 내용을 분석하는 것을 의미한다.

이러한 분석이 필요한 이유는 정책활동에 필요한 지식의 산출에 일차적 목적이 있기 때문이기도 하지만, 사회복지정책이라는 실체가 놓여 있는 맥락 때문이기도 하다. 즉, 사회복지정책은 기본적으로 자본주의 사회의 시장경제가 초래하는 폐해를 수정하려는 것이기 때문에, 본질적으로 시장원리가 아닌 원리에 기초하고 있다. 물론 이러한 비非 시장적 원리를 지도하는 가치와 철학, 사상과 이념이 무엇이어야 하는가는 논자에 따라, 사회에 따라 달라질 수 있다. 또한 최근에 와서 신자유주의적 이데올로기에 의한 시장원리의 침투가 나타나고 있는 것도 사실이다. 그럼에도 불구하고 사회복지정책이 하나의 제도로서 시장논리의 폐해를 해독하는 기능을 하고 있고, 또 그렇게 해야 하는 것이 본질적 기능임에는 변함이 없다(Polanyi, 2009 참조).

제도로서의 사회복지정책이 갖는 이와 같은 성격은 정책으로서의 사회복지의 내용에도 반영된다. 즉, 행위방침으로서 사회복지정책을 지배하는 원리는 비시장적 원리이고, 따라서 시장원리에 의해 작동되는(혹은 그렇게 작동된다고 여겨지는) 시장에서와는 달리 그 혜택을 누가 받게끔 할 것인지, 어떤 혜택을 어느 정도나 제공할 것인지, 어떻게 제공할 것인지, 그런 혜택을 제공하는 데 필요한 재정은 어떻게 마련할 것인지를 정책적으로(따라서 정치적으로) 모두 결정해야 한다. 이를 간단히 '누구에게 무엇을 어떻게 무슨 돈으로 줄 것인가'라는 네 가지 질문으로 표현할 수 있다. 즉, 사회복지정책에서 그 내용을 이루는 가장 핵심적인 요소가 바로 이 네 가지 질문에 대한 답으로 구성된다. 동일한 정책이라도 이 네 가지 질문에 어떤 답을 내놓느냐에 따라 실제 내용은 달라진다. 그리고 네 가지 질문 각각에 대해 제시할 수 있는 답, 즉 정책대안은 사회와 정치적 행위자에 따라 달라진다. 실제로 최종적으로 채택된 행위방침도 사회와 행위자에 따라 달라진다. 결국 네 가지 질문은 그에 관한 정책적 선택이 이루어져야 하는 차원이다. 이 네 가지 선택의 차원 각각마다 사회에 따라, 행위자에 따라 서로 다른 정책대안을 구상하고 최종적으로 서로 다른 선택(정책결정)을 하게 되는 것이다.

산물분석의 네 가지 선택차원

(1) 사회적 할당의 기반

앞의 네 가지 질문 중 '누구에게'라는 질문에 해당하는 요소가 사회적 할당의 근거 혹은 사회적 할당의 기반basis of social allocation이다. 사회적 급여를 누구에게 할당할 것인가를 결정하는 데 동원되는 기준, 즉 사회적 급여의 수급자격eligibility을 가질 사람을 정하는 데 사용하는 기준에는 여러 가지가 있다. 예를 들어 주택정책에서는 무주택자로 소득이 일정 수준 이하인 사람이라는 기준을 사용할 수 있고, 근로자자녀 장학사업에서는 제조업체에 근무하는 노동자의 자녀라는 기준을 사용할 수 있으며, 노인일자리 사업에서는 해당 지역에 3년 이상 거주한 65세 이상의 노인이라는 기준을 사용할 수 있고, 장애수당에서는 저소득장애인 또는 모든 장애인이라는 기준을 사용할 수 있다. 그런데 이 여러 가지 기준을 일일이 나열하는 것보다는 각 제도에서 서로 다르게 활용하는 기준을 일정한 근거에 따라 공통된 몇 가지 범주로 분류하고 각 범주에 내재한 가치와 이론적 가정 등이 무엇인지를 파악하는 것이 중요하다.

전통적으로 사회적 할당의 다양한 기준들 이면에 내재한 근거로 대표적인 것이 보편주의와 선별주의이다. 보편주의universalism는 사회적 급여를 해당 사회의 모든 구성원에게 제공(할당)해야 한다는 원리이다. 반면에 선별주의selectivism는 사회적 급여를 가장 많이 필요로 하는 구성원에게 그것을 할당해야 한다는 원리이다. 선별주의 원리를 수급자격 결정에 반영하기 위해 흔히 사용하는 기준은 경제적 기준이다. 경제적 기준에 의해 수급자격을 결정하는 것은 가난을 증명한 사람들만을 선별하여 그들에게만 사회적 급여를 제공하고자 하기 때문이다. 여기서 가난을 증명하도록 하기 위해 사용하는 방법이 자산조사^{means test} 또는 소득조사^{income test}이다.

보편주의와 선별주의의 구분과 관련해 주의할 점은 일차적으로 국가개입을 전제로 한 구분이라는 것이다. 즉, 사회복지정책에서 보편주의란 국가가 제공하는 급여가 모든 사람에게 제공되어야 한다는 것을 의미하며, 선별주의란 국가가 제공하는 급여가 그것을 가장 필요로 하는 사람에게 제공되어야 한다는 것을 의미한다. 반대로 말하면, 선별주의는 자본주의 사회에서 대부분의 사람들은 시장을 통해 욕구를 충족할 수단을 구입할 수 있다는 전제, 시장이 욕구충족수단으로서 보편성을 가질 수 있다는 전제를 가진 것이며, 보편주의는 욕구충족수단으로서의 시장의 보편성을 거부하는 것이다.

그리하여 사회적 할당의 기반으로 보편주의 혹은 선별주의 원리 중 어느 원리를 옹호할지는 일차적으로 자본주의 시장경제가 사회구성원의 욕구 충족 및 삶의 영위에 어떻게 작용한다고 보는가에 의해 결정된다. 시장경제가 시민들의 욕구 충족과 삶의 영위에 아무런 문제를 일으키지 않고 기여한다고 본다면 시장원리의 수정을 목표로 하는 사회복지정책의 적용범위를 제한하려고 할 것이고, 이에 따라 할당의 원리로 선별주의를 선택할 것이다. 반대로 시장경제가 시민들의 욕구 충족과 삶의 영위에 많은 문제를 안겨준다고 본다면 사회복지정책의 적용범위를 넓히려고 할 것이고, 따라서 보편주의를 선택할 것이다.

(2) 사회적 급여의 형태

사회적 급여의 형태는 앞의 네 가지 질문 중 '무엇을'이라는 질문에 해당하는 요소이다. 사회복지정책에서 급여형태^{type of social provision}와 관련해서 전통적으로 현금급여 옹호자들과 현물급여 옹호자들 사이에 논쟁이 있어왔다. 현금급여^{benefits in cash}는 사회적 급여를 자본주의 사회의 일반적 교환수단인 통화로 지급하는 것을 말한다. 현물급여^{benefits in kind}는 사회적 급여를 통화 이외의 형태, 예를 들어 재화나 서비스 등으로 지급하는 것을 말한다. 앞에서 본 할당의 기반과 유사하게 급여형태에서 현금급여 대 현물급여의 대립도 그 이면에는 자본주의 시장경제에 대한 평가가 놓여 있다. 이 경우에도 급여형태를 현금 혹은 현물로 지급하는 주체는 국가라는 점을 염두에 두어야 한다.

즉, 사회적 급여의 형태에 관심을 갖는 이유는 그것이 국가가 지급하는 급여이기 때문이다. 이를 염두에 두고 두 가지 급여형태가 어떤 의미를 갖는가에 대해 생각해보자. 우선 사회적 급여를 현금으로 제공한다는 것은 기본적으로 시장경제에서 보편적으로 사용할 수 있는 통화를 지급하여 구매력을 보조한다는 것을 의미한다. 따라서 국가가 현금급여를 제공한다는 것은 곧 급여를 받는 시민으로 하여금 욕구 충족에 필요한 재화나 서비스를 시장에서 구입하도록 촉진한다는 의미를 갖는다. 반면에 사회적 급여를 현물로 지급하게 되면, 그 현물은 시장경제에서 일반적인 교환수단으로 사용할 수 있는 것이 아니기 때문에 그런 급여가 존재하는 만큼 해당 현물에서는 시장경제가 작동하지 않게 된다.

예를 들어 어떤 국가가 그 나라의 모든 보건의료서비스를 현물로, 다시 말해서 국립의료기관에서 모든 보건의료서비스를 제공하게 되면, 그 나라에서는 적어도 보건의료서비스에 관한 한 시장의 가격기구가 작동하지 못하게 된다. 마찬가지로 어떤 나라에서 아동용 신발을 국가가 현물로 지급하게 되면, 이를테면 국영기업을 설립해 그 나라의 아동들이 신을 신발을 모두 생산해서 각 가정에 나눠주게 되면, 그 나라에서는 다른 신발은 몰라도 적어도 아동용 신발에서는 시장이 성립하지 못하게 된다. 하지만 이러한 급여를 가칭 건강수당이나 아동수당이라는 이름으로 현금으로 지급하면, 시민들은 그들이 받은 현금으로 보건의료시장에서 보건의료서비스나 자녀들이 신을 신발을 시장에서 구입해야 한다.

따라서 현금급여는 수급자의 구매력을 보조하는 한편, 시장의 작동을 장려하는 효과를 가지고, 현물급여는 적어도 해당 현물에 한해서는 시장의 작동을 막는 효과를 가진다. 흔히 현금급여와 현물급여라는 두 가지 급여형태와 연관된 것으로 전제되는 선택의 자유와 사회통제는 사실은 시장의 작동과 두 급여형태가 갖는 관계에서 파생된 것이라고 할 수 있다. 즉, 현금급여는 자본주의 시장경제의 보편적인 교환수단이기 때문에 어떤 면에서는 수급자에게 자연스럽게 선택의 자유를 보장해줄 수 있다.

그리고 현물급여는 시장의 작동을 제약하는 관계로 시장이 보장하는 자유를 제공할 수 없기 때문에 시장경제에서 삶을 살아가는 시민들에게는 사회통제로 받아들여질 수 있다. 급여형태는 현금과 현물 말고도 좀 더 세분할 수 있다. 또한 급여에서는 급여수준이나 급여의 목적도 중요하다. 제12장에서 자세하게 살펴보기로 한다.

(3) 전달체계

전달체계는 사회복지정책의 네 가지 선택차원에 관련된 질문 중 '어떻게'라는 질문에 관련된 요소이다. 전달체계^{delivery system}는 일정한 지역범위 내에서 서비스 공급자들 간에 존재하는, 그리고 서비스 공급자와 서비스 수요자 간에 존재하는 관계구조를 말한다.

이러한 관계구조를 의미하는 전달체계의 필요성은 시장과의 비교를 통해 알 수 있다. 주류경제학에 따르면, 자본주의 시장에서는 가격기구가 작동하고 이에 따라 재화의 공급자와 수요자가 '자동적으로' 결정된다. 따라서 공급자와 수요자가 어떻게 만날지, 공급자와 수요자 간의 관계를 어떻게 구조화할지를 정하지 않아도 가격기구에 의해 결정된다. 하지만 사회복지정책에는 그런 가격기구가 작동하지 않기 때문에, 사회적 급여의 공급자와 수요자를 어떻게 만나게 할 것인가, 만나서 무엇을 할 것인가, 그에 대해 누가 어떤 책임을 어떻게 지게 할 것인가 같은 요소들을 정치적으로, 정책적으로 결정해야 한다. 즉, 공급자와 수요자 간 관계의 요소들을 인위적으로 구조화해야 하는 것이다.

이와 관련하여 특히 서구에서 1990년대 이후 사회적 급여의 공급자와 수요자 간의 관계를 구조화하는 데 시장원리를 도입하려는 시도가 증가했다. 전달체계의 조직화를 정치적으로 결정하더라도 그 정치적 결정의 내용에 시장원리를 반영하는 사항이 점점 더 많이 포함되기에 이른 것이다. 이러한 경향을 전체적으로 민영화^{privatization}라고 하는데, 이런 민영화 흐름이 오랜 기간 지속되는 가운데 폐해도 나타나면서 최근 다시 공공부문의 역할을 강조하는 흐름이 나타나고 있다.

전달체계의 조직화를 어떻게 할 것인가와 관련된 전략을 전달전략이라고 하는데, 매우 다양할 수 있다. 전달전략은 기본적으로 시장원리를 조금이라도 활용하는 방식으로 조직화할 것인가, 아니면 시장원리보다는 민주적 원리를 보다 많이 활용하는 방식으로 조직화할 것인가에 따라 구분할 수 있다. 또한 시장원리 대 민주적 원리만이 아니라 서비스 공급자들의 역할과 위상에 대한 사회적 합의 수준도 전달전략에 적용할 수 있다. 그런 관계로 전달전략의 선택에는 좀 더 복잡한 요인들이 개입된다. 이에 대해서는 제14장에서 살펴보기로 한다.

(4) 재정양식

재정양식 mode of finance 은 사회복지정책의 네 가지 선택차원과 관련된 질문 중 마지막 질문인 '무슨 돈으로'라는 질문에 해당하는 요소이다. 재정양식은 다시 두 가지 차원으로 나누어지는데, 첫째는 재원 source of funds 의 선택과 관련된 것이고 둘째는 재정이전 system of transfer 과 관련된 것이다.

사회복지정책에서 재원은 크게 공적재원과 민간재원으로 나눌 수 있다. 공적재원은 다시 조세와 기여금으로 나눌 수 있고, 민간재원은 기부금과 이용료로 나눌 수 있다. 이들은 각기 나름의 특성을 갖는 재원형태이지만, 사회복지정책이 비시장적 원리에 근거한 행위방침이라는 사실에 비추어보면 대체로 강제성의 정도에 따라 조세에서부터 기여금, 기부금, 이용료의 순으로 나열할 수 있다. 즉, 이 역시 국가에 의한 시장개입의 강도와 연관되는 것이다.

한편 재정이전은 중앙정부로부터 지방정부로의 재정이전을 의미하는데, 이는 지방재정조정제도에 의해 이루어진다. 재정이전의 방법에서는 중앙정부와 지방정부의 관계가 중요하다. 즉, 지방자치가 얼마나 잘 보장되는가가 중요하다. 지방재정조정제도에 의해 중앙정부가 지방정부에 재정을 보조하는 방법으로는 교부세와 국고보조금이 있으며, 현재 한국에서 시행되지는 않지만 많이 제안되는 것으로 포괄보조금도 있다. 이들 재원과 재정이전의 다양한 방법과 그 함의는 제13장에서 자세하게 살펴보기로 한다.

토론쟁점

1   사람들에게 큰 고통을 주는데도 사회문제로 주목받지 못하는 사례, 혹은 사회문제로 주목을 받는데도 정부가 정책적으로 대응하지 않는 사례를 본 적이 있는가? 있다면 왜 그런 사례가 발생하는지 토론해보자.

2   정책분석과 정책평가의 차이점과 유사점에 대해 생각해보자.

3   사회복지정책 연구에서 정책집행은 상대적으로 주목받지 못한 영역이다. 정책집행은 사회복지정책의 네 가지 선택차원 가운데 어느 차원과 가장 관련성이 깊은지 생각해보자.

11

사회복지정책의 할당원리[1]

보편주의 대 선별주의

제한된 자원을 누구에게 어떻게 할당할지는 모든 국가가 풀어야 할 가장 어려운 과제 중 하나다. 특히 자원을 할당하는 주체가 시장이 아닌 국가일 때 문제는 더 복잡해진다.

지난 2010년 6월 지방선거를 거치면서 한국사회는 1948년 정부수립 이래 처음으로 자원을 어떻게 할당할지를 둘러싸고 큰 논쟁을 벌였다. 사회복지정책을 공부하는 사람들이 한 번도 중요한 정책이라고 생각하지 않았던, 작은 프로그램에 불과했던 학교급식문제가 전국적 선거의 쟁점으로 등장했다. 쟁점은 '부자의 자녀들에게도 무상급식을 주어야 하는가'였다. 부자의 자녀들에게 무상급식을 제공할 돈이 있으면 그 돈을 가난한 학생들의 복지를 위해 쓰는 것이 더 좋은 것이 아니냐는 의견이 비등했다. 당시 이명박 대통령까지 나서서 "삼성그룹 회장 같은 분들의 손자손녀야 무상급식 안 해도 되지 않겠느냐?" 이야기했을 정도였다.

---

[1]   이 장은 다음 글을 바탕으로 수정·보완한 것이다. 윤홍식(2011), "보편주의를 둘러싼 주요 쟁점", 『한국사회복지학』 63(2). 윤홍식(2011), "보편주의 복지국가 비판의 불편한 진실과 과제", 『페미니즘 연구』 11(1).

조선일보(2011a)는 대통령의 발언 후 얼마 되지 않아 설문조사를 했다. 조사대상은 저소득층에게 방과후서비스를 제공하는 지역아동센터의 교사들이었다. 예상대로 지역아동센터 교사들의 55.2%가 모두에게 무상급식을 제공하는 정책에 반대했다. 이유는 부자와 중산층에게 쓸 돈이 있으면 힘들게 살아가고 있는 저소득층에게 콩 한 쪽이라도 더 주는 것이 한국사회의 빈곤과 불평등을 완화하는 데 도움이 된다는 것이다. 감성적으로도 논리적으로도 타당해 보인다. 복지확대는 지지하지만 보편적 복지를 반대하는 많은 시민들의 생각일지도 모른다. 당시 인기가 없었던 정부가 싫어서 보편적 무상급식에 동의했지만, 정작 많은 시민들의 마음속에는 부자에게 줄 돈이 있으면 가난한 사람들에게 조금이라도 더 주는 것이 좋지 않을까 하는 생각이 있었을 것이다.

정말 자원을 모든 사람들에게 나누어주는 대신 가난한 사람들에게 나누어주는 것이 부자와 가난한 사람 모두에게 좋은 일일까? 사실 한국사회복지학계는 2010년 6월 무상급식 논쟁이 있기 전까지 복지 자원을 어떻게 할당하는 것이 바람직한지에 대해 학술적으로 진지하게 논쟁해본 적이 없었다. 시민사회와 정치권도 다양한 이유로 보편적 무상급식을 지지하기도 하고 반대하기도 했지만, 정작 보편주의와 선별주의가 어떤 할당원리인지, 둘 간의 관계는 어떻게 정립되어야 하는지, 한국 복지국가를 확대하는 과정에서 보편주의가 어떤 의미를 갖고 있는지에 대한 이해는 초보적인 수준에 그쳤다.

이로 인해 일부는 보편주의 복지정책을 복지국가의 필수조건이자 선(善)으로 단정하거나, 보편주의 복지정책과 복지국가를 등치시키기도 하고, 보편주의와 선별주의를 이분법적 선택의 문제로 인식하기도 했다. 더욱이 정책 입안과 시행을 책임지고 있는 정치권 일부에서는 보편주의를 "얼치기 좌파정책", "무조건 배급하자는 북한식 사회주의 논리"라고 폄하하기도 했다(한겨레21, 2010). 이 장에서는 이렇듯 한국사회에서 자의적으로 이해·오용되고 있는 "보편주의와 선별주의" 개념을 자원의 할당원리라는 측면에서 정리하고, 주요 쟁점을 검토했다.

특히 서구 복지국가의 발전이 보편주의 사회복지정책의 확대와 함께 이루어졌고, 서구 복지국가의 위기 또한 보편주의 사회복지정책의 위기와 함께했다는 역사적 경험을 생각하면 보편주의 원리를 이해하는 것은 사회복지정책의 할당원리를 이해하는 기초인 동시에 한국 복지국가가 어떤 방향으로 가야 할지 고민하는 출발점이 될 것이다.

보편주의 복지정책의 개념과 변화

보편주의의 대상, 급여, 전달주체

보편주의[2]는 일반적으로 복지급여를 제공하는 데 있어 직면하는 두 가지 쟁점에 대해 어떤 기준을 적용하는가에 따라 상이한 모습으로 나타날 수 있다. 첫 번째 기준은 급여대상의 자격과 관련된 것이다. 이는 복지급여를 욕구에 기초할지, 기여에 기초할지, 아니면 시민권이라는 권리에 기초할지를 결정하는 문제라고 할 수 있다. 두 번째 기준은 복지급여의 수준과 관련된 것으로, 급여를 기여와 무관하게 정액으로 지급할지, 아니면 기여에 따라 소득비례방식으로 제공할지의 문제이다. 정액급여와 소득비례급여 모두 급여수준 문제를 포함하고 있다.

(1) 복지급여의 대상

보편주의는 선별주의[3]와 달리 자산조사와 빈곤층에 대한 표적화 없이 모든 시민을 정책대상으로 포괄하는 할당원리이다(Anttonen and Sipilä, 2008). 보편주의 할당원리는 복지대상을 차별하지 않으며, 빈자를 포함해 욕구가 있는 사람을 다른 시민들로부터 분리하지 않는다(Titumuss, 2006[1968]). 이는

---

2   보편주의는 다양한 의미로 정의된다. 실달과 쿠레(Kildal and Kuhnle, 2002)에 따르면, 보편주의는 신학에서 모든 사람들에 대한 궁극적 구원의 의미로 이해되며, 도덕적 사회학에서는 19세기의 특별한 구성원을 대체하는 탈코트 파슨스(Talcott Parsons)의 시민의 관계로 이해되고 있다. 또한 정치적 영역에서 보편주의는 18세기에 인권 이념으로부터 출발했고, (이 장의 주제인) 복지정책과 관련해서는 19세기 이래 재분배원칙으로 제기되었다.
3   이 장에서 선별주의는 원칙적으로 "자산과 소득조사에 기초해 대상자를 선별하는 자원의 할당원리"의 의미로 사용했다.

보편주의와 시민권

보편주의 정책대상의 원리로 시민권을 상정하는 것은 많은 논란을 야기할 수 있다. 왜
냐하면 노동의 국제적 이동이 점증하고 있는 가운데 일국적 차원에서 시민권을 이해
하는 것은 이주노동자의 권리와 갈등을 야기할 수 있기 때문이다. 실달과 쿤레(Kildal
and Kuhnle, 2002)는 증가하는 이주자로 인해 시민권과 거주권의 차이는 모든 민주정
부에 새로운 도전을 안겨주고 있다고 말한다. 한국의 경우에도 2017년을 기준으로 국
내에 거주하는 15세 이상의 이민자가 127.8만 명에 이르고 있고, 이 중 83.4만 명이 취
업해서 경제활동을 하고 있다(법무부, 2017). 보편주의를 시민권에 기초해 적용할 경우,
한국사회에서 생활하고 있는 1백만 명이 넘는 이주민이 정책대상에서 제외되어 논란이
될 수 있다.

보편주의 할당원리가 시민권에 기반하고 있다는 것을 의미한다. 그러나 현실
에서 '모든' 시민을 포괄하는 보편주의 복지정책은 존재하지 않는다.[4] 모든 시
민을 포괄하는 보편주의 복지정책으로는 판 파레이스(Van Parijs, 2010)가 제
안한, 어떤 조건도 없이 '모든 구성원'[5]에게 공적기관이 충분한 수준의 복지급
여를 제공하는 기본소득이 거의 유일하다.[6]

시민권에 기초한 보편주의 복지정책의 전형이라 간주되는 보편적 아동수
당도 연령이라는 인구학적 기준을 급여조건으로 삼고 있다는 점에서 '모든 사
람에게 어떠한 조건도 없이'라는 기준을 충족시키지는 못한다. 고용에 근거한
기여 여부에 따라 급여를 제공하는 사회보험 또한 보편주의 정책으로 분류하

---

[4] 건강보험은 모든 시민을 대상으로 포괄할 수 있지만 급여는 전문가의 진단을 통해 특별한 욕구가 있다고
    인정될 때만 제공된다는 점에서 조건 없이 모두를 포괄하는 정책으로 분류하는 것에는 논란의 여지가
    있다. 국가 단위는 아니지만 미국 알래스카에서는 주 내에서 생산되는 석유수익금 일부를 주민들에게 매년
    균등 배분하고 있다. 이러한 알래스카 영구기금은 현재 존재하는 소득보장정책 중 기본소득에 가장 가까운
    제도이다.

[5] 기본소득의 수급조건과 관련해서, 판 파레이스(2010: 27)는 시민과 비시민을 구분하지 않고 비시민의
    경우에도 최소한의 거주기간 또는 조세와 관련된 거주조건을 충족시키는 경우에 자격을 부여해야 한다고
    말한다.

[6] 2016년 서울에서 개최된 기본소득지구네트워크 대회에서 "충분성"이라는 용어는 기본소득을 정의하는
    개념에서 제외하기로 했다고 알려져 있다.

기 어렵다(Raitano, 2008).

그래서 보편주의를 "모든 시민을 포괄하는 경우"로 정의하는 경우가 있는가 하면(Raitano, 2008), 노동시장에 참여하는 사람에 대한 사회보험제도의 포괄 정도에 따라 정의하는 경우도 있다(Scruggs and Allan, 2006; Esping-Andersen, 1990). 사실 복지정책의 대상으로서의 보편주의는 절대적인 기준에 따라 규정된다기보다는 자원 할당의 상대적 원리로 이해되고 있다. 선별주의와 구별되는 소득보장과 사회서비스의 제공 원리로 이해되고 있는 것이다(Kulvalainen and Niemela, 2008; Kildal and Kuhnle, 2002).[7] 보편주의 복지정책을 모든 사람을 포괄하는 개념으로 접근하기보다는 "광범위한 인구를 포괄하는 것broad population coverage"으로 정의한 것도 바로 이러한 관점에서 대상으로서의 보편주의를 이해한 것이라고 할 수 있다(Stefansson, 2007). 에스핑안데르센(Esping-Andersen, 1990)이 보편주의를 사민주의 복지체제와 결합된 속성으로 이해한 것도 보편주의를 "광범위한 인구집단에 대한 포괄"이라는 의미로 이해한 것이라고 할 수 있다.[8]

이렇게 보편주의를 상대적 개념으로 이해할 때, 대상으로서의 보편주의가 배타적 실체를 가진 고정된 개념이 아니라 인구집단에 대한 포괄 수준을 둘러싼 연속적 개념이라고 정의할 수 있다. 로스슈타인(Rothstein, 1998: 20)은 보편주의 복지정책을 정의하는 데 있어 전문적 규범에 근거한 적합한(타당한) 욕구의 검사(개인의 경제적 상황을 고려하지 않는)와 경제적 욕구에 근거한 자산조사는 구분되어야 한다고 강조하면서, 자산조사를 수행하는 후자만을 선별주의 정책[9]으로 분류해야 한다고 주장한다. 보편주의의 반대편에는 소득과 자산조사를 통해 욕구를 승인받은 특정한 개인(또는 집단)에게만 급여를 제공하는 선별주의가 위치한다는 것이다.

그러므로 현실세계에서 급여의 대상으로서의 보편주의는 소득과 자산조

---

7 선별주의, 잔여주의 등 보편주의와 대비되는 개념들은 안토넨(Anttonen)과 시필라(Sipilä, 2008)의 글을 참조하라.

8 왜냐하면 보편주의 복지국가에서 선별주의 정책수단은 복지급여와 사회서비스 제공과 관련해 보조적인 역할만을 담당하기 때문이다(Korpi and Palme, 1998).

9 사실 로스슈타인의 선별주의는 티트머스(Titmuss, 2006[1968]), 코르피(Korpi)와 팔메(Palme, 1998) 등이 이야기하는 선별주의가 아닌 잔여주의를 의미한다고 이해하는 것이 적절하다.

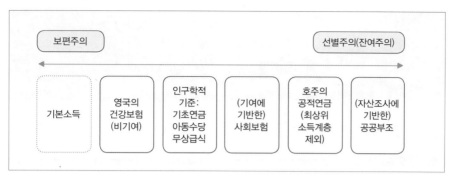

그림 11-1 보편주의부터 선별주의(잔여주의)까지

사 없이 연령, 고용기간 등의 선별기준에 기초해 급여자격을 부여하는 것으로 정의될 수 있다. 즉, 대상으로서의 보편주의 복지정책은 연령, 아동 유무 등의 인구학적 기준을 통해 대상을 선별하지만, 자산, 소득기준과 같은 경제적 기준으로 대상을 선별하지 않는 급여 할당원리라고 할 수 있다. 인구학적 선별기준에 따라 대상의 포괄범위가 상이해질 수는 있지만, 자산조사를 거치지 않는 한 보편주의 정책이라고 할 수 있다.

이제 대상으로서의 보편주의를 실제 복지정책 차원에서 논의해보자. 그림 11-1은 복지정책을 포괄대상에 따라 배열한 것이다. 여기서 포괄범위는 연령, 고용, 기여 등 선별을 위한 여과장치(Kildal and Kuhnle, 2002)가 얼마나 많은 정책대상을 복지정책의 수급대상자에서 걸러내는지에 따라 결정된다. 왼쪽에 가까울수록 정책대상의 포괄범위가 넓은 정책이라고 할 수 있다. 대부분의 복지정책들은 양극단 사이에 위치하며, 정도의 차이가 있지만 대부분 일정 수준의 인구·사회·경제적 여과장치를 통해 자격 있는 대상을 선별해낸다.

가장 왼쪽에는 앞서 언급한 것과 같이 어떠한 조건도 없이 모든 '구성원'에게 지급되는 기본소득 같은 제도가 위치한다. 그러나 기본소득은 아직 실험단계에 있는 정책이기 때문에 논의의 대상에 포함시키는 것은 적절하지 않다.[10] 이런 이유로 기본소득은 점선으로 표시했다. 다음으로 인구학적 선별기

10 브라질에서는 기본소득제도와 유사한 '볼사 파밀리아(Bolsa Familia)'라는 소득지원프로그램을 실시하고 있다. 이 제도는 처음에는 저소득층을 대상으로 도입되어 점차 조건 없이 모든 사람을 대상으로 확대할 전망이다. 그러나 2007년 현재 시민기본소득제도의 대상은 전체 인구의 25%로 제한되어 있어 완전한 의미의 보편주의 제도라고 보기는 어렵다(한겨레신문, 2009년 4월 13일).

그림 11-2 기본소득 입법을 위한 시민행동(ⓒ기본소득한국네트워크)

준을 적용하지 않는 보편주의 정책이며 모든 시민을 대상으로 하는 영국의 국민건강보험이 대상의 포괄범위가 가장 넓은 정책이라고 할 수 있다.[11] 보편적 기초연금과 아동수당, 그리고 2010년 지방선거의 핵심 쟁점 중 하나로 등장했던 보편적 무상급식 등은 그다음에 위치한다. 이러한 정책들은 일정한 인구학적 기준을 충족한 모든 시민에게 특별한 욕구가 있다고 인정해 보편적 급여를 제공하고 있다. 사회보험의 급여는 일반적으로 가입자의 기여금 납부를 전제한다는 점에서 인구학적 기준에 따라 대상을 선별하는 정책들보다 포괄대상이 협소하다. 특히 실업급여는 포괄범위에서 다른 사회보험들에 비해 대상의 포괄성이 상대적으로 협소하다. 왜냐하면 실업은 주로 임금노동자와 관련된 사회적 위험이기 때문이다. 이러한 이유로 노르웨이를 제외한 북유럽 복지국가에서 실업보험은 조합구성원에 대한 선별적 프로그램으로 제도화되었다(Kildal and Kuhnle, 2002). 호주의 소득보장제도와 대부분의 복지국가에 존재하는 공공부조는 대표적인 선별주의 제도로, 소득과 자산조사를 통해 특별한 욕구가 승인될 때 수급자격이 부여된다. 다만 호주의 소득보장제도는 최상위 소득계층을 배제하고 대부분의 소득계층에 자격을 부여한다는 점(Korpi and Palme, 1998)에서 제한된 소수의 빈곤층에만 수급자격을 부여하는 공공부조보다는 상대적으로 포괄범위가 넓다. 한국에서 2018년 9월부터 시행된 아동수당 또한 2인가구 기준으로 상위 10% 가구를 지급대상에서 배제하는 방식으로

---

11   그러나 실제 급여는 전문가(의사 등)에 의해 의학적 조건을 충족시켜야 지급받을 수 있다는 점에서 다른 소득보장정책의 급여와는 차이가 있다.

핀란드의 기본소득

핀란드의 중도우파정부는 2017년 1월~2018년 12월까지 2년에 걸쳐 '기본소득'을 실험했다. 장기실업자 중 2,000명을 무작위로 선정해 이들에게 월 560유로(한화 72만원)를 지급하고, 기본소득을 받는 중간에 취업을 하더라도 계속 지급하기로 했다. 하지만 핀란드의 실험이 어떤 결과를 내올지는 현재로서는 알 수 없는 상태이다. 핀란드 사회보장국은 기본소득 실험을 계속하기 위해 중앙정부에 4~7,000만 유로의 추가예산 지원을 요청했지만 받아들여지지 않았다. 핀란드 중앙정부의 이런 결정을 두고 BBC, 가디언, 텔레그래프 등의 국제 언론과 한국의 진보언론인 경향신문, 보수언론인 중앙일보, 조선일보 등에서는 핀란드의 기본소득 실험이 실패했다고 보도했다. 하지만 정작 기본소득 실험을 책임지고 있는 올리 캉가스Olli Kangas 핀란드 사회보장국장은 실험이 아직 끝나지 않았고, 2019년 말이 되어야 실험결과를 알 수 있다는 입장을 표명하면서 핀란드 기본소득을 둘러싼 논란이 계속되고 있다.

문제는 핀란드 기본소득이 (노동시장 참여를 전제하지 않는) 무조건성, (기본소득만으로 살아갈 수 있는) 충분성, (모든 시민에게 지급되는) 보편성이라는 기본소득의 기본원칙에서 보면 전형적인 기본소득이라고 보기 어렵다는 점이다. 핀란드 기본소득이 이러한 기본소득의 기본 특성을 갖고 있지 않다면, 핀란드 기본소득 실험의 결과를 기본소득의 타당성을 평가하는 준거로 사용할 수 있는가에 대해 논란이 생길 수 있을 것 같다. 다만 시민들의 노동시장 참여 형태가 다양해지면서 전통적인 사회보장제도로는 시민들이 직면하는 사회적 위험에 대응할 수 없다는 것이 분명해지고 있다는 점에서 핀란드에서 진행 중인 기본소득 실험에 대한 정밀한 평가가 필요해 보인다.

출처: 한겨레, 2018년 5월 4일자, "월 72만원 핀란드 기본소득 실험 실패? 설계자 '가짜뉴스다'"; 경향신문, 2018년 4월 24일자, "핀란드 기본소득 실험 2년 만에 접는다"; 중앙일보, 2018년 4월 24일자, "핀란드, 월 70만원 기본소득 실험 2년 만에 막 내린다".

시작되었다는 점에서 최상위층을 배제하는 호주의 소득보장제도와 유사했다. 소득 상위 10%를 배제하는 원리가 소득과 자산조사에 기초해 그 대상을 선별하는 것이라는 점에서 선별주의적 특성이 내재되어 있다고 할 수 있다.[12]

12　소득·자산조사를 통해 대상자를 선별한다는 점에서 상위 10%를 제외한 아동수당은 보편주의 복지정책이라고 할 수 없지만, 급여의 수급대상이 미취학 아동이 있는 절대 다수의 가구를 포괄한다는 점에서 준보편주의(quasi-universalism)라고 부를 수 있다. 다만 아동수당은 자유한국당이 보편적 아동수당에 동의해 2019년부터 모든 미취학아동에게 아동수당이 지급되고 있다.

정리하면, 인구사회학적 특성과 기여 여부에 따라 대상을 선별하는 복지정책은 보편주의 복지정책이라고 할 수 있고, 소득과 자산에 따라 대상을 선별하는 복지정책은 선별주의 복지정책으로 분류하는 것이 타당하다. 이러한 관점에서 보면, 보편주의 원칙과 대상을 선별하는 원리는 대립적인 것이 아니다. 정책대상을 결정하는 원리는 시민권에 근거해 인구학적 특성과 기여 여부에 따라 대상을 선별하는지, 아니면 자산과 소득조사에 따라 대상을 선별하는지에 따라 구분된다.

(2) 급여의 제공방식

급여수준과 관련된 쟁점은 대상과 관련된 논의에 비해 논리적으로 명확한 구분이 가능한 듯하다. 크게 보면 베버리지 방식이라고 불리는 개별적 욕구와 관계없는 균등급여를 제공할 것인지, 아니면 욕구에 따라 상이한 급여를 제공할 것인지와 관련되어 있다.

그러나 급여수준과 관련된 쟁점 또한 합의하기 어려운 부분이 있다. 구체적으로 보면, 균등급여는 시민생활의 기본수준을 보장하기 위한 복지국가의 오랜 노력의 결과이다. 또한 균등급여방식에 기초한 보편주의는 파시즘에 맞서서 민주주의와 자본주의를 수호한 시민들의 애국주의에 대한 보상이었다(Eley, 2008). 실제로 서구 복지국가는 제2차 세계대전 이후에 사회통합과 질서유지를 위해 모든 시민에게 기본선이 보장되는 동일한 급여를 제공했다(Anttonen and Sipilä, 2008). 문제는 이 같은 베버리지 방식의 균등급여가 노동자계급에 사회안전망을 제공하기 위한 목적에서 제도화된 것이었기 때문에 중산층의 생활유지 욕구를 충족시킬 수 없었다는 점이다(Korpi and Palme, 1998). 시장에서의 소득수준과 연동된 소득비례에 기초한 급여는 이러한 변화된 중간계급 시민들의 요구를 반영한 것이었다. 보편주의 복지정책의 할당원리로 균등급여가 국가의 필요(사회통합과 질서유지)에 의해 결정된 것이라면, 소득비례 할당원리는 개인의 필요(주로 중산층의 생활수준 유지)로부터 제도화된 것이다(Anttonen and Sipilä, 2008).[13]

---

13 1959년부터 시작된 스웨덴 사민당의 연금개혁에서 노동자계급의 평등주의에 기초한 정액급여가 중간계급이

이러한 소득비례 할당원리는 1960~1970년대에 등장한 스칸디나비아 복지국가의 보편주의와 제2차 세계대전 이후에 영국에서 시작된 보편주의를 구별하는 특징이 되었다. 스칸디나비아 복지국가에서 발현된 보편주의 할당원리는 인간에게 보편적 복지욕구가 존재한다는 것을 부정하지 않는다. 그러나 소득비례급여는 모든 개인의 욕구가 같다는 것에 동의하지 않으며, 복지정책이 모든 필요에 대해 동일한 형태를 취해야 한다는 주장에 대해서도 동의하지 않는다(Ginsburg, 2003). 이는 사실상 상이한 소득계층 간에 존재하는 차별적인 욕구를 인정하는 것이고, 이러한 차별적 욕구에 근거해 차별적인 자원 할당을 정당화한 것이다.[14] 그러므로 만약 보편주의가 동등한 급여를 의미한다면, 소득비례 할당원리에 근거한 노르딕 복지국가는 더 이상 보편적 복지국가가 아니다(Kildal and Kuhnle, 2002).

정책수준과 체제수준의 보편주의

미야모토 타로(宮本太郎, 2003[1999: 42-44])가 정리한 바에 따르면, 보편주의는 그림 11-3과 같이 크게 체제수준의 보편주의와 정책수준의 보편주의로 구분될 수 있다. 체제수준의 보편주의는 소득보장 급여와 사회서비스 급여에 대한 자격이 모든 시민에게 부여되는 경우를 말한다. 다만 미야모토 타로는 현실적으로 이런 경우는 없기 때문에 체제수준의 보편주의는 이상형으로만 존재

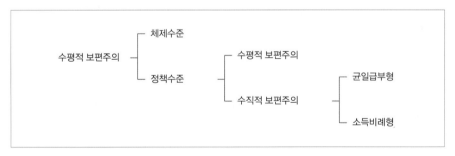

그림 11-3 보편주의의 유형
출처: 宮本太郎(2003[1999]), 『복지국가 전략: 스웨덴 모델의 정치경제학』, 서울: 논형, p.42.

노동시장에서 성취한 것을 반영한 소득비례로 대체되었다는 것은 사민당의 권력 기반이 노동자계급과 농민의 연대에서 노동자계급과 중간계급의 연대로 이동했다는 것을 의미한다(Eley, 2008:582).

14 소득비례 보편주의 할당원리가 불평등과 빈곤 완화에 효과적인가에 대한 논란은 다음 장에서 검토한다.

할 수 있다고 했다. 대신 미야모토는 보편주의의 유형을 볼드윈^{Baldwin}의 정리를 인용해 개별 정책수준에서 수평적 보편주의와 수직적 보편주의로 구분하는 것이 현실적이라고 설명한다. 수평적 보편주의는 복지정책의 대상이 특정 직업과 지역(직역)에 국한되지 않고 모든 직역을 포함하는 경우인데, 이때 주의할 점은 소득조사에 기초해 소득계층에 대한 선별이 가능하다는 것이다. 예를 들어 국민연금은 모든 직역을 포함하지만 소득을 기준으로 특정 소득계층을 배제할 수 있는 보편주의 원리이다.[15]

반면 수직적 보편주의는 정책의 대상을 결정하는 데 있어 소득조사를 하지 않는 경우이다. 수직적 보편주의는 다시 급여를 균일하게 제공하는 경우와 소득에 따라 비례적으로 제공하는 경우로 구분된다. 균일급부형의 경우, 급여의 재원을 누진적 조세로 조달하면 수직적 재분배 성격이 강하게 나타나고 소득수준에 관계없이 동일한 기여를 하면 수직적 재분배 효과는 중립적이 된다. 소득비례형의 경우, 노동자의 소득에 따라 급여수준이 차등적으로 제공된다.

보편주의를 특정 복지국가의 성격을 설명하는 개념으로 사용할 때 주의할 점이 있다. 보편주의와 제도주의를 구분하는 것인데(김영순, 2012), 제도주의 복지국가는 일반적으로 시민권에 기초해 대부분의 사회적 위험에 대한 대응을 모든 시민을 포괄하는 보편주의 방식으로 제도화한 복지국가를 의미한다. 이때 제도주의 복지국가와 체제수준의 보편적 복지국가를 동일시할 수 있다. 하지만 보편적으로 제공되는 공적 사회보장제도의 보장수준이 충분하지 않아 중상층이 민간보험 같은 사적 보장제도에 가입해 있다면, 우리는 이러한 복지국가를 제도주의 복지국가라고 부르기 어렵다.

마지막으로, 미야모토가 언급한 것처럼 체제수준의 보편주의와 정책수준의 보편주의 간의 관계를 살펴보자. 둘 간의 관계에서 핵심은 연금 또는 의료보장제도 등과 같은 개별 정책수준에서 보편주의를 실현한다고 해서 자동적으로 체제수준의 보편주의가 실현되는 것은 아니라는 것이다. 예를 들어 영국은 의료보장과 관련해 OECD 회원국 중 가장 보편적인 의료서비스를 제공하는 복지

---

15   물론 특정 소득조사를 통해 특정 소득계층을 제도의 대상에서 배제하는 것이 정책수준이라도 보편주의 원리에
     합당한 것인지는 논란의 여지가 있다.

그림 11-4 영국 정부의 NHS 예산삭감과 민영화에 반대하는 시위. 2017년 런던.
(ⓒJohn Gomez / Shutterstock.com)

국가이지만, 우리는 영국을 체제수준의 보편주의 복지국가라고 분류하지는 않는다. 다시 말해, 개별 정책차원의 보편주의와 체제수준의 보편주의는 반드시 일치하지 않는다. 개별 정책에서는 보편주의 원리를 적용하지만 체제수준에서는 선별적 복지국가를 제도화할 수도 있기 때문이다(宮本太郎, 2003: 42-43).

보편주의 복지정책의 변화

보편주의 복지정책의 목적은 모든 시민에게 지위, 존엄성, 자존감의 상실 없이 서비스와 소득을 보장하는 것이다(Titmuss, 2006[1968]). 이러한 보편주의 이념은 19세기의 자산조사에 기초한 잔여주의 정책과 대비되는 재분배 원칙으로 공적 논의에 등장했다(Kildal and Kuhnle, 2002). 일반적으로는 1914년에 제도화된 스웨덴 연금제도를 최초의 보편주의 정책으로 간주한다(Anttonen and Sipilä, 2008).[16] 그러나 스웨덴 연금제도의 일차적 목적이 빈곤완화에 있었다는 점에서 모든 시민의 기본적 생활을 보장하는 현재의 보편주의 정책과는 이념적으로 거리가 있다(Edebalk, 1996; Anttonen and Sipilä, 2008에서 재인용).

---

16 노르웨이에서 1900년경에 도입된 인민보험을 최초의 보편주의 정책으로 보는 입장도 있다(물론 당시의 인민이 모든 시민을 의미하는 것은 아니었다)(Kildal and Kuhnle, 2002).

역사적으로 정액기여와 균등급여에 근거한 보편주의 복지정책이 현실화될 수 있었던 것은 서구사회가 직면한 전쟁(세계대전)이라는 공통의 위험이 계기가 되었기 때문이다. 세계대전에 참여한 국가는 전쟁을 승리로 이끌기 위해 이용 가능한 모든 자원을 총동원할 필요가 있었고, 국가는 국민총동원을 정당화하기 위해 시민들에게 전쟁 이후의 새로운 사회비전을 제시해야 했다(Sipilä, 2009; Anttonen and Sipilä, 2008). 그리고 전쟁이 끝난 후에 서구 국가들은 전쟁기간 동안 시민들에게 제시했던 복지국가의 전망을 실천에 옮겨야 했다.[17]

하지만 현실에서 보편주의 복지를 실현할 수 있게 했던 실제적 힘은 제2차 세계대전 기간 중에 나타난 시민들의 강력한 복지요구(건강, 고용 등)와 좌파의 집권[18]이었다(Thane, 1982; Anttonen and Sipilä, 2008에서 재인용). 또한 보편주의 정책의 도입이 소득조사에 기초해 대상을 선별하는 모든 선별주의 정책을 대체한 것은 아니다. 보편주의 복지는 당시 모든 시민들의 필요를 충족시키지는 못했기 때문에 전후 복지국가는 여전히 선별주의 복지를 필요로 했다. 다만 완전고용이 이루어진 상황에서 공공부조와 같은 선별주의 제도의 대상이 되는 시민은 매우 제한적이었기 때문에, 선별주의 복지정책의 존재는 사회적으로 관심의 대상이 되지 못했다(Langan, 1988; Anttonen and Sipilä, 2008에서 재인용).

균등급여에 기초해 제도화됐던 보편주의 복지정책은 1960년대와 1970년대를 거치면서 중대한 도전에 직면한다. 상대적으로 동질적인 제조업 노동자의 감소와 이질적인 사무직 노동자의 증가는 균등급여에 기초한 보편주의 복지정책의 변화를 가져왔다. 그리고 스칸디나비아 복지국가에서 소득비례형 보편주의라고 불리는 새로운 보편주의 복지정책의 원리가 등장하게 된다(Anttonen and Sipilä, 2008). 스칸디나비아 복지국가에서 보편주의는 국가가 시민의 기본적인 욕구를 결정하는 방식이 아니라 개인의 다양한 욕구에 조응하는 방식으로 재편되었다. 대상으로서의 보편주의의 포괄성은 유지되었지만, 급여 방식은 균등급여에서 노동시장에서의 성취를 반영하는 소득비례급여로 전환되었다(Kildal and Kuhnle, 2002).

---

17   이 시기를 '자본주의의 황금시대' 혹은 '영광의 30년'이라고 지칭하기도 한다.
18   가령 영국의 경우, 유럽에서 제2차 세계대전이 끝난 직후에 치러진 총선에서 노동당이 압승했는데, 이는 국민보건의료서비스(NHS)의 탄생을 가능하게 한 정치적 기반이었다.

사회적 위험과 보편주의의 발달

티트머스(Titmuss, 2006[1968])는 시민들이 직면한 공통의 사회적 위험이 보편주의의 발달에 기여했다고 평가한다. "우리 모두는 같은 배를 타고 있다"는 티트머스의 이야기는 공통의 사회적 위험에 대한 공통의 사회적 대응인 보편주의 정책이 갖는 철학적 의미를 잘 표현해주고 있다. 하지만 보편주의 정책의 발달이 반드시 모든 시민이 직면한 공통의 위험에 대응한 결과라고 이야기하기는 어렵다. 실제로 스웨덴의 실업보험은 보편주의 정책을 제도화하는 것인데, 이는 특정한 사회적 위험이 광범위한 집단과 밀접한 관계가 없어도 지지받을 수 있다는 것을 보여준다(Rothstein, 1998). 스웨덴에서 실업보험은 실업율이 3%에 불과했을 때도 광범위한 국민적 지지를 받았기 때문이다.

보편주의를 스칸디나비아 복지국가의 독특한 특성이라고 간주하는 것(Baldwin, 1990)은 바로 이러한 노동시장에서 성취한 지위의 차이를 인정하는 방식으로 제도화된 새로운 소득비례형 보편주의 급여방식을 보편주의의 전형으로 이해하는 것이다. 코르피와 팔메(Korpi and Palme, 1998)는 스칸디나비아 보편주의는 균등급여와 함께 소득비례급여를 통해 저소득층과 비저소득층을 단일 제도로 포괄하는, 노동자계급과 중간계급의 연대에 가장 적합한 유형이라고 했다. 또한 소득비례급여 방식은 비스마르크와 베버리지의 원리를 조합한 것으로, 대부분의 시민을 보편주의 복지정책의 대상으로 포괄하지만 사회적 위험에 대한 대응 정도는 노동시장의 지위에 따라 차별적으로 이루어지는 보편주의 내에서의 계층화stratification within universalism[19]를 반영한다. 보편주의 복지국가는 모든 시민에게 동일한 욕구가 있다고 간주하지 않으며, 보편주의 원리는 시민들의 욕구가 기본적 보장수준을 넘어 개별 시민이 노동시장에서 성취한 상이한 결과를 반영하는 것으로 전환된 것이다. 하지만 1960년대에 성립된 새로운 보편주의 원리는 1990년대에 스칸디나비아 복지국가가 경제적 위기에 직면하면서 심각한 도전에 직면해 있다. 스칸디나비아 복지국가가 보편주의에

---

[19] 보편주의 내에서의 계층화는 므칸다위르(Mkandawire, 2005)의 계층화된 보편주의(stratified universalism)와 구별해서 사용할 필요가 있다. 계층화된 보편주의는 복지제도가 실제로 특정집단에만 적용되고 다른 집단은 배제되는 현상을 지칭하는 개념이다.

서 선별주의 체제로 이행했다는 비판들이 제기되고 있기 때문이다(Kuivalain-en and Niemela, 2008; Mkandawire, 2005).

보편주의와 사회서비스 정책

사회서비스 정책에도 소득보장정책과 동일한 보편주의 원칙을 적용할 수 있을까? 국내는 물론이고 외국 문헌에도 소득보장정책과 구별되는 사회서비스 정책의 보편주의 원리에 대한 논의는 거의 없다. 이는 근본적으로 1950년대 이후에 사회서비스가 교육, 주거, 소득보장, 건강서비스 등을 포괄하는 메타개념으로 사용되었기 때문이다(Nygren, Andersson, Eydal, Hammarqvist, Rau-hala and Nielsen, 1997). 가령 핀란드에서 사회서비스는 사회보장과 분리된 독립된 정책영역으로 이해되지 않는다.

1970년대 이전까지만 해도 이러한 관점은 일반적이었다. 보편주의에 대한 티트머스(Titmuss, 2006[1968])의 논의에서도 소득보장정책과 지금 우리가 사회서비스라고 부르는 정책을 통칭해서 사회서비스라고 불렀다.

그러나 소득보장정책에 적용되는 보편주의 원칙을 사회서비스 정책에 적용하는 것은 생각처럼 간단하지 않다. 예를 들어 균등급여방식은 소득보장정책에는 적용이 가능하지만 사회서비스 정책에 적용하는 것은 불가능하고 적절하지도 않다. 현금과 달리 사회서비스에서 균등분배는 의미가 없다(Anttonen and Sipilä, 2008). 사회서비스와 관련된 욕구는 소득수준에 따라 비례적으로 배분되는 것이 아니라 사회서비스가 필요한 사람에게 배분되어야 하기 때문이다.

사회서비스의 이러한 독특한 특성은 사회서비스가 소득보장정책과 상이한 제도화 역사를 갖고 있기 때문이다. 제2장에서 살펴보았듯이, 종교개혁 이후에 지방민에 대한 빈곤구제의 책임이 교회에서 국가와 지방정부로 이전되는 과정에서 지역민의 복지 욕구에 대한 지방정부의 역할이 강화된다. 이후 산업화와 복지국가의 확대과정에서도 대부분의 소득보장정책이 중앙정부로 이전된 데 반해, 사회서비스는 지방정부의 책임으로 남아 있게 된다. 이러한 이유로 사회서비스는 소득보장정책과는 상이한 제도적 특성을 갖게 되는데, 소득보장정책이 법적 근거에 의해 보편주의를 실현하고 있는 데 반해 일부 예외를 제외한 사회서비스는 법령에 근거하지 않고 지방정부의 자유재량에 맡겨진다. 실제로 스칸디나비아 복지국가에서 사회서비스는 지방정부의 지원을 받는 활동으로 이해되고 있다(Nygren et al., 1997). 이로 인해 스칸디나비아 복지국가에서도 사회서비스의 보편성은 국가별로 상이한 것은 물론이고 국가 내에서도 지방정부에 따라 상이하다.

또 다른 특성은 사회서비스에서 급여대상이 되는 것과 실제로 급여를 받는 것이 일치하지 않는다는 점이다. 보편주의의 소득보장에서 실업, 질병, 노령 등 일정한 요건을 갖추면 수급자격을 갖는 것과 실제 급여를 받는 것이 대부분 일치하지만, 사회서비스에서는 수급자격을 갖는다고 해서 반드시 서비스를 이용하지는 않는다. 예를 들어 건강서비스(특히 치료와 관련해서)의 경우, 서비스는 수급자격에 따라 제공되는 것이 아니라 전문가에 의해 욕구가 있다고 인정되는 경우에만 제공된다. 이러한 특성을 고려한다면, 사회서비스는 대상과 관련해서는 보편주의 소득보장정책과 유사한 원리를 적용할 수 있지만 급여 제공은 선별적이라고 할 수 있다. 다만 보편적 사회서비스가 선별주의 사회서비스와 구분되는 점은 소득과 자산조사에 근거해 서비스의 수급자격을 결정하지 않는다는 것이다.

마지막으로, 정치적 이념과 관련해서 살펴보자. 스칸디나비아 복지국가로 한정해서 보면, 정치적으로 사회서비스(특히 아동보육서비스)는 사민당에 대한 지지와 거의 관련 없다. 실제로 사민당, 보수당, 중앙당의 사회서비스정책은 적어도 아동돌봄정책과 관련해서는 큰 틀에서 차이가 없다. 이는 보편주의 소득보장정책과 관련해 사민당, 농민당(중도당), 보수당이 시기에 따라 서로 상이한 입장을 가졌던 것과 비교된다. 이러한 현실은 우리에게 사회서비스가 보편주의 복지와 관련해서 가지는 독특한 지위를 설명해주고 있다. 즉, 사회서비스는 정치적 이념과의 관련성이 상대적으로 약하며 대부분의 정치세력들이 지지할 수 있는 공통의 이해를 가지고 있다는 것을 의미한다. 보편주의 복지실현과 관련해서, 사회서비스는 비임금노동자와 비산업노동자계급·계층, 특히 중산층과의 연대에 중요한 고리가 될 수 있다. 왜냐하면 중산층일지라도 자신에게 필요한 모든 서비스를 시장에서 구매할 수는 없기 때문이다(Anttonen and Sipilä, 2008).

보편주의 할당을 둘러싼 쟁점

보편주의와 선별주의는 상호 배타적이다?

한국사회에서 보편주의와 선별주의는 2010년 무상급식 논쟁 이후에 복지할당원리의 핵심적 쟁점으로 부상했다. 이러한 보편주의와 선별주의 논쟁은 단순한 정책선택을 넘어 분배정책과 관련해서 진보와 보수를 가르는 기준이 되고 있다. 앞서 언급했듯이, 일반적으로 보편주의는 복지정책의 대상으로 모든 시민을 포괄한다는 의미로 이해되고(Anttonen and Sipilä, 2008), 선별주의는 소득과 자산조사를 통해 대상을 선별하는 것으로 이해된다. 한국의 제도권 정당들은 물론 언론에서도 보편주의와 선별주의를 대립되는 용어로 사용하면서, 보편주의는 모든 시민을 포괄하는 것으로, 선별주의는 꼭 필요한 가난한 사람들에게만 복지를 제공하는 것으로 이해하고 있다. 그러나 이러한 이해와 달리 사회정책 연구자들 사이에 보편주의와 선별주의에 대한 합의된 정의는 없으며, 더욱이 보편주의와 선별주의를 대립되는 논리로 이해하지도 않는다. 국내에서는 윤홍식(2011)과 김연명(2011)의 논문이 출간되기 전까지는 '보편주의'에 관한 학술논의가 거의 없었다. 최근에는 영국의 보편주의 논쟁과 한국에서 벌어진 보편주의 논쟁을 정리한 이태수(2016)의 연구가 있다.

먼저 윤홍식의 주장을 살펴보자. 그에 따르면, 보편주의에 대한 합의된 정의가 없다는 것은 "정책의 대상으로서의 보편주의가 고정된 개념이 아닌, 인구집단의 포괄범위에 따른 연속적 개념이기 때문"이라는 것이다. 보편주의 정책은 포괄대상의 범위에 따라 하나의 연속선상에 위치해 있는 동적인 개념이라는 것이다. 보편주의를 이렇게 정의하면 대상으로서의 보편주의는 선별주의와 구분되는 개념이 아니라 선별주의에 의해 보완되는 개념이 된다. 보편주의는 연령, 고용, 기여 여부 등에 따라 대상을 선별하는 여과장치를 가지고 있는 것이다(Kildal and Kuhnle, 2002). 이태수(2016: 355)는 길버트와 테렐의 할당원리에 기초해 보편주의를 소득수준과 관계없이 급여자격이 주어지는 할당원리로 정의했다.

한편 김연명(2011: 18)은 보편주의 복지국가를 "포괄적인 사회복지 관련 서비스가 전체 국민에게 보편주의로 적용되는 국가체제"로 규정하고 있다. 김연명도 전체 국민을 포괄한다는 의미로 보편주의를 이해하고 있다. 그러나 보편주의를 단순히 대상의 포괄범위로 규정하면 보편주의를 정의하는 데 모호함이 발생한다고 주장한다.

예를 들어 문재인정부가 2018년 9월부터 시행 중인 아동수당은 시행 초기에는 2인가구 기준으로 소득 상위 10%를 제외한 90% 가구에 지급되는데, 이를 선별주의 정책이라고 할 수 있느냐는 것이다.[20] 김연명(2011: 17)은 "완벽한 보편주의도 아니고 선택주의도 아닌 모호한 할당원리"라고 적고 있다. 그러면 99%의 대상을 포괄하면 보편주의이고 1%를 배제하면 보편주의가 아니라고 할 수 있을까? 전체 취업자의 40%만 가입하고 있는 고용보험은 보편주의 정책인가?

이렇게 보면 어떤 복지정책이 보편주의 정책인지의 여부는 대상의 포괄범위가 아니라 자원의 할당원리가 시민권의 권리에 기초해서 연령, 아동 유무 등 인구사회학적 특성 또는 (사회보험과 같은) 기여에 기초하는지, 아니면 소득과 자산조사에 근거하는지에 따라 판단하는 것이 타당해 보인다. 그렇기 때문에 정책대상을 놓고 볼 때 보편주의와 선별주의의 이분법적 구분은 불가능하며, 대상의 포괄범위에 따른 연속적인 개념으로 이해하는 것이 타당하다. 보편주의는 선별주의 없이 존재할 수 없다(윤홍식, 2011). 다만 분명히 짚고 넘어가야 할 점은 보편주의가 만병통치약이 아니기 때문에 긍정적 차별이 필요하다는 것이다(Titmuss, 2006).

이는 보편주의와 선별주의가 상호 대립적인 자원할당원리가 아닌 상호 보완적인 할당원리라는 것을 의미한다. 굳이 선별주의 개념을 보편주의와 대립되는 개념으로 고집한다면 "자산과 소득조사에 근거한 선별주의" 정도가 적절한 개념이 될 것이다(윤홍식, 2011). 특히 최근에 논쟁이 되고 있는 기본소득은 보편주의 복지정책을 인구학적 특성을 포함해 어떤 특성으로도 복지급여의 대

20　실제로 아동수당의 지급요건이 되는 2인가구는 아동이 없는 가구도 포함하고 있기 때문에 실제로 지급대상은 94%에 이를 것으로 예상했다.

상을 선별하지 않는 것으로 보면서 보편주의 할당원리를 다시 정의하고 있다(Raventos, 2016[2007]). 기본소득이 추구하는 보편주의에 따르면, 우리가 통상적으로 보편주의 정책으로 분류한, 인구학적 특성에 따라 대상을 선별하는 아동수당, 기초연금 등과 같은 복지정책 또한 선별적 정책이라고 할 수 있다.

보편주의 복지와 노동동기

국가 단위에서 보편주의 복지와 노동동기의 관계를 보면 예상 밖의 결과가 제시된다. 상식적으로 보편주의 복지가 노동동기 저하를 유발한다면 보편주의 복지를 시행하고 있는 국가들의 노동시장 참여율과 생산성이 낮아야 한다. 그러나 벌써 반세기가 넘게 복지급여가 노동동기를 약화시킨다는 주장과는 반대되는 결과들이 제시되고 있다. 1980년부터 근 30년 동안 고용률 평균과 노동생산성 증가율을 보면, 보편주의 복지국가군(스웨덴, 덴마크, 노르웨이, 핀란드)의 평균 고용률은 73.9%로, OECD 평균 64.7%는 물론이고 미국, 영국, 캐나다 등 자유주의 복지국가군의 평균 69.4%보다도 4.3%p나 높았다. 노동생산성 증가율도 유사한 결과를 보여주고 있다.

더욱 흥미로운 사실은 노동동기가 보편주의 복지국가들보다는 저소득층에만 제한적으로 복지급여를 제공하는 선별주의 복지국가들에서 더 심각한 사회문제가 되었다는 점이다. 물론 보편주의 복지국가에서도 복지급여가 시민들의 의존성을 강화시킨다는 비판이 제기된다. 스웨덴에서 "복지급여에 대한 의존성"은 보편주의 복지에 대한 비사회주의 정당의 일상적 비판이다(Carlsson and Lindgren, 2009). 그러나 이러한 주장은 중요한 사실을 간과하고 있다.

먼저 누구도 복지급여만으로는 인간적이고 행복한 생활을 누리기 어렵다는 점을 고려해야 한다. 스웨덴에서조차도 실직자들은 자신감을 잃고 스스로의 삶을 주도적으로 살아갈 능력을 상실할 가능성이 높다(Carlsson and Lindgren, 2009). 대부분의 복지국가에서 복지급여는 노동소득을 일시적으로 대체해주거나 보조해주는 것이지, 인간적이고 행복한 삶을 안정적으로 유지할 수 있는 소득원이 아니다.[21]

다른 하나는 대부분의 경우 개인의 생활조건은 스스로의 의지에 의해서만

이 아니라 사회경제적 구조에 의해서도 결정된다는 점이다. 물론 언제나 그렇듯이 예외적인 일부는 복지제도를 남용할 것이다. 그러나 일자리가 있고 그 일자리가 먹고살 수 있는 소득을 보장한다면, 일하지 않고 복지에 의존하려고 하는 사람들은 생각처럼 그렇게 많지 않을 것이다.

복지확대, 재정위기의 원인인가?

일부 언론과 정치인들은 한동안 그리스와 일본의 사례를 들면서 보편주의 복지가 국가재정을 위태롭게 한다는 비판을 쏟아냈다. 그러나 이러한 주장은 사실이 아니다. 먼저 일본의 사례를 보자. OECD(2010a) 자료에 따르면, 2008년 GDP 대비 일본의 국가채무비율은 무려 172.2%에 달했다. 그런데 이렇게 높은 국가채무비율이 일본 민주당 정부가 아동수당과 같은 보편주의 정책을 확대했기 때문이라고 주장하는 것은 문제의 본질을 호도하는 것이다. 정남구(2011)에 따르면, 일본 민주당이 복지공약을 모두 이행하면 연간 정부지출이 11조 8,000억 엔이 증가한다고 한다. 그러나 민주당 정권은 공약의 1/3 정도인 3조 7,512억 엔만 예산에 반영했고, 이 지출 모두가 적자로 편성되었다고 해도 2011년의 1천조 엔에 이르는 누적채무의 0.4%에도 미치지 못한다. 재정위기의 주범은 자민당 시절에 자행되었던 10조 엔 이상의 감세정책과 116조 엔에 달하는 토건중심의 경기부양정책을 위해 발행한 건설국채이다(渡辺治, 2010; 二宮厚美, 2010). 일본의 재정위기는 보편적 복지정책을 확대했기 때문이 아니라 자민당 정부의 재정정책과 경제정책 실패에 기인한 것이다.

그리스의 재정위기도 본질을 호도하는 사례이다. 1995년에 GDP 대비 101.1%이던 그리스 정부의 부채비율은 2001년에 117.2%로 높아졌다가 이후 지속적으로 감소해 2008년에는 102.6%였다(OECD, 2010).[22] 공적 사회지출의 증가율도 크지 않아 1995년부터 2005년까지 연평균 0.32%p에 그쳤다.[23]

---

21 다만 최근에 제기되고 있는 '기본소득'은 노동시장 참여와 관계없이 누구에게나 인간다운 삶을 보장할 수 있는 수준의 무조건적 급여가 이루어져야 한다고 함으로써 노동시장 참여와 연관된 전통적 복지국가의 전제를 전면적으로 부정하고 있다(윤홍식, 2017; Raventos, 2016[2007]).

22 2005년의 GDP 대비 부채비율은 114.5%로, 1995년에서 2005년 사이의 증가율은 13.3%이다.

문제는 2008년 금융위기로 인한 경기침체가 세수 기반의 축소를 유발했고 경기침체에서 벗어나기 위해 확장적 재정정책을 펼침으로써 재정위기의 직접적 계기를 가져왔다는 것이다. 더욱이 그리스 재정위기의 근본 원인은 소위 '과도한 복지급여'가 아니라 취약한 경제(제조업)기반이다(강유덕·오태현·이동은, 2010). 경제기반이 견실하지 않은 상태에서의 유로화 가입은 그리스 산업의 경쟁력 상실과 독립적인 거시경제정책의 제약으로 이어졌다.

더 심각한 문제는 유로화 가입으로 인한 화폐가치의 상승이 부동산 같은 비생산적인 부문으로의 과도한 투자를 야기해 실물경제와 관계없는 거품을 양산했다는 것이다. 결국 그리스는 2008년의 금융위기로 직격탄을 맞게 됐다.

복지지출이 재정위기와 관련이 없거나 본질이 아니라는 것은 그리스와 일본의 경우에만 해당되는 것이 아니다. 1961년부터 1990년까지 유럽공동체[EC] 12개국의 GDP 대비 정부지출은 총 부채비율과 관계가 없었으며, 국가부채 증가는 복지지출 증가의 결과가 아니었다. 복지지출의 증가로 인한 재정위기는 발생하지 않았다. 국가 채무는 오히려 해당 국가의 경제성과, 조세체계, 정부구조(분권화, 권력구조 등), 예산 결정과정 등과 관련된 것으로 조사되었다(Wilensky, 2005; 52).

재정지출과 관련된 또 하나의 왜곡은 산업화된 국가들이 복지지출을 줄이고 있다는 주장이다. 그러나 객관적 자료는 이러한 주장을 뒷받침하지 않는다. OECD 35개 회원국 중 2000년부터 2016년까지 공적 사회지출이 감소한 국가는 칠레(1.5%p↓), 독일(0.1%p↓), 이스라엘(0.9%p↓), 라트비아(0.3%p↓) 4개국에 불과했고, 나머지 31개국은 오히려 공적 사회지출 규모가 증가했다(OECD, 2018a). 비교 시점을 1990년으로 늘려도 결론은 유사하다. 더욱이 OECD 34개 국가 중 GDP 대비 공적 사회지출비율이 구사회주의권 국가들보다도 낮은 한국에서 "복지확대가 재정위기를 부르고 종국에는 망국의 길로 들어선다"는 주장은 현실을 오도하는 것이다. 물론 재정건전성은 중요하다. 그러나 재정문제는 우리 국민이 원하는 사회를 실현하기 위한 수단이 되어야지, 그 자체가 목적이 될 수는 없다.

---

23   GDP 대비 공적 사회지출은 1995년에 17.3%에서 2005년에 20.5%로 18.5% 증가했다(OECD, 2018).

보편주의 복지의 재원을 둘러싼 논쟁

복지재원을 둘러싼 한국사회의 논쟁이 달아올랐다. 19대 대통령 선출을 위한 방송합동토론회(2017년 4월 13일)에서 정의당의 심상정 후보는 법인세 인상을 공약에 포함시키지 않은 민주당 문재인 후보와 국민의당 안철수 후보를 "굉장히 비겁한 것"이라고 비판했다.

그렇다면 보편주의 복지국가는 어떤 재원 마련 방안과 상보적 관계에 있는 것일까? 진보라면 법인세 증세, 부유세 또는 사회복지세 신설 같은 증세에 적극 동의해야 하는 것일까?

재원문제는 보편주의 복지국가의 실현을 위해서는 피할 수 없는 도전이지만, 역사적 사실은 우리의 상식과 배치된다. 보편주의 복지국가들의 주요 재원은 근로소득세, 사회보장세, 부가가치세(이하 소비세)로 이루어져 있다(Wilensky, 2005; Lindert, 2004). 2015년을 기준으로 북유럽 4개국에서 재화와 서비스에 부과하는 세금(부가가치세, 일명 소비세)이 GDP에서 차지하는 비율은 덴마크 15.0%, 스웨덴 12.3% 등으로 자유주의 복지국가로 대표되는 미국 4.4%, 캐나다 7.4% 등을 압도하고 있다(OECD, 2018b). 보편주의 복지국가들은 소득 역진적이라고 비판받는 소비세에 높은 세율을 부과하고 있는 데 반해, 자유주의 복지국가들은 낮은 세율을 부과하고 있다. 더욱이 소비세까지 포함하면 스웨덴의 조세체계는 적어도 1985년의 영국보다 더 역진적이다(Lindert, 2004). 더욱이 스웨덴의 조세체계는 우리의 상식과 달리 그렇게 누진적이지 않다. 반대로 한국의 진보진영이 선호하는 자산에 대한 세금은 이들 복지국가에서는 상대적으로 낮다. 2015년을 기준으로 GDP 대비 자산세 비중은 독일 1.1%, 스웨덴 1.1%, 덴마크 2.0%에 불과하다(OECD, 2017). 반면 한국은 3.1%로 상당히 높은 편이다. 영국은 4.1%로 OECD 국가들 중 가장 높고 미국과 캐나다도 각각 2.7%와 3.8%에 이르고 있다. 심지어 스웨덴에서 법인세는 많은 감세조치로 인해 실제 세금효과가 거의 없을 것으로 추정된다(Lindert, 2004: 280).

이런 현실은 일반적 상식과 배치된다. 그러나 여기에는 보편주의 복지국가의 실현과 지속 가능성을 위한 중요한 정치원리가 담겨 있다. 증세는 자본주의 세계 어디에서나 조세저항을 야기할 수 있다. 가야노 도시히토(萱野稔人,

2010: 86)의 세금에 대한 정의를 살펴보자. 극단적이기는 하지만, 그의 주장은 세금에 대해 시민들이 느끼는 불편한 심사를 엿보게 해준다. 그는 세금 징수는 "강한 폭력의 조직화를 통해 그 폭력을 배경으로 사람들로부터 부를 수탈하는 것"이라고 주장한다. 그렇다면 보편주의 복지를 위한 재원 마련은 무엇보다도 다수 시민의 동의에 근거해야 하는 동시에, 저항을 최소화할 수 있어야 한다. 바로 소비세와 사회보장세 등이 이러한 목적에 부합하는 조세이다. 사회보장세는 본인이 낸 기여금을 본인이 돌려받는다는 인식이 강하기 때문에 상대적으로 저항이 덜하다. 소비세는 간접세의 형식을 띠기 때문에 상대적으로 복지재원 마련을 위한 용이한 방안이 될 수 있다. 다만 소비세는 소득 역진적이라는 문제를 안고 있다. 그러나 수취된 세금이 보편주의 복지를 통해 시민들에게 되돌려질 수 있다면, 결과적으로 높은 소비세가 계층 간의 불평등을 확대할 가능성은 낮다. 더불어 소비세 또한 생필품에 대해서는 낮은 세율을 적용하는 방식으로 소비세의 역진성을 완화할 수 있다.

또 하나의 원리는 보편주의 복지국가를 위한 재원마련이 경제의 지속적인 성장을 방해하지 말아야 한다는 것이다. 린더트(2004)의 표현과 같이 성장 친화적인 세제가 필요하다. 예를 들어 기업의 이윤과 자본소득에 대한 낮은 세금은 기업의 생산성을 높이는 동시에 세금을 가장 많이 부담하는 집단으로부터 보편주의 복지에 대한 동의를 얻어낼 수 있다(Lindert, 2004; Wilensky, 2005). 또한 노동공급이 자본공급보다 세금에 덜 탄력적이기 때문에, 상대적으로 높은 근로소득세는 노동자의 노동동기를 저하시키지 않으며 경제성장에도 부정적 영향을 주지 않는다(Lindert, 2004). 더 나아가 근로소득에 대한 높은 누진적 과세는 고소득층의 부담을 증대시켜 경제적 형평성에도 기여하게 된다. 이러한 이유로 북유럽 국가들의 조세체계는 높은 세율을 적용받는 근로소득세, 사회보장세, 소비세와 낮은 세율을 적용받는 자산에 대한 세금으로 구성되어 있다. 주류경제학자들이 주장한 경제성장 친화적인 조세(Wilensky, 2005)가 그들이 경제성장 친화적이지 않다고 비판하는 보편주의 복지국가들에서 제도화되는 역설이 나타나고 있다.

현재 한국 정치권에서는 복지재원에 대해 어떤 방안을 가지고 있을까? 분류가 쉽지 않지만, 상대적으로 증세의 중요성을 강조하는 진영과 세출 효율화를 강조하는 진영으로 구분된다. 참여연대로 대표되는 시민단체는 보편적이고 누진적인 증세를 주장하는 데 반해, 자유한국당을 포함한 보수진영은 증세 자체에 대해 반대한다. 박근혜정부의 '증세 없는 복지확대'가 그 대표적인 예라고 할 수 있다. 2017년 문재인정부의 출범 직전까지 증세와 관련된 정치지형은 법인세를 둘러싸고 증세를 요구하는 시민단체와 민주당 대 법인세 인상에 반대하는 재계, 자유한국당, 박근혜정부가 대립하는 양상을 보였다. 이명박정부 시기에도 유사한 구도가 만들어졌다. 당시 민주당은 증세에 상대적으로 우호적이었던 반면, 여당인 한나라당(2019년 현재, 자유한국당과 바른미래당)은 선별적인 복지를 위해 2012년부터 시행되는 감세안 일부에 대해 철회를 검토하는 정도였고, 박근혜 한나라당 의원은 감세 유보와 세출구조 효율화를 주장했다.

그렇다면 보편주의 복지를 위한 재원은 어떻게 마련되어야 할까? 중장기적으로 한국에서 보편주의를 확대하기 위해서는 상대적으로 성장 친화적이고 납세자들의 저항을 최소화할 수 있는 소비세, 근로소득세, 사회보장세를 높이는 방안을 검토할 필요가 있다. 더불어 분명히 지적해야 할 점은 중장기적 조세체계의 개편 방향은 반드시 세금 부과의 투명성, 공정성, 공평성이 전제되어야 한다는 것이다. 2017년 현재, 전체 취업자 중 21.3%가 소득이 투명하게 파악되지 않는 자영업자이고(관계부처 합동, 2018), 지하경제 규모가 1995~2014년 시기 동안 연평균 GDP의 10.9%에 이르며, 조세회피 규모도 2014년 기준으로 55조 원에 이르고 있는 상황에서(김종희, 2016: 113) 근로소득세와 사회보장세만을 높이는 것은 임금소득자와 비임금소득자 간의 형평성 문제를 야기할 수 있다. 물론 조세제도는 앞서 언급한 것과 같이 해당 사회의 합의에 근거해야 하는 제도인 만큼, 여러 경제사회적 조건이 상이한 북유럽 국가들의 조세체계를 한국에 그대로 적용하는 것은 불가능하다. 조세제도는 보편주의 복지국가를 둘러싼 한국사회의 모든 계급·계층 간에 합의와 타협의 결과가 되어야 한다. 마지막으로, 재원 마련과 관련해서 이해찬 전 총리가 한스 페르손[Hans Persson] 스웨덴 전 총리와 나누었던 대화는 깊이 성찰해볼 만하다.

그런데 우리가 세심하게 보아야 할 것은 증세를 주장하다가 쫓겨난 정권이 많다는 것입니다. 저는 스웨덴의 사민당을 12년 동안 이끌었던 페르손 총리를 진보정상회의에서 가끔 만났는데, 그에게 물어본 적이 있습니다. "당신네들은 어떻게 증세를 해서 복지정책을 잘 펼치느냐?" 이렇게 물어봤더니 "맛을 먼저 보여주고 필요성을 느끼게끔 하는 것이 대단히 중요하다. 먼저 증세를 주장하면 맛도 못 보여주고 쫓겨난다"는 말씀을 해주었습니다(유시민·이정희·이해찬·정세균·조승수, 2011).

보편주의 복지는 진보의 것이다?

진보진영은 오래전부터 보편주의 복지를 주장했고, 2019년 현재 집권여당인 민주당은 2010년 전당대회에서 보편주의 복지를 당 강령에 포함시켰다. 반면 자유한국당은 보편주의 복지를 비판하며 저소득층 중심의 선별주의 복지를 주장하고 나섰다. 마치 보편주의에 대한 지지 여부가 진보와 보수를 가르는 중요한 기준이 되고 있는 듯하다.

그러나 보편주의에 대한 지지 여부는 보수와 진보를 가르는 잣대가 되기 힘들 수도 있다. 3~5세 아동에 대한 무상보육은 지난 2007년 대선 당시 이명박 대통령의 공약이었고, 반값 등록금은 2006년 5·31지방선거 당시 한나라당(현 자유한국당)의 공약이었다. 보편주의 복지에 반대했던 박근혜 대통령은 보육료에 대한 보편적 지원을 제도화했다. 반면 참여정부(노무현정부) 당시 여당이었던 열린우리당(현 더불어민주당)은 한나라당(현 자유한국당과 바른미래당)의 무상·반값 공약에 대해 현실성 없는 포퓰리즘이라고 비판했다(조선일보, 2011a). 민주당의 무상복지에 포함되지는 않았지만 연금을 둘러싸고도 유사한 논란이 있었다. 2005년 연금개혁 논의가 한창일 때 한나라당(현 자유한국당)은 사각지대 해소를 위해 모든 국민에게 기여와 무관하게 기초연금을 지급해야 한다고 주장했다. 반면 열린우리당(현 더불어민주당)은 막대한 조세부담으로 국민적 동의를 얻기 어렵다며 반대했다(한겨레, 2005). 몇 가지 보편주의 정책에 대한 지지 여부로 진보와 보수를 구분한다면, 당시 보편주의 기초연금과 무상보육 등을 주장하던 한나라당과 이명박, 박근혜 대통령을 진보로 보아야 한다. 집권 여부에 따라 보편주의 복지에 대한 입장이 정반대로 바뀌는 상황이 연출되고 있다.

이러한 역설은 한국만의 독특한 현상이 아니다. 일반적 이해와 달리 사회민주주의 정치세력은 보편주의 복지를 일관되게 지지하지 않았다(윤홍식, 2011). 스칸디나비아 국가들에서 사민당이 중요한 정치세력으로 등장하기 이전에 이미 비사민주의 정치세력들에 의해 중요한 (보편주의) 복지개혁들이 이루어졌다(Baldwin, 1989, 2003; Hilson, 2010에서 재인용). 덴마크의 경우, 1891년에 농민당과 우파 정치세력은 조세방식으로 보편주의 연금제도를 도입했다. 1891년 스웨덴의 연금법, 1884년 노르웨이의 실업보험도 우파 정치세력에 의해 입법화되었다. 더 흥미로운 사실은 당시의 좌파가 지금의 우파와 유사한 논리로 보편주의 복지를 비판했다는 점이다(윤홍식, 2011). 부자에게는 공적 지원이 필요 없고 보편주의는 돈이 너무 많이 든다는 이유로 자산조사에 근거한 선별주의 복지정책을 선호했다(Hatland, 1992; Kildal and Kuhnle, 2002: 20에서 재인용). 이렇듯 역사적 사실은 보편주의가 좌파의 전유물도, 우파의 전유물도 아닌 좌와 우의 합의와 타협을 통해 만들어진 시대적 산물이었음을 이야기해주고 있다.

그러나 보편주의 복지가 좌우의 날개로 날았다는 것이 좌우 모두 보편주의 복지국가를 희망했다는 것을 의미하지는 않는다. 왜 그들이 보편주의 복지국가를 위해 날갯짓을 하지 않을 수 없는가에 대한 이해가 필요하다. 그 핵심은 아래로부터 솟아오르는 거스를 수 없는 복지국가에 대한 열망과 실제적 행동이었다. 즉, 조직화된 시민이 있다면 누가 집권하든 보편주의 복지에 대한 요구를 거스를 수 없다는 것이다.

보편주의 복지는 가난한 사람들에게만 필요하다?

"삼성그룹 회장 같은 분들의 손자손녀야 무상급식 안 해도 되지 않겠느냐?" 이명박 전 대통령이 2011년에 방송과 신념좌담에서 한 이야기이다(한국일보, 2011). 아마도 상당수 복지전문가들도 이런 인식에 동의할 것이다. 주된 이유는 부자와 중산층에 쓸 돈이 있으면 저소득층에 그만큼 더 주는 것이 빈곤과 불평등 완화에 도움이 된다는 것이다. 이는 논리적으로 타당해 보인다. 그러나 이러한 논리는 몇 가지 중요한 사실을 간과하고 있다.

먼저 빈곤과 불평등은 보편주의 복지국가가 아닌 잔여주의 복지국가들에서 훨씬 높게 나타난다. 2015년 기준 OECD 30개 회원국 중 대표적인 보편주의 복지국가인 핀란드(0.26)와 덴마크(0.26)는 불평등을 측정하는 지니계수가 가장 낮은 국가들에 속한다(OECD, 2018c). 반면 대표적 잔여주의 복지국가인 미국은 0.39로 불평등지수가 매우 높다.[24] 빈곤율도 유사한 경향을 보여준다. 2017년에 덴마크(5.5%)와 핀란드(5.8%)는 OECD 국가들 중 빈곤율(중위소득 50% 이하)이 가장 낮은 국가들이었던 데 반해, 미국(17.8%)은 빈곤율이 가장 높은 국가였다(OECD, 2018d).[25] 더욱이 빈곤가구의 탈빈곤율은 스웨덴이 32.9%인 데 반해, 미국은 11.3%에 그치고 있다(Abe, 2001). 상식적으로 생각하면 복지를 저소득층에만 집중하는 것이 부자들에게까지 나눠주는 것보다 빈곤과 불평등을 완화하는 데 도움이 될 것 같다. 하지만 현실세계에서는 복지를 저소득층에 집중할수록 불평등과 빈곤은 증가하고, 보편주의 복지를 확대할수록 빈곤과 불평등이 감소하는 '재분배의 역설'이 나타나고 있다(Korpi and Palme, 1998).

사각지대와 부정수급문제도 보편주의가 잔여주의보다 더 우월한 복지체제라는 또 하나의 이유이다. 보편주의는 자산조사에 근거한 선별주의보다 비용이 많이 소요되고 표적효과성이 낮다고 비판받는다(Besharow, 1998; Raitano, 2008에서 재인용). 그러나 현실은 선별주의 복지가 정말 복지가 필요한 사람들에게 전달되지 않는 사각지대문제를 야기하고 불필요한 사람들에게 지급되는 문제를 유발한다(Raitano, 2008; Mkandawire, 2005).[26] 한국에서도 국민기초생활보장제도는 지원이 꼭 필요한 빈곤층을 수급에서 배제하고 부정수급 문제를 끊임없이 야기하고 있다. 이는 선별주의의 표적효과성이 현실세계에서 잘 작동되지 않는다는 것을 보여주고 있다. 이뿐만이 아니다. 선별주의 복지정책은 부정수급을 관리·감독하기 위해 보편주의 복지정책보다 훨씬 많은 행정비용을 필요로 한다.

그러나 보편주의 복지를 실현해야 하는 더 중요한 이유는 보편주의 복지

---

24 한국의 지니계수는 0.29로 평균보다 조금 낮은 수준이다.
25 한국의 빈곤율은 13.8%로 OECD 평균보다 다소 높은 편이다.
26 므칸다위르(2005)는 사각지대문제를 1종 오류, 부정수급문제를 2종 오류로 명명했다.

가 가난한 사람들만을 위한 것이 아니라는 점이다. 이명박 전 대통령의 이야기처럼, 삼성그룹 회장의 가족들은 공공복지가 필요하지 않다. 그러나 소득과 무관하게 세금을 낸 사람이라면 누구나 국가로부터 기본생활을 보장받는 것은 너무나 당연한 시민의 권리이다. 재벌 대기업의 회장이라도 예외가 될 수 없다. 더불어 우리 모두는 인생의 어느 시점에서 빈곤에 처할 수도 있다는 사실을 받아들일 필요가 있다. 미국의 소득동향패널연구^{PSID} 자료를 분석한 결과에 따르면, 미국인 중 75세가 될 때까지 한 번 이상 절대빈곤을 경험하는 비율은 58.5%에 달한다(Rank, Yoon, and Hirschl, 2005). 빈곤선을 150% 이하까지 확대하면 그 비율은 무려 76.0%로 높아진다. 어쩌면 빈곤은 특정 소수를 제외한 대부분의 사람들이 경험하게 되는 사회적 위험인지도 모른다. 실제로 보편주의 복지는 구조적 위기가 개인의 의지와 무관하게 개인과 가족을 빈곤의 나락으로 떨어뜨린다는 역사적 경험을 근간으로 인간사회가 만든 인간을 위한 가장 효과적인 안전망이다.

한국도 예외가 아니다. 1997년 외환위기 이후의 복지확대와 2008년 금융위기 이후의 보편주의 복지에 대한 논란은 왜 보편주의 복지가 필요한지를 되풀이해서 보여주고 있다. 중산층도 빈곤층으로 추락할 수 있고, 자신과 가족에게 필요한 모든 서비스를 시장에서 구매할 수 없는 상황에서 공공복지는 저소득층만을 위한 것이 아닌, 우리 모두를 위한 것이 되어야 한다.

보편주의와 젠더

보편주의 복지정책은 항상 여성에게 우호적이었다고 평가되지는 않는 것 같다. 일부 페미니스트들은 보편주의가 남성 중심적이라고 비판한다(Hillyard and Watson, 1996; Anttonen and Sipilä, 2008에서 재인용). 복지국가가 남성생계부양자가 노동시장에서 직면하는 사회적 위험에 대한 대응을 중심으로 발전되었다는 사실을 고려한다면 이러한 비판은 정당하다. 그러나 이러한 비판은 보편주의가 본질적으로 남성 중심적인 것이라기보다는 현실화된 보편주의 복지정책이 주로 유급노동과 관련된 사회적 위험 대응에 집중했기 때문에 생겨난다. 즉, 가족 내에서 여성에 의해 전담되는 무급노동은 보편주의 복지국가의 이념적 준거가 되는 시민권의 중요한 관심 대상이 아니었다. 페미니스트의 비판은 보편주의가 남성의 탈상품화에만 적용되고 여성의 무급노동과 관련된 영역에서는 실현되지 못한 현실에 대한 비판이다. 더욱이 현실 세계에서 보편주의 복지국가의 전형이라고 간주되는 노르웨이와 스웨덴 등도 이러한 비판으로부터 자유롭지 않다. 레리아(Leria, 1993)는 여성이 항상 북유럽 복지국가의 2등시민이었으며 복지국가는 가족 내의 전통적인 성별분업과 노동시장에서의 성별분리에 대해 근본적 도전을 가하지 않았다고 평가한다. 이러한 비판은 보편적 사회서비스가 제공됨에도 불구하고 부모휴가(육아휴직) 이용의 성별 차이와 여성취업자의 시간제 비율 등에서 보듯이 여전히 대부분의 돌봄노동을 여성이 담당하고 있으며 여성은 여전히 가구의 보조적 생계부양자라는 현실을 지적하고 있다.

비판은 타당하다. 그러나 이러한 비판이 북유럽 복지국가에서 여성 지위가 그 어떤 다른 국가의 여성보다 보편적 시민권에 근접해 있다는 사실을 부정할 수는 없다. 왜냐하면 지금 우리가 알고 있는 북유럽 복지국가의 여성친화정책의 성과는 보편주의 복지정책을 통해 가능했기 때문이다(Anttonen, 2006; Siim, 1993). 그러나 최근 북유럽 복지국가에서 일어나고 있는 변화는 이러한 성과가 지속될 수 있을지 의문을 던져준다. 1990년대 이후에 사회서비스 정책 영역에서 북유럽 복지국가들이 보편주의에서 잔여주의로 이동하고 있다는 비판을 받고 있기 때문이다(Sunesson et al., 1998). 스웨덴에서는 절반이 넘는 지방정부에서 아동돌봄과 관련된 서비스가 고용과 연관된 특권으로 전환되고 있으며, 노인과 관련해서는 자산조사에 기반한 서비스가 증가하고 있다. 이러한 경향은 스웨덴에만 국한된 것이 아니라 다른 북유럽 국가에서도 나타나고 있다. 핀란드 또한 보편주의에서 자산과 소득조사에 기초한 선별주의(잔여주의)로 이동하고 있다는 비판을 받고 있다(Kuivalainen and Niemela, 2008).

결론과 과제

지금까지 자원의 할당원리로서의 보편주의를 둘러싼 몇 가지 쟁점들을 검토했다. 이들 논의를 통해 우리는 보편주의가 고정된 개념이 아니라, 복지국가가 처한 사회·경제·정치 조건에 따라 변화하고 다양한 재분배원칙과 조응하는 '역동적 지향점'임을 확인했다.

만약 한국 복지국가의 이상이 경제적으로 어려운 처지에 있는 사람들을 구제하는 것이라면, 취약계층과 빈곤층에 자원을 집중하는 자산조사에 근거한 선별주의가 가장 효과적인 정책수단이 될 수 있을지도 모른다. 또한 일부에서는 (어쩌면 많은 사람들이) 보편주의가 시민들의 도덕적 해이를 야기하고 복지에 대한 의존성을 높일 것이라는 우려를 표하기도 한다. 보편주의 복지정책의 확대가 결국은 일은 하지 않고 모든 것을 국가에 의존하게 만들 수도 있다는 우려도 있다. 그러나 일부에서 제기되는 우려와 달리, 복지의존문제는 보편주의 복지국가에서보다는 자산조사를 통해 엄격한 자격기준을 통과한 소수 취약계층에 급여와 서비스를 제공하는 선별주의 복지국가에서 훨씬 더 심각한 문제가 되고 있다. 소위 복지수급자들의 도덕적 해이를 막기 위해 엄격한 자산조사를 실시하는 국가들에서 보편적 급여와 서비스를 제공하는 국가보다 복지의존이 심각하다는 것은 '재분배의 도덕적 역설'이라고 할 수 있다.

더욱이 자산조사를 통해 욕구가 인정된 소수에게 재원을 집중하는 국가들에서 빈곤과 불평등이 더 심각한 현실은, 한국 복지국가의 목적이 어려운 처지에 있는 사람들을 구제하는 것이라도 선별주의 복지는 효과적인 정책수단이 될 수 없다는 것을 말해주고 있다. 또한 지난 복지국가의 변화과정을 보면, 선별주의는 항상 그 존재를 위협받았고 축소의 대상이었다. 실제로 보편주의 복지국가의 전형이라고 간주되는 스칸디나비아 복지국가에서도 급여대상이 제한적인 주택수당과 공공부조에 대한 지지는 점점 더 낮아지고 있다(Rothstein, 1998).[27] 저소득층에만 자원을 할당하는 정책은 정치적으로도 안정적이지 않기 때문이다. 구월산의 임꺽정처럼 부자들로부터 재물을 가져다 가난한 사람들에게 나누어주는 정책이 (일부 사람들에게 속 시원하다는 평가를 들을지는 몰라도) 정치적으로 지속될 가능성은 거의 없다. 이러한 논의에 근거했을 때 현재 한국사

---

[27]　스웨덴에서는 1981년에 주택수당과 공공부조를 줄여야 한다는 의견이 늘려야 한다는 의견보다 각각 23%p, 5%p 높았고, 1992년에는 이러한 의견이 25%p, 13%p로 더 높아졌다(Rothstein, 1998).

회에서 점증하는 불평등과 빈곤에 대한 최적의 정책대안은 복지자원을 빈곤계층 또는 취약계층에 집중하는 것이 아니다. 취약계층을 위해서도, 비빈곤층을 위해서도 보편주의는 한국 복지국가가 지향해야 할 원칙임에 분명해 보인다.

이처럼 보편주의는 한국사회가 지향해야 할 복지국가의 원칙이지만, 현재 한국사회가 직면한 사회적 위험은 보편주의 원칙만으로는 완화될 수 없다. 보편주의는 선이자 당연히 추구해야 할 이상이고 선별주의는 악이자 궁극적으로 척결해야 할 대상으로 간주하는 것은 적절하지 않다. 에밀 뒤르켐^{Emile Durkheim}이 윤리적 이상의 다원성을 인정했던 것처럼(Durkheim, 1905; 김종엽, 1998: 248에서 재인용) 모든 시대 모든 사회에서 타당한 단일한 자원 할당의 이상(여기서는 전형적 보편주의 복지)이 존재한다는 관점은 수용될 수 없다. 보편주의에는 분명한 한계가 있다. 보편주의는 사회적 위험에 대한 만병통치약이 아니다 (Titmuss, 2006[1968]; Anttonen and Sipilä, 2008). 인간의 존엄성을 훼손하고 가지지 못한 사람들을 다른 사람들로부터 분리시키는, 자산조사에 근거한 선별주의 제도는 반드시 최소화되어야 한다. 그러나 선별과 긍정적 차별은 보편주의가 실현하려고 하는 기회와 결과의 평등을 가능하게 하고 지속하게 하는 중요한 원칙들이다. 실제로 북유럽 복지국가들은 물론이고 대부분의 산업화된 서구 복지국가들에서는 보편주의와 선별주의 원칙들이 공존하고 있다(Korpi and Palme, 1998; Anttonen and Sipilä, 2008). 보편주의와 선별주의의 할당원리는 분명하게 구분되는 이분법적인 할당원리가 아니다. 보편주의는 모든 시민을 포괄한다. 그러나 다원화된 사회에서 보편주의는 모든 시민들의 욕구가 같고, 모든 시민들이 동일한 사회적 책임을 수행해야 하며, 모든 시민들이 같은 형태의 급여를 받아야 한다고 주장하지 않는다. 한국에서 보편주의 할당원리는 선별주의 원칙을 통해 서로 다른 필요를 인정하고 서로 다른 기여를 할 수 있으며 서로가 다르다는 것을 기꺼이 받아들이는 보편주의가 되어야 한다. 안정적 고용을 모든 시민에게 더 이상 보장할 수 없는 현실은 보편주의의 실현이 단순히 사회적 위험에 대한 사후적 대응만이 아닌, 사회적 위험에 대한 사전적 대응의 필요를 역설하고 있다.

이런 문제의식에 근거한다면, 한국사회에서 보편주의 할당원리를 실현하기 위해서는 시민들에게 노동할 권리를 보장하고 노동을 통해 자신을 실현할 수 있는 기회를 만들어주는 노력을 수반해야 한다. 이러한 노력을 전제로 균등급여를 최저수준이 아닌 적절한 수준으로 높이고 소득비례급여의 상한선을 너무 높지 않은 수준에서(수급자 간의 불평등이 크지 않을 정도에서) 결정할 필요가 있다. 즉, 보편주의는 적절한 수준의 기본수준과 노동시장에서의 성취를 일정수준에서 보장하되 노동시장의 유연화로 발생하는 구조적 불평등을 보완하기 위한 방식으로 제도화될 필요가 있다.

하지만 보편주의를 할당원리로 제도화하는 것은 쉬운 일이 아니다. 특히 한국과 같이 보편주의 복지에 대한 경험이 일천한 사회에서 보편주의를 위해 연대하고 자원을 모으는 것은 쉽지 않다. 한국사회에서 보편주의 복지를 실현하기 위해서는 보편주의 복지에 대한 당위적 주장을 넘어 보편적 복지를 시민들에게 실질적으로 경험하게 할 필요가 있다. 이러한 점에서 2010년 6·2지방선거의 쟁점으로 부각된 무상급식은 한국사회에서 보편주의 복지를 향한 중요한 출발점이었다. 무상급식이 전체 사회보장에서 차지하는 비중은 보잘것없지만, 보편적 무상급식은 보편주의 복지를 위한 연대의 소중한 경험이 되었다. 최근 회자되고 있는 기본소득 논쟁도 역사적으로 보면 2010년 무상급식 논쟁으로부터 촉발되었던 보편주의 논쟁의 연장선상에 있다고 할 수 있다. 물론 기본소득이 단지 보편적 소득보장정책의 의미를 넘어 전통적 복지국가의 대안체제를 의미한다면 기본소득 논쟁은 지금까지와는 다른 맥락, 즉 복지국가에 대한 대안체제의 논의로 접근할 필요가 있다.

토론쟁점

1   조금 전 음식을 실컷 먹어서 배부른 사람과 여러 날 굶은 사람이 있다고 가정하자. 국가가 빵을 4개 갖고 있다면, 국가는 이 두 사람에게 빵을 어떻게 배분해야 할까? 보편주의와 선별주의 할당원리 중 어떤 할당원리에 입각해 빵을 분배해야 하는지 각각의 입장에서 그 타당성을 이야기해보라.

2   현실 세계에서 불평등과 빈곤은 사회복지급여를 부자와 가난한 사람 가리지 않고 모두에게 보편적으로 제공하는 사회보다 자산과 소득조사를 통해 가난한 사람에게 지급하는 사회에서 더 높게 나타난다. 왜 이런 역설적인 현상이 나타나고 있는지 이야기해보자. 그리고 1번 토론쟁점을 다시 생각해보라.

3   복지국가는 보편주의 정책과 선별주의 정책 모두가 필요하다. 이 둘이 어떤 관계에 있는지 이야기해보자.

12

사회적 급여의 형태와 수준

사회복지와 관련된 정책결정에서 사람들이 가장 관심을 갖는 부분은 아무래도 '누가', '무엇을' 받게 되는가의 문제일 것이다. 정부 입장에서는 정책결정을 이행하는 데 필요한 전달체계나 재정이 더 중요할 수 있지만, 일반 시민들의 입장에서는 누가 무엇을 받는가가 생활에 더 직접적으로 영향을 미치는 사안이기 때문이다. 이 중 '누가'와 관련된 결정에 대해서는 앞 장에서 살펴보았고, 여기서는 '무엇을'이라는 선택차원에 대해 생각해보고자 한다.

사람들이 사회복지제도를 통해 정부로부터 받기를 원하는 것은 아마도 대부분 현금일 것이다. 실제로도 대표적 사회보험제도인 국민연금제도의 노령연금은 현금으로 지급되며, 가난한 사람들을 대상으로 하는 대표적 공공부조인 국민기초생활제도의 생계급여도 현금으로 지급된다. 하지만 사회복지제도를 통해 지급되는 사회적 급여의 형태가 현금급여만 있는 것은 아니다. 현행 국민기초생활보장제도의 전신인 생활보호제도가 운영되던 시기의 생계보호(그 시기에 생계급여의 명칭이었다)는 주식(쌀)과 부식(반찬), 연탄 등 현물로 받아가게끔 되어 있었다. 그래서 생계보호가 지급되는 날이면 주민자치센터(당시 명칭은 읍·면·동사무소)에 쌀과 반찬, 연탄 등을 받아가려고 사람들이 모여들어 직접 이고 져서 가져갔다. 거동이 불편한 주민들에게는 읍·면·동사무소의 사회복지공무원이 자원봉사자 등과 함께 손수레에 쌀과 반찬, 연탄 등을 싣고 동네를 다니면서 나누어주었다. 즉, 과거의 생활보호제도 시기에 주된 급여형태는 현물급여였다. 그런데 현물급여의 형태는 쌀이나 반찬, 연탄 등만이 아니다. 사회복지관에서는 지역주민들을 대상으로 인테이크나 사례관리 등의 서비스를 제공하는데, 이 역시 현물급여이다.

이러한 예들을 보면 제도별로 사회적 급여의 형태가 다양하다는 것을 알수 있다. 그러면 이처럼 급여형태를 다양하게 결정하는 근거는 무엇이고 급여형태의 선택 이면에 놓인 가정들은 무엇인가? 이 장에서는 이러한 내용을 살펴본다.

사회적 급여의 형태: 현금급여와 현물급여

급여형태는 사실 제도별로 다양하지만, 이와 관련해 전통적으로 논쟁이되어온 문제는 현금급여를 택할 것인가, 현물급여를 택할 것인가이다. 제10장에서도 언급한 바 있지만, 현금급여를 택한다는 것은 사회적 급여를 자본주의사회의 일반적 교환수단인 통화로 지급한다는 것을 의미하고, 현물급여를 택한다는 것은 사회적 급여를 통화 이외의 형태, 즉 재화나 서비스 등으로 지급한다는 것을 의미한다.

현금급여와 현물급여의 장단점 비교

두 가지 급여형태, 즉 현금급여와 현물급여를 옹호하는 전통적 근거는 선택의 자유 또는 사회통제이다. 선택의 자유는 현금급여와, 사회통제는 현물급여와 연관되어왔다(Gilbert and Terrell, 2007). 선택의 자유 또는 사회통제라는근거로 두 급여형태를 각기 정당화하는 논리 자체는 복잡하지 않다. 즉, 현금급여는 수급자에게 선택의 자유를 보장해주며, 나아가 이를 통해 수급자의 자기결정권을 보호한다는 것이다. 반면 현물급여는 급여에 대한 소비를 통제함으로써 급여가 당초에 정부가 의도한 용도대로 사용되도록 하는 데 효과적이라는 것이다. 두 급여형태의 장점은 각각 서로의 단점이 된다. 현금급여는 선택의 자유를 보장해주는 반면, 수급자가 급여를 당초의 정책의도대로 소비하지 않을 경우 이를 통제할 수 없다. 한편 현물급여는 소비시점에서의 통제를 통해 정부의 정책의도를 달성하는 데는 유리하지만, 수급자의 자유를 억압하고, 나아가 수급자의 자존감을 저하시킬 수 있다(Gilbert and Terrell, 2007; Popple and Leighninger, 1998).

두 급여형태의 장단점을 둘러싼 논의는 여기서 그치지 않는다. 급여의 소비행위를 통제할 수 없다는 현금급여의 단점은 때로는 상당히 치명적일 수 있다. 사회적 급여를 현금으로 제공했는데 수급자가 급여를 음주나 흡연, 나아가 도박 등에 지출하는 경우를 생각해보자. 이는 국가가 조세 등으로 재정을 마련해 제공한 급여의 정책목적에 크게 위배될뿐더러, 국민이 낸 세금으로 수급자의 음주나 흡연, 심지어는 도박까지 도와준 셈이 되어 여론의 정당성을 잃을 수 있다. 하지만 다르게 생각할 여지도 있다. 우선 국가가 제공한 급여이므로 이를 '건전하게' 사용하는 것이 바람직하다고 해도, 사회복지급여로 제공된 소득의 용처를 국가가 통제하려는 것은 지나친 사생활 침해라는 비판을 받을 수 있다. 또한 '건전한' 소비와 그렇지 않은 소비를 구분하는 기준이 항상 명확한 것은 아니다. 만일 그런 기준이 분명하다고 하더라도, 실제로 '불건전한' 소비에 사용되는 금액이 정부가 제공한 급여에서 차지하는 비중은 그리 크지 않을 수 있다. 또한 '불건전한' 소비를 하는 수급자의 수도 그리 많지 않을 수 있으므로, 그런 소비행위를 지나치게 과장할 필요는 없다. 그리고 '불건전한' 소비라는 '실수'의 자유가 허용되지 않는 상태에서는 선택의 자유라는 것도 의미가 없다.

수급자의 소비를 통제해 선택의 자유를 제약하는 현물급여의 단점 역시 사람들에게 상당한 거부감을 불러일으킬 수 있다. 이런 거부감은 기본적으로 현물급여가 가진 사회통제적 속성에서 비롯되는데, 이 속성은 때로는 낙인을 초래할 수 있다.

앞에서 과거 생활보호제도 시기에 생계보호를 쌀·반찬·연탄 등으로 지급한 적이 있다는 사실을 언급했다. 이 경우에 수급자는 정부기관에 가서 직접 현물을 받아야 하는데, 이는 수급자가 정부로부터 부조를 받아 살아간다는 사실을 지역주민들에게 '광고'하는 셈이고 결과적으로 수급자에게 낙인이 따르게 된다. 이런 낙인은 가난한 사람들의 공공부조급여 신청을 억제하는 강력한 통제장치로 작동할 수 있다. 하지만 현물급여가 가진 사회통제 속성에 대해서도 다르게 생각할 여지가 있다. 오늘날과 같은 복잡한 사회에서 일정 정도의 통제는 불가피하기도 하고 필요하기도 하다. 중요한 점은 통제의 목적이 무엇인가, 하는 것이다. 앞에서 예로 든 과거 생활보호제도 시기의 현물급여는 빈민에 대한 사회통제라는 목적을 가지고 있었고 이에 대한 거부감은 충분히 이해할 만하지만, 사회통제라는 용어가 주는 부정적 이미지 탓에 사회통제에는 이런 낙인이 따르는 사례만 있다고 생각해서는 안 된다. 예를 들어 아동을 대상으로 지급된 아동복지급여를 부모가 음주나 흡연 등에 사용하는 것을 막는다는 정도로 소비행위를 통제하는 것은 그 부모에게 낙인을 부과하는 통제와는 아무런 상관이 없는 선의의 통제라고 할 수 있다. 따라서 이런 정도의 정책적 조치에 대해서까지 부정적 의미의 사회통제라고 비판하는 것은 지나치다.

현금급여론자들과 현물급여론자들의 주장이 엇갈리는 보다 근본적인 이유는 개인의 합리성에 대한 가정이 서로 다르기 때문이다. 현금급여를 옹호하는 사람들은 수급자가 합리적 선택을 할 수 있고 자신의 행위에 책임을 질 수 있는 합리적이고 책임성 있는 행위자라고 주장한다. 반면에 현물급여를 옹호하는 사람들은 개인의 합리성에 대해 별로 신뢰하지 않으며 잘못된 선택으로 인한 부정적 결과를 예방하는 데 더 관심을 둔다.

현금급여론자들이 주장하는 합리적 선택은 충분한 정보를 전제로 한다. 하지만 어떤 경우에는 사람들이 구입하고자 하는 재화나 서비스에 대해 충분한 정보를 가지지 못할 수 있고, 정보를 획득하는 데 큰 어려움을 겪을 수도 있다. 예를 들어 의료서비스의 경우, 의료수요자는 의료에 대해 충분한 정보를 갖고 있지 못할뿐더러 정보를 얻기도 어렵다(이른바 불완전한 정보의 문제 혹은 정보의 비대칭성 문제이다). 자신이 구입해야 할 의료서비스에 대해 잘 알지 못한다면, 당연히 의료서비스를 구입할 때 합리적인 선택을 할 수 없다. 이런 경우 의료서비스에 대한 수요는 의료수요자가 아니라 의료공급자에 의해 창출된다.[1] 그런데 공급자가 수요를 창출하는 현상은 정보가 불충분한 의료분야에서만 일어나는 일은 아니다. 사람들은 자신이 스스로의 선택에 의해 수요를 결정한다고 생각하지만, 사실 그 수요는 기업의 광고와 홍보 등에 의해 '창출된' 경우가 많다. 기업은 광고와 홍보로 사람들의 욕망을 자극해 수요를 만들어내고, 사람들은 그에 의존해 수요를 결정하게 된다. 갤브레이스(Galbraith, 2006)는 이를 의존효과라고 불렀는데, 이는 결국 공급(기업)이 수요를 창출함을 의미한다.

개인의 합리성에 대한 현금급여론자들의 가정이 이처럼 비판을 받는다고 해서 현물급여론자들의 주장이 반드시 정당화되는 것은 아니다. 현물급여론자들이 주장하는 선의의 통제는 주로 정부에 의해 수행되어야 하는데, 그 과정에서 개인의 자유가 침해되는 것은 어느 정도 불가피하며, 나아가 정부라고 해서 항상 합리적이라고 볼 수는 없기 때문이다. 정부가 합리적이지 않다면, 정부의 개입 역시 최선의 효율성을 달성할 수 없게 된다.[2]

지금까지 현금급여를 옹호하는 주장과 현물급여를 옹호하는 주장에 대해 살펴보았다. 이 주장들은 개인의 합리성에 대한 가정의 차이에서 출발해 선택의 자유와 사회통제라는 가치를 중심으로 전개되었다. 두 급여형태의 이면에 놓인 이러한 가정과 가치를 이해하는 것이 급여형태의 선택을 포함한 정책결정에서 매우 중요하다는 것은 분명하다. 하지만 급여형태는 가정과 가치와 연관되어 있기 때문에, 두 주장은 언제나 평행선을 달리며 대립하는 경향이 있다. 이러한 주장의 대립을 바람직하지 않게 생각하는 것은 아니지만, 급여형태에 관한 선택을 좀 더 풍부하게 이해하기 위해서는 급여형태에 관한 주장에 조금 다른 각도에서 접근할 필요가 있다. 이에 대해 살펴보자.

---

1   의료수요자들은 많은 경우 자신이 의료서비스를 필요로 하는지조차 잘 알지 못할 수 있고, 의료수요가 있다는 사실을 의료공급자로부터 들어서 알게 되는 경우도 많다. 그런 경우에도 어떤 약물과 치료법을 어느 정도나 필요로 하는지, 즉 의료수요가 얼마나 될 것인지는 의료수요자가 결정할 수 없고 당연히 의료공급자가 결정한다. 따라서 공급이 수요를 창출하게 되는 것이다. 의료서비스와 정보문제 등에 대해서는 김창엽(2018)과 바(Barr, 2008)를 참조하라.

2   이를 정부실패(government failure)라고 하는데, 이는 시장실패에 대응되는 개념이다.

전이가능성에 의한 급여형태의 확장

현실에서 급여형태는 현금과 현물 외에 좀 더 다양하다. 이런 현실을 반영해 길버트와 테렐은 급여형태를 기회, 서비스, 재화, 증서 및 세액공제, 현금, 권력의 6가지로 세분했다(Gilbert and Terrell, 2007). 급여형태를 6가지로 구분한 기준은 전이가능성transferability인데, 급여를 정해진 목적 외의 다른 용도로 사용할 수 있는 가능성을 의미한다. 앞에서 현금급여론자들이 말한 선택의 자유와 크게 다르지 않은 개념이다.

기회opportunity는 어떤 바람직한 목적을 성취하기 위해 활용되는 유인과 재가를 말한다. 대표적인 예로 불이익계층 학생에게 특례입학을 허용하는 것이라든지 제대군인에게 가산점을 제공하는 것을 들 수 있다. 이런 형태의 급여는 그것이 제공되는 맥락 내에서만 의미가 있으며, 그 맥락을 벗어나면 효용성이 없다. 예를 들어, 대학특례입학은 해당 계층 학생이 대학에 입학하고자 시도할 경우에만 허용(재가)되며 다른 시도에는 적용되지 않는다. 따라서 기회라는 형태의 급여는 전이가능성이 사실상 없다. 그리고 기회는 급여형태로서의 의미도 있지만, 그보다는 누구에게 제공되는가가 더 중요하다. 이런 점에서 기회는 앞 장에서 본 할당과 연관성이 깊다.

서비스service는 사회복지정책의 맥락에서 볼 때, 대인관계를 매개로 해 제공되는 상담이나 사례관리, 가사지원서비스, 활동지원서비스, 기타 돌봄 등 매우 광범위한 범위에 걸친 각종 활동을 말한다. 이 급여 역시 해당 맥락 내에서 사용되는 것 외에 다른 용도로 사용할 수 없다는 점에서 전이가능하지 않다.

재화goods는 식품, 의류, 주택 등과 같은 물질적인 형태의 급여를 말한다. 이런 급여는 제한적인 전이가능성을 갖는데, 전당포나 벼룩시장 또는 개인적인 교환 등 주변적인 수단에 의한 교환만 가능하기 때문이다.

증서(바우처)voucher와 세액공제tax credit는 일정하게 정해진 범위 내에서 전이가능성을 갖는데, 구조화된 교환가치를 갖는 급여형태라고 할 수 있다. 예를 들어 식품증서food stamp는 식료품이라는 일정한 범위 내에서 다양하게 선택할 수 있다. 또한 국가가 장애자녀양육에 대해 세액공제를 실시하는 경우, 국가는 장애자녀를 둔 가정이 세액공제가 이루어지는 금액만큼은 장애자녀를 위해 자유롭게 지출하도록 지원하는 셈이 된다.[3] 증서 형태의 급여는 재화보다 전이가능성이 더 높을 뿐만 아니라 수급자의 선택의 자유를 정부 정책이 의도하는 범위 내로 제한할 수 있다는 장점이 있다. 식품증서의 경우 술이나 담배, 마약 등을 제외한 이른바 '건전한' 식료품의 구입에만 적용되도록 용도를 제한할 수 있는데, 이렇게 되면 선택의 자유를 부여하면서도 소비행위에 일정한 통제를 가할 수 있게 된다. 길버트와 테렐(2007: 237)은 이를 "범위 내의 소비자주권, 범위 간의 사회통제"라고 한 바 있다.

현금cash은 자본주의 사회에서의 일반적 교환가치를 갖는 통화이며, 교환에 아무런 문제가 없다. 현금은 보편적인 전이가능성을 갖는 급여형태이다. 현금을 직접 지급함으로써 급여를 확보해줄 수 있고, 세금을 덜 내게 해서 가처분소득을 더 많이 보유하도록 하는 세제상의 혜택을 통해서도 확보해줄 수 있다.[4]

권력power은 앞의 여러 급여형태들 중 특정한 것을 결정할 수 있는 힘 자체를 말한다. 이것은 다른 급여형태를 결정하는 데 영향을 미칠 수 있다는 점에서 다른 급여와는 작동방식이 질적으로 다르다. 즉, 권력은 재화나 서비스 또는 증서, 현금 같은 방식으로 소비될 수 없지만 정책결정에 대한 통제력은 훨씬 더 클 수 있다. 이런 점에서 권력은 유동적인 전이가능성을 갖는다고 할 수 있다. 권력도 기회와 유사하게 누구에게 주어지는가가 중요하다. 따라서 정책결정권을 누구에게 배분할 것인가 또는 정책집행에의 참여를 누구에게 보장하거나 배제할 것인가 하는 문제와 밀접하게 연관된다.

---

3   세액공제가 구조화된 교환가치를 갖는다는 것에 대해서는 좀 더 설명이 필요하다. 본문의 예에서 장애자녀양육에 대해 예를 들어 연간 1백만 원의 세금을 면제해준다고 가정해보자. 이런 세금면제 결정은 대개 연도 말에 이루어지는데, 장애자녀가 있는 가족은 세금면제가 결정되기 전에는 장애자녀를 위해 이것저것 지출을 하게 된다. 이 지출에는 물론 부모 자신들을 위한 지출도 포함되어 있다. 그러다가 연말에 가서 1백만 원을 세액공제로 돌려받는데, 그 명목이 장애자녀양육이므로 결과적으로 정부는 그 해에 해당 가구가 장애자녀를 위해 지출한 돈 중 1백만 원을 돌려준 셈이 된다. 이는 1백만 원에 해당하는 장애자녀양육비 증서를 미리 주고 장애자녀를 위해 사용하도록 한 것과 유사한 효과를 갖는다.

4   본문에서 말하는 세금을 덜 내도록 하는 조치는 소득공제(tax allowance)라고 한다. 소득세를 예로 들어 생각해보자. 세금은 '과세소득(taxable income)×세율'로 계산된다. 여기서 과세소득은 소득세의 부과 대상이 되는 소득을 말하는데, 이 과세소득의 크기를 줄여주면 결과적으로 내야 할 세금도 줄어들게 된다. 이렇게 해 세금혜택을 주는 것을 소득공제라고 한다(과세소득을 공제한다는 의미이다). 앞에서 세액공제(tax credit)를 언급했는데, 이것은 '과세소득×세율'의 계산 결과로 나온 산출세액에 각종 세금감면 등을 적용하는 것을 말한다.

표 12-1 급여형태의 구분: 전통적 분류와 전이가능성에 따른 분류의 확장

전통적 분류		전이가능성에 따른 분류의 확장	
현물급여	사회통제	기회 서비스 재화 증서 현금 권력	전이가능성 낮음
	↕		↑ | ↓
현금급여	선택의 자유		전이가능성 높음

　　지금까지 보다 확장된 급여형태로 기회, 서비스, 재화, 증서(세액공제), 현금, 권력의 6가지에 대해 살펴보았다. 이 6가지가 급여형태를 세분하고 확장했다는 데 의미가 있는 것은 사실이지만, 그렇다고 해서 현금급여와 현물급여의 이분법을 획기적으로 뛰어넘는 장점을 갖고 있는지는 의문의 여지가 있다. 첫째, 급여형태를 6가지로 확대해 구분하는 데 사용된 기준이 전이가능성인데, 이는 현금급여 대 현물급여를 둘러싼 논쟁에서 중심적인 주제가 되었던 선택의 자유와 사실상 별반 차이가 없는 개념이다. 물론 선택의 자유라는 가치가 중요한 의미를 갖는다는 것은 분명하다. 하지만 거의 유사한 기준을 가지고 급여형태를 2가지로 구분하기도 하고 6가지로 구분하기도 한다는 것은 다소 설명을 요하는 시도라 하겠다.

　　둘째, 6가지로 구분된 급여형태 중 기회와 권력은 급여로 다룰 필요가 없지는 않지만, 그보다는 사회 내의 권력관계나 사회복지제도에서의 권력관계, 사회적 보상체계와 더 많은 연관성을 갖는다. 둘 다 급여를 누구에게 부여하는가가 더 중요한 의미를 갖기 때문이다. 즉, 특례입학 기회 또는 할당취업 기회를 누구에게 부여하는가, 가산점을 누구에게 부여하는가, 정책결정에의 참여권한을 누구에게 부여하는가 등이 중요하다는 것이다.[5] 따라서 기회와 권력이

5　기회와 권력은 본문에서 말한 것처럼 누구에게 부여하는가가 중요하지만, 그것이 어떤 맥락에 적용되는가도 중요하다. 예를 들어 특례입학은 고등교육 진입이라는 맥락에 적용되고, 장애인할당고용은 장애인이 취업을 시도하는 경우에 적용된다. 여성할당제는 정부의 각종 위원회 구성에 적용된다. 우리 사회에서 논란이 된 바 있는 군 가산점제는 군복무 후에 제대한 자가 공무원시험에 응시할 경우에 적용된다. 권력도 유사해서, 예를 들어 사회보장제도는 각종 위원회를 두어 국민의 참여를 보장하는데, 이때 누가 참여하는가가 당연히 중요하지만 참여한 국민이 그 권한을 어떤 맥락에서 얼마나 발휘할 수 있는가도 중요하다. 어떤 맥락에 적용되는가의 문제는 급여형태에 관한 논의범위를 넘어서는 것으로 판단해 여기서는 논의하지 않는다.

라는 급여형태를 제외하면 사실상 남는 것은 서비스와 재화, 증서, 현금이다. 이들 중 증서를 빼면 서비스와 재화는 전형적으로 현물급여로 논의되어왔고, 현금은 통화를 가리키므로 말할 것도 없이 현금급여로 논의되어왔다. 그래서 결국 급여형태로 의미가 있는 것은 현금급여와 증서, 현물급여라고 할 수 있다. 이러한 까닭에, 급여형태의 분류를 확장했다고는 하지만 증서가 현금급여와 현물급여 간의 화해되지 않는 대립을 중재할 급여형태로 부각되는 결과만을 내온 것으로 보인다.

셋째, 둘째에서 언급한 내용과 연관된 것인데, 현금급여와 현물급여 간의 논쟁을 선택의 자유와 사회통제로 구도화^{framing}한 것이 급여형태에 대한 이해를 일정한 틀 내로 제한하는 경향을 갖는다는 점을 지적할 수 있다. 사실 현금은 자본주의 사회에서 일반적이고 보편적인 교환가치를 갖는 통화이기 때문에, 금액만 문제가 되지 그 금액 내에서는 자유롭게 소비하는 것은 너무나 당연하다. 과거에 고대 중국에서는 조개가 화폐의 역할을 했다고 한다. 만일 그 사회에도 사회적 급여가 있어서 조개로 지급했다면, 받은 사람은 조개의 개수만큼 선택의 자유를 누렸을 것이다. 우리가 사회복지정책을 통해 사회적 급여를 제공하려는 근본적인 이유는 시장영역의 바깥에 위치해 자본주의 시장의 작동을 수정하기 위해서이다.

따라서 현금급여에는 선택의 자유라는 가치를 연결시키고 그 외의 급여형태에 대해서는 선택의 자유가 제한된다거나 사회통제를 초래한다는 식으로 연결시킨다면, 자본주의 시장의 작동을 수정하려는 사회복지정책의 의도를 간과하는 결과를 낳을 것이다. 그리고 이런 접근은 급여형태를 자본주의 시장을 얼마나 수정할 수 있는가 하는 기준보다는 시장에서의 선택의 자유 행사에 어떤 영향을 미치는가, 그리고 시장에서의 효용 달성에 어떤 영향을 미치는가 하는 기준으로 평가하게 함으로써, 사실상 자본주의 시장을 전제하는 효과를 가져온다. 이는 결국 현금급여에 우위를 주는 것으로, 어떤 면에서 '기울어진 운동장'에서 급여형태를 비교한다는 문제점을 갖는다. 또한 사회복지정책이 시장영역의 바깥에 위치한다는 것은 맞지만, '왜 시장영역의 바깥에 위치해야 하는가'라는 질문을 간과하게 할 우려가 있다.

이런 점들을 종합적으로 고려할 때 급여형태에 관한 논의에서 우리는 사회복지정책이 자본주의 시장의 작동을 수정하려는 목적을 가진 것임을 염두에 둘 필요가 있다. 이와 관련하여 여기서는 현금과 증서, 현물이라는 급여형태가 시장의 수정과 관련하여 어떤 함의를 갖는가에 대해 고찰해보자.

상이한 급여형태의 욕구 영역별 함의

전통적으로 평등주의자들은 의료 욕구나 교육 욕구의 충족을 위해서는 현물급여의 집합적 제공을 선호한 반면, 식료품이나 의류 등의 일상적 재화를 현물로 제공하는 것은 훨씬 덜 선호해왔다(Norman, 1992: 145). 이는 식료품이나 의류와 같은 일상재화에 관련된 욕구를 충족하는 데는 개인의 취향과 선호가 반영될 수 있고 그것이 바람직하지만 보건의료나 교육 욕구의 경우에는 욕구 충족에 개인의 취향이나 선호가 반영될 여지가 별로 없기 때문이다(Norman, 1992: 145). 따라서 식료품이나 의류 등의 욕구를 충족시키기 위한 사회적 급여는 현금으로 제공함으로써 개인의 취향과 선호에 맞는 물품을 시장에서 구입하도록 하는 것이 바람직할 수 있다.

하지만 보건의료나 교육의 경우는 다르다. 보건의료 욕구가 있는 경우 사람들이 필요로 하는 것은 그 욕구가 충족되는 것 자체이다. 이에는 의료수요자의 취향이나 선호가 개입되기 어렵다. 의료수요자가 원하는 것은 신속하고 안전한 보건의료서비스를 받는 것이다. 그리고 보건의료 욕구가 동일하다면 보건의료서비스도 유사하거나 동일한 정도로 제공되어야 한다. 교육 욕구는 보건의료 욕구에 비해 시급성이 덜하므로, 보건의료 욕구보다는 수요자의 취향이나 선호가 반영될 여지가 더 많기는 하다. 그럼에도 불구하고 교육 욕구 역시 기본적으로는 보건의료 욕구와 유사한 성격을 갖는다. 교육수요자의 의사가 교육서비스의 제공과정에 더 많이 반영되는 것은 바람직하지만, 기본적으로 유사한 교육 욕구에 대해서는 유사한 교육서비스가 제공되어야 한다.

만일 보건의료 욕구나 교육 욕구의 충족을 위해 정부가 모든 사람에게 현금급여를 제공하고 보건의료서비스나 교육서비스를 시장에서 구입하도록 한다고 가정해보자. 이렇게 되면 분명히 사람들이 구입하는 서비스에 차이가 생길 것이다. 소득수준이 높은 사람들은 현금급여 외에 자신의 소득을 추가해 훨씬 더 값비싼 서비스를 구입하고, 가난한 사람들은 정부로부터 받은 현금급여 금액만큼의 서비스를 구입할 것이기 때문이다. 그렇다면 정부가 가난한 사람들만 선별해 현금급여를 주면 어떨까? 이렇게 되면 선별적(즉, 잔여적) 제도가 낳는 온갖 문제를 초래할 뿐만 아니라 급여수준을 높게 유지할 수 없어서 결과적으로 가난한 사람들은 빈약한 서비스를 받게 된다. 결국 개인의 취향이나 선호가 반영되는 것이 바람직한 일상적 재화 같은 욕구 영역에는 현금급여가 적절하지만, 그렇지 않은 욕구 영역에는 현물급여가 보다 적절하다.

개인의 취향과 선호의 반영을 감안해 각 욕구의 충족방법을 좀 더 자세히 살펴보자. 욕구 충족을 위해 대인관계가 필수적이지 않은 일상재화 영역에는 개인의 취향과 선호가 반영될 가능성이 큰 반면, 욕구 충족을 위해 대인관계가 개입되는 영역에는 개인의 취향과 선호가 반영될 가능성이 낮다. 대인관계가 개입되는 영역은 욕구 충족을 필요로 하는 수요자와 서비스를 제공하는 공급자 간의 직접적인 대면관계가 반드시 필요한 영역이다. 식료품이나 의류 등 일상재화에 대한 욕구 충족에도 공급자와 수요자 간의 만남이 있기는 하지만, 그러한 만남이 욕구충족과정 자체를 구성하지는 않는다. 하지만 보건의료서비스나 교육서비스에서는 공급자와 수요자의 만남이 욕구충족과정 자체를 구성하는 필수요소이다.[6] 또한 이 욕구 영역에서는 서비스의 공급자와 수요자 간에 정보량에 차이가 있어서 정보가 비대칭적이다. 이러한 문제 때문에 이 욕구 영역에서는 현물급여의 집합적 제공이 보다 바람직하다.

이처럼 욕구 영역과 급여형태를 교차하여 생각하면, 증서(바우처)가 갖는 의미에 대해서도 조금 다르게 접근할 수 있다. 앞에서 우리는 증서가 선택의 자유와 사회통제(선의의 통제)를 혼합한 급여형태라고 하였다. 하지만 욕구 영역과 교차해 보면, 증서는 욕구 영역에 따라 다른 함의를 갖는다. 개인의 취향이나 선호가 개입될 여지가 많은 일상재화 영역에 증서가 적용되면, 전형적으로 선택의 자유와 사회통제를 조화시키는 함의를 갖게 된다. 왜냐하면 소비행위를 일정한 범위의 일상재화로 제한하면서도 그 범위 내에서는 선택의 자유

---

6 물론 최근에는 원격의료나 원격교육이 행해지고 있지만, 이것이 보건의료나 교육 영역에서 제공되는 서비스의 주류는 아니다. 그리고 이들 영역에서 원격서비스라고 해도 오프라인 서비스를 완전히 배제하지는 않는다.

직접지불제도와 사회서비스

최근 장애정책 영역에는 장애인에게 사회서비스 대신 현금을 지급하는 제도가 등장하고 있는데 대표적인 나라가 영국이다. 원래 서비스 영역에서는 급여형태가 서비스여야지 이를 현금으로 지급해서는 안 된다는 원칙이 있는데, 이는 서비스의 정책목적을 달성키 위한 것이며 이는 영국도 마찬가지이다. 사회서비스에서 현금을 수요자에게 직접 지급하는 것은 이 원칙에 어긋나는 것이지만 여러 요인이 복합적으로 작용하면서 지금은 실제로 도입되었다. 영국에서는 보수당 정부가 1988년에 저소득장애인들에게 그들이 받는 돌봄서비스의 비용을 지불하는 데 도움을 줄 목적으로 현금을 지급하는 독립생활기금ILF이라는 제도를 한시적으로 운용하였다. 그런데 현금을 지원받아 이를 자기주도적으로 활용한 경험을 쌓은 장애계는 이 제도를 포기하려 하지 않았고 보수당 정부는 그들대로 사회서비스 비용을 절감하려는 목적을 가지고 있어 이 두 의도가 만나면서 독립생활기금은 직접지불제도direct payment로 발전하여 도입되었고 1997년부터 시행되었다(Gardner, 2014: 7~10). 직접지불제도가 도입되면서 정부는 서비스를 제공하는 대신 현금을 지급하여 수요자로 하여금 자신에게 서비스를 제공할 사람을 고용하여 서비스를 받도록 하였고 이는 후에 유사한 방식의 개인예산제로 변화하기도 했다. 이런 방식의 제도를 총칭하여 '돌봄을 위한 현금cash for care'이라 하고 이런 방식의 이면에 놓인 경향을 개별화personalization라 한다. 직접지불제도의 급여형태는 직관적으로는 현금이지만 그 현금은 일반적인 현금급여의 근거로 거론되는 선택의 자유만이 아니라 서비스를 조직할 수 있는 힘(통제력 내지 자율성, 따라서 권력)까지 제공할 수도 있다는 점에서 관심을 둘 만한 제도라 할 수 있다. 물론 이 제도를 둘러싸고 수요자의 자기선택권과 통제력을 증진시켰다는 평가와 사회서비스를 시장화했다는 평가가 엇갈리고 있어 논쟁이 있다는 점은 염두에 둘 필요가 있다.

출처: 유동철, 2012; Gardner, 2014; Glasby and Littlechild, 2009.

를 보장해줄 수 있기 때문이다.

하지만 개인의 취향과 선호가 개입될 여지가 상대적으로 적은 서비스 영역에 증서가 적용되면, 공급자 간에 경쟁을 유발해서 시장적 요소가 침투하게 된다.[7] 공급자들이 증서를 소지한 수요자를 많이 확보할수록 서비스 제공에 들

---

7 우리나라에서 2007년에 본격 도입된 사회서비스 전자바우처와 2009년 도입된 보육바우처는 서비스 영역에 적용된 증서의 대표적인 예인데, 이것의 효과와 관련하여 사회서비스를 시장화했다는 비판이 있다. 이 비판은 서비스 영역에 적용된 증서가 시장적 요소의 침투를 초래한다는 사실을 적어도 일부는 반영한 것이다.

표 12-2 욕구 영역과 급여형태의 교차

		급여형태		
		현금	증서	현물
욕구 영역	보건·교육	시장화	시장화	욕구의 집합적 충족
	사회서비스[1]	시장화[2]		
	일상재화	선택의 자유	선택의 자유와 사회통제의 조화	사회통제

주 1. 여기서 사회서비스는 보건과 교육을 제외한 것을 말한다.
　2. '이것은 '더 알아보기: 직접지불제도와 사회서비스'에 언급된 시장화로 이와 관련해서는 사회서비스 이용자에게 자율성(따라서 권력)을 부여했다는 평가도 있다는 점을 염두에 두어야 한다.

어간 비용을 더 많이 보전받을 수 있기 때문이다. 증서를 옹호하는 사람들은 이러한 공급자 간의 경쟁을 통해 수요자의 선택권이 향상될 것이라고 주장하지만, 이에는 경험적으로 증명과 반증이 엇갈리고 있다. 어쨌든 여기에서 중요한 점은 증서가 항상 선택의 자유와 사회통제를 조화시키는 효과만을 갖는 것은 아니며, 어떤 욕구 영역에 적용되느냐에 따라 시장의 작동을 감소시키는 효과를 가질 수도 있고 반대로 시장의 작동을 촉진하는 효과를 가질 수도 있다는 것이다.

지금까지의 논의를 바탕으로 욕구 영역과 급여 형태를 교차하면 그것이 초래할 결과를 몇 가지로 예상해볼 수 있다(표 12-2 참조). 대체로 보건과 교육 그리고 사회서비스 영역에 현금이나 증서가 적용되는 경우, 그것은 시장화를 초래하는 경향이 있으며 이들 욕구 영역에 현물급여가 적용되는 경우 이는 욕구의 집합적 충족을 결과하는 경향이 있다. 그리고 개인의 선호나 취향이 개입되는 일상재화 영역에 현금이 적용되면 선택의 자유를 증진시키는 반면, 현물이 적용될 경우 사회통제적 함의를 갖지만 여기에 증서가 적용되면 선택의 자유와 사회통제의 가치를 조화시킬 수 있다.

지금까지 급여형태를 현금급여와 현물급여로 구분해 관련된 입장을 살펴보았다. 나아가 급여형태를 보다 세분한 접근에 대해서도 살펴보고, 이어 그에 대한 비판과 욕구 영역별 급여형태의 함의에 대해서도 생각해보았다. 하지만 사회적 급여와 관련해서는 급여형태 외에 급여방식이나 급여의 목적을 고려한 고찰도 가능하다.

급여방식에 따른 구분: 통합급여와 개별급여

한국사회에서 사회적 급여와 관련된 큰 논쟁은 급여형태를 현금으로 할 것인가 아니면 현물로 할 것인가의 문제가 아니었다. 이보다는 오히려 급여의 방식을 둘러싼 논쟁이 훨씬 더 크게 생겨났다. 물론 이 논쟁은 주로 공공부조 급여와 관련해 전개되었기 때문에 사회적 급여 전체에 관한 것은 아니다. 하지만 이 논쟁의 결말로 한국의 대표적인 공공부조인 국민기초생활보장제도가 변경되었으므로 이 논쟁의 의미는 결코 작지 않다.

한국의 공공부조는 일제강점기인 1944년 조선구호령에서 시작해 1961년 생활보호법으로 이어졌다가 이를 전면 대체한 국민기초생활보장(이하 '기초보장')제도가 2000년 10월부터 시행되면서 오늘에 이르고 있다. 그런데 기초보장제도가 시행된 지 얼마 되지 않아 일각에서는 비판을 제기했는데, 그것은 기초보장제도가 그 수급자로 선정된 사람에게는 모든 급여를 지급하지만 선정기준보다 경제적 자원(소득이나 자산)이 조금이라도 높아지면 아무런 급여도 주지 않는다는 것이었다. 이런 비판을 제기한 사람들은 이러한 급여방식을 '전부 아니면 전무All or Nothing' 식의 급여방식 혹은 '통합급여'방식이라고 지칭했다. 이들은 통합급여방식에 대비되는 것으로 수급자격기준을 넘게 되더라도 모든 급여를 중단하는 것이 아니라 점진적으로 급여를 중단해나가는 이른바 '개별급여'방식을 주장했다.[8] 이런 점에서 이들을 개별급여론자라고 부를 수 있다.

개별급여론자들이 기초보장제도에 대해 제기한 비판은 사실 공공부조에 대한 전통적인 비판과 유사한 점도 있지만 상이한 점도 있다. 공공부조에 대한 전통적인 비판은 대개 공공부조가 보충급여방식으로 급여를 제공하는 관계로 수급자의 노동동기를 해친다는 것을 핵심내용으로 한다.[9] 개별급여론자들도

---

[8] 통합급여라는 용어가 '전부 아니면 전무'라는 방식을 잘 표현하는 용어인지는 회의적인 점이 있다. 즉, 통합급여는 '전부 아니면 전무' 방식 중 앞의 '전부'만 가리키는 듯 보이기 때문이다. 또한 선정기준을 넘어서는 사람에 대해 단계적으로 급여를 중단해나가는 급여방식을 가리키는 용어로 개별급여가 적정한 용어인지도 회의적인 점이 있다. 하지만, 이미 통합급여와 개별급여라는 용어가 많이 사용되어왔기 때문에 여기서도 이들 용어를 그대로 사용한다.

[9] 공공부조에서 보충급여(supplementary benefit)란 최저생활을 보장함에 있어 수급자가 가지고 있는

기초보장제도가 노동동기를 해친다는 비판을 했다는 점에서는 공공부조에 대한 전통적인 비판과 비슷하다. 하지만 이들은 그 이유가 급여방식이 보충급여방식이 아니라 통합급여방식이기 때문이라고 주장했다는 점에서 전통적인 비판과 초점이 미묘하게 다르다.

어쨌든 개별급여론자들은 통합급여방식이 기초보장 수급자들의 노동동기를 해치고, 나아가 탈수급유인을 해친다고 주장했다. 탈수급유인은 기초보장 수급자에서 탈피하고자 하는 동기를 말하는데, 개별급여론자들에 따르면 통합급여방식이 수급자들로 하여금 기초보장제도에서 탈피해 빈곤에서 벗어나게끔 하는 유인도 억압한다. 당시 기초보장제도에서는 최저생계비가 수급자 선정기준임과 동시에 최저생활을 보장하기 위한 급여의 기준이기도 했는데, 개별급여론자들은 수급자들의 소득수준이 최저생계비를 조금이라도 넘게 되면 수급자에서 탈락해 모든 급여가 중단되기 때문에 소득수준을 최저생계비 이상으로 더 높이려 하지 않는다고 주장했다. 이런 사례는 실제로 자활근로사업에서 존재하기도 했는데, 어쨌든 개별급여론자들의 이런 주장에 근거해 기초보장법의 개정이 추진되었다. 그리고 여러 우여곡절을 겪은 끝에 지난 2014년에 법 개정이 이루어지고 2015년 7월부터 개정법이 시행됨으로써 10년이 넘도록 이어져오던 논쟁이 일단락되었다.[10] 이로써 기초보장제도는 개별급여방식

자산(소득과 재산)과 최저생활수준 간의 차액을 공공부조의 급여로 제공함으로써 수급자의 최종소득이 최저생활수준에 도달케 하는 급여방식을 말한다(수급자의 자산+급여=최저생활수준). 보충급여방식에서는 수급자의 소득이 증가하면(이때 그 소득증가가 최저생활수준을 넘지 않는다는 전제가 있어야 한다) 그 증가한 만큼 급여가 삭감된다. 우파들은 이를 근거로 공공부조의 급여방식이 수급자들의 노동동기를 저하시킨다고 비판하고 나아가 공공부조가 수급자들을 빈곤상태에 머물게 하는 '빈곤의 덫'(poverty trap)이 된다고 비판한다. 하지만 공공부조가 실제로 노동동기를 저하시키는가와 관련해서는 증거가 엇갈려 논란이 계속되고 있다. 또 설사 노동시간이 감소했다고 해도 그것은 공공부조 때문이라기보다는 노동시장에 괜찮은 일자리가 없어서 그런 경우도 많다. 그리고 만일 노동시장에 괜찮은 일자리가 없어서 노동시간이 감소한 것이라면 그것이 그처럼 문제가 되어야 하는지에 대해서도 생각해볼 필요가 있다.

10   2014년 말의 기초보장법 개정은 이른바 '송파 세 모녀 법'의 일환으로 이루어졌는데, 이는 사실 본질적 원인이 다른 사건을 법 개정에 끌어들인 전형적인 사례라고 할 수 있다. '송파 세 모녀 사건'의 근본적인 원인은 비정규직 증가 등 노동시장의 변화에 대응하지 못하는 사회보장제도의 문제와 전달체계의 문제라고 할 수 있다. 당시 '송파 세 모녀 법'의 일환으로 제정되거나 개정된 법은 사회보장급여의 이용·제공 및 수급권자 발굴에 관한 법률(사회보장급여법), 기초보장법, 긴급복지지원법이었다. 이 중 긴급복지지원법의 개정이나 사회보장급여법의 제정은 다소간의 부족함이 있어도 송파 세 모녀 사건과 연관되었다고 할 수 있지만, 기초보장법의 개정을 통한 개별급여방식으로의 전환은 본질적으로 이 사건과 큰 연관성이 없다.

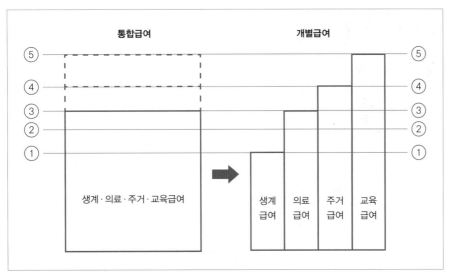

그림 12-1 통합급여의 개별급여로의 개편

을 채택하는 쪽으로 변경되었으며, 수급자 선정과 급여는 이른바 기준중위소 득이라는 것을 기준으로 하게 되었다. 그 결과 최저생계비는 존속되기는 했지 만 수급자 선정기준이자 급여기준으로서의 기능은 상실하게 되었다.

기초보장제도를 개별급여방식으로 전환한 과정에 대해 간략히 살펴보았 으므로, 이제 이 전환이 어떤 함의를 갖는가에 대해 생각해보자. 이를 위해서는 개별급여론자들이 과거의 기초보장제도에 대해 '전부 아니면 전무'식의 급여 방식이라고 비판했던 것 중 '전부'에 해당하는 급여방식은 그대로 유지되고 있 다는 점에서 논의를 시작하는 것이 좋을 것 같다.

현행 기초보장법에서 수급자 선정기준은 급여별로 차등화되어 있다. 즉, 생계급여 수급자는 그 가구의 소득인정액[11]이 기준중위소득의 30% 이하여야

---

11 기초보장제도의 수급자를 선정하기 위해 정부는 신청자 가구의 경제적 자산과 기준중위소득을 비교하여 그 자산이 기준중위소득 이하일 경우 수급자로 선정하게 되는데 이때 신청자 가구의 자산을 소득인정액이라 하고 이는 정부가 기초보장법상의 소득으로 인정한 금액이라는 뜻으로, 소득평가액과 재산의 소득환산액의 합이다. 소득평가액은 정부가 소득으로 평가한 금액이라는 의미로, 우리가 일반적으로 소득이라고 생각하는 것인데 다만 여기서 장애수당 같은 일부 공적이전소득과 근로소득의 일부를 제외한 금액이어서 소득 대신 소득평가액이라고 부르는 것이다. 재산의 소득환산액은 정부가 재산을 소득금액으로 환산해 산출한 금액이라는 뜻이다. 사실 소득평가액에 재산소득이 이미 포함되지만 이와 별개로 재산가액을 소득금액으로

그림 12-2 기초생활보장제도.

하고 의료급여는 40% 이하, 주거급여는 43% 이하, 교육급여는 50% 이하여야 한다(이들은 각기 그림 12-1의 ①, ③, ④, ⑤에 대응된다).[12] 그리고 소득인정액이 상승함에 따라 받을 수 있는 급여가 단계적으로 축소되지만 소득인정액이 기준중위소득의 30% 이하인 수급자에 대해서는 생계급여뿐만 아니라 의료급여와 주거급여, 교육급여가 모두 지급된다. 즉, 생계급여 수급자에 대해서는 통합급여 중 '전부' 주는 방식이 유지되고 있는 것이다. 이는 공공부조의 특성에서 기인한다. 공공부조는 최후의 안전망으로서 사회적 최저선의 보장을 목적으로 하고 기초보장제도도 마찬가지다(Bahle et al., 2011; 남찬섭·허선, 2018). 기초보장제도는 최후의 안전망으로서 '전부 아니면 전무'라는 급여방식 중 '전부'라는 방식을 본질적 요소로 하는 제도이다.

따라서 기초보장 수급자들에게 생계급여에서부터 의료급여, 주거급여, 교육급여 등 모든 급여를 제공하는 것 자체는 과거의 통합급여방식에서든 현행의 개별급여방식에서든 문제될 것이 없다. 즉, 차상위층 혹은 차차상위층 이상의 저소득층[13]을 대상으로 해 지금의 개별급여와 같은 급여가 없던 것이 문제였지, 그 이하 계층에게 모든 급여를 주는 것 자체는 문제가 아닌 것이다. 그러므로 중요한 것은 수급자의 경제적 수준이 모든 급여를 받을 수 있는 기준 이

환산하는 것이다. 과거 생활보호제도 시기에는 재산가액을 그대로 선정기준으로 사용했는데, 이에 대한 비판이 있어 재산가액을 소득으로 환산한 기준을 사용하게 된 것이다.

12 기준중위소득이란 현행 기초보장의 수급자를 선정하기 위해 사용하는 것으로, 본질적으로 중위소득인데 이를 기초보장제도에 맞게 약간 손질해서 기준중위소득이라고 부르고 구체적인 수치는 매년 복지부가 고시를 통해 정한다.

13 차상위층은 기초보장 수급자보다 약간 형편이 나은 저소득층을 의미해서 과거에는 자산이 최저생계비의 120% 이하, 현재는 기준중위소득의 50% 이하인 저소득층을 가리킨다. 그런데 엄밀히 말하면 차상위층에는 자산이 최저생계비 이하인 사람도 포함된다. 즉, 자산이 최저생계비를 넘으면서 그 120% 이하인 저소득층도 포함하지만 최저생계비 이하이면서 수급자로 선정되지 못한 비수급 빈곤층도 포함하는 것이다. 본문에서는 이런 엄밀한 의미보다는 기초보장 수급자보다 형편이 약간 나은 저소득층이라는 의미로 사용했다.

상으로 올라갔을 때 단계적으로 급여를 줄여나가는 제도적 장치를 어떻게 만들 것인가이다. 이와 관련하여 몇 가지를 더 생각해보자.

첫째, 통합급여 중 '전부' 주는 수준이 현재는 생계급여 수준(기준중위소득의 30%)인데 이 수준이 적정한가 여부이다. 이는 다시 말하면 급여를 단계적으로 줄여나가는 개별급여의 출발선을 어디로 정할 것인가의 문제이다. 이 수준을 보기 위해 개별급여로 개편되기 전에 수급자 선정기준이자 급여기준이었던 최저생계비의 상대적 수준을 살펴볼 필요가 있다. 정부는 개별급여로의 개편이 본격적으로 추진되던 2013년을 기준으로 할 때 당시의 최저생계비는 중위소득의 40%라고 했다(그림 12-1의 ③). 하지만 최저생계비의 상대적 수준에 관한 다른 자료를 보면(표 12-3 및 그림 12-2 참조) 법률에 의해 최초로 계측된 최저생계비가 실제 적용된 2000년에 그것은 근로자 가구 중위소득의 43.6%였는데(그림 12-1에서 대략 ④에 대응한다) 그 후 점점 떨어져서 2013년에는 근로자 가구 중위소득의 34.2%, 전 가구 중위소득의 35.5% 수준까지 하락하였다(그림 12-1의 ②와 비슷한 수준이다).

중위소득의 40%와 34.2%, 35.5% 중 어느 수치가 맞는지를 여기서 결정하기는 어렵지만 한 가지 사실은 분명하다. 즉, 어떤 수치가 맞든 2013년의 최저생계비는 최초 계측된 최저생계비보다 그 상대적 수준이 크게 하락한 것이라는 점이다. 따라서 2013년의 최저생계비가 정부발표대로 중위소득의 40%라고 하더라도 그것은 이미 최초 계측된 최저생계비보다는 많이 하락한 것이라 해야 한다. 이는 결국 개별급여로 개편된 현행 기초보장제도는 개편 당시부터 이미 개별급여의 출발선이 최초 계측된 최저생계비 수준보다 훨씬 낮은 수준에서 정해졌음을 보여준다.

둘째, 개별급여방식의 제도를 만드는 것은 필요한 것이지만 그것이 반드시 기초보장제도의 개편을 통해 이루어져야 했는가에 대해서도 생각해볼 수 있다. 개별급여론자들은 기초보장 수급자 기준을 넘어서는 사람에 대해 급여를 단계적으로 줄여나가는 제도적 장치가 없었던 원인이 기초보장제도에 있는 것처럼 비판했는데 이 비판은 다소 무리한 점이 없지 않다. 공공부조로서의 기초보장제도는 처음부터 경제적 자원이 일정수준 이하인 사람을 선별하여 그들에게 급여를 주는 제도로 만들어졌다. 그 수준을 넘어서는 사람들에 대해 급여

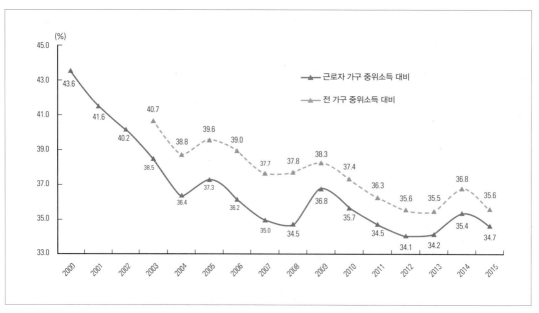

그림 12-3 최저생계비의 상대적 수준 추이

주 1. 근로자 가구는 가구주의 직업이 노동자인 가구, 전(全) 가구는 근로자 가구와 근로자외 가구를 합한 것임.
　　 근로자외 가구는 가구주의 직업이 자영자나 무직인 경우를 말함.
　 2. 최저생계비 계측연도(2004, 2007, 2010, 2013년)의 다음 연도에는 상대적 수준이 높아지는 경향이
　　 있음(2011년은 예외).
자료: 김태완 외 (2017), pp. 657-658 〈부표 6-1〉, 〈부표 6-2〉; 통계청 (2018).

가 제공되지 않은 것은 기초보장제도 자체의 문제라기보다는 그런 급여제도를 만들지 않은 우리 사회의 문제라고 볼 수 있다. 그런 급여를 기초보장제도를 개편하여 만들 것인가 아니면 기초보장제도 이외의 제도로 만들 것인가는 사회적 합의에 따라 선택할 수 있는 문제이다. 이런 점에서 현재 우리 사회는 기초보장의 개편을 통한 개별급여의 제도화라는 특정한 방향의 선택을 한 셈인 것이다.

　　셋째, 바로 위의 문제와 연관된 것으로 기초보장 선정기준을 넘는 경우에 대해 개별급여를 제도화한다고 해서 그것이 반드시 선정기준이자 급여기준으로서의 최저생계비의 기능을 무력화해야만 가능한 것이었는지도 생각해 볼 수 있다. 개별급여는 결국 경제적 수준이 최저생계비를 넘어선 사람들에 대해 급여를 단계적으로 줄여나가려는 것인데, 국가가 최저생계비로 대표되는 최저생활수준을 보장한다는 것과 그 수준을 넘어선 사람들에게 추가적인 급여

표 12-3 개별급여 전환 이후 급여별 수급자 추이

(단위: 만 명)

구분		개편 전		개편 후			
		'15.6	...	'15.12	...	'16.5	'15.6월 대비 순증
전체			...	164.6	...	166.8	35.2 (신규 46.9 탈수급 11.7)
	생계급여	131.6 (생계 116.6 교육 17.8)*		125.9		126.4	9.8 (신규 17.0, 탈수급 7.2)
	의료급여		...	143.5	...	143.2	11.6 (신규 24.3 탈수급 12.7)
	주거급여		...	142.8	...	141.5	9.9 (신규 25.6 탈수급 15.7)
	교육급여		...	38.8	...	40.1	22.3 (신규 24.4 탈수급 2.1)

* 개편 전의 생계급여는 현금급여기준선(최저생계비의 81% 수준) 적용 / 교육급여는 초·중·고등학생 대상
자료: 보건복지부 (2016).

를 욕구에 따라 제공한다는 것은 상호 배치되는 것이 아니다. 다시 말해서 그림
12-1의 ③이나 ④ 또는 ⑤의 수준으로 최저생계비를 정하고 이 수준에 대해서
는 국가가 통합급여방식으로 책임을 지고 그 수준을 넘어서는 저소득층에 대
해 의료·주거·교육급여를 욕구에 따라 제공할 수도 있는 것인데 현행 기초보
장의 개별급여방식은 그렇게 하지 않은 것이다.

넷째, 개별급여론자들의 주장에서 중요한 것 중 하나가 과거 통합급여방
식의 기초보장제도가 수급자들의 탈수급유인을 저해한다는 것이었는데 그렇
다면 개별급여로 전환된 이후 탈수급동기가 증가했는지에 대해서도 생각할
필요가 있다. 개별급여 개편 후인 2016년 5월 수급자는 166만 8,000명으로
개편 직전인 2015년 6월의 131만 6,000명에 비해 크게 증가했고[14] 이 과정에
서 탈수급자는 11만 7,000명으로 집계되었다(표 12-3 참조). 이 탈수급자 규모
는 개편 전 수급자의 8.9%에 달한다. 탈수급 규모를 판단하기 위해서는 수급
자 가구의 구성(근로능력자가 있는지 여부 등)과 당시의 경제상황 등을 종합적으

14 　그러나 개별급여 개편 후 수급자가 증가한 것은 사실이지만 본문의 표 12-3에서 보듯이 개별급여 개편 1년
　　후인 2016년 5월에 순증한 35만 2,000명의 기초보장 수급자 중 2/3에 달하는 22만 3,000명은 교육급여
　　수급자로 증가한 것이며 생활보장에 긴요한 생계급여 수급자로서 증가한 규모는 9만 8,000명으로 전체
　　증가인원의 27.8%에 불과하다.

로 고려해야 하므로 쉽게 판단키는 어렵다. 그런데 2007년의 한 연구에서 연평균 탈수급율이 4.87~7.87%로 추정된 바가 있다는 점(노대명 외, 2015)을 생각하면 개별급여 개편 후 탈수급자의 규모 8.9%가 그리 인상적인 것은 아닌 것 같다.

개별급여와 관련해서는 지금까지 살펴본 내용들 외에도 생각해볼 사안들이 있을 것이다(예컨대 급여대상자가 증가했는지, 보장수준이 적정한지 등). 이는 사회복지정책의 여러 사안들과 마찬가지로 급여방식을 둘러싼 논쟁과 그 귀결로서의 개별급여로의 개편 역시 특정한 방향으로의 선택이었고 따라서 특정 선택에 대한 지속적인 비판적 평가가 필요함을 보여주는 것이라 하겠다.

급여목적에 따른 구분

예방 · 회복 · 보상

사회적 급여를 목적에 따라, 일차적으로 사회적 위험의 발생을 예방하기 위한 급여와 위험이 발생한 경우 그 이전의 상황으로 되돌리기 위한 급여, 그리고 사회적 위험으로 인한 피해를 보상하기 위한 급여로 구분할 수 있다(Pieters, 2015: 90). 이를 각기 예방적 급여, 회복적 급여, 그리고 보상적 급여라고 한다. 산업재해를 예로 들면, 예방적 급여는 산업재해가 발생하지 않도록 하는 산업안전 등의 조치, 회복적 급여는 산업재해를 입은 피재근로자에게 재활훈련을 실시하는 등의 조치, 보상적 급여는 피재근로자와 가족에 대한 의료서비스의 제공이나 소득보전급여의 제공 등을 말한다.

이 예에서 보듯이, 사회복지정책은 대개 보상적 급여에 보다 직접적으로 관련되며, 예방적 급여나 회복적 급여는 사회복지정책과 연관성은 있지만 그 범위에 포함되지는 않는 것으로 간주되는 경우가 많다. 하지만 최근에 와서는 이런 상황도 변화해, 예를 들어 장애인의 경우 재활훈련(회복적 급여)을 받지 않으면 장애수당(보상적 급여)의 지급을 제한하는 조치를 취하는 경우도 있다(OECD, 2003). 이처럼 보상적 급여를 예방적 급여나 회복적 급여(그중에서도 특히 회복적 급여)와 연결시켜 제공하려는 시도가 점점 강화되고 있고 이 경우 보상적 급여를 근로활동과 연계시키는 경우가 많다. 근로활동과 보상적 급여를 연계시키는 경우에도 그것은 인적자본의 향상을 꾀하기 위한 사회투자적 성격을 띠는 경우도 있지만 근로참여를 강제하는 경우도 많은데 흔히 근로연계복지(워크페어)라 불리는 조치들은 후자에 해당한다(Millar, 2009).

근로연계복지와 같은 시도는 사회적 급여(주로 보상적 급여)를 받기 위해서는 그에 상응하는 사회적 책무를 다해야 한다는 교환적 사고방식에 기초한다. 보상적 급여를 받는 수급자에게 요구되는 사회적 책무는 근로참여라는 형태로 주로 나타난다. 원래 사회적 급여는 어떤 원인으로든 일을 할 수 없게 되어 소득이 없는 사람들에게 지급되는 것으로, 적어도 일정 기간은 일하지 않고도 삶을 영위할 수 있게끔 하려는 것이다. 일을 하지 않고도 삶을 영위한다는 것은 노동력을 상품화하지 않고도 삶을 영위하게 한다는 것인데(탈상품화), 이와 같은 목적을 가진 사회적 급여를 받는 수급자에게 근로참여라는 책무를 부과한다는 것은 일하지 못하게 된 상태 이전의 상태로 되돌아가게끔 수급자를 강제함으로써 '생산적' 구성원이 되게 하려는 것이다.

보상적 급여보다 회복적 급여를 중시하는 이와 같은 사고방식은 예방적 급여를 우선하는 생각으로 확장되기도 한다. 산업재해가 발생한 사업장에 대해 그다음 연도의 산업재해보상보험의 기여금 납부금을 상향한다든지, 산업재해예방계획을 제출하도록 하는 것 등이 그 예이다. 또 다른 예로는 장애가 발생한 후에 보상하거나 회복하는 것보다 처음부터 장애가 발생하지 않게끔 예방하는 것이 가장 좋은 복지라는 생각을 들 수 있다. 이런 생각은 너무나 널리 퍼져 있어서 당연한 것으로 여겨지기도 한다. 하지만 장애를 예방한다는 생각은 장애를 부정적인 것으로 보는 시각을 내포하고 있다. 장애를 비장애와 동등한 또 다른 정체성으로 인정하는 것이 아니라 피해야 할 어떤 것으로 보는 것이다. 또한 장애를 예방한다는 생각은 장애의 원인이 장애인이 가진 손상에서 비롯된다고 보는 시각에 기초한 것으로, 장애인이 겪는 각종 사회적 차별과 불이익의 원인이 사회에 있는 것이 아니라, 장애인이 개인적으로 가지고 있는 손상에 있다고 전제한다. 장애를 예방해야 한다는 생각의 내용을 곰곰이 따져보면, 장애인 개개인이 가진 손상을 예방해야 한다는 생각이지, 손상을 가진 사람을 고려하지 않거나 그런 사람을 차별하는 사회적 관행을 예방해야 한다는 생각이 아님을 알 수 있다. 만일 우리가 장애인이 겪는 각종 불이익과 차별의 원인이 장애인의 손상이 아니라 그런 손상을 가진 장애인을 고려하지 않는 사회에 있다고 본다면, 장애를 예방해야 한다는 생각보다는 사회가 가진 잘못된 관행을 예방해야 한다는 생각을 하게 될 것이다.

물론 장애를 예방해야 한다는 생각을 하는 사람들이 항상 장애를 부정적으로 보고자 그런 생각을 한다는 의미는 아니다. 또한 장애예방을 위한 조치가 전혀 필요하지 않다는 의미도 아니다. 하지만 많은 사람들이 대개 장애예방이라는 생각의 이면에 어떤 논리가 놓여 있는가에 대해 깊이 생각하지 않으므로, 그런 논리에 대해 자각할 필요가 있다. 또한 그러한 자각을 통해 예방과 회복이 우선이고 보상은 그보다 후순위라는 접근이 실제로는 어떤 함의를 갖는가에 대해 주의를 기울일 필요가 있다. 이는 성과 관련된 피해에도 적용될 수 있다. 성과 관련된 피해를 예방해야 한다는 생각이나 피해 이전의 상황으로 되돌려야 한다는 생각의 이면에는 피해의 원인과 책임이 피해자에게 있다는 논리가 숨어 있다.

지금까지의 논의를 종합해보자. 예방과 회복을 우선하는 논리는 사회적 급여의 수급자가 당연히 누려야 할 수급권리를 사회적 책무를 조건으로 해야만 허용될 수 있는 조건적 권리로 전락시킬 위험성을 안고 있다. 나아가 사회적 약자에게 낙인을 부과할 수 있는 위험성도 가진다는 점에 유의해야 한다. 예방과 회복을 우선하는 조치가 보상적 급여의 권리를 제약하도록 하기보다는 보상적 급여의 권리와 예방 및 회복적 급여가 선순환할 수 있는 구조를 확립하기 위해 노력하는 것이 중요하다.

소득보전급여와 비용보전급여

사회보장제도의 발전에 많은 노력을 기울이고 있는 국제노동기구(ILO, 1998:8)에 따르면, 사회보장은 1) 상병·출산·노동재해·실업·장애·노령·사망 등으로 인한 수입의 중단 혹은 급격한 감소로 인한 경제적·사회적 곤궁에 대비해 사회가 일련의 공적조치를 통해 사회구성원에게 제공하는 보호, 2) 의료서비스의 제공, 3) 아동이 있는 가족을 위한 보조금의 제공을 의미한다(번호는 필자). 여기서 1)에 열거된 각종 사건들은 흔히 사회적 위험이라고 불린다. 따라서 1)에서 말하는 공적보호는 사회적 위험으로 인한 소득상실$^{income\ loss}$(소득감소를 포함해)에 대비한 소득유지 내지 소득보전$^{income\ maintenance}$을 위한 급여를 의미한다. 한편 2), 3)은 기본적으로 추가적 지출$^{additional\ expenditure}$에 관련된 급여를 가리키는데, 이에 대해서는 좀 더 설명이 필요하다. 2)는 의료서비스의 제공인데, 이것과 1)에서 말하는 상병에 대한 소득보전은 구분될 필요가 있다. 즉, 상병에 대한 소득보전은 부상이나 질병으로 인해 일할 수 없게 되었다는 사실에 주목해 그로 인한 소득상실을 보완하는 것이다. 반면 2)의 의료서비스는 부상이나 질병으로 인해 의료서비스가 필요해진 관계로 추가적인 지출소요가 발생했다는 사실에 주목해 그에 대응하려는 것이다.

한편 3)에서 말하는 급여는 오늘날 주로 아동수당으로 불리는데, 이와 관련해서는 베버리지의 논의가 주목할 만하다. 베버리지는 국가가 최저생활을 보장해주기 위해서는 일하는 사람들에게 충분한 소득을 보장하는 것이 선행되어야 하고 이를 위해서는 가구원의 규모를 고려한 소득보장이 필요하다는 점을 인지했다. 그런데 자본주의의 임금체계가 일하는 사람에게 소득을 제공하는 것이기는 하지만, 어디까지나 성과 혹은 노동의 대가에 따라 소득을 지급하는 것이다. 가구원의 수까지 고려해 소득을 지급하지는 않는다. 따라서 자본주의의 임금체계로는 가구 규모가 다른 수많은 가구에 대해 '국민최저선'을 보장할 수 없다. 결국 국민최저선의 보장을 위해서는 국가가 아동양육비용의 일부를 지급해야 한다(Beveridge, 1955: 154, 156). 아동수당에 관한 베버리지의 이 논의는 아동의 존재가 해당 가구에 추가적인 지출소요를 초래한다는 사실을 지적한 것이다. 국제노동기구 역시 아동수당을 추가비용과 연관해 설명한다. 즉, 국제노동기구(ILO, 1998: 12, 75)는 사회보장의 다른 급여와 달리 아동수당은 임금이 중단되거나 일할 수 없게 되었을 때 소득을 제공하려는 것이 아니라 임금이 아동양육의 책임을 반영할 수 없다는 사실을 인정해 임금과 함께 제공되는 급여라고 말한다. 보다 최근에는 피에터스^{Pieters}가 자녀의 존재는 특수한 지출을 발생시키므로 아동수당은 자녀양육비용을 부담하는 사람에게 그 비용

소득보전급여로서의 공적연금

오늘날 대부분의 나라는 노후소득보장을 위한 중요한 제도로 공적연금을 운영한다. 이렇게 대부분의 나라가 공적연금을 운영하는 것은 자본주의 사회에서 노령old age이라는 사회적 위험이 갖는 독특한 성격에서 기인한다.

현재 우리가 알고 있는 퇴직제도는 자본주의가 출범하고도 많은 시간이 흐른 뒤 20세기에 와서야 도입된 제도이다. 이 시기 자본주의는 독점자본주의로 변화하였는데 이 때가 되면 자본가들 간의 경쟁이 격화하여 노동속도가 중요해졌고 따라서 고령노동자는 점차 거추장스러운 존재로 변했다. 이로 인해 노동과정과 노동력의 재조정 작업이 추진되었다. 이 작업 중 중요한 한 가지가 일정연령에 이르면 노동력의 판매를 강제로 중단시키는 퇴직제도의 도입이었다.

퇴직제도의 도입은 쉬운 일이 아니었는데, 이를 가능하게 한 것이 바로 공적연금이었다(세계 최초로 공적연금을 도입한 독일의 제도는 급여수준이 당시의 빈민구제수준보다 낮아 연금이라기보다 방빈防貧제도의 성격이 더 강했다). 공적연금은 제2차 세계대전 이후 급여수준이 크게 올랐고 그에 따라 퇴직자의 소득을 대체할 수 있게 되었다. 이렇게 해 자본주의 사회에서 노동자들은 일정연령이 되면 노동능력의 유무와 관계없이 퇴직해 공적연금을 받게 되었다. 또한 노령은 일정연령 이상으로 획일적으로 정해지게 되었다. 노령은 곧 퇴직을 의미하기 때문에 일정연령에 도달하면 소득활동의 기회를 상실한다고 일반적으로 기정할 수 있게 된 것이다. 이로써 노령은 생물흭적인 노쇠도 포함할 수 있지만 그것만이 아니라 퇴직이라는 사회적 현상이자 소득상실을 초래하는 사회적 위험이 되었다. 따라서 공적연금은 퇴직자에게 제공되는 소득보전급여인 것이다. 생물학적 의미의 노쇠로 인한 특수한 지출을 보상하는 역할은 공적연금이 아니라 건강보험이나 노인돌봄 같은 제도들이 수행한다.

출처: 마일즈(Myles, 1992); 해리슨(Harrison, 1989); 피에터스(2006); 남찬섭·허선(2018).

의 일부를 보상하기 위한 것이라고 말한 바 있다(2006: 158). 이 역시 아동수당이 추가적 지출을 보전하기 위한 급여임을 보여준다.[15]

---

[15] 이와 함께 피에터스(2015: 158-159)는 자녀양육비용의 보전이 아동수당의 주된 목적임에도 불구하고 아동수당이 자녀에게 지출되는 실제 비용을 급여의 기준으로 삼지 않는 점은 특이하다고 말한다. 이와 관련해서는 아동수당이 자녀양육을 위해 부모를 도우려는 것이지, 부모가 자녀양육을 위해 져야 할 재정책임의 전부를 국가가 지려는 것은 아니라는 베버리지(Beveridge, 1955: 155-156)의 지적을 상기할 필요가 있다. 즉, 아동수당은 자녀양육비용을 부모와 국가가 분담하려는 제도라는 것이다(남찬섭·허선, 2018 참조).

기초연금

그림 12-4 기초연금

최근 우리 사회에서는 65세 이상 노인에게 제공되는 기초연금급여와 기초보장의 생계급여 간의 관계를 둘러싼 논란이 벌어지고 있다. 기초보장 수급노인들의 경우에 이들이 받는 기초연금급여는 소득인정액으로 간주되어 그만큼 기초보장의 생계급여가 삭감되며, 어떤 경우에는 기초연금급여로 인해 기초보장 수급자에서 탈락하기도 한다. 그래서 일부 단체에서는 기초보장 수급노인에게 주어지는 기초연금급여에 대해서는 소득불인정income disregard을 해야 한다고 주장하고 있고 이로 인해 논란이 발생하고 있다.

이 논란과 관련해서는 간단한 사고실험이 도움이 된다. 즉, 어떤 사람이 퇴직해 국민연금의 노령연금을 받게 되었다고 가정해보자. 그리고 이 사람이 노령연금을 받아 생활한 지 몇 년 후에 어떤 원인으로 가난해져 기초보장의 수급자 신청을 했다고 가정해보자. 이 경우 정부가 이 사람의 기초보장 수급자 선정 여부를 판단할 때 노령연금을 기초보장의 소득으로 인정해야 할 것인가, 불인정해야 할 것인가? 답은 자명하다. 노령연금을 소득으로 인정해야 한다. 기초연금에 대해서도 마찬가지의 논리를 적용할 수 있다.

그러면 이번에는 다른 예로 장애수당에 대해 생각해보자. 장애수당은 장애로 인해 발생하는 추가비용을 일부나마 충당해주려는 것이다. 그런데 장애수당을 받는 장애인 중에는 기초보장 수급장애인도 있다. 만일 기초보장 수급장애인에 대해 장애수당을 소득으로 인정해 그만큼 생계급여를 삭감한다면 어떤 결과가 나타날까? 만일 그렇게 하면 장애로 인한 추가비용을 보전하려던 장애수당의 취지는 사라지고 말 것이다. 왜냐하면 생계급여가 그만큼 삭감되는 바람에 추가비용을 보전하려던 금액 자체가 없어졌기 때문이다. 따라서 이 경우에는 장애수당을 기초보장의 소득으로 인정해서는 안 된다. 아동수당도 동일한 근거로 소득불인정이 되어야 한다. 여기까지의 고찰을 통해 우리는 기초보장 이외의 제도에서 제공하는 급여가 소득상실에 대한 소득보전급여인 경우에 기초보장의 소득으로 인정해야 하고 추가지출소요에 대한 비용보전급여인 경우에는 기초보장의 소득으로 인정해서는 안 된다는 것을 알 수 있다.

이러한 논란은 기본적으로 우리 사회의 극심한 노인빈곤 현실을 반영한 것으로 근본적인 해결책은 노인빈곤문제를 해결하는 데에 있을 것이다.

출처: 남찬섭·허선(2018).

표 12-4 사회적 급여의 성격 분류

분류기준		내용	비고
급여방식		통합급여 대 개별급여	기초보장제도에 적용
급여목적	예방·회복·보상	예방적 급여, 회복적 급여, 보상적 급여	사회복지급여는 주로 보상적 급여에 해당
	소득보전 대 비용보전	소득보전급여(노령·장애·유족·상병·모성·노동재해·실업급여) 비용보전급여(아동수당, 의료서비스)	

이러한 사실들을 전체적으로 고려할 때, 사회보장의 급여는 크게 소득상실에 대비해 상실된 소득을 보전하기 위한 소득보전급여와 추가적 지출소요가 발생했을 때 그것을 충당하기 위한 비용보전급여로 구분할 수 있다. 국제노동기구는 사회보장급여를 노령급여, 장애급여, 유족급여, 상병급여, 모성급여, 노동재해급여, 실업급여, 아동수당, 의료서비스의 9가지로 열거했는데, 이 중 아동수당과 의료서비스는 비용보전급여에, 나머지 7가지는 소득보전급여에 속한다.

사회적 급여의 수준

지금까지 사회적 급여라는 선택의 차원과 연관해 급여형태와 급여방식, 그리고 급여목적에 따른 급여구분에 대해 살펴보았다. 이것이 정책결정이나 집행에서 중요한 의미를 갖는다는 점은 아무도 부인하지 못하겠지만, 아무래도 국민의 관심을 더 끄는 것은 급여수준일 것이다. 급여수준은 현금급여와 현물급여(특히 서비스)로 나누어 살펴본다.

현금급여와 급여수준

현금급여에서 급여를 정하는 방법은 크게 2가지로 구분된다. 하나는 수급자의 소득이나 재산 등의 상황에 관계없이 급여를 모두에게 동일한 금액으로 정하는 방법이며, 다른 하나는 수급자의 과거 소득이나 임금과 연관지어 급여를 정하는 방법이다(Pieters, 2015). 동일금액으로 정해진 급여를 흔히 정액급여flat-rate benefit, 소득이나 임금과 연관지어 정해진 급여를 소득비례급여earnings-related benefit라고 한다. 대개 취업경력과 연관된 사회보험제도의 경우에는 급여가 소득비례방식으로 정해지는 경우가 많은 반면, 거주민 전체를 대상으로 하는 보편수당(사회수당)에서는 정액급여가 많다. 아동수당이 대표적이며, 기초연금도 그에 해당한다. 또한 공공부조제도에서도 급여가 정액급여로 정해지기도 하지만(예컨대 일부 국가의 실업부조) 수급자의 자산을 고려한 보충급여방식으로 정해지기도 한다.

현금급여의 수준을 가늠하는 대표적인 방법은 그 급여가 최저생활을 보장하기에 적합한가를 보는 것이다. 최저생활은 시대와 나라에 따라 달리 정해질 수 있지만 이 수준의 보장은 복지국가의 중요한 기능 중의 하나이다.[16] 최저생활보장과 관련해서는 사회복지급여가 그 자체로 최저생활을 보장해야 한다고 보는 입장과 사회복지급여와 수급자의 다른 자산 혹은 다른 공적급여와 합하여 최저생활을 보장해야 한다고 보는 입장이 있다. 예를 들어 최저생활보장에 직접적으로 관련된 제도로는 공공부조나 정액급여제도를 떠올리지만 이들 제도의 급여는 그 자체로 최저생활을 보장하기보다는 수급자의 다른 자산이나 다른 공적급여와 합쳐서 최저생활을 보장하는 경우가 많다. 사회복지급여가 그 자체로 최저생활을 보장하고 나아가 수급자의 과거 생활수준까지도 어느 정도 보장하는 것은 소득비례급여를 통해 실현될 가능성이 더 크다. 그래서 소득비례급여의 수준은 수급자의 과거 소득(임금)과 비교하는 경우가 많은데 이때 사용되는 지표가 소득대체율income replacement ratio로서, 이는 수급자의 과거 소득(임금)과 비교하여 급여가 어느 정도 수준인가를 표시하는 것이다.

정액급여와 소득비례급여는 복지국가의 전개와도 관련된다. 제2차 세계대전 이후 복지국가가 본격적인 발전을 시작하던 시기, 서구에서는 정액급여

---

16   브릭스(Briggs, 1961)는 복지국가의 기능을 최저생활보장, 사회적 위험에 대한 보호의 제공, 일정수준의
     사회서비스 제공의 3가지로 규정한 바 있다(Van Kersbergen and Vis, 2017도 참조).

가 평등주의의 이상을 실현하는 데 보다 유리한 것으로 간주되었다. 그래서 그것이 공적연금에 반영되어 정액급여방식의 기초연금이 제도화되기도 했다. 하지만 시간이 지나면서 정액급여의 기초연금으로는 퇴직한 중산층의 요구에 맞추기가 어려워지자 공적연금의 급여에 소득비례방식을 도입했다. 급여가 정액방식으로 정해지는 경우에는 수급자 모두에게 원칙적으로 동일한 금액이 지급되지만 급여수준은 높지 않다. 반면 소득비례방식으로 급여가 정해지는 경우에는 수급자의 과거 소득에 따라 금액이 달라지며 급여수준은 차등화된다. 소득비례연금을 도입할 때 이를 공적연금의 틀 내에서 도입한 나라와 민간보험회사와의 계약을 통해서도 소득비례연금에 가입할 수 있게 허용(적용제외^{contract out})한 나라가 있었다.

소득비례연금을 공적연금의 틀 내에 둔 대표적인 나라는 스웨덴이다. 스웨덴은 소득비례연금을 국가주도로 도입해 제2차 세계대전 전에 이루어졌던 노동자계급과 농민계급 간의 연대(노농동맹 혹은 적록동맹)를 노동자계급과 중간계급 간의 연대로 전환했다. 그렇게 함으로써 중간계급을 복지국가로 편입시키는 데 성공했고, 결국 보편적 복지국가를 지속해나가는 데 필요한 정치적 자원을 확보했다(김영순, 2011; 윤홍식, 2011; 宮本太郎, 2003; Esping-Andersen, 1990 등 참조). 반면 영국은 소득비례연금을 민간부문과의 계약을 통해서도 가입할 수 있게 허용했다. 그 결과 중간계급이 대부분 민간부문과의 계약을 통한 소득비례연금으로 빠져나가 중간계급을 복지국가 내로 포섭하는 데 실패했다. 결국 영국의 복지국가는 초기의 보편주의를 확장하지 못하고 정체됐다. 이후에는 전 국민에게 적용되는 국민보건의료서비스^{NHS}를 제외하고는 대부분 노동자계급과 저소득층만을 주로 포괄하는 선별성을 갖게 되었다(Fraser, 2017).

최근 지구화와 탈산업화 등으로 인해 노동시장이 변화하고 양극화가 심해짐에 따라 고용경력과 연계성이 강한 소득비례방식의 급여 대신 정액급여를 주장하는 목소리가 등장하고 있다. 물론 이 경우에 정액급여는 전통적인 정액급여와는 성격이 다른데, 가장 중요한 차이는 기존의 정액급여보다 훨씬 더 보편적이며 무조건적이라는 것이다. 이러한 급여는 흔히 기본소득으로 불린다. 기존의 정액급여는 연금에 적용될 경우 대개 기초연금이어서 보편적이기는 하지만 노인에게 지급되었다. 그런데 기본소득은 노인뿐만 아니라 모든 사회구성원에게 지급되므로, 연령의 제약이 없다는 점에서 보편성과 무조건성이 극도로 강화된 형태의 급여이다(김교성 외, 2018). 기본소득은 탈산업시대의 노동시장 변화라는 상황에 대응하기 위한 것이라고 할 수 있다. 만일 이것이 실현된다면, 급여목적으로는 소득보전급여이며 보상적 급여라고 할 수 있지만 급여형태나 급여방식에서는 기존의 문법을 뛰어넘는 획기적인 급여가 될 것이다. 기본소득의 앞날에 대해서는 누구도 확신할 수 없다. 하지만 이것이 향후 전개될 노동시장의 변화와 상호작용하면서 지속적으로 대안의 하나로 거론되리라는 점은 분명해 보인다. 과거에 스웨덴 등 북유럽 복지국가는 중간계급을 포괄함으로써 보편적 복지국가의 성격을 유지할 수 있었다. 이와 비교할 때 오늘날과 같은, 그리고 앞으로도 전개될 노동시장의 급격한 변화의 흐름 속에서 기본소득이 어떤 계층을 포괄해 대안적인 급여로, 나아가 대안적인 사회모델로 기능할 수 있을지에 대해서는 상당히 관심을 가질 만하다.

현물급여와 급여수준

현물급여, 그중에서 특히 서비스에서 급여수준은 현금급여와는 약간 다른 접근을 요한다. 서비스라는 급여형태에서는 최저생활수준이나 과거 소득과 비교한 급여수준을 생각하는 것이 그리 적절하지 않다. 서비스에서는 서비스를 필요로 하게 된 상황, 즉 욕구와 비교하여 그 서비스가 충분한 것이었는가 하는 점이 중요하다. 이 경우 서비스의 충분성은 욕구를 충족하기에 충분해야 한다는 의미이다(이는 앞에서 욕구 영역별 급여형태를 논의하면서 보건이나 교육 영역에서의 서비스는 해당 욕구가 충족되는 것이 중요하다고 한 점과 연관된다).

서비스의 충분성은 다시 서비스가 욕구를 어느 범위까지 포괄하는가라는 의미의 포괄성과 욕구충족을 위한 서비스가 양질의 것인가라는 의미의 수월성으로 구분할 수 있다. 예컨대, 노인들을 대상으로 하여 다양한 서비스를 마련한 경우와 어느 한 서비스, 예컨대 여가서비스만 마련한 경우 전자가 후자보다 포괄성이 크다. 서비스의 품질을 판단하는 기준은 다양할 수 있지만 가장 중요한 기준은 아무래도 서비스 이용자의 욕구일 것이고 이처럼 이용자의 욕구를 우선한 서비스가 곧 맞춤형 서비스tailored services이다. 물론 이 경우 욕구를 전문가 혹은 당사자 중 누가 판단하느냐의 문제가 있는데, 이를 제쳐두면 서비스 이용자(잠재적 이용자를 포함하여)가 가진 다양한 종류의 욕구를 우선한 맞춤형 서비스가 충분성을 구현한 서비스라 할 수 있다.

서비스는 민간기관이 제공하기도 하지만 공공기관이 그에 관여하기도 하고 직접 제공하기도 한다. 이로 인해 서비스에서는 공공기관이 제공 또는 관여하는 서비스가 전체 서비스에서 차지하는 비중이 급여수준을 총체적으로 보여주는 지표가 되기도 한다. 그 대표적인 예가 건강보험 보장성인데 이것은 의료서비스 중 건강보험이 적용되어 건강보험공단에 의해 비용이 지불된 의료서비스가 차지하는 비중으로 나타낸다.[17] 보건의료 이외의 사회서비스, 예컨대 보육서비스에서는 전체 보육시설 중 국공립보육시설의 비중 혹은 전체 보육대상아동 중 국공립보육시설을 이용하는 아동의 비중 같은 지표를 사용하고 이런 지표를 통해 표현된 공공기관의 비중을 묶어서 보육공공성이라 하며, 이것이 사회서비스 전반에 적용된 것을 사회서비스 공공성이라 할 수 있다. 사회서비스 공공성은 서비스의 급여수준을 총체적으로 보여주는 것이기도 하지만 전달체계와도 깊게 연관된다. 전달체계에 대해서는 제14장에서 살펴볼 것이다.

토론쟁점

1　증서(바우처)가 일상재화에 적용될 경우와 서비스에 적용될 경우, 시장원리의 작동에 서로 다르게 영향을 미치는 이유에 대해 생각해보고 토론해보자.

2　서비스를 제공하는 대신 현금을 지급하는 직접지불제도에서 제공된 급여형태는 결국 무엇인지 생각해보고, 이런 직접지불제도를 통해 보장하려는 통제권과 사회서비스 공공성 개념에 의해 보장하려는 공공성은 상충하는지 어떤지에 대해서도 생각해보자.

3　급여목적(예방·회복·보상)에 따라 구분한 급여형태가 갖는 함의에 대해 생각해보자. 본문에서 논의한 내용 외에 생각할 수 있는 것이 없을지 토론해보자.

17　다시 말하면, 건강보험보장성은 '[(급여항목비용)/(급여항목비용+법정본인부담금+비급여본인부담)]×100' 으로 계산하는데 여기서 급여항목비용은 건강보험공단이 부담한 금액, 법정본인부담금은 건강보험이 적용되는 급여항목에 대해 환자가 낸 본인일부부담금, 비급여본인부담은 건강보험이 적용되지 않아 환자가 낸 돈을 말한다.

13

사회복지정책의 재원[1]

사회복지를 전공하는 우리가 왜 복지재원에 대해 관심을 가져야 할까? 언뜻 생각하면 복지재원을 많이 확보해야 복지를 늘리는 데 도움이 될 것 같다. 하지만 우리가 복지재원을 검토하는 이유는 단순히 복지재원의 양만을 늘리는 데 있지 않다. 왜냐하면 복지재원이 어떻게 구성되어 있는지는 그 나라의 복지체제 성격과 밀접히 관련되어 있기 때문이다. 예를 들어 복지재원이 국민연금, 건강보험 등 사회보장세를 중심으로 구성되는지, 아니면 국민 모두가 부담하는 세금을 중심으로 구성되는지에 따라 복지국가의 성격은 달라진다. 사회보장세를 중심으로 복지국가의 재원이 만들어지면, 복지의 대상은 사회보장세를 낸 사람들로 제한될 가능성이 높다. 국민연금에 기여금을 내지 않은 사람에게 국민연금을 지급할 수는 없기 때문이다. 반면 일반조세를 중심으로 복지재원이 구성되면, 복지의 대상은 특정 국민으로 제한할 수 없다. 세금은 소득수준, 성별, 노소 등에 관계없이 모든 국민이 납부하기 때문이다.

---

1   이 장은 다음 글을 참조해 작성했다. 윤홍식(2012), "복지국가 조세체제의 변화", 『한국사회복지행정학』 14(1): 195-226. 윤홍식(2011) "복지국가의 조세체계의 함의", 『한국사회복지학』 63(4): 227-298.

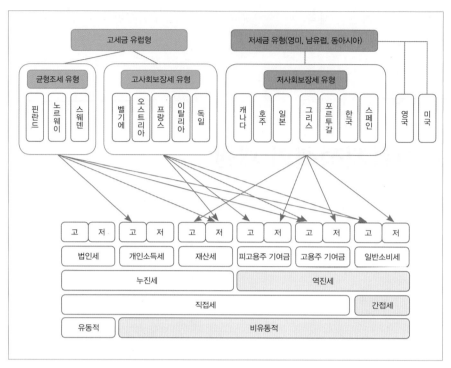

그림 13-1 복지체제와 조세체제의 유형
출처: 윤홍식(2011).

　　서유럽 복지국가를 보더라도 그림 13-1에서 보는 것과 같이 복지의 재원
구조와 복지국가의 유형은 일정한 관련성을 갖는다. 일반적으로 소득수준, 인
구학적 특성 등에 따른 차등 없이 시민 누구에게나 보편적으로 복지를 제공하
는 것으로 알려진 핀란드, 노르웨이, 스웨덴 등 사민주의 복지국가에서는 개인
소득세와 부가가치세(일반소비세)가 중요한 역할을 한다(윤홍식, 2011). 반면 독
일, 프랑스, 벨기에, 오스트리아 등 소위 보수주의 복지국가들의 주된 복지재원
은 고용주와 피고용주가 부담하는 사회보장세이다. 자유주의 복지국가로 분류
되는 캐나다, 호주, 미국 등은 전반적으로 유럽 국가들에 비해 세금수준은 낮지
만 상대적으로 재산세, 법인세 등에 의존하는 비중이 높다.

　　이렇게 보면 우리가 복지재원을 어떻게 구성할지는 한국사회가 어떤 복지
국가를 만들어가는지와 밀접히 관련되어 있다. 하지만 한국사회에서 복지국가
에 대한 대중적 논의가 본격화된 지난 2010년 지방선거부터 지금까지, 복지재
원을 둘러싼 쟁점은 복지재원의 구조가 아닌 복지재원의 양에 초점이 맞추어

져 있었다. 이러한 문제의식에 기초해 이 장에서는 복지재원의 구성에 대해 검토했다. 먼저 다음 절에서는 복지재원의 기본구조에 대해 검토했다. 다음으로 공공복지재원인 조세와 민간재원에 대해 검토했고, 이어서 복지국가의 재원을 둘러싼 쟁점에 대해 간략하게 정리했다. 마지막 정리와 함의에서는 지금까지의 논의를 정리하고 단계적 복지재원 확대 전략에 대해 검토했다.

복지재원의 기본구조

복지재원은 크게 공공재원과 민간재원으로 구분된다. 공공재원은 국세와 지방세로 구성된 조세와 사회보장세로, 민간재원은 가족재원, 기업복지재원, 민간기부금, 민간보험 등으로 구성된다.

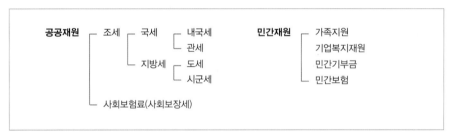

그림 13-2 공공재원과 민간재원의 기본구조

복지재원의 구성과 복지체제

복지재원의 구성과 관련해 공공재원과 민간재원의 구성비를 독립적으로 추정한 자료는 없으나, OECD 사회지출자료를 통해 그 구성비를 추정할 수는 있다. OECD는 정부가 복지재정의 흐름을 통제하는 경우 공공재정으로 분류하고, 나머지는 모두 민간재원으로 분류한다. OECD 34개국의 복지재원 구성을 보면, 그림 13-3과 같다. 먼저 공공재원의 규모를 보면 프랑스가 GDP의 31.4%를 공공사회지출을 위한 재원으로 사용해 가장 큰 규모의 공공재원을

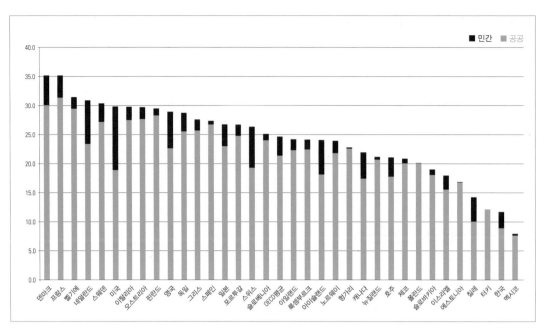

그림 13-3 GDP 대비 총 사회지출의 재원구성: 공공 대 민간(%), 2011

출처: OECD(2016), *OECD Factbook 2015-2016: Economic, environmental and social statistics*, Paris: OECD Publishing.

* GDP 대비 공적사회지출은 2014년 자료를 사용할 수 있지만, 민간지출 규모와 관련된 비교 가능한 최근 자료가 2011년 자료이기 때문에 2011년을 기준으로 분석했다.

조성하고 있고, 덴마크, 벨기에, 핀란드가 그 뒤를 따르고 있다. 복지국가의 전형으로 여겨지곤 하는 스웨덴의 공공재원 규모는 GDP 대비 27.2% 수준으로, 최근 '실패한 복지모델'이라는 평을 받는 이탈리아(27.5%), 스페인(26.8%)과 유사한 수준이다.

공공재원과 민간재원의 상관관계

공공재원과 민간재원은 각각의 고유 영역과 역할을 갖지만, 논자에 따라 공공재원의 역할을 중시하는 부류도 있고 민간재원의 활성화를 주장하는 부류도 있다. 국가정책 수준에서는 어떨까? 즉, 공공재원과 민간재원의 규모 간에는 어떤 상관관계가 있을까? 민간재원이 큰 국가들은 상대적으로 공공재원이 작은 것일까? 미국처럼 민간재원의 비중이 큰 국가들이 눈에 띄지만, OECD 국가들 전체를 놓고 보면 둘은 그렇게 밀접한 관계에 있지 않아 보인다. 공공재원이 확대된다고 해서 민간재원이 감소하는 것도 아니고, 민간재원이 확대된다고 해서 공공재원이 감소하는 것도 아니다. 예를 들어 덴마크, 네덜란드, 프랑스, 스웨덴 등은 공공재원의 규모도 크고 민간재원의 규모도 상대적으로 크다. 둘은 서로 다른 사회경제적 맥락에 따라 그 수준이 결정되는 것으로 보인다.

공공재원의 기본구조

조세는 사회복지재원의 가장 큰 부분을 차지한다. 실제로 한 사회가 얼마만큼의 사회복지지출(이하 사회지출)을 하는지는 그 사회의 세입 규모와 밀접히 관련되어 있다. 조세의 규모가 그 사회 복지지출의 수준을 결정한다고 해도 과언이 아니다. 이 절에서는 이처럼 사회복지재원에서 가장 중요한 역할을 하는 조세의 기초적인 분류와 그 내용에 대해 살펴보자. 사회보장세를 조세로 보는 견해가 있고, 조세와 별개의 항목으로 보는 견해도 있다. OECD에서는 사회보장세를 일반세금과 같이 강제로 걷기 때문에 조세, 즉 사회보장'세'로 분류한다. 여기에서는 사회보장세를 조세의 일부로 보고 다른 세목들과 함께 설명한다.

조세의 구성

조세는 다음과 같이 여러 항목으로 나뉘는데, 각 분류에 따라 여러 쟁점이 존재한다. 여기에서는 기본적인 내용을 확인하고, 세부 쟁점들을 검토해 보도록 하자. 세금 개념에 대한 설명은 우명동(2007)을 참고했다.

(1) 직접세와 간접세

직접세와 간접세는 세금을 납부하는 납세의무자와 세금을 실제로 부담하는 담세자가 일치하는지의 여부에 따라 구분된다. 납세의무자와 담세자가 일

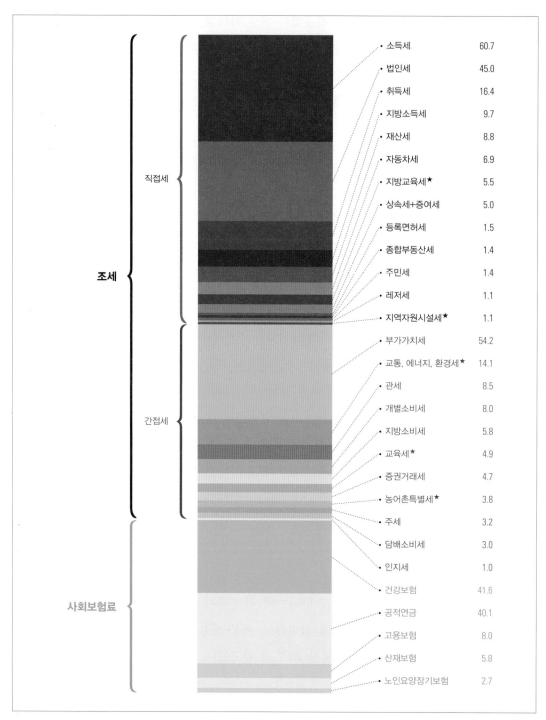

		소득세	60.7
		법인세	45.0
		취득세	16.4
		지방소득세	9.7
	직접세	재산세	8.8
		자동차세	6.9
		지방교육세★	5.5
		상속세+증여세	5.0
조세		등록면허세	1.5
		종합부동산세	1.4
		주민세	1.4
		레저세	1.1
		지역자원시설세★	1.1
		부가가치세	54.2
		교통, 에너지, 환경세★	14.1
		관세	8.5
		개별소비세	8.0
	간접세	지방소비세	5.8
		교육세★	4.9
		증권거래세	4.7
		농어촌특별세★	3.8
		주세	3.2
		담배소비세	3.0
		인지세	1.0
		건강보험	41.6
		공적연금	40.1
사회보험료		고용보험	8.0
		산재보험	5.8
		노인요양장기보험	2.7

그림 13-4 공공재원의 세목과 비중
출처: 재정통계.
★표시된 것은 목적세. 나머지 세목은 보통세.

치할 경우 직접세, 일치하지 않을 경우 간접세로 구분한다. 다시 말해, 직접세는 세금을 다른 사람에게 전가하지 않을 것을 예상하고 부과하는 세금인 데 반해 간접세는 세금을 부과한 대상이 실제로는 세금부담을 다른 사람에게 전가할 것을 예상하고 부과하는 세금이다. 예를 들어 카페주인은 커피 한 잔을 팔 때마다 10%의 부가가치세(일반소비세)를 내지만, 실제로 부가가치세를 부담하는 사람은 카페주인이 아닌 커피를 구매하는 소비자이다. 소비자가 지불하는 커피 가격에는 카페주인이 납부해야 하는 부가가치세 10%가 포함되어 있는 것이다.

(2) 목적세와 보통세

목적세는 정부의 특정한 사용목적을 위해 걷는 세금이고, 보통세는 일반적 지출을 위해 걷는 세금이다. 본래 국가조세는 특정한 목적을 위해 걷을 수 없다는 목적구속금지 원칙[non affection 2]의 적용을 받는다(우명동, 2007: 51). 그러나 예외적으로 도시계획, 교육 등 특정 목적을 위해 목적세를 징수한다. 현재 목적세는 중앙정부가 걷는 교통·에너지·환경세가 있고, 지방자치단체가 걷는 지역자원시설세와 지방교육세가 있다. 중앙정부가 걷는 목적세 중에서는 교통·에너지·환경세가 전체 목적세의 61.8%를 구성하고 있다.

(3) 국세와 지방세

국세는 국가의 재정수입을 위해 국가가 부과·징수하는 세금이고, 지방세는 지방자치단체의 재정수입을 위해 지방자치단체가 부과·징수하는 세금이다. 국세는 내국세와 관세로 나뉘며, 지방세는 세금을 걷는 주체에 따라 광역자치단체가 걷는 도세와 기초자치단체인 시군이 걷는 세금으로 나누어진다. 도세는 다시 보통세와 목적세로 구분되는데, 보통세는 지방자치단체의 일반경비를 충당하기 위해 걷는 세금으로 취득세와 같은 직접세도 있고 지방소비세와 같은 간접세도 포함되어 있다. 광역자치단체가 걷는 보통세 중 가장 큰 세목은

---

2   예산통일의 원칙이라고도 한다. 만일 특정한 세입이 특정한 세출과 관련된다면 전체적인 국가재정계획을 수립하기 어려울 뿐만 아니라 각 정부사업 간에 균형된 지출을 할 수 없기 때문에 도입된 원칙이다.

취득세로, 보통세의 66.1%를 차지하고 있다. 광역자치단체의 목적세에는 지역자원시설세와 지방교육세가 있다. 시군은 시군의 일반경비를 충당하기 위해 보통세를 걷는데, 그 구성은 주민세, 재산세, 자동차세, 담배소비세, 지방소득세가 있다. 이 중 지방소득세가 가장 크고 재산세와 자동차세가 그다음이다.

(4) 사회보장세

우리나라를 기준으로 보면 건강보험, 국민연금, 고용보험, 산재보험, 장기요양보험에 납부하는 기여금이 사회보장세이다. 사회보험은 민간보험과 달리 의무적으로 가입해야 하는 공적 사회보장제도이기 때문에 사회보장세도 조세와 같이 납부의 의무를 갖는다. 사회보장세는 특정한 목적을 위해 사용되는 재원이기 때문에 그 기능이 목적세와 유사하다. 예를 들어 건강보험료는 가입자의 의료보장을 위해 사용되고, 국민연금기금은 가입자의 노후소득보장을 위한 연금으로 지급된다. 다만 각각의 사회보험이 별도의 독립적 계정을 갖지 않고 스웨덴이나 영국처럼 국민보험이라는 단일한 보험체계에서 보험료를 관리하는 국가도 있다.

사회보장세는 일반적으로 사업주와 노동자(피고용자)가 공동으로 분담한다. 하지만 일부 국가에서는 사회보험의 종류에 따라 사용자가 사회보장세를 모두 부담하거나, 국가가 부담하는 경우도 있다. 산재보험과 고용보험의 고용안정과 직업능력개발사업에 소요되는 비용은 사업주가 단독으로 부담한다. 반대로 가입자가 모든 보험료를 부담하는 경우도 있는데, 원칙적으로 건강보험과 국민연금의 지역가입 경우, 보험가입자가 보험료 전액을 부담하는 것을 원칙으로 한다.

공공재원과 관련된 쟁점들

공공재원은 사회복지지출의 가장 큰 부분을 차지하며, 사회복지정책뿐만 아니라 국가정책과 운영 전반과 관련된 많은 사회적 논의가 벌어지는 주제이다. 이 절에서는 공공재원과 관련된 핵심 논점들을 살펴보자.

세입과 사회지출

OECD 34개국의 지난 반세기 동안의 GDP 대비 세입비중은 2008년의 금융위기를 전후로 다소 감소했던 시기를 제외하면 꾸준히 증가해왔다(OECD, 2018). 1970년대의 경제위기 이후에 작은 정부를 추구하는 신자유주의가 대세가 되면서 정부 규모가 축소된 것으로 알려져 있지만, 신자유주의의 확산과 함께 실업, 질병, 돌봄 등 사회적 위험은 더 복잡해지고 심각해졌으며 이에 따라 빈곤과 불평등도 함께 증가했기 때문에 정부의 재정수요 또한 증가해왔다. GDP 대비 세입비중이 증가한 이유는 바로 이러한 사회적 문제의 확대로 사회지출에 대한 요구가 증가했기 때문이다.

그림 13-5는 한국과 OECD 국가들의 GDP 대비 세입 규모와 사회지출 간의 관계를 잘 보여준다. 전체적인 모습을 보면, 그래프의 중앙을 가르는 추세선이 보여주듯이 조세수입과 사회지출 수준은 매우 밀접한 관계를 갖고 있다. 실제로 세입의 규모는 GDP 대비 사회지출 수준의 거의 76%를 차지한다. 즉, 세금을 많이 걷는 나라에서 복지지출도 많다.

구체적으로 세입 규모와 사회지출 규모를 기준으로 4개 국가군으로 구분해서 살펴볼 수 있다. 고고高高국가유형(I모형)은 세입과 세출이 모두 높은 국가들로, 스웨덴, 핀란드, 덴마크 등 북유럽 국가들과 프랑스, 오스트리아 등 일부 대륙유럽 복지국가가 여기에 속한다. 중고中高국가유형(II모형)에는 노르웨이, 헝가리, 독일, 그리스 등 다양한 유형의 복지국가들이 포진해 있다. III모형인 중저中低국가유형에는 미국, 영국, 뉴질랜드 등 대부분의 자유주의 복지국가들이 포함되어 있다. 마지막으로 저저低低국가유형(IV모형)에는 터키, 한국, 멕시코 등 GDP 대비 세입비중이 낮고 사회지출도 낮은 국가들이 포진되어 있다.

다음으로 주목해야 할 점은 추세선 좌측 국가들과 우측 국가들을 구분하는 것이다. 추세선 좌측 국가들은 상대적으로 세입 규모에 비해 사회지출을 많이 하는 국가들이고, 우측 국가들은 세입 규모에 비해 사회지출을 덜하는 국가

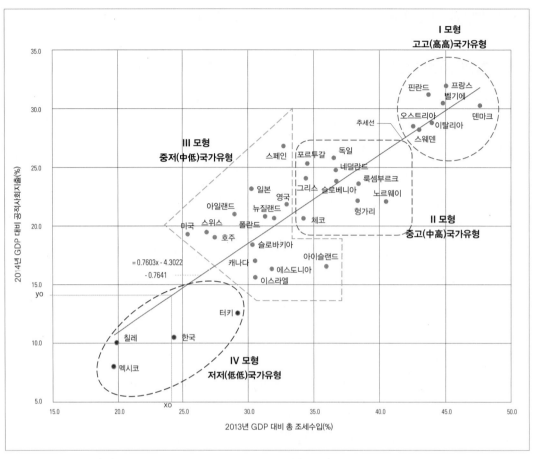

그림 13-5 OECD 국가의 GDP 대비 총 세입과 사회지출비율(%)

출처: OECD(2015), Revenue statistics-Comparative tables, https://stats.oecd.org/Index.aspx?DataSetCode=REV ;
OECD(2016), Social expenditure-Aggregate data, https://stats.oecd.org/Index.aspx?DataSetCode=SOCX_AGG
*사회지출에 대해 이용 가능한 가장 최신 자료가 2016년도 자료이지만 세입 자료는 2013년도 자료이기 때문에 지출 자료는 세입년도
다음 해인 2014년도 자료를 사용했다. 사회지출은 원칙적으로 전년도 예산에 의해 편성되기 때문에 2014년 지출과 2013년 세입을
비교한 것이다.
**4개의 집단은 세입과 세출이 교차되는 영역에서 설정되었다. GDP 대비 세입비중은 최대 47.6%에서 최소 19.7%의 범위에 있고,
사회지출은 최대 31.9%에서 최소 7.9%의 범위에 있다. 이를 각각 4로 나누어 저저유형(세입 19.7~26.6%, 사회지출 7.9~13.8%),
중저유형(세입 26.7~33.6%, 사회지출, 13.9~19.8%), 중고유형(세입 33.7~40.6%, 사회지출 19.9~25.8%), 고고유형(세입
40.7~47.6%, 사회지출 25.9~31.9%)의 4개의 집단으로 구분했다. 세입과 사회지출 지표 모두를 충족시키는 경우에 해당 유형으로
분류했다. 만약 둘 중 하나라도 충족시키지 못하면 그 아래 유형으로 분류했다.

들이다. 그리스, 포르투갈, 아일랜드 등 2008년 금융위기 이후에 심각한 경제
위기를 겪었던 나라들이 좌측에 위치하는 경우가 많다. 경제위기로 사회지출
에 대한 요구는 증가하는데 조세부담 역량은 감소하기 때문에 나타난 현상으
로 보인다. 그림 13-5를 기준으로 보면, 스웨덴은 OECD 국가들과 비교해 상
대적으로 세입 규모에 비례하는 사회지출이 이루어지고 있다. 세입과 연동된

스웨덴의 재정준칙

스웨덴은 1990년대 초에 급격한 금융시장개방으로 금융위기에 직면했는데, 이를 극복하기 위해 GDP의 4.5%에 이르는 재정을 투입하면서 지속 가능한 재정에 대한 사회적 논의가 확산되었다. 이러한 논의를 바탕으로 스웨덴은 지출제한expenditure ceiling, 흑자목표surplus objective, 지방정부 균형예산balance requirement의 세 가지 재정준칙을 제도화했다. 지출제한은 행정부가 예산을 편성할 때 지출상한선을 발표하고 정부지출이 이 수준을 준수하도록 규정하는 제도이다. 흑자목표는 중앙정부, 지방정부, 연금기금 등에 한해 적용하는데, 일반 정부의 흑자분인 순대출이 경기순환 전반을 고려해 평균적으로 GDP의 2%를 달성하도록 하겠다는 지침으로 강제수단은 없다. 마지막으로 지방정부 균형예산은 1998년에 제정되어 지방정부가 2000년까지 균형예산 또는 흑자예산을 달성하기 위한 세입 계획을 세워야 한다는 법률규정이다.

출처: 이정희(2012), 『총량적 재정규율제도 도입에 관한 연구 [II]: 세출규정』. 서울: 한국법제연구원. pp.73-76.

세출을 구조화한 강력하고 정교한 재정준칙Fiscal Rules을 제도화한 결과로 보인다(Boije and Kainelainen, 2011; Boije and Fischer, 2009).

하지만 조세 규모가 반드시 사회지출 수준으로 연결되는 것은 아니다. 그림 13-6에서 조세수입(세입) 대비 사회지출의 비율을 보면 세입 중 사회지출 비중이 국가별로 상이한 것을 확인할 수 있다. 스페인은 전체 세입의 81.8%를, 미국은 75.7%를 사회지출에 사용하고 있다. 반면 아이슬란드, 한국, 터키, 멕시코는 세입의 절반도 사회지출에 사용하지 않고 있다. 이러한 사실은 일부 국가들의 경우 세출 구조만 조정해도 지금보다 더 높은 수준의 사회지출을 할 수 있다는 것을 의미한다. 한국은 2015년을 기준으로 세입의 30.0%(세출의 31.3%)만 사회지출에 사용하고 있는데, 이를 OECD 평균인 63.4% 수준으로 높인다면 GDP 대비 사회지출은 10.1%(2016년 10.4%)보다 높은 20.5% 수준에 이르게 된다. 대략 162조 원을 사회복지에 더 지출할 수 있다는 것이다.[3] 만약 평균 수준이 어렵다면 전체 세입에서 사회지출이 차지하는 비중을 OECD의 추세선 수준으로 높여도 한국의 사회지출 수준은 적어도 GDP 대비

---

3   통계청(2018) 자료에 따르면, 2015년의 GDP는 1,564조 원이었다.

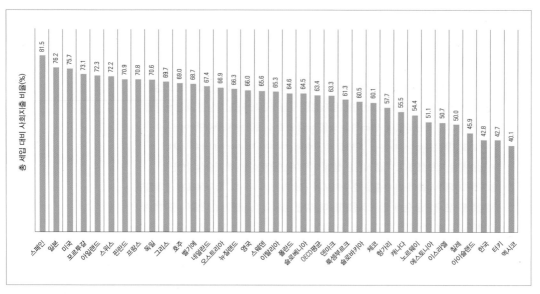

그림 13-6 OECD 국가의 총 세입 대비 사회지출 비율(%)

출처: OECD(2018), General government spending(indicator), doi: 10.1787/a31cbf4d-en (Accessed on 03 August 2018); OECD(2018), Revenue statistics-OECD countries: Comparative tables, https://stats.oecd.org/index. aspx?DataSetCode=REV

3~4%p 더 높일 수 있다. 현재의 조세 규모(사회보장세 포함)에서도 대략 60조 원 정도의 사회지출을 더 할 여력이 있다는 것이다.

조세 규모와 주요 사회지표의 관계

세금 내는 것을 좋아하는 사람은 없기 때문에, 사람들은 세금은 적게 내는 것이 좋은 것이라고 생각하기 쉽다. 실제로 복지국가의 모범으로 알려진 스웨덴에서도 사민당이 세금을 늘리려고 할 때 시민들은 동의하지 않았다(윤홍식, 2011). 이처럼 대부분의 사람들이 원하지 않는데도 세금을 늘려야 하는 이유는 무엇일까? 그 답은 적어도 민주주의 국가에서 세금 규모는 그 나라 시민의 삶의 질과 밀접히 관련되어 있기 때문이라는 것이다. 간단하게 OECD 자료를 이용해 몇 가지 중요한 사회지표와 조세 규모 간의 관계에 대해 확인해보자.

먼저 최근 논란이 된 '흙수저', '금수저'와 관련된 불평등지표(지니계수)와 조세 규모 간의 관계를 살펴보자. 그림 13-7을 보면 불평등 수준을 나타내는 지니계수와 GDP 대비 조세 규모는 선형관계는 아니지만 대략적으로 반비례

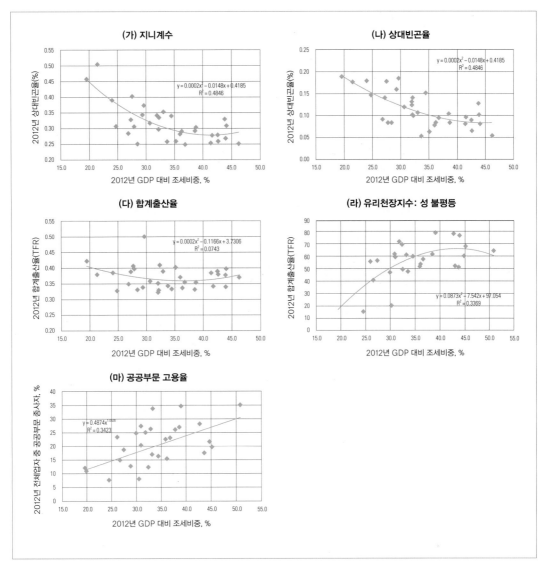

그림 13-7 GDP 대비 조세비중과 사회지표
출처: The Economist. (2014). The glass-ceiling index: The best-and worst-places to be a working woman. March 8th 2014. OECD. (2016), OECD Factbook 2015-2016.

관계에 있는 것으로 보인다. 큰 조세 규모와 낮은 불평등이 관계 있다는 것을 보여준다. 상대빈곤율도 지니계수와 유사한 결과를 보여준다. 조세 규모가 큰 국가일수록 빈곤율이 낮다. 성 불평등 정도를 보여주는 유리천장지수도 조세 규모와 일정 수준에서 정의 관계에 있었다. 당연한 결과이지만, 전체 취업자 중 공공부문의 고용비중(공무원의 규모)도 조세 규모와 정의 관계에 있었다.

래퍼곡선

사회적 필요가 증가한다고 해서 조세를 무한정 늘리기는 어렵다. 세율이 일정 수준 이상으로 올라가면 노동의욕 상실, 탈세 등의 문제가 발생한다는 우려가 있기 때문이다. 2015년을 기준으로 GDP 대비 세입 비율이 가장 높은 국가는 노르웨이로, 54.9%에 달한다(OECD, 2018). 아무리 큰 복지국가라고 해도 대부분 GDP 대비 세입이 55%를 넘는 국가는 없다.

신자유주의적 관점에서 이를 설명하는 이론인 래퍼곡선Laffer Curve에 따르면, 조세수입을 극대화하는 세율은 아래 그림에서와 같이 t^*라는 것이다. 세율을 t^* 이상으로 높이면 총 세입이 감소하기 때문에 조세수입을 최대화하기 위해서는 t^* 이상으로 세금을 높이는 것은 바람직하지 않다는 것이다.

래퍼곡선은 효율성 측면에서 조세 규모를 검토한 이론이지만, 현실에서는 감세를 주장하는 측의 근거로 이용된다. 1980년대에 국가개입의 축소를 주장한 미국 레이건 정부는 감세(특히 법인세의 감세)정책의 근거로 래퍼곡선을 활용한 바 있다.

최근에는 전통적인 래퍼곡선과 달리 래퍼곡선의 봉우리가 오른쪽으로 경도되어 있어 세금을 최대로 걷을 수 있는 세율이 t^*가 아닌 t^{**}일 수 있다는 연구결과도 나왔다 (Trabandt and Uhlig, 2011). 분명한 점은 물론 수정된 래퍼곡선의 경우에도 세금을 최대로 걷을 수 있는 세율이 존재하지만 어떤 수준에서 조세 규모를 결정할지는 결국 해당 사회의 사회적 합의, 즉 정치적 결정의 문제라는 것이다.

전통적인 래퍼곡선과 수정된 래퍼곡선

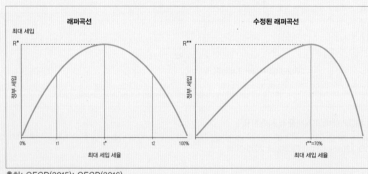

출처: OECD(2015); OECD(2016).
*사회지출은 이용 가능한 가장 최신 자료가 2016년도 자료이지만, 세입자료는 2013년도 자료이기 때문에 지출자료는 세입년도 다음해인 2014년도 자료를 사용했다. 원칙적으로 사회지출은 전년도 예산에 의해 편성되기 때문에 2014년 지출과 2013년 세입을 비교한 것이다
**4개의 집단은 세입과 세출이 교차되는 영역에서 설정되었다. GDP 대비 세입비중은 최대 47.6%에서 최소 19.7%의 범위에 있고, 사회지출은 최대 31.9%에서 최소 7.9%의 범위에 있다. 이를 각각 4로 나누어 저저유형(세입 19.7~26.6%, 사회지출 7.9~13.8%), 중저유형(세입 26.7~33.6%, 사회지출, 13.9~19.8%), 중고유형(세입 33.7~40.6%, 사회지 19.9~25.8%), 고고유형(세입 40.7~47.6%, 사회지출 25.9~31.9%) 4개의 집단을 구분했다. 세입과 사회지출 지표 모두를 충족시켜야 해당 유형으로 분류했다. 만약 둘 중 하나라도 충족시키지 못하면 그 아래 유형으로 분류했다.

다만 합계출산율은 조세 규모와 관련이 거의 없는 것으로 나타났다.[4]

사회보험료

한국의 GDP 대비 사회보장세의 규모는 다른 세목과 달리 OECD 평균 수준에 근접해 있다. 표 13-1에서 보는 것과 같이, 2016년 현재 한국의 GDP 대비 개인소득세의 비중은 4.5%로 OECD 평균 8.4%의 절반에 불과하지만, 사회보장세 중 노동자 분담 비중은 2.9%로 OECD 평균의 87.9% 수준이다. 반면 고용주의 분담 비중은 3.1%로 OECD 평균의 59.6%에 불과하다.

한국의 사회보장세는 사용주와 노동자가 1:1 비중으로 분담하고 있는 데 반해, OECD 국가들은 대략 1.6:1의 비중으로 분담하고 있다. 특히 스웨덴과 스페인의 경우를 보면 GDP 대비 사용주의 분담비율이 노동자의 분담비율보다 각각 2.8배, 4.6배 더 크다. 고용주가 노동자보다 사회보장세를 훨씬 더 많이 부담하고 있는 것이다. 이러한 경향은 사회보험이 기본적으로 노동시장에서 발생하는 사회적 위험에 대한 대응을 제도화한 것이기 때문인 것으로 보인다.

한편 사회보장세와 관련해 최근 논란이 되는 이슈는 사회보장세의 부과기준이다. 예를 들어 현행 보험료 상한선 제도가 고소득층에 유리하다는 것이다. 사회보장세는 일반조세와 다르게 요율에 상한선이 존재한다. 가령 2018년 7월 기준으로 건강보험의 월소득 상한액은 7,810만 원으로, 월 238만 9,860원을 보험료로 낸다. 즉, 소득이 월소득 상한선을 넘으면 재벌그룹의 회장도 직장가입자인 한, 한 달에 대략 238만 원의 보험료만 내면 되는 것이다.

이러한 문제로 인해 최근에 사회보장세의 상한선을 폐지하자는 움직임이 일고 있다. 더불어민주당이 추계한 자료에 따르면, 2013년 기준으로 건강보험료의 상한선을 폐지하면 연간 1,318억 원의 보험료가 더 걷힌다고 한다. 더불어 보수기준으로 부과되는 보험료를 소득기준으로 전환하는 것이 필요하다는 주장도 제기되고 있다. 현행 직장가입자의 보험료는 임금소득을 기준으로 부

---

4   여기서 사회지표와 조세 규모의 관계는 단순상관관계이며, 섣불리 인과관계로 확대 해석해서는 안 된다.

표 13-1 OECD 5개국의 GDP 대비 세목별 비율과 변화, 1965~2016

		1965	1975	1985	1995	2005	2016(5)	'65-'16(%)	'95-'16(%)	'05-'16(%)
스웨덴	개인소득	15.3	17.9	17.3	15.3	14.7	13.2	−13.7	−13.7	−10.2
	법인소득	2	1.8	1.7	2.8	3.7	2.5	25.0	−10.7	−32.4
	재산세	0.6	0.4	1	1.2	1.4	1.1	83.3	−8.3	−21.4
	노동자	0.6	0	0.1	1.5	2.6	2.6	333.3	73.3	0.0
	고용주	2.8	7.1	10.8	10.8	9.8	7.3	160.7	−32.4	−25.5
	소비세	9.8	9.5	11.9	12.8	12.2	12.4	26.5	−3.1	1.6
독일	개인소득	8.2	10.3	10.3	10	9.2	10	22.0	0.0	8.7
	법인소득	2.5	1.5	2.2	1	1.7	2	−20.0	100.0	17.6
	재산세	1.8	1.3	1.1	1	0.8	1.1	−38.9	10.0	37.5
	노동자	3.7	5.1	5.7	6.2	5.9	6.3	70.3	1.6	6.8
	고용주	4.6	6.3	6.8	7	6.5	6.6	43.5	−5.7	1.5
	소비세	10.4	9.2	9.3	10.1	9.9	10.2	−1.9	1.0	3.0
영국	개인소득	10.1	14	9.6	9.8	10.4	9.9	−2.0	1.0	−4.8
	법인소득	1.3	2.2	4.7	2.8	3.3	2.4	84.6	−14.3	−27.3
	재산세	4.4	4.4	4.4	3.4	4.3	4.1	−6.8	20.6	−4.7
	노동자	2.1	2.3	2.9	2.2	2.5	2.4	14.3	9.1	−4.0
	고용주	2.3	3.7	3.2	2.9	3.4	3.7	60.9	27.6	8.8
	소비세	10	8.5	11.1	10.5	9.8	10.7	7.0	1.9	9.2
스페인	개인소득	2	2.6	5.2	7.4	6.4	7.2	260.0	−2.7	12.5
	법인소득	1.3	1.2	1.4	1.8	3.9	2.3	76.9	27.8	−41.0
	재산세	0.9	1.1	1.6	1.8	3	2.6	188.9	44.4	−13.3
	노동자	0.9	1.6	1.9	1.8	1.9	1.8	100.0	0.0	−5.3
	고용주	3.1	6.9	8.1	7.8	8.5	8.2	164.5	5.1	−3.5
	소비세	5.8	4.3	7.6	9.1	9.9	9.8	69.0	7.7	−1.0
한국*	개인소득	na	1.3	2.1	3.5	3	4.5	246.2	28.6	50.0
	법인소득	na	1.3	1.8	2.2	3.8	3.6	176.9	63.6	−5.3
	재산세	na	1.4	1.4	2.7	2.7	3	114.3	11.1	11.1
	노동자	na	0	0	1.1	1.9	2.9		163.6	52.6
	고용주	na	0.1	0.2	0.9	2.1	3.1	3000.0	244.4	47.6
	소비세	na	9.1	9.4	7.8	7.7	7.4	−18.7	−5.1	−3.9
OECD**	개인소득	6.8	9	9.8	8.7	8	8.4	23.5	−3.4	5.0
	법인소득	2.2	2.2	2.6	2.7	3.6	2.8	27.3	3.7	−22.2
	재산세	1.9	1.7	1.6	1.6	1.8	1.9	0.0	18.8	5.6
	노동자	1.4	2	2.4	2.9	2.9	3.3	135.7	13.8	13.8
	고용주	2.5	4	4.5	5.4	5.1	5.2	108.0	−3.7	2.0
	소비세	9.4	9.1	10.2	11	10.8	10.9	16.0	−0.9	0.9

출처: OECD(2018). Revenue statistics-Comparative tables.
*한국의 첫 번째 변화율은 1975년을 기준으로 계산되었다.
**OECD의 최근 자료는 2015년 수치이다.

과되고 임금 이외의 소득은 보험료 부과의 기준이 되는 소득으로 산정하지 않는다. 직장가입자의 15%, 피부양자의 13%가 임금소득 이외에 종합소득이 있는 상황에서 임금소득만을 기준으로 보험료를 부과하는 것은 형평성에 맞지 않는다는 것이다(김종명, 2015). 정리하면, 현재 한국사회보험제도의 부과체계가 소득계층 간에 불평등을 야기하고 있어 이에 대한 개선이 필요하다. 보험료 부과의 기본 원칙은 모든 소득을 기준으로 보험료를 부과해야 하며 보험료 부과가 소득계층 간의 역진성을 야기해서는 안 된다는 것이다.

조세 구성의 변화

OECD 국가들의 경향을 보면, 2015년을 기준으로 세입 규모는 소득세 11.2%(개인소득세와 법인소득세) > 소비세 10.9%(일반소비세와 특별소비세) > 사회보장기여금 8.5%(고용주와 노동자기여금) > 재산세 1.9% 순이다. 한국, 스웨덴, 영국은 OECD의 평균적인 경향과 유사한 모습을 띠는 반면, 스페인과 독일은 사회보장 기여금의 비중이 가장 크고 그 뒤를 소득세, 소비세, 재산세가 뒤따르고 있다. 사회보험 중심의 대륙유럽의 보수주의 복지체제와 남유럽 복지체제의 특성이 드러나는 조세구조이다.

이어서 전반적인 세목 구성의 변화 양상을 보면, 1965년부터 2016년까지 지난 50년 간 대부분의 세목이 증가했다. 반면 최근 10년의 경향을 보면, 개인소득세, 법인소득세, 소비세는 감소하고 노동자의 사회보장기여금만 증가했다. 한국의 경우, 자료의 제약으로 1975년부터 2016년까지 40년 간의 변화를 분석했는데, OECD의 경향과 유사했다. 소비세 항목만 감소했고 나머지 세목은 모두 급격한 증가세를 보였다. 하지만 최근 10년 간의 경향을 보면, 한국은 OECD 국가들과 달리 개인소득세, 사회보장기여금의 비중이 증가한 반면, 법인소득세와 소비세의 비중은 감소했다. 사민주의 복지체제를 대표하는 스웨덴과 자유주의 복지체제를 대표하는 영국은 소비세와 사회보장세 항목을 제외하고 모든 세목의 GDP 비중이 감소했다. 독일은 모든 세목의 비중이 증가했다. 스페인은 개인소득세를 제외한 모든 세목의 비중이 감소했다.

누진세 대 역진세[5]

역진세(소비세)에 대한 지지 여부는 좌파와 우파를 가르는 핵심 준거로 알려져 있다.[6] 실제로 미국에서 진보진영은 공화당과 민주당에서 소비세율을 높이려고 시도할 때마다 역진적인 소비세가 소득계층 간의 불평등을 확대한다는 이유로 반대했다(Lindert, 2004). 한국 역시 마찬가지이다. 특히 불평등의 완화를 중시하는 진보진영에 소비세 증세는 '금단의 언어'로 여겨졌다.

반면 가토와 린더트(Kato, 2003; Lindert, 2004)는 사회적 평등을 추구하는 보편주의 복지국가의 주된 세원이 소득세 같은 누진세에서 소비세 같은 역진세로 바뀌고 있다고 주장한다. 만약 이러한 경향이 사실이라면, 이러한 변화는 누진적 과세를 통해 저소득계층의 세금부담을 덜어주고 그렇게 모인 재원으로 복지지출을 확대해 불평등을 낮추던 보편주의 복지국가의 전통적 조세체계에 대한 근본적 도전이 된다(Ganghof, 2006). 더욱이 역진세가 복지국가의 주 재원이 된다는 것은 보편주의 복지국가의 조세체계가 불평등을 심화시킬 수도 있다는 것을 의미한다.

하지만 표 13-1을 보면 1965년부터 2016년까지 GDP 대비 소비세 증가율은 누진세인 개인소득세와 법인소득세의 증가율보다 낮았다. 이러한 사실은 산업화된 복지국가의 조세체계가 역진세로 전환되고 있다는 주장을 지지하지는 않는다(Kato, 2003; Lindert, 2004). 2016년을 기준으로 보아도 개인소득세와 법인소득세의 GDP 대비 비중은 11.2%인 데 반해 소비세의 비중은 10.9%로 소득세보다 낮다. 그렇다고 해서 보편주의 복지국가에 조응하는 조세구조가 반드시 누진세에 기초한다는 것을 의미하는 것은 아니다. 영국은 누진세 비중의 증가율보다 역진세 비중의 증가율이 훨씬 컸지만 영국을 보편주의 복지국가라고 하지는 않는다. 누진세의 확대가 보편주의 복지국가를 보장하는 것은 아니기 때문이다. 지난 40여 년간(1975~2016) 한국의 GDP 대비 누진세의 증가율은 OECD 평균보다 훨씬 높았고 역진세인 소비세 비중은 감소했지만,

---

[5] 직접세(소득세, 재산세 등)와 간접세(소비세)의 변화는 큰 틀에서 누진세와 역진세의 경향과 유사하다.

[6] 전통적으로 우파는 역진세를, 좌파는 누진세를 주장해왔지만, 역사적으로 '부자에게 세금을'이라며 누진적 소득세를 강력하게 실천한 사람은 민족사회주의자(나치)인 히틀러였다(Berman, 2010: 220).

한국 복지체제가 보편적 복지체제로 나아갔다고 할 수는 없다.

결국 누진세와 역진세 논란에서 중요한 사실은 보편주의 복지국가에 조응하는 조세가 역진적이냐 누진적이냐, 같은 이분법적 선택의 문제가 아니다. 관건은 어떻게 복지확대를 위한 세금을 늘릴 것인가와 그렇게 늘어난 세금을 어떤 복지에 쓸 것인가일 것이다.

조세지출

조세지출을 급여의 일종으로 볼 수 있는지에 대해서는 논란의 여지가 있지만, 정부의 입장에서 보면 재정수입이 되어야 할 세금을 걷지 않는다는 점에서 정부지출로 간주하는 것이 타당해 보인다.[7] OECD는 이러한 논리에 근거해 GDP 대비 사회지출만이 아닌, 조세지출을 포함한 순사회지출[8]을 집계한다. 놀랍게도 순사회지출로 본 복지국가의 크기는 우리의 상식과는 배치된다. 2007년을 기준으로 GDP 대비 사회지출이 큰 상위 5개 복지국가는 프랑스, 스웨덴, 덴마크, 벨기에, 이탈리아 순이었지만, 순사회지출을 기준으로 하면 프랑스, 벨기에, 독일, 스웨덴, 미국 순이 된다. 사회지출 기준으로 OECD 27개국 중 23위로 하위권에 머물던 미국이 조세지출을 포함한 순사회지출을 기준으로 했을 때는 상위 다섯 번째 국가가 된다. 실제로 GDP 대비 조세지출 규모는 미국이 가장 크다. 자유주의 복지국가로 분류되는 미국, 영국, 캐나다, 호주 등은 조세지출 규모가 큰 반면, 사민주의 복지국가로 분류되는 스웨덴, 덴마크, 핀란드, 노르웨이의 조세지출 규모는 OECD 최하위권이다. 한국도 자유주의 복지국가들과 같이 조세지출 규모가 상대적으로 큰 국가로 분류된다.

1980~1990년대의 조세개혁을 거치며 조세지출은 축소되는 것처럼 보였지만, 실제로는 개별 복지국가의 특성에 따라 두 방향으로 분기되었다. 공통적

---

[7]   조세지출에 대한 합의된 정의는 없지만, 정부가 걷어야 할 세금을 걷지 않거나 이미 걷은 세금을 돌려주는
     정도로 이해하면 좋을 것 같다. 직장인들이 매년 2월에 돌려받는 연말정산 환급금이 대표적이다.
     우명동(2007: 148)에 따르면, 조세지출은 국가나 지방정부가 투자촉진, 수출증진, 소득재분배 등
     경제사회정책의 목적을 달성하기 위해 지급하는 보조금, 조세부담 감면 등을 의미한다.

[8]   사회지출에 부과되는 세금을 제외하고 조세지출을 합산한 사회지출 규모.

조세개혁과 조세지출

본래 조세지출은 민간경제를 조정·통제하기 위한 정부의 (공급 측면의) 정책수단이었다. 제2차 세계대전 이후에 스웨덴 사민당 정부는 스웨덴에 투자하는 기업에 엄청난 조세혜택을 제공해 스웨덴 경제를 활성화시키려고 했다(Steinmo, 2002). 1970년대에 경제위기가 도래하자 조세지출은 대부분의 OECD 국가에서 민간투자를 촉진시키는 정책수단으로 사용되었다(Martin, 1991; Swank and Steinmo, 2002에서 재인용). 하지만 조세지출을 통해 민간투자를 촉진하려는 정책이 실패하자(Steinmo, 2003), 조세정책의 목적은 민간투자를 활성화하는 수단이 아니라 세금이 시장에 미치는 영향을 최소화하는 방향으로 변했다. 한국에서도 이명박정부 시기에 법인세를 인하해 기업의 투자를 늘리려 했지만 기업의 투자는 늘어나지 않았다. 이명박정부는 과세표준 200억 이상 기업의 법인세율을 25%에서 22%로 3%p 낮추었다.

인 경향은 세계화의 압력으로 대부분의 복지국가들이 법인과 개인소득에 대한 한계세율을 낮추는 대신, 법인과 고소득층에 제공되었던 조세지출(감면)을 대폭 삭감하거나 폐지한 것이다(Ganghof, 2006a; Kato, 2003; Steinmo, 2003, 2002; Swank and Steinmo, 2002). 스웨덴은 물론 미국도 조세개혁으로 감소한 세수를 보충하기 위해 조세지출 삭감을 추진했다. 높은 과세가 시장원리를 왜곡시켰다면, 조세지출 또한 왜곡된 인센티브를 제공함으로써 시장원리를 왜곡한다고 믿었기 때문이다(Swank and Steinmo, 2002).[9]

그러나 세율 인하와 함께 조세지출을 삭감하거나 폐지한 사민주의 복지국가와 보수주의 복지국가와 달리, 자유주의 복지국가는 소득에 대한 한계세율 인하와 함께 조세지출을 새로운 이름으로 계속 확대·유지했다. 실제로 미국은 1980년대에 조세개혁을 통해 명목적으로는 조세지출을 축소했지만 실제로는 (다른 명목으로) 조세지출을 확대했다(Ganghof, 2006a). 미국은 1986년에 조세개혁을 단행하면서 지역구 의원들의 동의를 얻기 위해 형평성이라는 이름으로

---

9   소득세를 중심으로 세율과 조세지출을 낮출 수 있었던 이유는 각국 정부가 투자와 저축 등 민간경제를 조정하기 위한 공급 측면의 미시관리의 정책수단으로 조세정책을 포기했기 때문이다(Steinmo, 2003).

지역에 있는 다양한 산업에 대해 각종 조세감면제도를 신설하거나 유지했다 (Steinmo, 1993).

문제는 일부 국가에서 조세지출이 세율을 낮추는 것과 함께 가장 효과적인 복지국가의 축소 전략으로 쓰였다는 사실이다(Klitgaard and Elmelund-Præstekær, 2011). 세금 인하와 조세지출은 가구의 가처분소득을 증가시켜 가구 소비를 증가시킬 수 있지만, 단기적으로 특정 복지프로그램에 영향을 주지는 않는다. 그러나 중장기적으로 세금 인하와 조세지출은 국가의 과세 규모를 줄여 복지지출의 축소를 불가피하게 만든다. 덴마크에서도 우파가 집권하면 대중의 반발을 피하면서 복지프로그램을 축소하는 수단으로 대중적으로 인기 있는 세금 인하와 조세지출을 활용했다.

사실 국가 간의 조세지출 규모를 비교할 수 있는 신뢰할 수 있는 자료가 매우 부족하기 때문에 조세지출을 비교하는 것은 매우 어려운 작업이다 (OECD, 2010a). 실제로 OECD라는 동일한 기구에서 발간한 자료조차 일치된 자료를 제공하지 못하고 있고, 정보를 제공하고 있는 국가의 수 또한 매우 제한되어 있다. 예를 들어 일부 국가들은 중앙정부의 조세지출만을 보고하는 데 반해, 다른 국가들은 중앙정부를 포함한 모든 정부의 조세지출을 보고하기도 한다(LeBlanc, 2013).

그림 13-8은 이러한 한계를 전제로 살펴볼 필요가 있다. 일반적으로 GDP 대비 조세지출 규모는 영국, 미국, 캐나다 등 자유주의 복지국가가 크다. 독일 같은 국가의 조세지출은 GDP 대비 1% 미만으로 아주 작은 규모이다. 작은 복지국가는 큰 조세지출 규모를 유지하고 있는 반면, 큰 복지국가는 작은 조세지출 규모를 유지하고 있다.

더욱이 조세지출이 주로 고소득층에 유리하다는 점을 고려한다면, 조세지출이 큰 미국은 부자와 기업을 위한 복지국가로 불러도 지나치지 않을 것이다. 고소득층에 지급되는 급여가 조세지출을 통해 은폐되고 있는 것이다(Steinmo, 2003, 1993). 높은 수준의 조세지출은 사회경제적 불평등을 확대하면서 복지국가 축소의 유력한 정치경제적 수단이 된다.

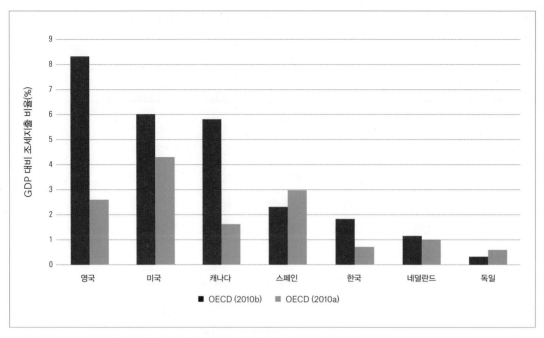

그림 13-8 OECD 7개국의 GDP 대비 조세지출(%)
출처: OECD(2010), *Broad Base: Low rate*, Paris: OECD; OECD(2010b), *Tax expenditures in OECD countries*, Paris: OECD; LeBlanc, P.(2013), Tax expenditures: An OECD-wide perspective.

한국 조세구조의 특성

한국의 국민부담률[10]은 OECD 국가들에 비해 낮은 편이다. 다만 해방 이후부터 지금까지 GDP 대비 조세비중은 그림 13-9에서 볼 수 있듯이 지속적으로 상승했다. 한국 조세의 구조적 특성을 보면, 간접세(소비세)의 비중이 다른 세목에 비해 상대적으로 높다. 2016년 현재 GDP 대비 소비세의 비중은 7.4%인데, 개인소득세 4.5%와 법인소득세 3.6%보다 높다. 물론 OECD 국가들과 비교하면 GDP 대비 소비세의 비중 역시 낮은 편이지만, 한국의 조세구조에서 보면 소비세의 비중은 상당히 높은 편이다.

높은 소비세 비중은 일제강점기 이래 한국 조세구조의 특성이라고 할 수 있다. 일제는 당시 조선의 주된 산업이 농업이었음에도 불구하고 조선인 지주

---

10   국민부담률은 한국에서만 사용되는 개념으로, GDP 대비 조세부담률과 사회보험 기여금을 합산한 비율이다.

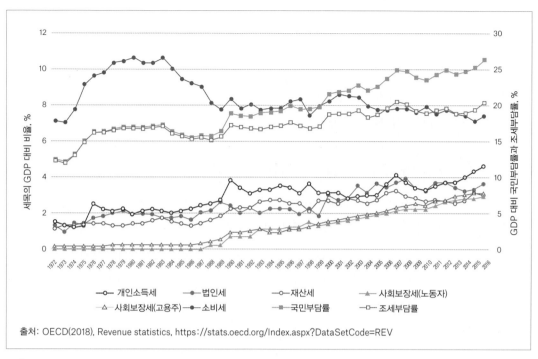

그림 13-9 한국: GDP 대비 국민부담률과 세목의 구성비 변화, 1972~2016년

들을 친일세력으로 포섭하기 위해 낮은 지세를 제도화했다(정태헌, 1996: 42).[11] 대신 세수결손을 보충하기 위해 역진적인 소비세를 늘려 조세부담을 지주에서 농민으로 이전시켰다.

　이러한 특성은 박정희 개발독재시대에도 지속된다. 다른 자료로도 살펴보자. 전체 세입에서 소비세가 차지하는 비중은 1972년에 57.3%에서 박정희 개발독재가 막을 내리는 1980년에 62.7%로 정점에 다다랐다. 전체 세입의 2/3를 역진적인 소비세에서 조달한 것이다. 소비세의 비중이 낮아지기 시작한 것은 공교롭게도 1980년에 쿠데타로 등장한 전두환 독재정권하에서였다. 1980년에 62.7%였던 소비세의 비중은 전두환 집권 기간에 지속적으로 감소해서 김영삼정부가 시작되는 1993년에 41.0%로 낮아졌다. 이후에도 전체 세수에서 소비세가 차지하는 비중은 지속적으로 낮아져 2014년 현재 30.1%이다. 다

11　정태헌(1996), 『일제의 경제정책과 조선사회: 조세정책을 중심으로』, 서울: 역사비평사.

만 GDP 대비 소비세의 비중은 1987년 민주화 이후에도 대략 7~8%의 수준을 유지했다. 이후 세수 규모의 확대가 주로 개인소득세, 법인소득세, 재산세 등을 중심으로 이루어졌다.

두 가지 주목할 변화 중 하나는 1988년에 국민연금 실시와 전국민의료보험제도의 실시 등으로 인해 사업주와 노동자의 사회보장세 비중이 꾸준히 증가했다는 점이다. 사회보장세가 사회지출의 주요한 재원으로 등장한 것이다. 2016년 현재 전체 세입 중 사회보장세가 차지하는 비중은 22.8%에 달하고 계속 증가할 것으로 예상된다. 특히 조세부담률은 노무현정부 마지막 해인 2007년에 20.4%로 역대 최고치를 기록한 이후 2016년 현재까지 거의 변화가 없었기 때문에, 보수정부 집권 이후 국민부담률의 증가는 사회보장세의 증가에 의한 것이라고 할 수 있다. 사실 1987년의 민주화 이후에 국민부담률이 15.7%에서 2016년에 26.3%로 10.6%p 증가한 데는 사회보장세의 증가가 결정적 역할을 했다. 국민부담률의 증가분 10.6%p 중 사회보장세의 증가분은 절반이 넘는 6.0%p였다. 세입 구성의 이러한 변화는 한국 복지국가의 중요한 특성을 반영하는 것으로, 1987년의 민주화 이후에 한국 복지국가가 정규직 노동자를 중심으로 확장되었다는 것과 비정규직 노동자와 자영업자가 한국 복지국가의 확대과정에서 소외되어왔다는 것을 의미한다. 2017년 8월 현재 고용형태별 국민연금의 가입비율을 보면 정규직은 95.9%인 데 반해 비정규직은 32.5%에 불과하고, 고용보험 가입률도 84.5% 대 40.2%로 큰 차이를 보인다(김유선, 2017).

다른 하나는 전체 세입 구성에서 법인소득세의 비중이 2008년 이명박정부의 대규모 감세정책 이후 지속적으로 감소하고 있다는 점이다. 이러한 현상은 GDP 대비 법인소득세의 비중 변화에서도 공히 나타나고 있다. 전체 세입 대비 법인소득세의 비중은 2008년에 15.9%에서 박근혜정부 마지막 해인 2016년에 13.7%로 감소했고, GDP 대비 비중도 3.9%에서 3.6%로 감소했다. 동 기간에 전체 세입 규모가 GDP 대비 24.6%에서 26.3%로 1.7%p 증가했다는 점을 고려하면, 법인소득세의 감소분을 다른 세목의 증세로 대신했다는 것을 알 수 있다.

마지막으로 최근 변화 중 주목할 점은 개인소득세의 최고세율이 부자증세 논란(버핏세 논란)을 거치면서 기존의 8,800만 원 이상의 소득에 대해 부과하던 최고세율 35%가 2013년부터 3억 원 초과소득에 대해 38%로 상향 조정되었다.

1970년대에 소득세의 최고세율이 70%에 달했다는 점을 고려하면 여전히 낮은 수준이지만(김낙년, 2015), 소득세에 대한 최고세율이 높아졌다는 점에서 긍정적 첫발을 내디뎠다고 할 수 있다. 하지만 시장원리에 충실한 미국과 영국의 개인소득세의 최고 세율도 각각 46.3%, 45.0%, 일본의 최고세율도 55.7%인 것은 물론 대부분의 서유럽 복지국가들의 최고세율이 40%대 후반이거나 50%보다 높다는 점을 감안하면(OECD, 2016), 한국의 소득세 최고세율은 여전히 낮은 편이라고 할 수 있다.[12]

민간재원

그림 13-3에서 살펴보았듯이, 전체 사회지출에서 한국의 민간재원이 부담하는 비중은 상대적으로 높은 편이다. 공적사회지출을 제외한 GDP 대비 민간부문의 복지지출은 2010년을 기준으로 대략 7.7%로 추정된다(김진욱, 2013). 구체적으로 보면, 법정기업복지를 제외한 비법정기업복지가 GDP 대비 1.4%, 민간보험 3.3%, 제3섹터 0.2%, 가족 간 소득이전 2.8%로 추정하고 있다.

여기서는 민간재원을 크게 사회서비스를 이용하는 사용자의 자기부담금, 민간의 기부금, 사회보험 같은 기업의 법정부담금을 제외한 기업복지재원, 민간보험, 가족, 친지 등 비공식부문의 이전재원 등으로 구분하고, 각각의 항목에 대해 간단히 살펴보겠다. 특히 최근에 복지혼합에 대한 관심이 높아지면서 민간재원이 우리가 주목해야 할 복지재원으로 등장하고 있다. 실제로 유럽에서는 국가와 시장 대신 제3섹터의 역할을 강조하면서 제3섹터를 중심으로 복지국가를 재편해야 한다는 주장이 제기되기도 한다(Evers, 1995).

---

12   OECD의 최고세율은 중앙정부와 지방정부가 부과하는 세율을 합산한 것이다.

가족자원

비공식적 재원은 가족, 친척, 이웃 간에 이루어지는 재정적 이전(현금이전), 서비스 제공, 자산제공과 관련된 화폐적·비화폐적 재원인데, 다음과 같이 분류할 수 있다.

OECD(2012)의 정의에 따르면, 재정적 이전[financial transfer]은 병원비, 교육비, 생활비 등 일상생활에 필요한 비용을 충당하기 위해 현금을 이전하거나 이전받는 경우이다. 서비스 제공[transfer in time]은 가족구성원 간에 이루어지는 돌봄 제공을 의미한다. 여기서 돌봄은 다양한 집안일을 포함하는 개념이다. 청소, 빨래, 음식 준비, 장보기 등도 아동과 노인을 돌보는 것과 함께 가족 간에 이루어지는 서비스 제공에 포함된다. 마지막으로 자산제공[asset-based reallocations]은 가족구성원 간에 이전되는 부동산, 금융자산 등의 자산이전을 의미한다.

가족자원의 이전이 다른 복지재원과 비교해서 특징적인 점은 주로 가족구성원 간에 이루어진다는 점과 세대 간 이전이라는 점이다. 노동연령층(대략 20~64세)은 주로 가족자원을 이전하는 집단인 데 반해 미성년 아동과 노인은 주로 이전받는 대상이다. OECD의 조사에 따르면, 50세 이상의 45%가 자녀세대로부터 재정적 도움을 받고 있고, 놀랍게도 30%는 여전히 부모세대로부터도 재정적 도움을 받고 있는 것으로 나타났다(그림 13-10). 반면 50세 이상의 66%가 자녀세대에 재정적 지원을 하는 것으로 나타났다.

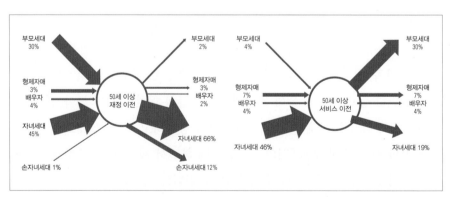

그림 13-10 OECD 국가의 50세 이상의 재정 및 서비스 이전 실태
출처: OECD(2012), "PF1.7: Intergenerational solidarity", OECD Family database, http://www.oecd.org/els/family/database.htm

서비스 제공과 관련해서는 50세 이상의 46%가 자녀로부터 어떤 형식이든 비금전적 도움을 받고 있고, 30%는 부모세대에, 19%는 자녀세대에 도움을 주고 있는 것으로 나타났다. 특히 상당수의 노인세대가 자녀세대를 위해 손자녀를 돌보는 데 참여하는 것으로 나타났다(OECD, 2012). 아일랜드 노인의 64% 정도가 손자녀를 돌보는 데 시간을 사용하고 있어 15개 OECD 국가들 중 가족 간 돌봄 제공 비율이 가장 높았다. 그 뒤를 이어 네덜란드 60%, 벨기에, 덴마크, 프랑스, 스웨덴 등이 50%대의 참여율을 보였다. 반면 통상적으로 가족주의가 강한 복지체제로 알려진 남부유럽의 이탈리아, 그리스와 대표적인 보수주의 복지체제인 독일은 40%대에 머물렀다. 스페인도 39%에 그쳤고, 대표적인 자유주의 복지체제인 미국은 30%에 불과했다.

　　더욱 놀라운 사실은 공공복지가 충분히 발달하지 못해, 가족자원이 사회적 위험에 직면한 개인이 기댈 수 있는 가장 중요한 버팀목 중 하나인 한국에서 가족자원의 역할이 제한적이었다는 점이다. OECD(2012)가 집계한 자료에 따르면, 한국 노인 중 손자녀를 돌보는 데 참여하는 비율은 9%에 불과한 것으로 나타났다. 부모세대에 대한 자녀세대의 경제적 부양도 취약한 것으로 드러났다. 2007년과 2008년을 기준으로 자녀세대 중 연간 한 번이라도 부모세대에 돌봄 또는 금전적 지원을 제공한 비율은 67.0%였고, 이들 자녀세대가 제공하는 소득이전의 규모는 연평균 327만 원(월 27만 3천 원)이었다(하석철, 2012). 2008년 당시 1인 최저생계비 43만 6,000원의 59.0%, 2인가구 최저생계비의 34.8%에 불과한 수준이었다.[13] 노인가구가 자녀로부터 받는 이전소득의 규모를 측정한 또 다른 연구(2011~2012년 조사자료)는 월평균 자녀로부터 받는 사적 이전소득이 16만 5,000원에 불과한 것으로 조사되었다(신혜리·남승희·이다미, 2014). 가족 간의 서비스 제공 수준도 매우 낮다. OECD 자료에서 언급한 수치보다는 높지만 노인세대가 손자녀세대를 돌보는 비율이 중년세대(50~64세)는 35.5%, 노년세대(65세 이상)는 21.1%에 불과했다(정순둘·박애리·기지혜, 2015). 더욱이 지속적으로 손자녀 돌봄을 제공하는 중년과 노년세대는 각각 전체 조사 대상자의 2.1%, 1.2%에 그쳤다. 이러한 결과는 복지국가의 발전이 가

13　2008년에 1인가구의 최저생계비는 46만 3,000원, 2인가구는 78만 4,000원이었다.

족자원으로 대표되는 비공식적 복지를 대체하는 것이 아니라는 사실을 확인시켜주고 있다.

정리하면, 가족자원의 규모는 국가마다 상이하지만 복지국가는 가족자원을 완전히 대체할 수 없으며, 가족자원은 복지국가의 발전 여부와 관계없이 거의 대부분의 사회에서 중요한 복지자원이다. 가족자원과 관련해 한국 복지국가의 과제는 가족 간의 부양책임이 급격히 약화되고 있는데도 이를 대체할 수 있는 국가복지의 확대가 지체되고 있다는 점이다. 노인의 (상대)빈곤율이 OECD 국가들 중 가장 높은 45.7%에 이르고 있는 현실은 '사적자원'의 감소를 '공적자원'이 대신하지 못하는 한국 복지국가의 문제를 단적으로 드러낸 것이라고 할 수 있다(OECD, 2018).[14]

기업복지

기업복지란 사회보험 분담금과 같이 기업이 고용한 노동자의 사회보장을 위해 법적으로 부담해야 하는 법정부담금을 제외하고 기업이 고용된 노동자들의 복지를 위해 제공하는 각종 부가급여(휴양시설 이용, 교육비 지원, 사원주택 등)를 제공하는 것을 말한다.

그림 13-11을 보면, 한국 기업이 고용된 노동자들에게 제공하는 대표적인 (법정외) 기업복지의 규모는 2016년 기준 노동자 1인당 월평균 19만 8,000원으로 나타났다(고용노동부, 2017).[15]

문제는 기업이 노동자에게 제공하는 복지의 규모가 기업 규모에 따라 현격한 차이를 보인다는 점이다. 10~29인을 고용하는 기업의 기업복지지출액은 노동자 1인당 월평균 10만 6,300원에 불과한 데 반해, 1천 인 이상 대기업의 경우에는 10~29인 기업의 세 배가 넘는 36만 3,500원을 지출하고 있다. 두 기업 간의 급여 차이가 크다는 점을 고려하면, 기업복지는 대기업과 중소기업 노동자들의 복지 차이를 더욱 크게 만드는 요인이다.[16] 더욱이 급여는 누진적

---

14   가구소득이 중위가구소득의 50% 이하일 때 빈곤가구로 분류한다.
15   한국 기업들이 제공하는 기업복지에 대해서는 고용노동부에서 매년 발간하는 『기업체노동비용조사』에서
      확인할 수 있다.

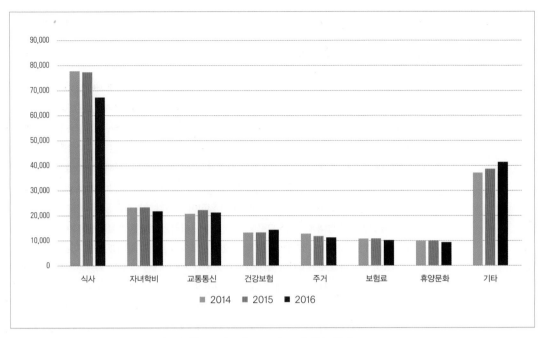

그림 13-11 기업 규모에 따른 법정외 기업복지지출 규모와 구성, 2014년: 10인 이상 사업장
출처: 고용노동부(2017), 「기업체노동비용조사 보고서」, 서울: 고용노동부.

소득세에 의해 소득이 많을수록 더 많이 납부하는 데 반해, 기업복지로 제공되는 복지에는 세금이 전혀 부과되지 않는다. 기업복지는 노동자가 지출해야 할 비용을 기업복지가 제공해 노동자가 추가적인 세금납부 없이 복지서비스를 이용할 수 있게 하고, 이는 결국 대기업 노동자들의 실질 가처분소득을 중소기업 노동자들에 비해 더 증가시키는 문제를 유발한다.

기업복지는 기업에는 양질의 노동력 확보를 위해 필요하고(송근원·김태성, 1995) 기업에 대한 노동자들의 충성심을 확보할 수 있는 중요한 인센티브제도이기는 하다. 하지만 기업복지의 규모가 커질수록 노동자들 간의 불평등이 증가한다는 점에서 기업복지에 대한 재검토가 필요해 보인다. 특히 한국같이 이제 막 복지국가를 만들어가는 사회에서 기업복지는 국가복지의 확대에 장애요인으로 작용할 수 있다.

16 2017년 기준으로 고용 규모가 300인 이상 기업체의 월평균 상용임금총액은 5,145,412원인 데 반해
10~29인은 3,266,781원에 그친 것으로 나타났다(고용노동부, 2018).

공공복지 확대와 노동조합

실제로 이런 일이 벌어졌다. 2003년에 건강보험료를 결정하는 회의에서 가입자단체로 참여했던 민주노총은 사업주단체와 함께 건강보험료를 무조건 동결해야 한다는 입장을 개진했다. 노동과 자본이 함께 국가복지를 확대하는 것에 반대했던 것이다. 민주노총에 가입해 있는 대다수 노동자들이 이미 사업장 차원에서 충분한 의료보장을 받고 있는데, 굳이 자신들의 가처분소득을 감소시킬 의료보험료를 인상해 공적의료보장을 확대할 이유가 없었던 것이다. 물론 대기업 노동자들의 고용안정성이 점점 악화되고 있는 상황을 고려하면 이러한 조직노동의 입장이 지속될 가능성은 낮다. 최근 조직노동이 공공복지 확대에 적극적으로 나서는 모습도 이러한 변화된 현실을 반영하고 있다. 노동시장의 변화는 대기업 노동자들이 한국사회의 공공복지 확대에 대해 지금보다 민감하게 반응하고 국가복지의 확대를 위해 시민사회와 연대할 수 있는 가능성을 높이고 있다. 실제로 조직노동, 재계, 정부, 공익위원이 참여하는 2018년 경제사회노동위원회(노사정위원회)는 공공복지를 확대하는 것을 핵심의제로 선정하고 '사회안전망개선위원회'를 출범시켰다.

예를 들어 현재 대부분의 대기업에서 시행 중인 대학학비지원제도는 대기업 노동자들이 '반값 등록금'과 '무상교육' 등과 같은 일반 시민들의 요구에 무관심한 이유 중 하나일 수도 있다. 이미 기업 차원에서 자신의 복지가 해결되고 있기 때문에 복지확대를 위한 증세에 동의하지 않게 되는 것이다.

민간기부금

민간기부금은 민간이 공공복지를 위해 기부한 돈으로, 민간기관이 제공하는 복지에 사용되는 재원이다. 기부금품법에 따라 공식적으로 인정된 기부금의 규모는 그림 13-12와 같다. 국세청의 종합소득세에서 기부금으로 인정되어 세금공제를 받는 기부금의 규모는 기부금 항목이 분류되기 시작한 2004년에 7,363억에서 2016년에 2조 5,873억으로 13년 만에 무려 3배 가까이 증가했다. 시민들이 국세청이 인정하는 기관 이외에도 기부를 하고 있다는 점을 고려

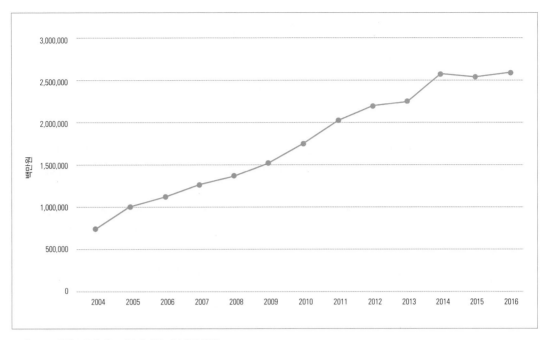

그림 13-12 종합소득세 신고기준에 따른 기부액의 변화
출처: 국세청(2008~2017), 『2007~2017년 국세통계연보』, 국세청.

하면, 기부금액은 국세청이 추산한 액수보다 더 클 것으로 추정된다. 보건복지부의 추계에 따르면, 2013년에 GDP 대비 기부액은 0.87%로 12조 4,362억에 달했다(한국일보, 2015). 국세청에 신고된 기부액의 6배에 달하는 금액이다.

기부금 규모의 이러한 성장에는 기부금품법이 개정되고 기부금품에 대한 조세 감면이 제공된 것도 큰 역할을 한 것으로 보인다. 실제로 미국 사례를 보면 거액기부자 중 96%가 조세감면 혜택이 없다면 현재보다 소액을 기부할 것이라고 했다(Gilbert and Terrell, 2006). 한국에서도 세율의 변화가 기부행위에 영향을 미칠 수 있다는 연구결과가 있다(한혜란, 2012). 이러한 결과는 민간기부가 단순히 민간기부의 문제가 아니라 정부정책의 결과일 수 있음을 보여준다. 실제로 정부와 무관한 순수한 자발적 민간영역이라는 것은 존재하지 않는다. 한국의 대표적인 민간기부금운영단체인 사회복지공동모금회도 정부의 제도적·법률적 지원 없이는 존재하기 어렵다.

이러한 민간재원에 의해 제공되는 복지서비스의 기능은 다음과 같이 정리할 수 있다. 첫째, 민간복지는 공공복지가 담당하지 못하는 다양한 사람들의 다

한국의 기부금 관련 법률의 역사

한국에서 기부금과 관련해 제정된 최초의 법률은 흥미롭게도 기부를 활성화하기 위한 법률이 아니라 '기부를 금지하는 법률'이었다. 한국전쟁중인 1951년 11월 17일 이승만 정부는 기부금품모집금지법(약칭 기부금품법)을 제정했다. 법의 제3조를 보면 "누구든지 기부금품의 모집을 할 수 없다."라고 규정하고 있다. 다만 제3조 제5항에 "자선사업에 충당하기 위한 금품"에 대한 모집을 예외로 인정하고 이를 도지사와 서울시장의 허가를 받도록 해서 복지를 위한 기부금의 모집 가능성을 열어두었다. 당시에는 기부금이 제4조 조문처럼 "공무원의 환영금, 전별금, 축하금" 등 복지가 아닌 공무원의 부정부패를 위한 재원으로 쓰인다고 판단했던 것으로 보인다. 이후 금지법은 1996년에 기부금품모집규제법(약칭 기부금품법)으로 전면 개정되었고, 2006년에 기부금품모집 및 사용에 관한 법률(약칭 기부금품법)을 제정함으로써 기부를 장려하기 위한 법적 기반이 마련되었다. 현재 시행되고 있는 법률은 2014년 11월 19일자로 시행된 법률로, 개정법률 제2조 제1항에 따르면 "'기부금품'이란 환영금품, 축하금품, 찬조금품 등 명칭이 어떠하든 반대급부 없이 취득하는 금전이나 물품을 말한다."고 규정하고 있다. 각종 단체의 회비, 종교기관 등의 헌금 등은 기부금품에 포함되지 않는다.

양한 욕구에 대응할 수 있다는 점에서 중요한 기능을 수행하고 있다고 평가된다. 다양한 집단이 자신들이 원하는 복지를 추구할 수 있다는 점에서 가치수호적 기능을 담당하고 있는 것이다(Gilbert and Terell, 2006). 둘째, 민간재원을 통해 운영되는 기관은 정부로부터 호응을 얻기 어려운 복지요구를 구체화하는 기능을 담당할 수 있다. 기부금에 의해 운영되는 사회복지공동모금회는 공공복지의 사각지대에 놓인 다양한 복지 욕구들을 지원하고 있다. 예를 들어 아동복지시설을 퇴소한 청소년들의 주거공간 확보를 위한 월세지원과 사례관리 프로그램은 공공지원의 사각지대에 놓여 있는 청소년들의 자립생활을 위한 민간지원프로그램이다(사회복지공동모금회, 2014). 또한 강원도 원주시에 소재한 비인가 민간복지시설인 '십시일반'에서 무료급식소를 이용하는 노인들을 대상으로 한 인문학 강좌(향토역사 소개) 같은 프로그램도 공공복지가 담당하지 않는 민간의 고유한 프로그램이다. 정부가 공인하지 않는 복지프로그램을 수행하기에는 이러한 민간복지가 더 적격일 수 있다.

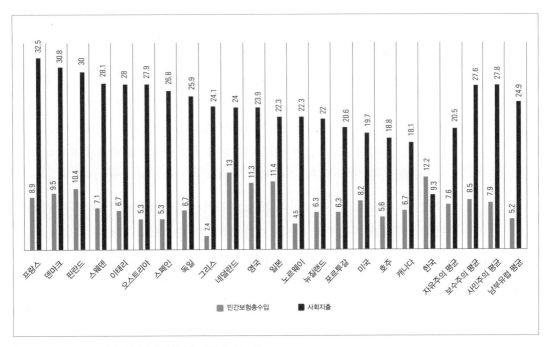

그림 13-13 GDP 대비 민간보험수입과 사회지출 비율(%), 2012년

출처: Karl, ed., World insurance in 2012: Progressing on the long and winding road to recovery, Economic Research & Consulting; OECD, Social Expenditure Database.

　　마지막으로 길버트와 테렐은 민간복지가 공공복지의 개선자 또는 보충자의 역할을 수행할 수 있다고 평가했다. 하지만 민간재원은 앞서 언급한 긍정적 역할에도 불구하고 공공재원을 대체할 수 없다는 점에서 역할이 제한적이다. 미국의 경우, 1995년에 연방정부가 삭감한 복지재원을 보충하기 위해서도 민간기부금이 향후 6년 간 2배로 증가해야 한다고 추정했는데, 이는 사실상 불가능한 일이다(Gilbert and Terell, 2006). 민간부문과 공공부문의 관계는 그림 13-3에서와 같이 서로를 대체관계에 있는 것이 아니라 린더트(Lindert, 2004)의 연구결과처럼 서로 보완관계에 있다.

민간보험

　　한국 민간보험의 규모는 경제 규모에 비해 대단히 큰 편이다. 일반적으로 민간보험의 크기는 공적 사회보험과 반비례관계에 있다고 알려져 있다. 실제로 1997년의 외환·경제위기 당시에 1조 5,946억 원이었던 민간의료보험(생명보험, 장기손해보험, 상해보험 등)의 보험료는 3년 만인 2000년에는 3조 816억 원으로 2배 가까이 증가했다. 더욱이 그림 13-13에서 보는 것과 같이, 한국은 비교대상 OECD 국가들 중 GDP 대비 민간보험수입의 비중이 공적 사회지출 비중보다 높은 유일한 국가이다(윤홍식, 2018).

다만 주목할 점은 GDP 대비 민간보험수입 비중은 복지체제 유형에 따라 큰 차이를 보이지 않는다는 것이다. 사민주의 복지국가들의 민간보험 비중이 자유주의 복지체제보다 오히려 높다. 복지체제 유형에 따른 GDP 대비 민간보험수입 비중은 자유주의 복지체제가 7.6%, 보수주의 복지체제는 8.5%, 사민주의 복지체제는 7.9%, 남부유럽 복지체제는 5.2%이다.

한국의 민간보험은 어떻게 이렇게 큰 규모를 유지할 수 있게 됐을까? 단순한 계산이지만, 현재 국민이 민간보험회사에 납입하는 보험료를 복지확대를 위한 세금으로 낸다면 공적 영역에서 지금보다 훨씬 높은 수준의 복지를 제공할 수 있을 것이다. 역사적으로 보면, 민간보험이 공적 사회보장체계를 대신한 것은 일제강점기로 거슬러 올라간다(윤홍식, 2018). 일제는 조선을 강점하는 동안 공적 사회보험제도를 전혀 도입하지 않았다. 대신 조선총독부는 간이생명보험, 우체국연금 같은 사보험을 직접 운영·관리하면서 조선 중간계층의 사회보장에 대한 욕구를 무마하려고 했다. 이러한 사보험 중심의 사회보장 시스템은 이후에 미군정으로 이어졌다.

미군정은 사회보험을 직접 관리·운영하면서 공공재원을 지원하기도 했다. 이러한 전통이 1948년 8월 정부수립 이후에도 지속되었다. 특히 1960년대부터 1980년대까지 근 30년 간 한국 경제는 높은 성장을 구가했지만, 서구 국가들과 달리 보편적인 공적 사회보험제도를 도입하지 않았다. 대신 민간보험이 중간계급의 복지욕구를 대신했다고 할 수 있다. 한국에서 민간보험의 광범위한 확대는 바로 이러한 역사적 유산이었다.

민간보험에 대한 공공지원은 보수정부인 이명박정부와 박근혜정부는 물론 상대적으로 진보적인 정부라고 평가받는 국민의 정부(김대중정부)와 참여정부(노무현정부)에서도 지속되었다. 특히 국민의 정부와 참여정부는 공적연금인 국민연금의 소득대체율을 낮추어 공적연금의 노후보장 기능을 약화시키고, 민간 개인연금에 대한 세금공제를 제도화해 한국사회보장제도의 공적 기능을 약화시켰다. 현재 민간 개인연금에 가입할 경우 연간 최대 700만 원 한도 내에서 소득공제를 제공하는 것도 이런 정책의 일환이다. 개인연금 납입금에 대해 소득공제를 제공하는 것은 중간계층에 불충분한 공적연금의 노후보장을 민간연금으로 보충하라는 정부의 정책 의도가 반영된 것이다.

문제는 민간연금보험에 가입할 수 있는 계층이 상대적으로 소득이 높은 계층에 제한되어 있고 보편적 사회보장제도로 기능할 수 없다는 점이다.

한국 복지재원의 주요 쟁점

복지국가를 위한 재원 마련 방안이 단순히 복지재원의 양적 확대가 아닌 한국사회가 지향하는 복지국가의 상과 조응하는 조세체계의 구축이라는 관점이 필요하다. 이를 바탕으로 지금 한국에서 벌어지고 있는 복지재원과 관련된 중요 쟁점들을 정리해보면 크게 두 가지로 구분된다. 첫째는 조세의 역할에 관한 것이고, 둘째는 공공복지를 확대하기 위해 어디에서 세금을 늘려야 할지와 관련된 것이다.

어떻게 불평등을 완화할 것인가?: 세입 대 세출

1970년대 이전까지 조세, 즉 세입의 중요한 역할 중 하나는 불평등을 완화하는 것이었다. 소득이 높은 사람들에게 높은 세율을 적용하고 소득이 낮은 사람들에게 낮은 세율을 적용해 계층간의 소득불평등을 완화하는 것이다. 그러나 1980년대 이후에 신자유주의화가 본격화되면서 불평등을 완화하는 조세의 역할은 약화되었다. 대신 조세는 시장에서 참여자들의 인센티브를 왜곡하지 않는 중립적인 역할을 요구받았다. 조세의 역할을 대신한 것은 세출이었다. 구체적으로, 복지지출이 소득계층간 불평등을 완화하는 중요한 정책수단으로 자리 잡게 된다. 실제로 에스핑안데르센의 『복지자본주의의 세 가지 세계The Three

Worlds of Welfare Capitalism』(1990)에 따르면, 사회(복지)지출은 조세를 대신해 불평등을 완화하는 역할을 담당하고 있다. 특히 이러한 현상은 스웨덴, 핀란드, 노르웨이 등 노르딕 복지국가들에서 나타나고 있다.

어쩌면 이러한 현상은 너무나 당연하다. 복지지출이 GDP의 25%를 넘는 상황에서, 복지지출에 소요되는 재원을 특정계층에만 부담지울 수는 없기 때문이다. 지난 2011년에 참여연대에서 제안한 최상위 고소득자에 대한 증세 방식인 '한국판 버핏세'를 보면, 개인소득세에 대한 최고구간을 신설해 한계세율을 높이고 법인세를 높여도 증대되는 세수의 절대 규모는 크지 않았다. 참여연대의 '소득세법 일부개정법률안'을 보면, 연간 임금소득이 1억 2,000만 원 이상인 4만 6,000명에게 42%의 추가구간 세율을 적용하고 종합소득세의 최고구간을 동일하게 신설해도 추가세수는 1조 2,000억 원을 넘지 않는다. 여기에 법인에 대해 추가증세를 해도 전체 증세 규모는 7~8조 원 규모이다. 반면 2016년 기준 한국의 GDP는 1,637조이고 이 중 사회복지에 10.4%를 지출하고 있는데, 이를 OECD 평균수준인 21.0%로 높이기 위해서는 GDP의 10.6%인 174조를 더 지출해야 한다. 부자증세를 통해 걷을 수 있는 추가세금으로는 OECD 평균수준의 복지지출을 위해 필요한 재원을 충당할 수 없다. 결국 OECD 평균수준의 사회지출을 위해서는 부자만이 아닌 일반 시민들로부터 세금을 걷어야 하는 것이다.

어떤 세목을 증세할 것인가?: 사회복지세 도입 논쟁

일부 시민단체와 정의당은 복지확대를 위한 재원 마련 방안으로 목적세 방식의 사회복지세 신설을 주장한다. 사회복지세는 2010년에 진보신당 조승수 의원이 주장했다. 조승수 의원의 사회복지세 기본 골격은 소득세의 경우 소득 상위 10%와 법인세 납부세액이 10억 이상인 기업에 부과하는 방식으로, 대략 15조 원의 재원을 마련하는 방안이었다. 일종의 부유세 방식을 통한 사회복지세라고 할 수 있다. 반면 지난 2017년 5월 대통령선거에서 정의당 심상정 후보가 공약으로 내걸었고 일부 시민단체가 주장하고 있는 사회복지세는 보편증세의 방식이다. 소득세, 법인세 등 각종 세목에 추가적인 정률의 세율을 부과하자는 것이다. 그리고 사회복지세를 통해 마련된 재원은 사회복지 확대에만 쓰자는 것이다. 박근혜정부에서 복지공약이 재정건전성을 이유로 줄줄이 후퇴했던 현실을 고려하면, 이들 주장이 타당성이 없는 것도 아니다. 노인빈곤율이 OECD 국가들 중 최고 수준인 현실을 고려하면, 목적세 도입을 통해서라도 복지를 확대하는 것은 더 이상 미룰 수 없는 과제임이 분명해 보인다.

하지만 목적세를 신설해 복지를 확대하는 데는 명백한 한계가 있다. 첫째, 목적세 방식으로 보편적 복지를 위한 재원을 마련한 전례가 없다. 프랑스의 경우, 복지를 위한 목적세로 사회연대세를 도입했지만, 이는 저소득계층의 소득지원 등 선별적 복지를 위한 재원으로 활용되고 있다. 둘째, 사회복지세를 통해 확보할 수 있는 재원의 규모가 제한적이다. 사회복지세를 통해 마련될 수 있는 재원의 규모는 대략 20조 원에서 27조 원으로 추정된다. 반면 앞서 언급한 것처럼 OECD 평균수준의 복지지출을 위해서 필요한 재원만 대략 174조 원으로 추정된다. 셋째, 사회복지세는 재원의 확장성이 제한적이다. 목적세 방식의 사회복지세를 도입하는 순간, 한국사회에서 복지확대에 대한 요구는 모두 사회복지세의 틀 안에 갇힐 가능성이 높다.[17] 넷째, 사회복지세로는 세금을 내는 계층과 복지급여를 받는 계층을 일치시키기가 매우 어렵다.

현재 한국의 조세구조에서 사회복지세를 실제로 부담할 계층은 중간계급 이상의 사람들인 데 반해 사회복지세가 중간계급에 복지급여로 돌아올 가능성은 그리 높아 보이지 않는다. 노인빈곤 같은 시급한 문제들이 산재해 있기 때문이다. 중산층이 사회복지세의 신설을 통해 무엇을 얻는지가 명확하지 않다면, 더 큰 복지확대를 위해 증세가 필요할 때 이들의 지지와 동의를 이끌어내기가 쉽지 않을 것이다. 결국 사회복지세의 도입은 중장기적으로 보편적 복지를 꿈꾸는 사람들에게는 치명적인 장애요인이 될 수도 있다.

그 밖의 문제: 중앙정부와 지방정부의 재원구조

세금과 관련된 또 다른 핵심 쟁점은 지방정부가 제공하는 사회서비스의

---

17   이 문제는 목적구속금지 원칙에 대한 내용에서 설명한 바 있다.

재정을 누가 부담할 것인가이다. 대표적인 사례로 중앙정부와 서울시 간에 첨예한 대립양상을 보였던 보육서비스에 대한 재정분담 갈등을 들 수 있다. 사실 박근혜 대통령은 지난 2013년 1월 시도지사협의회 간담회에서 "보육과 같은 전국단위사업은 중앙정부가 책임을 지는 게 타당하다"고 언급했고, 이명박정부 당시 김황식 총리 또한 보육제도 운영에 따라 지자체의 재정부담이 늘어나지 않도록 하겠다고 했다. 이러한 발언은 현재의 중앙정부와 지방정부 간의 재원구조를 반영한 것으로 판단된다.

한국에서는 지방자치단체가 제공하는 사회서비스 재원을 중앙정부와 지방자치단체가 함께 분담하고 있다. 그런데 사회서비스에 대한 중요한 정책결정 권한은 대부분 중앙정부에 있고, 이명박정부와 박근혜정부에서 벌어졌던 무상보육 논란에서 보듯이 중앙정부의 사회서비스 확대 결정은 곧바로 지방정부의 분담금 증가를 유발하는 구조로 되어 있다.[18] 반면 북유럽 국가들에서는 지방정부가 독자적인 세원구조를 갖고 있고 이를 재원으로 지역주민이 요구하는 사회서비스를 제공하고 있다. 스웨덴에서 소득세는 기본적으로 지방소득세를 의미하며, 지방정부가 소득세를 걷어 이를 사회서비스 등 지역민을 위한 복지에 사용하고 있다.

그러므로 쟁점은 단지 중앙정부의 분담비율을 얼마나 높이냐가 아니다. 쟁점은 지방자치단체가 지역민이 필요로 하는 사회서비스를 제공하기 위한 독자적인 재원을 구조화하는 방식이 되어야 한다.

다만 지방정부가 독자적인 재원을 확보하고 이를 근거로 지역민에게 서비스를 제공하기 위해서는 최소한 세 가지가 전제되어야 한다. 첫째, 지방자치단체는 독립적인 재원을 지역개발이 아닌 지역민의 복지를 위해 사용해야 한다. 둘째, 중앙정부, 광역자치단체, 기초자치단체 간의 분명한 역할 분담이 있어야 한다. 스웨덴의 사례를 보면, 중앙정부는 소득보장, 란드스탄(광역자치단체)은 의료, 문화, 지역교통, 코뮌(기초자치단체)은 보육, 학교교육, 노인복지, 장애인복지 등 사회서비스와 공공부조, 도시계획, 폐기물 처리 등 실제로 시민생활과 밀접한 업무를 담당하고 있다. 시민에 대한 복지를 제공한다는 점에서 이들 정

18   서울의 경우 2013년까지 중앙 20%, 서울 80%, 비서울의 경우 중앙 40%, 지방정부 60%를 분담한다.

부 간의 관계는 위계적이기보다는 수평적이다. 셋째, 지역 간의 차이를 완화하는 제도적 장치가 반드시 마련되어야 한다. 지역경제의 여건에 따라 세수 규모에 차이가 있기 때문에, 이러한 지역 간의 차이를 완화할 수 있는 중앙정부 차원의 대안 마련이 필요하다. 예를 들어 박원순 서울시장이 추진한 서울형 기본생활보장제도 등은 재정자립도가 낮은 다른 시도에서는 추진할 수 없는 정책이다. 지역 간의 차이를 완화하는 제도적 장치 없이 지방정부의 독립적 세원을 강화할 경우에는 지역 간 차이의 확대는 물론 지역이기주의에 따라 국가 전체의 사회적 연대 또한 위협받을 수 있다.

과제: 복지국가를 위한 재정확대

복지재원과 한국 복지국가의 성패는 결국 세금을 어떻게 늘릴 것인가에 달려 있다. 답은 부자나 가난한 사람 모두가 세금을 내고 부자가 조금 더 내는 '누진적 보편증세'이다. 누진적 증세는 소득이 있는 곳에 세금을 부과하고, 동일한 소득에 대해 동일한 세율을 적용하며, 저소득자보다 고소득자에게 높은 세율을 부과하고, 사회적 수지상응의 원칙에 입각한다는 4가지 원칙에 맞게 추진한다. 전체적으로 증세는 고소득층이 저소득층보다 더 높은 세율을 적용받는 방식과 모든 국민에게 적용되는 방식이 동시에 추진되어야 한다. 다만 누진적 보편증세를 단기간에 실현할 수 없기 때문에, 증세전략은 도식화의 위험성에도 불구하고 단계적 전략을 취할 수밖에 없다.

먼저 조세의 공정성과 공평성을 확보하는 것이 가장 중요하다. 왜냐하면 증세에 대한 국민의 저항은 바로 공정하고 공평하지 못한 과세에 있기 때문이다. 고소득층과 대기업에 유리한 조세감면제도를 대폭 축소하거나 폐지하고, 이명박정부에서 이루어졌던 고소득층과 대기업에 혜택을 주었던 감세 부분을 다시 원상복귀시킬 필요가 있다. 더불어 그동안 적정과세의 사각지대에 있었던 각종 세원에 대해 공평한 세금을 부과할 필요가 있다.

이렇게 마련된 재원은 소득계층과 관계없이 보편적 복지확대를 위해 쓰여야 한다. 공정과세와 추가 세수분이 국민 모두를 위한 보편복지에 쓰인다는 믿음이 확산되면, 2단계로 소득세에 대한 누진적 보편증세를 추진할 필요가 있다. 과세 기반을 전체 소득자로 확대하는 동시에 누진성을 강화할 필요가 있다. 여기에서 마련된 재원 역시 복지확대를 위해 쓰인다는 확실한 계획이 제시될 필요가 있다.

소득세에서 누진적 보편증세가 이루어진 이후에 3단계로 사회보장세의 고용주 부담금을 확대한다. 이미 증세와 복지확대의 선순환을 경험한 국민은 고용주의 부담 수준을 OECD 평균수준으로 높이자는 것에 대해 동의할 것으로 보이며, 기업 또한 이에 반대하기 어려운 정치사회적 여건이 조성될 것이다. 다만 중소기업의 고용주에 대한 부담금을 어느 정도 수준으로 높일지, 아니면 부담을 덜어줄지에 대해서는 보다 현실적인 판단이 필요해 보인다. 그리고 마지막 4단계로 소비세를 높여 보편적 복지에 필요한 재원을 마련할 수 있을 것이다. 대략 향후 10년에서 20년 동안 증세를 통해 OECD 평균수준의 복지확대에 소요될 추가재원을 마련할 필요가 있다.

증세전략과 관련해 마지막으로 두 가지를 언급하고 싶다. 하나는 증세와 함께 지출에 대한 명확한 제도화가 필요하며, 복지확대는 반드시 필요한 만큼 증세를 수반한다는 재정원칙을 제도화하는 것이다. 다른 하나는 증세 자체를 위한 운동이 없었기 때문에 복지확대에 대해 사회적으로 합의하면 증세는 이에 수반되는 과정으로 이해하는 것이 바람직하다. 다만 최근에 일부 시민단체를 중심으로 전개되고 있는 복지확대를 위한 시민들의 증세운동은 역사적으로 한국만의 독특한 운동 양상이라고 판단되며, 이 운동의 경과와 성과에 대한 면밀한 검토가 필요해 보인다.

토론쟁점

1 복지확대를 위해 증세를 한다면 어떤 세목을 증세하는 것이 바람직하다고 생각하는가?

2 스웨덴 복지국가는 일반적 상식과 달리 역진적인 소비세를 많이 걷고 있고, 미국 복지국가는 상대적으로 재산세를 많이 걷고 있다. 복지국가와 조세체계는 어떤 관계에 있다고 생각하는가?

14

사회복지전달체계
수 요 자 와 공 급 자 간 관 계 를 어 떻 게 구 성 할 것 인 가

사회복지정책을 통해 급여를 누구에게 제공할 것인가와 급여의 성격을 무엇으로 할 것이며 어느 수준으로 제공할 것인가에 관한 결정이 이루어지면, 다음 단계로는 급여를 받을 사람에게 어떻게 전달할 것인가에 관한 결정이 이루어져야 한다(누구에게 제공할 것인가, 급여의 성격 및 수준을 어떻게 할 것인가에 관해서는 앞의 해당 장들에서 살펴보았다). 이것이 바로 사회복지전달체계에 관한 결정이다.

사회복지전달체계와 관련해서는 무엇보다도 사회적 급여를 제공하는 행위자와 그것을 받는 행위자를 상정할 수 있다. 이 두 행위자는 경제학에서 말하는 공급자와 수요자와 유사하다고 할 수 있고, 실제로 사회복지전달체계에 관한 논의에서도 두 행위자를 공급자와 수요자로 지칭하는 경우가 가끔 있다. 그런데 사회복지정책에서는 원칙적으로 시장의 가격기구가 작동하지 않기 때문에 경제학이 가정하는 것처럼 공급자와 수요자가 가격기구를 매개로 상호작용할 수는 없다. 그래서 사회복지정책에서는 사회적 급여의 공급자와 수요자를 이어주는 매개체를 인위적으로(즉, 정치적·정책적으로) 결정해야 하는데, 이 매개체가 바로 전달체계이다.

이러한 사회복지전달체계는 공급자가 누구인가(정부인가, 민간기관인가), 수요자가 누구인가(노인인가, 장애인인가, 아동인가 등), 제공하려는 사회적 급여의 종류가 어떤 것인가(단순 물품전달인가, 가사도우미 서비스인가, 사례관리서비스인가) 등의 측면에서 수많은 쟁점을 안고 있으며, 이들 쟁점에 대해 어떤 답을 내느냐에 따라 매우 다양한 모습을 가진다. 그래서 사회복지전달체계가 어떤 것인가에 대한 직관적 이해를 하는 것은 그리 어렵지 않지만, 조금 더 깊이 들어가면 여러 쟁점과 그에 대한 다양한 견해들이 난마처럼 얽혀 있어 상당히 복잡하다. 이 장에서 모든 쟁점을 다룰 수는 없지만, 중요한 쟁점들에 대해서는 조금씩이라도 언급함으로써 사회복지전달체계를 이해하고 적절한 전달체계를 구성하는 데 필요한 기본적 통찰력을 갖출 수 있게끔 도움을 주고자 한다.

사회복지전달체계의 원칙과 개선전략

사회복지전달체계의 개념

앞에서 사회복지전달체계는 공급자와 수요자를 이어주는 매개체라고 했다. 그래서 일차적으로 사회복지전달체계에 관한 결정은, 사회적 급여의 공급자와 수요자를 어떻게 만나게 할 것이며 만나서 무엇을 하게 하고 그것에 대해 누가 어떤 책임을 어떻게 지게 할 것인가를 결정함을 의미한다. 이들이 공급자와 수요자 간의 관계를 구성하는 요소들이다. 그런데 공급자와 수요자 간의 관계가 어떻게 형성되는가는 많은 경우 공급자들의 관계가 어떻게 편성되어 있는가에 크게 영향을 받는다.

이를 알아보기 위해 보건의료전달체계에 대해 생각해보자. 한 나라의 보건의료체계에서 주민들이 불가피한 사유가 있지 않고는 항상 1차 의료기관을 먼저 방문해 진료를 받고 그 의료기관에서 의뢰서를 발행해야만 2차 의료기관을 방문할 수 있게끔 제도화했다고 가정해보자. 이 경우 그 나라 주민들이 보건의료 공급자와 관계를 형성할 수 있는 첫 번째 통로는 1차 의료기관이다. 즉,

공급자와 수요자를 '어떻게 만나게 할 것인가'의 문제는, 특별한 예외가 아니면, 1차 의료기관을 먼저 방문하도록 하는 것으로 해결된다. 또한 이렇게 하면 1차 의료기관에 근무하는 의료공급자들은 주민들에 대해 1차적 검사와 진단 등을 행하고 처방을 내리는 한편, 좀 더 심층적인 검사나 진료를 받아야 할 필요가 있다고 판단되는 경우에는 해당 주민을 2차 의료기관으로 보낼 수 있다. 2차 의료기관은 의뢰된 주민에 대해 의뢰된 내용과 관련한, 혹은 자신들이 판단한 추가적인 의료서비스를 제공하게 된다.

이것으로 1차 의료기관 및 2차 의료기관과 주민의 관계에서 '만나서 무엇을 할 것이며 그것과 관련된 책임은 누가 지는가'의 문제가 해결된다. 그리고 이러한 내용은 의료공급자와 주민들 간의 관계만이 아니라 의료공급자들 간의 관계, 즉 1차 의료기관과 2차 의료기관 간의 관계에 대해서도 일정하게 규정하고 있음을 알 수 있다(이 예에서는 의뢰관계를 중심으로 이야기했는데, 현실에서는 더 많은 복잡한 내용이 필요할 것이다). 이처럼 1차 의료기관과 2차 의료기관이 역할분담해 작동하려면, 한 나라를 일정한 크기의 지역으로 나누어서 각 1차 의료기관 및 2차 의료기관이 일정 지역의 주민들을 대상으로 서비스를 제공하게끔 해야 한다.

보건의료의 예를 통해 서술한 이 내용이 바로 전달체계[1]인데, 이는 사회복지에도 적용될 수 있다. 즉, 사회복지전달체계란 일정한 지역사회 내에서 사회적 급여의 제공을 둘러싸고 사회복지의 공급자와 수요자 간에 그리고 사회복지 공급자들 간에 형성되는 관계의 구조 내지 체계라고 할 수 있다(Gilbert and Terrell, 2007 참조). 사회복지전달체계를 좀 더 포괄적으로 정의한 예로 "사회복지 수요자가 필요로 하는 급여·서비스를 이용·제공받기까지 설계·기획된 제도·기준·규율에 의해 작동되는 조직·인력의 구조, 기능, 절차, 관계"를 들 수 있다(강혜규 외, 2013). 이 개념 규정은 한편으로는 수요자가 최종적으로 서비스를 이용할 수 있어야 한다는 점을 전제하면서 다른 한편으로는 그것을 위

---

1   우리나라에서는 자녀가 아플 때 대개 어머니가 소아과에 갈지, 내과에 갈지, 이비인후과에 갈지를 결정해 아이를 병원에 데려가는 경우가 보편적이다. 어머니 자신이 아플 때에도 본인이 진료과를 정해서 병원을 찾아간다. 보건의료에 관한 전문지식을 가지고 있지 않은 국민이 진료과목을 선택해서 병원을 찾아가게 한다는 점에서, 우리나라에는 보건의료전달체계가 제대로 구축되어 있지 않다고 할 수 있다.

해 형성·작동되는 조직 및 인력의 구조와 기능, 절차, 관계를 중시한다는 특징을 가지고 있다. 여기서 말하는 구조와 기능, 절차, 관계를 한마디로 하면 관계의 구조 및 체계라고 할 수 있다. 조직과 인력의 구조는 조직 내부의 구성요소들 간의 관계구조를 전제해야 성립하는 개념이고, 기능과 절차 역시 관계를 전제해야 성립하는 개념이기 때문이다. 따라서 이 정의는 전달체계를 관계라는 측면에서 바라본 것이다.

사회복지전달체계와 관련해 한 가지 염두에 둘 사항이 있다. 앞의 정의에서 알 수 있듯이 전달체계는 공급자와 수요자 간의 관계를 중요한 축으로 하는데, 이런 관계가 가장 두드러지게 드러나는 사회적 급여는 현금급여라기보다는 현물급여, 그중에서도 서비스이다. 이런 점에서 전달체계는 사회복지서비스 혹은 사회서비스에 보다 전형적으로 적용되는 개념이다. 따라서 이를 사회(복지)서비스전달체계라고 하는 것이 더 적절한 경우가 많다는 점을 기억할 필요가 있다.

사회복지전달체계의 원칙

지금까지 논의한 바와 같이, 사회복지전달체계는 사회복지급여에 연결된 여러 행위자들 사이에 형성되는 관계를 의미하므로, 이 관계가 어떻게 형성될 때 바람직한 것인가에 대해 생각해볼 수 있다. 즉, 사회복지전달체계에 속한 공급자와 수요자 간의 관계, 공급자들 간의 관계를 바람직한 것으로 만드는 관계형성의 요건 혹은 바람직한 관계의 속성을 생각해볼 수 있다. 이를 사회복지전달체계의 원칙이라고 할 수 있는데, 이것이 필요한 것은 사회복지전달체계가 함축하는 관계가 비공식적인 것이 아니라 공식적인 것이기 때문이다.

그런데 사회복지전달체계가 함축하는 관계가 공식적인 것이어서 원칙이 필요하다는 데에는 동의해도, 그 원칙이 무엇이어야 하는지는 견해가 일치하지 않는다. 이는 관계의 바람직성을 판단하는 기준이 사람들마다 다를 수 있고 또 그 기준이 서비스의 종류나 수요자의 성격(노인인가, 장애인인가, 아동인가 등)에 따라서도 다를 수 있기 때문이다. 심지어 동일인이 제시한 원칙이라고 할지라도 그 원칙들이 서로 모순되는 경우가 있을 수 있는데, 이 모순은 여기서 제시하는 원칙에도 나타날 수 있다. 이는 사회복지전달체계에 속한 각 행위자들이 가진 이해관계가 서로 달라 이들의 이해관계를 모두 충족시키는 원칙을 제시하는 것이 어렵다는 사실에서 기인한다.

(1) 전달체계의 원칙과 유의점

사회복지전달체계의 원칙 내지 사회복지전달체계가 갖추어야 할 속성 혹은 요건을 제시한 대표적인 연구자로 길버트, 닐^{Gilbert, Neil}와 테렐, 폴^{Terrell, Paul}(2007: 282-285)을 들 수 있다. 이들은 원칙 혹은 속성을 네 가지로 제시했는데, 그것은 접근성, 통합성, 연속성, 책임성이다.

접근성^{accessibility}은 서비스 수요자가 필요로 하는 서비스를 이용함에 있어 물리적·사회적 장벽이 없는 상태를 의미하며 그 반대는 비접근성이다. 통합성^{integrity}은 서비스가 중복이나 누락 없이 유기적으로 잘 조정되어 제공되는 상태를 의미하며 그 반대는 단편성 혹은 분절성^{fragmentation}이다. 연속성^{continuity}은 서비스전달체계 내에서의 이동 및 욕구와 자원 간의 연결이 원활한 상태를 의미하며 그 반대는 비연속성이다. 책임성^{accountability}은 수요자가 서비스와 관련해 고충을 제기하고 개선을 요구할 수 있는 상태이며 그 반대는 비책임성이다. 이 원칙들과 관련해 주의할 점은 이들을 모두 동시에 만족시킬 전달체계 구축방안을 찾기가 어렵다는 것이다.

예를 들어, 사람들이 사회복지전달체계와 관련해 가장 크게 문제 삼는 것 중의 하나로 단편성의 문제를 들 수 있다. 특히 부처 간 칸막이^{inter-departmental fragmentation}는 전형적으로 거론되는 문제이다. 이 문제를 해결하려면 각 기관 또는 부처 간 서비스의 조정을 강화해야 하는데, 이를 위해서는 서비스 공급자 중 누군가에게 그런 조정권한을 더 크게 부여해야 한다. 이렇게 하면 서비스 조정이 강화되어 통합성을 높이고 단편성 문제는 해결될 수 있다. 또한 이는 서비스의 연속성도 제고할 것이다. 하지만 통합성과 연속성의 증가는 책임성과 접근성을 떨어뜨릴 수 있다. 책임성은 문제가 발생했을 때 이의를 제기할 수 있느냐와 관련된 것이다. 그런데 앞의 예에서는 서비스 조정을 강화하기 위해 공급자에게 더 큰 권한을 부여했다. 결국 책임성이란 수요자가 이렇게 더 커진 권한에 문제를 제기할 수 있어야 한다는 것인데, 이렇게 되면 조정 권한을 가진 공급자가 자칫 권위를 잃을 가능성이 있고, 나아가 서비스 조정이 잘되지 않을 수도 있다. 이 때문에 조정 권한을 부여받은 공급자는 자신에 대한 이의 제기에 방어적일 수 있고, 이는 책임성을 떨어뜨리는 요인이 될 수 있다. 또한 서비스의 조정이 강화되면, 이러한 서비스의 전달체계 내에 일단 진입한 수요 자에게는 연속적·통합적인 서비스가 제공되겠지만 그렇지 못한 수요자에게는 진입에 어려움을 줄 수도 있다. 이는 접근성을 떨어뜨릴 수 있다.

그래서 접근성을 높이게끔 전달체계를 구축하는 방안을 생각할 수 있는 데, 이를 위해서는 아마도 서비스 공급자들을 공간적으로 분산 배치하는 전략 을 추진해야 할 것이다. 그런데 서비스 공급자들이 공간적으로 분산되면, 아무 래도 공급자들 간 소통이 저하되어 단편성과 비연속성 문제가 발생할 수 있다. 그리고 전달체계와 관련해 사람들이 많이 겪는 고충이 공급자들이 책임을 회 피하거나 최선을 다하지 않는 것 같다는 것인데, 이는 비책임성의 문제로 이를 해결하기 위해서는 수요자들의 목소리를 서비스 제공에 반영하는 방안이 강구 되어야 한다. 그런데 이런 방안들은 아무래도 서비스 제공과 관련된 권한을 분 산시키기 때문에 단편성 문제를 초래할 수 있다.

이처럼 전달체계를 구성하는 공급자와 수요자 및 공급자들 간의 관계를 바람직하게 구성하는 데 필요한 원칙들을 모두 동시에 만족시키는 전달체계 구축방안을 찾는다는 것은 매우 어려운 일이다. 바로 이러한 것이 사회복지전 달체계에 관련된 논의가 중요하게 다루어지면서도 끊임없이 지속되는 이유 가 운데 하나이다.

(2) 전달체계 구축방안의 시대적 변화

아마도 전달체계의 원칙을 모두 동시에 만족시키는 방안이 없다는 데서 기인한 것일 수도 있는데, 전달체계의 원칙을 달성하는 방안과 관련해 그 기조 가 시기에 따라 변화해왔다는 점도 주목할 필요가 있다.

서구에서는 제2차 세계대전 이후에 복지국가의 정당성에 관해 좌파와 우 파 간에 대체적인 합의가 형성되었다. 이 시기에는 사회복지서비스의 공급이 정부와 전문가들에 의해 이루어지는 것이 바람직하다고 간주되었다. 즉, 정부 및 전문가에 의한 서비스 제공이 전달체계의 원칙을 달성하는 데 효과적이라는 견해가 지배적이었다(Butcher, 2002). 그래서 서비스의 접근성이나 통합성, 연속성, 책임성을 증진하기 위한 전략은 정부와 전문가들에 의해 기획되고 실행되어야 한다고 생각했다.

하지만 1970년대 중반 이후에 복지국가에 대한 정치적 합의가 붕괴하면서 이러한 관료적·전문가적 접근이 의문시되기 시작했다. 사회복지전달체계에 함축된 관계(수요자와 공급자 간의 관계 및 공급자들 간의 관계)의 질을 개선하는 것이 정부나 전문가들이 그동안 내세운 방안에 의해 오히려 저해되어왔다는 비판이 비등했다(Gilbert and Terrell, 2007; Butcher, 2002; Healy, 1998).

이와 함께 사회적 급여의 수요자들이 정부나 전문가들보다 자신들이 무엇을 원하며 그것을 충족하기 위해 무엇을 필요로 하는지를 더 잘 안다는 견해가 확산됐다. 이러한 견해는 서비스전달의 책임을 공급자가 아니라 수요자에게 더 많이 이양할 때 공급자와 수요자 간의 관계가 향상될 수 있다는 주장으로 나타났다. 이러한 주장은 수요자 중심 서비스demand-led service 혹은 소비자주의라고 하는데, 이에 따르면 공급자들 간의 관계도 어디까지나 수요자들의 욕구 충족을 효과적으로 하는 데 소용되는 방향으로 편성되어야 한다. 그리고 공급자들 간의 관계를 이런 식으로 편성하기 위해서는 서비스 전달과 관련된 각종 책임과 권한을 수요자와 보다 가까운 단위로 이전시켜야 하며, 서비스의 생산과 전달 전반을 수요자의 요구에 보다 신속하게 반응할 수 있게끔 변화시켜야 한다는 주장으로 이어졌다.

이런 주장은 특히 정부에 적용될 경우 대개 분권화로 표현된다. 서비스의 생산과 전달 등을 수요자의 요구에 보다 신속하게 반응할 수 있게 변화시켜야 한다는 주장은 서비스의 반응성을 높이는 것을 주 내용으로 한다. 이런 주장을 하는 사람들 중 일부는 이를 위해서는 서비스 제공에 시장원리를 더 많이 도입해야 한다고 주장하는데, 이는 민영화를 중심으로 한 주장으로 나타난다.

분권화와 민영화에 대해서는 뒤에서 다시 살펴볼 것이다. 그 전에 먼저 전달체계의 원칙을 달성하기 위한 전략들에 대해 살펴보고, 사회복지의 공급주체는 역사적으로 거의 언제나 다양했다는 사실과 이처럼 다양한 공급주체들이 어떤 의미를 갖는지 알아보기로 한다.

전달체계 개선전략

전달체계의 원칙을 모두 동시에 실현할 수 있는 전략을 세우기는 사실상 불가능하지만, 그럼에도 불구하고 전달체계를 개선하려는 전략은 끊임없이 모색되고 추진되어왔다. 그만큼 전달체계가 중요하기 때문이다. 여기서는 길버트와 테렐(2007)이 제시한 전략을 중심으로 전달체계 개선전략에 대해 살펴본다.

(1) 전달체계 개선전략: 권한·과업·구조의 재구조화

길버트와 테렐(2007)이 제시한 전달체계 개선전략(이하 '전달전략')은 모두 6가지인데, 이들은 다시 세 범주로 나눌 수 있다. 첫째는 서비스 전달에 관련된 권한 및 통제력을 재구조화하려는 것으로, 여기에는 조정과 시민참여가 속한다. 둘째는 과업할당을 재구조화하려는 것으로, 여기에는 역할부과와 전문적 이탈이 속한다. 셋째는 전달체계의 구성을 재구조화하려는 것으로, 여기에는 전문화된 접근구조와 의도적 중복이 속한다. 다음에서는 먼저 6가지 전달전략을 세 범주별로 개관한 후에 이들 전략이 갖는 함의를 살펴본다.

① 권한의 재구조화 전략

조정 coordination은 서비스 전달과 관련해 공급자의 권한과 통제력을 강화하는 전략으로, 단편성을 극복해 통합적이고 유기적으로 연계된 서비스 체계를 구축하는 것이다. 이러한 조정전략은 다시 3가지로 구분되는데, 중앙화와 연방화, 협력(사례별 협력)이다.

중앙화 centralization는 서비스 전달의 권한과 통제력을 상위 공급자에게 집중시키는 전략이다. 중앙화전략의 대표적인 예로는 1970년에 영국이 지방사회서비스국을 창설한 것을 들 수 있다. 그 전까지 영국의 지방정부는 아동복지 담당부서, 지역사회개발 담당부서, 가정복지 담당부서, 기타 부서 등의 다양한 부서가 사회서비스를 각기 분절적으로 제공했는데, 1968년에 나온 「시봄 보고서 Seebohm Report」를 기초로 지방사회서비스국을 창설하고 사회서비스 전달의 권한과 통제력을 집중시켰다. 우리나라의 경우에 '원스톱 서비스'가 거론되는 경우가 종종 있는데, 이는 특정 기관을 방문하면 거기서 필요한 모든 서비스를 다 받을 수 있게 하는 것으로 역시 중앙화전략에 해당한다.

연방화^{federation}는 중앙화보다 권한과 통제력의 집중 정도가 낮다. 특정 목적을 달성하는 데 필요한 서비스 제공을 위해 공급자들의 기능을 중앙화하지만 나머지 기능은 그대로 두는 전략이다. 최근에 우리나라의 임대아파트 지역이 슬럼화하면서 알코올문제 등에 노출된 사람들이 증가하자, 임대아파트 지역의 복지관들이 다른 기능은 그대로 수행하면서 알코올문제의 해결을 위해 공동으로 자금과 인력을 투입해 거점기관을 만들어 공동 대응하고 있는데 이것이 바로 연방화전략의 예다. 이와 같은 연방화에는 공급자들의 자발적 참여가 중요하며, 따라서 참여기관들의 자율성이 존중된다. 보다 강제적인 수단을 사용하는 중앙화전략과 다른 점이다.

협력(사례별 협력)^{case-level cooperation}은 중앙화나 연방화 같은 보다 공식적이고 구조화된 전략이 아니라 공급기관이나 서비스 담당자들 간에 사안별로 이루어지는 서비스 조정전략을 말한다. 앞의 예에서 알코올문제에 대응하기 위해 해당 지역의 복지관 실무자들이 정기적·부정기적으로 만나 서로 클라이언트(수요자)나 프로그램, 지역주민들의 반응 등의 정보를 교환하거나 공동으로 시도할 수 있는 프로그램을 개발해 추진한다면, 이를 알코올문제에 대한 협력전략의 시도라고 볼 수 있다.

우리나라에서는 이러한 협력을 서비스 연계 혹은 기관 간 연계라는 용어로 더 많이 표현해왔다. 협력이라 부르든 연계라고 부르든, 그것은 언제나 다양한 욕구를 가진 클라이언트에 대해 적시에 효과적이고 효율적인 서비스를 제공해야 한다는 명분으로 요구되기도 하고 정당화되기도 했다. 최근에는 다양한 욕구를 가진 수요자에 대한 효과적이고 효율적인 서비스를 제공하기 위해 보다 체계적인 기법으로 사례관리가 널리 활용되고 있다. 사례관리는 1960년대에 미국에서 탈시설화 흐름이 나타나면서 복합적 욕구를 가진 정신질환자에게 지역사회의 각종 자원을 효과적으로 활용해 서비스를 제공하기 위한 방법으로 등장했다. 그 후에 이것이 자원을 절감할 수 있는 한 방법으로 알려지면서, 1990년대에 와서는 복합적 문제를 가진 클라이언트의 욕구를 충족하기 위해 다양한 공급기관들의 서비스를 조정·연계하는 기법으로 발전하게 되었다. 우리나라에는 사례관리가 1990년대 초중반을 거치면서 소개되었는데, 미국에서 가졌던 의미도 포함하지만 어떤 면에서는 그보다는 전달체계의 구축 자체를 의미하는 쪽으로 더 많이 사용되는 것처럼 보인다.[2]

권한의 재구조화를 위한 둘째 전략인 시민참여 citizen participation는 서비스 전달에 관한 권한과 통제력을 시민들 내지 수요자들에게 더 많이 부여하려는 전략으로, 공급자의 권한과 통제력을 강화하려는 조정전략과 상반된 지향성을 가진다.

길버트와 테렐(2007: 293)은 시민참여전략을 3가지로 구분하는데, 비분배적 참여와 명목적 참여, 그리고 재분배적 참여이다. 비분배적 참여는 유사참여라고도 하며, 치료나 교육 등을 말한다. 치료나 교육이 이루어지기 위해서는 어쨌든 클라이언트와 공급자 간의 만남이 필요한데, 이런 점에서 클라이언트가 서비스 전달과정에 참여했다고 할 수 있다. 반면 치료나 교육에 클라이언트가 출석한다고 해서 그가 서비스 전달의 계획이나 목적을 수정할 권한을 배분받는 것은 아니므로 비분배적이다. 명목적 참여는 의사결정 권한에 대한 시민의 영향력이 존재하는 것은 분명하지만 그것이 의사결정의 결과를 실질적으로 바꿀 수 있는 정도는 아닌 경우를 말한다. 재분배적 참여는 전달체계와 관련된 의사결정에 시민들이 실질적으로 영향을 미칠 수 있게끔 권위구조가 변경되어 있는 경우를 말한다.

현재 우리나라의 사회복지제도는 법률에 따라 국민이 참여하는 각종 위원회를 운영하도록 하고 있다. 중앙정부 차원에서 운영되는 국민연금심의위원회나 장애인복지위원회 등도 있고, 지역사회보장위원회같이 지역 차원에서 운영되는 위원회도 있다. 이들 대부분의 위원회에 국민이 참여하지만, 그야말로 일반 국민이 참여하는 것이라기보다는 전문가들이나 이해관계자들(노동조합 대표나 사용자단체 대표 등)이 참여하는 경우가 많다. 그리고 이들 위원회는 정부의 의사결정을 실질적으로 변경시킬 권한을 갖지 못한 경우가 많다(상당수의 위원회는 위원의 절반 가까이를 공무원들이 차지하고 있고, 위원회의 권한도 심의 정도에 그치는 경우가 많다). 대부분 명목적 참여 정도에 그치는 것이다. 민간기관

---

2   한국에 사례관리를 초기에 소개한 글로는 황성철(1995)을 참조할 수 있으며, 한국 사례관리의 전개과정에 대해서는 민소영(2015)을 참조하라.

인 종합사회복지관들도 관할 지역의 주민들을 복지관운영위원회에 참여시키는데, 이 역시 지역주민들에게 의사결정의 실질적 권한까지 부여하는 정도는 아니다.

② 과업할당의 재구조화 전략

이 전략에는 두 가지가 있는데 둘 모두 주로 미국적 맥락에서 비롯된 것이다. 첫째는 역할부과role attachment로서 이것은 미국의 경우 사회서비스 제공자는 백인 중산층 출신인 경우가 많지만 사회서비스 수요자는 비백인 저소득층 출신이 많은 탓에 일부 수요자들은 서비스전달체계에 진입하는 데 어려움을 겪을 수 있고(비접근성), 서비스전달체계에 진입한 후에도 서비스를 받는 데 어려움을 겪을 수 있다(비연속성)는 문제를 해결하기 위해 등장한 전략이다. 그래서 서비스의 인종적·계층적 장벽을 해소하기 위해 비백인 저소득층 출신의 공급자에게 서비스 제공 역할을 부과함으로써 비접근성과 비연속성의 문제를 해결하려는 것이다. 한국사회도 점차 다문화사회로 향해감에 따라 여기서 말한 역할부과전략이 의미를 가질 가능성이 있다. 하지만 이 경우 유의해야 할 것은 미국에서는 초기에 비백인 저소득층 출신을 백인 사회복지사의 보조인력으로 활용하였고 이를 역할부과전략이라 했다는 점이다. 한국사회에서 역할부과전략이 의미를 갖는다면 그것은 인종적·계층적 배경이 다른 사람을 보조인력으로 활용한다는 의미가 아니라 수요자 중심적인 서비스에서 인종적·문화적 요소를 보다 직접적으로 고려해야 한다는 의미라는 점에 주의해야 한다.

과업할당의 재구조화를 위한 둘째 전략은 전문적 이탈professional disengagement인데 이것은 전달체계의 다양한 문제가 관료적 조직에서 비롯된다고 보고 따라서 문제해결을 위해서는 전문가들이 그런 조직에서 이탈해 독자적으로 서비스를 제공해야 한다는 시각에서 비롯된 방안이다. 따라서 이것은 전달체계의 어떤 한두 문제를 해결하기 위한 것이라기보다는 대안적 전달체계를 구성하려는 전략의 성격을 좀 더 강하게 갖는다.

이 방안의 대표사례는 사회복지사들의 개인개업private practice인데 미국에서 많이 행해진다. 개인개업과 관련해서는 사회서비스의 전통적인 수요자인 저소득층과 취약계층을 소홀히 할 위험이 있다는 비판이 많다. 또한 전문가가 조직에 소속되어 서비스를 제공한다고 해서 반드시 문제가 된다는 증거는 없다는 비판도 많다. 한국의 경우에 개인개업은 그 사례가 없지는 않지만 소수이다.

③ 전달체계 구성의 재구조화 전략

전문화된 접근구조^{specialized access structure}는 서비스에 대한 접근 자체를 하나의 독자적인 서비스로 제공함으로써 비접근성문제를 해결하는 한편, 비연속성문제도 해결하려는 전략이다. 예를 들어 일정 지역에 다양한 서비스 제공기관들이 있고 그 기관들 및 그들이 제공하는 서비스를 규율하는 제도들이 여럿 있다고 할 때, 전문화된 접근구조전략은 이 여러 기관과 제도들을 이용할 수 있게끔 일종의 접수창구를 추가적으로 만드는 것이다.

따라서 이 전략은 기존의 기관과 제도에 대해서는 변경을 가하지 않은 채 전달체계에의 접근과 그 안에서의 서비스 이용을 원활하게 하려는 것이다. 이것은 흔히 수요자의 접근성을 높이는 수요자 중심적 개선전략이라는 명분으로 추진된다. 즉, 기존의 전달체계에서 제공되는 서비스가 복잡해 수요자들이 어떤 서비스가 있는지를 잘 알지 못하는 문제를 해결함으로써 수요자의 요구에 보다 잘 부합할 수 있다는 것이다. 하지만 실제로 이 전략은 접근성 자체를 하나의 독자적인 서비스로 제공한다는 점에서 공급자의 권한을 좀 더 강화하는 전략이다. 조정전략에 비해 공급자 간 관계의 재구조화 강도는 더 약하다.

의도적 중복^{purposive duplication}은 기존 전달체계에서 제공되는 서비스의 일부 또는 전부를 새로운 기관으로 하여금 또다시 제공하도록 하는 전략이다. 이 전략도 특정한 한 가지 문제를 해결하려는 것이라기보다는 대안적인 전달체계를 구성함으로써 전달체계의 문제를 전체적으로 해결하고자 한다. 이 전략은 다시 두 가지로 구분되는데, 경쟁과 분리이다.

경쟁^{competition}은 기존의 전달체계 내에 동일한 서비스를 제공하는 기관을 추가하는 것을 말한다. 이 전략에 의해 추가되는 기관과 기존의 기관 간에 '건전한 경쟁'이 일어난다면 긍정적인 결과를 얻을 수 있지만, 많은 경우 기존의 기관들은 기득권을 지키기 위해 새로운 기관의 추가에 반대하기 때문에 이해관계의 충돌이 일어나는 경우가 더 많다. 이처럼 기존 전달체계에 새로운 기관을 추가하는 것은 경쟁전략 중에서도 직접적 경쟁전략이다. 간접적 경쟁전략

국공립시설에 의한 서비스 제공과 의도적 중복

한국의 사회서비스전달체계는 서비스 공급자의 대부분이 민간부문에 속하면서 이들이 국가에 대해 종속적 지위에서 국가의 서비스 책임을 대신하는 특징을 가지고 있다(이를 '종속적 대행자 모델'이라 한다. 이혜경, 1998, 2002 참조). 2015년 현재 보육시설의 경우 국공립시설은 6.2%에 불과하며 노인요양시설의 경우 시설서비스에서 국공립시설은 2.2%, 재가서비스에서는 0.8%에 불과하다(김연명, 2017). 정부가 사회서비스를 직접 제공한다고 해서 그것이 곧 공공성을 보장하는 것은 아니지만 한국처럼 서비스 공급자가 과도하게 민간부문에 치우쳐 양적인 균형조차 이루지 못하는 상황 역시 공공성 확보와는 거리가 멀다고 할 수 있다.

이에 따라 사회서비스 제공을 위한 국공립시설의 건립·운영이 필요하다는 주장이 오랫동안 제기되어 왔는데 이는 전달전략으로 보면 기존에 동일한 서비스를 제공하는 기관(주로 민간기관)이 존재함에도 불구하고 국공립시설을 신규로 추가하는 것이므로 의도적 중복전략이며 그중에서도 직접적 경쟁전략이라 할 수 있다. 2018년부터는 정부가 광역자치단체 단위에 사회서비스원을 설립하여 사회서비스를 제공케 하는 방안을 추진하고 있는데 이 역시 의도적 중복이자 직접적 경쟁전략에 해당한다 하겠다(사회서비스원은 당초에는 사회서비스공단이라는 명칭으로 추진되었는데 후에 사회서비스진흥원으로 변경되었다가 최종적으로 사회서비스원으로 정해졌다).

도 있는데, 증서(바우처)에 의해 서비스를 제공하도록 하는 것이다. 증서는 서비스에 적용될 경우 수요자에게 증서 형태의 보조금을 지급하기 때문에, 서비스 공급자들은 증서를 가진 수요자를 많이 확보할수록 많은 재정을 획득할 수 있고 공급자들 간에는 경쟁이 발생하게 된다.

분리separation는 기존 전달체계의 내부가 아니라 외부에 기존 전달체계에서 제공되던 것과 유사한 서비스를 제공하는 기관을 만드는 전략이다. 이것은 대개 각종 차별이나 사회경제적 지위로 인해 기존 전달체계에서는 적절한 서비스를 받기 어려운 소외계층을 대상으로 새로운 서비스전달체계를 구축하는 전략이다. 예를 들어 동성애자를 대상으로 한 서비스를 제공하는 기관을 설치한다면, 분리전략의 한 예라고 할 수 있다. 가정폭력 피해자를 위한 쉼터서비스도 분리전략의 예이다.

표 14-1 전달체계 개선전략과 한국의 사례

전달체계 개선전략		해결하려는 문제	남거나 해결이 모호한 문제	한국의 사례
권한 및 통제력의 재구조화	조정	단편성, 비연속성	비책임성, 비접근성	서비스연계, 사례관리
	시민참여	비책임성, 비접근성	단편성, 비연속성	복지관의 운영위원회 등
과업할당의 재구조화	역할부과	비접근성, 비연속성	단편성, 비책임성	
	전문적 이탈	대안적 전달체계		개인개업
전달체계 구성의 재구조화	전문화된 접근구조	비접근성, 비연속성	단편성, 비책임성	
	의도적 중복	대안적 전달체계		국공립시설의 증설

(2) 전달전략의 함의

지금까지 길버트와 테렐의 전달전략에 대해 살펴보았다. 이들이 제시한 전달전략은 2가지 접근에 기초한다. 첫째는 전달체계를 구성하는 요소 중 공급자들 간의 관계를 하나의 조직으로 보는 접근이다. 둘째는 공급자(전문가)가 차지하는 지위와 역할을 어떻게 보는가에 관한 관점을 중시하는 접근이다. 전자는 결국 조직에 대한 관점과 연결되고, 후자는 전문직에 대한 관점과 연결된다. 그래서 앞의 6가지 전달전략은 이 2가지 접근에 비추어 함의를 찾아볼 수 있다.

① 전문직에 대한 관점

우선 전문직에 대한 관점에서 출발해보자. 길버트와 테렐(2007)은 전문직에 대한 관점을 2가지로 구분하는데, 하나는 전문직을 긍정적으로 보는 관점, 다른 하나는 부정적으로 보는 관점이다. 전자의 관점에 따르면, 전문직은 전문지식과 기법 및 사회가 부여한 권한을 활용해 클라이언트의 욕구에 부합하는 서비스를 제공함으로써 사회에 기여하는 것으로 간주된다. 전문직 종사자는 자신의 지위나 이해관계보다 클라이언트의 이해관계를 더 중시하는, 한마디로 말해 서비스 정신에 충실한 존재라는 것이다. 길버트와 테렐(2007: 313)은 이런 관점을 '서비스 관점'이라고 부른다.

전문직을 부정적으로 보는 관점은 서비스 관점과는 거의 반대이다. 즉, 이 관점에 따르면, 전문직 종사자는 지식과 사회가 허용한 권한을 활용해 실제로는 자신의 사회적 지위를 향상시키려는 존재이다. 길버트와 테렐(2017)은 이 관점을 지위향상 관점이라고 부른다.

전달전략의 선택은 전문직에 대해 어떤 관점을 취하느냐에 따라 달라질 수 있다. 만일 전문직에 대해 서비스 관점을 취한다면, 이는 전문직의 기능을 긍정적인 것으로 보는 입장이므로 전문직, 즉 서비스 공급자들의 기능이나 지위를 보장 내지 향상시키는 전략의 채택을 가져올 것이다. 반대로 전문직에 대해 지위향상 관점을 취한다면, 서비스 공급자들의 권한이나 지위를 제약하려는 전략의 채택으로 이어질 것이다.

앞에서 본 6가지 전달전략 중 전문직, 즉 서비스 공급자들의 권한과 역할을 강화하는 함의를 갖는 전략은 조정, 전문적 이탈, 전문화된 접근구조의 3가지이다.

조정은 서비스 전달과 관련된 공급자의 권한과 통제력을 강화하려는 전략이므로 당연히 서비스 관점과 연결된다. 전문적 이탈은 전문가로 하여금 조직을 벗어나서 전문적 서비스를 제공하도록 하려는 것이라는 점에서, 그리고 전문화된 접근구조는 접근성 자체를 별개의 서비스로 제공하게 하려는 것이라는 점에서 서비스 관점과 연결된다.

반면 서비스 공급자들의 권한과 역할을 제약하려는 함의를 갖는 전달전략은 시민참여, 역할부과, 의도적 중복이다. 시민참여는 수요자에게 권한과 통제력을 부여하려 한다는 점에서 지위향상 관점과 연결된다. 역할부과는 기존의 중산층 출신 공급자의 역할수행에 대한 부정적 시각을 가지고 저소득층 혹은 취약계층 출신의 새로운 공급자에게 역할을 부과하려는 것이라는 점에서 지위향상 관점과 연결된다. 의도적 중복은 경쟁을 통해 기존 공급자의 서비스 전달을 향상시킨다든지 기존의 전달체계에서 적절히 다루어지기 어려운 클라이언트를 대상으로 한 새로운 서비스 네트워크를 만드는 전략이라는 점에서 역시 기존 공급자에 대한 부정적 시각에 기초한 것이므로 지위향상 관점과 연결된다.

② 조직에 대한 관점

조직을 보는 관점은 매우 다양하지만, 길버트와 테렐(2007)은 이를 개방체계 관점과 폐쇄체계 관점의 2가지로 구분한다. 조직을 개방체계로 보는 관점에 설 경우, 조직이 외부환경과 어떻게 상호작용하는가, 외부로부터 어떤 자극을 어떻게 받아들이는가, 또 외부로 어떤 산출물을 내놓는가 등이 중요한 문제가 된다. 반면 조직을 폐쇄체계로 보는 관점에서는 조직이 가진 내부자원을 어떻게 구조화하고 활용할 것인가가 중요한 문제가 된다.

개방체계 관점을 채택하면, 전달전략은 기존의 전달체계 외부에서 새로운 자극을 도입하거나 기존 전달체계의 내부자원을 외부로 내보내는 전략 등으로 나타난다. 이런 전략에는 시민참여, 전문적 이탈, 전문화된 접근구조, 의도적 중복이 해당한다. 이것들은 기존의 공급자들로 이루어진 네트워크에 외부로부터 새로운 요소를 추가하거나 내부의 공급자를 외부로 나가게 하는 전략이다. 폐쇄체계 관점을 채택하면, 전달전략은 내부의 요소를 조직화하거나 외부요소라고 하더라도 이를 조직 내부화하는 쪽으로 나타날 것이다. 이 전략에는 조정과 역할부과가 있다. 조정은 내부 기능의 효과성을 높이려는 전략이며, 역할부과는 외부자원을 내부화하려는 전략이다.

③ 두 관점의 결합

조직에 대한 관점과 전문직에 대한 관점을 결합해 각 전달전략의 함의를 도출할 수 있다. 그 함의는 전달체계에 관한 4가지 이론적 지향성으로 정리될 수 있는데, 전문가적/관료적 지향성, 평등주의적/관료적 지향성, 전문가적/행동가적 지향성, 평등주의적/행동가적 지향성이다(표 14-2 참조).

전문가적/관료적 지향성professional/bureaucratic orientation은 전문직의 기능과 조직의 합리성 양자 모두에 대해 신뢰를 갖는 지향성이다. 이런 지향성을 가진 사람이 전달체계의 문제를 해결하고자 하는 경우, 그는 대체로 전문가(공급자)들의 재량권을 강화하고 전문가들 간의 관계를 개선하는 전략을 택할 가능성이 높다. 앞에서 전달체계의 문제를 개선하기 위한 방안의 흐름이 시대에 따라 변화해 왔다는 것을 언급하면서 서구의 경우 제2차 세계대전 이후부터 대체로 1960년대까지 국가와 전문가에 의한 개입이 신뢰를 얻었다는 점을 살펴보았는데, 이 시기의 지향성을 전문가적/관료적 지향성이라고 할 수 있다.

평등주의적/관료적 지향성egalitarian/bureaucratic orientation은 조직의 합리성을 신뢰

표 14-2 전달체계 개선전략의 4가지 이론적 지향성

		전문직에 대한 관점	
		서비스 관점	지위향상 관점
조직에 대한 관점	폐쇄체계 관점	전문가적/관료적 지향성 (조정)	평등주의적/관료적 지향성 (역할부과)
	개방체계 관점	전문가적/행동가적 지향성 (전문적 이탈, 전문화된 접근구조)	평등주의적/행동가적 지향성 (시민참여, 의도적 중복)

자료: 길버트·테렐(2007), p.319, 〈표 6.3〉.

하지만 전문직의 기능에 대해서는 그리 신뢰하지 않는 지향성이다. 이런 지향성을 가진 경우에는 전달체계의 문제를 조직의 내부적 통제하에 해결하고자 하는데, 다만 기존 전문직의 기능에 대해서는 부정적인 태도를 갖고 있으므로 외부의 자원을 활용하되 이 외부자원을 조직 내부화하는 전략을 취하게 된다.

전문가적/행동가적 지향성professional/activist orientation은 전문직의 기능에 대해서는 신뢰하지만 조직의 합리성에 대해서는 부정적인 관점을 갖는 지향성이다. 이런 지향성을 가진 경우, 전달체계의 문제를 해결하기 위한 방안은 조직 외부에서 전문직의 기능을 활용하는 것으로 나타난다. 길버트와 테렐(2007: 320)은 이런 방안이 찾아가는 서비스outreach 전략과 밀접한 관계가 있다고 말한다.

평등주의적/행동가적 지향성egalitarian/activist orientation은 전문직의 기능과 조직의 합리성 모두에 대해 신뢰하지 않는 지향성으로, 전문가적/관료적 지향성과 정반대되는 입장을 가진다. 이런 지향성을 가진 경우에는 조직 외부의 자원을 활용해 전문가의 권한과 역할에 제약을 가하는 방안을 강구한다.

지금까지 전달체계를 개선하기 위한 방안을 길버트와 테렐이 제시한 6가지 전략을 중심으로 살펴보았다. 이들이 말한 전략은 미국적 맥락에서 도출된 것이다. 이들은 전달체계를 일정 지역에서 서비스를 둘러싸고 형성되는 공급자와 수요자 간의 관계 및 공급자들 간의 관계로 개념정의하고 있지만, 전달전략의 함의에 관한 논의에서 보았듯이 공급자들 간의 관계를 훨씬 중요한 요소로 다루고 있다. 전문직에 대한 관점은 곧 공급자에 대한 관점을 의미하며 조직 역시 공급자들로 이루어진 서비스 전달네트워크를 의미하기 때문이다.

이들이 제시한 전달전략의 세부 내용 중에는 한국의 실정에 잘 맞지 않는

듯이 보이는 것도 있지만, 그럼에도 불구하고 4가지 이론적 지향성은 전달체계에 관한 논의에서 염두에 둘 필요가 있다. 또한 전달체계에 관한 논의에서 공급자들 간의 관계를 보다 중시하는 접근은 어떤 면에서 불가피한 측면도 있다. 한국의 경우에 공급자들 간의 관계는 주로 공급체계라는 개념으로 표현되어 왔다(강혜규 외, 2007; 김영종, 2012). 그리고 이 공급체계라는 개념은 서비스 제공에서 민간부문이 압도적인 한국의 현실을 반영해 주로 공공부문의 서비스 직접제공 기능을 제고하는 방향을 취해 왔다('더 알아보기: 국공립시설에 의한 서비스 제공과 의도적 중복' 참조). 이처럼 공공부문의 서비스 직접제공 기능을 높이려는 노력은 다양한 복지공급주체 중에서 국가부문의 역할을 강화하려는 것인데, 여기서 복지공급주체가 다양하다는 것은 복지다원주의와 연관된다.

복지다원주의와 민영화

복지다원주의

방금 말한 것처럼 사회복지의 공급주체가 다양한 현상을 복지다원주의 welfare pluralism 혹은 복지의 혼합경제mixed economy of welfare라고 한다. 어떤 경우에는 복지혼합welfare mix이라고도 한다.[3] 이 용어들은 사실상 의미가 동일하다. 차이점은 복지다원주의라는 용어가 1970년대 말에 등장해 좀 더 일찍부터 사용되기 시작했고 복지의 혼합경제나 복지혼합이라는 용어는 그보다 더 뒤에 등장했다는 것이다(포웰, 2011).

(1) 다양한 공급주체

다양한 복지공급 주체에 관한 고전적 논의를 전개한 노먼 존슨Norman Johnson

---

3   이 용어들은 사실 사회복지의 공급주체가 다양하다는 것만이 아니라 사회복지의 공급에 필요한 재원이 국가만이 아니라 다양하다는 것도 의미한다.

은, 복지공급주체를 비공식부문, 자발적 부문, 상업부문, 국가부문의 4가지로 나누었는데(Johnson, 1987; Powell, 2011 참조), 아래에서는 이들을 민간부문과 국가부문, 두 부문으로 나누어 살펴본다.

① 민간부문

비공식부문[informal sector]은 가족이나 친지, 이웃, 친구 등을 가리키는데, 이는 인간의 역사에서 가장 오래된 복지공급주체이며 오늘날에도 사람들에게 중요한 의미를 갖는다.

자발적 부문[voluntary sector]은 복지공급주체로 영리를 추구하지 않는 민간단체 혹은 기관을 총칭하는 것으로, 이 역시 국가가 복지공급주체로 등장하기 오래전부터 존재해왔다. 민간비영리기관으로는 종교기관이 대표적인데, 동서양을 막론하고 종교기관들은 복지의 전통적인 공급주체로 오래전부터 나름의 역할을 해왔다. 산업화가 진전된 이후에는 각종 민간재단[private foundation]이나 빈민구호기관들이 민간비영리기관으로서 중요한 복지공급주체로 활동을 전개해왔다.

상업부문[commercial sector]은 다시 2가지로 구분할 수 있는데, 하나는 기업복지이며 다른 하나는 사회복지혜택을 시장적 교환방식에 따라 제공(즉, 판매)하는 것이다. 기업복지는 해당 기업에서 일하는 노동자들(그리고 그 가족들)의 생활안정을 위해 임금 등 기본적인 노동조건 외에 추가적으로 제공하는 각종 복지혜택을 말하며, 보다 고전적인 용어로는 직업복지, 때로는 부가급여[fringe benefit]라고도 한다.[4] 사회복지혜택을 시장적 교환방식에 따라 제공한다는 것은 사회복지혜택을 통해 영리를 추구한다는 것으로, 비교적 최근에 나타난 현상이다. 우리나라의 경우에 사회서비스 이용권(증서, 바우처)제도에 영리기업이 진출하면서 사회서비스의 시장화 논란이 일어난 바 있다.

지금까지 살펴본 자발적 부문, 상업부문을 합쳐서 민간부문[private sector]이라

---

4   우리나라에서는 한때 기업복지를 산업복지(産業福祉)라고 부르기도 했는데, 제2차 세계대전을 전후한 시기에 미국에서 사용되던 'industrial welfare'를 번역한 용어이다. 이 용어는 노사 간 단체교섭 같은 산업관계적 협상을 통해 결정되는 복지라는 의미를 갖는다. 하지만 시간이 지나면서 미국에서 산업복지는 피고용자에 대한 상담서비스 등의 피용자원조프로그램(EAP: Employee Assistance Program)을 가리키는 것으로 변화했다. 한편 노동단체에서는 산업관계적 협상에서 노동자들의 주체성을 강조해 노동복지라는 용어를 사용하며, 정부는 근로복지라는 용어를 사용하는 경향이 있다.

한다. 이 중 영리추구와 관련된 것은 상업부문이며, 자발적 부문은 영리추구와는 큰 관련이 없다. 즉, 자발적 부문은 민간비영리부문, 상업부문은 민간영리부문인 것이다.[5] 자발적 부문은 다양한 용어로 불리는데, 비정부단체[NGO: non-governmental organization], 비영리단체[NPO: non-profit organization], 제3부문[the third sector], 독립부문[independent sector] 등이 그 예이다. NGO라는 용어는 자발적 부문이 국가와 갖는 관계에 초점을 둔 것으로, 국가와는 독립된 주체임을 강조한다(하지만 이것은 용어 자체로는 민간영리부문을 배제하지 못한다). NPO라는 용어는 자발적 부문이 시장과 갖는 관계에 초점을 둔 것으로, 영리를 추구하지 않는다는 사실을 강조한다(하지만 이것은 용어 자체로는 영리를 추구하지 않는 국가부문을 배제하지 못한다). 제3부문이나 독립부문이라는 용어는 국가도 시장도 아닌 영역이라는 점에 초점을 둔 용어이다(하지만 직관적 영향은 떨어진다). 상업부문이라는 용어는 이 영역의 주체가 갖는 시장적 성격을 표현하기 위한 것인데, 이를 시장부문이라 할 수도 있다.

② 국가부문

국가부문[state sector]은 주로 중앙정부와 지방정부로 구성되는데, 그 외에 국가가 운영하는 기관들도 여기에 속한다. 자본주의 사회에 들어와서 국가의 역할이 증가해왔지만, 초기에는 빈곤구제와 관련해서는 지방정부가 중심이 되었다가 시간이 지나면서 점차 중앙정부의 역할이 증가했다. 하지만 지방정부의 역할이 반드시 과거보다 줄어들었다고 할 수는 없다. 지방정부의 역할이 중앙정부와 비교해서 상대적으로 작아 보이는 것이지 지방정부 역할의 절대적 중요성 자체가 줄어든 것은 아니다. 특히 사회복지혜택 중에서 현금급여가 아닌 현물형태의 혜택, 주로 서비스형태로 제공되는 사회서비스는 도움을 필요로 하는 사람을 직접 대면해 제공해야 하는 특징을 가지고 있어서 지방정부의 역할이 여전히 중요하다. 중앙정부는 사회서비스와 관련해 전체적인 계획을 수립하고 방향을 정하는 역할을 할 수는 있으나 시민들을 직접 만나 서비스를 제

---

5   사실 따지자면 비공식부문도 민간부문이라고 할 수 있고 영리를 추구하지 않기 때문에 민간부문 중에서 민간비영리부문이라고 할 수도 있지만, 공식성이 낮기 때문에 대개 민간부문을 논의할 때에는 자발적 부문과 상업부문을 대상으로 하는 경향이 있다.

공하는 일은 중앙정부보다는 시민과 가까이 있는 지방정부가 더 유리하기 때문이다.

(2) 국가와 민간부문 간 관계의 다양한 모델

존슨, 노먼(Johnson Norman, 1987)이 구분한 4가지 공급주체가 서로 어떤 관계를 맺는가는 나라에 따라 차이가 있다. 힐리, 주디스(Healy, Judith 1998)는 이 차이가 복지국가유형과 밀접한 연관이 있다고 말하면서 그 모델을 국가지배모델, 국가조정모델, 비영리조정모델, 비공식복지모델, 민간보험모델로 구분한다.[6]

국가지배모델은 국가가 사회서비스 제공에 있어서 지배적인 역할을 하는 모델로, 사회서비스의 보편성이 강하다. 이 모델은 에스핑안데르센, 요스타(Esping-Andersen Gösta, 1990)가 말하는 사회민주주의 복지국가유형과 조응한다. 국가조정모델과 비영리조정모델은 각기 국가 또는 비영리부문이 다른 부문에 대해 조정자 역할을 하는 것으로, 자유주의 복지국가유형과 조응한다. 하지만 복지다원주의자들은 국가보다는 비영리부문의 조정 역할을 더 강화하려는 경향이 있다. 한편 보수주의 복지국가유형은 시장을 통한 사회서비스 제공을 의미하는 민간보험모델과 비영리조정모델을 혼합해 운영하고 있으며, 그와 동시에 가족과 같은 비공식부문의 비중도 작지 않다.

최근에 와서 국가와 민간부문의 관계에서 민간부문의 역할을 보다 강조하는 흐름이 강해지고 있다. 또한 이와 함께 분권을 강조하는 흐름 역시 강화되고 있다. 분권과 민간부문의 역할을 강조하는 흐름은 사회복지전달체계를 수요자의 요구에 보다 반응적인 것으로 개선할 수 있다는 명분에 의해 정당화되는 경향이 있다. 과거에 사회복지전달체계에서 국가의 역할이 강조된 흐름이 공급주체들 간의 관계를 재구조화하는 것이었듯이, 오늘날 분권과 민간부문을 강조하는 흐름 역시 공급주체들 간의 관계를 재구조화하는 결과로 이어질 것이다. 그런 점에서 공급주체들 간 관계의 재구조화가 수요자에게 더 반응적일 수 있을지는 새롭게 재구조화될 관계구조의 전반을 종합적으로 고려해야 답할

---

6 원래 힐리는 본문의 5가지 모델 외에 국가사회주의모델도 제시했으나 여기서는 생략했다.

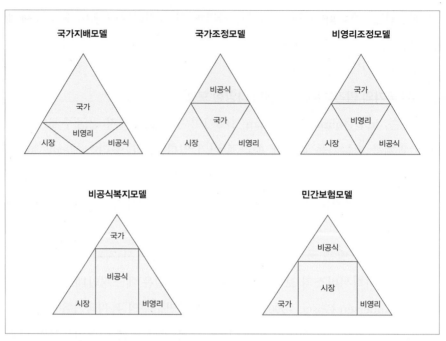

그림 14-1 복지공급주체 간 관계의 다양한 모델들
자료: Healy(1998), pp.4-6.

수 있는 문제라고 할 수 있다.

다음에서는 이러한 관계의 재구조화와 연관된 흐름에 대해 살펴본다. 이를 위해 먼저 민간부문 중 비공식부문과 자발적 부문(지역사회를 포함해)을 강조하는 흐름이 미칠 영향을 살펴보고, 그다음에 민영화 및 시장원리의 도입에 대해 살펴보며 그 후에 분권과 지방자치에 대해 알아본다.

(3) 민간부문 강화 흐름의 영향들

① 돌봄 공백과 돌봄의 사회화

복지혜택의 공급주체로서 비공식부문이라고 할 때 가장 대표적인 것이 바로 가족이다. 가족은 인간의 삶에서 가장 일차적인 영향을 미치는 중요한 생활공간이자 제도이다. 따라서 흔히 도움이 필요한 사람을 돌볼 일차적인 책임이 가족에게 있다고 여기는 경우가 많다. 하지만 오늘날 저출산·고령화로 노인 등 돌봄을 필요로 하는 인구가 늘어나는 한편 여성의 경제활동참여 증가 등으로 가족 기능이 변화하면서 돌봄 공백^{care crisis}이 발생해 돌봄 책임을 가족에게만 부과하기가 어려워지고 있다.

돌봄 공백은 노동빈곤 등과 함께 새로운 사회적 위험(신사회위험)이라고 하는데, 이 문제를 해결하기 위해서는 가족 이외의 주체, 그중에서도 특히 국가가 돌봄 부담을 담당하는 것이 중요하다. 이처럼 국가 등 가족 이외의 주체가 돌봄을 제공하는 것을 '돌봄의 사회화'라고 한다. 돌봄의 사회화는 나라에 따라 다른데, 일본이나 한국 등 아시아권 국가들은 아직도 가족 돌봄의 중요성이 큰 편이다. 반면 북유럽 국가들에서는 사회적 돌봄의 비중이 큰 편이며 미국은 돌봄의 사회화가 시장을 통해 일어나는(즉, 돌봄서비스를 시장에서 구입해야 하는) 대표적인 국가이다.

② 민간비영리부문과 국가

복지공급주체 가운데 비공식부문 다음으로 역사가 깊은 것은 바로 민간비영리부문이다. 전형적인 민간비영리기관으로는 서구 역사에 등장하는 자선조직협회나 인보관운동단체가 있으며, 우리나라의 경우에도 사회복지법인이나 기타 여러 복지단체들을 들 수 있다. 또한 기업이 설립한 각종 복지재단[7]도 여기에 속한다.

그런데 민간비영리기관들은 국가부문과의 관계에서 상당한 모호함을 보이기도 한다. 이는 초기와 달리 오늘날의 많은 민간비영리기관들이 국가로부터 재정지원을 받는다는 사실에서 기인한다. 국가가 민간비영리기관에 재정을 지원하는 이유 중의 하나는 국가가 직접 서비스를 제공함에 따르는 관료화를 피하기 위해서이지만, 다른 한편으로는 국가가 해당 서비스와 관련해 정책적

---

7   기업이 복지재단 등을 세워 벌이는 활동을 기업의 사회공헌활동(CSR: corporate social responsibility)이라고 하는데, 이는 앞에서 본 기업복지와는 구분되어야 한다. 기업복지는 기업이 자사 노동자를 대상으로 기본적인 노동조건 외의 복지혜택을 제공하는 활동을 말하며, 기업의 사회공헌활동은 기업이 그 이윤의 일부를 사회에 환원하기 위해 벌이는 복지 등 각종 활동을 말한다. 보다 최근에는 공유가치창출(CSV: Creating Shared Value)이 강조되고 있는데, 이것도 기업의 사회적 책임에서 유래했지만 그보다 확장된 개념으로 기업의 생산활동 자체를 사회적 편익까지 고려해 행한다는 취지를 갖는다. CSR이 기업의 이윤을 배분하는 데 초점을 둔 것이라면, CSV는 기업의 이윤추구활동 자체에 경제적·사회적 편익의 창출을 반영하려는 것이다.

민간비영리기관과 외원단체

한국전쟁 직후 우리나라에는 서구에서 많은 외원단체(외국민간원조단체)가 들어왔는데
(최원규, 1996) 아동복지관련단체가 가장 많았고 임금 등 노동조건이 좋아 인기직장 중
하나였다. 그런데 이들 외원단체는 본국에서는 민간비영리단체들이고 한국에 그들의
지부를 설치한 것이었다. 그래서 직원의 상당수는 한국인으로 충원했지만 기관장 등
운영자는 모두 본국 출신이었고 재정도 본국에서 충당되었다.

　　　　외원단체는 전쟁 직후 한국에 도움을 준 면도 분명히 있지만 다른 효과도 있었다.
즉, 전쟁 후 한국에 전쟁고아가 많이 발생했지만 당시 국가는 이와 관련된 대책을 제
대로 세우지 않았다. 예컨대 고아입양특례법이 정부발의로 1950년대에 국회에 6차례
나 상정되었지만 모두 회기만료로 폐기되었으며, 1957년의 경우 보건사회부의 아동복
지사업을 포함한 사회복지사업 예산은 보건사회부 전체예산의 1.6%로 진쟁으로 수많
은 고아가 발생한 국가의 복지예산이라고는 믿기지 않을 정도로 작은 규모를 편성했다
(이한빈, 1959; 남찬섭, 2005 참조). 이렇게 한 것은 외원단체가 있었기 때문이다. 따라서
당시 외원단체는 본국에서는 비록 민간비영리기관이지만 한국에서는 국가의 역할을
했다고 볼 수 있다. 1950년대 한국에서 외원단체는 민간부문인가 공공부문인가? 민간
비영리단체이지만 한국에 지부를 세워 국가의 역할을 대신하게 했다는 점에서 당시 외
원단체는 '부재국가不在國家'라 할 수 있을지 모른다(남찬섭, 2005).

의지가 부족함을 의미하는 것이기도 하다. 어쨌든 국가의 재정지원이 있게 되
면 민간비영리기관들로서는 재정적으로는 어느 정도 안정성을 가질 수 있다.
하지만 그만큼 국가로부터의 자율성을 훼손당할 수 있다. 국가로부터 재정을
지원받는 만큼 국가의 정책적 지침을 따라야 하기 때문이다. 따라서 이렇게 되
면 민간비영리기관의 서비스를 공공부문으로 봐야 할지 민간부문으로 봐야 할
지가 모호하게 된다.

③ 지역사회보호, 지역사회중심서비스, 지역복지

　최근에 와서 중앙정부에 의한 복지공급 외에 지역사회community와 연관된 복
지공급이 많이 강조되고 있다. 지역사회의 범위를 정하는 것은 쉽지 않지만,

8　'community'는 한 가지로 번역하기가 어려운 용어 중 하나이다. 보통 우리말로는 '공동체' 혹은 '지역사회'로

가장 단순하게 생각할 때 그것은 사람들이 생각과 이해관계를 어느 정도 공유할 수 있을 정도의 공간적 범위라고 할 수 있다.[9] 이러한 지역사회가 복지공급의 주체로 중요시되는 가장 큰 이유는 현금급여 이외의 복지혜택, 특히 사회서비스의 제공은 서비스 공급자와 수요자가 직접 대면해 이루어지므로 공급자나 수요자로부터 멀리 떨어진 중앙정부보다는 확실히 지역사회가 유리하기 때문이다. 어떤 경우에는 노인이나 장애인, 아동을 사회복지시설에 수용한 상태에서 사회복지서비스가 제공되는 경우도 있는데, 이는 많은 사람을 한 시설 내에 모아놓고 효율적으로 서비스를 제공할 수 있다는 장점도 있지만 그보다는 당초 그들이 살던 집이나 동네와 같은 일상적인 생활환경과는 다른 시설에서 생활하게 함으로써 오히려 사회로부터 그들을 격리시키고 사회에 대한 적응력을 떨어뜨린다는 단점도 있다. 따라서 지역사회, 즉 사람들이 일상적으로 삶을 영위하는 동네에 거주하게 하면서 서비스를 제공하는 것이 더 유리하다고 간주되는 것이다. 이처럼 도움이 필요한 사람을 시설에 수용해 도움을 제공하는 것보다 지역사회에 그대로 살게 하면서 지역사회가 보다 친밀한 도움을 제공하는 것이 바람직하다는 근거에서 지역사회가 중요시된다. 이러한 흐름으로 인해 생겨난 서비스 제공방식을 지역사회보호 혹은 지역사회돌봄community care, 지역사회중심서비스community-based services라고 하며, 우리나라 사회복지사업법에서는 이를 지역복지라고 표현하고 있다(사회복지사업법 제1조).

　　그런데 지역사회가 중요하다는 데에는 동의하더라도 사회서비스 제공에 있어서 지역사회를 강조하는 정책기조에 문제가 없지는 않다. 우선, 지역사회를 강조하는 것이 도움을 필요로 하는 사람을 지역사회에 살게 하면서 서비스를 제공한다는 것인지, 아니면 지역사회가 서비스를 제공해야 한다는 것인지가 불분명하다. 즉, '지역사회에서in the community'인지 혹은 '지역사회에 의해서by the community'인지가 불분명하다. 전자는 서비스를 받는 공간이 지역사회라는 의미이며, 후자는 서비스를 제공해야 하는 주체가 지역사회라는 의미이다. 서비스 주체가 지역사회라면, 이는 또 다른 문제를 야기한다. 지역사회에 존재하는 정부

번역한다. 공동체로 번역할 때와 지역사회로 번역할 때의 뉘앙스에는 차이가 있다. 사회복지학에서는 통상 지역사회로 번역해 사용하고 있다.

9　이 경우에 공간적 범위는 물리적 공간만이 아니라 인터넷 등 가상공간도 포함한다.

커뮤니티케어 정책[10]

정부는 2018년 초에 인구고령화에 대한 대응을 강조하면서 커뮤니티케어의 추진을 발표하였다(보건복지부, 2018). 즉, 기존처럼 병원이나 시설 중심의 사회서비스로는 인구고령화로 급속히 증가할 돌봄수요를 충족하기 어렵다는 것이다. 그리하여 주민이 살던 곳에서 자신의 욕구에 맞는 서비스를 누리고 지역사회와 함께 어울려 살아갈 수 있도록 주거·보건의료·요양·돌봄·독립생활의 지원을 통합적으로 제공하는 체계가 필요하다는 것이다(관계부처합동, 2018). 그래서 이들 서비스가 통합적으로 제공되는 체계가 곧 커뮤니티케어이며 이 커뮤니티케어는 지역주도형 사회서비스라는 것이다(관계부처합동, 2018).

인구고령화 흐름을 감안할 때 정부가 커뮤니티케어 정책을 내놓은 것은 나름의 타당성이 있다고 볼 수 있다. 다만 본문에서 본 것처럼 '지역주도형 사회서비스'로서의 커뮤니티케어가 '지역사회에서'와 '지역사회에 의해서'의 의미 중 어떤 의미를 상대적으로 많이 가질 것인지는 아직 더 지켜봐야 할 사항이다. 그리고 커뮤니티케어에는 전달체계를 전반적으로 새롭게 짜려는 것이므로 앞서 본 전달체계전략이 복합적으로 사용될 것이고 더 나아가 앞서 본 것 이외의 전략이 개발되어 사용될 수도 있다.

기관과 민간비영리기관, 비공식부문 중 구체적으로 누구를 가리키는가의 문제이다. 대개의 경우 이 삼자가 동시에 참여하는 경우가 많은데, 그렇게 되면 이들 삼자 간의 상호연계가 또 문제가 된다.

게다가 지역사회를 강조해 필요한 도움을 제공하게 될 때 실제로 도움의 제공에 참여하는 사람들은 여성인 경우가 대부분이다. 수발이나 간병이 필요한 노인 또는 장애인, 가사지원이 필요한 독거노인이나 부모 없이 아동들로만 구성된 가구 등에 대한 돌봄서비스에 참여하는 사람들은 대개 여성이다. 이런 점에서 여성은 자신의 가정에서는 가사노동을, 지역사회에서는 사회적 가사노동을 하는 셈이다. 지역사회를 강조하는 것이 만일 '지역사회에서'가 아니라 '지역사회에 의해서'라는 기조를 띨 경우, 이는 실제로는 '여성에 의해서^{by the}

---

10   여기서 커뮤니티케어는 본문에서 말한 지역사회보호 혹은 지역사회돌봄의 영어를 그대로 한글발음으로 옮긴 것인데 아마도 'community'와 'care' 모두 번역하기가 마땅치 않아 그런 것으로 보이지만 아쉬운 점은 있다.

women' 서비스가 제공됨을 의미하게 되고, 이는 결국 여성의 가사노동으로 대표되는 '가족에 의해서^{by the family}' 서비스가 제공될 가능성을 의미한다.

공동체적인 소속감을 증진하고 보다 친밀한 도움을 제공한다는 점에서 지역사회가 유리한 조건을 갖는다는 점이 강조되지만, 실제에 있어서 지역사회를 강조하는 것은 그리 단순하지 않다. 지역사회 내에서 정부, 민간비영리기관, 비공식부문 사이에 매우 복잡한 관계가 만들어지며, 더 나아가 여성의 역할과 관련된 어려운 쟁점까지도 생겨날 수 있다.

민영화와 시장원리의 도입

(1) 민영화

① 민영화의 개념

민영화를 간략하게 정의하면, 사회에서 일어나는 여러 활동에서 정부의 역할을 줄이고 민간의 역할을 증대시키려는 것이다(Savas, 1987: 20, 135). 그런데 조금만 깊이 들여다보면 이처럼 간단하게 보이는 민영화라는 것이 실제로는 개념상으로도 전혀 간단하지 않을 뿐만 아니라 현실에서는 더욱 복잡한 현상임을 알 수 있다(Barr, 2004; Savas, 1987).

우리는 개념상으로 정부가 소유하고 직접 인력을 고용해 생산하며 생산물을 정부기관을 통해 전달(제공)하고 그것의 소유와 생산, 전달에 소요되는 비용도 정부가 대며 소유·생산·전달·재정에 관련된 규제 및 감독도 정부가 행하는 경우를 상정해볼 수 있다. 이러한 경우의 가장 대표적인 예는 바로 국방서비스이다. 군인은 모두 국가가 고용하거나 동원한 사람들이다. 군인이 있어야 국방서비스라는 것 자체가 만들어진다(다만 국방서비스는 국민에게 나누어주기 위해 굳이 전달할 필요는 없다. 만들어지는 것 자체로 공기처럼 전달되므로). 군인은 모두 국가로부터 임금을 받고(많든 적든) 국가가 제공하는 옷을 입으며 국가가 제공하는 밥을 먹는다. 이러한 성격을 가진 재화나 서비스를 공공재라고 한다.¹¹ 다른 한편으로 우리는 민간부문이 소유하고 인력을 고용해 생산하며 그것을 전달하고 이 모든 과정에 필요한 재정도 민간부문으로부터 조달하는 경우를 상정할 수 있다. 우리가 흔히 생각하는 보통의 상품(신발이나 옷 등)은 모두 여기에 해당한다. 이러한 재화나 서비스를 사적재 또는 자유재$^{private\ goods}$라고 한다.

그런데 이 두 가지의 중간에 해당하는 경우가 무수히 많다. 국방서비스 자체는 정부가 소유·생산·전달하고 재정도 대는 것이 맞지만, 국방서비스에 종사하는 군인에게 지급되는 군복은 국가가 생산한 것이 아닌 경우가 많다. 그런 경우 군복은 민간부문이 소유한 생산시설에서 민간부문이 고용한 사람들이 생산한 것을 국가가 돈을 주고 구입한다.[12] 또한 보통의 상품 중 식료품은 소유·생산·전달이 모두 분명히 민간부문에 속하지만, 재정은 반드시 그렇지 않다. 대부분의 국가는 농업에 대해 보조금을 지원한다. 또한 식료품의 전달이 민간부문에 속한다는 것은 원칙적으로 맞지만, 정부는 식료품의 유통과정이나 보관 등과 관련해 일정한 규제지침을 두고 개입한다. 이러한 예는 무수히 많다.

[11] 정확히 말하면 순수공공재라고 해야 한다. 공공재에는 여러 형태가 있는데, 국방서비스는 순수공공재의 대표적인 예이다. 본문에서 국방서비스는 생산되는 것 자체로 공기처럼 국민에게 전달된다고 했는데, 이것은 해당 국가의 영토 내에 거주하면 원칙적으로 누구에게든지 국방서비스가 주어지며 그 누구도 어떠한 이유로도 국민에게서 국방서비스를 박탈할 수 없다는 것을 의미한다. 이를 "소비의 배제성이 없다(비배제성, non-exclusiveness)"고 한다. 즉, 어떤 사람이 그 재화나 서비스를 소비하는 것을 막을 수 없다는 것이다. 공기를 소비하는 것을 막을 수 없듯이 국방서비스의 소비도 막을 수 없다. 본문에서는 명시적으로 서술하지 않았지만, 국방서비스를 누군가 소비한다고 해서 그 서비스의 효용이 떨어지거나 하지는 않는다. 예를 들어 인구가 늘어난다고 해서 국방서비스의 양이나 만족도가 줄어들지는 않는다. 이러한 것을 "소비의 경합성이 없다(비경합성, non-rivalry)"라고 한다. 어떤 재화나 서비스가 소비에 있어서 비배제성과 비경합성을 가지면, 그것은 공공재이다. 반면에 우리가 통상 소비하는 상품들은 모두 배제성과 경합성을 가진다. 예를 들어 사과에 대한 대가를 누가 지불하는지 감독할 수 있고 대가를 지불하지 않은 사람은 사과의 소비로부터 배제할 수 있다. 또한 누군가 사과를 먹다가 남기고 가버리면 그 사과는 다시 팔 수 없다. 결국 재화는 배제성과 경합성을 기준으로 구분할 수 있는데, 배제성과 경합성이 없는 재화가 순수공공재이다. 배제성은 있지만 경합성이 없는 재화는 전기나 정보 같은 재화로, 자연독점이 발생하는 경향이 있다. 배제성은 없지만 경합성이 있는 재화는 도로 같은 것인데, 흔히 공유재라고 한다. 사적재는 배제성과 경합성이 모두 있는 재화이다. 공공재는 배제성과 경합성이 결여되어 있으므로, 수요자가 자신의 수요를 미리 밝히지 않아도 충분히 그것을 소비할 수 있다. 따라서 공공재에서는 무임승차자(free-rider)문제가 발생하는 경향이 있다.

[12] 이처럼 정부가 민간부문과 계약을 맺어 필요한 재화나 서비스를 납품받는 것이 정부조달(procurement)이다. 그런데 정부가 민간부문과 계약을 맺는 형태에는 정부조달만 있는 것이 아니다. 예를 들어 민간기관과 계약을 맺어 해당 기관으로 하여금 노인들에게 돌봄서비스를 제공하게 하고 정부가 그 민간기관에 대금을 지불할 수 있는데, 이런 형태의 계약을 서비스 매입(purchase of service)이라고 한다. 조달에서는 정부가 납품받은 재화 및 서비스의 소비자이지만, 매입에서는 납품받은 재화나 서비스의 소비자가 제3자(지금의 예에서는 노인돌봄서비스의 이용자)라는 것이 차이점이다. 그리고 실제 서비스를 주고받는 당사자의 측면에서 보면 매입계약에서 정부는 서비스를 주고받는 당사자가 아니라 단지 비용만 지불할 뿐이다. 그래서 재정의 흐름에서 보면, 매입계약에서 정부는 제3자이다(DeHoog and Salamon, 2002).

A	→	B	→	C	→	D	→	E

재화 또는 서비스의 소유 · 생산 · 재정 · 규제 · 감독이 모두 정부에 속한 경우	...	...	...	재화 또는 서비스의 소유 · 생산 · 재정 · 규제 · 감독이 모두 민간에 속한 경우

그림 14-2 민영화의 개념도

공원은 사실 자연적으로 존재하던 것을 대개 정부가(때로는 민간이) 조성하지만(따라서 자연적으로 이미 생산되어 있는 것에 조금 더 작용을 가한다), 조성된 후의 관리운영(즉, 공원서비스의 전달)은 정부가 계속할 수도 있고 민간기관에 맡길 수도 있다. 또한 정부가 관리운영을 맡든 민간기관에 관리운영을 맡기든 공원을 찾는 사람들에게 요금을 징수하는 경우가 대부분이다(이렇게 되면 재정의 일부는 민간부문에서 조달되는 것이다). 도로도 이와 유사하다. 이처럼 일부의 사례를 제외하면 재화와 서비스의 소유 · 생산 · 전달 · 재정 · 규제 · 감독과 관련해 정부와 민간부문의 관계는 그리 단순하게 나누어지지 않기 때문에 민영화 역시 단순하지 않다. 지금까지 설명한 것을 도식화하면 그림 14-2와 같다.

재화와 서비스의 소유 · 생산 · 재정 · 규제 · 감독의 모든 과정이 어디에서 일어나는가를 기준으로 양 극단을 상정할 수 있는데, 그림에서 이는 A와 E로 나타나 있다. A는 소유 · 생산 · 전달 · 재정 · 규제 · 감독의 모든 과정이 정부에 속한 경우를 말하며, E는 민간에 속한 경우를 말한다. 그리고 이의 중간 형태에 속하는 재화나 서비스는 B, C, D로 표현되어 있다. 개념상으로 민영화는 A에서 E를 지향해 이동하는 것을 뜻한다. 또한 A에서 B로 움직이는 것도 민영화이고 B에서 C로 움직이는 것도 민영화이며 C에서 D로 또는 D에서 E로의 움직임도 모두 민영화이다. 각기 출발점이 다를 뿐이다. 마찬가지로 A에서 C로 움직이는 것이나 A에서 D로 또는 A에서 E로 움직이는 것도 민영화이다. 이 경우에는 목적지가 다르다. 그런데 만일 어떤 재화나 서비스가 처음에 A에 속하는 것이었다고 할 경우, 이를 E로 옮기는 것이 가능할까? 아마도 거의 불가능에 가까울 것이다. 마찬가지로 B에 속하던 것을 E로 옮기는 것도 그리 쉽지는 않아 보인다. 처음부터 D에 속하던 재화나 서비스를 E로 옮기는 것은 비교적 가능성이 높다고 생각하겠지만, 이 역시 생각만큼 쉽지는 않을 수 있다. 왜냐하면 그림에서 D에 속하는 재화나 서비스에도 정부의 개입이 없지는 않을 터인데 이 경우의 정부개입이 아무런 근거 없이 이루어지지는 않기 때문이다. 이를 E로 이동시키려면 정부개입의 근거보다 더 나은 근거가 제시되어야 하고, 이것이 실현 가능한 것임이 입증되어야 한다. 이렇게 보면 A에 속하던 것을 B로 이동시키는 것도 생각처럼 쉽지만은 않다.

② 민영화를 둘러싼 논란

그러면 왜 민영화가 논의되는가?[13] 첫째는 비용문제 때문이다. 정부가 공급하는 재화와 서비스에 드는 비용이 계속 상승할 경우 이 비용 증가를 억제하려는 정치적 압력이 발생하게 되는데, 이 비용은 기본적으로 세금으로 조달되고 세금을 무한정 인상하기는 어렵기 때문이다. 이런 문제의 해결책으로는 여러 가지를 생각할 수 있지만, 민영화를 주장하는 사람들은 재화나 서비스의 공급에서 정부역할을 줄이고 민간역할을 늘리는 것이 비용절감의 해답이라고 주장한다. 둘째는 이념적인 이유 때문이다. 일부 사람들은 시민들이 소비하는 재화와 서비스의 공급에 국가가 지나치게 개입하면 시장경제의 원리가 침해된다고 생각한다. 이들은 시장경제는 기본적으로 자율과 경쟁에 의해 작동되는데 정부가 개입하면 이것이 손상되어 시장경제의 본래적 장점이 사라진다고 생각한다. 그래서 전반적으로 경제의 활력이 떨어지고 시장의 건전성이 침해된다는 것이다. 이렇게 주장하는 사람들은 이런 사태를 미리 막기 위해서는 정부의 개입을 줄이고 민간의 역할을 늘려야 한다고 주장한다. 셋째는 정부가 재화와 서비스를 공급할 경우 관료화되고 비민주적인 것이 되기 때문이다. 정부가 재화와 서비스를 공급하기 위해서는 어떤 재화와 서비스를 얼마만큼 누구에게 어떤 방식으로 공급할 것인가를 결정해야 하는데, 이 결정은 정부의 정책결정자들이나 정부에 관여하는 전문가들에 의해 내려지는 경우가 대부분이다. 이

---

13 이 부분의 논의는 사베스(1987)를 참조했다. 사베스는 원래 4가지 근거를 제시했지만, 여기서는 3가지만 설명했다. 사베스가 말한 근거 중 세 번째인 상업적 이해관계가 중요하기는 하지만, 좀 더 정치경제적 접근이 필요하다고 판단되어 여기서는 제외했다.

러한 결정은 재화나 서비스를 실제로 받을 사람들의 진정한 욕구와는 동떨어진 경우가 많다. 이러한 점을 중시하는 사람들은 정부의 손에서 재화와 서비스를 떼어내서 시민들의 손으로 가져와야 진정한 민주주의가 실현될 수 있다고 생각한다.

이 주장들은 나름의 근거를 갖지만, 이를 둘러싼 논란 역시 끊이지 않는다. 그리고 민영화 주장의 논거가 되는 세 가지 주장이 지향하는 민영화의 방향에도 약간씩 차이가 있다. 우선 이념적 이유에서 민영화를 주장하는 사람들은 정부의 역할을 대신할 민간부문으로 주로 민간영리단체를 선호하는 경우가 많다 (그렇다고 이들이 민간비영리단체를 꼭 반대한다는 것은 아니다). 반면에 정부의 관료주의를 비판하는 사람들이 지향하는 민영화는 지역사회가 보다 많이 참여하는 것이다. 따라서 이 경우 정부의 역할을 대신할 민간부문은 주로 민간비영리단체인 경우가 많으며, 규모가 작은 단체가 더 선호된다. 비용절감을 목적으로 민영화를 주장하는 사람들은 비용만 줄일 수 있다면 민간영리단체이든 민간비영리단체이든 원칙적으로 상관이 없다고 생각한다. 민영화에 찬성하는 경우에도 구체적인 전략이나 목적에는 차이가 있는 것이다.

민영화에 찬성하는 사람들이 많은 만큼 반대하는 사람도 많다. 민영화를 반대하는 이유는 무엇인가? 민영화를 찬성하는 사람들이 내세우는 근거와 유사하게 민영화를 반대하는 사람들도 비용문제와 이념적 문제, 그리고 책임성의 문제에서 반대의 근거를 찾는다. 첫째, 비용문제와 관련해 민영화 반대론자들은 민간부문에 맡기면 비용이 절감될 것처럼 보이지만 사실은 비용이 더 많이 든다고 주장한다. 왜냐하면 정부는 이윤을 남길 필요가 없기 때문에 설사 정부가 공급하는 재화와 서비스에 대해 요금을 매기더라도 이윤이 포함된 금액을 매기지 않는 반면, 민간부문은 이윤을 남겨야 하기 때문에 이윤이 포함된 금액을 요금으로 매긴다는 것이다. 따라서 그만큼 가격이 상승하게 된다. 게다가 민간이 재화와 서비스를 공급하면 소비자를 놓고 서로 경쟁을 벌여야 한다. 경쟁을 벌이는 중요한 수단은 광고인데, 광고비용도 모두 가격에 포함되어(즉, 전가되어) 소비자들에게 부과된다. 따라서 민간부문이 참여하면 비용이 절감된다는 주장은 허구라는 것이다.

둘째, 이념적 이유에서 반대하는데, 그중 가장 널리 인용되는 것이 바로 형평성 또는 공평성이다. 앞서 말했듯이 어떤 재화와 서비스의 공급에 정부가 개입하는 데는 나름의 이유가 있다. 사람들의 삶에 매우 중요한 영향을 미치는 재화나 서비스의 경우에 이를 전적으로 시장에 맡겨놓으면, 가난한 사람들은 그 재화와 서비스에 접근조차 할 수가 없게 된다. 예를 들어 의료서비스를 시장기제에 그냥 맡겨놓으면 가난한 사람들은 아예 의료서비스의 문턱에서 거부당할 수 있으며, 중산층이라고 할지라도 만성질환의 경우에는 중도에 치료를 포기하든지 아니면 가구 전체의 빈곤화를 무릅쓰고 치료를 강행해야 하는 경우가 많다. 실제로 가난하게 되는 이유 중 상당수가 가구원의 만성질환이다. 보육이나 교육서비스도 이와 유사하며, 주택도 비슷한 속성을 갖는다. 이런 점에서 민영화를 반대하는 사람들은 민영화를 이론적·이념적으로 지지하는 사람들이 순수한 의도를 가졌든 아니든 간에 결과적으로 민영화는 기업의 이익에만 봉사하고 사회의 공평성을 해쳐서 사회정의를 손상하는 결과를 초래할 것이라고 주장한다. 게다가 오늘날과 같이 양극화가 심각하게 진행되는 상황에서 사람들의 삶에 필수적인 재화나 서비스를 민영화하자는 것은 양극화를 더욱 심화시키자는 주장과 다름없다고 주장한다.

셋째, 정부가 공급에 참여하는 재화와 서비스의 성격 때문에 반대한다. 민영화에 찬성하는 사람들은 시장에서의 거래야말로 소비자의 수요를 반영하므로 민주적인 것이고 따라서 소비자에 대한 책임성을 지키는 것이라고 주장하지만, 민영화 반대론자들은 그렇게 생각하지 않는다. 재화나 서비스의 거래가 민주적이려면 재화나 서비스의 공급자와 소비자가 대등한 위치에 있어야 하는데, 일부 재화와 서비스에서는 그런 관계가 형성되지 않는다는 것이다. 예를 들어 질병으로 인해 의료서비스가 절실히 필요한 사람의 경우, 그 사람 혹은 그 사람의 가족이 과연 의사와 대등한 위치에서 의료서비스를 거래할 수 있을까? 게다가 의료서비스는 신발 같은 상품과 달라서 쇼핑하기도 거의 불가능하다. 신발은 이 가게에서 신어보고 마음에 안 들면 다른 가게로 가더라도 생명에 지장이 없지만, 의료서비스에 대해 그렇게 하다가는 자칫 생명이 위태로울 수도 있다. 뿐만 아니라 신발은 몇 군데 가게를 돌아다니고 시간을 투입하면 나에게 맞는 신발이 어떤 것인가에 대해 판단이 가능해지지만, 의료서비스는 병원을 돌아다닌다고 해서 내게 맞는 치료법이 무엇인지 알게 될 확률이 거의 없다.

더욱이 어떤 질병의 경우에는 질병이 있는지 또 질병이 어느 정도 심각하게 진행되고 있는지를 수요자 스스로가 도저히 판단할 수 없는 경우도 많다. 질병이나 의료서비스가 복잡한 현상이어서 전문적인 학습을 하지 않으면 정확히 알기 어렵기 때문이다. 이런 문제는 결국 의료수요자가 직면하는 정보의 불완전성 혹은 불완전한 정보incomplete information의 문제, 그리고 그로 인해 초래되는 의료공급자와 수요자 간의 정보의 비대칭성asymmetry of information 문제에서 비롯된다. 이로 인해 수요자는 의료서비스에 대한 수요를 합리적으로 판단할 수 없어 의료공급자가 제시하는 대로 의료서비스를 받게 되는 경우가 많다. 따라서 의료서비스에 대한 수요가 의료공급자에 의해 창출되는 것이다. 이렇게 되면 의료서비스에서는 수요와 공급이 상호 독립적으로 작동되지 못하고 결국 민영화를 주장하는 사람들이 생각하는 '시장원리에 의한 합리적 선택'이 일어나지 못한다. 오히려 공급자에 의해 수요가 창출·유도되어 수요자가 공급자에 종속될 수도 있다. 정보의 비대칭성이 존재해 공급자가 우위에 있는 서비스를 민영화하게 되면, 이는 민주주의의 실현이 아니라 오히려 그 반대라는 것이다.

이렇게 하여 민영화를 둘러싼 논쟁은 계속된다. 민영화를 찬성하는 사람들이 사회적 형평성 혹은 공평성문제와 양극화문제에 둔감한 것은 사실이다. 반면에 민영화를 반대하는 사람들이 민영화를 곧 시장화라고 생각하는 경향이 강한 것도 사실이다. 그래서 양쪽으로부터 새로운 대안이 다시 나타난다. 민영화론자들은 자신들이 둔감했던 부분에 대해 보완하고, 민영화 반대론자들도 마찬가지로 주장을 보완한다. 그래서 민영화를 둘러싼 논쟁은 다음 단계로 옮겨간다. 그리고 이 단계에서 또다시 새로운 방안이 고안되고 그것을 둘러싸고 논쟁이 진행된다. 여기서 그 논쟁들을 다 소개할 수는 없지만, 자본주의 사회가 존재하고 민주주의의 가치가 존중되며 사회복지가 추구하는 사회정의와 공평성의 가치가 존중되는 한 민영화를 둘러싼 논쟁은 끊이지 않을 것이라는 점은 분명하다. 왜냐하면 민영화는 결국 자본주의 사회에서 국가와 민간, 더 세분하면 국가와 자발적 부분, 민간영리부문 및 민간비영리부문 간의 관계를 어떻게 설정할 것인가에 관한 논의이기 때문이다. 이 관계를 어떻게 설정하는가가 사회정의와 민주주의의 가치 실현에 중요한 영향을 미친다.

복지공급주체 간의 관계와 관련해 마지막으로 이용권利用券제도에 대해 간략하게 살펴보기로 한다. 이용권은 증서 혹은 바우처라고도 불리는데, 이 역시 민영화의 흐름과 관련성을 가지며 동시에 복지공급주체들 간 관계의 재구조화와도 밀접하게 관련된다.

(2) 시장원리의 도입: 바우처(증서, 이용권)제도

앞 장에서 급여형태의 하나로 증서에 대해 살펴보면서, 증서는 어떤 욕구 영역에 적용되느냐에 따라 상이한 효과를 낸다는 점을 언급했다. 즉, 일상재화의 영역에 증서가 적용될 경우 소비의 범위를 일정하게 제한함으로써 시장의 작동을 약간 수정하는 효과를 갖지만, 보건의료나 교육 같은 서비스 영역에 적용될 경우 해당 서비스 영역에 시장원리를 도입하는 효과를 갖는다고 했다. 사회서비스에 도입되는 시장을 유사시장quasi-market이라고 한다. 경쟁이나 선택의 요소를 도입하려고 한다는 점에서 '시장'이라고 할 수 있지만, 사회서비스 기관들이 이윤추구를 주된 목적으로 하지는 않고 수요자들의 구매력이 정부가 제공하는 보조금에 의해 결정된다는 점에서 '유사시장'이다.

여기서는 바우처가 시장원리를 도입하는 효과를 갖는 것이 사회서비스에서 어떻게 나타나는지에 대해 살펴보고자 한다. 현행 사회복지사업법에서는 증서를 이용권이라고 하고 있지만 일상용법에서는 바우처가 훨씬 더 보편적이므로, 여기서도 바우처라는 용어를 사용한다.

① 바우처의 개념

바우처는 정부가 서비스 수요자에게 보조금을 증서 형태로 제공하는 것이다. 이런 점에서 다니엘스와 트레빌콕(Daniels and Trebilcock, 2005)은 바우처를 "특정된 수요측 보조금a tied demand-side subsidy"이라고 했는데, 이는 용도를 특정하게 지정해 수요자에게 지급하는 보조금이라는 의미이다. 이와 대조되는 것이 정부가 민간기관에 보조금을 제공하는 경우인데, 이것은 국가가 주로 민간비영리기관들의 기능을 활용하기 위해 전통적으로 사용해온 방식으로 공급측 보조금supply-side subsidy이라고 할 수 있다.

② 바우처의 효과

공급측 보조금과 수요측 보조금은 둘 다 정부가 민간기관을 활용해 사회서비스를 제공한다는 점에서 동일하다. 하지만 공급측 보조금을 수요측 보조금으로 변경하면 그에 따라 많은 변화가 일어나게 된다(설사 공급측 보조금과 수요측 보조금의 예산 규모가 같다고 해도 그러하다).

첫째의 변화는 용도가 지정된 것이기는 하지만 수요자들의 수중에 보조금이라는 형태로 일종의 수입이 발생하기 때문에 수요자들은 그만큼 특정 서비스에 대해 구매력을 갖게 된다는 것이다. 예를 들어 보육바우처는 부모들의 보육서비스에 대한 구매력을 향상시킨다.

둘째의 변화는 첫째의 변화로부터 나타나는데, 바우처 옹호론자들이 매우 선호하는 것 중 하나이다. 바우처제도에서는 서비스 공급자가 정부로부터 보조금을 수령하는 것이 아니기 때문에 서비스 공급과 재정지원이 분리된다(Blondal, 2005). 보조금은 수요자들에게 주어지기 때문에, 공급자들이 재정을 확보하기 위해서는 바우처를 소지한 수요자들을 가능한 한 많이 확보해야 한다. 자신이 제공하는 서비스를 더 많은 수요자들이 이용하게 해야 하는 것이다. 따라서 바우처제도에서는 공급자들 간에 경쟁이 발생하게 된다. 바우처 옹호론자들은 이러한 경쟁이 서비스의 품질을 향상시킬 것이라고 주장한다.

셋째의 변화는 바우처에 의해 수요자들의 선택권이 증진된다는 것이다(Cave, 2001). 바우처제도에서 수요자들은 구매력을 지원받기 때문에 구매력의 여력 내에서 공급자를 선택할 수 있다. 또한 앞에서 살펴본 것처럼 공급자들은 바우처를 가진 수요자를 확보하고자 경쟁하게 된다. 바우처 옹호론자들은 이렇게 하여 증진된 선택권이 수요자들의 권리를 더욱 잘 보장하며, 나아가 수요자의 권리증진과 공급자 간의 경쟁을 통해 서비스의 효율성과 효과성을 증진한다고 주장한다.

③ 바우처에 대한 비판

바우처 옹호론자들은 바우처가 경쟁과 선택의 증진을 통해 서비스의 품질을 향상시킨다고 주장하지만, 바우처 비판론자들은 이에 대해 부정적이다. 첫째, 수요자의 선택권이 증진되려면 무엇보다도 일차적으로 수요자가 선택할 수 있는 공급자의 수가 충분해야 하지만 현실에서는 그렇지 못한 경우가 많다.

둘째, 수요자의 선택권이 증진되려면 수요자들이 공급자가 제공하는 서비스의 품질에 대해 충분한 정보를 가지고 있어야 한다. 하지만 사회서비스의 수요자들 중에는 아동이나 노인, 장애인 등이 상당히 많다. 이들은 선택권을 행사하는 데 충분할 정도의 정보를 가지고 있지 못하거나 정보를 확보하는 데 어려움을 겪을 수 있다.

셋째, 수요자들에게 충분한 정보를 제공하기 위해서는 공급자에 대한 객관적인 평가가 가능해야 하고, 그 평가에 기초한 정보가 수요자들에게 알기 쉬운 형태로 제공되어야 한다. 하지만 공급자들에 대한 객관적인 평가가 쉬운 일은 아니며, 평가결과에 기초한 정보를 제공하는 것도 쉬운 일이 아니다.

넷째, 공급자가 충분히 확보되고 공급자에 대한 충분한 정보가 제공된다고 해도 수요자들이 그때그때 공급자들을 바꾸어가며 선택권을 행사할 수 있을 것인지의 문제가 있다. 예를 들어 어린 자녀를 보육시설에 보내는 경우, 보육시설의 서비스가 마음에 들지 않는다고 해서 매번 보육시설을 교체하기는 어렵다. 또한 어떤 보육시설이 서비스가 좋은 것으로 알려진다고 해도 그 보육시설이 아동을 일시에 더 많이 받기는 어렵다. 수용능력에 한계가 있는 데다 수용능력을 늘리기 위해 시설공사를 하게 되면 그 사이에 아동 유치를 못하는 위험이 있는 등 여러 현실적 어려움이 있기 때문이다. 즉, 수요자가 선택권을 즉각적으로 행사하는 것이 실제로는 쉽지 않으며, 마찬가지로 수요자가 선택권을 행사한다고 해서 공급자가 즉각적으로 시설 규모를 늘린다든가 하는 대응을 하기가 쉽지 않다. 그래서 부모들이 보육시설을 선택하는 기준은 결국 집과의 거리이다. 이는 다른 사회서비스에서도 비슷하다. 거동이 불편한 노인이 서비스 품질만 보고서 멀리 가기는 어렵다. 방과후 교실도 그러하며, 복지관도 어느 정도 그러하다.

이러한 사실들은 사회서비스에 시장원리를 도입하려는 시도가 실제로는 의도한 효과를 거두지 못할 수 있음을 보여준다. 앞에서 사회서비스에 도입하려는 시장은 유사시장이라고 했는데, 이런 의미에서도 유사시장이라고 할 수 있을 것이다.

지방자치와 복지전달체계

앞에서 우리는 수요자 중심 서비스 혹은 소비자 중심주의를 논의하면서 서비스 전달과 관련된 책임과 권한을 수요자와 보다 가까운 단위로 이전시켜야 한다는 분권화 주장이 있다는 점에 대해 언급했다. 사회복지전달체계에서의 분권화를 '복지분권'이라고 할 수 있는데, 복지분권은 지방자치와 밀접히 관련되고 지방자치의 한계 내에서 작동한다.

지방자치

(1) 지방자치의 개념

지방자치 local government, local self-government 의 개념은 논자에 따라 다양하게 규정할 수 있는데, 그 핵심은 일정한 지역에 거주하는 주민들이 해당 지역의 공공사무를 주민들이 구성한 정부를 통해 스스로의 책임하에 처리하는 정치행정체제라고 할 수 있다. 이러한 지방자치의 개념규정에는 구역(일정한 지역), 주민, 지방정부, 자치권, 공공사무 같은 개념요소들이 포함되어 있다. 이 요소들이 어떻게 제도화되고 각 요소들 간의 관계가 어떻게 구조화되는가에 따라 지방자치의 양상은 나라별로 상당히 다르다.

(2) 지방자치의 유형: 단체자치와 주민자치

지방자치가 형성되어온 과정은 크게 2가지로 나눌 수 있다. 하나는 중앙정부가 지역단위의 종합행정기관을 설치한 후 그 지역단위 종합행정기관에 자치정부로서의 법인격과 일정한 사무에 대한 자치권을 부여하는 과정으로, 흔히 단체자치라 불린다. 다른 하나는 중앙정부의 지방행정체계가 자리잡지 않은 상태에서 지역주민들이 스스로 자치기구를 결성해 자치를 행하는 방식으로, 흔히 주민자치라고 불린다(김병준, 2015: 12-13; 최봉기 외, 2015).

전자, 즉 단체자치의 경로를 거쳐 지방자치가 형성된 경우에 지방정부는 중앙정부의 지역산하기관(지역단위 종합행정기관)이라는 지위와 일정한 구역의 자치정부라는 지위를 동시에 가지게 된다. 이와 같은 지방자치는 중앙정부의 지방행정체계가 잘 발달한 나라들에서 나타나는 경향이 있는데, 우리나라와 일본, 독일, 프랑스 등이 이에 해당한다. 후자, 즉 주민자치의 경로로 지방자치가 형성된 경우에 지방정부는 지역자치정부라는 단일지위를 갖게 되며, 중앙정부의 사무를 처리하기도 하지만 이는 지방정부의 동의하에 혹은 중앙정부와의 계약을 통해서 이루어진다. 이와 같은 주민자치적 형태는 중앙집권적 전통이 약했던 나라나 중앙정부의 지방행정체계가 제대로 발달하지 못한 나라에서 나타나는 경향이 있는데, 영국과 미국이 대표적이다(김병준, 2015: 13-14).

물론 시간이 지남에 따라 지방정부가 이중의 지위를 가지는 단체자치 형태의 지방자치에서는 자치정부의 지위가 강화되는 흐름이 나타나는 반면, 지방정부가 자치정부라는 단일지위를 갖는 주민자치 형태의 지방자치에서는 지방정부가 지역단위 종합행정기관의 성격을 점점 더 많이 갖게 되어 양자의 구분이 모호해지는 경향이 있다. 그럼에도 불구하고 두 형태는 지방자치의 유형을 구분하는 데 기본적인 출발점이다.

(3) 우리나라의 지방자치

우리나라의 지방자치는 정부수립 이후부터 시행되었지만, 군사쿠데타로 집권한 독재세력에 의해 중단되었다. 그 후 1987년 민주화투쟁을 거치면서 헌법이 개정되어 지방자치가 다시 규정되었고, 이에 의해 1990년에 일부 지방의회 선거를 거쳐 1995년에 제1회 전국동시지방선거가 실시됨으로써 본격적으로 부활했다(정재욱·안성수, 2013; 김병준, 2015; 최봉기 외, 2015). 다음에서는 복지분권과 연관성이 높다고 생각되는 지방자치의 구역, 사무, 재정력 등을 간략하게 살펴본다.

① 우리나라 지방정부의 구역과 계층

지방정부의 구역이란 지방정부의 자치권이 미치는 일정한 지리적 영역을 의미한다. 지방정부의 구역을 어느 정도의 크기로 해야 하는가에 관해 합의된 원칙은 없지만, 지방정부의 계층과 사무 배분이 중요하게 고려된다.

우리나라는 지방정부의 구역을 광역자치단체로 1특별시, 6광역시, 1특별자치시, 1특별자치도, 9도로 나누고 그 아래에 기초자치단체로 227개의 시·군·구(75시, 83군, 69자치구)를 두고 있다.[14] 우리나라의 지방정부 구역은 시간이 지나도 거의 변화가 없는 편이어서 급속한 노동시장의 변화나 저출산·고령화 등 사회경제적 변화를 반영하지 못하고 있다. 그에 따라 지방정부 간의 재정불균형을 시정하지 못하는 등 문제를 안고 있다(정재욱·안성수, 2013; 김병준, 2015).

지방정부의 구역은 지방정부의 계층과 밀접히 연관되어 있다. 지방정부의 계층은 크게 단층제와 중층제로 나뉘는데, 우리나라는 광역자치단체와 기초자치단체의 2층 체계로 이루어진 중층제를 채택하고 있다.[15] 단층제와 중층제의 장단점에 대해서는 논란이 많지만, 우리나라는 중층제가 가진 장점을 적절히 살리지 못하고 있다. 즉, 지방정부의 계층이 전국적으로 획일적이어서 지역의 정치·경제적 상황이나 행정 수요를 반영하지 못하며, 광역과 기초라는 계층 간의 기능 중복이 많아 지방정부 간의 갈등이 발생하고 있는 데다 계층 간 상하관계가 지나치게 엄격해 지방자치의 기능을 저하시키는 문제를 안고 있다(정재욱·안성수, 2013; 김병준, 2015)

② 지방정부의 사무

지방자치는 해당 지역의 공공사무를 자치적으로 처리하는 정치행정체계이므로, 사무事務는 지방정부의 자치권이 행사될 수 있는 대상으로서 중요한 의미를 갖는다. 지방정부의 사무는 자치사무와 위임사무로 구분되고, 위임사무는 다시 단체위임사무와 기관위임사무로 구분된다.

앞서 본 것처럼, 지방정부는 비록 주민자치의 전통을 강하게 가졌다고 할지라도 오늘날에는 중앙정부의 지역단위 종합행정기관으로서의 성격, 자치정부로서의 성격을 동시에 갖는 경우가 많다. 전자의 지위를 가진 경우 지방정부는 중앙정부의 지시에 따라 행정업무를 처리하는 중앙정부의 하급기관이라

---

14 지방정부의 공식명칭은 '지방자치단체'인데 이 용어는 일반적인 공공단체와 지방정부를 동일한 범주로 취급하는 중앙집중적 발상에 기인한 듯하다(정재욱·안성수, 2013: 8 참조). 여기서는 행정용어에서는 자치단체라는 용어를 사용하고 나머지에서는 지방정부라는 용어를 사용키로 한다.

15 우리나라의 경우 특별자치시인 세종시와 특별자치도인 제주도는 단층제를 채택하고 있다. 즉, 이 지역에는 광역지방자치단체만 있고 기초자치단체가 없다.

는 성격을 가지며, 후자의 지위를 가진 경우 지방정부는 중앙정부의 하급행정 기관이 아니라 중앙정부와 독립적으로 관할지역에 대해 자치권을 행사하는 조직의 성격을 갖는다. 지방정부의 이러한 지위 중 어느 것이 강조되느냐에 따라 중앙정부와 지방정부 간의 사무 배분이 달라진다.

지방정부가 중앙정부의 하급행정기관이라는 성격이 더 강한 경우, 중앙정부는 지방정부의 장을 하급행정기관의 책임자로 간주하고 그에게 일정한 사무를 수행할 것을 지시 내지 위임할 수 있다. 이때 지방정부의 장은 해당 지역주민들이 선거로 선출한 자라기보다는 중앙정부의 지시를 받아 지역사무를 처리하는 하위책임자의 성격을 갖는다. 지방정부의 장을 하나의 임무수행 책임기관으로 간주해 사무가 하달(위임)되는 것이다. 이런 사무를 기관위임사무라고한다. 이 경우에 지방정부의 장을 하급기관장으로 간주하고 사무를 하달했기 때문에, 사무의 수행에 지방의회가 개입할 근거는 없다. 따라서 기관위임사무에 대해서는 지방정부가 조례를 제정할 수 없다.[16]

지방정부가 지역의 공공사무를 처리하는 자치정부로서의 성격을 더 강하게 가진 경우에는 사정이 좀 달라진다. 이 경우에도 중앙정부는 사무를 위임할 수 있는데, 이때는 지방정부의 장을 하급기관장으로 간주, 사무를 하달하는 것이 아니라 지방정부 자체를 중앙정부와 대등한 하나의 독립적이고 자치적인 조직으로 보고 그 조직에 대해 사무를 위임하게 된다. 즉, 조직 대 조직으로서 사무를 위임하고 수임하는 것이지, 사무를 하달받거나 지시받는 것이 아니다. 이렇게 위임된 사무를 단체위임사무라고 한다. 단체위임사무는 비록 중앙정부로부터 받아온 사무이기는 하지만 지방정부가 하나의 독립된 조직으로서 받아온 사무이므로 일단 받아온 후에는 자치사무와 유사하게 취급되기도 한다. 따

---

16 우리나라의 법규범의 위계는 헌법, 법률, 명령, 조례, 규칙의 순인데, 여기서 조례(條例)는 지방정부가 제정하는 법률에 해당하며(따라서 지방의회의 의결이 필요하다) 규칙(規則)은 지방자치단체의 장이 조례의 시행을 위해 제정하는 명령에 해당한다(따라서 지방의회의 의결이 없어도 된다). 규칙이 조례의 범위 내에서 제정되어야 함은 당연하지만 현행 법규범의 위계상 조례가 법령(법률과 명령)의 범위 내에서 제정되어야 하는데 이것이 지방정부의 자치권(자치입법권)에 적절한 것인지는 의문의 소지가 있다. 법률은 중앙정부가 국회의 의결을 거쳐 제정하는 것이므로 조례가 법률의 범위 내에서 제정·시행되어야 한다는 것은 문제가 없지만, 명령은 중앙정부가 법률의 시행을 위해 국회의 의결 없이 제정한 시행령과 시행규칙 등인데 이들에 대해서도 조례가 하위법규범의 지위를 가져야 한다는 것은 지방자치를 지나치게 제약한다는 비판을 받을 수 있다.

라서 단체위임사무에는 지방의회가 조례를 제정해 개입할 수 있다(정재욱·안성수, 2013; 김병준, 2015; 최봉기 외, 2015).

지방정부가 자치정부로서 중앙정부의 위임에 관계없이 스스로의 예산과 계획에 의해 수행하는 사무가 자치사무인데, 앞의 설명에서 예측할 수 있듯이 지방정부가 자치정부로서의 성격을 더 많이 갖는 경우가 그렇지 않은 경우보다 자치사무의 비중이 더 크다. 우리나라의 경우에 지방자치가 부활된 지 20년 이상이 지났고 지방자치가 강조되고 있지만, 시간이 지날수록 자치사무의 비중이 줄어드는 경향을 보이고 있어 이에 대한 주의가 필요하다.

③ 지방정부의 재정력

지방정부의 재정력은 크게 2가지 지표로 보는데, 하나는 지방정부가 필요한 재정지출수요를 충당할 수입을 어느 정도나 자체적으로 확보하느냐를 보는 지표이고, 다른 하나는 지방정부가 필요한 사무를 함에 있어서 재정을 얼마나 자율적으로 지출할 수 있느냐를 보는 지표이다. 전자는 재정자립도이고, 후자는 재정자주도이다(정재욱·안성수, 2013; 김병준, 2015; 최봉기 외, 2015).

지방정부의 재원은 크게 자주재원과 의존재원으로 구분된다. 자주재원은 글자 그대로 지방정부가 자체적으로 확보할 수 있는 재원인데, 지방세와 세외수입이 큰 비중을 차지한다(그 외에 지방채 등도 포함되는데 여기서는 다루지 않는다). 지방세는 지방정부가 징수하는 조세를 말하며, 세외수입은 각종 수수료 등을 말한다.[17] 의존재원은 지방정부가 중앙정부로부터 교부받아 확보할 수 있는 재원인데, 국고보조금과 지방교부세가 큰 비중을 차지한다. 국고보조금은 중앙정부가 용도를 매우 세밀히 지정해 교부하는 재원으로, 지출에 대한 지방정부의 자율성은 거의 없다. 반면 지방교부세는 중앙정부로부터 받은 것이지만 용도가 지정되어 있지 않아 일단 교부받은 후에는 지방정부가 스스로의 계획에 의해 집행할 수 있다. 국고보조금과 지방교부세의 가장 큰 차이는 지방정부가 지출에 있어서 재량을 발휘할 수 있느냐의 여부에 있다. 이렇게 보면 지방

17 　중앙정부의 세입에도 각종 수수료 등의 세외수입이 있는데, 본문에서 말한 것은 지방정부의 회계로 귀속되는 세외수입이다.

정부 입장에서는 자주재원에 의해 확보되는 재정은 당연히 자율적으로 집행할 수 있으며, 여기에 지방교부세로 확보한 재정도 자율적으로 집행할 수 있다.

재정자립도는 지방정부가 자체 수입을 얼마나 확보할 수 있는가를 측정하는 지표인데, 당해 지방정부의 재정지출수요 대비 자주재원의 비중으로 나타낸다(자주재원/재정지출수요). 재정자주도는 지방정부가 얼마나 재량권을 가지고 지출할 수 있느냐를 측정하는 지표인데, 당해 지방정부의 재정지출수요 대비 자주재원 및 교부세의 비중으로 나타낸다[(자주재원+교부세)/재정지출수요]. 우리나라 지방정부의 재정자립도는 지방정부별로 편차가 매우 커서, 서울시의 경우 80%를 상회하지만 일부 도는 30%대이다(도 산하의 군은 30%에 미치지 못하는 경우도 많다). 하지만 재정자주도를 보면 지방정부 간 편차가 훨씬 감소한다. 즉, 서울시의 재정자주도는 재정자립도와 별반 차이가 없는 반면, 도의 재정자주도는 70%를 상회해 재정자립도보다 상당히 높다(그림 14-3 참조). 이는 의존재원이 지방정부 간의 격차를 줄이는 데 나름의 역할을 하고 있음을 보여준다.

의존재원을 운영하는 제도를 지방재정조정제도라고 하는데, 이는 이 제도

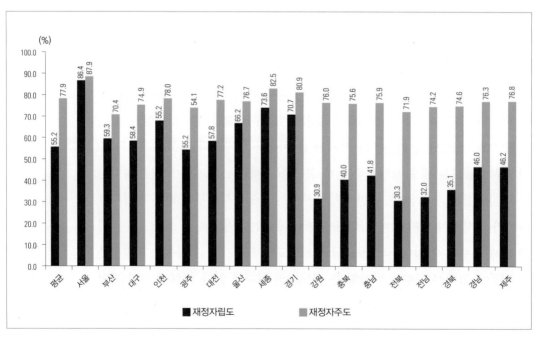

그림 14-3 재정자립도와 재정자주도(2017년, 결산기준)
출처: 행정안전부 (2018)에서 필자 작성.

가 지방 간의 격차를 감소시키는 역할을 한다는 것을 나타낸다.

복지분권

사회복지와 관련된 지방자치가 복지분권이다. 여기서는 이를 전달체계와 연관지어 살펴볼 것인데 그중에서도 주로 공급자 간 관계를 중앙정부와 지방정부 간 역할분담에 초점을 두어 살펴보기로 한다.

(1) 외부성 및 형평성에 따른 복지분권 논의

복지에 있어서 중앙정부와 지방정부의 역할분담을 논의하기 위한 시도는 많았는데, 많은 경우에 역할분담을 위한 기준으로 외부성과 형평성이 거론된다(대표적으로 구인회 외, 2009 참조). 외부성은 사무수행의 영향이 해당 지방정부에만 미치는 것이 아니라 다른 지방정부 내지 전국적으로 미치는 것을 의미하며, 형평성은 특정 지방정부가 사무를 수행할 경우 지역 간 격차가 발생하느냐의 여부에 관한 것이다.

이에 따르면, 외부성이 크고 형평성을 저해할 우려가 큰 사무는 중앙정부가 담당하는 것이 타당하며, 반대 성격의 사무는 지방정부가 담당하는 것이 타당하다. 전자에는 기초생활보장이나 기초연금, 의료급여, 거주시설운영, 기능보강사업 등이 해당하고 후자에는 이용시설운영과 서비스사업이 해당한다(구인회 외, 2009).

(2) 위험에 대한 대응 및 보장의 성격에 따른 복지분권 모형

한편 복지국가의 기능으로부터 복지분권의 기준을 유추할 수도 있다. 복지국가는 사회적 위험에 대해 자원을 권위적으로 배분하는 체계라고 할 수 있는데, 이로부터 사회적 위험에 대한 대응의 성격과 보장의 성격이라는 기준을 도출할 수 있다(윤홍식 외, 2018). 사회적 위험에 대한 대응의 성격이라는 기준에서는 전국적 성격의 대응과 지역적 성격의 대응으로, 보장의 성격에서는 보편적 보장과 선별적 보장으로 구분할 수 있다. 이 두 기준을 복지제도의 층위에 적용해 교차하면 4가지 제도유형을 얻을 수 있다(표 14-3).

신설·변경 사전협의제와 유사·중복 사업 정비

한국에서 복지분권을 둘러싸고 일어난 큰 논란의 하나가 신설·변경 사전협의제와 유사·중복 사회보장사업 정비이다. 정부는 사회보장기본법 제26조에 의거하여 지방자치단체가 사회보장사업을 신설하거나 변경할 경우 복지부장관과 사전에 협의토록 하고 있는데 이것이 신설·변경 사전협의제이며 이를 운영하기 위해 만든 지침에 중앙정부 사업과 유사하거나 중복되는 지방자치단체의 복지사업은 폐지 또는 변경토록 하는 내용이 있으며 이를 2015년 8월에 별도사업으로 추진한 바 있는데 이것이 유사·중복 정비사업이다.

그런데 한국의 경우 지방정부 복지사업의 90% 가량은 국고보조사업이고 이는 중앙정부가 정한 지침대로 시행해야 하므로 지방정부의 재량이 없다. 지방정부가 스스로의 결정으로 신설 또는 변경할 수 있는 사업은 자체수입에 의한 자체복지사업뿐인데 이것은 지방정부 복지사업의 10% 정도이다. 중앙정부가 지방정부의 복지사업에 관심을 가져야 함은 당연하지만 지방정부가 신설·변경할 수 있는 사업의 비중이 10%에 불과한 상황에서 그마저 사전에 협의해야 한다면 이는 지방자치를 지나치게 침해할 소지가 있다. 또 유사·중복 정비사업도 그 대상은 지방정부의 자체복지사업이어서 그 역시 지방자치를 침해할 소지가 있다(국고보조사업은 중앙행정기관 상호 간에 대해서는 몰라도 중앙과 지방정부 간에 있어서는 유사·중복 여부의 판단이 적용되지 않는다). 게다가 유사·중복 정비사업을 추진하면서 특정 지방자치단체의 청년수당과 청년배당에 대해 제동을 걸어 26개 지방자치단체가 헌법재판소에 권한쟁의심판을 청구하기도 했다(이에 대해 헌법재판소는 2018년 7월 각하 결정을 내렸다).

일부에서는 지방자치단체의 장이 선거득표를 위해 불필요한 복지사업을 남발하는 것을 막고 기존제도나 전달체계에 미칠 영향을 고려하여 복지사업을 하게끔 유도하기 위해서는 유사·중복 정비사업과 신설·변경 사전협의제가 필요하다고 말하기도 한다. 하지만 이들은 모두 지방정부가 자체예산을 가지고 지방의회의 결정에 따라 시행하는 자체복지사업을 대상으로 한 것이라는 점에서 지방자치를 침해할 소지가 있다는 근본적 문제를 비켜갈 수 없다.

출처: 남찬섭 (2016a); 이재완 (2015); 이찬진·남찬섭 (2015) 참조.

사회적 위험에 대한 대응이 전국적 성격을 띠고 보장의 성격이 보편적인 경우의 제도유형에는 사회보험방식의 소득보장과 보편수당이 속하며(I-NU), 사회적 위험에 대한 대응은 전국적 대응의 성격을 띠지만 보장의 성격이 선별적인 경우의 제도유형에는 공공부조가 속한다(I-NS). 또한 사회적 위험에 대한 대응이 지역적 성격을 띠고 보장은 보편적 보장인 경우의 제도유형에는 각종

표 14-3 사회적 위험과 보장의 성격에 따른 복지제도 유형의 구분

보장의 성격		사회적 위험에 대한 대응의 성격	
		전국적 대응 (N)	지역적 대응 (L)
보편적 보장 (U)		**I – NU** 소득보장 관련 사회보험(국민연금, 실업급여 등), 보편적 사회수당 (아동수당, 기초연금 등).	**I – LU** 사회서비스 관련 사회보험(현 건강보험), 돌봄, 교육 관련 사회서비스
선별적 보장 (S)		**I – NS** 공공부조(국민기초생활보장제도)	**I – LS** 청년수당, 사회복지관 경기도 위스타트 등

주: 부호는 필자가 수정함. I 제도유형 층위, N 전국적 대응, L 지역적 대응, U 보편적 보장, S 선별적 보장.
출처: 윤홍식 외(2018).

사회서비스가 포함되며(I-LU), 사회적 위험에 대한 대응은 지역적 성격을 띠지만 보장의 성격은 선별적인 경우의 제도유형에는 청년수당이나 사회복지관 등 지역 범위에 한정된 사회서비스가 속한다(I-LS).[18]

제도 층위에서 구분된 네 유형은 그 아래의 층위에도 그대로 이어진다.

즉, 제도 층위의 아래 층위는 정책의 기획·집행 층위(P)이며, 그 아래 층위는 재정책임 층위(F)이다. 따라서 NU유형의 경우 정책의 기획과 집행을 모두 중앙정부가 담당하는 것이 바람직하며(P-NU), NS유형의 경우에는 기획은 중앙정부가 담당하되 집행은 지방정부가 담당하는 것이 바람직하다(P-NS). LU유형의 경우 기획을 중앙과 지방정부가 담당하되 집행은 지방정부가 담당하는 것이 바람직하고(P-LU), LS유형의 경우에는 기획과 집행을 모두 지방정부가 담당하는 것이 바람직하다(P-LS). 정책의 기획 및 집행 층위에서의 구분은 사무 배분과도 연관성이 있다. P-NU유형은 당연히 국가사무라고 할 수 있으며, P-LS유형은 자치사무이다. 그 중간 형태 중 P-LU유형은 단체위임사무에 가깝고, P-NS유형은 기관위임사무에 가깝다.

재정 층위(F)에서의 구분도 다소 유사하다. NU유형의 경우 중앙정부가 재정을 전적으로 책임져야 하며(F-NU), NS유형의 경우 중앙과 지방이 재정을 분담하되 중앙정부의 분담몫이 훨씬 커야 한다(F-NS). LU유형의 경우에도 보

---

18 여기서 약자는 다음 영어단어의 첫 글자이다: I – institution; N – national; L – local; U – universal; S – selective. 뒤에 나오는 P와 F는 각기 planning과 finance의 첫 글자이다.

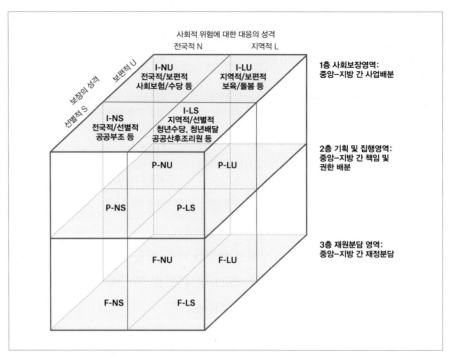

사회적 위험에 대한 대응의 성격

전국적 N   지역적 L

보장의 성격

보편적 U

I-NU
전국적/보편적
사회보험/수당 등

I-LU
지역적/보편적
보육/돌봄 등

1층 사회보장영역:
중앙-지방 간 사업배분

선별적 S

I-NS
전국적/선별적
공공부조 등

I-LS
지역적/선별적
청년수당, 청년배달
공공산후조리원 등

P-NU   P-LU

2층 기획 및 집행영역:
중앙-지방 간 책임 및
권한 배분

P-NS   P-LS

F-NU   F-LU

3층 재원분담 영역:
중앙-지방 간 재정분담

F-NS   F-LS

그림 14-4 복지분권 3층 모델

출처: 윤홍식 외(2018).

장의 성격이 보편적 보장이어서 재정의 전국적 배분을 필요로 하므로 중앙과 지방이 분담하되 중앙정부가 좀 더 많은 몫을 부담해야 한다(F-LU). LS유형의 경우에는 지방정부가 재정을 부담해야 한다(F-LS).

지금까지 논의한 내용을 보면 그림 14-4과 같다.

(3) 지방자치와 복지국가유형의 관계

이제까지 지방자치가 발달하는 과정에 관한 논의를 기초로 단체자치와 주민자치에 대해 살펴보았다. 이 논의를 통해 우리는 오늘날에 와서 지방정부가 거의 대부분의 나라에서 지역단위 종합행정기관으로서의 지위와 자치정부로서의 지위라는 이중적 지위를 가지게 됐다는 점을 알 수 있다.

지방정부가 이중적 지위를 가지고 있다는 것은 지방자치가 근본적으로 모순적 실체라는 사실에서 기인한다. 즉, 완전한 중앙집권은 현실적으로 불가능하지만, 동시에 완전한 지방분권 역시 국가의 자기부정(강명구, 2014)이므로 성립할 수 없다. 따라서 지방자치는 국민국가라는 존재를 전제하면서도 그로부

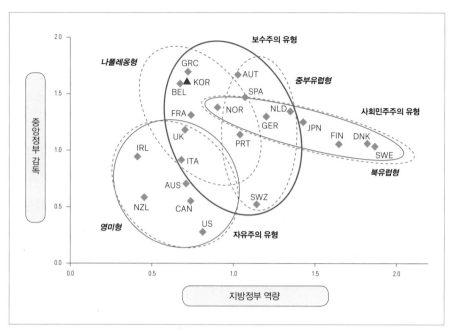

그림 14-5 지방자치유형과 복지국가유형의 분포

주: 점선은 지방자치의 국가별 유형(명칭은 이탈릭체). 실선은 복지국가유형. GRC 그리스, KOR 한국, AUT 오스트리아, NOR 노르웨이, SPA 스페인, NLD 네덜란드, GER 독일, JPN 일본, FIN 핀란드, DNK 덴마크, SWE 스웨덴, CHE 스위스, PRT 포르투갈, BEL 벨기에, FRA 프랑스, UK 영국, IRL 아일랜드, ITA 이탈리아, AUS 호주, NZL 뉴질랜드, CAN 캐나다, US 미국.

출처: 남찬섭 (2016b)

터의 자율을 추구하기 때문에 항상 중앙과 지방 간의 갈등을 내포하게 된다. 이런 점에서 특정 시간과 공간에서 확립된 지방자치의 제도적 특성은 중앙과 지방 간의 갈등이 그 특정 시공간에서 일시적으로 타협된 결과라고 할 수 있다 (남찬섭, 2016b: 5). 따라서 이러한 타협은 당연히 국가에 따라 달리 나타나며, 이로 인해 지방자치의 제도화는 나라에 따라 다른 모습을 취하게 된다.

이렇게 나라별로 다른 지방자치의 유형을 앞에서는 단체자치와 주민주치의 개념을 중심으로 구분했는데, 실제로 학자들의 연구에서 지방자치 유형은 라틴어권 국가(프랑스, 이탈리아, 스페인, 포르투갈, 그리스 등)를 중심으로 한 나폴레옹형과 대륙 유럽국가를 중심으로 한 중부유럽형, 영국·미국 등 영어권 국가를 중심으로 한 영미형, 그리고 스칸디나비아 국가를 중심으로 한 북유럽형 등 4가지 유형으로 구분된다(남찬섭, 2016b; Bennet, 1993; Sellers and Lidström, 2007)(그림 14-5 참조).

나폴레옹형과 중부유럽형은 강력한 중앙집권적 전통을 바탕으로 법률적 근거에 의거한 공공행정 추진의 경향이 강한 유형으로, 지방정부 역량은 보통 수준이며 중앙정부의 감독이 강한 편으로(중역량-고감독) 가부장적 속성을 갖는다. 영미형은 주민자치적 전통이 강한 유형이지만 지방정부의 역량 수준은 그리 높지 않으며, 중앙정부의 감독도 별로 강하지 않아(저역량-저감독) 자유방임적 속성을 갖는다. 북유럽형은 앞의 두 유형과 달리 지방정부의 역량이 크면서 동시에 중앙정부의 감독 수준도 낮지 않아(고역량-중감독) 중앙과 지방의 균형이 비교적 이루어지고 있다. 지방자치의 국가별 유형은 복지국가유형과 대단히 일치하는 모습을 보이는데, 이는 복지국가가 비록 중앙정부의 정치행정적 개입을 근간으로 하지만 그 역시 중앙정부와 지방정부 간의 역할분담체계를 내장하고 있다는 데서 기인한 것으로 생각된다.

오늘날 분권이 강조되고 있지만, 지방자치의 유형에 관한 이 논의에 따르면 지방자치의 성격은 여러 가지일 수 있고 복지국가유형과도 연관성을 갖는다는 것과 지방정부의 역량과 중앙정부의 통제가 반드시 제로섬 게임만은 아니라는 것을 알 수 있다. 복지국가로의 여정이 아직 남아 있어 중앙정부의 역할도 필요로 하고 동시에 사회서비스의 발전 요구로 지방정부의 역할도 확대되어야 하는 우리나라의 경우, 중앙정부의 통제와 지방정부의 역량이 반드시 상충하는 것만은 아니라는 사실은 시사하는 바가 크다. 특히 전달체계와 관련된 사무 배분에서 중앙정부와 지방정부의 역할분담이 적절히 이루어지는 제도 모형을 찾아나가려는 노력이 필요하다.

토론쟁점

1 최근 한국에서는 사회복지서비스전달체계의 공공성 강화가 강조되면서 그것을 위한 방안의 하나로 정부에 의한 서비스 직접제공 비중의 증가가 추진되고 있다. 이것이 전달전략으로서 어떤 것에 해당하며 공공성과 어떤 관계가 있을 것인지 생각해보자.

2 한국의 사회복지서비스에서 바우처(증서) 방식은 비교적 최근의 일인데 이것의 장단점에 대해 생각해보자.

3 지방정부가 지방의회를 거쳐 확정한 자체예산으로 수행하는 복지사업 중에는 새로운 사업도, 기존 사업을 일부 변경한 사업도, 또 중앙정부 사업과 언뜻 유사해 보이는 사업도 있을 수 있다. 그런 지방정부의 자체사업에 대해 중앙정부가 개입하는 것이 타당한지에 대해 생각해보자.

제 4 부

실천

15

한국 사회복지정책실천과 운동

우리 사회에서 사회복지운동은 어떤 모습으로 전개되었을까? 한국에서 사회
복지운동은 누가 어떤 가치와 목표를 가지고 어떤 방식으로 전개해왔을까? 사
회복지운동에서 주로 다루어진 사회복지정책의 이슈는 무엇일까?

이에 답하기 위해, 마지막 장에서는 우리 사회에서 진행된 다양한 사회복
지정책실천과 사회복지운동의 경험을 되짚어볼 것이다. 우선 한국사회에서 주
요한 사회적 기억으로 남아 있는 사회복지운동의 경험을 살펴보고 어떤 성과
와 한계가 있었는지 생각해보자. 한국사회복지운동의 역사가 길지 않은 만큼,
이 장에서는 현재 다양한 주체들이 진행하고 있는 사회복지운동들을 아직 초
기 단계에 있는 운동까지 포함해 폭넓게 다룰 것이다.

한국의 사회복지운동은 오랫동안 지체되었던 정치적 민주주의 발전이 급
속도로 이루어진 고유한 상황 속에서 형성되었고, 사회복지환경의 변화 속에
서 전환기를 맞이하고 있다. 이에 따라 최근의 사회복지환경 변화 역시 중요하
게 고려할 필요가 있다. 이 장에서는 사회복지운동을 둘러싼 정치적 조건의 변
화와 주요 주체들이 전개해온 사회복지운동의 내용과 방향을 살펴볼 것이다.
사회복지운동의 몇몇 사례는 내용에 대한 이해를 도울 것이다.

한국의 사회복지정책실천과 사회복지운동

사회복지정책실천 Social Welfare Policy Practice 이란 무엇인가? 견해는 다양할 수 있지만, 여기서는 정당, 국회, 정부, 민간조직, 개인을 아우르는 다양한 주체의 사회복지정책의 형성, 개혁, 운영과정에 대한 참여로 폭넓게 규정한다. 이는 정부위원회, 공청회 등 공식적인 장에 대한 참여부터 비공식적인 장에 대한 참여까지 아우른다. 사회복지정책에 대한 의견 표출과 영향력 행사방식도 언론활동, 연구와 출판활동, 집회, 시위, 소송 등으로 다양할 수 있다.

사회복지운동 Social Welfare Movement 은 여러 가지 사회복지정책실천 중에서도 민간이 사회복지정책의 방향과 내용에 대한 특정한 견해를 가지고 이를 관철시키기 위해 수행하는 방향성 있는 실천이라고 할 수 있다. 사회복지운동은 최근에 노동운동, 시민운동, 여성운동 등 다양한 주체들이 많은 관심과 역량을 투여하는 사회운동 분야이다. 이 장에서 다루는 것은 여러 형태의 사회복지정책실천 중 사회복지운동이다.

한국에서 사회복지정책은 오랫동안 주로 행정부의 일이었다. 즉, 관료와 전문가들이 독점적으로 주요 정책이슈를 다루었다. 사회복지현장의 실천가들과 복지수급자인 당사자들은 현장전문가 혹은 이해당사자로서 사회복지정책에 대해 마땅히 발언권을 행사해야 하는 주체이지만, 현실에서는 이미 만들어진 정책을 단순히 집행하는 경우가 많았다. 특히 사회복지현장의 실천가들은 정책방향이 자신들의 역할을 직접 규정함에도 불구하고 사회복지정책에 제대로 영향력을 행사하지 못했다. 이론과 실천을 통해 형성된 이들의 귀중한 전문성은 사회복지정책의 수립과 개혁에 별다른 영향을 미치지 못했다. 사회복지실천가가 가지는 약자들의 옹호자로서의 역할은 오랫동안 사장되어 있었다.[1]

---

1   사회복지 실천가들의 정책실천과 약자들의 옹호자로서의 역할이 오랫동안 미약했던 것은 우리 사회 전반의 민주화가 지체되면서 권위주의가 지배하고 전반적인 사회운동의 역량이 약했던 것과도 관련된다. 또한 군부독재하에서 민간부문 사회복지 역시 정부에 의해 직접 통제되어 충분한 독립성을 가지지 못한 것도 그 원인 중 하나이다. 민주화 이후에도 오랫동안 민간사회복지기관의 독립적 역량은 성장하지 못했다. 제도적으로 민주화 이후에도 오랫동안 아래로부터의 정책투입 통로가 제대로 보장되지 못한 것도 이에 기여했다.

그러나 민주화 이후 권위주의 청산과 민주주의의 실질적인 작동에 대한 열망이 커지면서 사회복지정책의 실천 역시 소수 정치가와 관료에게만 맡겨서는 안 된다는 자각 또한 커졌다. 한국에서 사회복지운동은 정치민주화운동에 비해 늦게 시작되었지만, 사회복지정책이 우리의 삶에 갖는 중요성이 뚜렷해지고 사회복지 발전에 대한 사회성원들의 요구가 커지면서 사회운동의 중요한 분야로 부각되고 있다.

이에 한국의 노동운동과 시민운동에서 사회복지 분야에 대한 관심과 활동이 증가하고 청년과 노인 등 다양한 운동주체들이 등장하면서 사회복지운동의 장은 더욱 풍성해지고 있다. 더욱이 '시민'이자 '노동자'이며 동시에 각종 사회서비스와 소득보장제도의 수급자인 장애인과 빈민 등 당사자들 역시 스스로의 삶에 지대한 영향을 미치는 사회복지정책에 영향력을 행사하기 위해 다양한 노력을 전개했다.

나아가 사회복지 종사자들의 사회복지정책실천에 대한 역할과 기대가 커지고 있다. 사회복지 종사자들이 갖고 있는 사회복지 수급자와의 연결고리는 약자들을 옹호하는 사회복지운동의 과정 속에서 더욱 단단해질 수 있다. 또한 사회복지정책에 대한 영향력 행사는 사회복지 종사자들이 갖고 있는 전문성을 실현하는 중요한 통로일 수 있다.

마지막으로, 앞서 살펴본 사회복지정책의 중요한 가치인 '공공성'과 '인정'은 민주적인 정책실천과정을 통해 실현될 수 있다. 시민과 복지수급자들에 대한 존중, 수평적 의사소통, 투명하고 개방적인 사회복지정책의 결정구조 등을 통해 사회복지정책의 공공성과 인정이라는 가치가 실현될 수 있다는 것이다. 이제 한국의 사회복지실천을 둘러싼 환경의 변화를 간단히 짚어보고, 다양한 주체들의 사회복지운동에 대한 경험을 살펴보자. 이어서 양극화 사회에서 고통받는 불안정노동자, 여성, 노인, 청년, 그리고 이들과 함께하는 사회복지 종사자들의 새로운 복지운동의 출현과 연대 가능성을 생각해보자. 이를 통해 사회복지 실천가의 관점에서 한국사회복지정책의 긍정적인 변화를 위해 앞으로 무엇을 할 것인가, 어떻게 이를 실천할 수 있을 것인가 생각해보자.

환경 변화와 사회복지운동의 등장[2]

한국사회복지운동을 둘러싼 환경 변화

한국사회복지운동의 형성과 전개는 한국 정치의 변화와 밀접한 관계를 갖는다. 우선 1987년 민주화는 대통령직접선거 등 민주주의제도의 개혁을 넘어 민주주의를 쟁취한 주체라는 경험을 남겼다. 이 경험은 각계각층이 한국사회의 여러 부문에서 권위주의를 넘어 민주주의를 추구하도록 만들었고, 노동운동, 시민운동, 여성운동 등 다양한 사회운동의 활성화를 가져왔다. 민주주의에 대한 열망은 사회복지 현장에서도 사회복지기관의 민주화와 시설비리 해결을 촉구하는 움직임과 공공보육 확대 요구를 가져왔다. 이에 더해 일부 현장 사회복지 실천가들은 조직화를 시도했다. 그러나 현장 실천가들의 사회복지운동은 조직화 경험의 부재 등으로 인해 다른 분야의 사회운동과 같은 본격적인 조직들을 남기지 못했다.[3]

그러나 민주화 이후에도 사회복지정책의 결정 관행은 유지되었다. 한국에서 사회복지정책은 철저하게 정부 주도로 하향식으로 집행되었다. 대중은 복지의 수혜자였을 뿐, 복지정책을 제안하고 추진하거나 복지정책의 방향에 저항하는 주체가 되지 못했다. 대표적인 사례가 1988년의 국민연금 도입이다. 이어 김대중정부 시기에 이루어진 건강보험 통합과 국민기초생활보장제도 도입은 노동운동과 시민운동이 추구한 정책방향과 부합했지만, 이들은 정책도입과정에서 내내 주도권을 행사하지 못했다. 2000년대에 이루어진 장기요양보험 도입, 사회서비스 확대, 보육비 지원 확대 등 복지확대 과정 역시 관료 주도적인 성격이 강했다. 노무현정부에서의 국민연금 삭감, 박근혜정부에서의 기초연금 도입과 변형 과정에서도 시민사회, 사회복지 실천가나 수급자들의 요구는 중요하게 고려되지 않았다.

---

[2] 이 절 내용의 일부와 문제의식은 이종오·조흥식 외(2013), 『어떤 복지국가인가?』 중 "제13장 한국의 복지정치: 복지동맹 구축 전망과 과제", pp.464-504에서 가져왔다.

[3] 같은 장 전국공공운수노동조합 사회복지지부(이하 '사회복지노조')의 역사와 현재에 관한 내용을 참고하라.

그러다가 2010년 지방선거의 무상급식 논쟁을 계기로 사회복지 이슈는 비로소 정치의 전면에 대두되었고, 이어서 보건의료, 보육, 등록금 등에 관한 선별주의와 보편주의 논쟁은 대중적인 논쟁거리가 되었다.[4] 2012년 대통령선거와 2016~17년의 박근혜 대통령 탄핵과 조기대선의 격랑 속에서 총체적인 사회복지정책에 대한 비전은 각 정치세력이 내세우는 정책 구상의 핵심이 되었다. 즉, 각 정당들은 복지국가에 대한 비전과 주요 복지정책에 대해 서로 다른 입장들을 내놓았다. 2010년대에 들어서야 비로소 한국에서 '복지국가 논쟁'이 벌어진 것이다.

이는 한편으로는 민주화 이후에 비로소 실질적인 대중민주주의가 성장한 것과도 관련되지만, 무엇보다도 1998년 경제위기와 2007년 금융위기 등을 거치면서 발생한 노동의 불안정성 심화, 불평등 확대, 극심한 생존경쟁으로 대중의 삶의 위기가 심화되었기 때문이다. 가족이나 시장이 과거와 같은 안전망 역할을 하지 못하게 되면서 공공복지를 통한 삶의 안정성 확보가 어느 때보다 중요한 시대가 된 것이다.

이에 개발독재시대부터 이어진 '성장우선, 복지억제'에 대한 오래된 동의는 지속될 수 없었다. 그 결과 우리 사회에서도 국가의 복지책임과 시민의 사회권에 대한 인식이 높아지면서 최근에 다양한 복지운동이 등장했다. 사회복지정책에 대한 대중으로부터의 요구와 참여가 정책의 형성과 개혁, 운영에 중요한 역할을 할 가능성이 커졌다.

---

4   2010년 지방선거에서 부상한 무상급식 이슈의 정치적 파괴력은 매우 컸다. 이는 2011년 서울시 주민투표와 서울시장 보궐선거에까지 영향을 미쳤고, 논쟁은 다른 복지정책 영역으로 확장되었다. 즉, 무상급식 논쟁은 보건의료, 보육, 연금, 등록금(교육) 등을 아우르는 보편주의 대 선별주의 논쟁으로 빠르게 진화했다. 보편주의 대 선별주의 논쟁은 장기적인 복지국가의 발전 비전과 관련된 것으로, 이슈의 범위와 심도가 한층 깊어진 것이다. 특히 이 논쟁이 언론에서 이슈로 부상한 것은 복지정치에서 매우 큰 진전이었다. 주요 정당들과 시민사회는 맞춤(선별)형 복지와 보편주의 복지의 대립을 중심으로 정치, 경제, 재정 측면에서 서로 다른 복지국가의 비전을 제시했다. 적어도 복지논쟁의 초기에는 보편과 선별의 대비가 시민들에게 각 정치세력의 지향을 구분하는 준거로 보였고, 보편주의는 진보된 복지국가의 정치적 상징이 되기도 했다.

복지정치의 등장과 한국사회복지운동

(1) 정당 중심의 복지정치지형 형성

최근 복지정치 환경의 변화가 한국사회복지운동에 갖는 의미는 복합적이다. 2010년대에 선거라는 첨예한 정치적 경쟁의 장에서 사회복지가 핵심 이슈가 되지 않았다면 사회복지정책 논쟁이 이렇게 빠른 기간에 폭발력을 가지고 확산되기는 어려웠을 것이다. 선거의 한가운데에 있었기 때문에 사회복지정책 이슈는 언론의 관심하에 주요한 정치쟁점으로 단시간에 부상했다. 사회복지정책 이슈에 대한 대중의 관심이 높아졌고, 정당들은 사회복지정책 의제를 선거정치에서 중요하게 취급하기 시작했다.

다른 한편 복지에 관한 대중운동 기반이 취약한 상태에서 사회복지정책 이슈가 선거정치의 핵심 의제로 활용된 것은 복지 논쟁을 결국 정당 간 공약경쟁으로 집중시키는 결과를 낳았다. 복지가 시민들의 관심 대상으로 떠오르고 그 의미를 이해하는 속도보다 빠르게 정당 간 득표경쟁의 소재로 활용되면서 언론의 담론정치 대상이 된 것이다. 복지정치의 장에 쏟아지는 공약과 슬로건의 홍수 속에서, 정작 복지정책의제 생산과 논쟁에서 불안정노동자, 실업자, 여성, 노인, 청년, 빈민, 장애인, 사회복지현장 실천가는 오히려 주변화될 수 있다. 대중이 사회복지정책의 비전을 공유하고 주체로 서지 못한 채 '선택하는 자'로서만 존재할 위험성이 있다는 것이다.

물론 정당이 시민사회의 균열과 갈등을 제도정치로 전달하는 전동벨트 역할을 한다고 할 때, 정당이 선거에서 시민들의 삶과 직결된 복지 이슈에 민감하게 반응하고 공약을 제시하는 것은 정당정치의 정상화로 이해될 수 있다. 문제는 2010년대 초에 주요 정당들이 정체성 변화의 증거 없이 선거승리의 도구로 복지 어젠다를 빠르게 활용했다는 것이다.[5] 사회복지정책 이슈를 선거 도구로

---

5 사회복지정책 어젠다를 선거 승리의 도구로 활용한 증거들은 공약 채택의 속도와 방식, 비전과 정책과
    재정조달 방안들 사이의 내부 균열에서 찾아볼 수 있다. 일례로 '모든 노인에게 20만 원 지급'이라는
    새누리당의 기초노령연금 공약은 박빙의 상황에 있던 대선을 불과 며칠 앞두고 제출되었고, 박근혜 후보의
    대선 승리 후 구성된 인수위원회에서 두 달도 못 되어 폐기되었다. 결국 인수위는 국민연금 급여 및 소득에
    따라 기초연금 급여를 차등화시키는 기초노령연금안을 제출했고, 박근혜정부는 국민연금 급여액이 높을수록
    기초연금 급여를 감액하는, 보편적 기초연금안과는 매우 다른 개혁안을 통과시켰다.

만든 것은 결국 공약의 빠른 폐기와 복지국가 비전의 축소를 가져올 수 있다.

(2) 한국사회복지운동의 새로운 시작

2010년대에 들어 선거 국면에서 정당 중심으로 복지정치가 활성화되었지만, 이 시기에 사회복지정책에 대한 대중적 관심과 참여 기반이 넓어졌고 어느 때보다 다양한 주체들이 사회복지운동의 장에 등장하고 있다. 기존 사회복지정책실천의 장에서 역할을 해온 노동운동, 시민운동, 여성운동에 더해 새로운 사회복지운동의 주체로 시민, 사회복지 종사자, 보육노동자, 요양보호사, 청년, 노인 등이 등장하여 사회복지운동을 조직하고 목소리를 내고 있다. 다양한 대중이 한국의 복지정책 발전에 대한 비전과 개별 정책들에 대한 입장을 형성하고 연대하는 실험을 하고 있다. 이는 기존의 사회운동 조직들이 여러 의제를 다루는 가운데 그중 하나로 사회복지 이슈에 대해서도 목소리를 내는 것과는 다르다.

그렇다면 이러한 한국사회복지운동의 새로운 흐름은 민주주의의 기반 위에서 대중을 복지정치의 주체로 세우고 사회복지정책을 발전시키는 동력이 될 수 있을까? 사회복지정책에 대한 대중의 관심은 높아졌지만, 대중이 복지정책을 결정하고 운영하는 주체가 된다는 의미에서 민주주의에 이르는 길은 아직 멀다. 민주화 이전부터 형성된 대기업과 집권엘리트의 뿌리 깊은 관계가 유지되고, 사회복지정책의 이슈와 대안을 결정하는 과정이 다시 관료와 전문가의 것으로 좁혀지며, 의회 등에서의 의사결정과정에 대한 대중의 참여 통로가 제한된다면, 사회복지정책은 다시 집권세력의 통치 비즈니스의 일부로 축소될 수 있다.

한국사회복지정책의 관료중심성이라는 오랜 관성과 집권세력의 통치도구화를 극복하기 위해서는 집권세력-대기업 집단의 오랜 유착관계의 대척점에서 영향력을 행사할 수 있는 사회복지운동 주체들의 성장과 연대가 중요하다. 다양한 사회복지운동 주체들의 대중적 기반을 확보하고 시민사회운동 및 정당과의 소통을 통해 복지정치에 새로운 역동성을 만들어낼 필요가 있다.

그렇다면 누가 사회복지정책실천의 장에서 이러한 역할을 할 것인가? 이제 사회복지정책실천과 사회복지운동의 다양한 주체들을 만나보자.

사회복지정책실천의 주체

이 절에서는 국가와 대척점에 서서 오랫동안 비판기능을 수행해온 노동운동, 시민운동과 여성, 노인, 청년, 사회복지현장 실천가 등의 사회복지운동에 대한 경험을 살펴볼 것이다. 이를 통해 사회복지 실천가와 수급자를 포함한 다양한 복지정치 주체의 형성과 연대, 민주주의의 가능성을 생각해보자.

노동운동: 한국사회운동과 사회복지운동의 핵심 역량

초기 사회복지운동의 주체는 노동운동과 시민운동 조직들이었다. 이들은 1990년대 후반부터 운동 영역을 정치민주화, 노동권 등에서 사회복지로 확대했고, 지금도 사회복지정책의 결정에 참여하고 있다.

노동운동 내에서는 민주노총과 한국노총이라는 양대 노동조합 연맹조직이 복지정치의 핵심 주체였다. 1990년대 후반에 한국 복지운동에서 노동운동은 건강보험 통합 등을 지지하는 핵심 주체였고, 지금까지도 국민연금 강화 등주요 사회복지정책실천에 동력이 되고 있다.

노동운동의 사회복지정책실천은 민주화에 힘입어 가능했다. 민주화과정에서 민주노총이 합법화되면서 두 노총이 각종 사회보장 관련 위원회에 공식적으로 참여하고 정치적 지분을 가지고 사회적 대화에 참여할 수 있게 되었기 때문이다. 노동조합은 5년마다 국민연금제도의 개혁방향을 논의하는 국민연금제도발전위원회 등에 위원추천권을 가지고 있고, 건강보험정책심의위원회, 국민연금기금운용위원회 등 여러 상설위원회에도 대표성을 가지고 참여하고 있다.

불안정고용이 확산되고 불평등이 심화되면서 노동자의 삶에서 사회복지정책의 역할은 더욱 중요해지고 있다. 노동자들에게 복지는 일종의 사회적 임금$^{social\ wage}$6으로, 시장임금$^{market\ wage}$을 보완하는 중요한 역할을 할 수 있다. 또한

---

6   사회적 임금은 국가가 세금과 사회보험료를 재원으로 해 각종 사회보장급여나 사회서비스 형태로 제공하는 급여를 의미한다. 즉, 국민에게 제공되는 각종 사회보장혜택이다. 사회적 임금의 구체적 형태는 국민연금, 실업수당, 건강보험급여, 보육지원금, 기초생활보장급여 등이다.

기존의 임금인상투쟁이 주로 사업장 혹은 산별 단위로 이루어진 반면, 공적연금, 건강보험 등의 공공복지는 대기업과 중소기업 등의 차이를 넘어 노동자들을 하나로 결집할 수 있는 이슈이기도 하다. 즉, 노동조합들은 기존의 임금인상투쟁이 갖는 분절성을 넘어서고 불평등 심화에 대응하고자 공식적인 노동자 대표성을 활용해 각종 사회보장제도의 개혁과 운영에 목소리를 내고 있다. 일례로 민주노총은 기업 간 격차를 해소하기 위해 건강보험 통합에 적극적이었다.

노동조합의 사회복지운동 참여를 뒷받침한 것 중 하나는 노동운동 내부에 나타난, 공공성 투쟁이라는 이름으로 노동운동의 대의를 사회복지정책으로 확장시키고자 한 흐름이었다. 이는 사회운동 노조주의를 기반으로 한다. 사회운동 노조주의social movement unionism는 "경제적 요구 중심의 전통적인 노동운동과 달리 사회 전체의 변혁을 위해 노사관계를 벗어난 이슈들, 즉 공공서비스, 교통, 빈곤, 여성차별, 환경, 복지, 인종차별 등을 여타 사회운동과 연대하여 해결해나가는 것(공공성)을 지향하는 노동운동이다."(Moody, 1999) 노동운동의 의제를 넓혀 자본주의 국가에 대항하는 국민의 권리와 복지증진까지 포함한다는 것이다. 그러나 공공성 투쟁이라는 이름으로 전개된 노동운동의 사회복지정책 개입은 노동운동의 순화로도 해석되었다.

민주노총은 건강보험의 통합 등 복지 이슈에 대해 사회운동을 통해 영향력 행사를 시도했다. 각종 사회보장 관련 위원회에 노동조합조직의 참여 기회가 열리면서 민주노총과 한국노총 등은 정치적 지분을 가지고 사회적 대화 기구에 참여했다. 2000년대 이후에 노동운동은 건강보험 보장성 강화, 기초연금의 도입과 인상, 국민연금 삭감 반대 등 사회복지정책 이슈에 대해 적극적으로 발언했고, 이들을 매개로 여성운동, 시민운동과 연대에 나서기도 했다.

그러나 노동운동의 사회복지정책실천은 영향력 행사에 많은 한계를 보였다. 일례로 민주노총과 한국노총의 국민연금 개혁에 대한 입장은 외부에 잘 알려지지 않았고 조합원들조차 잘 알지 못했다. 일반 노동자들은 노동조합과 달리 건강보험이나 국민연금 같은 사회보장 이슈에 오랫동안 무관심했다.[7] 물

---

7   이성균의 연구(2002)는 복지 태도가 노조가입 여부, 파업참여 경험 등 '계급적 행위'와 상관이 없음을 보인 바 있다. 노조에 가입하고 파업에 참여한 경험이 많다고 해서 국가의 복지책임 확대를 더 강하게 지지하지는 않는다는 것이다.

한국노총

한국노총은 1946년에 미군정의 후원과 우파에 의해 결성된 '대한독립촉성노동총연맹'에서 출발했다. 이어 1954년에 한국노총으로 개명되고 조직이 재편됐다. 이후 국가에 대한 협조전략을 통해 조직의 존립을 유지해왔다. 2017년 기준 조합원 수는 약 94만 명이다.

그림 15-1 2016년 금융·공공부문 노동조합 집회(©shutterstock)

민주노총

1987년 노동자대파업을 계기로 민주노조들이 크게 증가하면서, 독재정권에 저항해온 노동운동세력이 1990년에 전국노동조합협의회(전노협)을 만들었다. 1995년에 전노협이 조직을 정비하여 민주노총으로 출범했다. 전노협은 1999년에야 합법화되었고 지속적인 탄압의 대상이 되었던 만큼 자본과 정부에 대한 전투적인 대립노선을 유지했다. 정책 대안에서도 노동자계급의 시각을 견지하고자 했다. 2017년 기준 조합원 수는 약 73만 명이다.

론 노동조합도 국민기초생활보장제도의 도입이나 건강보험 통합 등의 이슈를 주도적으로 제기하지 못했고 추진과정에서 주도권을 갖지도 못했다. 또한 건강보험과 공적연금의 강화, 사회서비스 공공성 확보, 나아가 복지국가 발전 등의 이슈는 노동조합의 활동에서 중심이 되지 못했다. 더불어 한국 노동조합은 사회복지정책에 대한 토론, 교육, 전문가 양성 등을 하는 데 역량을 투여할 여건을 갖추지 못했다.

이는 한국의 노동운동이 처한 어려움과 무관하지 않다. 한국의 노동운동은 국가권력에 맞서 민주화와 노동조건 개선에 중요한 역할을 했지만, 대중정치 기반이 좁고, 정당 및 의회와의 연계가 취약하고, 재정과 인력의 어려움을 겨고 있다. 또한 조직률 하락 속에서 기업별 노동운동체계의 산별·지역별 체계로의 전환도 순조롭지 않다. 저숙련 불안정고용이 확산되고 상시적 구조조정이 이루어지면서, 한국의 노동운동조직은 정리해고로 막다른 곳에 다다른 노동자의 '생존'에 집중해야만 했다. 쌍용자동차, 청소노동자, 기간제교사, 승무원, 기륭전자, 재능교육, 홈플러스 투쟁 등이 그 사례이다. 노동조합이 고용안정, 임금격차 해소 등의 이슈를 해결하지 못한 채 사회복지정책실천에 본격적으로 나서기는 어려웠다. 그 결과 2010년대에 본격화된 복지국가 논쟁에서 노동조합은 중심에 서지 못했다.

한국의 노동운동이 사회복지정책에 관여하되 이를 핵심 이슈로 전개하지 못한 것은 정규직/비정규직 노동자의 극심한 노동조건 격차와도 관련된다. 불안정노동자, 영세중소기업 취약노동자들은 노동운동조직뿐만 아니라 사회보험에서도 배제되어 있다. 따라서 국민연금, 고용보험 등의 보장성 강화를 목표로 노동자들의 단결된 역량을 모으기가 어렵다. 산업재해, 실업, 노후빈곤의 위험이 가장 높은 저임금, 비정규직 노동자의 국민연금, 고용보험 가입률은 낮다. 가입하더라도 이들은 지역가입자가 되어 사회보험료 전액을 개인이 부담하기 때문에, 보장성 강화나 복지국가로의 발전보다는 보험료 부담 자체가 더 큰 관심사이다. 고용지위에 따른 사회보험 가입의 구조적 차이는 한국에서 사회보장제도의 강화를 둘러싸고 노동운동의 탄탄한 연대와 지지가 형성되지 않은 이유를 일부 설명한다.

2010년 이후에 무상보육, 무상의료, 반값등록금 등 복지국가담론의 중심이 시민사회에서 정당으로 옮겨지면서, 노동운동은 복지국가 논의에서 더욱 주변화되었다. 1998년에 헌정사상 최초로 선거를 통한 정권교체가 이루어지는 등 민주화가 진전되면서 노동조합은 건강보험, 국민연금, 산재보험 등의 주요 사회정책들을 논의하는 위원회에 참여했다. 그러나 민주주의의 형식이 도입되었어도 노동조합은 정책결정에 제대로 영향력을 행사하지 못했고, 행정부와 관료가 제도화된 정책결정구조에서 주도권을 가졌다. 정책과정과 대중적 담론 구성에서 노동운동의 자리는 찾기 어려웠다. 최근 10여 년 간 노동조합은 사회적 대화기구와 각종 위원회에 참여하는 것만으로는 부족하다는 것을 경험한 바 있다. 일례로 민주노총과 한국노총은 박근혜정부 초기에 기초연금개혁안을 논의하는 국민행복연금위원회에서 논의 후반기에 비판성명과 함께 탈퇴한 바 있다.

그럼에도 불구하고 노동자들은 건강보험, 국민연금, 고용보험, 산재보험제도의 주요 가입자와 수급자로서 이해당사자이다. 더욱이 고용형태에 따른 사회보장의 차별을 줄이기 위해서는 신자유주의시대에 자본의 힘을 제어할 만한 노동조합의 역할이 필요하다.

최근 한국사회서비스의 시장화는 사회서비스의 질을 하락시킬 뿐만 아니라 사회서비스 노동자들의 노동조건을 압박하고 있다. 이에 한국의 노동운동은 사회서비스 노동자들을 조직화하고 옹호하는 과제를 안고 있다. 또한 사회보장 내부의 격차 및 분열이 갖는 정치적 의미에 경각심을 가지고 노동자 내부의 분열을 줄이는 방향으로 사회복지정책을 개혁하는 것도 과제이다.

최근 사회복지정책을 일선에서 집행하는 사회복지사와 사회서비스 노동자가 노동조합으로 조직화되고, 이 노동조합들이 사회복지운동을 시도하고 있다. 민주노총의 공공운수노조 산하 사회서비스노동조합에는 보육, 간병, 요양, 사회복지, 장애인돌봄 노동자들이 조직되어 있다. 특히 과거의 지역탁아운동에 뿌리를 둔 보육노동조합의 존재는 한국에서 사회서비스 노동자의 조직화와 사회운동 전통이 부재한 것이 아님을 보여준다.[8] 사회복지사노동조합 역시 좋은 예이다.

또한 사회복지정책을 집행하는 노동자들이 다른 사회운동과 연대하여 사회복지정책의 개혁을 위해 활동하기도 했다. 보건의료노조가 시민운동단체, 보건의료운동단체와 연대해 의료공공성 강화 등을 목표로 활동한 것, 국민연금

---

8   지역사회탁아소연합회는 1997년에 한국보육교사회로, 다시 2000년대 초에 전국보육노조로 전환했다. 한국보육교사회는 어린이집 교사와 지역아동센터 교사 등으로 구성되었는데, 노조로 전환하면서 보육교사 처우문제에 집중하게 되었다. 그 결과 지역아동센터 교사들이 제외되었다. 보육노조는 지금은 민주노총 산하 공공운수노조의 보육지부(보육협의회) 형태로 존재하고 있다. 보육협의회는 보육현장의 이슈를 알리고 정책개선을 도모하는 운동을 중심으로 한다. 부산에서는 보육정책위원회에 보육교사노조 대표가 들어갈 수 있도록 하고 보육교사 처우개선을 하기 위한 보육조례운동으로 성과를 거두었다. 또한 노조로 전환한 이후에 교사 대 아동 비율을 낮추어 보육의 질을 높이고자 하는 운동을 벌였다. 2006~2007년도의 교사 대 아동 비율이 0~2세의 경우 1:5였는데, 0세의 경우 1:3으로 조정됐고, 2014년에는 관련 규정에 대해 보건복지부 지침 안에 있는 농어촌 예외규정 폐지까지 이끌어냈다("공공운수노조 보육협의회 김호연 위원장 인터뷰", 『복지동향』, 2015. 12).

사회복지노동조합운동
— 민주노총 산하 전국공공운수노동조합 사회복지지부
(이하 '사회복지노조')[9]

1987년 민주화투쟁 이후에 일부 현장에서 사회복지노동조합이 만들어졌다. 주된 목표는 사회복지시설 비리의 해결과 민주화였으나, 시설의 압박과 조직력의 부재로 상당수 노조는 해산됐다. 다시 2001년에 사회복지노동조합준비위원회(약칭 '사복노준')가 결성되어 지역 단위의 산별노조로의 결성을 목표로 교육, 선전, 조직화 활동을 시작했다. 목표는 비민주적인 사회복지현장의 민주화, 열악한 노동조건 개선, 사회복지 강화 등이었다. 몇몇 시설에 산재해 있던 수도권 지역의 노동조합과 사회복지노동조합준비위원회는 2003년에 서울경인사회복지노동조합이라는 산별노조를 결성했고, 현재 민주노총 산하 전국공공운수노동조합 사회복지지부의 형태로 명맥을 잇고 있다.

현재 사회복지노조가 추구하는 바는 2003년 산별노조 결성 당시의 출범선언문 등에 담겨 있는 바와 같이, 사회복지제도 개선, 사회복지시설 비리 척결과 민주화, 전달체계의 공공성 확보, 열악한 사회복지노동자의 노동조건 개선, 노동자 연대강화이다. 특히 사회복지사노조는 전체 사회의 복지 발전에 대한 사회복지노동자의 관심과 참여를 증진시키는 것을 목표로 한다.

노동조합으로서의 사회복지노조는 개별시설과 법인 등 사용자와의 교섭을 통해 비정규직의 정규직화, 임금체계 변경, 수당 신설, 휴가와 휴일 확대, 사내복지제도 마련 등과 같은 노동조건의 개선과 인사위원회와 운영위원회에 대한 노동조합 참여, 노조 추천 이사 선임 등과 같은 시설민주화, 투명성과 개방성 제고를 추구한다.

그러나 한국사회복지전달체계의 특성상 임금을 비롯한 노동조건, 고용승계 등은 사실 정부와 지방자치단체에 의해 결정되는 사항이다. 이에 서울시는 사회복지사노조와 2016년 12월에 첫 협의를 진행하고 2017년부터 분기별 협의를 진행하고 있다. 서울시가 사회복지사의 처우개선을 실질적인 책임으로 인식하고 사회복지사노조를 협의 파트너로 인정한 것이다. 또한 사회복지노조의 시작은 시설비리투쟁이었던 만큼 전국장애인차별철폐연대 등과 시설민주화 투쟁을 함께했고, 빈곤사회연대와 기초생활보장법 개선을 위한 연대를 지속했다.

공단노조가 역시 시민운동단체와 청년단체, 노인단체와 연대해 박근혜정부 시기에 '공적연금강화국민행동'을 만들어 국민연금과 기초연금 강화를 정책의제

---

9   이 내용은 전국공공운수노동조합 사회복지지부 신현석 조직국장과의 인터뷰(2017. 7)에 기반해 작성되었다.

로 확산시키고자 한 활동 등이 그 예이다. 공적연금강화국민행동은 2013년에 박근혜정부의 기초연금 개혁 국면에서 연금보장성 강화의 입장에서 정부 개혁안을 분석하고 비판했다. 이는 2007년의 국민연금 개혁 당시에 노동조합 등이 제도개혁에 대해 별다른 발언을 하지 못한 것과 대조된다.

사회복지 분야의 전문성을 가진 노동자들이 노동조합을 조직하고 권익 향상과 한국사회복지의 공공성 제고를 목표로 사회복지운동을 전개하는 흐름이 확산된다면, 한국 노동운동의 사회복지정책실천과 사회복지운동은 새로운 동력을 확보할 수 있을 것이다. 특히 저임금과 불안정고용에 시달리는 사회복지 노동자들이 사회복지정책의 공공성 강화와 노동조건 문제해결을 같은 방향에서 추구할 수 있다면, 이는 한국 노동운동과 사회복지운동의 강화에 기여할 것이다.

시민운동: 전문성 강화와 광범위한 연대의 추구

한국에서 시민운동은 1990년대 후반에 사회복지정책의 개혁에 중요한 역할을 했다. 당시 사회운동이 민주화, 통일, 노동해방 같은 큰 담론을 중심으로 활동한 것과 달리, 참여연대, 경제정의실천연합 등의 시민운동은 국민기초생활보장법 제정 같은 구체적인 사회복지제도의 개혁에 집중해 성과를 거두었다.

시민운동은 정당과 정부로부터의 독립성을 추구했고, 사회복지정책의 이슈별로 민주노총, 한국노총, 여성운동연합, 여타 분야별 사회운동단체들과 연합해 목소리를 냈다. 이를 가능하게 한 것 중 하나는 몇몇 시민사회단체의 사회복지정책 분야에 대한 전문성이었다. 또한 참여민주주의의 흐름 속에서 노동조합과 마찬가지로 시민사회단체도 중앙생활보장위원회, 건강보험정책심의위원회 등 각종 사회보장제도 관련 위원회에 공익을 대표하여 참여 기회를 가졌다. 이는 시민운동조직의 분야별 사회복지정책실천에 필요한 전문성을 강화시켰다. 이에 기반해 2000년대에 시민단체들은 사회복지정책 이슈에 영향력을 미치려 했다. 구체적인 제도개혁을 추구하는 것은 한국 시민운동이 벌인 복지운동의 특징이 되었다.

참여연대와 1999년 국민기초생활보장법 도입

참여연대는 1994년에 '참여민주사회와 인권을 위한 시민연대'라는 이름으로 출범한 시민운동조직으로, 사회복지뿐만 아니라 조세, 노동, 금융, 평화군축 등 다양한 분야에서 시민운동을 전개하고 있다.

참여연대는 출범과 함께 '사회복지는 국가의 시혜가 아니라 국민의 권리'라는 기본원칙하에 국민생활 최저선 확보운동에 나섰으며, 국민기초생활보장법 제정추진연대회의(이하 연대회의)의 주축으로 김대중정부 초기인 1999년에 국민기초생활보장법이 제정되는 데 기여했다. 당시 전근대적인 성격의 생활보호법을 근대적 권리성을 강조하는 국민기초생활보장법으로 바꾸기 위해, 참여연대는 정책 어젠다 제기부터 개혁안 구성, 정당 연계를 통한 정책투입, 선전 등에서 주도적인 역할을 해 한국사회복지운동에 족적을 남겼다. 이후 국민기초생활보장법의 법조항, 시행령, 시행규칙 등을 마련하는 데에는 보건복지부 등 관료조직이 주도적인 역할을 했지만, 입법과정에서 참여연대가 수행한 역할은 당시 주요 정당들이 결여하고 있던 사회복지정책의 수립 기능을 전문적 역량을 갖춘 시민사회운동조직이 채워주었음을 보여준다. 참여연대는 입법 이후인 2001년에도 최저생계비 위헌확인 소송 등 법 취지의 현실화를 위해 다양한 방식의 운동을 전개했다.

2010~2012년의 지방선거, 총선, 대선이 이어진 복지논쟁 국면에서 여러 시민운동단체는 복지개혁 의제의 확산에 적극적으로 나섰다. 지방선거에서 무상급식 이슈로 표의 결집이 이루어지면서 지역시민사회단체가 복지 이슈에 관한 성과를 거둔 게 그 시작이었다. 무상급식 이슈는 무상의료, 무상보육, 반값등록금 등 보육, 의료, 교육복지 등의 분야로 확장됐다. 이를 관통하는 것은 '보편적 복지'라는 정책방향이었다. 이후 시민사회운동은 시민정치행동 등을 구성하여 야권연합 혹은 통합을 압박하는 정치적 역할을 떠맡기도 했다.[10] 그러나 시민운동단체들은 이 시기에 독자적인 복지국가 비전을 형성하지 못했고 복지국가 논쟁의 중심에 서지도 못했다.

최근 사회복지운동의 새로운 흐름 중 하나는 복지국가운동을 하는 새로운

---

10   소위 민주대연합론, 진보대연합론을 추구하는 '복지국가와 진보대통합을 위한 시민회의', '희망과 대안', '시민정치행동' 등이 그것이었다. 시민운동조직들은 선거 국면에서 정당들에게 '보편적 복지' 수용을 압박하며 정치적 통합의 매개 역할을 하고자 했다. 보편적 복지는 야권통합에 기여하는 정치적 기능을 했다.

시민운동이 조직되었다는 것이다. 참여연대, 경실련 등 시민운동조직이 여러 활동 분야 중 하나로 사회복지운동을 하는 것에 비해, 최근 복지국가 소사이어티[11], 내가 만드는 복지국가[12] 등의 시민운동조직은 복지국가실현을 운동 목표로 내걸었다. 이들 복지국가 운동조직은 북유럽 사민주의 복지국가의 노동정책과 복지정책 방향을 대안으로 제시한다. 이들은 모두 '복지국가', '보편주의'를 대표 슬로건으로 내걸었다.[13] 이들의 분야별 복지정책 대안과 복지국가 비전은 기존의 시민단체의 내용과 크게 다르지 않다. 일례로 박근혜정부의 복지공약 후퇴에 대해 기존 시민운동단체와 신생 복지국가 운동단체들은 유사한 입장을 표명했다. 즉, 기존의 시민운동과 새로운 복지국가운동이 서로 연대할 수 있는 기본 토양이 존재하고 있다.

또한 2000년대에 사회복지운동을 수행하는 지역 단위 시민운동조직도 늘어났다. 지방자치제의 실시와 사회복지사업의 지방자치단체로의 권한 이양이 이루어지면서 지역 단위의 복지이슈는 더욱 중요해졌다. 이에 주민자치의 입장에서 지역의 사회복지정책에 영향력을 행사하는 조직들이 활동하고 있다. 대구의 우리복지시민연합, 경기복지시민연대, 인천평화복지연대(인천사회복지보건연대) 등이 그 예이다. 이들은 지역 내 복지시설 비리와 지방자치단체의 소극적인 복지정책을 비판하고 지역주민들을 대상으로 하는 교육, 선전 등의 활동을 수행한다.[14]

---

11 '복지국가 소사이어티(www.welfarestate21.net)'는 2007년에 만들어진 복지국가 운동단체로, 이들의 활동은 대중운동을 지향하기보다는 복지국가 담론 생산에 초점을 맞춘 것으로 보인다. 이 조직의 활동은 담론 형성과 정치권에 대한 정책투입을 위주로 한다는 점에서 과거 페이비언 소사이어티의 활동과도 유사하다. 복지국가 소사이어티는 북유럽 복지국가 모형을 한국사회의 지향점으로 명시하는데, 이들은 북유럽 복지국가의 정치, 경제, 노동시장을 한국사회정책의 비전으로 제시하고, 보편적 복지뿐만 아니라 조정된 경제정책, 공공고용 확충 등 노동시장에 대한 국가개입, 적극적노동시장정책, 평등주의적 교육정책을 대안으로 지향한다. 복지국가 소사이어티는 복지국가의 발전에 동의하는 모든 세력들이 이념의 차이를 넘어 보편주의 복지로 결집하자는 주장을 전개했다.

12 '내가 만드는 복지국가(www.mywelfare.or.kr)'는 2010년 이후의 복지논쟁 성과에 힘입어 2012년 2월에 만들어진 복지국가운동을 하는 시민운동조직이다. 이들은 시민과 노동자가 복지국가운동의 주체로 나서게 만들겠다는 목표로 교육, 토론, 선전 등의 사업을 하고 있으며, 특히 발족 초기에 복지를 위한 증세운동을 목표로 내걸었다.

13 참여연대(2011), "진보의 미래, 보편주의 복지국가의 원칙과 전략", 『토론회 자료집』 참고.

14 부산사회복지연대는 과거 독재정권 시기의 대표적인 시설비리사건으로 유명한 형제복지원과 시 공무원의 유착 의혹을 제기한 바 있다.

정리하면, 1990년대 후반부터 최근까지 한국에서 시민운동은 중앙과 지역에서 사회복지운동의 핵심 주체로 역할했다. 초기의 시민운동조직은 사회복지정책 분야별로 제도개혁을 추구하는, 전문성에 기초한 정책실천을 해왔고 몇몇 분야에서는 개혁성과를 거두었다. 시민사회단체의 사회복지운동은 대중운동으로 확산되지는 못했지만 이들에게 축적된 사회복지정책에 대한 전문적 역량은 사회복지운동의 중요한 자산이라고 할 수 있다. 최근에는 복지국가운동을 표방하는 시민운동조직들과 지역 단위 복지운동을 하는 시민운동조직들이 출현하고 있다. 한국사회의 비전을 복지국가에 두고 복지국가운동에 나선 시민운동조직들, 그리고 지역의 복지문제를 다루는 지역복지단체들은 국가 차원의 이슈와 지역복지의 이슈를 오가며 활동을 전개하고 있다. 이들 풀뿌리조직의 활동 확장은 사회복지운동의 대중적 지지기반을 확대시킬 것으로 기대된다.

여성운동: 여성의 노동권과 사회권 강화를 위해

서구의 경험은 복지국가 정책이 여성의 노동시장 진출과 일-가정 양립을 지원함으로써 노동권과 양육권을 모두 증진시켰음을 보여준다. 이러한 정책은 가족구성원 모두에게 기여하지만, 특히 여성의 삶에 기회를 늘린다. 한국에서도 일-가정 양립 지원정책들이 존재하기는 하지만, 한국 여성들은 복지국가가 보장하는 여성의 노동권과 사회권에 대한 지원을 체험하고 있지 못하다. 일례로 여성고용률은 2017년을 기준으로 약 50.8%에 불과하다(통계청, 2018).

우리 사회에서는 여성이 사회복지정책의 확충이나 복지국가를 요구하는 주체로 아직 뚜렷이 부각되지 못했다. 대표적인 여성운동단체인 한국여성단체연합, 한국여성단체협의회, 여성민우회는 정치, 경제, 노동 등 다양한 분야에서 성평등 제고 활동을 했고, 사회복지정책에서도 오랫동안 여성을 대표했다. 이들은 정부가 주도하는 각종 사회복지정책 논의의 장에 공식적으로 여성을 대표하여 참여했다. 이 중 한국여성단체연합은 기초연금 개혁 등 사회복지정책의 개혁을 위해 앞서 언급한 시민운동단체, 노동운동단체와 꾸준히 연대하며 활동했다. 이 과정에서 여성운동단체는 사회복지정책들이 여성에게 갖는 의미와 유불리를 분석해서 입장을 표명했다. 그러나 여성의 대표라는 무게에도 불구하고 여성단체들은 사회복지정책의 결정 및 개혁 논의에서 큰 영향력을 행사하지 못했다. 무상급식 이슈에는 여성들이 정치적 능동성을 보인 바 있지만, 사회적 돌봄 확대, 사회보험에서의 차별 철폐 이슈에 대해서는 그렇지 못했다. 일-가정 양립 정책은 여성의 권리성보다는 정부 주도의 저출산대책의 관점에서 다루어졌다. 2000년대부터 실시된 저출산대책 역시 오랫동안 여성의 삶의 질 향상과 권리증진에 초점을 맞추지 못한 채, 여성을 문제해결의 도구로 바라보았다. 결국 오랫동안 한국 여성운동은 사회복지정책에 대해 독자적 어젠다를 형성하지 못했다.

사회적 돌봄과 돌봄의 공공성 확대는 여성의 노동권, 사회권을 증진하는 데 있어 핵심 이슈이다. 2000년대 중반에 증서(바우처) 사업의 시작과 노인장기요양보험, 장애인활동보조제도의 도입 등을 통해 노인, 장애인, 산모, 아동 대상의 돌봄지원서비스가 확대된 것은 주로 여성에게 부과된 돌봄 부담을 어느 정도 경감시켜주었다.

즉, 한국에서도 돌봄의 사회화가 이루어지기 시작했다. 새로 만들어진 사회적 돌봄 일자리들은 주로 여성들의 일자리가 되었다. 요컨대 복지확대와 여성의 사회진출이 연결고리를 갖기 시작한 것이다. 그러나 우리나라에서 사회서비스의 확대를 통해 만들어진 것은 주로 민간영리기관의 일자리였다. 한국에서 돌봄의 사회화는 공공성의 확대가 아닌 복지시장의 활성화를 통해 이루어졌기 때문이다. 민간어린이집, 장기요양시설 등에서의 돌봄 일자리에는 저임금과 불안정고용, 낮은 사회보험 가입률 및 근로기준법 미적용의 문제가 집중되어 있다. 이러한 돌봄 일자리에 진출한 여성들의 노동조건은 열악하다.

요컨대 우리 사회에서는 발전된 복지국가에서와 다르게 여성이 사회복지정책 발전의 수혜자가 되고 있지 못하다. 제대로 된 공공복지 일자리의 주체가 되고 있지도 못하다. 이에 더해 남성에 비해 여성의 불안정노동자 비율이 훨씬 높고 사회보험 가입률이 낮다는 점에서 국가복지의 효과를 체험하기가 훨씬 어렵다. 즉, 한국에서 사회복지의 발전과 여성의 이해관계는 강력한 연관성을 형성하지 못했다. 이는 여성운동이 사회복지정책실천과 사회복지운동에 적극적이지 못했던 이유를 일부 설명해준다.

그러나 사회복지정책의 확대에 대한 동의나 지지가 반드시 '이해관계'를 통해 형성되는 것은 아니다. 이는 '결핍'과 인식의 문제일 수도 있다. 여성들의 학력신장과 노동시장 진출의 확대는 좋은 일자리와 돌봄의 사회화 요구를 증가시킨다. 또한 양극화가 진행되는 가운데 사회보장의 확충을 통한 온전한 노동권과 사회권에 대한 요구는 더욱 거세진다. 과거에 박근혜정부가 추진한 바 있는 소위 1.5모델, 즉 여성에게 파트타임 일자리를 확산시키는 노동정책이 제공하는 불완전한 노동권으로는 이를 감당하기 어렵다. 또한 여성들은 건강권, 안전한 돌봄 등 일상생활의 이슈에서 출발하여 비판의식과 진보성을 보인 적이 있다. 2018년 사립유치원 비리에 대해서도 주로 여성들이 돌봄의 공공성 확대를 적극적으로 요구했다. 문제는 자생적 열망이 여성들의 복지국가에 대한 연대적 지지로 옮겨갈 수 있느냐 하는 것이다.

여성운동조직의 사회복지정책에 대한 참여 경험과, 성평등을 지원하는 사회복지정책의 확충에 대한 대중적 요구 기반은 형성되어 있다. 여성운동의 사회복지운동은 사회복지정책의 확대가 여성의 노동권과 사회권을 확장하는 것임을 여성들에게 보여줄 필요가 있다. 소위 보육수당, 무상보육은 여성 다수를 수혜자로 만드는 것으로 보이지만, 직접적인 공보육 확충과 보육의 질 제고 없이는 여성이 삶의 조건 변화와 권리 증진을 체감하도록 할 수 없다. 여성운동은 노동운동 내에 형성되어 있는 사회서비스노동조합과 시민단체, 사회복지운동조직의 돌봄공공성운동에 함께할 이유를 갖고 있다. 이는 여성운동이 현재 시작해야 할 사회복지정책실천의 주요 어젠다이다. 한국에서 복지국가의 실현은 전통적 가부장적 가족과는 다른 대안적 형태의 가족을 지원하고 여성에게 더 많은 삶의 기회를 제공하는 사회로의 발전을 의미한다. 여성은 한국의 다양한 사회운동이 참여하는 복지동맹의 필수적인 축이다.

세대운동: 새로운 사회복지운동 주체의 실험

오랫동안 한국사회에 존재하지 않았던 세대운동의 주체가 형성되고 있다. 2010년대에 새로운 형태의 노조인 청년유니온, 알바노조, 복지국가청년네트워크, 민달팽이유니온 등의 세대별 복지운동조직이 만들어져 정책실천과 사회복지운동에 나서고 있다. 양극화와 고용불안정, 경쟁이 격심해지는 현실에서, 청년세대는 현 사회에 대해 구조적 비판을 할 수밖에 없다. 청년세대가 교육, 취업, 주거, 결혼 등의 기본적 일상생활조차 영위하기 어려워진 가운데 등장한 청년세대운동은 우리 시대의 삶의 위기에 대한 자연발생적 대응이기도 하다.

기존 정당의 청년위원회가 정당 내에서 청년이슈를 제기하지 못한 채 모호한 정체성을 가지고 기성 정치인의 이미지 메이킹에 동원되거나 대학교 학생회들이 학내 복지문제에 주로 집중한 것에 비해, 새로 등장한 청년운동조직은 임금체불 등 노동문제 해결에 더해 최저임금 인상, 등록금 인하, 대학생 주거문제 해결 등 청년세대의 현안을 사회적으로 부각시키고 그 해결을 촉구하는 활동을 수행했다. 시민사회의 청년세대운동조직은 노동문제, 복지국가 이슈 등 주력 활동 분야는 다르지만 청년세대의 삶과 노동의 문제를 부각시키는 역할을 한다는 점에서 서로 닮아 있다.

이에 더해 노년세대의 극심한 빈곤과 사회적 소외가 해결될 기미가 보이지 않고 과거에 사회운동의 주축이었던 활동가들이 노인이 되면서 노년유니온 등 노인운동이 형성됐다. 이들 노인운동조직은 정부 및 여타 시민운동조직들과 대한노인회 등 기존 노년세대의 대표조직들과는 차별화된 관계를 맺고 있다. 노년유니온은 다른 연령대의 노동자보다 더욱 불안정하고 임금이 낮은 노년노동자의 문제를 부각시키고 이에 대한 사회정책 확대를 촉구하는 활동을 하고 있다.

이러한 세대운동의 출현을 어떻게 해석할 수 있을까? 사회복지운동의 새로운 주체의 등장이라는 점에서, 그리고 청년 혹은 노인이라는 광범위한 집단을 잠정적인 지지 근거로 한다는 점에서 이들 세대운동의 출현은 사회복지운동의 풍경을 바꿔놓을 만한 잠재력을 가진다. 그러나 이들 세대운동조직의 자체 역량은 아직 크지 않다. 또한 뚜렷한 활동 영역이나 방식을 설정한 몇몇 조직 이외에는 아직 여러 가지 활동을 실험해보는 단계이다. 사회복지정책 관련 시민사회단체의 연대체에서 이들 조직들은 아직 제대로 자리를 잡고 있지 못하다. 게다가 이를 보완할 만한 운동조직들 간의 연대는 지금도 활성화되어 있지 않다.

다만 청년운동조직의 경우에 2014년에 복지국가청년네트워크, 청년유니온 등 10여 개 단체가 박근혜정부의 기초연금 수정에 반대하는 임시연대조직

새로운 세대운동조직의 출현

청년유니온(www.youthunion.kr) 2010년에 만들어진 한국 최초의 '세대별 노동조합'. 조직 대상은 15~39세의 구직자와 노동자이다. 청년이 겪고 있는 노동문제를 청년이 스스로 해결한다는 취지로 만들어졌으며, 실태조사, 캠페인, 입법활동, 지역모임, 교육 활동, 노동상담과 교섭 등의 활동을 한다.

알바노조(www.alba.or.kr) 2013년에 만들어진 아르바이트노동자 대상의 노동조합이 다. 세대별 운동을 표방하고 있지는 않지만 사실상 아르바이트노동을 하고 있는 청년 들을 조직 대상으로 한다. 알바노조는 정부를 대상으로 최저임금 1만 원 캠페인, 시위, 아르바이트노동자의 노동권 보장을 위한 고용주와의 교섭, 부당노동행위 시정활동 등 을 하고 있다. 이들은 대구, 부산, 울산, 인천, 전주와 맥도날드 등 몇몇 사업장에 지부 를 만들어 활동을 전개하고 있다.

복지국가청년네트워크(wsyn.kr, 이하 청네) 2012년에 청년들의 교육, 일자리, 주거, 노 후, 의료 등의 문제에 대해 청년의 관점에서 대안을 마련한다는 취지로 만들어진 청년 주도의 복지국가운동단체이다. 청네는 세대 내 연대와 함께 세대 간 연대를 표방하고 있다. 2017년에 노사정위원회에 청년세대를 대표하여 청년위원으로 참여했다.

민달팽이유니온(http://minsnailunion.tistory.com/907) 대학생의 주거권 문제를 다루 기 위해 결성되었으나, 현재는 청년세대 전체의 주거문제 해결을 목표로 활동하고 있 다. 현재 민달팽이유니온은 청년주거실태 조사, 청년주거정책 제안, 주거 상담, 주거복 지사 양성교육, 월간지 발간, 언론활동 등을 하고 있다. 특히 이들은 2014년에 비영리 주거모델 실험을 위해 '민달팽이 주택협동조합'을 세워 '달팽이집'이라고 하는 사회주 택을 공급 중이다. 2017년 현재 서울시 서대문구 남가좌동, 은평구 신사동, 녹번동, 성 북구 동선동, 정릉동에 달팽이집을 공급하고 있으며, LH 사회주택사업을 통해 성북구 수유동, 경기도 부천에서 주택을 관리·운영하고 있다.

노년유니온(https://www.facebook.com/eldunion) 2012년에 노인일자리사업에 참여 하고 있는 고령노동자들이 주축이 되어 만들어진 노동조합조직으로, 만 55세 이상 고 령노동자를 가입 대상으로 한다. 노년유니온은 공공부문 일자리 확대, 임금인상 등 노 인일자리 관련 문제 이외에도 공적연금 확충 등 노인빈곤문제와 관련된 다양한 이슈를 다루고 있다. 노년유니온은 각각 한국노총과 민주노총 산하조직인 시니어노조, 노후희 망유니온과는 달리 상급노조 없이 독자적인 활동을 하고 있다. 노년유니온은 단체협상 등의 노동조합 활동보다는 지역사회 내 교류를 강조해 돌봄은행을 운영하거나 국민연 금의 보장성 강화 등 사회복지정책에 대한 영향력을 행사하는 데 집중하고 있다.

인 기초연금통과반대청년연석회의를 구성하여 언론활동, 집회 등을 개최한 바 있으며, 2017년에는 전국청년정책네트워크, 청년유니온, 민달팽이유니온 등 29개 청년운동조직이 청년기본법제정을위한청년단체연석회의를 구성하는 등 사안별 연대활동을 하고 있다.

노인의 복지운동은 청년조직에 비해 아직 조직의 수가 적고 활동 반경이 좁으며 조직들 간의 연계도 활발하지 않다. 이러한 우리 사회의 노인운동조직의 낮은 영향력은 유럽 복지국가의 사회복지정책, 특히 연금정책의 결정에 정당, 노동조합 등과 함께 노인운동조직이 상당한 영향력을 행사하는 것과 대조적이다.

이러한 세대운동이 세대 내 연대를 넘어 세대 간 연대로 나아갈 수 있느냐 여부에 따라 이들 세대운동이 사회복지정책의 발전에 갖는 의미는 크게 달라진다. 복지국가의 재정조달은 세대 간 연대에 의해 이루어질 수밖에 없는 메커니즘이기 때문에 세대 간 연대의 유지와 재구성은 복지국가의 발전에 필수적이다. 그러나 한국에서 사회복지정책의 확충을 반대하는 주요 논리 중 하나는 세대 간 갈등론에 기반을 두고 있다. 2010년 이후에 시민사회 진영과 야당이 주도한 복지국가 논쟁에 뒤늦게 뛰어들어 헤게모니를 확보하려 했던 보수언론은 세대 간 갈등을 부각시킴으로써 입지를 확보하려고 했다(주은선, 2013). 이들은 청년세대와 노년세대의 일자리와 복지를 둘러싼 경쟁, 그리고 복지재정 부담 증가를 부각시켰다.

이런 상황에서 복지국가청년네트워크, 청년유니온, 노인유니온, 대한은퇴자협회 등의 세대운동조직들이 세대 간 갈등을 부각시키기보다는 일자리정책, 공적연금정책 등 모든 세대를 위한 사회정책의 강화를 추구하고 있는 것은 세대 간 연대를 활성화하고 사회복지정책의 발전을 도모하는 데에도 긍정적이다. 일례로 2013~2014년에 벌어진 기초연금 논쟁에서 복지국가청년네트워크, 청년유니온, 노년유니온 등은 국민연금노조 등과 함께 공적연금강화국민행동이라는 연대체 안에서 박근혜정부의 기초연금안에 대항하여 함께 활동했다. '당신도 노인이 된다'라는 주제의 복지국가청년네트워크의 캠페인 등은 청년조직의 세대 간 연대 시도를 잘 보여준다.

앞서 언급한 것처럼, 복지국가의 존립 근거가 세대 간 연대라고 할 때 소위 세대 간 이해관계 상충론을 넘어서서 복지국가에 대한 노년세대와 청년세대의 요구와 지지를 동시에 확보하는 것이 중요하다. 나아가 공적연금, 일자리 정책 등 구체적 사안에 대해 세대운동과 기존의 사회운동이 연대의 경험을 계속 쌓아가는 것도 중요하다. 그러나 아직 세대운동조직들은 세대 간 연대를 활동방향으로 전면에 부각시키고 있지는 않다. 다만 각 세대를 대표하는 운동은 복지국가의 발전에 필수적인 새로운 세대 간 연대를 구성하는 데 기본 토대가 될 것이다. 최소한의 세대 간 연대 경험과 이를 위한 토양은 이미 형성되고 있다. 또한 복지국가와 사회복지정책 관련 의제를 다루는 사회운동조직 중 가장 새로운 청년운동이 어떠한 방향의 활동을 하느냐가 한국 복지국가의 장기 전망과 관련하여 매우 중요하다.

사회복지 종사자들의 복지운동 : 시설비리 저항에서 현장 전문성에 기반한 복지운동으로

최근 10여 년 사이에 한국사회복지사들의 복지운동 시도가 출현하고 있다. 각각 2007년, 2006년, 2012년에 활동을 시작한 서울사회복지시민연대, 부산사회복지연대, 세상을 바꾸는 사회복지사(www.sebasa.org, 이하 세밧사) 등이 그 예이다. 이들 조직은 풀뿌리 사회복지운동조직이며, 일부는 지역운동조직의 의미를 갖기도 한다.

이들 사회복지운동조직들은 한국에서 복지국가와 사회복지정책의 개혁 논의가 활발해지고 있는 가운데 정작 사회복지 종사자들이 발언권을 갖지 못한 상황을 지켜보며 이를 타개하고자 하는 목표로 만들어졌다.[15] 이들 사회복지운동은 주체가 사회복지 종사자이기 때문에 현장 전문성을 바탕으로 사회복지정책에 대한 문제제기와 개혁방향을 제시할 수 있다. 이러한 움직임은 그동안 한국의 사회복지실천에서 공백으로 남아 있던 사회행동social action을 시도하

---

15 한국의 사회복지사들은 지역별 사회복지사협회 등으로 조직되어 있지만, 사회복지사협회는 사회복지사 전체의 일반적인 이해관계를 대변하며 사회복지정책 이슈나 복지국가 논쟁에 참여하지는 않았다. 이에 사회복지사들이 사회복지사협회를 통해서 2010년대에 계속 확충되고 있는 한국사회복지정책에 영향력을 행사하는 것은 상당히 제한적이었던 것으로 보인다.

는 것이기도 하다.

사회복지 종사자들의 사회복지운동의 뿌리 중 하나는 1990년대부터 전개된 시설비리에 저항하는 일선 종사자들의 운동이었다. 시설비리 저항운동에 나섰던 일부 사회복지사들이 시설 단위를 넘어서는 조직화를 시도한 끝에 만들어진 것이 일선 사회복지사들의 사회복지운동단체들이다. 이러한 사회복지 종사자들의 사회복지운동은 1980년대에 보육종사자들이 지역사회탁아소연합회 등을 통해 보육에 대한 국가책임의 확대를 요구했던 것과 유사한 측면이 있다.

앞서 예로 든 세밧사와 서울사회복지시민연대는 모두 출범선언문 등에서 '보편적 복지국가의 건설에 대한 사회복지사의 기여'를 활동 목표로 들고 있다. 이들 조직은 보편적 복지국가라는 큰 담론에 적극적으로 동의할 뿐만 아니라 이를 추구하는 것을 사회복지사의 책임이자 직업 정체성에 부합하는 것으로 인식하고 있다. 따라서 이들은 복지국가운동을 위한 학습, 캠페인, 집회, 정책과정에 대한 영향력 행사, 타 조직과의 연대 등을 활동 내용으로 한다.

이 중 서울사회복지시민연대는 기초생활보장법의 부양의무자 폐지를 위한 활동을 전개한 바 있으며, 세밧사는 사회복지정책 중 특히 어린이 무상의료와 기초연금 강화에 역량을 집중하고 있다.

더불어 사회복지운동조직의 활동은 지역복지운동과 결합되기도 한다. 일례로 부산사회복지연대는 2006년에 만들어져 사회복지 사각지대의 해소, 부산 복지정책 비판과 감시, 정책대안 제시, 지역복지운동 등의 활동을 표방하고 있다. 이들은 형제복지원 피해자 보상 같은 시설비리 관련 대응, 지역 의료공공성 강화 등 지역복지운동뿐만 아니라 보상, 자활공동체, 대안가족과 같은 지역공동체 활동에도 적극적이다. 나아가 이들은 복지국가의 비전에 대한 대중의 인식을 제고하는 활동에도 나서고 있다.

이들 사회복지 종사자들의 사회복지운동조직은 사회복지정책에 대한 영향력 행사를 위해 역시 다른 조직들과의 연대활동, 특히 기존의 사회운동단체뿐만 아니라 사회복지 분야 민간단체들과의 연대에도 적극적이다. 우선 세밧사는 활동 목표 중 하나인 어린이 병원비의 무료화를 위해 '어린이 병원비 국가보장 추진연대'를 만들어 박근혜정부부터 최근 문재인정부까지의 의료보장

사회복지 현장 종사자 기반의 사회복지운동
― 서울사회복지시민연대

서울사회복지시민연대(www.seoulwelfare.org)는 현장 사회복지사들이 중심이 되어 2007년 11월에 결성된 조직이다. 2000년대 초의 사회복지관 평가지표 문제, 사회복지관 예산지원 문제, 서울복지재단 대표이사 인선문제 등에 대한 집단행동 경험을 바탕으로 만들어졌다.

사회복지 현장 종사자들은 서울사회복지시민연대를 결성하여 서울시의 복지정책뿐만 아니라 전국적인 복지정책 이슈에 대해 개혁적 관점에서 목소리를 내고 사회복지현장의 고질적인 시설문제와 종사자 처우문제를 바꿔내는 것을 표명했다. 이에 2007년의 창립선언문에서도 복지의 기득권구조 폐기와 복지계 내부개혁의 견인, 복지국가운동에의 참여 등을 언급했다. 사회복지계 내부에 개혁적인 사회복지운동이 필요하다는 이들의 주장은 많은 공감을 얻었다. 이는 사회복지현장이 주도하는 아래로부터의 복지국가운동의 첫 사례이다.

서울사회복지시민연대는 서울시민복지기본선 발표(2012. 7), 어린이 병원비 무료, 부양의무자 폐지, 유사·중복 복지사업 정리 반대, 사회복지서비스진흥원 등 주요 복지개혁과 국정농단, 세월호사건 진상규명 등 사회적 이슈들에 대해 주요 사회운동단체들과 연대하여 목소리를 냈다.

서울사회복지시민연대는 이름이 말해주는 것처럼, 사회복지 종사자들과 일반 시민들이 함께 참여하는 사회복지운동조직으로까지는 아직 성장하지 못했다. 그러나 서울사회복지시민연대는 현장 사회복지사들이 스스로 진보적 사회운동조직이라는 정체성을 가지고 복지국가의 건설이라는 지향점을 공유하면서 우리 사회의 주요 복지개혁과 사회개혁을 위해 꾸준히 연대활동에 나서고 있다.

정책에 대한 분석과 비판, 캠페인 등을 수행했다. '어린이 병원비 국가보장 추진연대'에는 기존 사회복지운동과 달리 각 지역의 사회복지협의회와 초록우산, 한국아동복지협회, 지역아동센터협의회를 비롯한 아동복지단체 등 58개 단체들이 연대체를 이루어 활동하고 있다. 또한 서울사회복지시민연대는 지역복지운동네트워크의 결성에 참여하여 2000년대 초반부터 출현하기 시작한 각 지역의 사회복지운동단체들(대구 우리복지시민연합, 경기복지시민연대, 충북 행동하는 복지연합, 부산사회복지연대, 인천사회복지연대 등)과 연대하여 전국적 이슈에 대응하고 사회복지운동을 한 단계 더 발전시키고자 했다. 지역복지운동네트워크는 제대로 활성화되지 못했지만, 지역 사회복지운동단체들의 연결 시도는 사회복지운동의 발전에 밑거름이 될 것으로 기대된다. 인권과 공공성의 옹호자라는 정체성 인식과 현장실천을 통해 형성된 전문성을 바탕으로 하는 사회복지 종사자들의 사회복지운동은 더 넓은 연대와 대중 조직력의 향상이라는 과제를 안고 있다.

사회복지 종사자들의 사회복지운동은 한국의 복지정치를 더욱 발전시키고 사회복지 정책의 질을 높이는 데 기여할 수 있다.

한국 사회복지정책실천과 사회복지운동의 미래

21세기에 들어 한국 사회복지정책실천의 주체와 내용은 다양해졌다. 1990년대 말 건강보험 통합, 생활보호법 폐지 및 국민기초생활보장법 도입 등을 성과로 거둔 초기 사회복지운동은 노동운동과 시민운동이 주도했다. 이들은 2000년대에도 건강보험 보장성 강화, 공적연금 강화, 국민기초생활보장제도 개선 등을 내걸고 개별 사회복지정책 사안에 영향력을 행사하고자 노력했다. 특히 시민운동은 사회복지정책 분야의 전문성을 바탕으로 사회복지운동에 주도적인 역할을 했다.

무상급식 논쟁에서 촉발된 보편주의 대 선별주의 논쟁은 한국사회의 발전 방향에 대한 사회적 성찰을 요구했다. 복지국가의 달성을 공식적으로 표방하는 시민단체와 세대운동조직들도 등장했다. 특히 기존의 사회운동조직과는 다른 정체성을 가진 청년세대, 노인세대를 대변하는 사회운동조직과 사회복지현장 종사자의 운동조직 출현은 주목할 만하다. 기존에 시설비리 철폐 등을 내걸고 분절적으로 이루어졌던 사회복지현장 종사자들의 운동은 좀 더 넓은 범위에서 조직되었다. 이는 사회복지정책의 일선 집행자들과 정책 변화의 직접적인 영향을 받는 당사자들의 운동조직이라는 점에서 중요하다.

또한 사회복지사노조에 더해 장기요양, 보육 등 여러 분야의 돌봄 노동자들이 사회서비스노동조합 등으로 조직되면서 사회공공성의 일환으로 돌봄의 공공성 강화를 노동조건 개선과 함께 추구하고 있다. 즉, 노동운동과 사회복지 운동이 만나고 있는 것이다.

사회복지 종사자들의 운동조직 형성은 여러 모로 아직 초기 단계이다. 대 중성이 낮고 조직화 역시 미약하다. 이러한 문제를 보완해온 것이 사회복지운 동조직 사이의 연대이다. 노동운동, 시민운동, 세대운동, 사회복지 종사자들의 사회복지운동 사이의 연대는 사회복지정책의 이슈별로 형성된 연대체 활동을 통해 이루어졌다. 공적연금강화국민행동, 청년기본법 제정을 위한 청년단체연 석회의, 어린이 병원비 국가보장 추진연대, 지역복지운동네트워크, 사회서비 스 시장화저지를 위한 공동대책위원회 등의 연대가 그 예이다.[16] 이들 단체들 은 여전히 조직률이 낮아 이를 높이는 것이 과제이지만, 사회서비스 시장화저 지를 위한 공동대책위원회 사례같이 여러 시민단체들과 연대함으로써 낮은 조 직률 문제를 보완하고 있다. 노동운동, 시민운동, 여성운동 등 주요 사회운동의 사회복지운동에 대한 관심과 새로 등장한 세대운동, 사회복지현장 실천가들의 사회복지운동은 다양한 층위의 연대를 통해 사회복지운동이 정책과정에 영향 력을 행사할 수 있는 가능성을 높여주고 있다.

그러나 한국의 사회복지운동에는 아직 많은 과제가 남아 있다. 우선 사회 복지운동의 기반 확대와, 시민의 능동적 정치참여 수준이 높지 않은 한국 민주 주의의 한계를 넘어서기 위해서는 대중의 일상적 욕구를 짚어내는 사회복지정 책 이슈를 제시할 필요가 있다. 무상급식 이슈와 같은 성공적인 경험이 누적될 필요가 있는 것이다. 둘째, 사회복지운동이 기존 관료 주도의 복지정치를 넘어 입법과정에 영향을 미치기 위해서는 정당에 대한 다양한 정책투입 통로를 확 보하는 것이 필요하다. 즉, 사회운동과 정당정치의 연결고리를 강화하는 것이 다. 셋째, 사회복지운동의 연대 범위 확장이다. 그 핵심에는 사회복지사노조 등 사회복지 종사자 노동조합, 그리고 사회복지사 운동조직의 역할이 있다. 사회 복지사노조는 '노동' 없는 복지의 한계를 돌파하여 노동운동과 복지운동 사이 에 가교를 놓을 수 있다. 또한 사회복지 종사자들의 사회복지운동은 일상적인

---

16   공공운수노조, 요양노동네트워크, 좋은돌봄실천단, 참여연대 기자회견문인 "사회서비스공단,
      사회서비스노동자는 이렇게 생각한다"(2017. 6. 7)를 참고하라.

접촉 경험과 신뢰를 통해 각계각층의 수급자들, 사회적 약자들과의 연대에 핵심적인 역할을 할 수 있다.

이들 사회복지현장 실천가, 노동자, 여성, 노인, 청년 등의 목소리가 정책 내용과 방향에 반영될 때 한국의 사회복지는 더욱 발전할 수 있을 것이다.

토론쟁점

1 여러분이 관심을 갖고 있는 사회복지 분야의 대표적인 사회복지운동 사례로는 무엇이 있을까? 해당 사회복지운동 사례의 시사점은 무엇인가?

2 우리나라 사회복지운동이 제기한 정책 아젠다가 정당의 공약이나 정부 사회복지정책으로 제대로 반영된 사례로는 무엇이 있다고 생각하는가?

3 사회연대가 제대로 자리잡지 못한 한국사회에서 사회복지운동 형태의 정책실천은 많은 어려움을 겪어왔다. 인터뷰, 신문기사 등 다양한 통로로 구체적으로 어떤 어려움이 있었는지 알아보자. 이러한 어려움을 극복하기 위해 필요한 것은 무엇일까?

참고문헌

─── 1장

김교성(2009), "사회부조제도의 유형과 빈곤완화효과에 관한 비교연구", 『사회복지정책』 36(1): 61-87.

김교성(2017), "외환위기 20년, 소득보장정책의 발전과 한계", 『한국사회정책』 24(4): 151-184.

김교성·김성욱(2011), "복지국가의 변화과정과 전략에 관한 비교연구", 『한국사회정책』 18(3): 129-164.

김교성·백승호·서정희·이승윤(2018), 『기본소득이 온다: 분배에 대한 새로운 상상』, 서울: 사회평론아카데미.

김교성·석재은·홍경준(2015), "사회복지정책 교육의 문제점과 개선방안", 한국사회복지학회 편, 『한국 사회복지 교육: 현황, 과제, 그리고 대안』, 서울: 신정.

김상균(1987), 『현대사회와 사회정책』, 서울: 서울대학교 출판부.

김영모(1982), 『현대사회정책론』, 서울: 한국복지정책연구소 출판부.

김영모(1992), 『사회복지론』, 서울: 한국복지정책연구소 출판부.

남찬섭(2012), "개정 사회보장기본법의 사회서비스의 의미와 개념적 긴장", 『한국사회복지학』 64(3): 79-100.

노대명·여유진·김태완·김원일(2009), 『사회수당제도 도입타당성에 대한 연구』, 한국보건사회연구원 연구보고서.

백인립(2013), "사회복지학의 정체성: 21세기 한국사회와 사회복지의 역할", 『한국사회복지조사연구』 36: 297-332.

송근원·김태성(1995), 『사회복지정책론』, 서울: 나남.

신필균(2011), 『복지국가 스웨덴』, 서울: 후마니타스.

이정우(2013), 『사회복지정책』, 서울: 학지사.

이혜경·남찬섭(2015), "한국 사회복지교육의 전개과정과 전망: 사회복지의 제도화와 고등교육의 대중화를 배경으로", 한국사회복지학회 편, 『한국사회복지교육: 현황, 과제, 그리고 대안』, 서울: 신정.

Beveridge, W.(1942), *Social Insurance and Allied Service: Reported by Sir William Beveridge*, London: HMSO.

Bonoli, G.(2006), *Times Matters, Post-industrialization, New Social Risks and Welfare State Adaptation in Advanced Industrial Democracies*, paper presented at the Congres des quatres pays, Université de Lausanne.

Briggs, A.(1961), "The Welfare State in Historical Perspective", *European Journal of Sociology* 2(2): 221-258.

Eardley, T., Bradshaw, J., Ditch, J., Gough, I., and Whiteford, P.(1996), *Social Assistance in OECD Countries*, London: HMSO.

Flora, P. and Alber, J.(1981), "Modernization, Democratization, and the Development of Welfare State in Western Europe", Flora, P. and Heidenheimer, A.(eds.), *Development of Welfare State in Europe and America*, New Brunswick, NJ: Transaction Books.

Fraser, N.(1989), *Unruly Practices: Power, Discourse and Gender in Contemporary Social Theory*, Universiity of Minnesota Press.

Fraser, N.(2013), "Struggle over Needs: Outline of a Socialist-Feminist Critical Theory of Late Capitalist Political Culture", Fraser, N.(ed.). *Fortunes of Feminism: From State Managed Capitalism to Neoliberal Crisis*, London: Verso.

Friedlander, W. A. and Apte, R. Z.(1974), *Introduction to Social Welfare*(4th Ed.), Englewood Cliffs, NJ: Prentice Hall.

Friedlander, W. A.(1968), *Introduction to Social Welfare*(3rd Ed.), Englewood Cliffs, NJ: Prentice Hall.

Holliday, I. (2000), "Productivist Welfare Capitalism: Social Policy in East Asia", *Political Studies* 48: 706-723.

ILO(2014/5), *World Social Protection Report: Building Economic Recovery, Inclusive Development, and Social Justice*, Geveve.

ISSA(2016), *Social Security Programs througout the World: Europe*, 2016, Washington, D.C.: John W. R. Phillips.

Johnson, C. (1982). *MITI and the Japanese Miracles: The Growth of Industrial Policy 1925-75*, Stanford: Stanford University Press.

Lafitte, F.(1962), *Social Policy in a Free Society*, Birmingham University Press.

Marshall, T. H.(1965), "The Right to Welfare", *Sociological Review* 13(3): 261-272.

Marshall, T. H.(1970), *Social Policy in the 21Century*, London: Hutchison.

O'Connor, J. S.(1993), "Gender, Class and Citizenship in the Comparative Analysis of Welfare State Regimes: Theoretical and Methodological Issues", *British Journal of Sociology* 44(3): 501-518.

Orloff, A. S.(1993), "Gender and the Social Rights of Citizenship: The Comparative Analysis of Gender Relations and Welfare State", *American Sociological Review* 58(3): 303-328.

Pierson, C.(1991), *Beyond the Welfare State? The New Political Economy of Welfare*, John Wiley & Sons.

Pieters, D.(2006), *Social Security: An Introduction to the Basic Principles*, Kluwer Law International.

Schmoller, G.(1875), *Über Einige Grundfragen des Rects und der Volks Wirtschaf*, Jena.

Titmuss, R. M.(1974), *Social Policy*, London: George Allen & Urwin.

Townsend, P.(1975), *Sociology and Social Policy*, Lane.

Van Parijs, P.(1995), *Real Freedom for All: What (If Anything) Can Justify Capitalism?*, Oxford: Oxford University Press.

Wagner, A.(1972), *Die Strömungen in der Sozialpolitik und der Katheder und Staatssozialismus*, Berlin.

Weiss, I., Gal, J., and Katan, J.(2006), "Social Policy for Social Work: A Teaching Agenda", *British Journal of Social Work* 36: 789-806.

Wilensky, H. L. and Lebeaux, C. N.(1965), *Industrial Society and Social Welfare*, NY: Free Press.

Wilensky, H. L.(1975), *Welfare State and Equality*, Berkeley, CA, University of California Press.

—— 2장

경제정책비서관실(2007), "미국 뉴딜정책의 진행과정 및 평가", file3.knowhow.or.kr/download/
    31889/2.pdf
김승훈(2010), 『사회복지발달사』, 서울: 나눔의 집.
김태성·성경륭(1993), 『복지국가론』, 서울: 나남.
문기상(1988), "비스마르크 사회정책 연구: 1880년대 노동자 사회보험을 중심으로", 서울대학교 대학원
    박사논문.
박광준(2004), 『사회복지의 사상과 역사』, 서울: 양서원.
원석조(2009), 『사회복지역사의 이해』(제3판), 서울: 양서원.

Givan, R. K. and Bach, S.(2007), "Workforce Responses to the Creeping Privatization of the UK
    National Health Service", *International Labor and Working-Class History* 71: 133-153.
Huberman, L.(2000[1935]), 『자본주의 역사 바로알기』, 장상환 역, (*Man's Worldly Goods: the Story of
    the Wealth of Nations*), 서울: 책벌레.
Pierson, P.(1994), *Dismantling the Welfare State? Reagan, Thatcher, and the Politics of
    Retrenchment*, Cambridge.
Polanyi, K.(2009[1944]), 『거대한 전환』, 홍기빈 역, (*The Great Transformation*), 서울: 길.
Rayback, J. G.(1966), *A History of American Labour*, Free Press.
Rimlinger, G. V.(2009[1971]), 『사회복지의 사상과 역사』, 비판과 대안을 위한 사회복지학회 역, (*Welfare
    Policy and Industrialization in Europe, America and Russia*), 서울: 한울아카데미.
Shalaes, A.(2007), *The Forgotten Man-A New History of the Great Depression*, Harper Collins.
Trattner, W. I.(1998), *From Poor Law to Welfare State*, Free Press.

—— 3장

감정기·최원규·진재문(2010), 『사회복지의 역사』(개정판), 서울: 나남.
국가법령정보센터(2016), 「생활보호법」, http://law.go.kr
국가법령정보센터(2016), 「조선구호령」, http://law.go.kr
기초보장연구실(2016), 『2016년 빈곤통계연보』, 서울: 보건사회연구원.
김건태(2013), "광무양전의 토지파악 방식과 그 의미", 『대동문화연구』84: 227-346.
김경일(2004), 『한국노동운동사 2: 일제하의 노동운동 1920~1945』, 서울: 지식마당.
김기원(2003), "미군정기의 경제", 국사편찬위원회 편, 『한국사 52: 대한민국의 성립』, 서울: 탐구당.
김낙년 편(2006), 『한국의 경제성장: 1910-1945』, 서울: 서울대학교 출판부.
김낙년(2004), "1950년대의 외환정책과 한국경제", 문정인·김세중 편, 『1950년대 한국사의 재조명』,
    pp.201-234, 서울: 선인.
김미경(2018), 『감세국가의 함정』, 서울: 후마니타스.
김연명(2015), "대한민국 복지국가의 과제와 전망", 2015 정책자문위원회 정책아카데미(사회복지분야)
    발표문, 2015년 1월 4일, 충청남도 도청 중회의실.
김용섭(2004), 『한국근대농업사연구 2』, 서울: 지식산업사.
김용현(2005), "고용없는 성장(Jobless Growth), 현실인가?", 『노동정책연구』5(3): 35-62.
김재호(2010), "조선후기 중앙재정의 운영: 六典條例의 분석을 중심으로", 이헌창 편, 『조선후기재정과 시장:

경제체제론의 접근』, pp.41-74, 서울: 서울대학교출판문화원.

김지영(2008), "일제강점기 임시은사금의 분배와 성격에 관한 연구", 강원대학교 사학과 석사학위논문.

김홍두(2008), "노무현 정부 5년 구속노동자 1,052명", 『울산매일』, 2003년 3월 29일자. http://iusm. co.kr/news/ articleView.html?idxno=419014.

남찬섭(2005), "한국의 60년대 초반 복지제도 재편에 관한 연구: 1950년대와의 관련성을 중심으로", 『사회복지연구』 27: 33-75.

동아일보(1953), "國民生活保護法(假稱)起草, 最低生活을保障, 老衰不具病者孤兒等", 1953년 10월 24일자 2면.

문용식(2000), 『조선후기 진정과 환곡운영』, 서울: 경인문화사.

박이택(2010), "17, 18세기 환곡에 대한 제도론적 접근: 재량적 규제체계의 역할을 중심으로", 이헌창 편, 『조선후기재정과 시장: 경제체제론의 접근』, pp.175-207, 서울: 서울대학교출판문화원.

배기효(1999), 『일제시대의 복지행정』, 대구: 홍익.

보건복지부·보건사회연구원(2017), 『통계로 보는 사회보장, 2017』, 서울: 보건복지부·보건사회연구원.

생명보험협회(2016), "생명보험통계: 연도별 생명보험 사업개황", 50년 통계, http://www.klia.or.kr/ consumer/ consumer_0502.do

서상목(1979), "빈곤인구의 추계와 속성분석", 『한국개발연구』 1(2): 13-30.

송이은(2012), "노무현 정부 이후 진행된 한국 의료민영화의 성격", 『한국사회학』 46(4): 205-232.

송찬섭(2002), 『조선후기 환곡제개혁연구』, 서울: 서울대학교출판부.

신동면(2011), "복지 없는 성장", 유종일 편, 『박정희의 맨얼굴』, pp.309-347, 서울: 시사IN북.

안병태(1982), 『한국근대경제와 일본 제국주의』, 서울: 백산서당.

안상훈(2010), 『현대 한국복지국가의 제도적 전환』, 서울: 서울대학교출판부.

안상훈·조성은·길현종(2005), 『한국 근대의 사회복지』, 서울: 서울대학교출판부.

양재진(2008), "한국 복지정책 60년: 발전주의 복지체제의 형성과 전환의 필요성", 『한국행정학보』 42(2): 327-349.

오미옥·이수경(2015), "박근혜 정부 기초연금제도의 정책쟁점에 대한 연구", 『한국정책과학학회보』 19(3): 95-115.

우대형(2008), "일제하 久間建一의 농업인식과 식민지 농정의 모순", 홍성찬·우대형·신명직·이상의 공저, 『일제하 경제정책과 일상생활』, pp.19-53, 서울: 혜안.

원재영(2014), "朝鮮後期 荒政 연구", 연세대학교 사학과 박사학위논문.

윤홍식(2016), "전자본주의 분배체계의 해체: 환곡을 중심으로 1910년 강제병탄까지", 『한국사회복지학』 68(2): 79-105.

윤홍식(2017), "미군정하 한국 복지체제, 1945~8: 좌절된 혁명과 대역전", 『한국사회정책』 24(2): 181-215.

윤홍식(2018), "이승만 정권시기 한국복지체제: 원조(援助)복지체제의 성립, 1948-1960", 『사회복지정책』 45(1): 115-147.

윤홍식(2019), 『한국 복지국가의 기원과 궤적 3』, 서울: 사회평론아카데미.

이영환(1989), "미군정기의 구호정책", 하상락 편, 『한국사회복지사론』, pp.423-466, 서울: 박영사.

이영훈(2002), "조선후기 이래 소농사회의 전개와 의의", 『역사와 현실』 45: 3-38.

이주실(2011), "1950년대 후반 실업문제의 대두와 이승만정부의 실업대책", 고려대학교 사학과 석사학위논문.

이지원·백승욱(2012), "한국에서 생명보험의 신자유주의적 전환", 『한국사회학』 46(2): 88-122.

이찬진(2017), "박근혜 정부, 지방사회보장사업 정비하여 복지축소", 『월간 복지동향』 220: 40-47.

이헌창(2010), "조선왕조의 경제통합체제와 그 변화에 관한 연구", 이헌창 편, 『조선후기 재정과 시장: 경제체제론의 접근』, pp.439-472, 서울: 서울대학교출판문화원.

전병유 편(2017), 『한국의 불평등 2016』, 서울: 페이퍼로드.

정승진(2009), "金容燮의 原蓄論과 社會經濟史學의 전개: 朝鮮後期農業史研究 I·II", 『韓國史研究』147: 335-356.

정준호(2016), "한국 산업화의 특성과 글로벌 가치사슬", 이병천·유철규·전창환·정준호 편, 『한국의 민주주의와 자본주의: 불화와 공존』, pp.70-111, 서울: 돌베개.

지수걸(1994), "일제하 농민운동", 강만길·김남식·김영하·김태영·박종기·박현채·안병직·정석종·정창렬·조광·최광식·최장집 편, 『한국사 15: 민족해방운동의 전개 1』, pp.267-306, 서울: 한길사.

차남희(1997), 『저항과 순응의 역사 정치학: 미군정기 농업정책과 농민』, 서울: 이화여자대학교 출판부.

최원규(1996), "외국민간원조단체의 활동과 한국 사회사업 발전에 미친 영향", 서울대학교 사회복지학과 박사학위논문.

최익한(2013[1947]), 『조선사회정책사』, 송찬섭 편, 서울: 서해문집.

토지대장연구반(2010), 『대한제국의 토지제도와 근대』, 서울: 혜안.

통계청(2018), "e-나라지표: 국내총생산 및 경제성장률(GDP)", http://www.index.go.kr/potal/main/ EachDtlPageDetail.do?idx_cd=2736

통계청(2018), "e-나라지표: 자녀연령별 보육시설이용 및 가정양육 아동수", http://www.index.go.kr

통계청(2018), "e-나라지표: 조세부담률", OECD, http://www.index.go.kr

통계청(2018), "e-나라지표: 주택매매가격 동향", http://www.index.go.kr

통계청(2018), "e-나라지표: 취업자수/실업률 추이", http://www.index.go.kr/potal/main/ EachDtlPageDetail.do?idx_cd=1063

통계청. (2018), "e-나라지표: 통합재정수지", http://www.index.go.kr/potal/main/EachDtlPageDetail. do?idx_cd=1104

하상락(1989), "한국 사회복지사의 흐름", 하상락 편, 『韓國社會福祉史論』, pp.38-109, 서울: 박영사.

한겨레(2012). "MB정부 5년 동안 82조 감세", 2018년 2월 24일자.

한국개발연구원(1991), 『한국재정 40년사: 제4권 재정통계(1)』, 서울: 한국개발연구원.

한국갤럽(2016), "한국갤럽 데일리 오피니언: 대통령 직무수행 평가/이유, 2016년 1~12월 통합", http://www.gallup.co.kr/gallupdb/reportDownload.asp?seqNo=786.

한국경제60년사 편찬위원회(2010), 『한국경제 60년사 I: 경제일반』, 서울: 한국개발연구원.

한국고용정보원(2018), "통계로 보는 노동시장: 취업계수 및 고용탄성치", https://statistics.keis.or.kr

한국산업은행 조사부(1955), 『한국산업경제십년사: 전편』.

한국은행(2018), 경제통계시스템(http://ecos.bok.or.kr/).

허선(2002), "국민기초생활보장제도와 부양의무자기준: 왜 부양의무자기준이 문제인가?", 기초생활보장제도 부양의무자기준 개선방향 모색을 위한 토론회 자료집, 2002년 4월 16일.

International Federation of Robotics(2016), *World robotics report 2016: European Union occupies top position in the global automation race.*

Kwack, S. Y. and Lee, Y. S.(2007), *Income Distribution of Korea in Historical and International Prospects*, Seoul: KDI.

Milanovic, B.(2017[2014]), 『왜 우리는 불평등해졌는가』, 서정아 역, (*Grobal inequality*), 서울: 21세기북스.

OECD(2018), Revenue Statistics: OECD countries: Comparative tables, https://stats.oecd.org/ Index.aspx?DataSetCode=REV#

OECD(2018), Social expenditure-Aggregated data, https://stats.oecd.org/Index. aspx?DataSetCode=SOCX_AGG

Pierson, P.(2006[1994]), 『복지국가는 해체되는가』, 박시종 역, (*Dismantling the welfare state?*). 서울:

성균관대학교.

Suh, S. M. and Yeon, H. C.(1986), *Social welfare during the structural adjustment period in Korea*, Working Paper 8604, Seoul: Korea Development Institute.

中村哲(2007), "동북아시아 경제의 근세와 근대, 1600~1900", 나카무라 사토루·박섭 편, 『근대 동아시아 경제의 역사적 구조』, pp.19-57, 서울: 일조각.

―― 4장

김교성·백승호·서정희·이승윤(2018), 『기본소득이 온다: 분배에 대한 새로운 상상』, 서울: 사회평론아카데미.

남찬섭(2017), "저출산·고령화에 대한 대응과 장기재정추계 및 미래세대부담론의 정치화", 『비판사회정책』 56: 269-298.

박호성(1994), 『평등론: 자유민주주의, 사회민주주의, 맑스주의의 이론과 현실』, 서울: 창작과 비평사.

심진예·곽정란·남용현·조임영(2017), 『OECD 주요 국가의 장애인고용정책 및 현황 비교 연구』, 한국장애인고용공단 고용개발원.

이재율(1995), 『경제윤리』, 서울: 민음사.

주은선·권혁진·김우창·유희원·원종현·이은주·이재훈·정해식 (2017), 『국민연금의 발전적 재구성』, 연구용역보고서, 공적연금강화국민행동.

주은선·이은주 (2016), "국민연금 재정안정화의 두 가지 패러다임: 수지균형 중심 재정안정론과 사회적 지속가능성 중심 재정안정론 비교", 『비판사회정책』 50: 378-422.

Bayertz, K. ed.(1999), *Solidarity*, London: Kluwer Academic Publishers.

Beckett, C. and Maynard, A.(2005), *Values & Ethics in Social Work: An Introduction*, London: Sage Publications.

Christman, J.(2004[2002]), 『사회정치철학』, 실천철학연구회 역, (*Social and Political Philosophy: A Contemporary Introduction*), 서울: 한울아카데미.

Dean, H.(2010), *Understanding Human Need*, Bristol: The Policy Press.

Doyal, L. and Gough, I.(1991), *A Theory of Human Need*, Basingstoke: Macmillan.

Fitzpatrick, T.(2013[2001]), 『사회복지사를 위한 정치사회학: 복지를 둘러싼 다양한 논쟁의 기초를 묻다』, 남찬섭 역, (*Welfare Theory: An Introduction*), 서울: 나눔의 집.

George, V. and Wilding, P.(1985[1994]), 『이데올로기와 사회복지』, 남찬섭 역, (*Ideology and Social Welfare*), 서울: 한울아카데미.

Gombert, T. et al.(2012[2009]), 『사회민주주의의 기초』, 한상익 역, (*Foundations of Social Democracy*), 서울: 한울아카데미.

Goodin, R. E.(1988), *Reasons for Welfare: The Political Theory of the Welfare State*, Princeton, NY: Princeton University Press.

Heywood, A.(1994), *Political Ideas and Concepts: An Introduction*, London: Macmillan.

Johnston, D.(2011[2011]), 『정의의 역사』, 정명진 역, (*The Brief History of Justice*), 서울: 부글북스.

Korpi, W. and Palme, J.(1998), "The paradox of redistribution and strategies of equality: Welfare state institutions, inequality, and poverty in the western countries", *American Sociological Review* 63(5): 661-687.

Kukathas, C. and Pettit, P.(1990), *Rawls: A Theory of Justice and its Critics*, Stanford, CA: Stanford University Press.

Miller, D.(1999), *Principles of Social Justice*, Cambridge, MA: Harvard University Press.

Nozick, R.(1974), *Anarchy, State, and Utopia*, New York: Basic Books, Inc., Publishers.

O'Brien, M. and Penna, S.(1998), *Theorising Welfare: Enlightenment and Modern Society*, London: Sage Publications.

Plant, R.(1991), *Modern Political Thought*, Oxford: Blackwell.

Rae, D.(1981), *Equalities*, Cambridge, MA: Harvard University Press.

Rawls, J.(1999[1971]), *A Theory of Justice*, Cambridge, MA: The Belknap Press of Harvard University Press.

Sen, A.(1999[1992]),『불평등의 재검토』, 이상호·이덕재 옮김, (*Inequality Reexamined*), 서울: 한울아카데미.

Sen, A.(2001[1999]),『자유로서의 발전』, 박우희 옮김, (*Development as Freedom*), 서울: 세종연구원.

Swift, A.(2001), *Political Philosophy: A Beginner's Guide for Students and Politicians*, Cambridge: Polity Press.

Turner, B.(1986), *Equality*, London: Tavistock Publications Ltd.

Van Parijs, P.(2016[1995]),『모두에게 실질적 자유를: 기본소득에 대한 철학적 옹호』, 조현진 옮김, (*Real Freedom for All: What (if anything) can justify Capitalism?*), 서울: 후마니타스.

Zoll, R.(2008[2000]),『오늘날 연대란 무엇인가: 연대의 역사적 기원, 변천 그리고 전망』, 최성환 역, (*Was ist Solidaritat Heute?*), 서울: 한울아카데미.

—— 5장

김교성(2005), "사회복지의 글로벌 네트워크",『정보통신정책연구원 연구보고서』.

김교성(2017), "외환위기 20년, 소득보장정책의 발전과 한계",『한국사회정책』24(4): 151-184.

김교성·이나영(2018), "젠더협곡을 넘어 젠더정의로: 가부장적 복지체제의 균열과 변혁적 대안", 『한국사회복지학』70(2): 7-33.

김기덕(2015), "대안적 비판이론으로서 인정 패러다임의 사회복지적 함의",『한국사회복지학』67(4): 325-348.

김상준(2010), "원칙이자 과정으로서의 공공성: 존 롤스 정의론을 넘어서",『시민사회와 NGO』5(1): 5-35.

김원식(2009), "인정과 재분배: 한국사회 갈등구조 해명을 위한 모색",『사회와 경제』17: 97-128.

김윤태(2013), "불평등의 시대에 '시민권과 사회계급' 다시 읽기", 김윤태 역,『시민권과 복지국가』, 서울: 이학사.

남찬섭(2012), "공공성과 인정의 정치 그리고 돌봄의 윤리",『한국사회』13(1): 87-122.

류연규(2013), "복지국가 아동 돌봄 서비스 공공성 강화의 사회경제적 조건",『한국가족복지학』39: 177-204.

문성훈(2011), "타자에 대한 책임, 관용, 환대, 그리고 인정",『사회와 철학』21: 391-418.

박순우(2004), "T. H. Marshall 시민권론의 재해석",『사회복지정책』20: 87-107.

백선희(2012), "보육서비스 공급체계의 공공성 강화 방안",『한국사회복지정책학회 춘추계학술대회 자료집』 23-42.

석재은(2016), "장기요양서비스 공공성 강화를 위한 합리적 규제 방안",『한국노인복지학회 춘계학술대회 자료집』 161-202.

소영진(2003), "행정학의 위기와 공공성 문제",『정부학연구』9(1): 5-22.

소영진(2008), "공공성의 개념적 접근", 윤수재·이민호·채종헌 편,『새로운 시대의 공공성 연구』, 서울: 법문사.

신동면(2010), "사회복지의 공공성 측정에 관한 연구",『한국사회정책』17(1): 241-265.

신진욱(2007), "공공성과 한국사회",『시민과 세계』11: 18-39.

안현효(2008), "공공성의 경제학적 접근", 윤수재·이민호·채종헌 편, 『새로운 시대의 공공성 연구』, 서울: 법문사.

양성욱·노연희(2012), "사회서비스의 공공성은 무엇을 의미하는가? 서비스 주체에 따른 공공성의 내용을 중심으로", 『사회복지연구』 43(1): 31-57.

이수연·손승혜·이귀옥(2016), "민주화 이후 정치행위자들의 의료민영화 및 의료공공성 관련 정치적 행위 분석", 『사회복지연구』 47(1): 291-315.

이종원(2004), "EU 사회정책 패러다임의 변화와 사회적 시민권", 『유럽연구』 19: 51-71.

임의영(2010), "공공성의 유형화", 『한국행정학보』 44(2): 1-21.

정호범(2011), "다문화주의의 이론적 토대로서 재분배와 인정", 『한국사회교과교육학회 2011년 연차학술대회 자료집』 23-36.

조대엽·홍성태(2015), "기업의 시민성과 시장공공성", 『한국사회』 16(2): 3-49.

조승래(2014), 『공공성 담론의 지적 계보: 자유주의를 넘어서』, 서울: 서강대학교 출판부.

조한상(2009), 『공공성이란 무엇인가』, 서울: 책세상.

조형·강인순·정진주(2003), 『여성의 시민권적 권리와 사회정책: 한국 여성노동자의 삶의 질을 중심으로』, 서울: 한울아카데미.

주은선(2016), "복지공급 주체로서 국가, 시장, 시민사회에 관한 정책 패러다임 검토: 이념과 쟁점", 『사회보장연구』 32(3): 175-202.

하승우(2014), 『공공성』, 서울: 책세상.

홍성태(2008), "시민적 공공성과 한국 사회의 발전", 『민주사회와 정책연구』 13: 72-97.

홍성태(2012), "공론장, 의사소통, 토의정치: 공공성의 사회적 구성과 정치과정의 동학", 『한국사회』 13(1): 159-195.

Arendt, H.(2017), 『인간의 조건』, 이진우·태정호 역, (*The Human Condition*), 서울: 한길사.

Benn, S. I. and Gaus, G. F.(1983), *Public and Private in Social Life*, Croom Helm.

Esping-Andersen, G.(1990), *The Three Worlds of Welfare Capitalism*, Cambridge: Polity.

Esping-Andersen, G.(1999), *Social Foundation of Postindustrial Economies*, Oxford University Press.

Ferguson, J.(2017), 『분배정치의 시대: 기본소득과 현금지급이라는 혁명적 실험』, 조문영 역, (*Give a Man a Fish*), 서울: 여문책.

Fraser, N.(2000), "Rethinking Recognition", *New Left Review* 107-120.

Fraser, N.(2010), *Scales of Justice: Reimagining Political Space in a Globalizing World*, Columbia University Press.

Fraser, N. and Honneth, A.(2014), 『분배냐, 인정이냐?』, 김원식·문성훈 역, (*Umverteilung Oder Anerkennung?: Eine Politisch-Philosophische Kontroverse*), 서울: 사월의 책.

Honneth, A.(2014), 『인정투쟁』, 문성훈·이현재 역, (*Kampf Anerkennung*). 서울: 사월의 책.

ILO(2014/15), *World Social Protection Report: Building Economic Recovery, Inclusive Development, and Social Justice*, Geveve.

Kant, I.(1991), *Kant: Political Writings*, Cambridge University Press.

Marshall, T. H.(1963), *Citizenship and Social Class*, Cambridge University Press.

Marshall, T. H.(2013), 『시민권과 복지국가』, 김윤태 역, (*Class, Citizenship and Social Development*), 서울: 이학사.

Mathews, D.(1984), "The Public in Practice and Theory", *Public Administration Review* 44: 120-125.

Mishra, R.(1981), Society and Social Policy, Atlantic Highlands, NJ: Humanities Press.

Newman, J. and Clarke, J.(2009), *Publics, Politics and Power: Remaking the Public in Public*

Services, Sage Publications.

O'Connor, J. S.(1993), "Gender, Class and Citizenship in the Comparative Analysis of Welfare State Regimes: Theoretical and Methodological Issues", *British Journal of Sociology* 44(3): 501-518.

Orloff, A. S.(1993), "Gender and the Social Rights of Citizenship: The Comparative Analysis of Gender Relations and Welfare State", *American Sociological Review* 58(3): 303-328.

Pierson, C.(1991), *Beyond the Welfare State? The New Political Economy of Welfare*, John Wiley & Sons.

Sainsbury, D.(1994), "Women's and Men's Social Rights: Gendering Dimensions of Welfare States", Sainsbury, D.(ed.), *Gendering Welfare States*, London: SAGE.

Wagner, A.(2004), "Redefining Citizenship for the 21st Century: From the National Welfare State to the UN Global Compact", *International Journal of Social Welfare* 13: 278-286.

齋藤純一(2009), 『민주적 공공성, 하버마스와 아렌트를 넘어서』, 윤대석·류수연·윤미란 역, (公共性), 서울: 이음. 제6장

—— 6장

김병곤(1999), "자유주의 국가론의 정치성과 정치철학적 기반", 『사회경제평론』 12: 4-25.

김태성·성경륭(1993), 『복지국가론』, 서울: 나남.

문기상(1988), "비스마르크 사회정책 연구-1880년대 노동자 사회보험을 중심으로", 서울대학교 박사학위논문.

문지영(2009), 『자유』, 서울: 책세상.

박광준(1990), 『페이비안사회주의와 복지국가의 형성』, 서울: 대학출판사.

박상현(2009), "20세기 관리국가의 패러다임 이행에 관한 연구: 세계 헤게모니 국가로서 미국 사례를 중심으로", 서울대학교 박사학위논문.

박호성 편역(1991), 『사회민주주의와 민주사회주의: 이론과 현실』, 서울: 청람.

박호성(1991), "서문: 사회민주주의와 민주사회주의, 그 본질과 역사", 박호성 편역, 『사회민주주의와 민주사회주의: 이론과 현실』, 서울: 청람.

이근식 외(2001), 『자유주의란 무엇인가-자유주의의 의미, 역사, 한계와 비판』, 삼성경제연구소.

전용덕(2013), 『복지국가의 미래: 덴마크와 스웨덴의 고민』, 서울: 북코리아.

주은선·김진석·이미진·이진석·원종현(2015), 『국민연금기금의 공공사회서비스 인프라투자』, 국민연금연구원.

Althusseur, L.(1995[1970]), 『레닌과 철학』, 이진수 역, (*Lenin and Philosophy and Other Essays*), 서울: 백의.

Chang, H. J.(2006[2003]), 『국가의 역할』, 이종태·황해선 역, (*Globalization, Economic Development and the Role of the State*), 서울: 부키.

Engles, F.(2012[1884]), 『가족, 사유재산, 국가의 기원』, 김대웅 역, (*Der Ursprung der Familie, des Privateigentums und des Staats*), 서울: 두레.

Esping-Andersen, G.(1990), *The Three Worlds of Welfare Capitalism*, Polity Press.

Giddens, A.(1998), 『제3의 길』, 한상진·박찬욱 역, (*The Third Way: The Renewal of Social Democracy*), 서울: 생각의 나무.

Heilbroner, R.(2001[1996]), 『고전으로 읽는 경제사상』, 김정수·이현숙 역, (*Teachings from the Worldly Philosophy*), 서울: 민음사.

Held, D.(2010[2006]), 『민주주의의 모델들』, 박찬표 역, (*Models of Democracy*), 서울: 후마니타스.

Lund, B.(2011[2003]), "3장 국가복지", 『복지혼합』, 김기태 역, (*Understanding the Mixed Economy of Welfare*), 서울: 나눔의 집.

Marx, K.(1989[1867]), 『자본론1(상)』, 김수행 역, (*Das Kapital: Kritik der politischen Ökonomie*), 서울: 비봉.

Macpherson, C. B.(1990[1962]), 『홉스와 로크의 사회철학: 소유적 개인주의의 정치이론』, 황경식·강유원 역, (*The Political Theory of Possesive Individualism: Hobbes to Locke*), 서울: 박영사.

McBriar, A. M.(1966), *Fabian Socialism and English Politics*, 1884-1918, Cambridge Press.

Offe, C.(1984), *Contradictions of the Welfare State*, The MIT Press.

Polanyi, K.(2009[1944]), 『거대한 전환』, 홍기빈 역, (*The Great Transformation: The Political and Economic Origins of Our Time*), 서울: 길.

Poulantzas, N.(1969), "The Problem of the Capitalist State", *New Left Review* 58.

Przeworski, A.(1991[1980]), 『사회민주주의와 민주사회주의: 이론과 현실』, 박호성 편역, 서울: 청람.

Rawls, J.(2003[1971/1999]), 『정의론』, 황경식 역, (*A Theory of Justice*), 서울: 이학사.

Ryner, M.(2003), *Capitalist Restructuring, Globalization and the Third Way: Lessons from the Swedish Model*, The Routledge.

Taylor, G.(2009[2007]), 『이데올로기와 복지』, 조성숙 역, (*Ideology and Welfare*), 서울: 신정.

Thorsen, D. E. and Lie, A. (2007), "What is Neoliberalism?", Working paper, http://pds26.egloos.com/ pds/201404/26/53/neoliberalism.pdf.

Smith, A.(2007[1776]), 『국부론(상)』, 김수행 역, (*An Inquiry into the Nature and Causes of the Wealth of Nations*), 서울: 비봉.

Shinha, S.(2009), "신자유주의와 시민사회: 기획과 가능성들", 『네오리버럴리즘』, 김덕민 역, (*Neoliberalism*), 서울: 그린비.

—— 7장

김만호·최영신(2012), "녹색주의 사회복지에 관한 탐색적 연구", 『한국사회복지행정학』 14(1): 253-276.

김영희(2008), "평등과 해방의 꿈: 페미니즘의 다양한 모색", 한국여성연구소 편, 『새여성학 강의: 한국사회, 여성, 젠더』, 서울: 동녘.

박경일 외(2003), 『사회복지학 강의』, 서울: 양서원.

박영미(2004), "복지개념의 생태주의적 접근", 『한국사회와 행정연구』 15(1): 333-354.

이상헌(2011), 『생태주의』, 서울: 책세상.

조한혜정(1998), 『성찰적 근대성과 페미니즘』, 서울: 또 하나의 문화.

조형·강인순·정진주(2003), 『여성의 시민적 권리와 사회정책』, 서울: 한울아카데미

Beck, U.(2006[1986]), 『위험사회』, 홍성태 역, (*Risikogesellschaft*), 서울: 새물결.

Coote, A. and Campbell, B.(1987), *Sweet Freedom: The Struggle for Women's Liberation*, B. Blackwell.

Firestone, S.(1970), *The Dialectic of Sex*, William Morrow & Co.

Fitzpatrick, T.(1999), *Freedom and Security: An Introduction to the Basic Income Debate*, St. Martin's Press.

Fitzpatrick, T.(2001), *Welfare Theory: an introduction*, Palgrave Macmillan.

George, V. and Wilding, P.(2008[1994]),『복지와 이데올로기』, 김영화·이옥희 역, (*Welfare and Ideology*), 서울: 한울아카데미.

Giddens, A.(2009[2007]),『현대사회학』, 김미숙·김용학·박길성 역, (*Sociology*), 서울: 을유문화사.

Giddens, A., Beck, U., and Lash, S.(1998[1994]),『성찰적 근대화』, 임현진·정일준 역, (*Reflexive Modernization*), 서울: 한울.

Gorz, A.(1983), *Ecology as Politics*, Pluto Press.

Gorz, A.(2008[1989]),『에콜로지카』, 박광성 역, (*Ecologica*), 서울: 생각의 나무.

Orloff, A. S.(1993), "Gender and the Social Rights of Citizenship: The Comparative Analysis of Gender Relations and Welfare States", *American Sociological Review* 58(3): 303-328.

Pateman, C.(1987), "The patriarchal welfare state: women and democracy", Harvard University Center for European Studies Working Paper Series.

Power, N.(2018[2009]),『도둑맞은 페미니즘』, 김성준 역, (*One-Dimensional Woman*), 서울: 에디투스.

Rowbotham, S.(1989), *Past Is Before Us: Feminism in Action Since the 1960's*, Pandora.

Sainsbury, D.(1994), "Women's and Men's Social Rights: Gendering Dimensions of Welfare States". Sainsbury(ed.), *Gendering Welfare States*. SAGE.

Sainsbury, D.(1999), "Gender and Social Democratic Welfare States", Sainsbury, D.(ed.), *Gender and Welfare State Regimes*, OUP Oxford.

Taylor, G.(2009[2007]),『이데올로기와 복지』, 조성숙 역, (*Ideology and Welfare*), 서울: 신정.

Van Parijs, P.(2010[2005]),『분배의 재구성』, 너른복지모임 역, (*Redesigning Distribution*), 서울: 나눔의 집.

Walby, S.(1990), *Theorizing Patriarchy*, John Wiley and Sons.

Wright, E. O.(2010[2005]),『분배의 재구성』, 너른복지모임 역, (*Redesigning Distribution*), 서울: 나눔의 집.

—— 8장

김교성·김성욱(2011), "복지국가의 변화과정과 전략에 관한 비교연구",『한국사회정책』18(3): 129-164.

김교성·이나영(2018), "젠더협곡을 넘어 젠더정의로: 가부장적 복지체제의 균열과 변혁적 대안",『한국사회복지학』70(2): 7-33.

김연명(2004), "동아시아 복지체제론의 재검토 : 복지체제 유형 비교의 방법론적 문제와 동아시아 복지체제 유형화의 가능성",『사회복지정책』20: 133-154.

김종성(202). "신제도주의의 행정학적 함의: 역사적 신제도주의를 중심으로",『사회과학연구』13: 59-82.

류연규(2005), "복지국가의 탈가족화와 출산율의 관계에 대한 비교연구", 서울대학교 대학원 박사학위논문.

백승호(2006), "복지체제와 생산체제의 조정척도 구성과 제도적 상보성에 관한 비교사회정책 연구",『사회복지연구』29: 71-105.

정용덕·권영주·김영수·김종완·배병룡·염재호·최창현·하연섭·오니시유타카(1999),『신제도주의 연구』, 서울: 대영문화사.

하연섭(2011),『제도분석: 이론과 쟁점』, 서울: 다산.

Aaron, H.(1967), "Social Security: International Comparison", Eckstein, O.(ed.), *Studies in the Economics of Income Maintenance*, Washington DC: Brookigs.

Amable, B.(2003), *The Diversity of Modern Capitalism*, New York: Oxford University Press.

Bacon, R. and Eltis, W.(1976), *Britain's Economic Problem: Too Few Producers*, London: Macmillan.

Boyer, R.(2004), *Théorie de la régulation*, Les Fondmentaus, Paris: La Découverte.

Briggs, A.(1961), "The Welfare State in Historical Perspective", *European Journal of Sociology* 2(2): 221-258.

Cameron, D. R.(1978), "Expansion of the Public Economy: A Comparative Analysis", *American Political Science Review* 72: 1243-1261.

Castles, F. G. and McKinlay, R.(1979), "Public Welfare Provision, Scandinavia and the Sheer Futility of a Sociological Approach to Politics", *British Journal of Political Science* 9: 157-171.

Castles, F. G.(1982), "Impact of Parties on Public Expenditure", Castles, F. G.(ed.), *Impact of Parties: Politics and Policies in Democratic Capitalist States*, London: Sage Publications.

Clasen, J. and Siggel, N. A.(2007), *Investigating Welfare State Change: The Dependent Variable Problem in Comparative Analysis*, Edward Elgar.

Cutright, P.(1965), "Political Structure, Economic Development, and National Social Security Programs", *American Journal of Sociology* 70: 537-550.

Deeg, R.(2005), "Complementarity and Institutional Change: How Useful a Concept?", *Disscussion Paper SP II*, Social Science Research Center Berlin.

DeViney, S.(1983), "Characteristic of the State and the Expansion of Public Social Expenditures", *Comparative Social Research* 6: 151-173.

Ebbinghaus, B. and Manow, P.(2001), *Comparing Welfare Capitalism: Social Policy and Political Economy in Europe*, Japan, and the USA, Routledge.

Ebbinghaus, B.(2006), *Reforming Early Retirement in Europe, Japan, and the USA*, Oxford: Oxford University Press.

Esping-Andersen, G. and Korpi, W.(1984), "Social Policy as Class Politics in Postwar Capitalism", Goldthrorpe, J.(ed.), *Order and Conflict in Contemporary Capitalism*, Oxford: Oxford University Press.

Esping-Andersen, G.(1985), P*olitics Against Markets: The Social Democratic Road to Powe*r, Princeton, NJ, Princeton University Press.

Esping-Andersen, G.(1990), *The Three Worlds of Welfare Capitalism*, Cambridge: Polity.

Esping-Anderson, G.(1996), "After the Golden Age? Welfare State Dilemmas in a Global Economy", Esping-Andersen, G.(ed.), *Welfare States in Transition: National Adaptations in Global Economies*, SAGE Publication.

Esping-Anderson, G.(1999), *Social Foundation of Postindustrial Economies*, Oxford: Oxford University Press.

Estévez-Abe, M.(2006), "Gender, Inequality, and Capitalism: The Varieties of Capitalism and Women", *Social Politics* 16(2): 182-191.

Flora, P. and Alber, J.(1981), "Modernization, Democratization, and the Development of Welfare State in Western Europe", Flora, P. and Heidenheimer, A.(eds.), *Development of Welfare State in Europe and America*, New Brunswick, NJ: Transaction Books.

Folbre, N.(2000), "Varieties of Patriarchal Capitalism", *Social Politics* 16(2): 204-209.

Frakt, P.(1977), "Democracy, Political Activity, Economic Development and Government Responsiveness", *Comparative Political Studies* 10(2): 177-212.

Freeman, R.(1975), *The Growth of American Government*, Stanford: Hoover Institute.

Goodman, R. and Peng, I.(1996), "The East Asian Welfare States", Esping-Andersen, G.(ed.), *Welfare State in Transition: National Adaptation in Global Economies*, SAGE Publication.

Gough, I.(1979), *Political Economy of the Welfare State*, London: MacMillan.

Hage, J. and Hanneman, R. A.(1980), "The Growth of the Welfare State in Britain, France, Germany, and Italy: A Comparison of the Three Paradigms", *Comparative Social Research* 4: 361-376.

Hall, P. A.(1986), *Governing the Economy: The Politics of State Intervention in Britain and France*, New York: Oxford University. Press.

Hall, P. A. and Soskice, D.(2001), *Varieties of Capitalism: The Institutional Foundations of Comparative Advantage*, Oxford University Press.

Heclo, H.(1974), *Modern Social Politics in Britain and Sweden*, New Haven: Yale University Press.

Hicks, A. and Swank, D.(1984), "On the Political Economy of Welfare Expansion: A Comparative Analysis of 18 Advanced Capitalist Democracies, 1960-1971", *Comparative Political Studies* 17(1): 81-119.

Higgins, J.(1980), "Social Control Theories of Social Policy", *Journal of Social Policy* 4: 1-23.

Hill, M. and Hwang, Y.(2005), "Taiwan: What Kind of Social Policy Regime?", Walker, A. and Wong, C.(eds.), *East Asian Welfare Regimes in Transition: From Confucianism to Globalization*, The Polity Press.

Holliday, I.(2000), "Productivist Welfare Capitalism: Social Policy in East Asia", *Political Studies* 48: 706-723.

Jones, C.(1993), "The Pacific Challenge: Confusian Welfare State", Jones, C.(ed.), *New Perspectives on the Welfare State*, Routledge.

Korpi, W.(1978), *The Working Class in Welfare Capitalism*, London: Routledge & Kegan Paul.

Korpi, W.(1983), *The Democratic Class Struggle*, London: Routledge & Kegan Paul Korpi.

Korpi, W.(1989), "Power, Politics and State Autonomy in the Development of Social Citizenship: Social Right during Sickness in Eighteen OECD Countries since 1930", *American Sociological Review* 54: 309-328.

Mann, M.(1988), *State, War and Capitalism*, New York: Basil Blackwell.

Midgley, J.(1986), "Industrialization and Welfare: the Case of the Four Little Tigers", *Social Policy and Administration* 20(7): 225-238.

Miyamoto, T.(2003), "Dynamics of the Japanese Welfare State in Comparative Perspective: Between Three Worlds and the Development State", *The Japanese Journal of Social Security Policy* 2(2): 12-24.

Nordlinger, E. A.(1981), *On The Autonomy of the Democratic State*, Cambridge: Harvard University Press.

O'Connor, J. S.(1993). Gender, Class, and Citizenship in the Comparative Analysis of Welfare State Regimes: Theoretical and Methodological Issues, *British Journal of Sociology* 44(3), 501-518.

Offe, C.(1972), "Advanced Capitalism and the Welfare State", *Politics and Society* 2: 479-488.

Orloff, A. S. and Skocpol, T.(1984), "Why not Equal Protection: Explaining the Politics of Public Social Spending in Britain 1900-1911, and the United States, 1880s-1920", *American Sociological Review* 49: 726-750.

Orloff, A. S.(1993a), *The Politics of Pensions: A Comparative Analysis of Britain, Canada, and the United States, 1880-1940*, Madison, WI: University of Wisconsin Press.

Orloff, A. S.(1993b), "Gender and the Social Rights of Citizenship: The Comparative Analysis of Gender Relations and Welfare State", *American Sociological Review* 58(3): 303-328.

Pampel, F. C. and Williamson, J. B.(1985), "Age Structure, Politics, and Cross-national Patterns of Public Pension Expenditures", *American Sociological Review* 50: 782-799.

Pierson, C.(2006), 『전환기의 복지국가』, 현회성·강욱모 역, (*Beyond the Welfare State? The New Political Economy of Welfare*), 서울: 학현사.

Pierson, P.(1994). *Dismantling the Welfare State*, Cambridge: Cambridge University Press.

Pierson, P.(2001), *The New Politics of the Welfare State*, Oxford: Oxford University Press.

Piven F. and Cloward, R.(1971), *Regulating the Poor*, New York: Vintage Books.

Pontusson, J.(1995), "From Comparative Public Policy to Political Economy: Putting Political Institutions in their Place and Taking Interests Seriously", *Comparative Political Studies* 28: 117-147.

Sainsbury, D.(1994), "Women's and Men's Social Rights: Gendering Dimensions of Welfare States", Sainsbury, D.(ed.), *Gendering Welfare States*, London: SAGE.

Schmidt, V.(2000), "Till Three Models of Capitalism? The Dynamics of Economic Adjustment in Britain, Germany and France", Czada, R. and Lütz, S(eds.), *Die Politiche Konsstitution von Märkten*, Opladen: Westdeuscher Verlag.

Schmidt, V.(2002), *The Future of European Capitalism*, Oxford: Oxford Unviersity Press.

Schröder, M.(2013), *Integrating Varieties of Captalism and Welfare State Research: A Unified Typology of Capitalisms*, Hampshire, England: Palgrave MacMillan.

Shalev, M.(1983), "The Social Democratic Model and Beyond: Two Generations of Comparative Research on the Welfare State", *Comparative Social Research* 6: 315-351.

Skocpol, T. and Ikenberry, J.(1983), "The Political Formation of the American Welfare State in Historical an Comparative Perspective", *Comparative Social Research* 6: 87-147.

Skocpol, T.(1980), "Political Response to Capitalist Crisis: Neo-Marxist Theories of the State and the Case of the New Deal", *Politics and Society* 10: 155-201.

Skocpol, T.(1990), *Protecting Soldiers and Mothers: The Political Origins of Social Policy in the United States*, Cambridge, MA: Harvard University Press.

Soskice, D.(1999), "Divergent Production Regimes: Coordinated and Uncoordinated Market Economies in the 1980s and 1990s", Kitschelt, H., Lange, P., Marks, G. and Stephens, J. D.(eds.), *Continuity and Change in Contemporary Capitalism*, New York: Cambridge University Press.

Stephens, J.(1979), *Transition from Capitalism to Socialism*, London: MacMillan.

Takegawa, S.(2005), "Japan's Welfare-state Regime: Welfare Politics, Provider and Regulator", *Development and Society* 34(2): 169-190.

Thelen, K. and Steinmo, S.(1992), "Historical Institutionalismin Comparative Politics", Steinmo, S., Thelen, K,, and Longstreth, F.(eds.), *Structuring Politics: Historical Institutionalism in Comparative Analysis*, New York: Cambridge University. Press.

Titmuss, R. M.(1974), *Social Policy*, London: George Allen & Urwin.

Weir, M. and Skocpol, T.(1985), "State Structure and the Possibilities for Keynesian Response to the Great Depression in Sweden, Britain, and the United States", Evans, P. B., Rueschemeyer,

D. and Skocpol, T., *Bringing the State Back In*, Cambridge: Cambridge University Press.

Wilensky, H. L. and Lebeaux, C. N.(1965), *Industrial Society and Social Welfare*, NY: Free Press.

Wilensky, H. L.(1975), *Welfare State and Equality*, Berkeley, CA: University of California Press.

—— 9장

김교성(2013), "한국의 복지국가, 새로운 좌표가 필요한가?", 『사회복지정책』 40(1): 31-59.

김교성(2014), "사회적 타살과 소득 불평등", 『비판사회정책』 44: 278-325.

김교성(2017), "외환위기 20년, 소득보장정책의 발전과 한계", 『한국사회정책』 24(4): 151-184.

김교성·김성욱·이정면·노혜진(2008), "빈곤의 측정과 규모에 관한 연구", 『한국사회복지조사연구』 19: 297-320.

김교성·김연명·최영·김성욱·김송이·황미경(2010), "복지국가의 변화에 대한 이념형 분석: 신사회위험의 등장과 사회투자전략의 모색", 『한국사회복지조사연구』 25: 31-54.

김교성·노혜진(2011), "빈곤의 세대간 탈피 경험", 『사회복지연구』 42(1): 243-278.

김교성·이현옥(2012), "의료보장 유형에 따른 의료 접근성 연구-과부담 의료비 지출과 미충족 의료 경험을 중심으로", 『사회복지정책』 39(4): 255-279.

김수정·허순임(2011), "우리나라 가구 의료비 부담과 미충족 의료 현황: 의료보장 형태와 경제적 수준을 중심으로", 『보건경제와 정책연구』 17(1): 47-70.

김연명(1997), "ILO의 사회보장기준과 한국 사회보장의 정비과제", 『한국사회복지학』 31: 219-246.

김영모(1981), 『현대사회문제론』, 서울: 한국복지정책연구소 출판부.

김영모(1992), 『사회복지학』, 서울: 한국복지정책연구소 출판부.

김유선(2017), "비정규직 규모와 실태: 통계청 경제활동인구조사 부가조사 결과", 한국노동사회연구원 이슈페이퍼(www.klsi.org).

김일중(2011), "사회복지정책 결정에 있어서의 욕구와 자원이념", 『2011 한국정책학회 추계학술대회 자료집』, 한국정책학회.

김창엽(2009), 『건강보장의 이론』, 서울: 한울아카데미.

김태성·성경륭(1995), 『복지국가론』, 서울: 나남.

노혜진·김교성(2008), "결혼해체를 경험한 여성가구주의 빈곤과 사회적 배제에 관한 종단연구", 『사회보장연구』 24(4): 167-196

박광준(2002), 『사회복지사상과 역사: 마녀재판에서 복지국가의 선택까지』, 서울: 양서원.

손수인(2008), "저소득층 과부담 의료비 지출에 영향을 미치는 요인", 서울대학교 보건대학원 석사학위논문.

이두호·차흥봉·엄영진·배상수·오근식(1992), 『국민의료보장론』, 서울: 나남.

이두호·최일섭·김태성·나성린(1991), 『빈곤론』, 서울: 나남.

이원영·신영전(2005), "도시가계의 소득계층별 과부담 의료비 실태", 『사회보장연구』 21(1): 105-133.

이정우·박덕제(1996), 『소득분배론』, 서울: 한국방송통신대학교 출판부.

최일섭·최성재(2000), 『사회문제와 사회복지』, 서울: 나남.

Atkinson, A.(2015), 『불평등을 넘어: 정의를 위해 무엇을 할 것인가?』, 장경덕 역, (*Inequality: What Can Be Done?*), 서울: 글항아리.

Atkinson, T., Cantillon, B., Marlier, E., and Nolan, B.(2002), *Social Indicators*, Oxford: Oxford University Press.

Barry, B.(2002), "Social Exclusion, Social Isolation, and the Distribution of Income", Hill, J.,

Le Grand, J., and Piachaud, D.(eds.), *Understanding Social Exclusion*, Oxford: Oxford University Press.

Bauman, Z.(2013), 『왜 우리는 불평등을 감수하는가?: 가진 것마저 빼앗기는 나에게 던지는 질문』, 안규남 역, (*Does the Richness of the Few Benefit Us All?*), 파주: 동녘.

Berghman, J.(1995), "Social Exclusion in Europe: Policy Context and Analytical Framework", Room, G.(ed.), *Beyond the Threshold*, The Policy Press.

Beveridge, W.(1942), *Social Insurance and Allied Service: Reported by Sir William Beveridge*, London: HMSO.

Bonoli, G.(2006), "Times Matters, Post-industrialization, New Social Risks and Welfare State Adaptation in Advanced Industrial Democracies", paper presented at the Congrès des quatres pays, Université de Lausanne.

Cunningham, P. J., and Hadley, J.(2007), "Differences between Symptom-specific and General Survey Questions of Unmet Need in Measuring Insurance and Racial/Ethnic Disparities in Access to Care", *Medical Care* 45(9): 842-850.

Dover, M. A.(2013), "Human Need: Overview", *Encyclopedia of Social Work*, NASW and Oxford University Press.

Doyal, L. and Gough, I.(1991), *A Theory of Human Needs*, New York: Guilford.

Doyal, L.(1998), "A Theory of Human Need", Brock, G.(ed.), *Necessary Goods: Our Responsibility to Meet Others' Needs*, Boston: Rowman & Littlefield.

Esping-Andersen, G.(1990), *The Three Worlds of Welfare Capitalism*, Princeton University Press.

Esping-Andersen, G.(1999), *Social Foundations of Postindustrial Economies*, New York: Oxford University Press.

Fraser, N.(2013), "Struggle over Needs: Outline of a Socialist-Feminist Critical Theory of Late Capitalist Political Culture", Fraser, N.(ed.), *Fortunes of Feminism: From State Managed Capitalism to Neoliberal Crisis*, London: Verso.

Gil, D.(1992), *Unravelling Social Policy: Theory, Analysis, and Political Action towards Social Equality*, Cambridge, MA: Schenkman.

Gough, I.(2003), "Lists and Thresholds: Comparing the Doyal-Gough Theory of Human Need with Nussbaum's Capability Approach", *WeD Working Paper* 1.

Hacker, J. S. and Pierson, P.(2010), *Winner Take All Politics: How Washington Made the Rich Richer and Turned Its Back on the Middle Class*, New York: Simon & Schuster Paperbacks.

ILO(2014), *World Social Protection Report 2014/15: Building Economic Recovery, Inclusive Development, and Social Justice*, Geveve.

Mesa-Lago, C.(1978), *Social Security in Latin America: Pressure Groups, Stratification and Inequality*, University of Pittsburgh Press.

Midgeley, J.(1986), 『제3세계 불평등과 사회보장』, 복지연구회 역, (*Social Security, Inequality, and the Third World*), 서울: 한국복지정책연구소 출판부.

Newacheck, P. W., Hughes, D. C., Hung Y. Y., Wong, S., and Stoddard, J. J.(2000), "The Unmet Health Needs of America's Children", *American Academy of Pediatrics* 105(4): 989-997.

Nussbaum, M.(2003), "Capabilities as Fundamental Entitlements: Sen and Social Justice", *Feminist Economics* 9(2): 33-59.

Orshansky, M.(1969), "How Poverty Is Measured", *Monthly Labor Review* 92: 37-41.

Pierson, P.(2001), "Post-industrial Pressure on the Mature Welfare State", Pierson, P.(ed.), *The New*

Politics of the Welfare State, New York: Oxford University Press.

Rawls, J.(1971), *A Theory of Justice*, Belknap.

Reich, R. B.(2015), 『1대 99를 넘어』, 안기순 역, (*Beyond Outrage: What Has Gone Wrong With Our Economy and Our Democracy, and How To Fix Them*), 서울: 김영사.

Room, G.(1995), "Poverty and Social Exclusion: the New European Agenda for Policy and Research", Room, G.(ed.), *Beyond the Threshold*, The Policy Press.

Saunders, P.(2004), "Towards a Credible Poverty Framework: From Income Poverty to Deprivation", *Social Policy Research Centre Discussion Paper* 131: 1-20.

Schweinitz, K.(2001[1943]), 『영국사회복지발달사』, 남찬섭 역, (*England's Road to Social Security*), 서울: 인간과복지.

Sen, A.(1992), 『불평등의 재검토』, 이상호·이덕재 역, (*Inequality Reexamined*), 서울: 한울.

Silver, H.(1998), "Policies to Reinforce Social Cohesion in Europe", Figueiredo, J. and Haan, A.(eds.), *Social Exclusion: An ILO Perspective*, International Institute for Labour Studies.

Spicker, P.(1993), *Poverty and Social Security*, London: Routledge.

Stiglitz, J. E.(2013), 『불평등의 대가』, 이순희 역, (*The Price Of Inequality: How Today's Divided Society Endangers Our Future*), 서울: 열린책들.

Sturn, S. and Van Treeck, T.(2013), "The Role Of Income Inequality As A Cause Of The Great Recession and Global Imbalances", Lavoie, M. and Stockhammer, E.(eds.), *Wage-Led Growth: An Equitable Strategy for Economic Recovery*, ILO: Palgrave Macmillan.

Taylor-Gooby, P.(2001), *Welfare States under Pressure*, Sage.

Taylor-Gooby, P.(2004), "New Risks and Social Change", Taylor-Gooby, P.(ed.), *New Risks, New Welfare: The Transformation of the European Welfare State*, New York: Oxford University Press.

Townsend, P.(1979), *Poverty in the United Kingdom*, Harmondsworth: Allen Lane and Penguin Books.

Townsend, P.(1987), "Deprivation", *Journal of Social Policy* 16(2): 125-146.

Wagstaff, A.(2002), "Poverty and Health Secor Inequalities", *Bulletin of the World Health Organization* 80(2): 97-105.

Wilensky, H. and Lebeaux, C.(1958), "Industrial Society and Social Welfare", *Social Forces* 37(1): 84-85.

World Bank(2002), "Poverty Measurement and Analysis", *A Source Book for Poverty Reduction Strategies* 1.

9장은 다음의 글에 수록된 내용의 일부를 수정·보완하여 싣고 있다. 더 자세한 논의에 관심 있다면 참고하기 바란다.

김교성·김성욱·이정면·노혜진(2008), "빈곤의 측정과 규모에 관한 연구", 『한국사회복지조사연구』 19: 297-320.

—— 10장

김형렬(2000), 『정책학』, 서울: 법문사.

남궁근(2012), 『정책학: 이론과 경험적 연구』(제2판), 파주: 법문사.

박병현(2011), 『사회복지정책론: 이론과 분석』(개정3판), 파주: 학현사.

백승기(2001), 『정책학원론』, 서울: 대영문화사.

송근원·김태성(1995), 『사회복지정책론』, 서울: 나남.

원석조(2017), 『사회복지정책론』(개정7판), 고양: 공동체.

정정길·최종원·이시원·정준금·정광호(2017), 『정책학원론』(개정증보11판), 서울: 대명.

Andersen, J. E.(1981), 『공공정책론』, 박홍식 역, (*Public Policy Making*), 서울: 대영사.

Blau, J. and Abramovitz, M.(2004), *The Dynamics of Social Welfare Policy*, Oxford: Oxford University Press.

Burch, H. A.(1999), *Social Welfare Policy Analysis and Choices*, Binghamton, NY: The Haworth Press.

Gilbert, N. and Terrell, P.(2007[2005]), 『사회복지정책론: 분석틀과 선택의 차원』, 남찬섭·유태균 역, (*Dimensions of Social Welfare Policy*), 서울: 나눔의 집.

Howlett, M., Ramesh, M., and Perl, A.(2009), *Studying Public Policy: Policy Cycles & Policy Subsystems*(3rd Ed.), Don Mills, Ontario: Oxford University Press.

Hudson, J. and Lowe, S.(2013[2009]), 『정책과정』, 이원진 역, (*Understanding the Policy Process*), 서울: 나눔의 집.

Polanyi, K.(2009[1944]), 『거대한 전환』, 홍기빈 역, (*The Great Transformation*), 서울: 길.

Weimer, D. L., and Vining, A. R.(1999), *Policy Analysis: Concepts and Practice*(3rd Ed.), Prentice Hall.

—— 11장

경향신문(2018), "핀란드 기본소득 실험 2년 만에 접는다", 2018년 4월 24일자.

관계부처 합동(2018), "저소득층 일자리·소득지원 대책", 경제관계장관회의 자료, 2018년 7월 18일.

구인회·임세희·문혜진(2010), "국민기초생활보장제도가 근로, 소득, 빈곤에 미치는 영향", 『한국사회학』 44(1): 123-148.

김연명(2011), "한국에서 보편주의 복지국가의 의미와 과제", 『민주사회와 정책연구』 19: 15-41.

김영순(2012), "복지동맹 문제를 중심으로 본 보편적 복지국가의 발전 조건: 영국·스웨덴의 비교와 한국에의 함의", 『한국정치학회보』 46(1): 337-358.

김종희(2016), "조세의 회피 유인이 경제성장과 조세의 누진성, 지속가능성에 미치는 영향에 대한 연구", 『재정정책논집』 18(2): 93-129.

법무부(2017), "2017년 이민자 체류실태 및 고용조사 결과", 법무부.

유시민·이정희·이해찬·정세균·조승수(2011), "좌담: 2011년, 복지국가를 말한다", 『광장』 10: 64-99.

윤홍식(2011), "복지국가의 조세체제의 함의: 보편적 복지국가 친화적인 조세구조는 있는 것일까", 『한국사회복지학』 63(4): 277-298.

윤홍식(2017), "기본소득, 복지국가의 대안이 될 수 있을까? 기초연금, 사회수당, 그리고 기본소득", 『비판사회정책』 54: 81-119.

이태수(2016), "한국 복지국가의 보편주의 논쟁과 대응 전략", 『비판사회정책』 52: 330-364.

정남구(2011), "건설족 퍼주기와 부자감세의 재앙", 『한겨레』, 2011년 1월 27일자.

조선일보(2011a), "저소득층 공부방 선생님 55%가 '전면 무상급식 반대'", 2011년 1월 25일자.

조선일보(2011b), "MB교육 부메랑 돼 돌아온 반값 등록금", 2011년 1월 10일자.

중앙일보(2018), "핀란드, 월 70만원 기본소득 실험 2년 만에 막 내린다", 2018년 4월 24일자.

한겨레(2005), "[세계는 연금개혁 중]⑤ '재정안정', '사각해소' 3년째 대립", 2005년 8월 28일자.

한겨레(2018), "'월 72만원' 핀란드 기본소득 실험 실패? 설계자 '가짜뉴스다'", 2018년 5월 4일자.

한겨레(2009), "평등한 사회 꿈꾸는 '기본소득제'". 2010년 4월 13일자. http://hani.co.kr/arti/economy/economy_general/349480.html

한겨레21(2010), "모든 학생에 밥 주면 얼치기 좌파? 실타래처럼 얽힌 무상급식 논란…'미국식 선별주의' 대 '유럽식 보편주의' 대립, "급식은 의료·주택 같은 '가치재' 주장도",『한겨레21』제808호.

한국경제(2011), "[정치판 뒤흔드는 '복지논쟁'] 보편주의 복지는 자립의지 꺾어 근로의욕 훼손", 2011년 1월 21일자.

한국일보(2011), "'각본 좌담' 비판 의식 까칠한 질문도", 2011년 2월 2일자.

SBS(2016), "타워팰리스보다 비싼 고시원, 살 곳 없는 대학생", SBS NEWS, 2016년 8월 26일, http://news.sbs.co.kr/news/endPage.do?news_id=N1003752316.

Anttonen, A., and Sipilä, J.(2008), Universalism: and idea and principle in social policy, Unpublished document.

Bäckman, O. and Bergmark, Å. (2011), "Escaping welfare? Social assistance dynamics in Sweden", *Journal of European Social Policy*, 21(5).

Baldwin, P.(1990), *The Politics of Social Solidarity: Class bases of the European welfare state 1875-1975*, Cambridge: Cambridge University Press.

Carlsson, A., and Lindgren, I.(2009[1996]),『사회민주주의란 무엇인가』, 윤도현 역, (*What is social democracy: A book about social democracy*), 서울: 논형.

Eley, G.(2008[2002]),『The left 1848~2000 미완의 기획, 유럽좌파의 역사』, 유강은 역, (*Forging Democracy: The History of the Left in Europe, 1850-2000*), 서울: 뿌리와 이파리.

Esping-Andersen, G.(1990), *The Three Worlds of Welfare Capitalism*, Princeton, NJ: Princeton University Press.

Feldstein, M.(1978), "The Effect of Unemployment Insurance on Temporary Layoff Unemployment", *American Economic Review* 68(5): 834-846.

Feldstein, M.(2005), "Reforming Social Security", *American Economic Review* 95(1): 1-24.

Friedman, M.(2007[1962]),『자본주의와 자유』, 심준보·변동열 역, (*Capitalism and Freedom*), 서울: 청어람미디어

Ginsburg, N.(2003), "Socialist perspective", Alcock, A., Erskine, A., and May, M.(eds), *Social Policy*(2nd ed.), UK: Blackwell Publishing, pp.92-99.

Hayek, F.(2018[1944]),『노예의 길: 사회주의 계획경제의 진실』, 김이석 역, (*The Road to Serfdom*), 서울: 자유기업원.

Hilson, M.(2010[2008]),『노르딕 모델: 북유럽 복지국가의 꿈과 현실』, 주은선·김영미 역, (*The Nordic Model: Scandinavia since 1945*), 서울: 삼천리

Hurd, M., and Boskin, M.(1984), "The effect of social security on retirement in the early 1970s", *Quarterly Journal of Economics* 99(4): 767-790.

Kildal, N., and Kuhnle, S.(2002), "The principle of universalism: Tracing a key idea in the Scandinavian welfare model", Paper prepared for 9th International Congress, Geneva, September 12th-14th.

Korpi, W., and Palme, J.(1998), "The paradox of redistribution welfare state institutions, inequality, and poverty in the Western countries", *American Sociological Review* 63(October): 661-687.

Krueger, A., and Pischke, K.(1992), "The effect of social security on laborsupply: A cohort analysis of the notch generation", *Journal of Labor Economics* 10(4): 412-437.

Kuivalainen, S., and Niemelä, M.(2008), "From universalism to selectivism? The rise of anti-poverty policies in Finland", Paper prepared for the annua lmeeting of RC 19 in Stockholm, Sweden, September 4-6, 2008.

Leria, A.(1993), "The 'women-friendly' welfare state?: The case of Norway and Sweden", Lewis, J.(ed.), *Women and Social Policies in Europe*, Vermont: Edward Elgar, pp.49-71.

Lindert, P.(2004), *Growing public: Social spending and economic growth since the eighteenth century*, volume I the story, UK: Cambridge University Press.

Mkandawire, T.(2005), "Targeting and universalism in poverty reduction", Social Policy and Development Programe Paper Number 23 Dec. 2005, UNRISD.

Murray, C.(1986), *Losing Ground: American Social Policy, 1950~1980,* New York: Basic Books.

Nygren, N., Andersson, M., Eydal, G., Hammarqvist, S., Rauhala, P., and Nielsen, H.(1997), "New policies, new words-the service concept in Scandinavian social policy", Sipilä, J.(ed.), *Social Care Services: The Key to the Scandinavian Welfare Model*, Burlington, US: Ashgate, pp.9-26.

OECD(2018a), Social Expenditure Database.

OECD(2018b), Revenue Statistics: OECD countries-Comparative tables, https://stats.oecd.org/index.aspx?DataSetCode=REV

OECD(2018c), Income inequality(indicator), doi: 10.1787/459aa7f1-en

OECD(2018d), Poverty rate(indicator), doi: 10.1787/0fe1315d-en

Piven, F. and Cloward, R.(1987), "The Historical Sources of the Contemporary Relief Debate", Block, F., Cloward, R., Ehrenreich, B., and Piven, F.(eds.), *The Mean Season: The Attack on the Welfare State*, New York: Pantheon, pp.58-62.

Polanyi, K.(2009[1944]), 『거대한 전환: 우리 시대의 정치, 경제적 기원』, 홍기빈 역, (*The great transformation*), 서울: 길.

Raitano, M.(2008), "Welfare state and redistribution: the role of universalism and targeting", Specific Targeted Research Project, Sixth Framework Programme-Priority 7, Citizens and Governance in a Knowledge based society, Deliverable D13, Report on WP6-task6.5.

Rank, M., Yoon, H. S., and Hirschl, T.(2005), "American poverty as a structural failing", Lauer, R., and Lauer, J.(eds.), *Sociology, Windows on Society: An anthology*(7th ed), USA: Oxford University Press.

Raventos, D.(2016[2007]), 『기본소득이란 무엇인가』, 이한주·이재명 역, (*Basic income*), 서울: 책담.

Rothstein, B.(1998), *Just institutions matter: the Moral and political logic of the universal welfare state*, Cambridge: Cambridge University Press.

Scruggs, L., and Allan, J.(2006), "Welfare-state decommodification in 18 OECD countries: a replication and revision", *Journal of European Social Policy* 16(1): 55-72.

Siim. B.(1993), "The gendered Scandinavian welfare states: The interplay between womens roles as mothers, workers, and citizenz in Denmark", Lewis, J.(ed.), *Women and Social Policies in Europe*.

Sipilä, J.(2009), "The development of welfare services in Finland: Following foreign examples and making national choices", CIF, Kiljava, August 4, 2009.

Stefansson, K.(2007), "Universalism: A principle and an ideal", Reassess Strand 9, Stockholm workshop, March 26th 2007.

Titmuss, R. (2006), "Universalism versus Selection", Pierson, C. and Castles, F. (eds.), *The Welfare State Reader* (2nd ed.), London: Polity, pp.40-47.

Van Parijs, P. (2010[2006]), 『기본소득: 21세기를 위한 명료하고 강력한 아이디어』, 너른복지연구모임 역, (*Redesigning Distribution*), 서울: 나눔의 집.

Wilensky, H. (2005), "Tradeoffs in public finance: Comparing the well-being of big spenders and lean spenders", International Symposium on Social Spending and Economic Growth in OECD countries, Seoul, Korea, 22 November 2005.

二宮厚美(2010), "세계적인 불황과 신자유주의의 전환", 『기로에 선 일본: 민주당 정권, 신자유주의인가? 신복지국가인가?』, 이유철 역, 서울: 메이데이.

宮本太郎(2003), 『복지국가 전략』, 임성근 역, (福祉國家という戰略-スウェーデンモデルの政治經濟學), 서울: 논형.

萱野稔人(2010), 『국가란 무엇인가: 국가의 본질에 대한 역사적 고찰』, 김은주 역, 경기: 산눈.

渡辺治(2010), "정권교체와 민주당 정권의 미래", 『기로에 선 일본: 민주당 정권, 신자유주의인가? 신복지국가인가?』, 이유철 역, 서울: 메이데이.

—— 12장

김교성·백승호·서정희·이승윤(2018), 『기본소득이 온다: 분배에 대한 새로운 상상』, 서울: 사회평론아카데미.

김영순(2011), "보편주의적 복지국가를 위한 복지동맹: 조건과 전망", 『시민과 세계』 김창엽(2018), 『건강보장의 이론』, 서울: 한울아카데미.

김창엽(2018), 『건강보장의 이론』(개정판), 서울: 한울아카데미.

김태완·김문길·김미곤·여유진·김현경·임완섭·정해식·황도경·김성아·박형존·윤시몬·이주미·신재동·김선·김은지·김혜승·우명숙·윤상용·이선우·정재훈·최민정(2017), 『2017년 기초생활보장 실태조사 및 평가연구』, 한국보건사회연구원.

남찬섭·허선(2018), "공공부조와 기초연금 등 각종 현금급여 간의 관계설정의 원칙: 공적급여 간에 보충성원리를 어떻게 적용할 것인가?", 『비판사회정책』 59: 193-230.

노대명·강신욱·이현주·박능후·우선희(2015), 『맞춤형 급여체계 도입에 따른 빈곤층 기초생활보장 평가모형 연구』, 한국보건사회연구원.

보건복지부 (2016), "발로 뛰며 일군 맞춤형 개별급여 1년", 보도자료, 7월 4일.

유동철 (2012), "영국 장애인 직접지불제도의 정책적 효과성에 대한 탐색적 연구: 사회적 배제의 관점에서", 『비판사회정책』 34: 129-162.

윤홍식(2011), "보편주의를 둘러싼 주요 쟁점: 보편주의 복지정책을 위한 시론", 『한국사회복지학』 63(2): 57-79.

통계청(2018), "최저생계비의 상대적 비율", 작성중지통계, http://kosis.kr/statHtml/statHtml. do?orgId=117&tblId=DT_33104_N106&conn_path=I2

Barr, N. (2008[2004]), 『복지국가와 경제이론』, 이정우·이동수 공역, (*Economics of the Welfare State*), 서울: 학지사.

Beveridge, W. (1955[1942]), *Social Insurance and Allied Services*, London: HMSO.

Briggs, A. (1961), "The welfare state in historical perspective", *European Journal of Sociology*, 2(2): 221-258.

Esping-Andersen, G. (1990), *The Three Worlds of Welfare Capitalism*, Princeton University Press.

Fraser, D.(2017), *The Evolution of the British Welfare State: A History of Social Policy since the Industrial Revolution*(5th ed.), Palgrave.

Galbraith, J.(2006[1958]),『풍요한 사회』, 노택선 역, (*The Affluent Society*), 서울: 한국경제신문사.

Gardner, A.(2014), *Personalisation in Social Work.*(2nd ed.), Sage.

Gilbert, N., and Terrell, P.(2007[2005]),『사회복지정책론: 분석틀과 선택의 차원』, 남찬섭·유태균 역, (*Dimentions of Social Welfare Policy*), 서울: 나눔의 집.

Glasby, J. and Littlechild, R. (2009), *Direct Payments and Personal Budgets: Putting Personalisation into Practice*(2nd ed.), Bristol: Policy Press.

Harrison, J. F. C.(1989),『영국 민중사』, 이영석 역, (*The Common People: A History from the Norman Conquest to the Present*), 서울: 소나무.

ILO(1998), *Social Security Principles*, Geneva: International Labour Office.

Millar, J. (ed.) (2009), *Understanding Social Security: Issues for Policy and Practice*(2nd ed.), Bristol: The Policy Press.

Myles, J.(1992),『복지국가의 노년: 공적 연금의 정치경제학』, 김혜순 역, (*Old Age in the Welfare State: The Political Economy of Public Pensions*), 서울: 한울.

Norman, R.(1992), "Equality, Needs, and Basic Incomes", Van Parijs, P.(ed.), *Arguing for Basic Income: Ethical Foundations for a Radical Reform*, Verso, pp.141-152.

OECD(2003), Transforming Disability into Ability: Policies to Promote Work and Income Security for Disabled People, Paris: OECD.

Pieters, D(2015[2006]),『사회보장론 입문』, 김지혜 역, (*Social Security: An Introduction to the Basic Principles*), 서울: 사회평론.

Van Kersbergen, K. and Vis, B.(2017[2014]),『복지국가 개혁의 도전과 응전: 복지국가정치의 비교연구』, 남찬섭 옮김, (*Comparative Welfare State Politics: Development, Opportunities, and Reform*), 서울: 나눔의 집.

宮本太郎(2003[1999]),『복지국가전략: 스웨덴 모델의 정치경제학』, 임성근 역, (福祉國家という戦略 - スウェーデンモデルの政治經濟學), 서울: 논형.

—— 13장

고용노동부(2017),『기업체노동비용조사 보고서』, 서울: 고용노동부.

고용노동부(2018), 고용노동통계, http://laborstat.molab.go.kr

김낙년(2015), "한국의 소득불평등", 이정우·이창곤 외,『불평등 한국, 복지국가를 꿈꾸다』, 서울: 후마니타스, pp.137-148.

김유선((2017), "비정규직 규모와 실태: 통계청 경제활동인구조사 부가조사(2017. 8) 결과",『KLSI Issue Paper』14.

김종명(2015), "소득중심 건강보험료 개편, 더 강하게",『오마이뉴스』, 2015년 7월 22일. http://www.ohmynews.com/NWS_Web/View/at_pg.aspx?CNTN_CD=A0002128956

김진욱(2013), "한국 복지국가 10년(2000~2010), 복지혼합 지출구조의 변화와 그 함의",『한국사회복지조사연구』36: 387-419.

매일경제(2018), "5년 가입한 변액연금보험 수익률 '왜 이러나'…관리해야", 2018년 4월 25일자, http://news.mk.co.kr/newsRead.php?year=2018&no=264565

사회복지공동모금회(2014),『변화를 위한 나눔: 2013 사회복지공동모금회 배분사례집』, 서울:

사회복지공동모금회.

송근원·김태성(1995),『사회복지정책론』, 서울: 나남.

신혜리·남승희·이다미(2014), "노인가구의 공적이전소득과 사적이전소득의 빈곤감소효과 및 두 이전소득 간의 관계 연구",『사회과학연구』40(1): 117-138.

우명동(2007),『조세론』(개정판), 서울: 해남.

윤홍식(2011), "복지국가의 조세체제의 함의: 보편적 복지국가 친화적인 조세구조는 있는 것일까",『한국사회복지학』63(4): 277-298.

윤홍식(2019),『한국 복지국가의 기원과 궤적』(1~3권), 서울: 사회평론아카데미.

이정희(2012),『총량적 재정규율제도 도입에 관한 연구 [II]: 세출규정』, 서울: 한국법제연구원, pp.73-76.

전종환(2002), "국내 민간의료보험의 현황 및 과제", http://www.snu-dhpm.ac.kr

정순둘·박애리·기지혜(2015), "손자녀 돌봄의 종단적 유형과 조부모의 삶의 만족도 및 가족관계 만족도와의 관계에 관한 연구",『조사연구』16(3): 45-73.

정태헌(1996),『일제의 경제정책과 조선사회: 조세정책을 중심으로』, 서울: 역사비평사.

통계청(2018), "국내총생산 및 경제성장률",『국가지표』, http://index.go.kr

하석철(2012), "부모-자녀 간 소득이전에 영향을 미치는 요인에 관한 연구",『가족과 문화』24(2): 101-136.

한국일보(2015), "한국 기부금 GDP 1% 문턱 7년째 못 넘는 이유", 2018년 4월 29일자. http://hankookilbo.com/v/502598365de2406da216da73c199bd25

한혜란(2012), "한국의 민간기부금 결정요인에 대한 분석", 서울대학교 경제학부 석사학위논문.

Berman, S.(2010),『정치가 우선한다』, 김유진 역, (*The Primacy of Politics*), 서울: 후마니타스.

Boije, R., and Fischer, J.(2009), "The Swedish Budget 'Model': A Genuine Beauty or in the Need of a Face Lift?", Ayuso-i-Casals, J., Deroose, S., Flores, E., and Moulin, L.(eds.), *Policy Instruments for Sound Fiscal Policies: Fiscal Rules and Institutions*, New York: Palgrave Macmillan, pp.291-319.

Boije, R., and Kainelainen, A.(2011), "The importance of fiscal policy frameworks: Swedish experience of the crisis", Eurosistema(ed.), Rules and Institutions for sound fiscal policy after the crisis, Perugia: Eurosistema, pp.321-342.

Evers, A.(1995), "Part of the welfare mix: the third sector as an intermediate area", *Voluntas* 6(2): 159-182.

Ganghof, S.(2006), "Tax mixes and the size of the welfare state: causal mechanisms and policy implications", *Journal of European Social Policy* 16(4): 360-373.

Gilbert, N. and Terell, P.(2006[2004]),『사회복지정책론: 분석 틀과 선택의 차원』, 남찬섭·유태균 역, (*Dimensions of social welfare policy*), 서울: 나눔의 집.

Karl(ed.)(2012), "World insurance in 2012: Progressing on the long and winding road to recovery", *Economic Research & Consulting*, OECD, Social Expenditure Database.

Kato, J.(2003), *Regressive taxation and the welfare state: Path dependence and policy diffusion*, NY: Cambridge University Press.

LeBlanc, P.(2013), *Tax expenditures: An OECD-wide perspective*.

Lindert, P.(2004), *Growing Public: Social Spending and Economic Growth Since the Eighteenth Century*, volume I the story, UK: Cambridge University Press.

OECD(2010), *Broad Base: Low rate*, Paris: OECD.

OECD(2010b), *Tax expenditures in OECD countries*, Paris: OECD.

OECD(2012), "PF1.7: Intergenerational solidarity", OECD Family database, http://www.oecd.

org/els/family/database.htm

OECD(2016), *OECD Factbook 2015-2016: Economic, environmental and social statistics*, Paris: OECD Publishing.

OECD(2016), *Top statutory personal income tax rate and top marginal tax rates for employees*, http://stats.oecd.org/index.aspx?DataSetCode=TABLE_I7

OECD(2018), Revenue statistics-OECD countries: Comparative tables, https://stats.oecd.org/index. aspx?DataSetCode=REV

OECD(2018), Poverty rate, (indicator), doi: 10.1787/0fe1315d-en

Steinmo, S.(2002), "Globalization and taxation: Challenges to the Swedish Welfare State", *Comparative Political Studies* 35(7): 839-862.

Swank, D., and Steinmo, S.(2002), "The new political economy of taxation in advanced capitalist democracies", *American Journal of Political Science* 46(3): 642-655.

Taylor-Gooby, P.(2004a), "New Risks and Social Change", Taylor-Gooby, P.(ed.), *New Risks, New Welfare*, New York: Oxford University Press, pp.1-28.

The Economist(2014), "The glass-ceiling index: The best-and worst-places to be a working woman", March 8th 2014.

Timonen, V.(2004), "New risks-Are they still new for the Nordic Welfare States?", Taylor-Gooby, P.(ed.), *New Risks, New Welfare*, New York: Oxford University Press, pp.83-110.

Trabandt, M., and Uhlig, H.(2011), "The Laffer curve revisited", *Journal of Menetary Economics* 58(4): 305-327.

보다 자세한 논의에 관심 있다면 참고하라.

윤홍식(2014), "한국 복지국가 재원은 어떻게 마련되어야 하나?", 김균 편, 『반성된 미래』, 서울: 후마니타스, pp.373-392; 윤홍식(2019), 『한국 복지국가의 기원과 궤적』(1~3권), 서울: 사회평론아카데미.

—— 14장

강명구(2014), "'성공의 위기'로부터 벗어나기 위한 지방자치와 '좀 더 많은 민주주의'", 이승종 편, 『지방자치의 쟁점』, 서울: 박영사, pp.11-18.

강혜규·김형용·박세경·최현수·김은지·최은영·황덕순·김보영·박수지(2007), 『사회서비스 공급의 역할분담 모형개발과 정책과제: 국가·시장·비영리민간의 재정 분담 및 공급참여 방식』, 연구보고서 2007-12, 한국보건사회연구원.

강혜규·김태완·정홍원·최현수·김동진·김영옥·박해육·류영아·안혜영·신수민·이정은(2013), 『지방자치단체 복지 전달체계 개편방안 연구』, 정책보고서 2013-21, 한국보건사회연구원.

관계부처합동(2018), "지역사회 통합돌봄 기본계획(안) - 1단계: 노인커뮤니티케어 중심", 11월 20일.

구인회·양난주·이원진(2009), "사회복지 지방분권 개선방안 연구", 『사회복지연구』 40(3): 99-124.

김병준(2015), 『지방자치론』(제2수정판), 파주: 법문사.

김연명(2017), "사회서비스 질 향상을 위한 사회서비스공단 설립 및 운영방향", 남인순 의원실· 더불어민주당정책위원회 주최 공청회 발표문(PPT), 3월 6일.

김영종(2012), "한국 사회서비스 공급체계의 역사적 경로와 쟁점, 개선 방향", 『보건사회연구』 32(2): 41-76.

남찬섭(2016a), "유사·중복 복지사업정비 담론의 변천과 사회보장전략에의 함의", 『비판사회정책』 50: 126-164.

남찬섭(2016b), "지방자치와 복지국가 간의 관계와 복지분권에의 함의", 『한국사회정책』 23(4): 3-33.

민소영(2015), "한국의 사례관리 전개과정과 쟁점 고찰", 『한국사회복지행정학』 17(1): 213-239.

보건복지부(2018), "재가·지역사회 중심으로 사회서비스 제공: 커뮤니티케어(Community Care) 본격 추진", 보도자료, 3월 12일.

윤홍식·김승연·이주하·남찬섭(2018), "'민주적 분권'을 위한 복지분권의 3층 모형: 사회복지 지방분권에 대한 비판적 검토", 2018 사회정책연합학술대회 발표논문.

이재완(2015), "지역복지정책 추진상의 중앙과 지방정부의 역할과 과제: 사회보장제도 협의·조정제도를 중심으로", 한국지역사회복지학회 2015년 추계학술대회 발표논문.

이찬진·남찬섭(2015), "정부의 사회보장사업 정비방안 비판: 지방자치에 위배되는 반복지적이고 비민주적인 정비방안", 『지방자치단체 사회보장사업 정비방안 규탄 국민공청회』. 자료집, 29~43쪽.

이혜경(1998), "민간 사회복지부문의 역사와 구조적 특성", 『동서연구』 10(2): 41-75.

이혜경(2002), "한국 사회복지서비스 공급체계의 민·관 파트너십 구축의 과제와 전망", 사회복지공동모금회 창립 4주년 기념 심포지움 기조강연.

정재욱·안성수(2013), 『한국 지방자치의 이해』, 고양: 피앤씨미디어.

최봉기·박종선·성영태(2015), 『지방자치의 이해와 전략』, 파주: 법문사.

최원규(1996), "외국 민간원조단체의 활동과 한국 사회사업 발전에 미친 영향", 서울대학교 박사학위논문.

행정안전부(2018), "지방재정통계", 지방재정365(지방재정통합공개시스템), http://lofin.mois.go.kr/portal/main.do

황성철(1995), "사례관리 실천을 위한 모형개발과 한국적 적용에 관한 연구", 『한국사회복지학』 27: 275-304.

Barr, N.(2004), *The Economics of the Welfare State*(4th ed), Oxford: Oxford University Press.

Bennet, R. J.(1993), "European local government systems", Bennet, R. J.(ed.), *Local Government in the New Europe*, London: Belhaven Press.

Blöndal, J. R.(2005), "Market-type mechanisms and the provision of public services", *OECD Journal of Budgeting* 5(1): 79-106.

Butcher, T.(2002), *Delivering Welfare*(2nd ed), Buckingham: Open University Press.

Cave, M.(2001), "Voucher programmes and their role in distribution public services", *OECD Journal on Budgeting* 1(1): 59-88.

Daniels, R. J., and Trebilcock, M. J.(2005), *Rethinking the Welfare State: The Prospect for Government by Voucher*, Routledge.

DeHoog, R. H., and Salamon, L. M.(2002), "Purchase-of service contracting", Salamon, L. M.(ed.), *The Tools of Government: A Guide to the New Governance*, Oxford University Press, pp. 319-339.

Esping-Andersen, G.(1990), *The Three Worlds of Welfare Capitalism*, Princeton, NJ: Princeton University Press.

Gilbert, N., and Terrell, P.(2007[2005]), 『사회복지정책론: 분석 틀과 선택의 차원』, 남찬섭·유태균 역, (*Dimentions of Social Welfare Policy*), 서울: 나눔의 집.

Healy, J.(1998), *Welfare Options: Delivering Social Services*, St Leonards, NSW: Allen & Unwin.

Johnson, N.(1987), *The Welfare State in Transition: The Theory and Practice of Welfare Pluralism*, Hempel Hempstead: Harvest Wheatsheaf.

Powell, M.(2011[2007]), 『복지혼합』, 김기태 역, (*Understanding the Mixed of Economy Welfare*), 서울: 나눔의 집.

Savas, E. A.(1994[1987]), 『민영화의 길』, 박종화 역, (*Privatization: The Key to Better Government*) 서울: 한마음사.

Sellers, J. M. and Lidström, A.(2007), "Decentralization, local government, and the welfare state", *Governance: An International Journal of Policy, Administration, and Institutions* 20(4): 609-632.

—— 15장

공공운수노조·요양노동네트워크·좋은돌봄실천단·참여연대(2017), "사회서비스공단, 사회서비스노동자는 이렇게 생각한다", 2017. 6. 7. 기자회견.

김영순·여유진(2011), "한국인의 복지태도", 『경제와 사회』 91: 211-240.

김호연 공공운수노조보육협의회 의장 인터뷰(2015), "복지톡: 행복하게 자랄 권리, 행복하게 일할 권리, 행복하게 맡길 권리", 『복지동향』, 2016. 12.

노년유니온 김선태 위원장 인터뷰(2016), "복지톡: 노인다운 노인이 되자", 『복지동향』, 2016. 9.

이성균(2002), "한국사회 복지의식의 특성과 결정요인", 『한국사회학』 36(2).

이종오·조홍식·이정우·장지연·신필균·김용일·최영기·은수미·석재은·정해구·김호균·김윤태·배선휘· 주은선·유아킴 팔메(2013), 『어떤 복지국가인가?』, 서울: 한울아카데미.

주은선(2013), "한국의 복지정치: 복지동맹 구축 전망과 과제", 『어떤 복지국가인가?』, 서울: 한울아카데미.

주은선(2013), "한국 보수언론의 복지담론 전략과 기술", 『한국사회복지학』 65(2).

참여연대(2011), "진보의 미래, 보편주의 복지국가의 원칙과 전략", 『토론회 자료집』.

청년기본법 제정을 위한 청년단체 연석회의(2017), "실종된 청년정책을 찾습니다", 청년이 있는 청년기본법 제정을 위한 청년단체 공동기자회견. 2017. 9. 21.

통계청(2018), "2018 통계로 보는 여성의 삶 주요 결과".

Crouch, C.(2005), 『포스트민주주의』, 이한 역, (*Post-Democracy*), 서울: 미지북스.

Jansson, B. S.(1999), *Social Welfare Policy: From Theory to Policy Practice*, Wadsworth Publishing Co Inc.

Moody, K.(1999), 『신자유주의와 세계의 노동자』, 사회진보연대 역, (*Workers in a Lean World*), 서울: 문화과학사.

〈인터뷰자료〉
이태수(서울사회복지시민연대 초대 공동대표), 2017. 5. 19
신영석(사회복지사노동조합 조직국장), 2017. 5. 25.

〈웹사이트〉
한국보육교사회 www.kdta.or.kr 통계청 www.kostat.go.kr 복지국가소사이어티 www.welfarestate21.net 청년유니온 www.youthunion.kr 알바연대·알바노조www.alba.or.kr 복지국가청년네트워크 wsyn.kr/xe 민달팽이유니온 http://minsnailunion.tistory.com/907 내가 만드는 복지국가www.mywelfare.or.kr 세상을 바꾸는 사회복지사 www.sebasa.org 서울복지시민연대 www.seoulwelfare.org 한국여성단체연합 http://women21.or.kr

찾아보기

지은이

윤홍식

어린 시절부터 사회에 관심이 많았다. 전북대학교 사회복지학과를 거쳐 현재 인하대학교 사회복지학과에 재직 중이다. 참여사회연구소장, 비판복지학회장 등을 역임했으며, 주요 저서로는 『한국 복지국가의 기원과 궤적』(1~3권), 『안보개발국가를 넘어 평화복지국가로』(공편저), 공저로는 『대한민국 복지』, 『가족정책』, 『한국의 민주주의와 자본주의』 등이 있다. 항상 좋은 세상을 꿈꾸며 살고 싶다. 최근에는 한국 복지국가의 역사, 성장체제 등에 대해 읽고 있다.

남찬섭

군복무를 마치고 복학한 후에 사회복지학 공부를 결심했다. 한국보건사회연구원을 거쳐 현재 동아대학교 교수로 재직 중이며, 비판과 대안을 위한 사회복지학회장, 참여연대 사회복지위원장을 역임했다. 편저로 『대한민국 복지국가: 회고와 전망』, 역서로 『복지국가개혁의 도전과 응전』, 『복지국가개혁의 정치학』, 『사회복지사를 위한 정치사회학』(공역), 『사회복지사를 위한 실천이론』, 『사회복지정책론: 분석 틀과 선택의 차원』(공역) 등이 있다. 복지국가, 소득보장, 전달체계 등에 관심이 있다.

김교성

사회복지학을 공부하면서 정책 비교에 흥미를 갖게 되어 복지국가를 주제로 학위논문을 썼다. 세종대학교 행정학과와 숭실대학교 사회복지학과를 거쳐 중앙대학교 사회복지학부에 재직 중이다. 동 대학 사회복지대학원장, 한국사회복지정책학회장, 중앙사회복지연구회장을 역임했고, 현재 한국사회정책학회장을 맡고 있다. 주요 공저로 『기본소득이 온다』, 『한국의 빈곤』, 『동아시아 사회복지와 사회투자전략』, 『동아시아 사회복지연구』, 『Ageing and Pension Reform Around the World』, 『年金改革の 比較政治學』 등이 있다. 최근에는 기본소득 연구와 운동에 몰두하고 있다.

주은선

사회체제와 개인의 고통 사이에서 제도가 수행하는 역할을 탐구하고자 사회과학을 공부했다. 대구대학교 사회복지학과를 거쳐 현재 경기대학교 사회복지학과에 재직 중이다. 주요 연구 분야는 노후소득보장, 복지국가 등이며, 저서로는 『스웨덴 연금개혁의 정치』가 있고, 공저로는 『어떤 복지국가인가?』, 역서로는 『끝나지 않은 혁명』, 『노르딕 모델』 등이 있다.